双元制培训机械专业理论教材

机械工人专业工艺
——基础分册

双元制培训机械专业理论教材编委会　编

机 械 工 业 出 版 社

本书是技工学校推行双元制办学体制的机械专业理论教材之一，属机械工人专业工艺中的基础分册。其内容由七部分组成，一、长度检测技术：讲述长度测量、专用量具、质量保证体系等；二、机械制造工艺技术：讲述热加工、冷加工、联接工艺、金属材料热处理及工艺规程等；三、材料：讲述金属材料、非金属材料、复合材料及材料检验等；四、机械及其构成：讲述机械工艺系统、机构、机械零件传动及装配等；五、控制和调节技术：讲述气动、液压、电的控制及可编程控制、数字控制；六、计算机：讲述计算机及其组成；七、电工基础：讲述电路负载、电磁、半导体及安全用电等。

图书在版编目（CIP）数据

机械工人专业工艺：基础分册/双元制培训机械专业理论教材编委会编．—北京：机械工业出版社，1998.9（2025.8重印）
双元制培训机械专业理论教材
ISBN 978-7-111-06369-8

Ⅰ.机… Ⅱ.双… Ⅲ.①机械工业-技术培训-教材②机械学-技术培训-教材 Ⅳ.TH

中国版本图书馆CIP数据核字（98）第09951号

机械工业出版社（北京市百万庄大街22号 邮政编码100037）
责任编辑：吴天培 版式设计：冉晓华 责任校对：张莉娟
封面设计：姚 毅 责任印制：常天培
河北虎彩印刷有限公司印刷
2025年8月第1版第16次印刷
184mm×260mm · 19.25印张 · 471千字
标准书号：ISBN 978-7-111-06369-8
定价：49.80元

电话服务 网络服务
客服电话：010-88361066 机 工 官 网：www.cmpbook.com
010-88379833 机 工 官 博：weibo.com/cmp1952
010-68326294 金 书 网：www.golden-book.com
封底无防伪标均为盗版 机工教育服务网：www.cmpedu.com

双元制培训机械专业理论教材编委会

主　任　孙宝源　李李炫
副主任　董无岸　王昌平　钱鸣皋
委　员（按姓氏笔划排列）
　　　　上官家桂　王山平　吴天培
　　　　张松文　　贾文鹏　蒋建华
顾　问　［德］海因茨—京特尔·克莱姆（H—G·klem）

本书主编　蒋建华　张松文
参加编写人员　李国强　刘　华　陆　敏　杨德馨
主　　　审　上官家桂

前　言

“双元制”是德国等发达国家发展职业技术教育的一种先进的办学体制，被誉为二战后德国经济腾飞的“秘密武器”，其特点是企业与职业学校合作共同完成培养人才的任务。培训以企业为主，因此培养出来的人才能满足企业的要求；学习理论与学习技能，以技能为主，既注重基础技能的培养，更注重专业技能的训练，培养出来的是复合型实用人才；同时注重对学生解决问题的能力和社交能力的培养，以适应现代化大生产共同合作完成培训任务的要求。

改革开放以来，我国许多省、市和企业先后引进或借鉴“双元制”办学经验，培养出了一大批受企业欢迎的、掌握现代科技技能的复合型技工。这株由日尔曼民族培育出的美丽奇葩，一经移栽到华夏大地的沃土之上即开放出鲜艳夺目的花朵。实践证明“双元制”基本适合我国的国情，并具有强大的生命力。但是，由于多年来没有完整的、系统的、既能反映“双元制”的特点，又适合我国国情的培训教材，已成为阻碍“双元制”在我国推广和发展的原因之一。为此天津中德培训中心和上海大众汽车有限公司在机械工业出版社的支持下编写了这套双元制机械专业理论课培训教材。它包括《机械工人专业计算》、《机械工人专业制图》、《机械工人专业制图习题集》和《机械工人专业工艺》（包括五个分册：“基础分册”、“机械切削工分册”、“工模具制造工分册”、“机械维修工分册”和“汽车机械工分册”）。在编写中我们特别注重保持“双元制”教材的特点，既保持教材内容的先进性、适用性、多样性以及形式的直观性，又特别注重结合我国的国情；注重专业理论为专业技能服务的基本原则和注重对学生专业能力、解决问题的能力和社交能力的培养。但是，由于我们实践的时间较短，对教材内容的选择、内容的深度和广度的把握缺乏经验，难免会详略不当、深浅不宜，对形式的选用也会有欠妥之处。因此，希望读者能提出宝贵意见，使其日趋正确、不断完善和适合读者的需要，以期为国家培养出更多、更好的复合型实用人才。

双元制培训机械专业理论教材编委会

目　录

前言

1　长度检测技术 …… 1

1.1　基本概念 …… 1

1.2　长度测量 …… 3

1.3　专用量具 …… 13

1.4　公差与配合 …… 19

1.5　形状和位置公差 …… 28

1.6　表面粗糙度 …… 31

1.7　质量保证体系 …… 35

2　机械制造工艺技术 …… 39

2.1　安全生产 …… 39

2.2　机械制造加工工艺概述 …… 41

2.3　铸造成形 …… 42

2.4　金属压力加工 …… 46

2.5　切削基础知识 …… 60

2.6　钳工加工 …… 67

2.7　机床切削加工和夹具 …… 74

2.8　热切割 …… 127

2.9　联接 …… 128

2.10　涂层 …… 147

2.11　金属热处理 …… 149

2.12　工艺规程 …… 156

3　材料 …… 159

3.1　材料分类 …… 159

3.2　材料结构 …… 159

3.3　钢和铸铁材料 …… 163

3.4　有色金属 …… 171

3.5　粉末冶金材料 …… 176

3.6　塑料 …… 178

3.7　复合材料 …… 181

3.8　腐蚀与防腐 …… 182

3.9　材料检验 …… 186

3.10　环境保护 …… 190

4　机械及其构成 …… 191

4.1　机械工艺系统 …… 191

4.2　机构功能 …… 198

4.3　应力和强度 …… 200

4.4　轴承 …… 202

4.5　导轨 …… 207

4.6　机械零件 …… 209

4.7　机械传动机构 …… 221

4.8　电驱动装置 …… 223

4.9　装配技术 …… 226

4.10　光学元件 …… 231

4.11　机械安全装置 …… 232

4.12　机床安装 …… 235

4.13　机床的日常维护和保养 …… 235

4.14　柔性制造 …… 236

4.15　工业机器人 …… 239

5　控制和调节技术 …… 241

5.1　基本概念 …… 241

5.2　完成控制任务的基础 …… 247

5.3　气动和液压控制 …… 256

5.4　电的控制 …… 274

5.5　可编程控制器（SPS） …… 278

5.6　数字控制 …… 285

6　计算机 …… 289

6.1　计算机简介 …… 289

6.2　计算机的组成 …… 289

7　电工基础 …… 292

7.1　电工学的基本概念 …… 292

7.2　电路负载 …… 294

7.3　电气值的测量 …… 296

7.4　电磁的基本知识 …… 296

7.5　半导体器件 …… 298

7.6　电能的产生及传输 …… 300

7.7　安全用电 …… 301

1　长度检测技术

1.1　基本概念

测量就是将一个被测的量和一个作为测量单位的标准量进行比较而求出比值，并确定被测的量是测量单位的若干倍或几分之几的实验过程。

1.1.1　测量器具

测量器具包括量具和量仪。量具是指能直接表示出长度的单位和界限的计量用具。量仪是指利用机械、光学、气动、电动等原理，将被测的量值放大或细分并转换成可直接观察的指示值或等效信息的计量器具。

1.1.2　长度单位和角度单位

在国际单位制中，长度的基本单位是 m，即光在真空中，在(1/299792458)s 时间间隔内的行程长度，它是在 1983 年 10 月第十七届国际计量大会通过的。

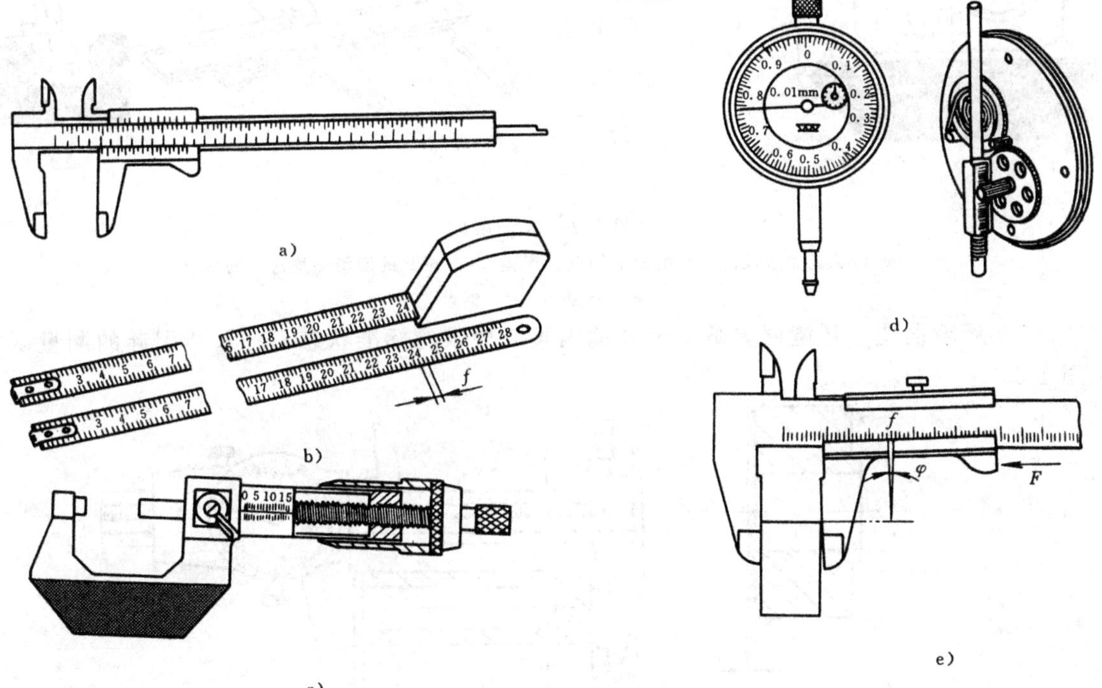

图 1-1　测量器具误差

a）测量面的磨损造成的误差　b）刻度误差　c）螺距误差

d）齿轮传动和刻度盘造成的误差　e）倾斜误差

f—误差　F—测量力　φ—倾角

在实际工作中，有时还会遇到英制尺寸。在使用时可将英制尺寸换算成国际单位制尺寸，换算的关系是：1in＝25.4mm。

角度基本单位是度，用（°）表示。一个圆为360°，1°等于60分，用（′）表示。1′等于60秒，用（″）表示。

1.1.3　测量误差

测量误差是指测得值与真值之间的差值，用公式可表示为

$$\Delta = x_i - Q$$

式中　Δ——测量误差；

x_i——测得值；

Q——真值。

测量误差的产生原因可归纳为：测量器具误差，方法误差，环境误差和人员误差。

1.1.3.1　测量器具误差　测量器具误差是指测量器具本身的误差，它由测量器具的设计、制造装配和使用调整得不准确而引起的，见图1-1。

1.1.3.2　方法误差　方法误差是指选择的测量方法和定位方式不完善所引起的误差，见图1-2。

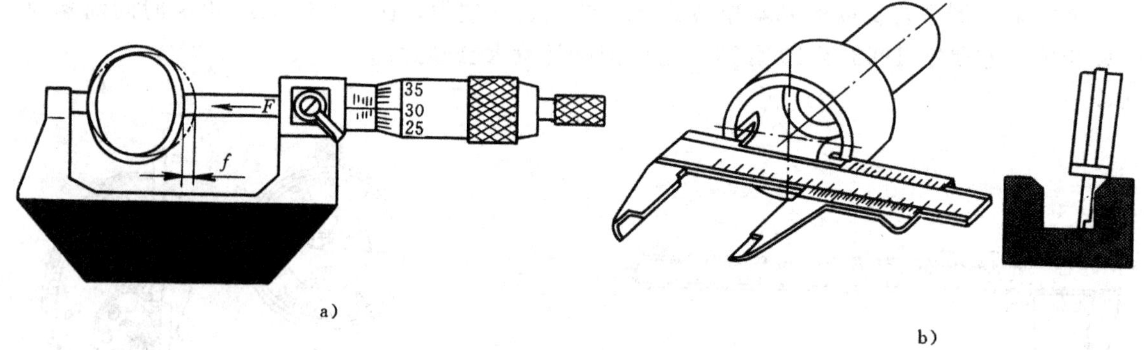

图1-2　方法误差

a）因测量力造成薄壁孔的变形引起的误差　b）量具的倾斜测量造成的误差

F—测量力　f—误差

1.1.3.3　环境误差　环境误差是由于环境因素与要求的标准状态不一致所引起的测量误差，见图1-3。

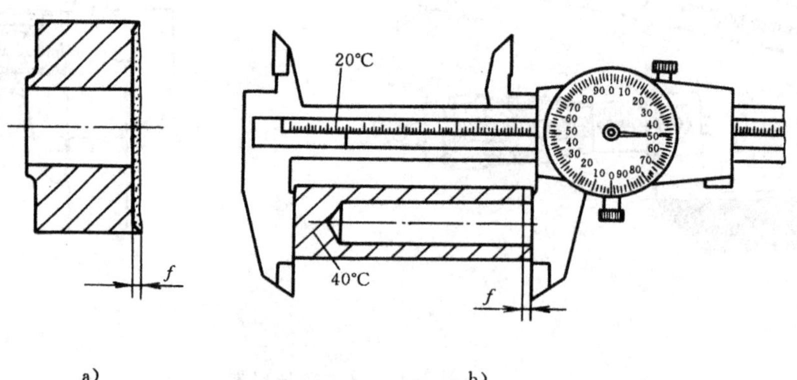

图1-3　环境误差

a）毛刺、切屑、尘埃、润滑脂造成的误差　b）温度误差　f—误差

1.1.3.4 人员误差 人员误差是人为的原因所引起的测量误差，见图 1-4。

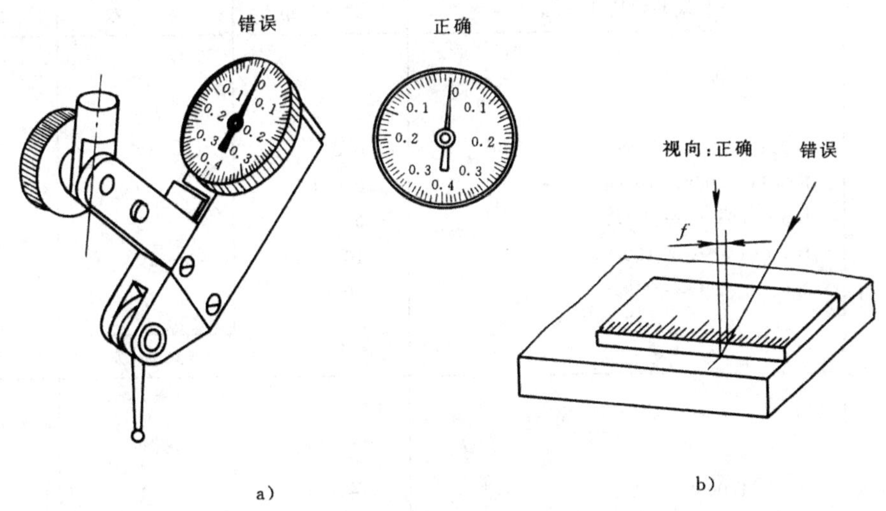

图 1-4 人员误差

f—误差

1.2 长度测量

1.2.1 量具和量仪

1.2.1.1 固定刻线量具 例如钢直尺、钢卷尺和折叠尺，见图 1-5。

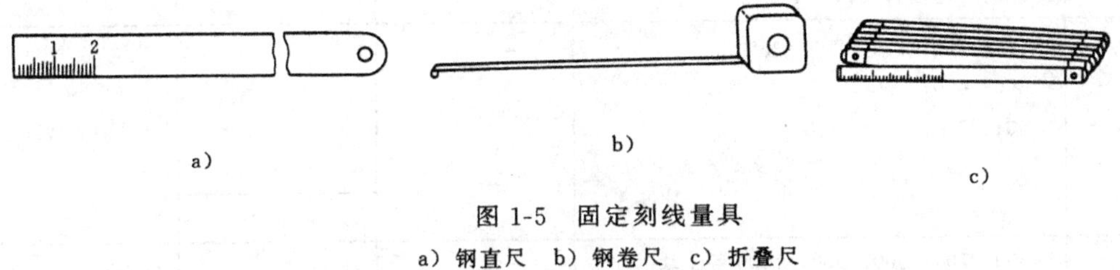

图 1-5 固定刻线量具

a）钢直尺 b）钢卷尺 c）折叠尺

1.2.1.2 量块 量块是一对相互平行测量面、具有精确尺寸、且截面为矩形的长度测量工具。它是零件制造时的长度标准。在机械制造中，量块可以用来检定和校准量仪和量具，还可以用来精密划线和调整精密机床，或直接用于测量某些公差等级较高的零件尺寸。

量块是用不易变形及耐磨的材料制成的一个长方形六面体。它有两个工作面和四个非工作面。工作面是一对相互平行而且尺寸极准确的光洁平面，又叫测量面。测量面具有良好的平面度、研合性、较高的硬度和尺寸稳定性。

量块是成套制成的，每套具有一定数量的不同尺寸的量块，装在特制的木盒内。使用时，可以将几块量块组合成所需要的尺寸。常用的 83 块、91 块一套的基本尺寸，见表 1-1。

为了减少常用尺寸量块的磨损，每套中都备有若干块保护量块，在使用时应尽可能采用，并放在量块组的两端，以保护其它量块。

表 1-1 成套量块

顺序	量块基本尺寸/mm	间距	块数	备注
1	0.5 1 1.01；1.02；……至 1.49 1.001；1.002；……至 1.009 1.5；1.6；……至 1.9 10；20；……至 100 2.0；2.5；……至 9.5	— — 0.01 0.001 0.1 10 0.5	1 1 49 9 5 10 16 共 91 块	
2	0.5 1 1.005 1.01；1.02；……至 1.49 1.5；1.6；……至 1.9 2.0；2.5；……至 9.5 10；20；……至 100	— — — 0.01 0.1 0.5 10	1 1 1 49 5 16 10 共 83 块	
3	1.001；1.002；……至 1.009	+0.001	9	
4	0.999；0.998；……至 0.991	−0.001	9	
5	0.5；1；1.5；2；各 2 块	—	8	
6	125；150；175；200；250 300；400；500 50；50	—	8 2 共 10 块	护 块
7	600；700；800；900；1000 各 1 块	—		

选用量块时，应尽可能采用最少的块数，以减少累积误差。一般不要超过四块（不包括护块）。在计算时，应首先选取最后一位数字。例如，所要的尺寸为 70.453mm，从 91 块一组中选取，则

$$
\begin{array}{rl}
70.453 & \\
-\ 1.003 & \cdots\cdots\text{第一块} \\
\hline
69.45 & \\
-\ 1.45 & \cdots\cdots\text{第二块} \\
\hline
68 & \\
-\ 8 & \cdots\cdots\text{第三块} \\
\hline
60 & \cdots\cdots\text{第四块}
\end{array}
$$

即选用 1.003、1.45、8 和 60 共四块

1.2.1.3 光滑极限量规 在大量生产中，为了检验方便和减少精密量具的损耗，一般可以应用光滑极限量规。光滑极限量规分卡规和塞规两种。卡规用来测量轴径或其它外表面尺寸，塞规用来测量孔径或其它内表面尺寸。

1. 卡规 卡规的形状见图 1-6。它由两个测量规组成，尺寸大的一端在测量时应通过轴颈，叫做通规，它的尺寸是按轴或外表面的最大极限尺寸来做的。尺寸小的一端在测量时应不通过轴颈，叫做止规，它的尺寸是按轴或外表面的最小极限尺寸来做的。

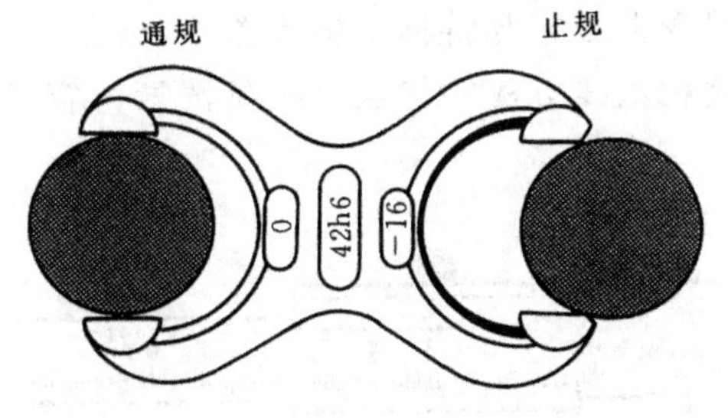

图 1-6 卡规

用卡规检验工件时，如果通规能通过，止规不能通过，这就说明这个零件的尺寸在允许的公差范围内，是合格的。否则，就不合格。

2. 塞规 塞规的形状见图 1-7。它也由两个测量规组成，尺寸小的一端在测量内孔或内表面时应能通过，叫做通规，它的尺寸是按被测面的最小极限尺寸来做的。尺寸大的一端在测量时应不通过工件，叫做止规，它的尺寸是按被测面的最大极限尺寸来做的。

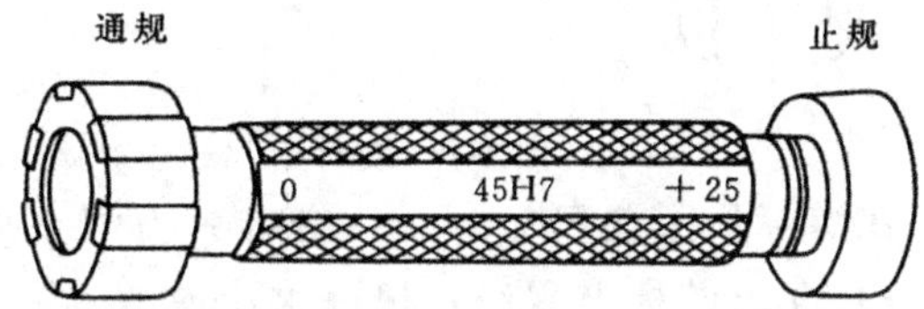

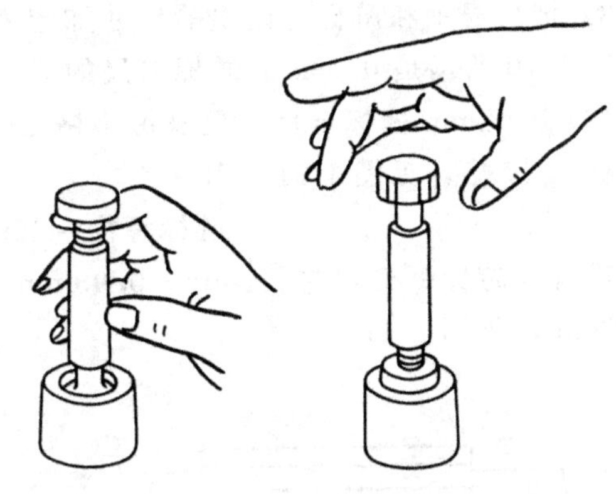
图 1-7 塞规

用塞规检验工件时，如果通规能通过，止规不能通过，说明工件是合格的，否则就不合格。

1.2.1.4 游标卡尺 游标卡尺是一种中等测量精度的量具，它是利用游标原理对两测量爪相对移动分隔的距离进行读数的通用长度测量工具。

1. 游标卡尺的结构形状 游标卡尺是由尺身和游标组成。在尺身上刻有每格 1mm 的刻度，游标上也刻有刻线。当游标需要移动较大距离时，只要松开螺钉，推动游标就可以了，见图 1-8。

2. 游标卡尺的读数值及读法 游标卡尺的读数值常用的有 1/10mm，1/20mm 和1/50mm 三种。这三种游标卡尺的尺身刻度是相同的，即每格 1mm，所不同的是游标格数与尺身相对的格数。现分别简述如下：

(1) 0.1mm 游标卡尺 尺身每小格为 1mm，当两测量爪合并时，尺身上 9mm 刚好等于游标上 10 格，则

$$游标每格=9mm\div10=0.9mm$$

尺身与游标每格相差=1mm－0.9mm=0.1mm 这就是读数值的来源。

(2) 0.05mm 游标卡尺 尺身每小格 1mm，当两测量爪合并时，尺身上的 19mm 刚好等于游标上的 20 格，见图 1-9，则

$$游标每格=19mm÷20=0.95mm$$

尺身与游标每格相差=1mm－0.95mm=0.05mm

另有一种0.05mm游标卡尺，是尺身上的39mm对游标上的20格，见图1-10，则

游标每格=39mm÷20=0.95mm

尺身上2格与游标1格相差=2mm－1.95mm=0.05mm

这种刻线方法的优点是线条清晰，容易看准。

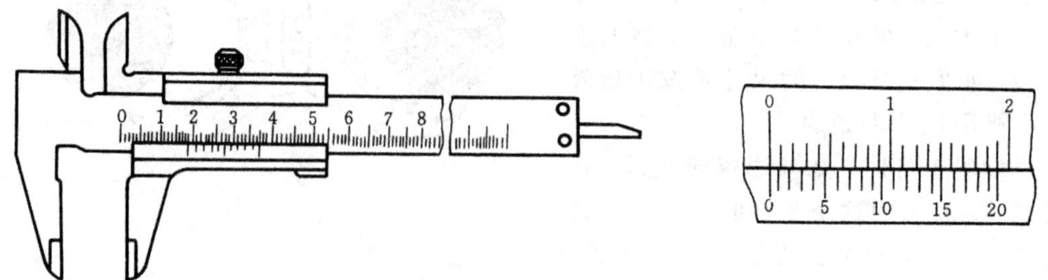

图1-8 游标卡尺

图1-9 0.05mm游标卡尺的刻线之一

在游标尺上读尺寸时，一般可分为三个步骤：

1）读出游标上零线在尺身多少毫米（mm）后面。

2）读出游标上哪一条线与尺身上刻线对齐。

3）把尺身上和游标上读出的尺寸加起来。

图1-10所示是0.05mm游标卡尺的读尺寸方法示例。

（3）0.02mm游标卡尺 尺身每小格1mm，当两测量爪合并时，尺身上的49mm刚好等于游标上50格，见图1-11，则

游标每格=49mm÷50=0.98mm

尺身与游标每格相差=1mm－0.98mm=0.02mm 例如用0.02mm游标卡尺测量尺寸为68.32mm，见图1-11。

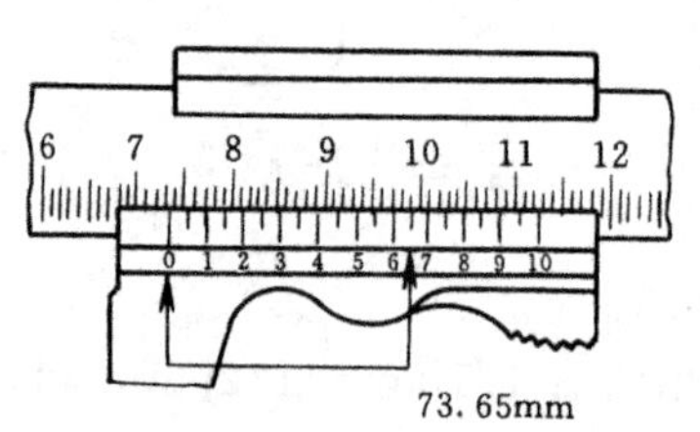

图1-10 0.05mm游标卡尺的刻线之二

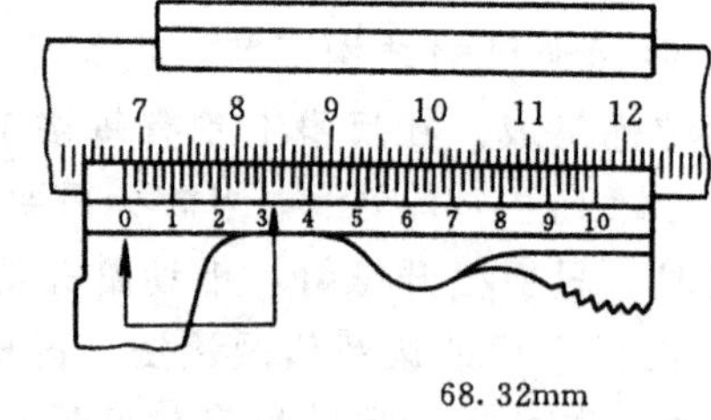

图1-11 0.02mm游标卡尺的刻线

3.其它游标卡尺 其它游标卡尺有带指示表的游标卡尺、游标深度卡尺、游标测槽卡尺、测孔中心距游标卡尺等，见图1-12。

1.2.1.5 千分尺 千分尺是一种比较精密的测量量具，其测量精确度比游标卡尺高。普通千分尺的测量分度值为0.01mm，因此常用来测量加工精度要求较高的零件尺寸。

1.千分尺的结构形状 千分尺是利用螺旋副原理，对弧形尺架上两测量面间分隔的距离进行读数的通用长度测量工具。

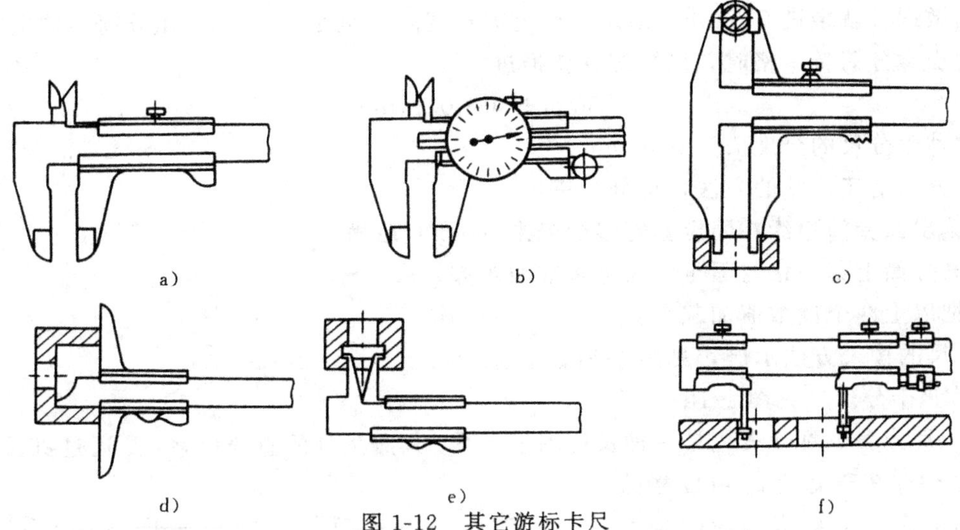

图 1-12 其它游标卡尺

a) Ⅰ型游标卡尺 b) 带指示表的游标卡尺 c) Ⅲ型游标卡尺 d) 游标深度卡尺 e) 游标测槽卡尺 f) 测孔中心距游标卡尺

常用的千分尺的结构形状，见图 1-13。尺架的左面有测砧，右端有固定套筒。固定套筒的表面有刻度，里面有衬套；其内有内螺纹，螺距为 0.5mm。测微螺杆右面的螺纹可绕此内螺纹回转。在固定套筒的外面有一微套筒，它用锥孔与测微螺杆右端锥体相连。测微螺杆在转动时的松紧程度可用螺母调节。当要测微螺杆固定不动时，可转动手柄通过偏心锁紧。松开罩壳时，可使测微螺杆与微分筒分离，以便调整零线位置。转动棘轮，测微螺杆就会前进。当测微螺杆左端面接触工件时，棘轮在棘爪上滑过而发出吱吱声。如果棘轮以相反方向转动，则拨动棘爪和微分筒以及测微螺杆转动，使测微螺杆向右移动。棘轮用螺钉与罩壳联接。

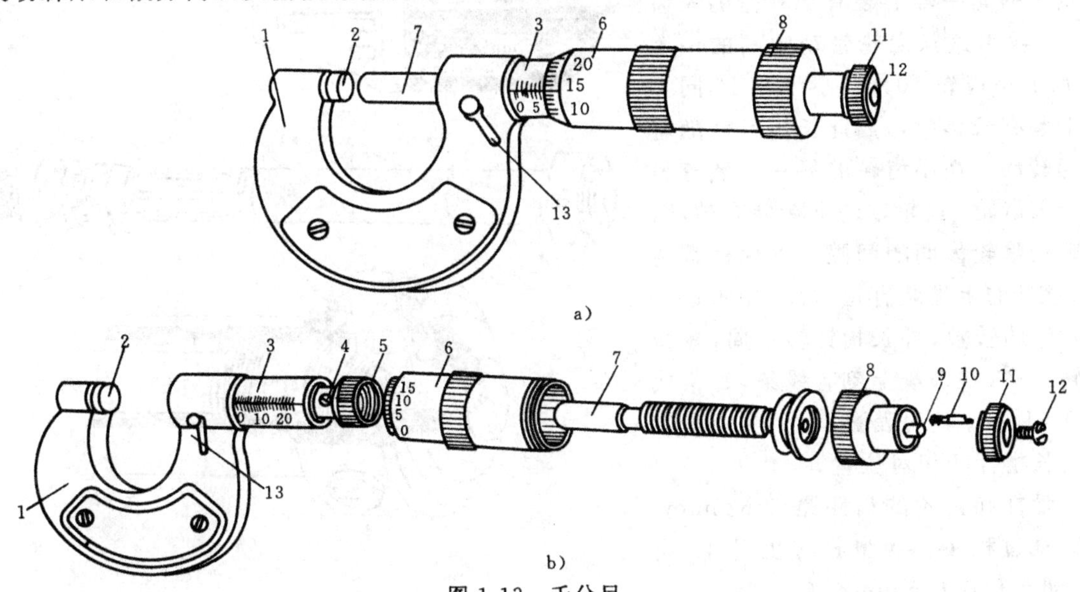

图 1-13 千分尺

1—尺架 2—测砧 3—固定套筒 4—衬套 5—螺母 6—微分筒 7—测微螺杆 8—罩壳 9—弹簧 10—棘爪 11—棘轮 12—螺钉 13—手柄

2. 千分尺的分度值及读法　千分尺测微螺杆右端螺纹的螺距为 0.5mm。当微分筒转一周时，测微螺杆就推进 0.5mm。固定套筒上的刻度间隔也是 0.5mm，微分筒圆周上共刻 50 格，因此当微分筒转一格时，测微螺杆就推进

$$0.5\text{mm} \div 50 = 0.01\text{mm}$$

即这种千分尺的分度值为 0.01mm。

在千分尺上读尺寸的方法，可分为三步：

1）读出微分筒边缘在固定套管多少毫米（mm）后面。

2）微分筒上哪一格与固定套筒上基准线对齐。

3）把以上两个读数值加起来。

千分尺的读尺方法示例，见图 1-14。

3. 其它千分尺（见图 1-15）

1.2.1.6　百分表　百分表也是一种长度测量工具，其测量杆的直线位移，是通过机械传动系统转变为指针在表盘上的角位移的。沿表盘的圆周长上刻有均匀的刻度，分度值为 0.01mm。百分表为指示式精密量仪，可以用来测量工件的形状误差或位置误差，也可以用相对法测量工件的尺寸。

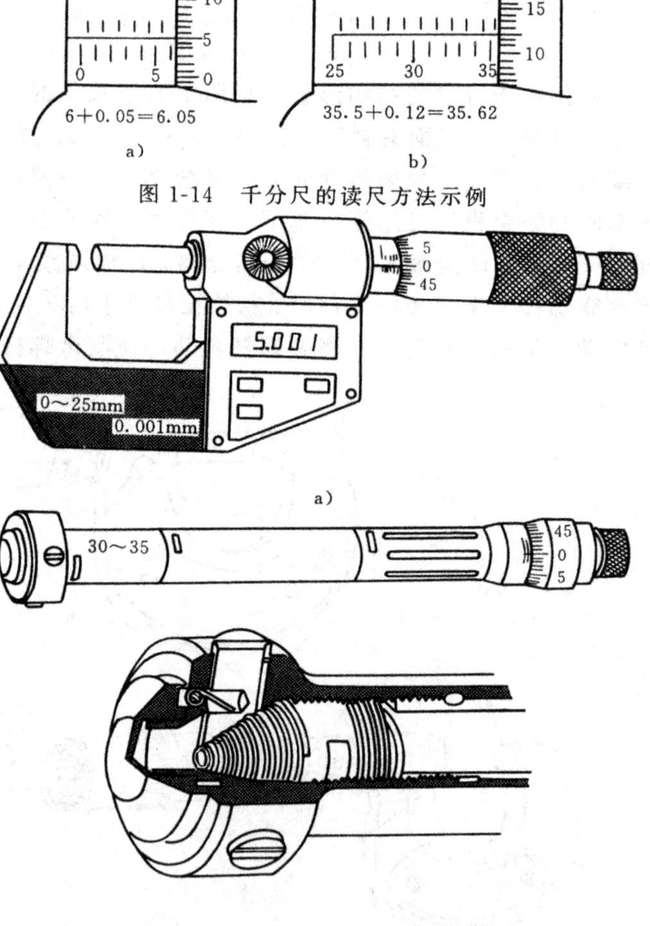

图 1-14　千分尺的读尺方法示例

图 1-15　其它千分尺

a）新型千分尺　b）杆式内径千分尺

1. 百分表的结构与分度值　百分表的分度值是 0.01mm，其结构见图 1-16。量杆的上端铣出齿纹。当量杆上升时，带动 16 齿的小齿轮 3，在小齿轮 3 的同一轴上装有 100 齿的大齿轮 4，再由这只齿轮带动中间的一个 10 齿的小齿轮 10，在小齿轮 10 同一轴上装有长指针，因此长指针就随着一起转动。在小齿轮的另一边装有另一个大齿轮，齿轮轴的下端装有游丝，用来消除轮齿间的间隙，以保证其精度。该轴的上端装有短指针，用来记录长指针的转数，即长指针转一周，短指针转一格。在表盘上刻有线条，每格代表 0.01mm。转动表圈，可调整表盘刻线与长指针的相对位置。

量杆和齿轮的齿距是 0.625mm。在测量过程中；当量杆 2 上升 16 齿时，即上升 0.625mm×16=10mm，16 齿小齿轮转一周，同轴上的 100 齿大齿轮也转一周，10 齿小齿轮连同长指

针就转了10转。当量杆上升1mm时，长指针就转了一周。由于表面共刻100格，所以长指针每转一格就代表量杆上升0.01mm。

2. 其它百分表（见图1-17）

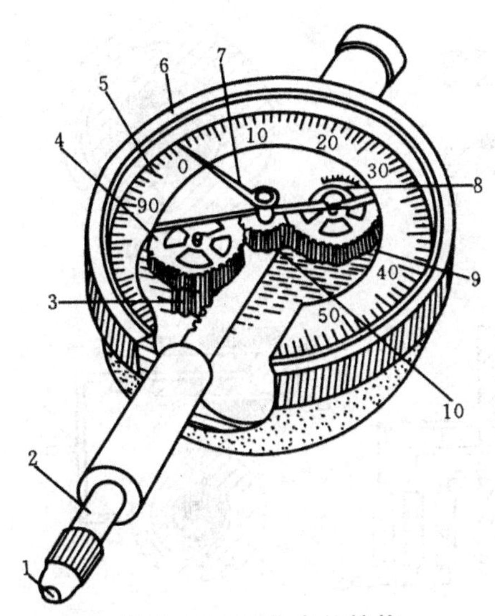

图1-16 百分表的结构

1—测量头 2—量杆 3、10—小齿轮 4、9—大齿轮 5—盘面 6—表圈 7—长指针 8—短指针

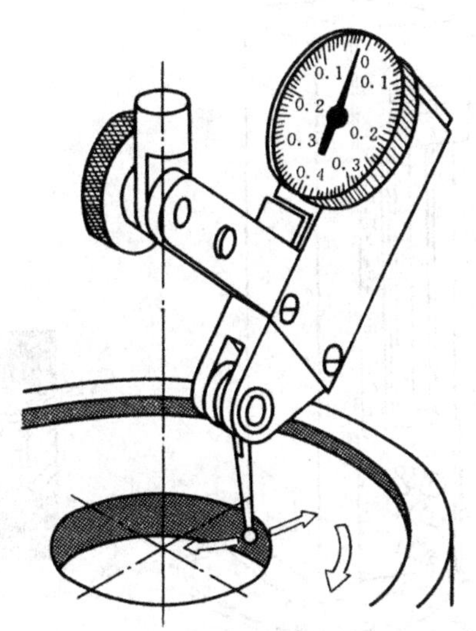

图1-17 杠杆百分表

1.2.1.7 扭簧比较仪 扭簧比较仪是用来测量零件的形状偏差和跳动量的。如果先用量块调整好距离，则可测量零件尺寸。

扭簧比较仪的外形，见图1-18。常用的比较仪分度值为0.001mm和0.002mm。在使用时，应先安装在专用架子上，然后再进行测量。

1.2.1.8 气动量仪 气动量仪是根据空气气流相对流的原理进行测量的量仪。由于它不能直接读出尺寸，所以是一种比较量仪。

应用气动量仪，可以测量零件的形状误差或位置误差，特别适合测量易变形的薄壁零件、表面光洁及易擦伤的软材料零件。

但是，气动量仪必须要有气源。对于各种零件和不同尺寸的工件，还要设计一套量头和标准规。

浮标式气动量仪实质上是把被测量的尺寸变化转换为相应的空气流动的变化，当这种空气通过带锥度的玻璃管时，流量的变化就使得浮在玻璃管内的浮标的位置作相应地变化，于是在刻度尺上由浮标位置的变化，就可以直接读出被测量尺寸的变化，见图1-19。

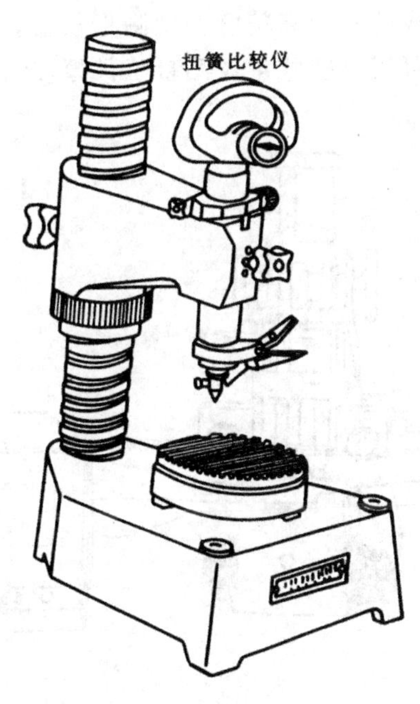

图1-18 扭簧比较仪

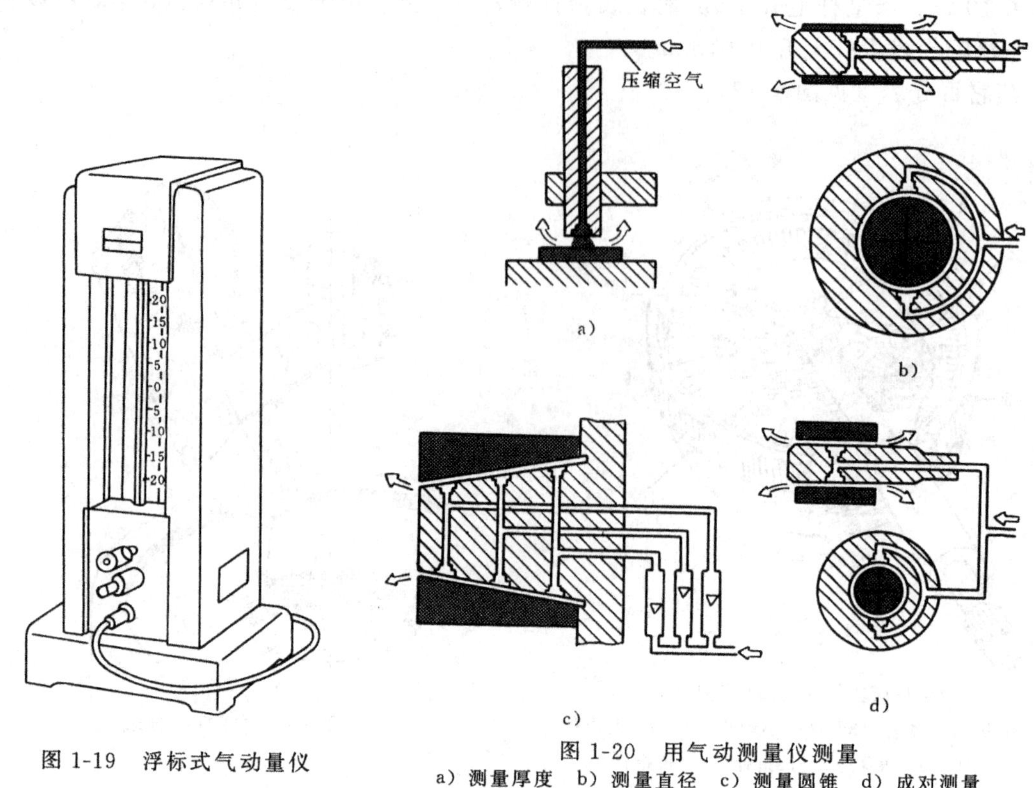

图 1-19　浮标式气动量仪

图 1-20　用气动测量仪测量
a）测量厚度　b）测量直径　c）测量圆锥　d）成对测量

用气动量仪还可以测量平面厚度、孔径、外圆直径和锥度，见图 1-20。

1.2.1.9　电感式量仪　电感式量仪是利用磁路中空气间隙的改变引起电感量相应改变的原理制成的一种高精度长度测量仪器，见图 1-21。

可用电感式量仪测量工件厚度、直径和平行度，见图 1-22。

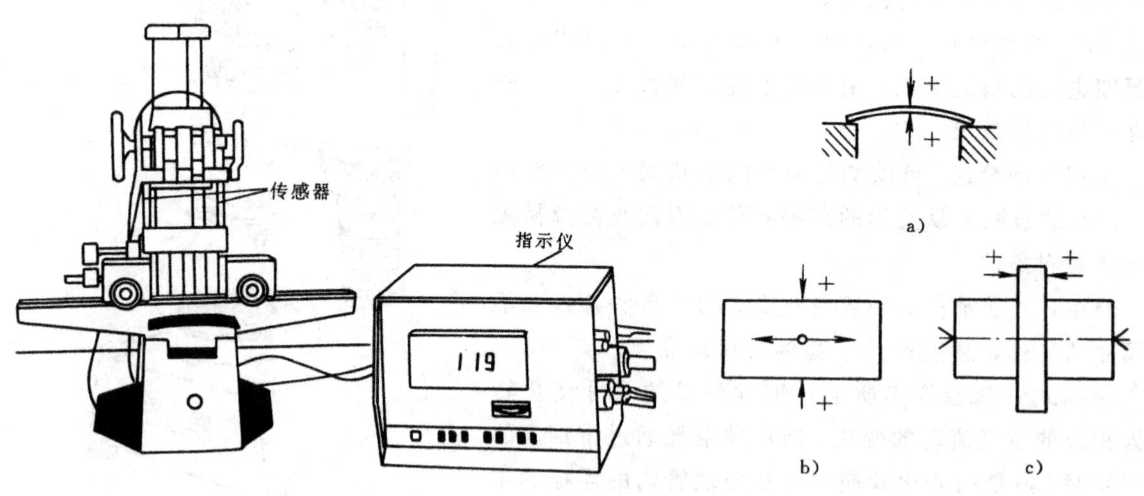

图 1-21　电感式量仪

图 1-22　电感式量仪测量范围
a）测量厚度　b）测量直径　c）测量平行度

1.2.1.10 差示测量仪　差示测量仪是利用位移产生电信号测量工件垂直度的，见图1-23。也可用差示测量仪测量工件高度差、锥度和同轴度，见图1-24。

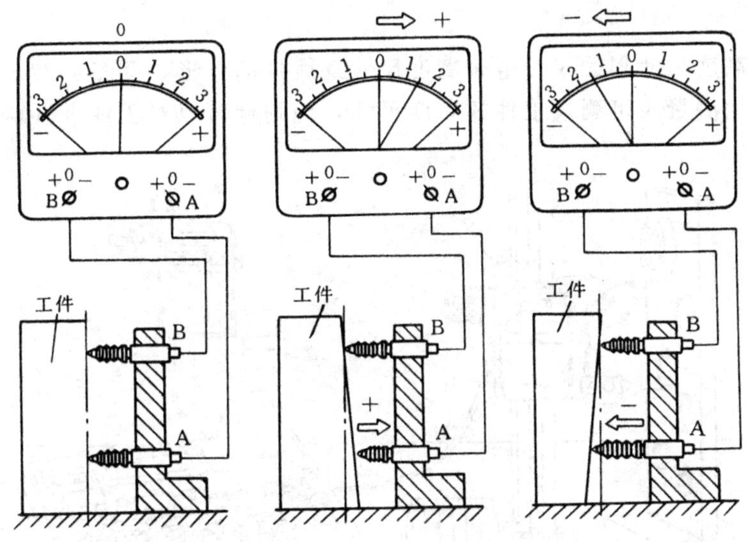

图1-23　用差示测量仪测量工件垂直度

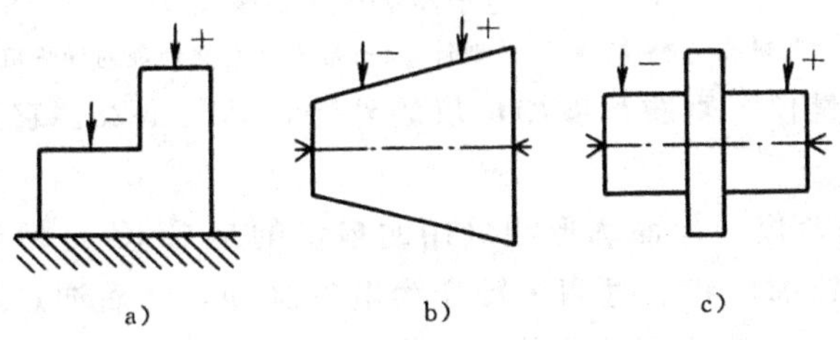

图1-24　差示测量范围

a) 测量高度差　b) 测量锥度　c) 测量同轴度

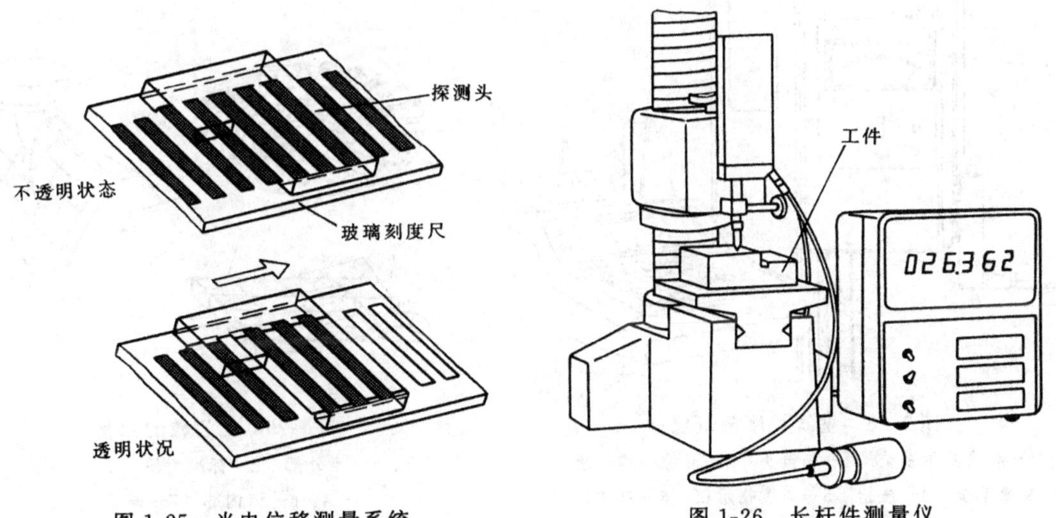

图1-25　光电位移测量系统　　图1-26　长杆件测量仪

1.2.1.11 电子式量仪 电子式量仪带有光电位移测量系统，其玻璃刻度尺的底面带有深测头，通过光线反射得到测量信号进行记数，见图1-25。

1.2.1.12 长杆件测量仪 长杆件测量仪的外形，见图1-26。测得的尺寸由数字显示器显示，可测量工件厚度。

1.2.1.13 电子高度尺寸划线仪 电子高度尺寸划线仪的外形，见图1-27。它有测量头和划线针两种规格，用测量头可测量工件的高度尺寸，用划针可以对工件进行划线。

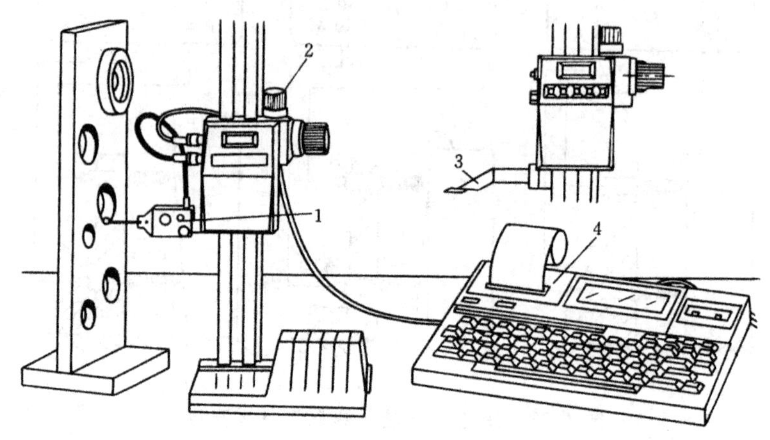

图1-27 电子高度尺寸划线仪

1—测量头 2—微调 3—划针 4—带测量数据处理的计算机

1.2.1.14 垂线长度测量仪 垂线长度测量仪的外形，见图1-28。它是对工件垂直高度尺寸进行测量的仪器。

1.2.1.15 CNC坐标测量仪 齿面廓形测量用的最多的是CNC坐标测量仪。它是通过触头测量齿面廓形的，齿侧轮廓形状通过测头转变为电磁脉冲，然后通过划笔在记录纸上打印使之清晰可见，见图1-29。借助这个记录装置可以把齿面廓形误差放大1000倍予以显示。

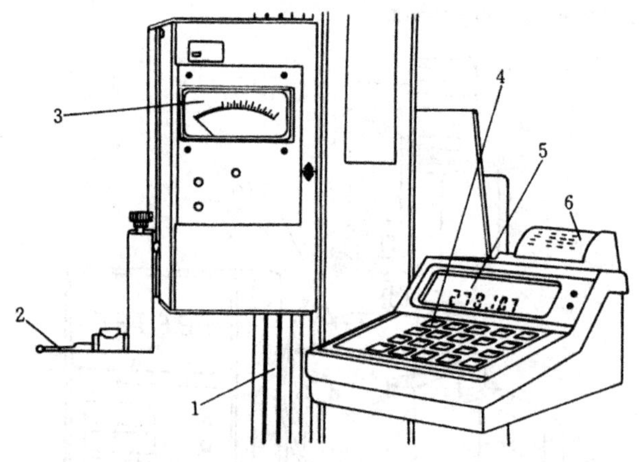

图1-28 垂线长度测量仪

1—高度测量系统 2—测量头 3—形位公差电感测量系统 4—按扭 5—高度指示仪 6—打印机

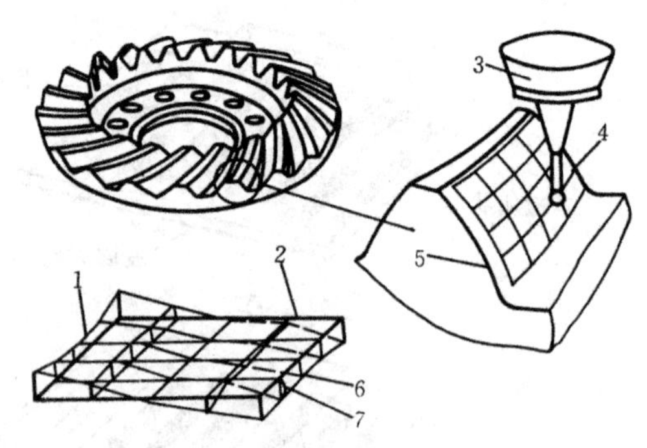

图1-29 锥齿轮的测量

1、5—齿外部 2—标准齿轮 3—探测头 4、6—齿内部 7—误差

CNC坐标测量仪是一种对工件的几何形状进行判断的测量设备，见图1-30。如测量工件的直线度、平面度、交点、圆度、椭圆度、球度、锥度、圆柱度以及截点、齿轮节圆、轴线的形状及位置。整套动作采用程序控制。如果一个电子的受控制的信号键接受指令，按预先编制好的测量步骤进行。将接收到的测量值经过计算机处理，在荧光屏上显示。打印机将检验记录打印。并且将额定值与实际值加以对照。

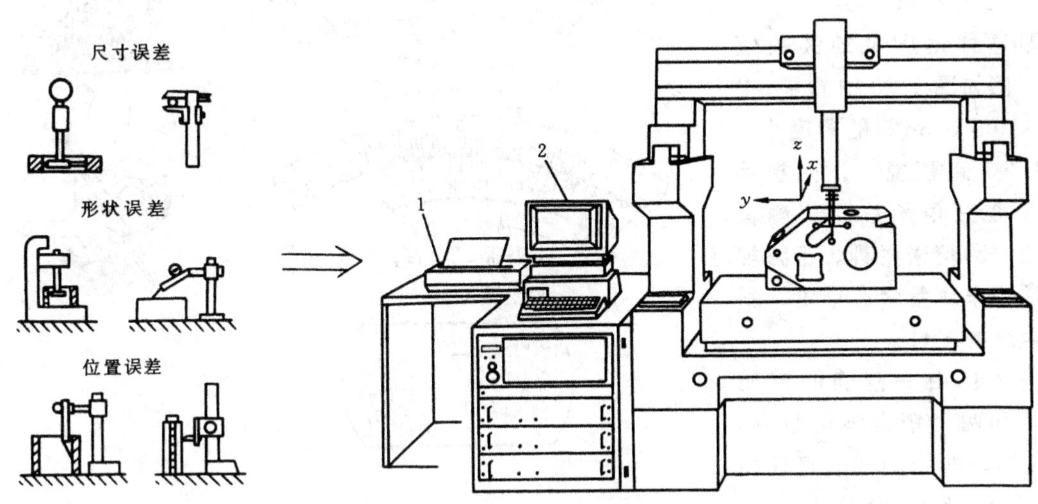

图1-30 CNC坐标测量仪

1—打印机或绘图仪 2—带监视仪的计算机

1.3 专用量具

专用量具多用于角度、锥度、形状复杂以及有特殊要求工件的测量。

1.3.1 角度测量

角度测量量具有简单量角器、万能角度尺和正弦规。

1.3.1.1 简单量角器 简单量角器的量程为0°到180°，分度值为1°，见图1-31。

1.3.1.2 万能角度尺 万能角度尺的结构原理见图1-32。它由直尺、游标、角尺和主尺组成。直尺可顺其长度方向在任意位置上固定，游标上有刻线。

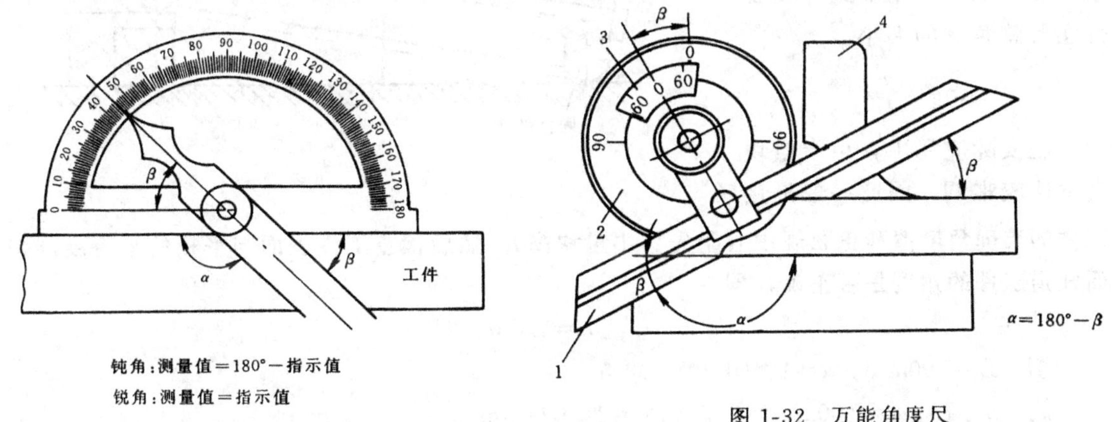

图1-31 简单量角器

图1-32 万能角度尺

1—直尺 2—主尺 3—游标 4—角尺

游标刻线的读数值见图 1-33。主尺上每一小格刻线为 1°，游标上自零线起左右各分成 12 格，这 12 格的总角度是 23°，所以游标上每格是

$$23°/12=115'=1°55'$$

主尺上 2 格与游标上 1 格相差

$$2°-1°55'=5'$$

即这种角度尺的读数值为 5′。例如图 1-33 中测量 54°25′、119°5′、56°5′的角度。

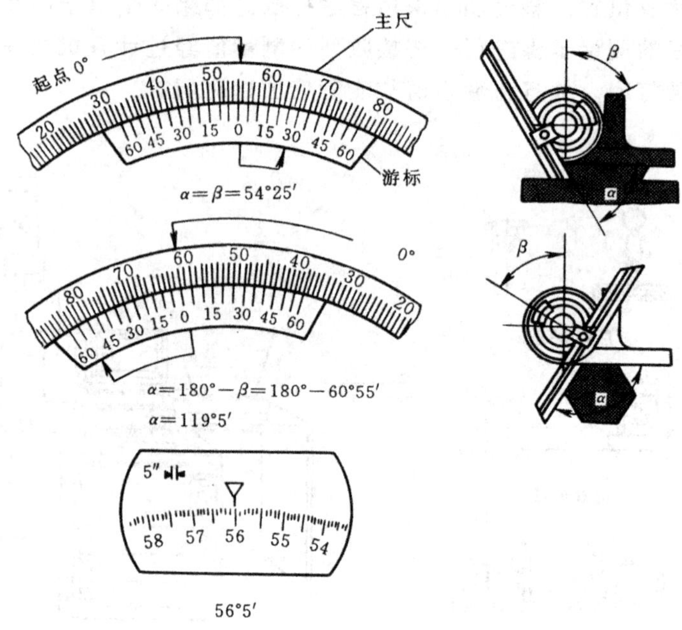

图 1-33　角度读数

1.3.1.3　正弦规　正弦规是利用正弦三角函数原理测量角度的一种精密量具。正弦规一般常用来测量带有锥度、斜度或角度的工件。

正弦规由一精确的钢质长方体和两个精密圆柱组成，见图1-34。两个圆柱的直径相同，其中心距一般有 100mm 和 200mm 两种并要求很精确。中心连线要与长方体平面平行。

用正弦规测量工件时，要在平板上进行，圆柱的一端用尺寸为 h 的量块垫高，直到用千分表移动测量零件表面与平板表面平行为止。这时根据所垫量块高度尺寸 h 和正弦规中心距 L，可用下式计算工件实际锥角 α 的大小。

$$\sin\alpha=\frac{h}{L}$$

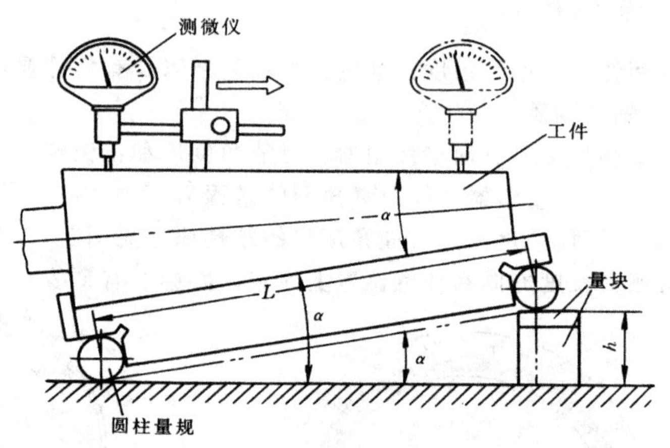

图 1-34　正弦规

在实际应用中，由于量块高度比较难调，因此一般是用工件的准确角度值和正弦规中心距先算出量块高 h，然后检查工件表面与平板的平行度误差，从而知道工件的角度是否正确，即

$$h=L\sin\alpha$$

例　$L=100\text{mm}$，$\alpha=12°10'30''$，求 h。

解　$h=L\sin\alpha=100\text{mm}\times0.21077=21.077\text{mm}$

量块为：10mm；9mm；1.07mm；1.007mm

1.3.2 锥度测量

1.3.2.1 圆锥体主要参数（见图 1-35）

1.3.2.2 圆锥量规 圆锥量规用于检验成批生产中的工具圆锥，分为圆锥环规和圆锥塞规。检验外锥面用圆锥环规，检验内锥面用圆锥塞规，见图 1-36。

用圆锥量规检验时，采用涂色法检验锥度误差。其方法是在量规的表面三个均匀位置顺着母线涂一层极薄的显示剂，与被检验工件锥体套合后，轻微旋转 1/3～1/2 转，取出量规，根据接触面积来判断锥角误差。对于圆锥塞规，若只有大端涂色被擦去说明工件的锥角偏小；反之，若小端涂色被擦去则说明工件的锥角偏大；若量规上的涂色被均匀地擦去，才表示工件的锥角是正确的。

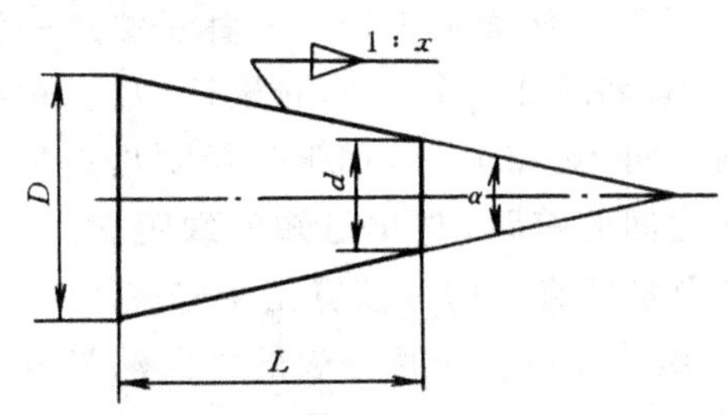

图 1-35 圆锥体
D—锥体大端直径 d—锥体小端直径
α—锥角 L—锥体长度

用圆锥测量仪测量圆锥锥度，见图 1-37。

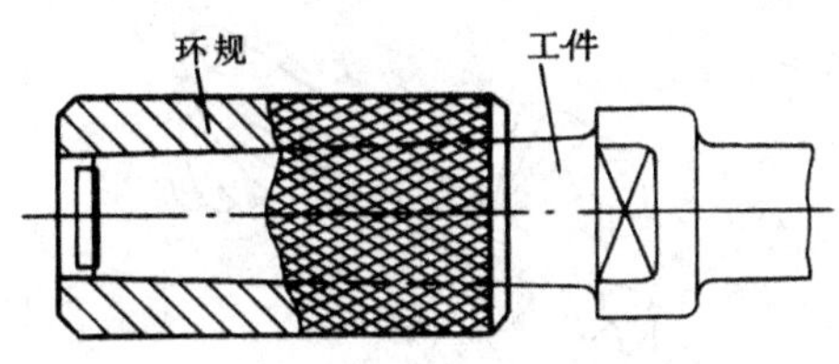

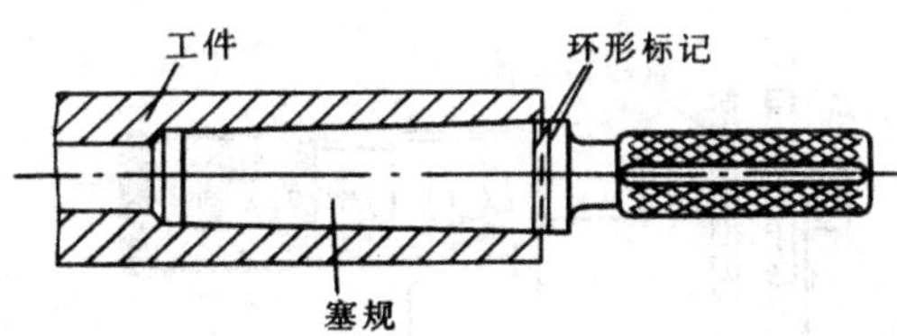

图 1-36 圆锥量规

1.3.3 螺纹测量

1.3.3.1 螺纹主要参数（见图 1-38）

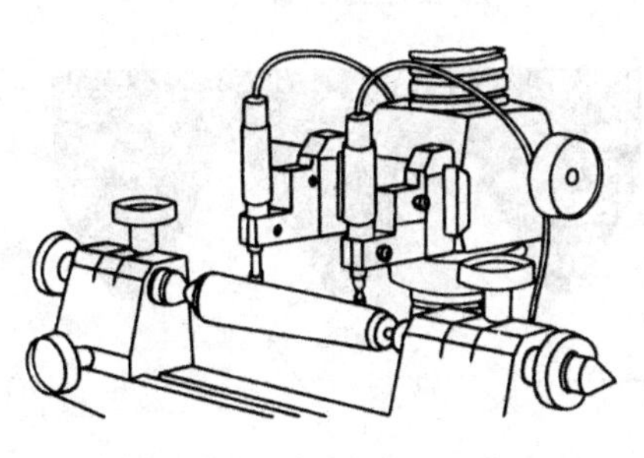

图 1-37 锥度测量仪

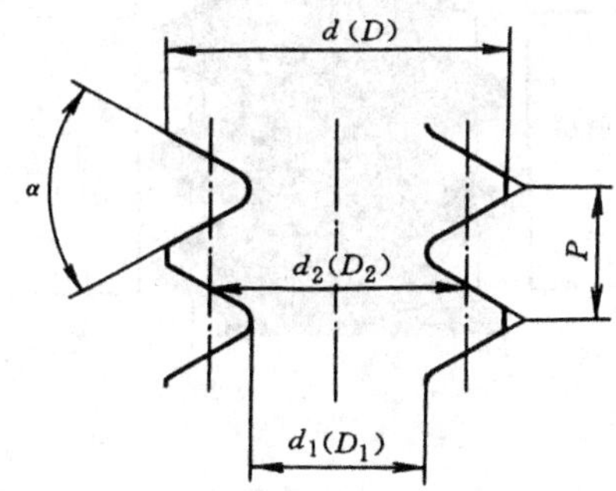

图 1-38 螺纹
$d(D)$—外（内）螺纹大径 $d_2(D_2)$—外（内）螺纹中径 $d_1(D_1)$—外（内）螺纹小径
P—螺距 α—牙型角

1.3.3.2 螺纹测量量具 螺纹测量可用螺纹千分尺、三针量法、螺纹样板、带百分表的螺距测量量具和工具显微镜。

1. 用螺纹千分尺测量中径　测量外螺纹的中径时，可以使用带插入式测量头的螺纹千分尺测量。它的构造和外径千分尺相似，差别仅在于两个测量头的形状。螺纹千分尺的测量头做成和螺纹牙型相吻的形状，即一个为V形测量头，与牙型凸起部分相吻合；另一个为圆锥形测量头，与牙型沟槽相吻合，见图1-39。

2. 三针量法测量中径　三针量法是一种间接量法，即将三根直径相同的量针，放在螺纹牙型沟槽中间，见图1-40，用千分尺测出三根量针外母线之间的跨距，根据已知的螺距P，牙型半角$\alpha/2$及量针直径的数值算出中径d_2。

图1-39　螺纹千分尺

3. 螺蚊样板和带百分表的螺距测量量具　螺纹样板是用来区分工件螺纹的螺距尺寸和牙型角。或者用带百分表的螺距测量量仪测量螺距，见图1-41。

4. 用工具显微镜测量螺纹各参数　工具显微镜是一种以影象法作为测量基础的精密光学仪器。它可以测量精密螺纹的基本参数，见图1-42。

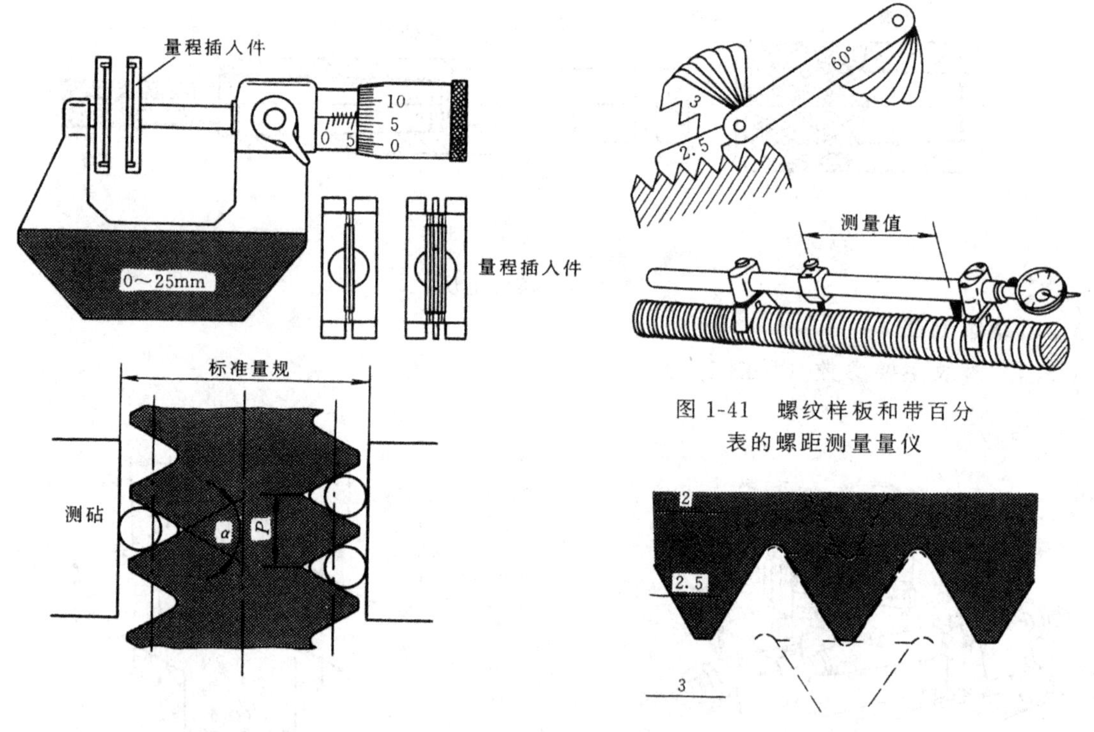

图1-40　三针量法

图1-41　螺纹样板和带百分表的螺距测量量仪

图1-42　用工具显微镜的剖面对照

1.3.3.3　螺纹量规　由于加工误差等原因螺纹会产生螺距误差和螺纹啮合角误差，见图1-43。

采用螺纹极限量规按照螺纹的极限尺寸判断原则来检验内外螺纹工件的实际牙型，以保证螺纹结合件的互换性。

螺纹量规分螺纹环规和螺纹塞规，这些量规都有通规和止规，见图1-44和图1-45。

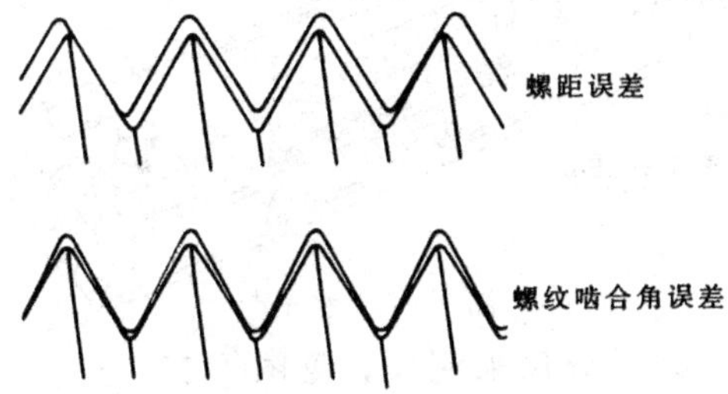

图 1-43　螺纹误差

图 1-44　螺纹环规

当然还有一种用滚柱式螺纹极限卡规测量外螺纹方法，卡规借助于极限螺纹调节规完成调整。卡规由通端和止端构成，见图 1-46。

1.3.4　平面测量

平面测量可用刀口形直尺和水平仪。

1.3.4.1　刀口形直尺　刀口形直尺是用漏光法和痕迹法来检验工件的直线度和平面的平面度的。

图 1-45　螺纹塞规

检查时，刀口形直尺的工作面应紧靠并垂直于被测表面，然后观察被测表面与直尺之间的漏光缝隙大小，就可以判断被测表面是否平直。但光源必须明亮而均匀，见图 1-47。

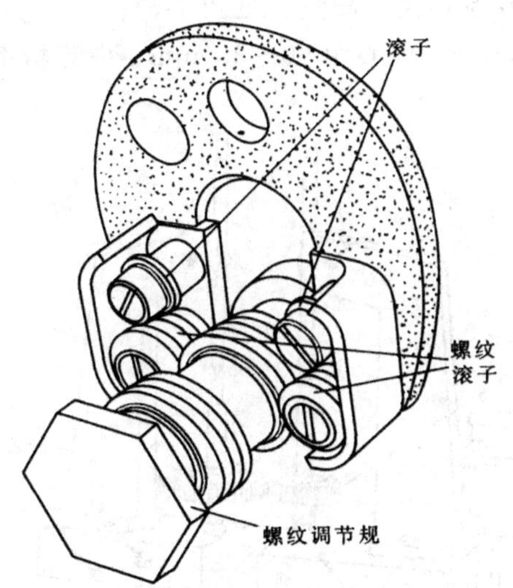

图 1-46　滚柱式螺纹极限卡规

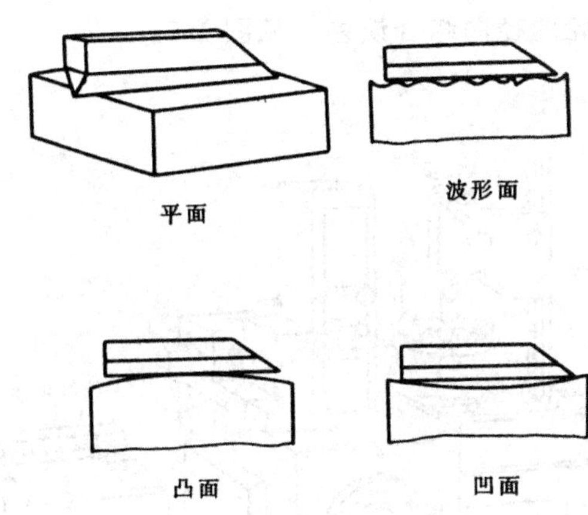

图 1-47　用刀口形直尺检查平面

1.3.4.2　水平仪　水平仪是利用水准泡的移动来检验平面对水平或垂直位置的误差。

水平仪由框架和弧形玻璃管组成。框架的测量面上制有 V 形槽，以便安置在圆柱形的表面上。玻璃管的表面有刻线，内装乙醚或酒精，但不装满，留有一个气泡，这个气泡永远停在玻璃管内的最高点。如果被测平面处在水平或垂直位置时，水平仪气泡就处于玻璃管的中央位置。若被测平面是倾斜的，气泡就向左或向右移动。根据移动距离，即可知道平面的平面度或垂直度误差大小，见图 1-48。

测量刻度值为 0.02/1000mm 的水平仪，当气泡移动一格时，1m 内的高度差 h 是 0.02mm。

电子框式水平仪利用液晶数字显示测量值，见图 1-49。其刻度值为 0.01/1000mm。

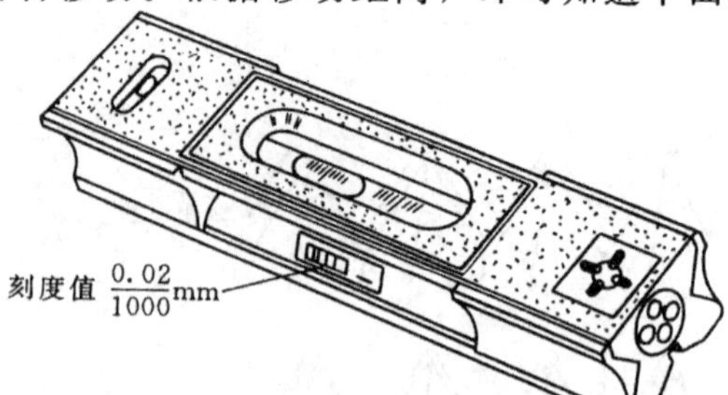

刻度值 $\frac{0.02}{1000}$mm

图 1-48　水平仪

1.3.5　齿轮的测量

1.3.5.1　公法线长度的测量　公法线长度可用公法线千分尺来测量，见图 1-50。

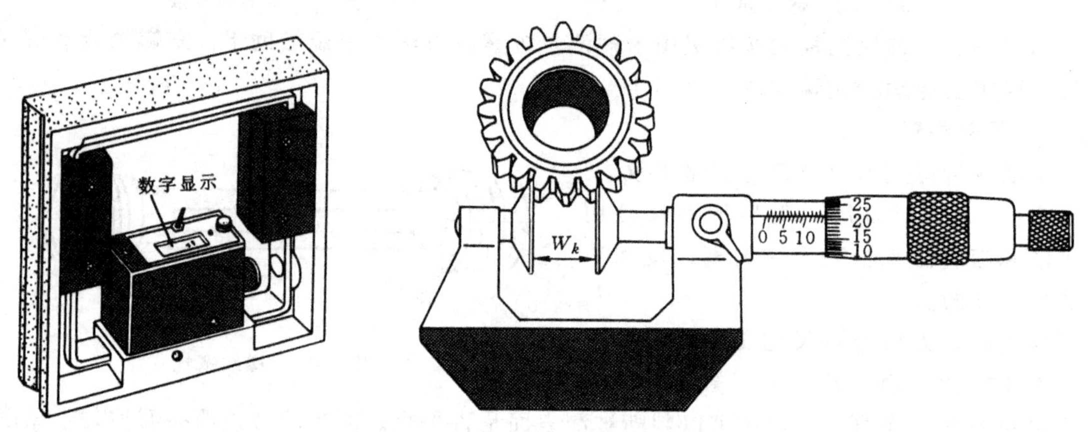

图 1-49　电子框式水平仪

图 1-50　用公法线千分尺测量齿轮公法线长度

1.3.5.2　齿形误差测量　齿形误差可在专用的渐开线检查仪上测量，见图 1-51。

1.3.5.3　双面啮合综合测量　双啮仪可测模数 1～10mm、中心距 50～300mm、中等精度圆柱齿轮的径向综合误差，见图 1-52。

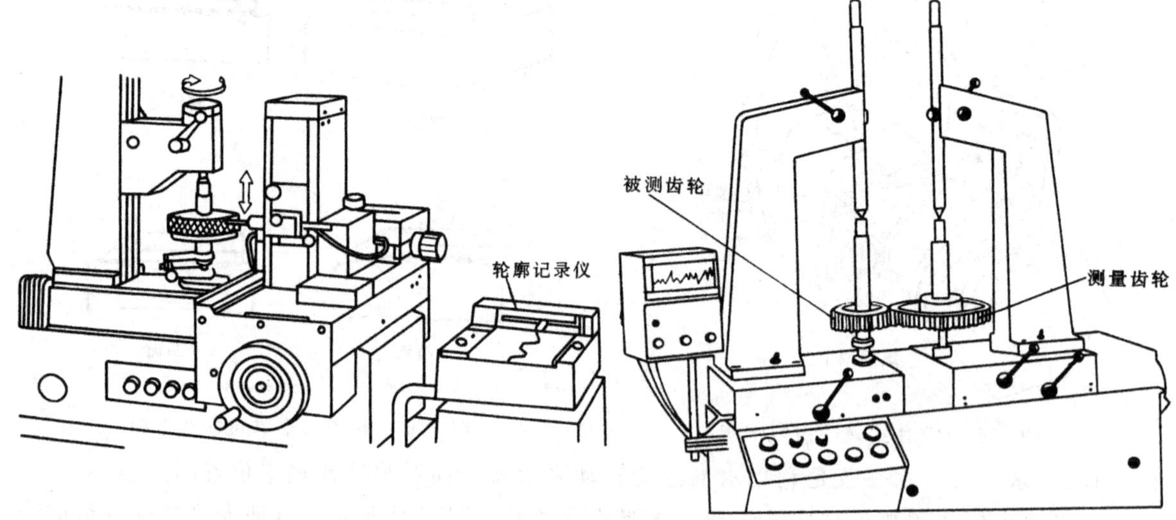

图 1-51　渐开线检查仪

图 1-52　双面啮合综合测量仪

被测齿轮回转一周中，由于几何偏心、齿形误差、基节偏差、齿向误差等因素，引起双面啮合中心距的变动，使浮动滑座产生位移，此位移量通过指示表读出或由自动记录装置画出误差曲线，见图 1-53。误差曲线上的最高点与最低点之间的距离代表双面啮合中心距的最大变动量，即为径向综合误差。

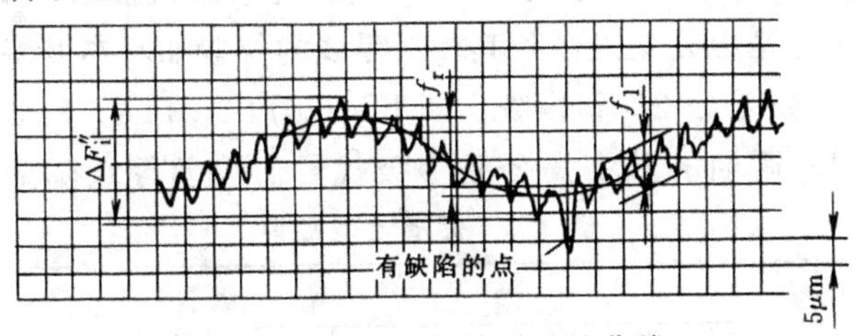

图 1-53　径向综合误差记录曲线

$\Delta F''_i$—径向综合误差　f_r—全跳动　f_1—齿轮单齿综合误差

1.4　公差与配合

1.4.1　常用术语及其定义

1. 孔　通常指工件的圆柱形外表面，也包括非圆柱形外表面（由二平行平面或切面形成的被包容面）。

2. 轴　通常指工件的圆柱形外表面，也包括非圆柱形表面（由二平行平面或切面形成的被包容面）。

3. 尺寸　以特定单位表示线性尺寸值的数值。

4. 基本尺寸　通过它应用上、下偏差可算出极限尺寸的尺寸称为基本尺寸，见图 1-54a。

5. 极限尺寸　一个孔或轴允许的尺寸的两个极端。实际尺寸应位于其中，也可达到极限尺寸。

（1）最大极限尺寸　孔或轴允许的最大尺寸。

（2）最小极限尺寸　孔或轴允许的最小尺寸。

6. 零线　在极限与配合图解中，表示基本尺寸一条直线，以其为基准确定偏差和公差。见图 1-54b。

7. 偏差　某一尺寸（实际尺寸、极限尺寸，等等）减其基本尺寸所得的代数差。

8. 极限偏差　上偏差和下偏差

1）上偏差（ES，es）最大极限尺寸减其基本尺寸所得的代数差，见图 1-54b。

2）下偏差（EI，ei）最小极限尺寸减其基本尺寸所得的代数差，见图 1-54b。

1.4.2　标准公差和基本偏差

1.4.2.1　标准公差(IT)　在极限与配合制的标准中，所规定的任一公差。字母 IT 为“国际公差”的符号。

1. 尺寸公差(简称公差)　最大极限尺寸减最小极限尺寸之差，或上偏差减下偏差之差。它是允许尺

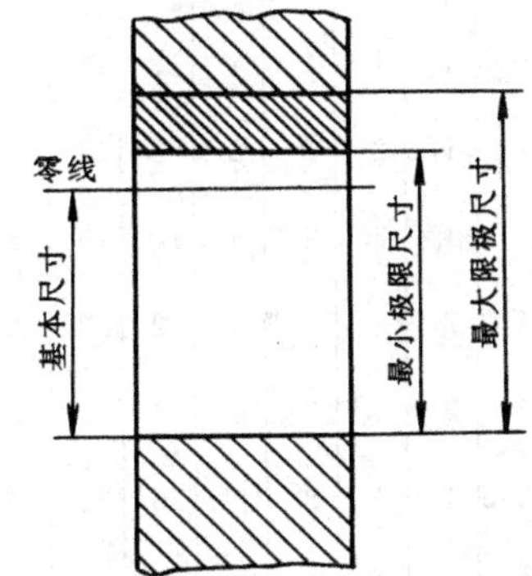

a)

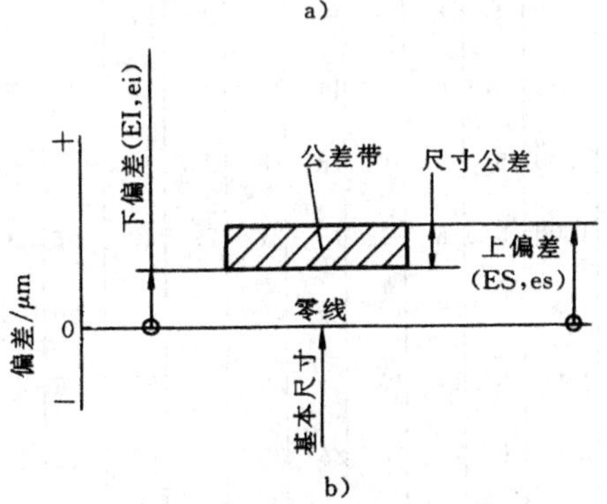

b)

图 1-54　极限与偏差示意图

a）基本尺寸、最大极限尺寸和最小极限尺寸

b）公差带图解

寸的变动量。尺寸公差是一个没有符号的绝对值。

2. 标准公差等级　在极限与配合的标准中，同一公差等级（例如 IT7）对所有基本尺寸的一组公差被认为具有同等精确程度。

3. 公差带　在公差带图解中，由代表上偏差和下偏差或最大极限尺寸和最小极限尺寸的两条直线所限定的一个区域。它是由公差大小和其相对零线的位置如基本偏差来确定。见图 1-54b。

由表 1-2 可见，标准公差分 20 个等级，即 IT01、IT0、IT1、IT2、……IT17、IT18。它用来确定公差带大小。IT 后面的数字是公差等级代号。公差等级随数值的增大而依次降低。

表 1-2　标准公差数值

基本尺寸/mm		公差等级																			
		IT01	IT0	IT1	IT2	IT3	IT4	IT5	IT6	IT7	IT8	IT9	IT10	IT11	IT12	IT13	IT14	IT15	IT16	IT17	IT18
大于	至	/μm													/mm						
—	3	0.3	0.5	0.8	1.2	2	3	4	6	10	14	25	40	60	0.10	0.14	0.25	0.40	0.60	1.0	1.4
3	6	0.4	0.6	1	1.5	2.5	4	5	8	12	18	30	48	75	0.12	0.18	0.30	0.48	0.75	1.2	1.8
6	10	0.4	0.6	1	1.5	2.5	4	6	9	15	22	36	58	90	0.15	0.22	0.36	0.58	0.90	1.5	2.2
10	18	0.5	0.8	1.2	2	3	5	8	11	18	27	43	70	110	0.18	0.27	0.43	0.70	1.10	1.8	2.7
18	30	0.6	1	1.5	2.5	4	6	9	13	21	33	52	84	130	0.21	0.33	0.52	0.84	1.30	2.1	3.3
30	50	0.6	1	1.5	2.5	4	7	11	16	25	39	62	100	160	0.25	0.39	0.62	1.00	1.60	2.5	3.9
50	80	0.8	1.2	2	3	5	8	13	19	30	46	74	120	190	0.30	0.46	0.74	1.20	1.90	3.0	4.6
80	120	1	1.5	2.5	4	6	10	15	22	35	54	87	140	220	0.35	0.54	0.87	1.40	2.20	3.5	5.4
120	180	1.2	2	3.5	5	8	12	18	25	40	63	100	160	250	0.40	0.63	1.00	1.60	2.50	4.0	6.3
180	250	2	3	4.5	7	10	14	20	29	46	72	115	185	290	0.46	0.72	1.15	1.85	2.90	4.6	7.2
250	315	2.5	4	6	8	12	16	23	32	52	81	130	210	320	0.52	0.81	1.30	2.10	3.20	5.2	8.1
315	400	3	5	7	9	13	18	25	36	57	89	140	230	360	0.57	0.89	1.40	2.30	3.60	5.7	8.9
400	500	4	6	8	10	15	20	27	40	63	97	155	250	400	0.63	0.97	1.55	2.50	4.00	6.3	9.7
500	630	4.5	6	9	11	16	22	30	44	70	110	175	280	440	0.70	1.10	1.75	2.8	4.4	7.0	11.0
630	800	5	7	10	13	18	25	35	50	80	125	200	320	500	0.80	1.25	2.00	3.2	5.0	8.0	12.5
800	1000	5.5	8	11	15	21	29	40	56	90	140	230	360	560	0.90	1.40	2.30	3.6	5.6	9.0	14.0
1000	1250	6.5	9	13	18	24	34	46	66	105	165	260	420	660	1.05	1.65	2.60	4.2	6.6	10.5	16.5
1250	1600	8	11	15	21	29	40	54	78	125	195	310	500	780	1.25	1.95	3.10	5.0	7.8	12.5	19.5
1600	2000	9	13	18	25	35	48	65	92	150	230	370	600	920	1.50	2.30	3.70	6.0	9.2	15.0	23.0
2000	2500	11	15	22	30	41	57	77	110	175	280	440	700	1100	1.75	2.80	4.40	7.0	11.0	17.5	28.0
2500	3150	13	18	26	36	50	69	93	135	210	330	540	860	1350	2.10	3.30	5.40	8.6	13.5	21.0	33.0

注：基本尺寸小于 1mm 时，无 IT14～IT18。

1.4.2.2　基本偏差　在极限与配合的标准中，确定公差带相对零线位置的那个极限偏差，见图 1-54b。它可以是上偏差或下偏差，一般为靠近零线的那个偏差，如图 1-54b 为下偏差。

孔和轴的基本偏差系列，见图 1-55。孔的基本偏差代号用大写的拉丁字母表示，轴的基本偏差代号用小写的拉丁字母表示。总共孔、轴各有 28 个基本偏差代号。

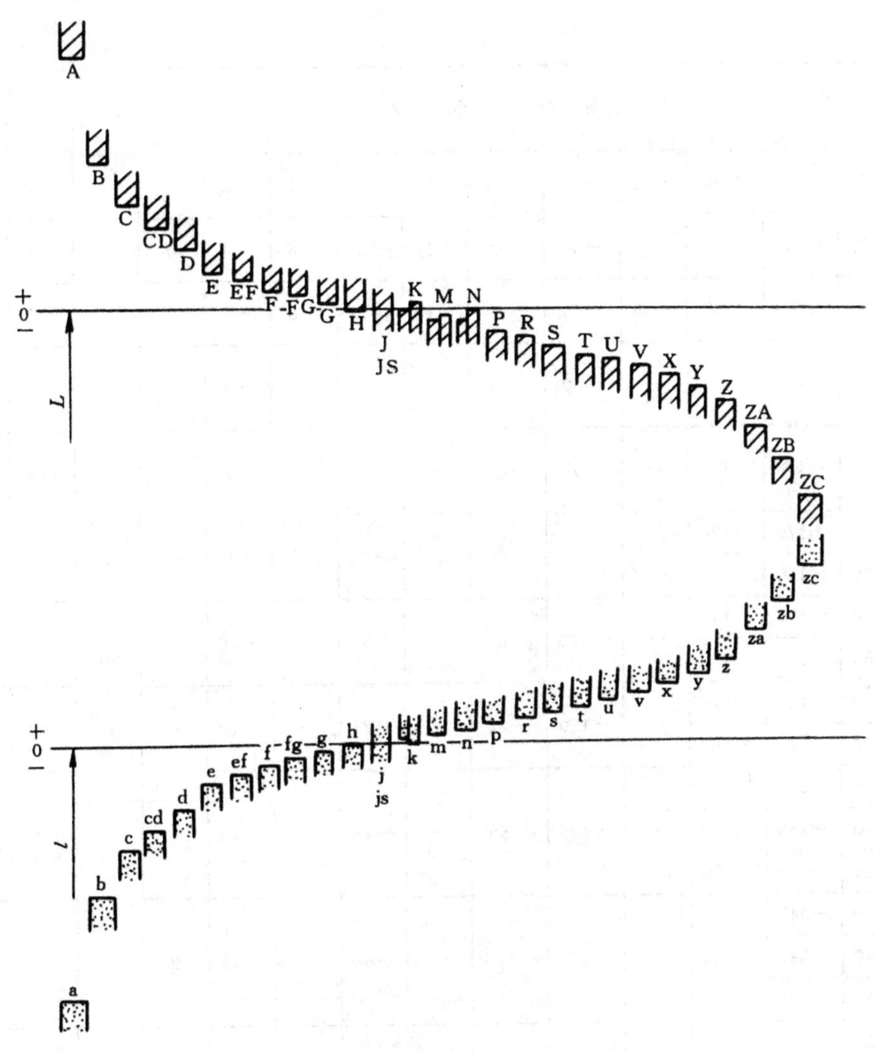

图 1-55　基本偏差系列

表 1-3 为轴的基本偏差数值，表 1-4 为孔的基本偏差数值。

1.4.3　配合与配合种类

1.4.3.1　配合　配合是指基本尺寸相同的，相互结合的孔和轴公差带之间的关系。

1.4.3.2　配合种类　配合分为间隙配合，过盈配合和过渡配合。

1. 间隙配合　具有间隙（包括最小间隙等于零）的配合。此时，孔的公差带在轴的公差带之上，见图 1-56a、b。

表 1-3 轴的基本

基本偏差		上偏差 (es)											js			
		a	b	c	cd	d	e	ef	f	fg	g	h		j		
基本尺寸/mm														公差		
大于	至	所有等级												5、6	7	8
—	3	−270	−140	−60	−34	−20	−14	−10	−6	−4	−2	0	偏差 $=\pm\frac{IT}{2}$	−2	−4	−5
3	6	−270	−140	−70	−46	−30	−20	−14	−10	−6	−4	0		−2	−4	—
6	10	−280	−150	−80	−56	−40	−25	−18	−13	−8	−5	0		−2	−5	—
10	14	−290	−150	−95	—	−50	−32	—	−16	—	−6	0		−3	−6	—
14	18															
18	24	−300	−160	−110	—	−65	−40	—	−20	—	−7	0		−4	−8	—
24	30															
30	40	−310	−170	−120	—	−80	−50	—	−25	—	−9	0		−5	−10	—
40	50	−320	−180	−130												
50	65	−340	−190	−140	—	−100	−60	—	−30	—	−10	0		−7	−12	—
65	80	−360	−200	−150												
80	100	−380	−220	−170	—	−120	−72	—	−36	—	−12	0		−9	−15	—
100	120	−410	−240	−180												
120	140	−460	−260	−200	—	−145	−85	—	−43	—	−14	0		−11	−18	—
140	160	−520	−280	−210												
160	180	−580	−310	−230												
180	200	−660	−340	−240	—	−170	−100	—	−50	—	−15	0		−13	−21	—
200	225	−740	−380	−260												
225	250	−820	−420	−280												
250	280	−920	−480	−300	—	−190	−110	—	−56	—	−17	0		−16	−26	—
280	315	−1050	−540	−330												
315	355	−1200	−600	−360	—	−210	−125	—	−62	—	−18	0		−18	−28	—
355	400	−1350	−680	−400												
400	450	−1500	−760	−440	—	−230	−135	—	−68	—	−20	0		−20	−32	—
450	500	−1650	−840	−480												

注：1. 基本尺寸小于 1mm 时，各级的 a 和 b 均不采用。

2. Js 的数值：对 IT7～IT11，若 IT 的数值（μm）为奇数，则取 $js=\pm\frac{IT-1}{2}$。

偏差数值 (μm)

下偏差 (ei)															
k		m	n	p	r	s	t	u	v	x	y	z	za	zb	zc
等级															
4～7	≤3 >7	所有等级													
0	0	+2	+4	+6	+10	+14	—	+18	—	+20	—	+26	+32	+40	+60
+1	0	+4	+8	+12	+15	+19	—	+23	—	+28	—	+35	+42	+50	+80
+1	0	+6	+10	+15	+19	+23	—	+28	—	+34	—	+42	+52	+67	+97
+1	0	+7	+12	+18	+23	+28	—	+33	—	+40	—	+50	+64	+90	+130
									+39	+45	—	+60	+77	+108	+150
+2	0	+8	+15	+22	+28	+35	—	+41	+47	+54	+63	+73	+98	+136	+188
							+41	+48	+55	+64	+75	+88	+113	+160	+218
+2	0	+9	+17	+26	+34	+43	+48	+60	+68	+80	+94	+112	+148	+200	+274
							+54	+70	+81	+97	+114	+136	+180	+242	+325
+2	0	+11	+20	+32	+41	+53	+66	+87	+102	+122	+144	+172	+226	+300	+405
					+43	+59	+75	+102	+120	+146	+174	+210	+274	+360	+480
+3	0	+13	+23	+37	+51	+71	+91	+124	+146	+178	+214	+258	+335	+445	+585
					+54	+79	+104	+144	+172	+210	+254	+310	+400	+525	+690
+3	0	+15	+27	+43	+63	+92	+122	+170	+202	+248	+300	+365	+470	+620	+800
					+65	+100	+134	+190	+228	+280	+340	+415	+535	+700	+900
					+68	+108	+146	+210	+252	+310	+380	+465	+600	+780	+1000
+4	0	+17	+31	+50	+77	+122	+166	+236	+284	+350	+425	+520	+670	+880	+1150
					+80	+130	+180	+258	+310	+385	+470	+575	+740	+960	+1250
					+84	+140	+196	+284	+340	+425	+520	+640	+820	+1050	+1350
+4	0	+20	+34	+56	+94	+158	+218	+315	+385	+475	+580	+710	+920	+1200	+1550
					+98	+170	+240	+350	+425	+525	+650	+790	+1000	+1300	+1700
+4	0	+21	+37	+62	+108	+190	+268	+390	+475	+590	+730	+900	+1150	+1500	+1900
					+114	+208	+294	+435	+530	+660	+820	+1000	+1300	+1650	+2100
+5	0	+23	+40	+68	+126	+232	+330	+490	+595	+740	+920	+1100	+1450	+1850	+2400
					+132	+252	+360	+540	+660	+820	+1000	+1250	+1600	+2100	+2600

表 1-4 孔的基本

基本偏差		下偏差（EI）											JS	上					
		A	B	C	CD	D	E	EF	F	FG	G	H		J			K		M
基本尺寸/mm		公差																	
大于	至	所有等级												6	7	8	≤8	>8	≤8
—	3	+270	+140	+60	+34	+20	+14	+10	+6	+4	+2	0	偏差 $=\pm\frac{IT}{2}$	+2	+4	+6	0	0	−2
3	6	+270	+140	+70	+46	+30	+20	+14	+10	+6	+4	0		+5	+6	+10	−1+Δ	—	−4+Δ
6	10	+280	+150	+80	+56	+40	+25	+18	+13	+8	+5	0		+5	+8	+12	−1+Δ	—	−6+Δ
10	14	+290	+150	+95	—	+50	+32	—	+16	—	+6	0		+6	+10	+15	−1+Δ	—	−7+Δ
14	18																		
18	24	+300	+160	+110	—	+65	+40	—	+20	—	+7	0		+8	+12	+20	−2+Δ	—	−8+Δ
24	30																		
30	40	+310	+170	+120	—	+80	+50	—	+25	—	+9	0		+10	+14	+24	−2+Δ	—	−9+Δ
40	50	+320	+180	+130															
50	65	+340	+190	+140	—	+100	+60	—	+30	—	+10	0		+13	+18	+28	−2+Δ	—	−11+Δ
65	80	+360	+200	+150															
80	100	+380	+220	+170	—	+120	+72	—	+36	—	+12	0		+16	+22	+34	−3+Δ	—	−13+Δ
100	120	+410	+240	+180															
120	140	+460	+260	+200	—	+145	+85	—	+43	—	+14	0		+18	+26	+41	−3+Δ	—	−15+Δ
140	160	+520	+280	+210															
160	180	+580	+310	+230															
180	200	+660	+340	+240	—	+170	+100	—	+50	—	+15	0		+22	+30	+47	−4+Δ	—	−17+Δ
200	225	+740	+380	+260															
225	250	+820	+420	+280															
250	280	+920	+480	+300	—	+190	+110	—	+56	—	+17	0		+25	+36	+55	−4+Δ	—	−20+Δ
280	315	+1050	+540	+330															
315	355	+1200	+600	+360	—	+210	+125	—	+62	—	+18	0		+29	+39	+60	−4+Δ	—	−21+Δ
355	400	+1350	+680	+400															
400	450	+1500	+760	+440	—	+230	+135	—	+68	—	+20	0		+33	+43	+66	−5+Δ	—	−23+Δ
450	500	+1650	+840	+480															

注：1. 基本尺寸小于 1mm 时，各级的 A 和 B 及大于 8 级的 N 均不采用。

2. Js 的数值：对 IT7～IT11，若 IT 的数值（μm）为奇数，则取 $Js=\pm\frac{IT-1}{2}$。

3. 特殊情况：当基本尺寸大于 250～315mm 时，M6 的 ES 等于 −9（不等于 −11）。

4. 对小于或等于 IT8 的 K、M，N 和小于或等于 IT7 的 P 至 ZC，所需 Δ 值从表内右侧栏选取。例如：大于 6～

偏差数值 (μm)

偏差 (ES)																Δ					
	N		P至ZC	P	R	S	T	U	V	X	Y	Z	ZA	ZB	ZC						
等级																					
>8	≤8	>8	≤7	>7												3	4	5	6	7	8
−2	−4	−4	在>7级的相应数值上增加一个Δ值	−6	−10	−14	—	−18	—	−20	—	−26	−32	−40	−60	0					
−4	−8+Δ	0		−12	−15	−19	—	−23	—	−28	—	−35	−42	−50	−80	1	1.5	1	3	4	6
−6	−10+Δ	0		−15	−19	−23	—	−28	—	−34	—	−42	−52	−67	−97	1	1.5	2	3	6	
−7	−12+Δ	0		−18	−23	−28	—	−33	—	−40	—	−50	−64	−90	−130	1	2	3	3	7	9
									−39	−45	—	−60	−77	−108	−150						
−8	−15+Δ	0		−22	−28	−35	—	−41	−47	−54	−63	−73	−98	−136	−188	1.5	2	3	4	8	12
							−41	−48	−55	−64	−75	−88	−118	−160	−218						
−9	−17+Δ	0		−26	−34	−43	−48	−60	−68	−80	−94	−112	−148	−200	−274	1.5	3	4	5	9	14
							−54	−70	−81	−97	−114	−136	−180	−242	−325						
−11	−20+Δ	0		−32	−41	−53	−66	−87	−102	−122	−144	−172	−226	−300	−405	2	3	5	6	11	16
					−43	−59	−75	−102	−120	−146	−174	−210	−274	−360	−480						
−13	−23+Δ	0		−37	−51	−71	−91	−124	−146	−178	−214	−258	−335	−445	−585	2	4	5	7	13	19
					−54	−79	−104	−144	−172	−210	−254	−310	−400	−526	−690						
−15	−27+Δ	0		−43	−63	−92	−122	−170	−202	−248	−300	−365	−470	−620	−800	3	4	6	7	15	23
					−65	−100	−134	−190	−228	−280	−340	−415	−535	−700	−900						
					−68	−108	−146	−210	−252	−310	−380	−465	−600	−780	−1000						
−17	−31+Δ	0		−50	−77	−122	−166	−236	−284	−350	−425	−520	−670	−880	−1150	3	4	6	9	17	26
					−80	−130	−180	−258	−310	−385	−470	−575	−740	−960	−1250						
					−84	−140	−196	−284	−340	−425	−520	−640	−820	−1050	−1350						
−20	−34+Δ	0		−56	−94	−158	−218	−315	−385	−475	−580	−710	−920	−1200	−1550	4	4	7	9	20	29
					−98	−170	−240	−350	−425	−525	−650	−790	−1000	−1300	−1700						
−21	−37+Δ	0		−62	−108	−190	−268	−390	−475	−590	−730	−900	−1150	−1500	−1900	4	5	7	11	21	32
					−114	−208	−294	−435	−530	−660	−820	−1000	−1300	−1650	−2100						
−23	−40+Δ	0		−68	−126	−232	−330	−490	−595	−740	−920	−1100	−1450	−1850	−2400	5	5	7	13	23	34
					−132	−252	−360	−540	−660	−820	−1000	−1250	−1600	−2100	−2600						

10mm 的 P6，Δ=3，所以 ES=−15μm+3μm=−12μm。

(1)最小间隙　在间隙配合中，孔的最小极限尺寸减轴的最大极限尺寸之差，见图 1-56b。

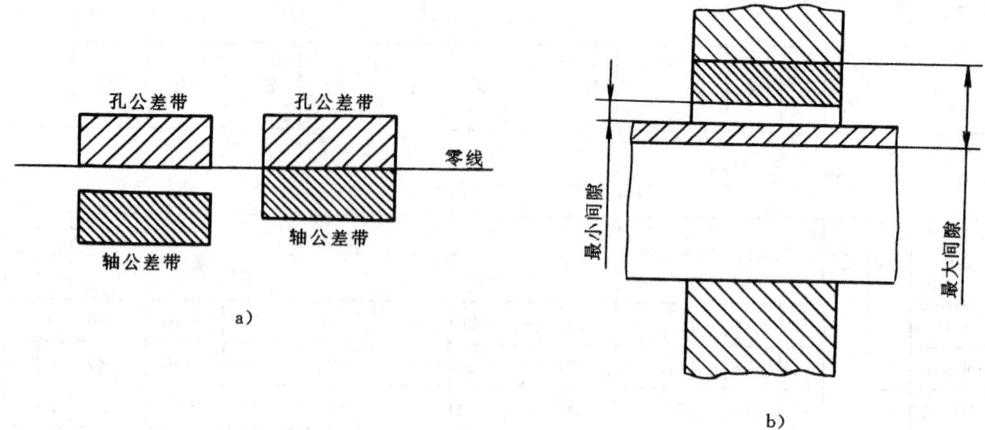

图 1-56　间隙配合

a）间隙配合公差带示意图　b）孔、轴间隙配合

(2)最大间隙　在间隙配合或过渡配合中，孔的最大极限尺寸减轴的最小极限尺寸之差，见图 1-56b 和图 1-58b。

2. 过盈配合　具有过盈（包括最小过盈等于零）的配合。此时，孔的公差带在轴的公差带之下，见图 1-57a、b。

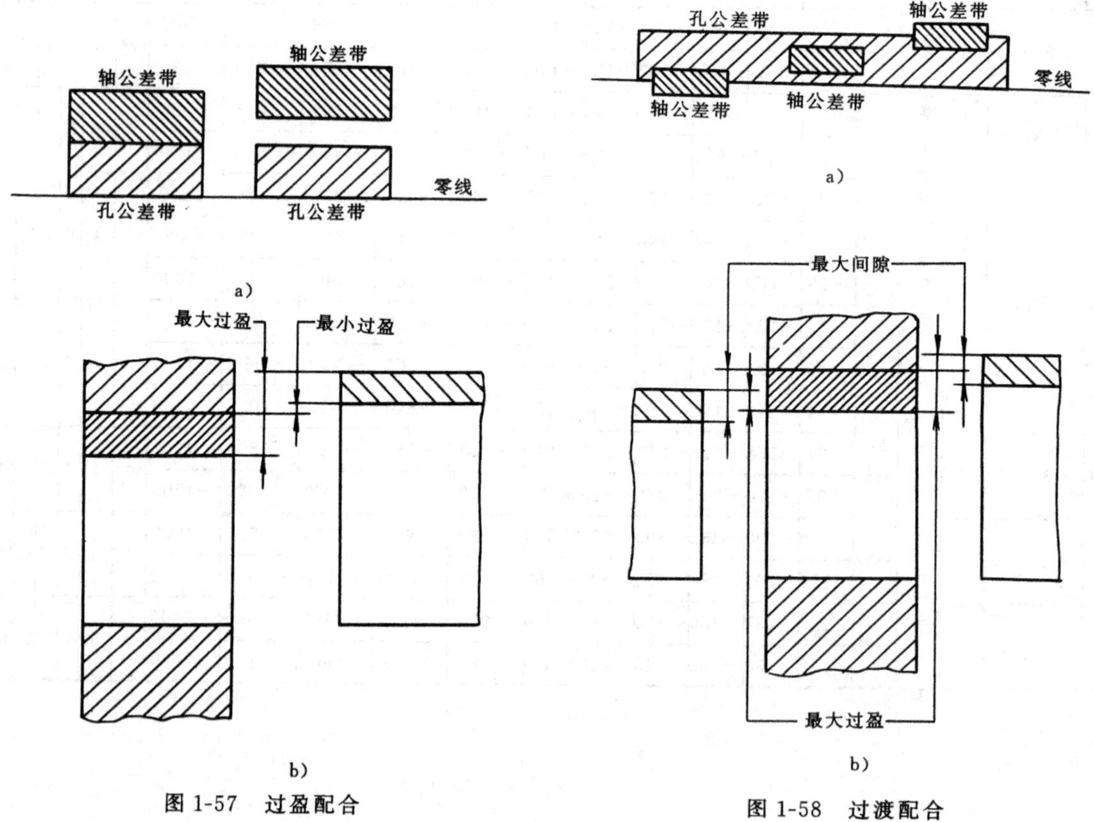

图 1-57　过盈配合

a）过盈配合公差带示意图　b）孔、轴过盈配合

图 1-58　过渡配合

a）过渡配合公差带示意图　b）孔、轴的过渡配合

(1) 最小过盈　在过盈配合中，孔的最大极限尺寸减轴的最小极限尺寸之差，见图 1-57b。

(2) 最大过盈　在过盈配合或过渡配合中，孔的最小极限尺寸减轴的最大极限尺寸之差。见图 1-57b 和图 1-58b。

3. 过渡配合　可能具有间隙或过盈的配合。此时，孔的公差带与轴的公差带相互交叠，见图 1-58a、b。

1.4.4 配合制

同一极限制的孔和轴组成配合的一种制度。

1.4.4.1 基孔制配合　基本偏差为一定孔的公差带，与不同基本偏差的轴的公差带形成各种配合的一种制度。在极限与配合制的标准中，是孔的最小极限尺寸与基本尺寸相等，孔的下偏差为零的一种配合制，见图 1-59。图中水平实线代表孔或轴的基本偏差，虚线代表另一极限，表示孔和轴之间可能的不同组合与它们的公差等级有关。

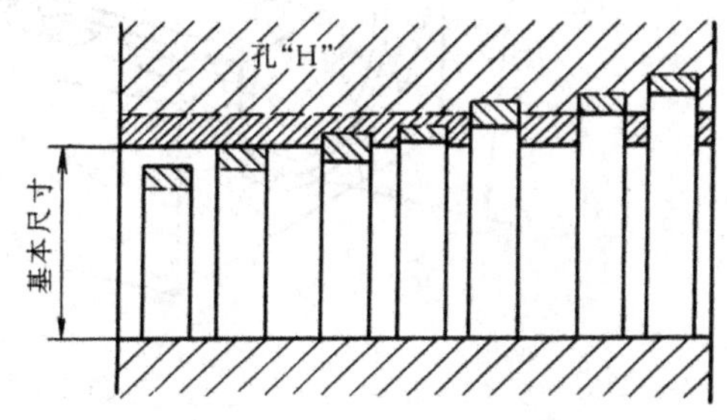

图 1-59　基孔制配合公差带图

在基孔制中，轴的基本偏差 a～h 与基准孔相配合为间隙配合；j 至 n 为过渡配合；p 至 zc 为过盈配合。基孔制配合图见图 1-60。

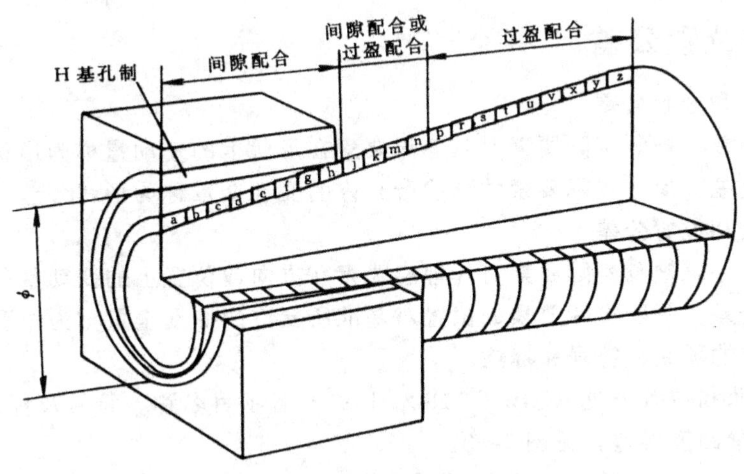

图 1-60　基孔制配合图

1.4.4.2 基轴制配合　基本偏差为一定轴的公差带，与不同基本偏差的孔的公差带形成各种配合的一种制度。在极限与配合制的标准中，是轴的最大极限尺寸与基本尺寸相等、轴的上偏差为零的一种配合制，见图 1-61。图中水平实线代表孔或轴的基本偏差，虚线代表另一极限，表示孔和轴之间可能的不同组合与它们的公差等级有关。

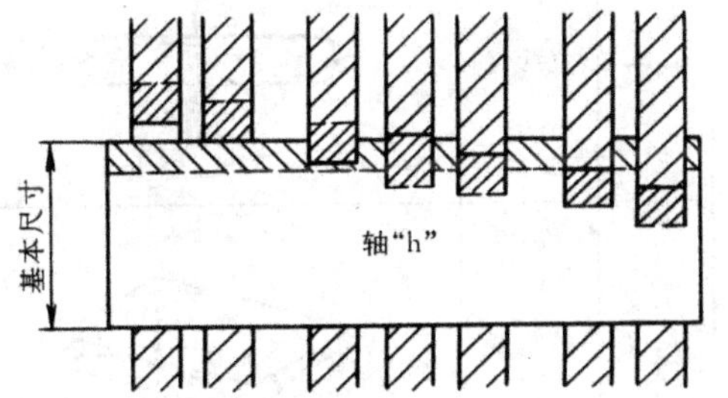

图 1-61　基轴制配合公差带图

在基轴制中，孔的基本偏差 A 至 H 为间隙配合，J 至 N 为过渡配合，P 至 ZC 为过盈配合。基轴制配合图见图 1-62。

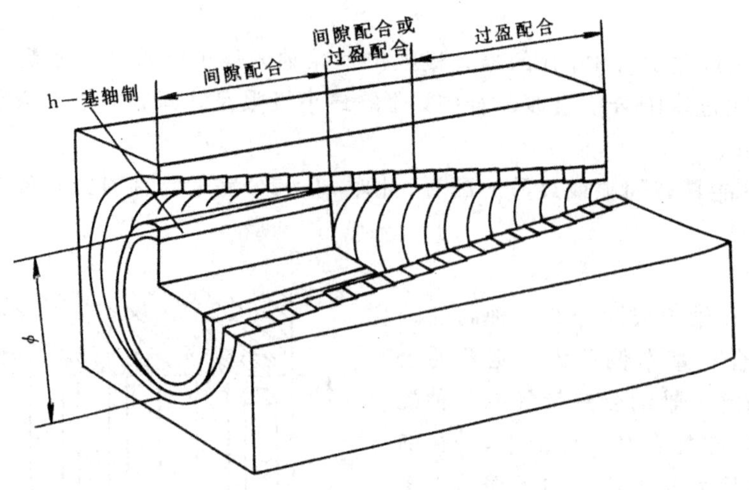

图 1-62　基轴制配合图

1.4.5　基准制的选用

在一般情况下，优先采用基孔制。因为这样可以减少定值刀具和定值量的数量，同时在加工时，改变轴的公差带位置也比较方便和经济。

但在有些情况下也采用基轴制。如滚动轴承外径与孔配合规定采用基轴制。

1.5　形状和位置公差

1.5.1　形状误差和形状公差

1.5.1.1　形状误差　被测实际要素对其理想要素在形状上的变动量称为形状误差。

1.5.1.2　形状公差　单一实际要素的形状所允许的变动全量称为形状公差。

1.5.2　位置误差和位置公差

1.5.2.1　位置误差　被测实际要素对其理想要素在方向或位置上的变动量称为位置误差。

1.5.2.2　位置公差　关联实际要素的位置对基准所允许的变动全量称为位置公差。

1.5.3　形位公差的项目、符号和标注

国家标准形状和位置公差（GB/T 1182—1996）各项目名称、符号及标注见表 1-5。

用圆度仪测量圆度误差，见图 1-63。

表 1-5　形状和位置公差的项目、符号和标注

分类	符号	项目	公　　差	标 注 示 例	读　　法
形状	—	直线度	φt	— φ0.08	被测圆柱面的轴线必须位于直径为公差值 φ0.08mm 的圆柱面内
	⏥	平面度	t	⏥ 0.08	被测表面必须位于距离为公差值 0.08mm 的两平行平面内

（续）

分类	符号	项目	公　差	标注示例	读　法
形状	○	圆度	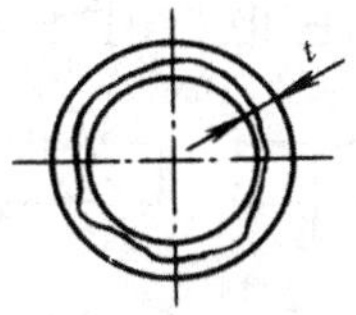	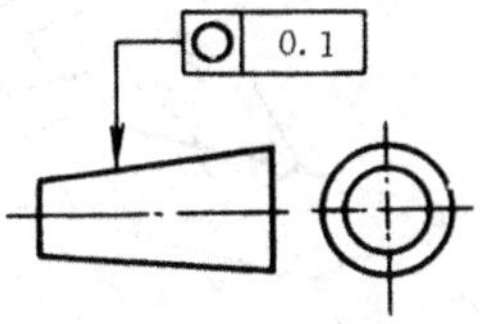	被测圆维面任一正截面上的圆周必须位于半径差为公差值 0.1mm 的两同心圆之间
	⌭	圆柱度		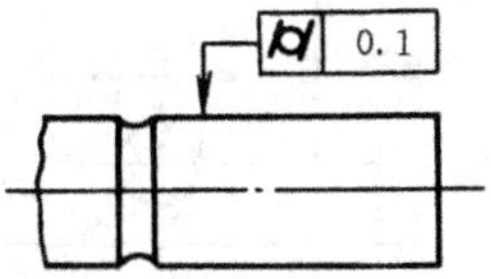	被测圆柱面必须位于半径差为公差值 0.1mm 的两同轴圆柱面之间
形状或位置	⌒	线轮廓度	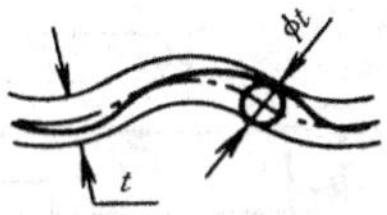	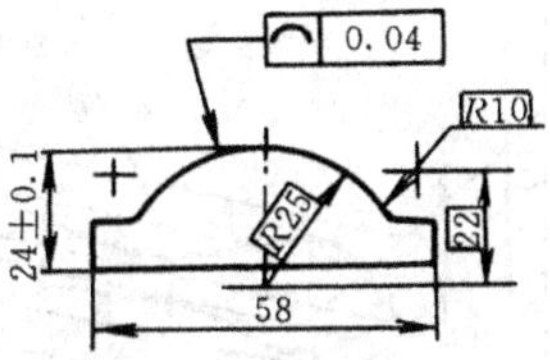	被测轮廓线必须位于包络一系列直径为公差值 0.04mm 的两包络线之间
	⌓	面轮廓度	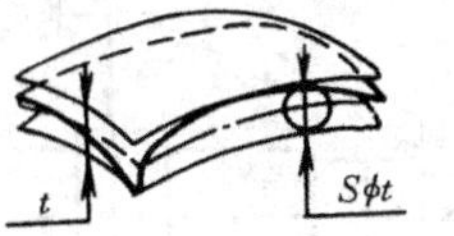	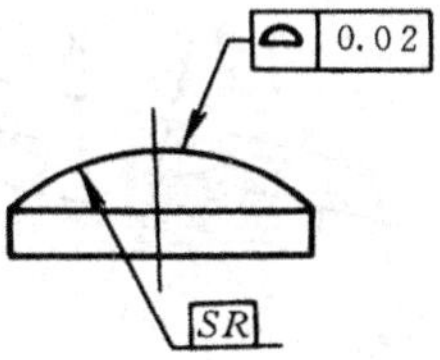	被测轮廓面必须位于诸球的直径为公差值 0.02mm 的两包络面之间
定向	//	平行度	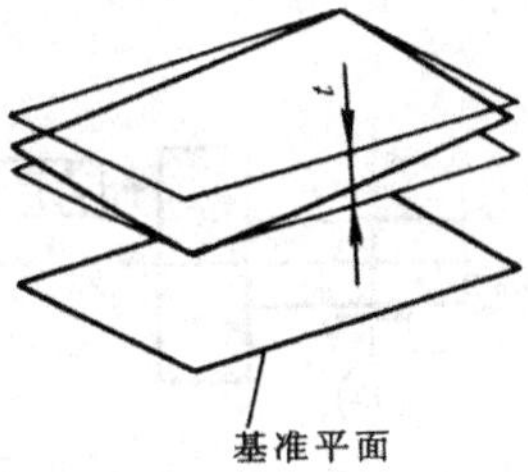 基准平面	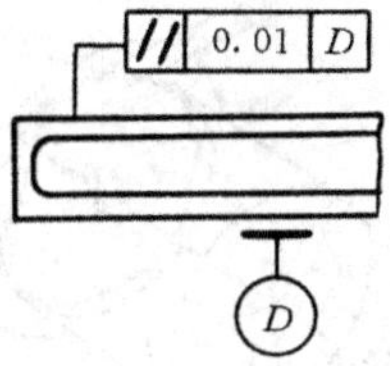	被测表面必须位于距离为公差值 0.01mm 且平行于基准表面 *D* 的两平行平面间
	⊥	垂直度	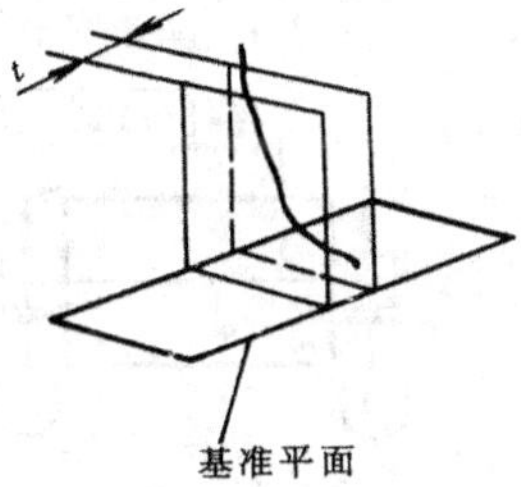 基准平面	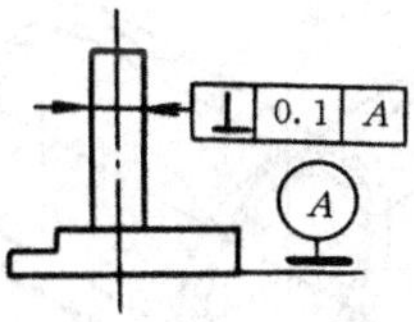	在给定方向上被测轴线必须位于距离为公差值 0.1mm 且垂直于基准表面 *A* 的两平行平面之间

（续）

分类	符号	项目	公　差	标注示例	读　法
定向	∠	倾斜度	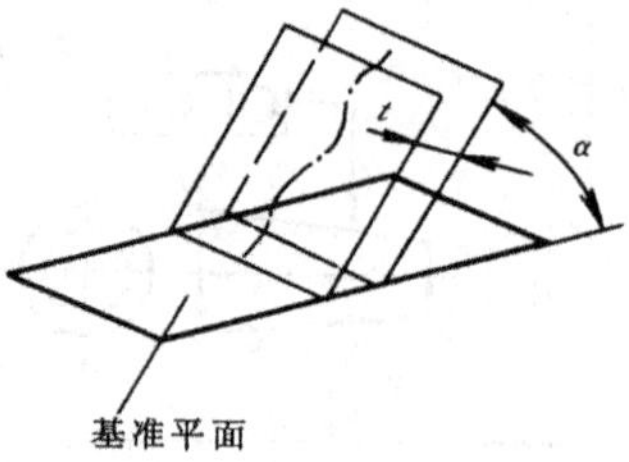 α；t；基准平面	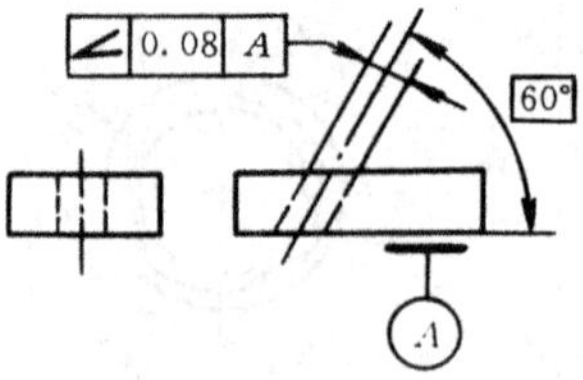 ∠ 0.08 A；60°；A	被测轴线必须位于距离为公差值 0.08mm 且与基准面 A 成 60°的两平行平面之间
定位	⌖	位置度	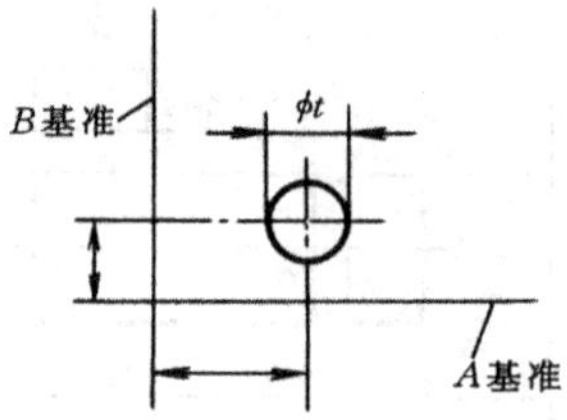 B基准；φt；A基准	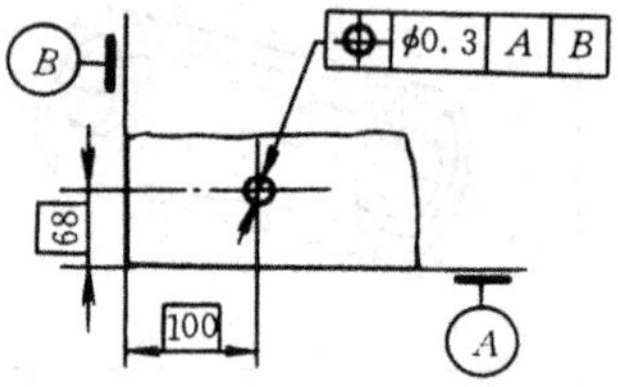 ⌖ φ0.3 A B；B；68；100；A	两个中心线的交点必须位于直径为公差值 0.3mm 的圆内。圆心位于相对基准 A、B 位置上
	⌯	对称度	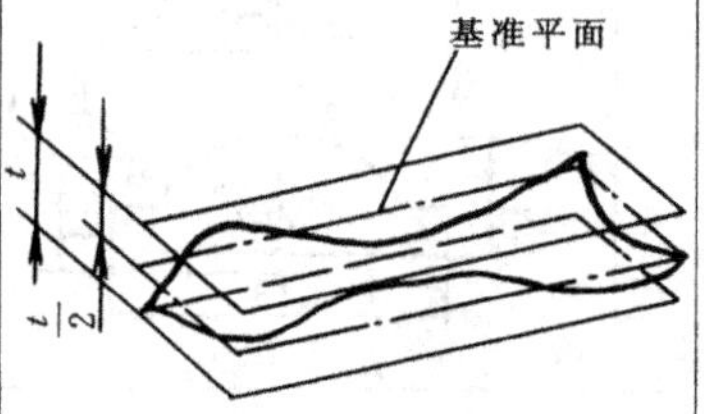 基准平面；t；t/2	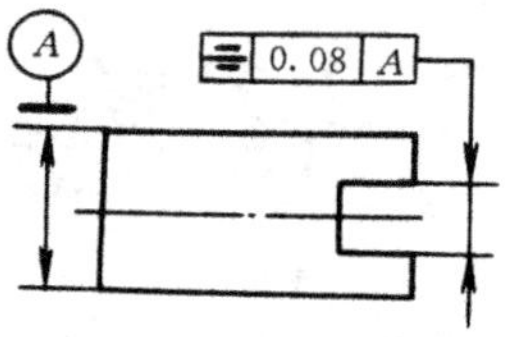 A；⌯ 0.08 A	被测中心平面必须位于距离为公差值 0.08mm 且相对于基准面 A 对称的两平行平面之间
	◎	同轴度	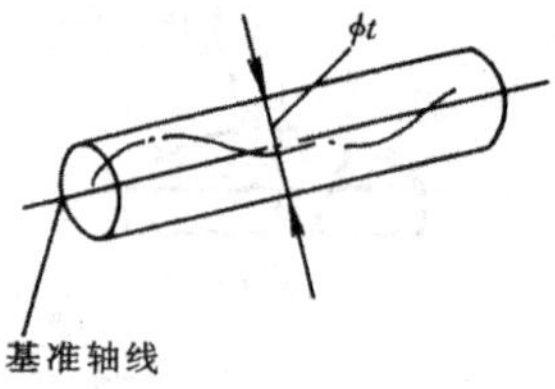 φt；基准轴线	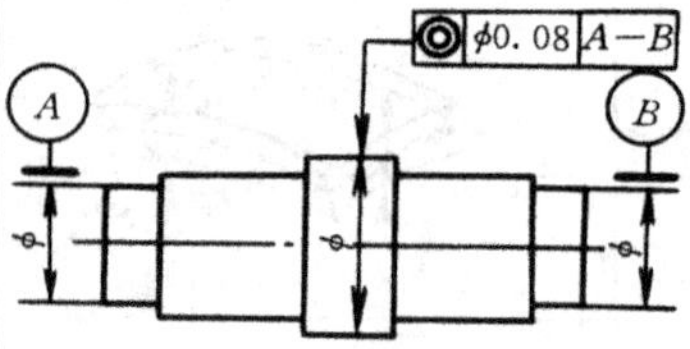 ◎ φ0.08 A—B；A；B	大圆柱面轴线必须位于直径为公差值 φ0.08mm 且与公共基准线 A—B 同轴的圆柱面内
跳动	↗	圆跳动	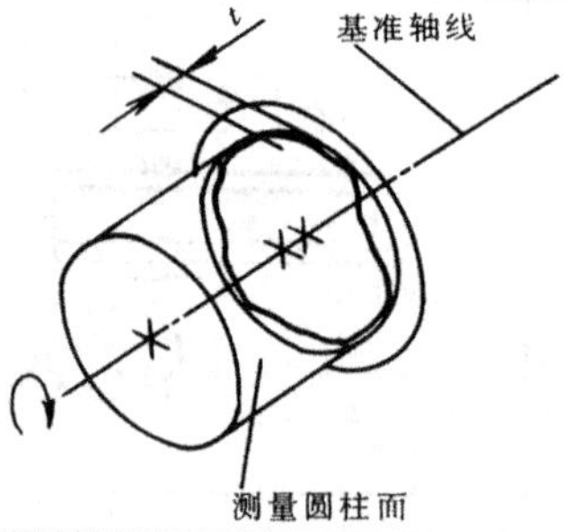 t；基准轴线；测量圆柱面	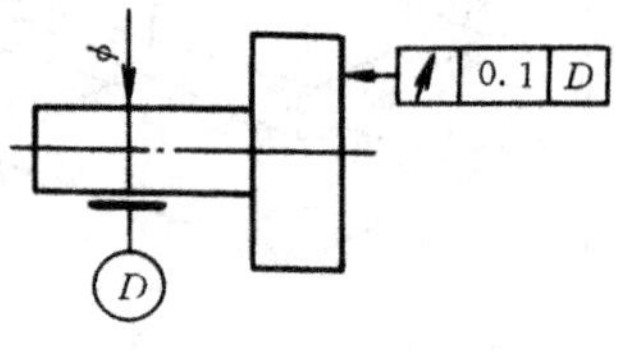 ↗ 0.1 D；D	被测面围绕基准 D 旋转一周时，在任一测量圆柱面内轴向的跳动量均不大于 0.1mm
	⌰	全跳动	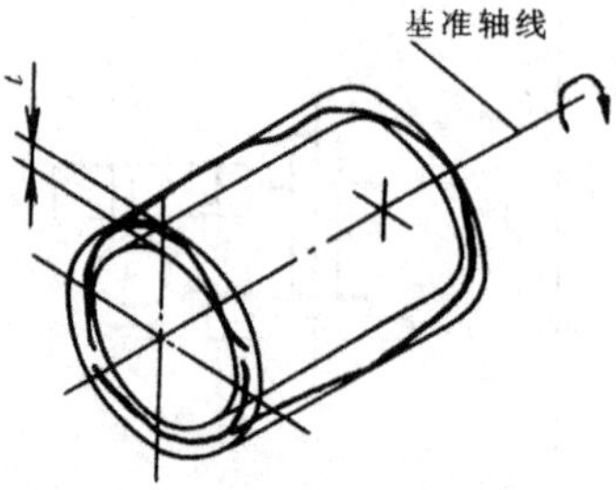 t；基准轴线	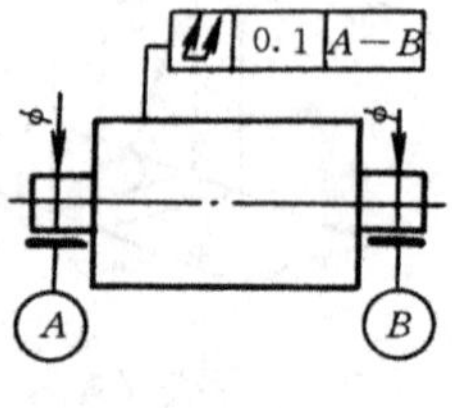 ⌰ 0.1 A—B；A；B	被测要素围绕公共基准 A—B 旋转，各点间的示值差均不得大于 0.1mm

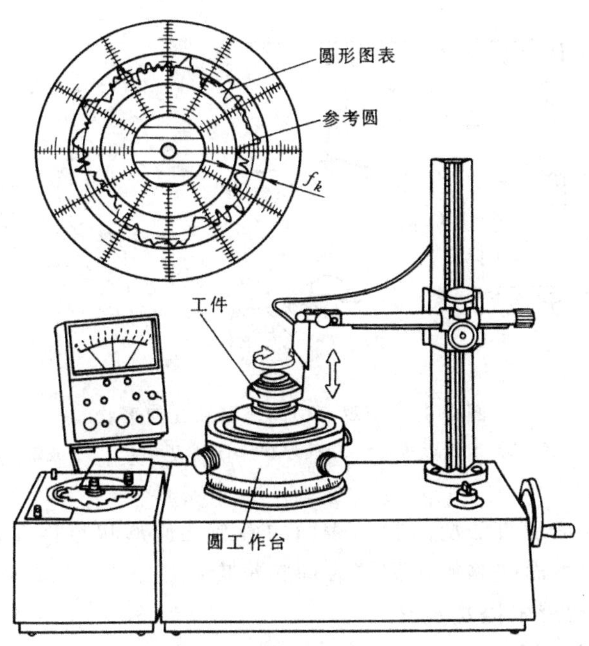

图 1-63 用圆度仪测量圆度误差

如对工件圆跳动进行测量以及对工件径向全跳动进行测量见图 1-64。

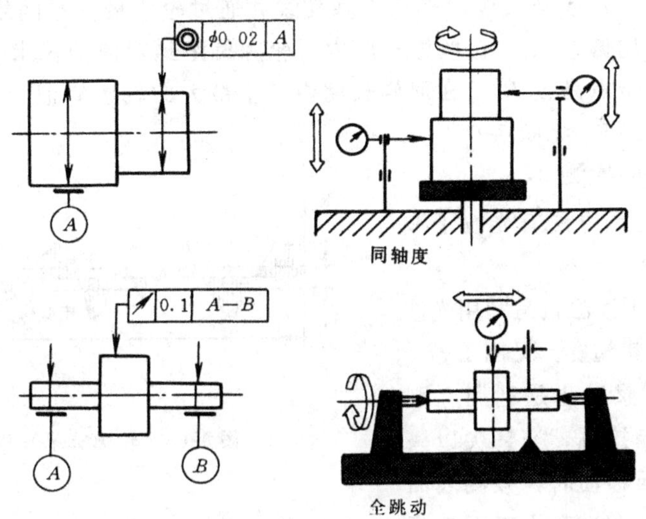

图 1-64 圆跳动和径向全跳动的测量

1.6 表面粗糙度

1.6.1 基本概念

表面粗糙度是指加工表面上具有的较小间距和峰谷的微观几何形状特性。它与宏观几何形状误差在参数值上有极大的区别。而波纹度则介于以上两者之间，也称为中间几何形状误差，见图 1-65。

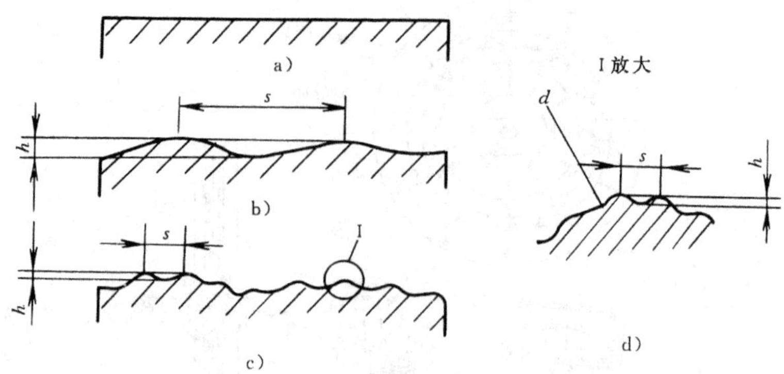

图 1-65 宏观、中间、微观几何形状

a）理想形状 b）宏观形状 c）中间形状 d）微观形状 s—波距 h—波高

根据规定，非切削加工方法所获得的表面的微观几何形状特性，也属于表面粗糙度。而工件表面的物理特性和表面缺陷则不属于表面粗糙度范围。

1.6.2 表面粗糙度的常用术语及定义

1. 取样长度 l 用于判别具有表面粗糙度特征的一段基准线长度。
2. 中线制 以中线为基准线评定轮廓的计算制。
3. 轮廓峰顶线 在取样长度内平行于基准线并通过轮廓最高点的线。
4. 轮廓谷底线 在取样长度内平行于基准线并通过轮廓最低点的线。
5. 轮廓算术平均偏差 R_a 在取样长度内，轮廓偏距绝对值的算术平均值，见图 1-66。
6. 微观不平度十点高度 R_Z 在取样长度内 5 个最大的轮廓峰值的平均值与 5 个最大的轮廓谷深的平均值之和，见图 1-67。

1.6.3 表面粗糙度的检测

表面粗糙度的检测方法有光波干涉法、感触法和比较法。

1.6.3.1 干涉法 干涉法就是利用光波干涉原理来测量表面粗糙度，见图 1-68。

1.6.3.2 感触法 感触法是利用金刚石针尖与被测表面相接触，当针尖以一定速度沿着被测表面移动时，被测表面的微观不平将使触针在垂直于表面轮廓方向产生上下移动，将这种上下移动转换为电量并加以处理，对记录装置记录得到的实际轮廓图进行分析计算，或直接从仪器上指示表中得到 R_a 参数的数值。

采用感触法测量表面粗糙度的电动轮廓仪工作原理，见图 1-69。

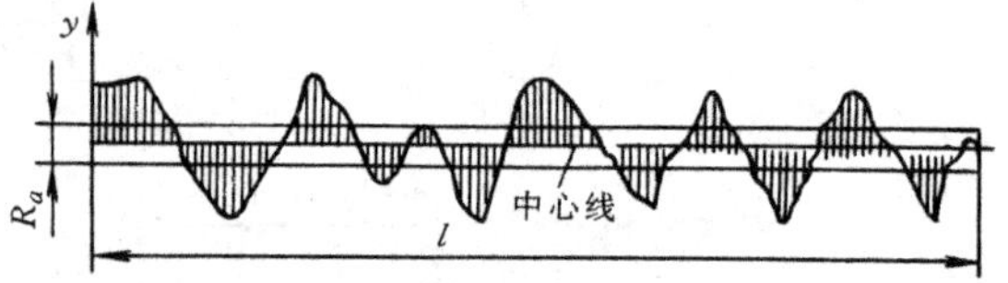

图 1-66 轮廓算术平均偏差 R_a

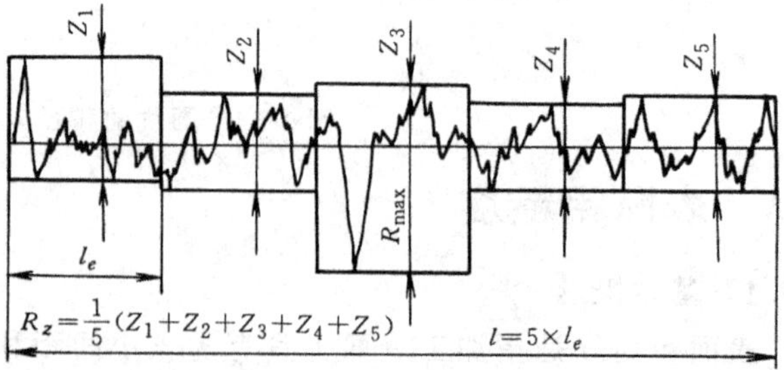

图 1-67 微观不平度十点高度 R_z

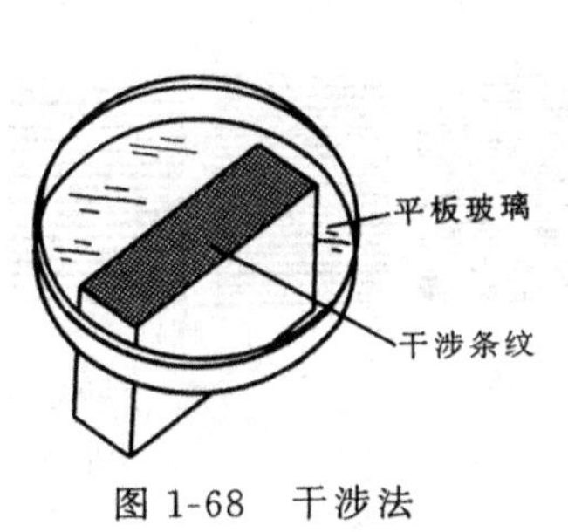

图 1-68　干涉法

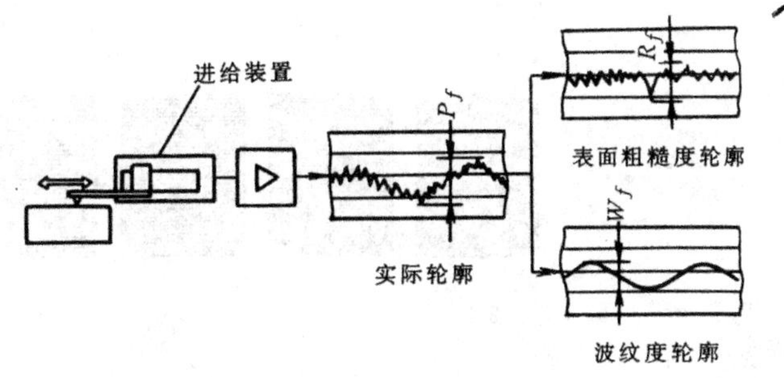

图 1-69　电动轮廓仪工作原理

实际轮廓线放大图，见图 1-70。

测量头，见图 1-71。

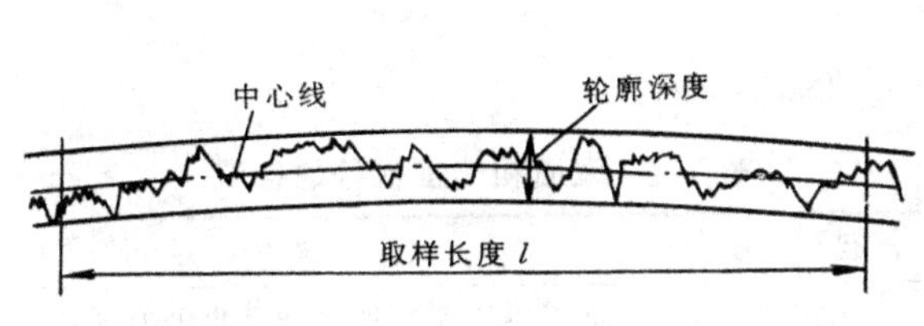

图 1-70　实际轮廓线

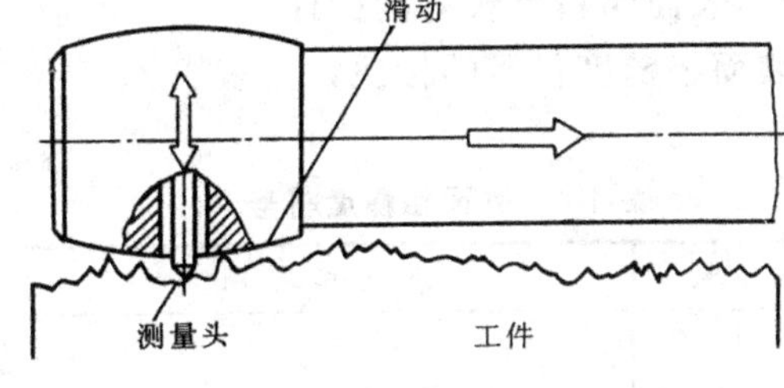

图 1-71　测量头

电表显示数值形式测量工件表面，见图 1-72。

通过记录仪划笔记录下轮廓曲线，同时与轮廓仪相连的计算机显示出所需要的表面测量值，见图 1-73。

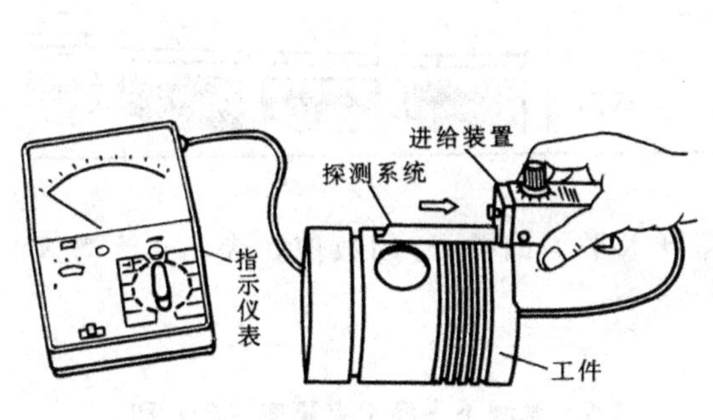

图 1-72　用指示仪进行表面测量

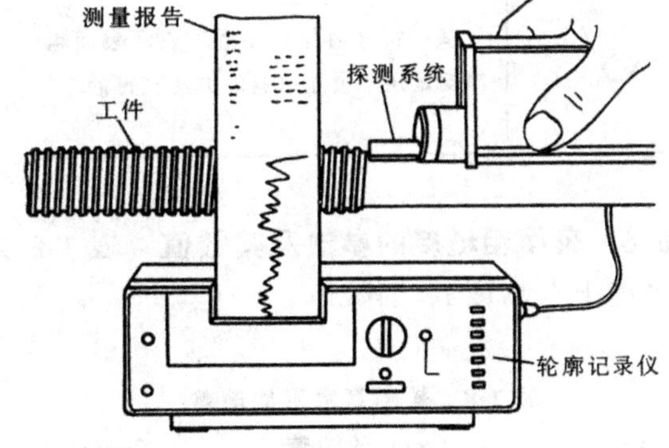

图 1-73　用轮廓记录仪的表面测量装置

1.6.3.3　比较法　比较法是把工件上被检的表面与标有一定评定参数值的粗糙度样板靠在一起，通过视觉，触感或其它方式进行比较后，对被检表面的粗糙度作出评定。表面粗糙度样板见图 1-74。

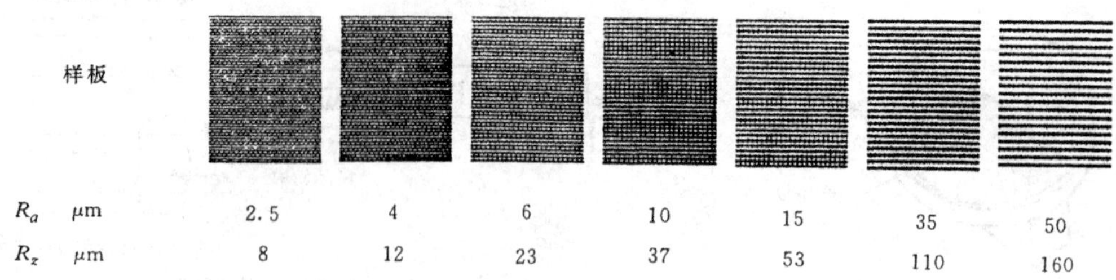

图 1-74 表面粗糙度样板

1.6.4 表面粗糙度符号

表面粗糙度符号，见表 1-6。

1.6.5 表面粗糙度代号的标注

表面粗糙度代号的标注，见表 1-7。

表 1-6 表面粗糙度符号

符号	意义和应用
√	基本符号，单独使用没有意义
	基本符号加一短划，表示表面粗糙度是用去除材料的方法获得的
	基本符号内加一小圆，表示表面粗糙度是用不去除材料的方法获得的

表 1-7 表面粗糙度代号的标注

代号	意义
3.2 3.2	前者表示用任何方法获得的表面，后者表示用去除材料方法获得的表面，$R_a=3.2\mu m$
6.3 1.6	用去除材料方法获得的表面，$3.2\mu m \leqslant R_a \leqslant 1.6\mu m$，加工余量为 $1.2\mu m$
R_z1 刮研	用刮研的方法获得的表面，微观不平度十点高度 $R_z=1\mu m$
= ⊥ x c	指加工纹理方向

1.6.6 表面粗糙度的参数及其数值

表 1-8 为轮廓算术平均偏差 R_a 的数值，表 1-9 为微观不平度十点高度 R_z 的数值。

表 1-8 轮廓算术平均偏差（R_a）的数值 （μm）

R_a	0.012	0.2	3.2	50
	0.025	0.4	6.3	100
	0.05	0.8	12.5	
	0.1	1.6	25	

表 1-9 微观不平度十点高度（R_z）和轮廓最大高度（R_y）的数值 （μm）

R_z、R_y	0.025	0.4	6.3	100	1 600
	0.05	0.8	12.5	200	
	0.1	1.6	25	400	
	0.2	3.2	50	800	

轮廓算术平均偏差 R_a 和微观不平度十点高度 R_z 分别对同一零件的两种标注方法，见图 1-75。

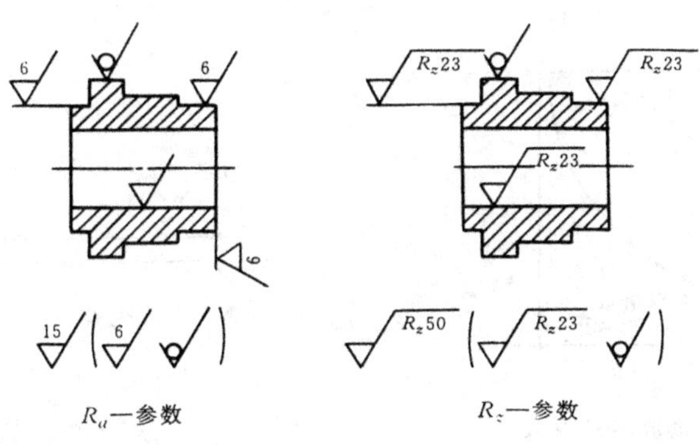

图 1-75 R_a 和 R_z 的标注

1.7 质量保证体系

质量保证体系是指运用系统的原理和方法以保证和提高产品质量为目标，把企业各部门、各环节的生产经营活动严密地组织起来，规定在质量管理方面的职责、任务和权限，并建立统一协调这些活动的组织机构，使企业内形成一个完整的质量管理有机体。

1.7.1 质量保证体系运转的基本方式

质量保证体系运转的基本方式是：计划——实施——检查——处理。质量保证体系及其组成部分始终按照此循环方式不停顿地周而复始地运转、反映了质量保证体系活动所应遵循的科学程序。产品的质量圆周图，见图 1-76。

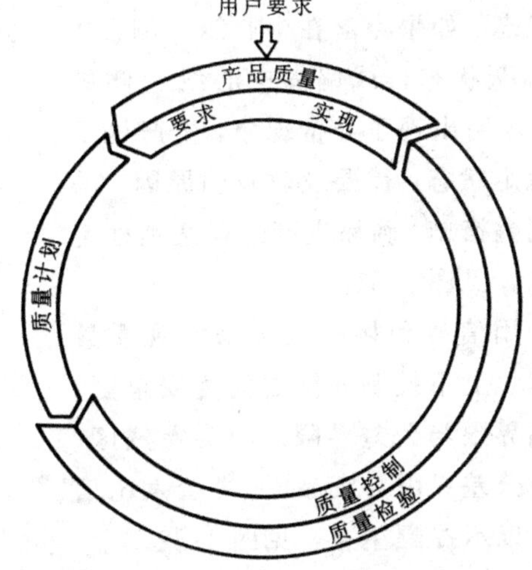

图 1-76 产品质量圆周图

1.7.2 故障成本、鉴定成本与预防成本的关系

质量成本中的故障成本、鉴定成本与预防成本之间的关系，见图 1-77。

1.7.3 质量管理

质量管理常用的统计方法有：因果分析图、控制图。

1.7.3.1 因果分析图 因果分析图又叫鱼刺图、树枝图。它是一种分析影响质量诸因素的有效方法，见图 1-78。

这种方法的主要特点在于能够全面地反映影响产品质量的各种因素，而且层次分明，可以从中看出各种因素之间的关系。通过这种分析，有助于使管理工作越做越细，从而找出产生废品的真正原因，然后对症下药，采取措施加以解决。

1.7.3.2 控制图 控制图又叫管理图。它是工序质量控制的主要手段，是一种动态的质量分析与控制的方法。控制图不仅对判别质量分析与控制的方法。控制图不仅对判别质量稳定性，评定工艺过程质量状态以及发现和消除工艺过程的失控现象，预防废品发生有着重要作用，而且可以为质量评比提供依据，控制图的基本形式，见图 1-79。

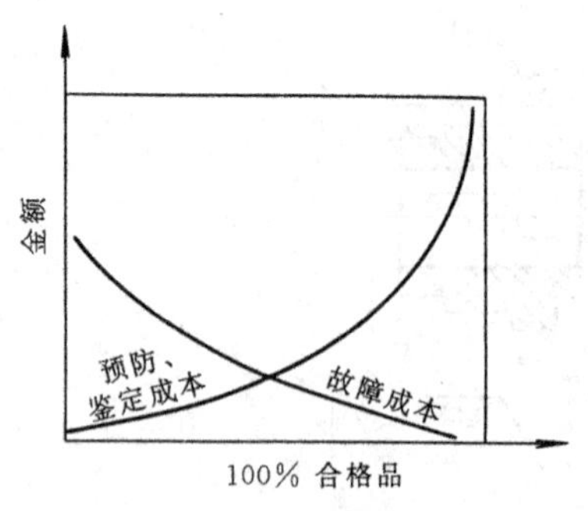

图 1-77 质量成本关系图

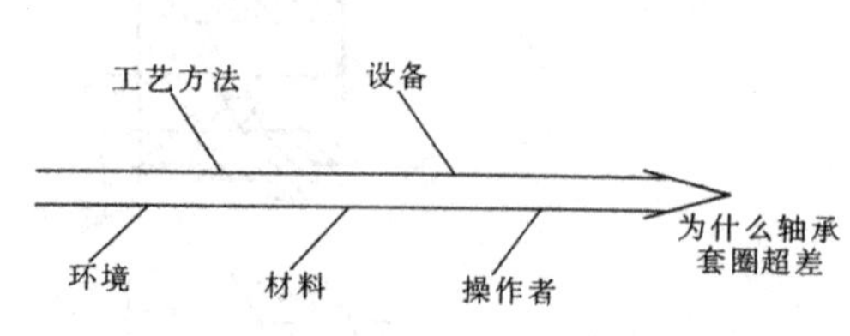

图 1-78 因果分析图

磨削工件的测量控制系统，可以用来得到一系列直径的测量数据，并绘制在质量控制图上，见图 1-80。

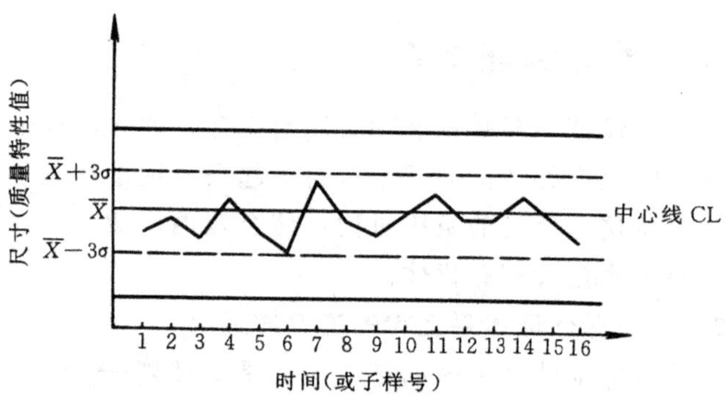

图 1-79 质量控制图

在正常情况下，统计量相应点分布在中线附近，表明生产过程处于稳定状态。如果点落在中心线一侧，并呈跳跃状态，或偏离中心线一侧更远，表明出现了异常现象，生产处于不稳定状态，需要及时查明原因，采取调整措施，确保生产过程达到稳定状态，见图 1-81。

用信号和接触极限来实现质量调节。上下控制界限之间为安全区，控制界限与公差界限之间为警戒区，超出公差界限为废品区。并会发出信号，以示提醒注意，见图 1-82。

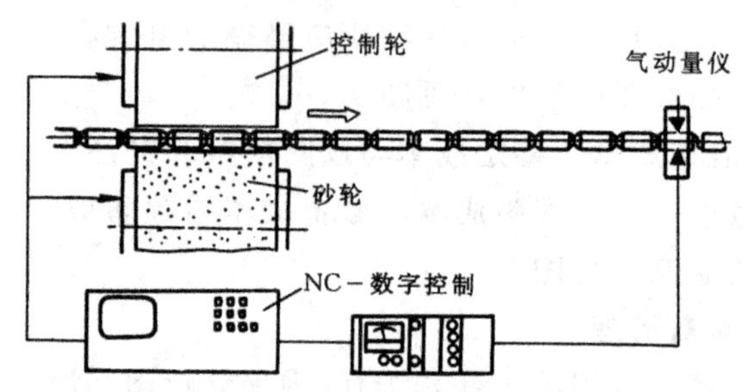

图 1-80 磨床测量控制系统

1.7.4 质量波动的正态公布

在正常情况下，产品质量特性呈正态分布。一组球体随机自由落体运动取样频率分布试验，见图 1-83。

正态分布是数理统计中连续型随机变量最重要、最常见的概率分布。

平均值 $\overline{X}$，表示质量特性分布中心。

$$\overline{X}=\frac{X_1+X_2+X_3\cdots\cdots X_n}{n}$$

式中 X_1、$X_2\cdots\cdots X_n$——每次数据值；

n——数据总数。

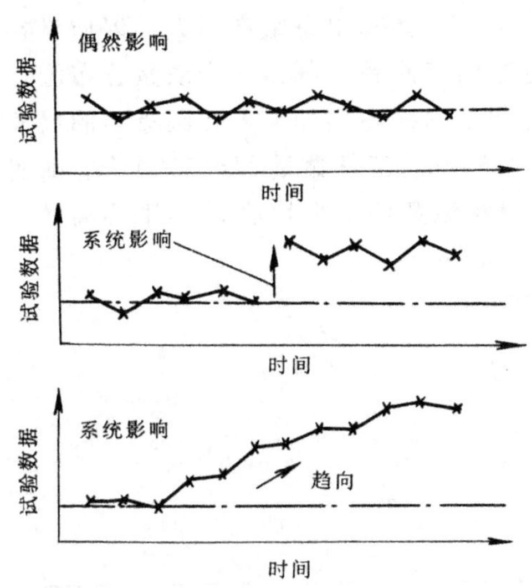

图 1-81 特性数据散射情况

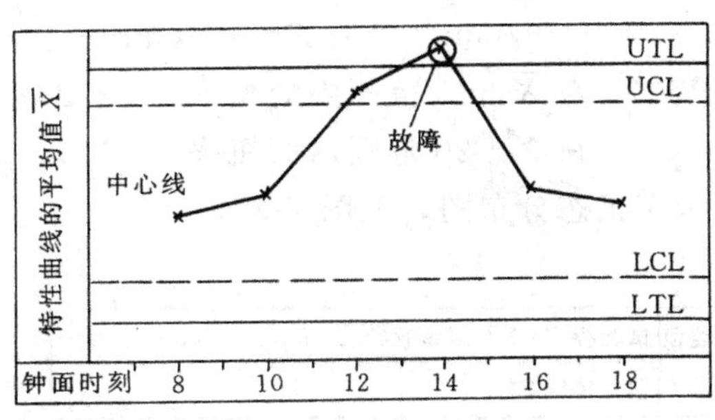

图 1-82 接触极限信号质量调节

极差 R，表示所有数据中的最大值 X_{max}和最小值 X_{min}之差。

$$R = X_{max} - X_{min}$$

标准差 σ，表示质量特性数值对平均值 $\overline{X}$ 的平均离散差，即质量数据的离散程度，见图 1-84。

混合正态分布图，见图 1-85。该图具有多个峰尖。

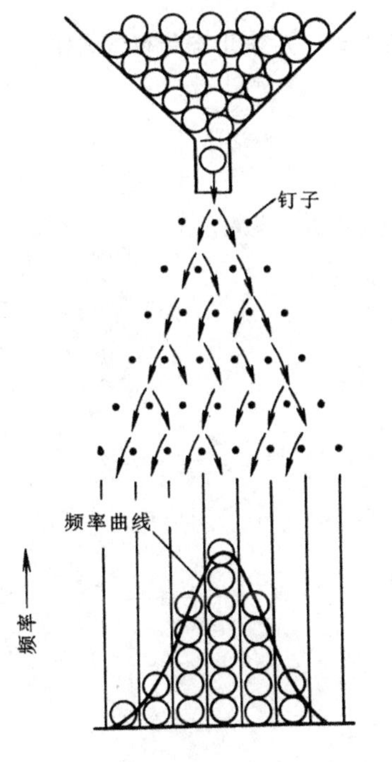

图 1-83 球体随机自由落体分布试验

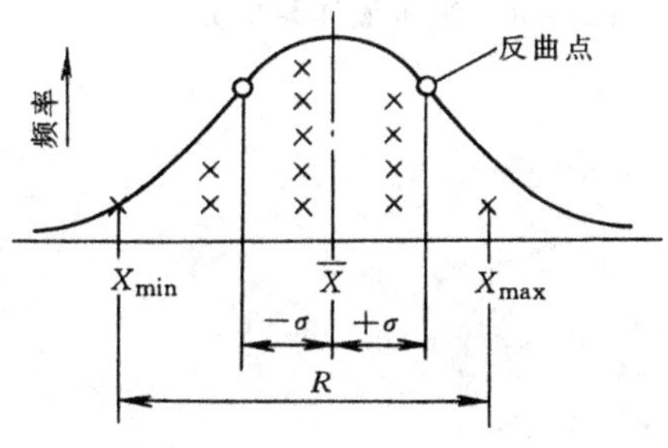

图 1-84 正态分布特性

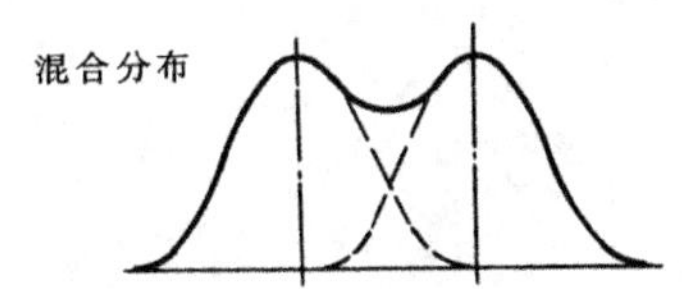

图 1-85 混合正态分布

如果将产品按质量特性（尺寸、重量等）分成若干组，计算出每组产品数，以质量特性为横坐标，以数量为纵坐标，以各矩形的高度表示各组的产品数，画出一个质量分布图，连接矩形顶端就得到一条光滑的曲线，此曲线就是正态分布曲线。例如某多孔圆盘孔的尺寸随机取样频率分布图，见图 1-86。孔的尺寸为 10mm±0.5mm，工件数量 $N=5000$ 个，随机取样数量 $n=120$ 个，尺寸平均值 $\overline{X}=10.0$mm，表示质量特性数值对平均值 $\overline{X}$ 的平均离散差的标准差 $\sigma=0.257$mm，极差 $R=10.6\text{mm}-9.3\text{mm}=1.3\text{mm}$。

其中　在 $\overline{X}\pm 10$ 范围内的概率为 68.26%

　　　在 $\overline{X}\pm 20$ 范围内的概率为 95.44%

频率正态分布图，见图 1-87。

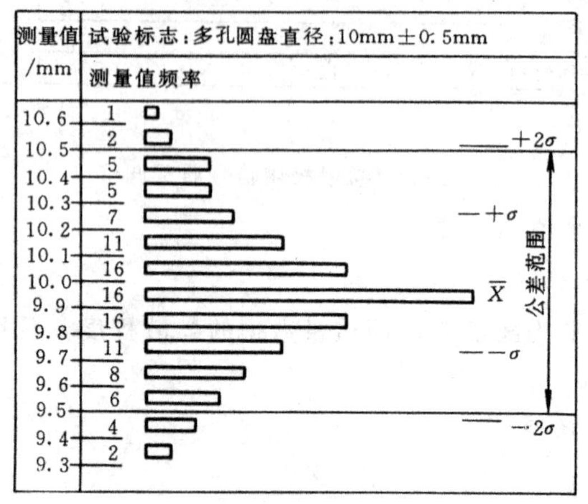

图 1-86　随机取样频率分布

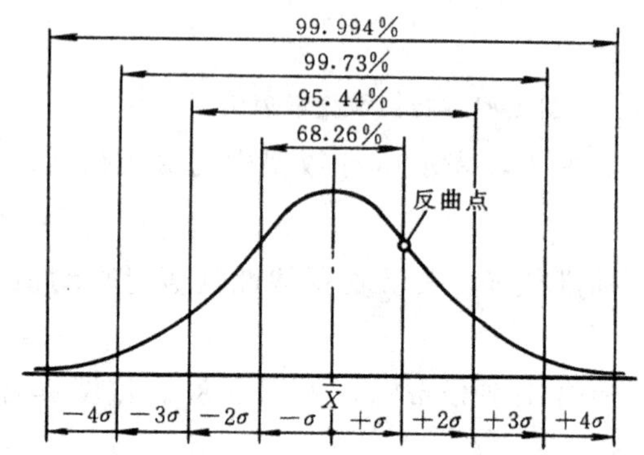

图 1-87　步率正态分布（试样）

2 机械制造工艺技术

2.1 安全生产

安全生产是每一个进入工作现场的劳动者必须牢记的座右铭。劳动者必须加强法制观念，认真贯彻上级有关安全生产、劳动保护政策、法令、规定。严格遵守安全技术操作规程和各项安全生产制度。

2.1.1 安全标志

为了安全生产，防止事故发生，生产现场有许多安全标志和危险信号。劳动者必须能识别。

1. 防护标志 用蓝底白图来表示常用的劳动防护用品在生产现场的使用，见图 2-1。

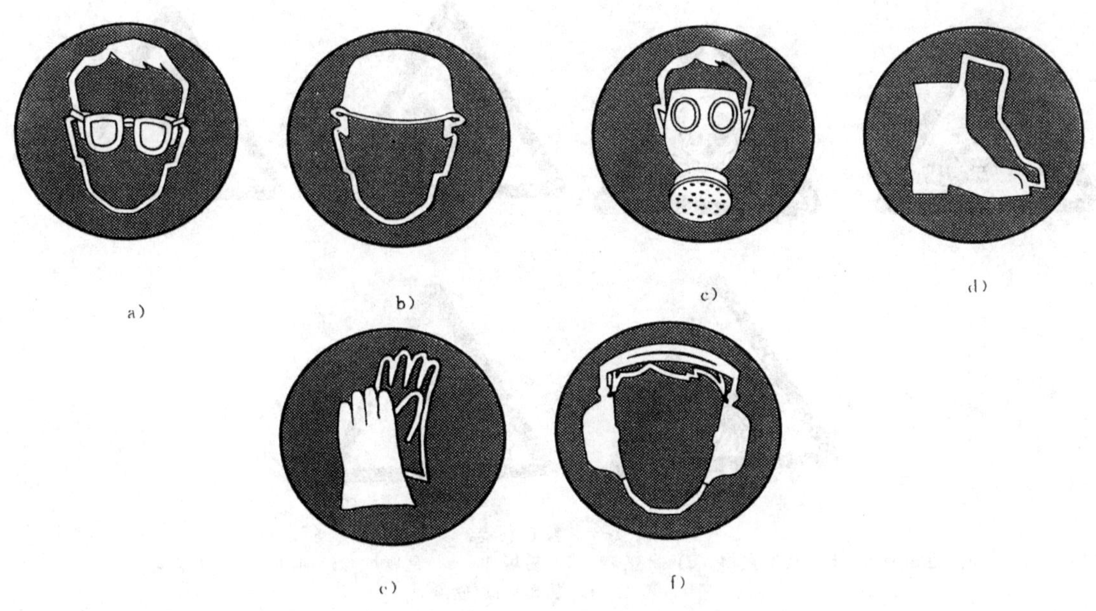

图 2-1 防护标志

a）防护眼罩 b）安全帽 c）防毒面具 d）防护鞋 e）防护手套 f）听觉护套

2. 禁止标志 用红框黑图来表示工作现场严格禁止的行为，见图 2-2。

3. 警告标志 用黄底黑图来表示工作现场可能发生的危险，见图 2-3。

4. 救护标志 用绿底白图来表示危险时救护信号，见图 2-4。

2.1.2 事故原因

人们知道，事故是突然发生的，它将导致人体创伤，甚至死亡。而且对生产和一定范围内的设备和技术带来损失。事故原因可能是：

（1）劳动者本身缺陷 例如违反安全操作规程，对劳动防护用品使用不当或不重视。缺乏安全生产的知识等。

图 2-2 禁止标记
a）禁止用水灭火 b）严禁行走 c）严禁烟火 d）不能饮用

图 2-3 警告标志
a）运输通道 b）起吊重物 c）易燃烧 d）易爆炸 e）易腐蚀 f）有毒 g）有幅射 h）高压 i）激光 j）危险

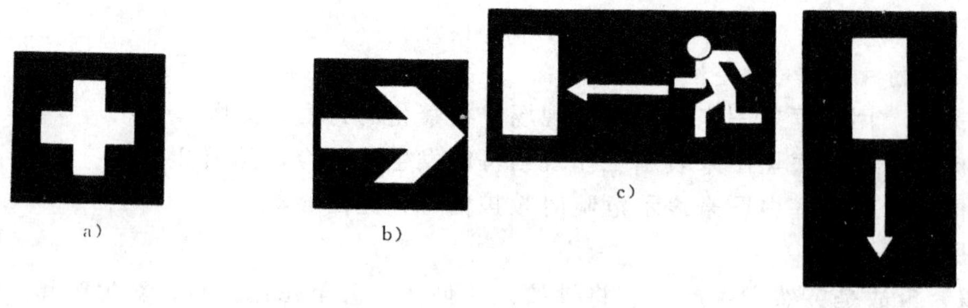

图 2-4 救护标志
a）急救站 b）救护方向箭头 c）向左救护通道口 d）救护出口处

(2) 技术上缺陷 例如设备的损坏、防护罩的遗漏，安全技术方面不足等。

2.1.3 安全措施

生产事故要以预防为主，具体可采取以下措施：

1）清除事故隐患。例如保持通道畅通，油脂远离氧气瓶。保持砂轮托架与砂轮间的正确的间隙。

2）对有危险的设备要加防护罩。例如事先在传动装置上装防护罩；电焊时使用防护面罩，砂轮外要有防护罩。

3）对可能产生的危险要加以预防。例如对火花、弧光和有腐蚀性的液体用防护眼镜，防护手套；在旋转中的工件和刀具旁工作时应穿紧身连衣工作服；带好安全帽；防止东西跌落；穿劳动保护鞋防止地上存放工件砸伤双脚。

2.2 机械制造加工工艺概述

一个工件的制造过程包括从坯料或坯件经过一步步的变形和改性，从其初始状态到完成状态。当工件不再发生变化时便称为成品。

机械制造工艺的分类原则来源于材料微粒或机器构件成结合体的概念。具体可分为以下四大类型。

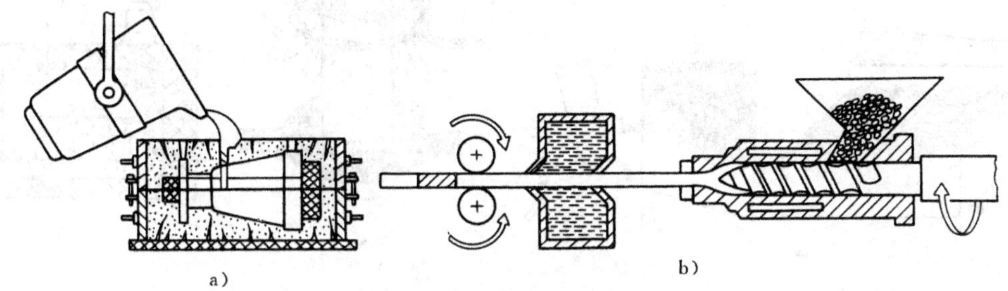

图 2-5 形成结合体

a）金属铸造 b）塑料的聚合成形

1. 形成结合体的铸造和聚合成形等（见图 2-5） 是把形状不一定的材料制成形状一定的机械零件的加工方法。属于这一类聚形技术的有金属、陶瓷材料和塑料的铸造，金属粉末和合成树脂的压制，金属的电镀。

2. 保持结合体的变形（见图 2-6） 是利用材料的塑性，只改变其形状，不改变其质量的加工方法。属于这一类成形技术的有挤压、锻造、轧制、拉伸、弯曲等。

3. 减小结合体的分离和金属切削（见图 2-7） 是把形状一定的原材料或坯料制成机械零件的加工方法。属于这一类切削加工的有车、铣、刨、钻、磨、锉、锯，还有电腐蚀、电火花、电化学、电子束等加工。

4. 增大结合体的联接和涂覆（见图 2-8） 它是把两个或两个以上的机械零件通过一定的方法将其联接一起的加工方法。属于这一类结合技术的有键联结、螺纹联接、焊接、铆接、粘接和涂漆、电镀等。

机械制造加工工艺还有材料的热处理，见图 2-9。属于这一类的有退火、正火、淬火、回火、渗碳、渗氮、碳氮共渗等。

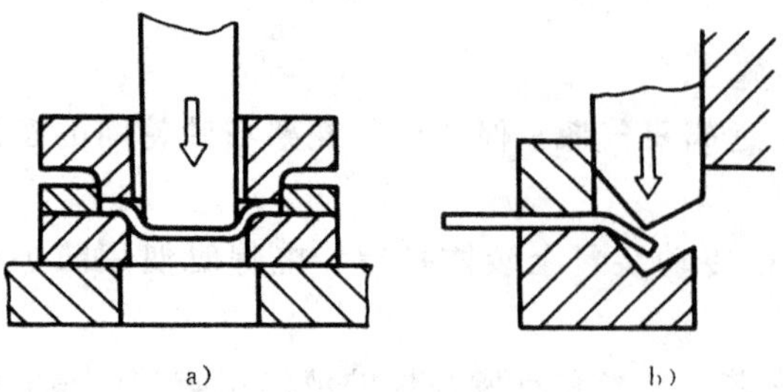

图 2-6　保持结合体
a）拉伸　b）弯曲

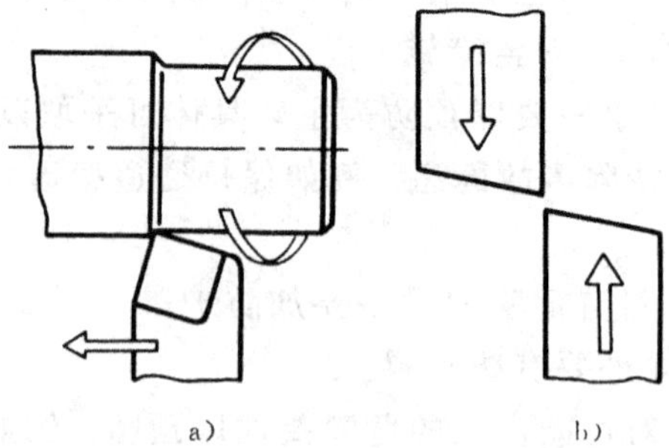

图 2-7　减小结合体
a）车削　b）切断

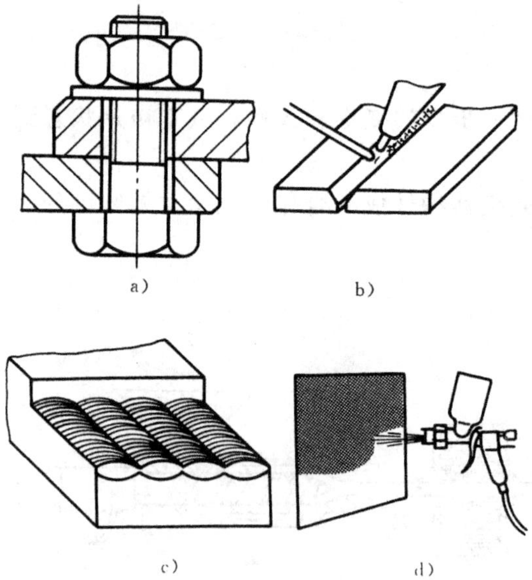

图 2-8　增大结合体
a）螺纹联接　b）焊接　c）堆焊　d）涂漆

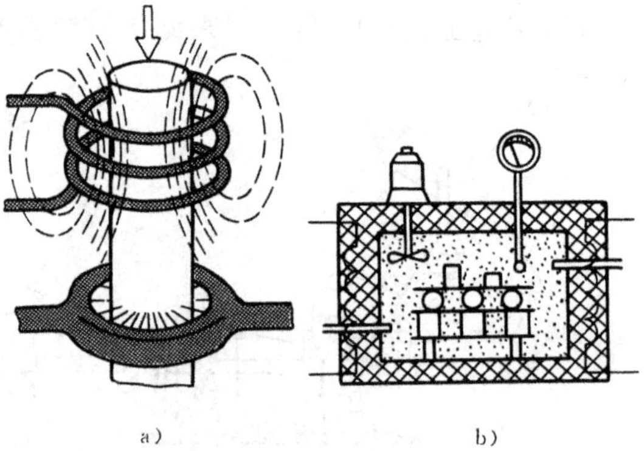

图 2-9　材料热处理
a）电磁感应淬火　b）气体渗氮

2.3　铸造成形

熔炼金属，制造铸型，并将熔融金属浇入铸型，凝固后获得一定的形状尺寸和性能的金属铸件的成形方法称为铸造。汽车工业中发动机的气缸就是典型的铸件，见图 2-10。

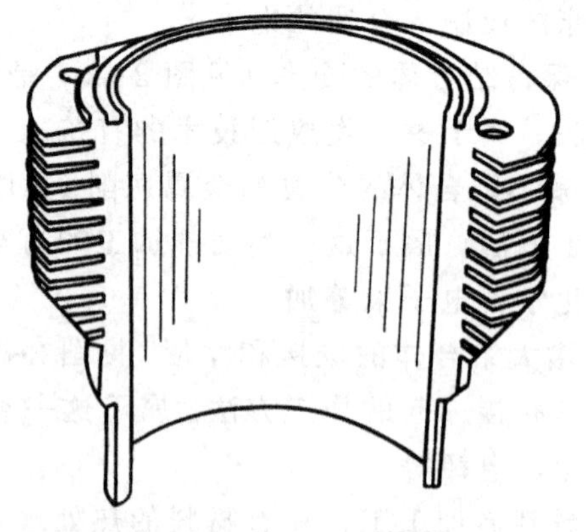
图 2-10　气缸铸件

2.3.1　模样制造

由木材、金属或其它材料制成，用来形成铸型型腔的工艺装备，称为模样。制造模样时，要考虑到浇注材料凝固到室温的收缩率，见表 2-1。

现有一铸钢零件，在用木材制造模样时考虑到收缩量 2%，其模样尺寸和铸件尺寸见图 2-11。

2.3.2 砂型铸造的造型和浇注

砂型铸造的生产过程，见图2-12。先根据工件的形状和尺寸设计制造出模样和芯盒，配制好型砂和芯砂，用模样制造砂型，用芯盒制造型芯；把型芯装入砂型，合箱即得铸型；将熔炼好的液体金属浇入铸型，冷凝后落砂清理便得铸件。

1. 砂型和型芯的制造

(1) 选型材料　要完成砂型铸造过程，首先要选用和配制造型材料。造型材料包括型砂、芯砂和涂料。

表2-1　浇注材料凝固到室温的收缩率

材　料	收缩率/%	材　料	收缩率/%
灰铸铁	1.0	白口铸铁	1.6
铸钢	2.0	铜、锌合金	1.2
可锻铸铁	0.5	铝镁合金	1.2

型砂由原砂、粘结剂、附加材料（煤粉和木屑）、旧砂和水搅拌而成。型砂必须有可塑性、足够的强度、耐火性、透气性和退让性。

芯砂在铸造过程中被液体金属所包围，工作条件较型砂恶劣得多，所以应该选质量好的原砂和质量好的粘结剂（如植物油、树脂等）组成。

涂料的作用是防止铸件表面粘砂。常用的涂料有石墨粉、石英粉等。

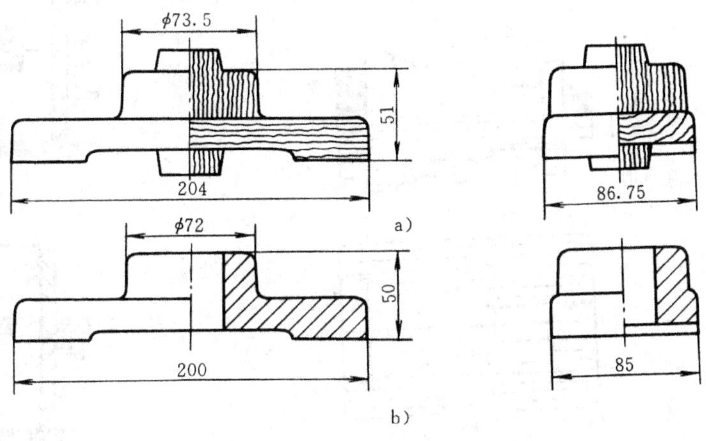

图2-11　铸钢件的模样和铸件
a) 模样　b) 铸件

(2) 造型　砂型（型芯）的制造，可分为手工造型和机器造型两种。一般单件、小批量或个别大件、复杂铸件的生产都用手工造型；机器造型适用于大批量生产。下面介绍使用普通砂箱进行手工造型。

1) 造下型　将下半模样放在底板上，套下砂箱，加面砂及填充砂，捣实。然后扎通气孔，翻转砂箱，修整分型砂，下型造完。

2) 造上型　把上半模样按定位销放置于下半模样上，把上砂箱与下砂箱对齐并做好记号，放浇口棒和冒口棒，加面砂，再加填充砂并捣实。刮去多余型砂，扎通气孔，取出浇口棒形成直浇道，直浇道上开出浇口盆，拔出浇口棒形成冒口（冒口的主要作用是补缩），上型造完。

3) 合型　翻转上砂箱，用拔模针取出上下两半模样，开挖横浇道和内浇道，修整搅坏的型腔。然后放型芯，加涂料，对准上、下砂箱的记号合型。放置压铁，准备浇注。

2. 浇注　将熔融金属从浇包注入铸型的操作，称为浇注。浇注是铸造生产中的重要工序，浇注工作组织好坏，浇注工艺是否合理，不仅影响到铸件质量，而且还涉及到操作人员的安全。

2.3.3 熔模铸造

熔模铸造的生产过程见图2-13。

熔模铸造又称失蜡铸造，是一种发展较快的精密铸造方法。首先用压铸法浇注最多100个蜡模，并把它装配连结成“葡萄串”，各个蜡模通过浇注道都与浇道相连。将蜡模浸入或喷淋方法上陶瓷浆，使蜡模上形成 8～10mm 厚的壳型。将壳型送入加热炉中烘干。这时蜡模熔化、流出，于是形成铸型，便可浇注。最后把铸件从浇注系统上切割下来。

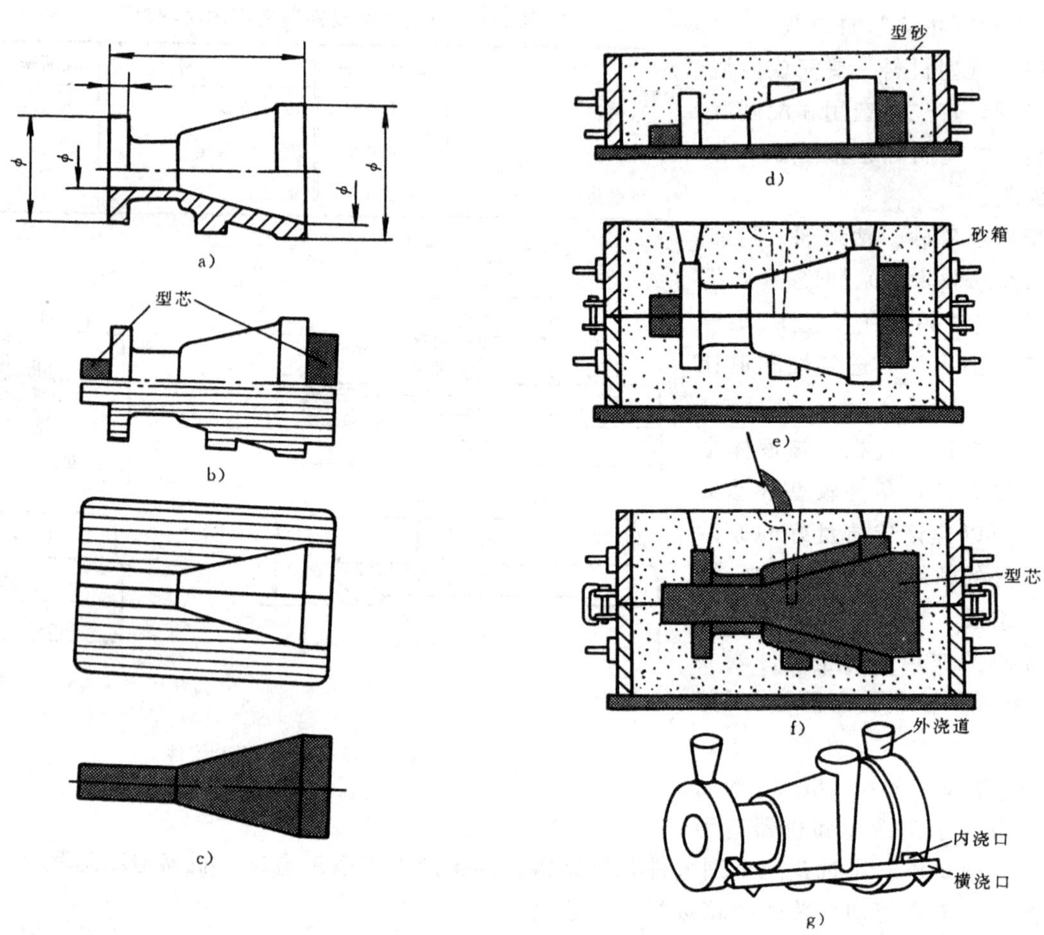

图 2-12　铸件生产过程

a）铸件　b）模样　c）芯盒　d）型芯　e）下箱造型　f）合型　g）浇注

2.3.4　失模铸造

失模铸造是用燃烧，熔化，气化，溶解等方法，使模样从铸型内消失的铸造方法。制模常用可气化的泡沫塑料。这种材料价廉物美，可用加热的金属丝切割，也可用塑料直接铸成模样。将模样安置在砂箱内，用拌有冷固性人造粘结剂的型砂填实。模样留在砂型内，浇注时碰到高温金属流气化逸出，见图 2-14。

这种方法经济，因为制模成本适宜，不用分型，铸件无毛刺。

2.3.5　金属型铸造

在重力作用下将熔融金属浇入金属型获得铸件的方法称金属型铸造。金属型用灰铸铁或合金钢制成。金属型可以经过几百次至几万次浇注而不致损坏，既节省了造型时间和材料，提高生产率，又能改善劳动条件。但金属型的制造成本比砂型贵得多。只适用于大批量生产。

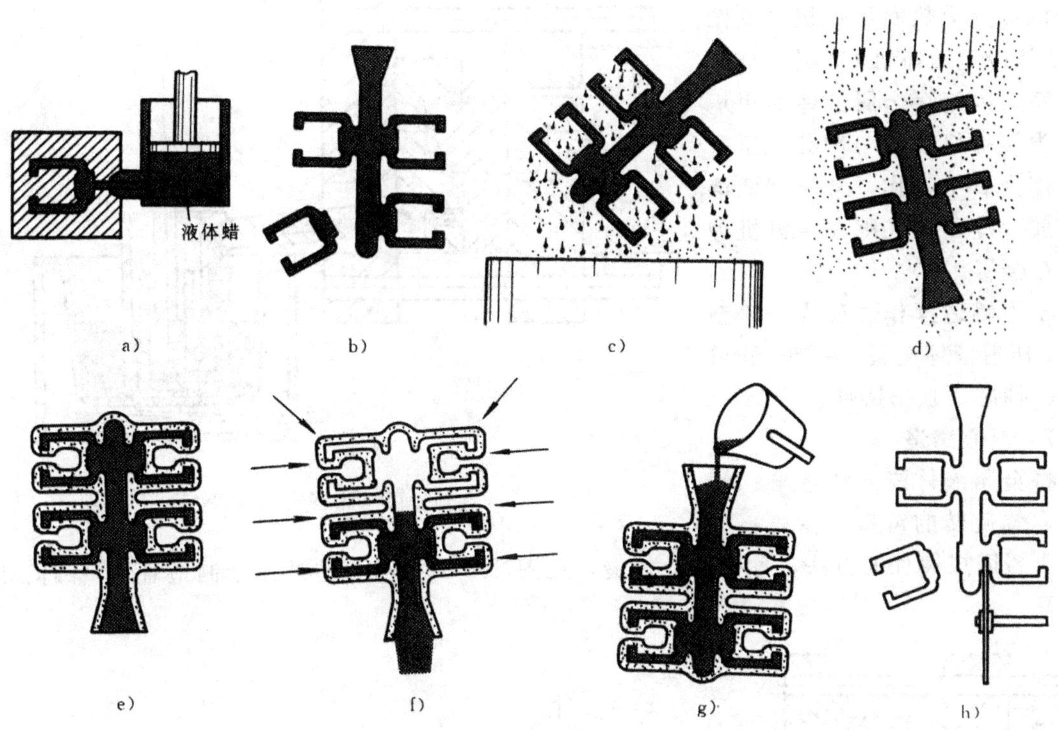

图 2-13　熔模铸造

a）制蜡模　b）装配　c）浸渍　d）喷淋　e）结壳　f）烘干　g）浇注　h）切割

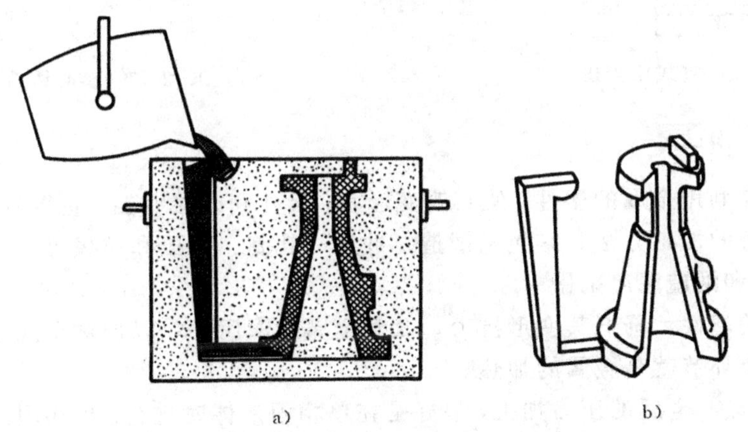

图 2-14　失模铸造

a）泡沫塑料模样　b）铸件

2.3.6 压力铸造

将熔融金属在高压下高速充型，并在压力下凝固的铸造方法，称压力铸造。它是一种经济的，大量生产的加工方法。多用于铸造有色金属。

压力铸造在压铸机上进行。压铸机可分为热室压铸机（见图2-15）和冷室压铸机（见图2-16）。热压室式以储存金属液体的坩埚炉作为压射机构的一部分，压室在液体金属中工作，常压制低溶点金属。冷压室式则在压铸机内不储存金属。

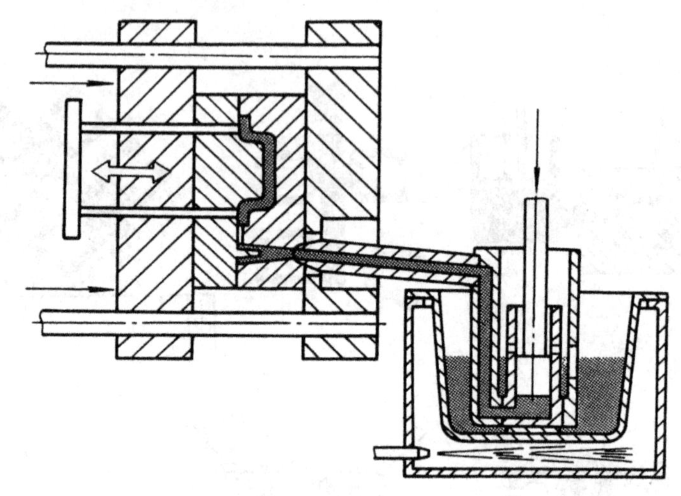

图 2-15 热室式压铸机

压力铸造操作过程为：铸型闭合、压射液体金属、冷却、开启铸型、抽芯、顶出铸件。

2.3.7 离心铸造

将金属液体浇入绕水平、倾斜或立轴旋转的铸型，在离心力作用下凝固成铸件的方法，称为离心铸造，见图2-17。离心铸造适用于制造管子、圆筒和浇注轴瓦。

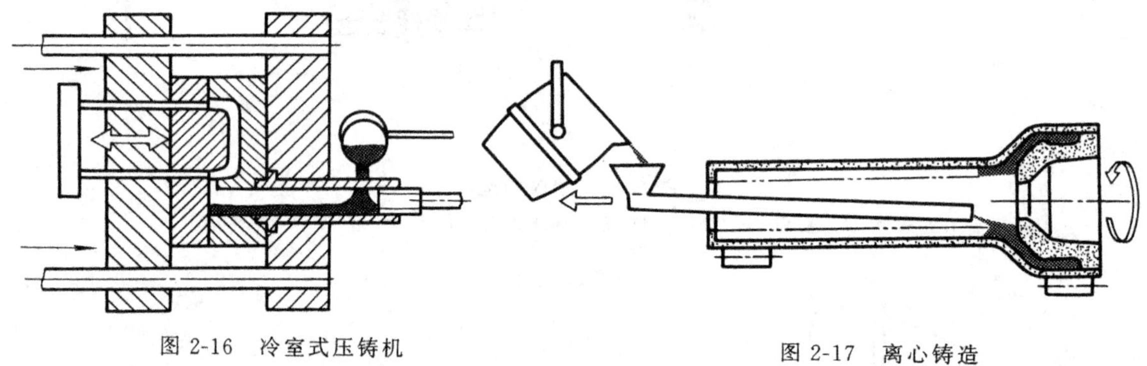

图 2-16 冷室式压铸机

图 2-17 离心铸造

2.4 金属压力加工

金属压力加工是利用金属的塑性，使其改变形状、尺寸和改善性能，获得型材、棒材、板材、线材或锻压件等的加工方法。它包括锻造、冲压、轧制、挤压和拉拔等。

2.4.1 金属的加热和锻造温度范围

为了提高金属的塑性，降低其变形抗力，改善金属的锻压性，以便对金属进行热压力加工，而其中一个重要环节就是金属的加热。

2.4.1.1 金属的加热 金属的压力加工，最好是在单相固溶体时进行。单相固溶体不仅塑性较好，而且可以避免因组织不同而造成不均匀变形。

2.4.1.2 锻造温度范围 锻造时由始锻温度到终锻温度的间隔，称为锻造温度范围。

确定锻造温度范围，主要是定出始锻温度和终锻温度，见图2-18。

1. 始锻温度　是开始锻造的温度，也是允许的最高加热温度。这一温度不宜过高，否则可能造成过热和过烧；但始锻温度也不宜过低，因为过低则使锻造温度范围缩小，缩短锻造操作时间，增加锻造的困难。碳钢的始锻温度一般为1200℃左右。

2. 终锻温度　是停止锻造的温度。这一温度如果过高，停锻后晶粒在高温下继续长大，使锻件造成粗大晶粒；终锻温度过低时塑性不良，变形困难，甚至产生加工硬化。碳钢的终锻温度常取800℃左右。

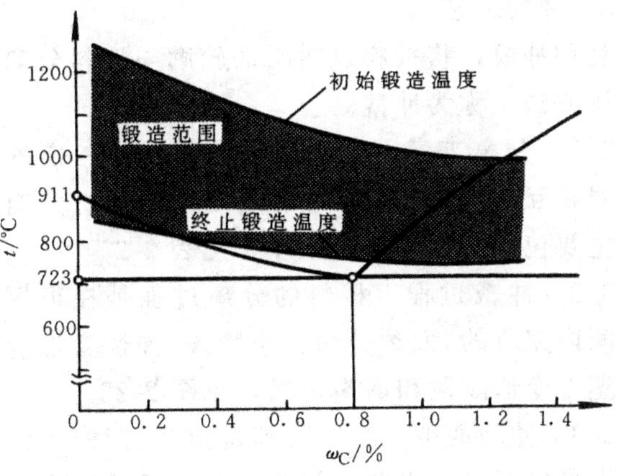

图 2-18　碳钢的锻造温度范围

2.4.2　自由锻、模锻

锻造可分为自由锻、模锻。模锻可分为模型锻、胎模锻。

2.4.2.1　自由锻　只用简单的通用性工具或在锻造设备的上、下砧间直接使坯料变形而获得所需的几何形状及内部质量的锻件的方法，称为自由锻。

自由锻生产率较低，锻件的形状和尺寸是由锻工的操作技术来保证的，精度不高。但自由锻工具简单、通用性强，因此广泛用于单体小批生产。在大型水压机上可锻造重型锻件，见图 2-19。

2.4.2.2　胎模锻造　胎模锻造是在自由锻造的设备上使用胎模生产模锻件的方法，见图 2-20。

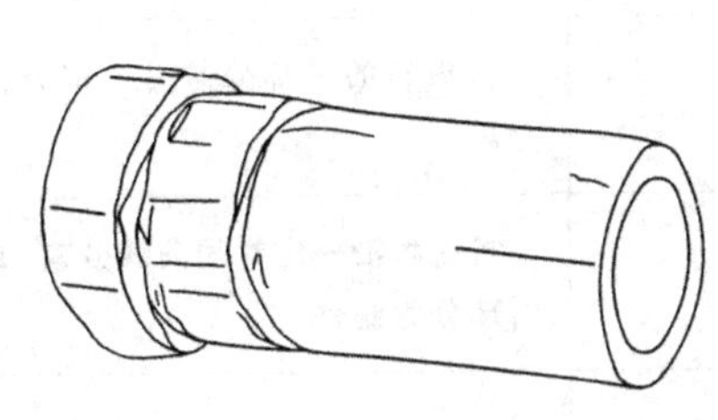
图 2-19　自由锻锻件（高压缸衬套）

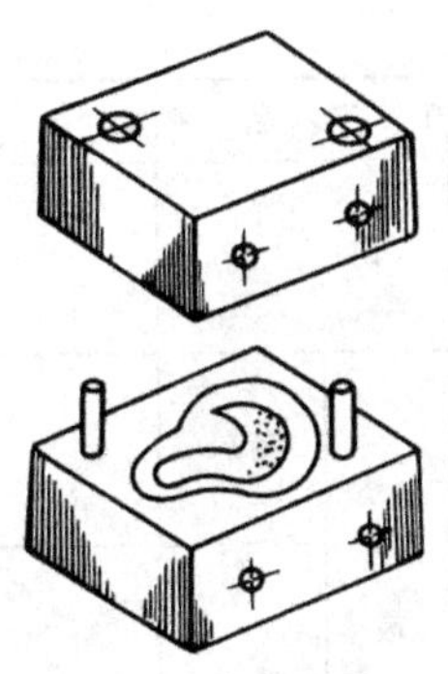
图 2-20　胎模锻造锻模

胎模锻造不需要较贵重的专用模锻设备，在普通自由锻锤上即可工作。锻模制造容易，因此在小批生产中应用广泛。与模锻比较，缺点是工人劳动强度较高，生产效率较低，锻件精度及表面质量较差。

2.4.2.3　模型锻　将金属坯料放在上、下模组成的模膛内，在外力作用下，使其受压变形，并充满整个模膛，从而获得与模膛形状一致的锻件。这种锻造方法称为模型锻造，简称模型锻，见图 2-21。

模型锻与自由锻、胎模锻比较有很多优点，如生产率高，锻件尺寸比较精确，切削加工余量少，能锻制形状比较复杂的工件，操作简单，工人劳动强度低。但模锻受到设备能力的限制，且锻模制造成本高，需要专门设备，所以主要适用于中、小型锻件的成批生产和大量生产。

2.4.3 冲裁工艺

利用冲模，将板料以封闭的轮廓与坯料分离的冲压方法，称为冲裁。

2.4.3.1 分离工序 将冲压件与板料沿一定的轮廓线相互分离的冲压工序称为分离工序。分离工序主要包括切断和冲裁工序，见表 2-2

2.4.3.2 冲裁过程 板料的分离过程是在很短的时间内完成的，大致分为三个阶段：弹性变形阶段、塑性变形阶段和剪裂阶段，见图 2-22。

2.4.3.3 冲裁间隙 冲裁间隙是指凸、凹模工作部分水平投影尺寸之差。如圆形凸、凹模间隙。

$$z=D-d$$

式中 z——双面间隙（mm）；

D——凹模直径尺寸（mm）；

d——凸模直径尺寸（mm）。

模具间隙见图 2-23。

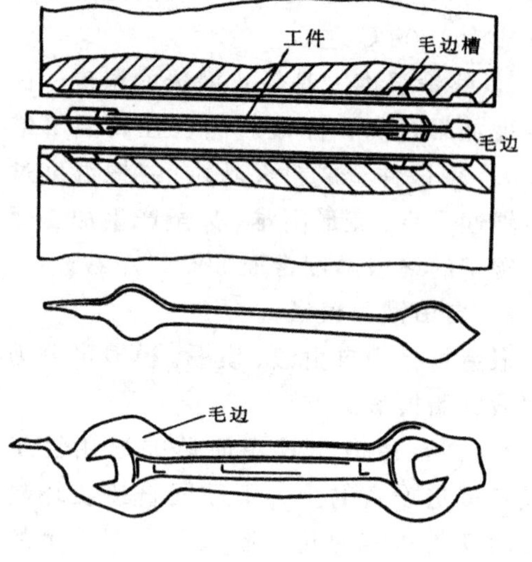

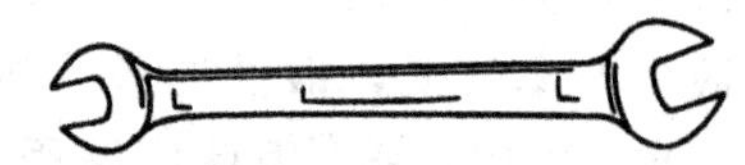

图 2-21 模型锻造

对于手剪，材料厚度在 1mm 以内，刀口不留剪切间隙，厚度大于 1mm 的要考虑间隙。

2.4.3.4 冲剪工具 冲剪工具有模具、剪刀、步冲机和剪板机等。

1. 模具 图 2-24 所示为切断模。

表 2-2 分离工序的分类与特征

工序性质	工序名称		工序简图	工序定义
分离工序	切断			将板料的一部分与另一部分沿敞开轮廓分离
	冲裁	落料		将板料沿一定封闭曲线分离，封闭曲线以内部分为制件
		冲孔		将板料沿一定封闭曲线分离，封闭曲线以外部分为制件
	切口			将板料沿不封闭曲线冲出缺口，缺口部分发生弯曲
	修整			将平件外缘预留的加工余量去掉，求得准确的尺寸和光滑垂直的剪裂面

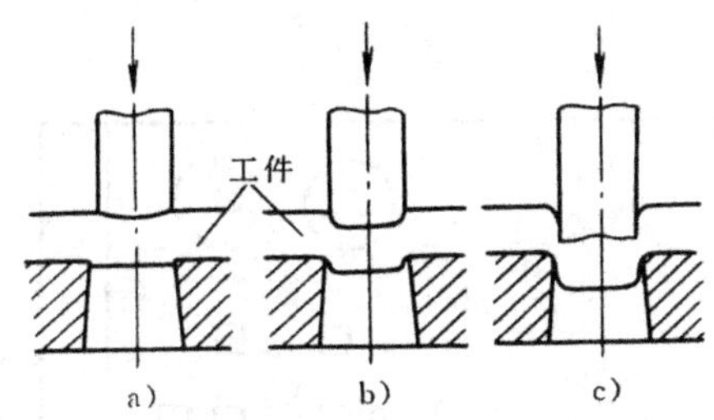

图 2-22　板料分离过程

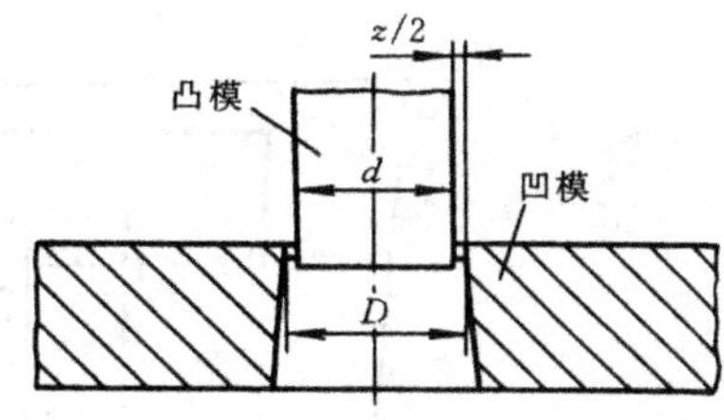

图 2-23　模具间隙

2. 剪刀　由手力产生的力矩在剪刀刃上产生同样大小的力矩。当两边的力矩大小相等、方向相反时，可达到平衡状态，从中可以产生很大的剪切力，见图 2-25。

手工剪切有直口手工剪和圆剪，见图 2-26。

(1) 直口手工剪　用于剪直的、敞开的直线。

(2) 圆剪　刀口上有尖嘴，可用于剪切封闭的内外曲线。

3. 步冲机　步冲机比手工剪切效率高、质量好、但应用得较少。步冲就是沿着任意的切割进给线进行的整体冲裁，见图 2-27。

CNC 数控步冲剪切机见图 2-28

4. 剪板机　液压剪板机，一般用来下料，刀口为敞开直线式，见图 2-29。

2.4.3.5　冲模　加压将金属或非金属板料或型材分离、成形或接合，而得到制件的工艺装备称为冲模。

冲模按工序的组合形式可分为单工序模、级进模和复合模。

1. 单工序模（简单模）　单工序模是指在冲床每次行程中只能完成同一种冲裁工具的模具。它按上、下模导向形式分为敞开模、导板模和导柱模。

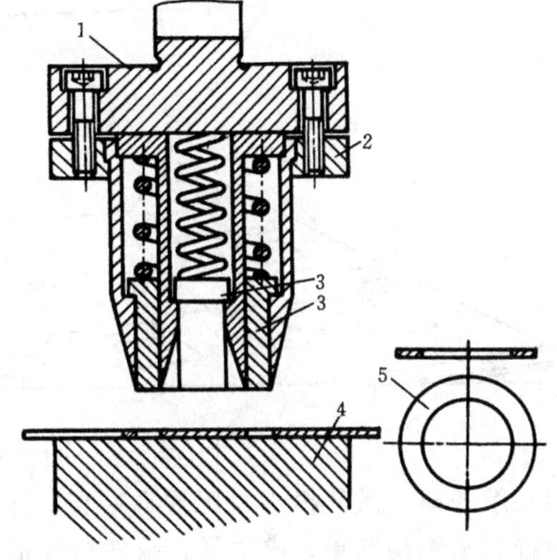

图 2-24　切断模

1—上模板　2—固定板　3—卸料元件　4—工作台　5—工件

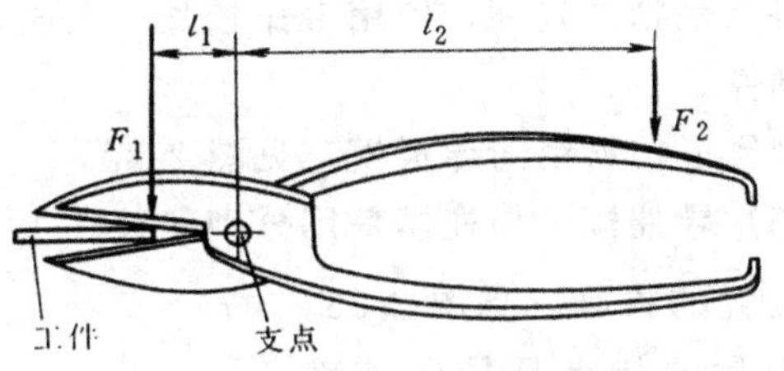

图 2-25　手工剪切

$l_1 l_2$—力矩　F_1—剪切力　F_2—手力

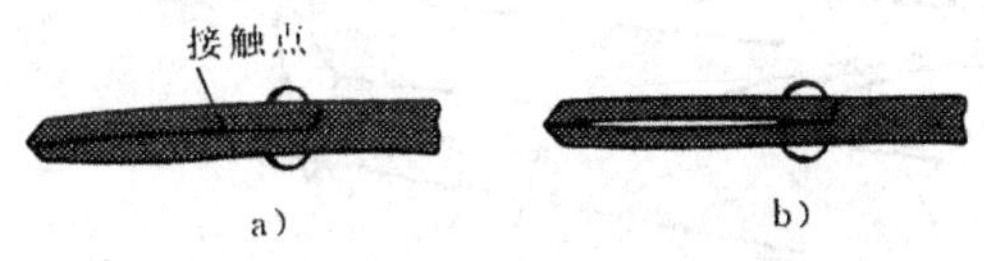

图 2-26　手工剪切形式

a) 直口手工剪　b) 圆剪

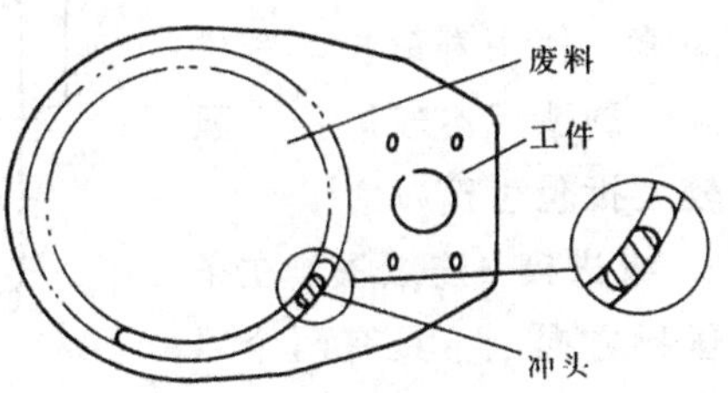

图 2-27　步冲机冲切原理

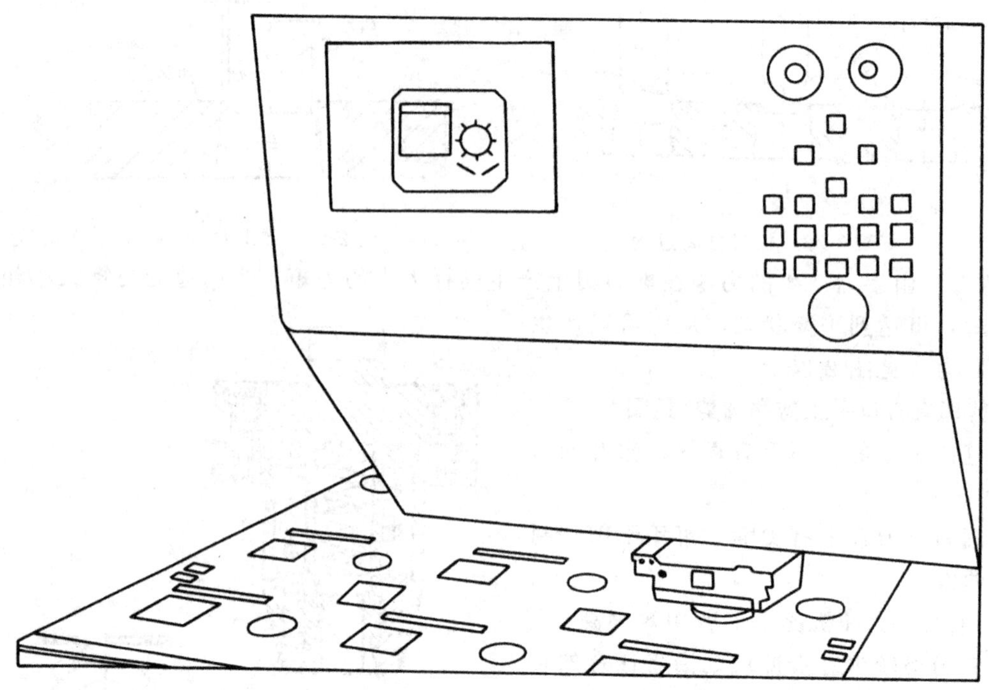

图 2-28 CNC 数控步冲剪切机

（1）敞开模 敞开模本身无导向装置，工作时靠冲床导轨起导向作用，见图 2-30。这种模具的特点是结构简单、成本低、制件精度低，模具安装麻烦、生产率低，模具刃口易磨损、工作时不太安全。一般用于生产批量小、精度要求不高、外形比较简单的制件。

（2）导板模 导板模是用导板来保证冲模在冲裁时准确位置的模具，见图 2-31。这种模具的特点是精度较高，使用寿命较长，安装容易，安全性好。一般用于冲裁小件或形状不复杂的制件。

带钩形挡料销的导板模，见图 2-32。

（3）导柱模 导柱模是用分别安装在上、下模上的导套、导柱进行导向，以保证冲裁时准确位置的模具，见图 2-33。这种模具的特点是导向准确可靠，能保证凸凹模之间的间隙值，安装时不用重新调整凸凹模间隙、使用寿命长、制件精度高、制造成本较高，一般用于较大批量生产。

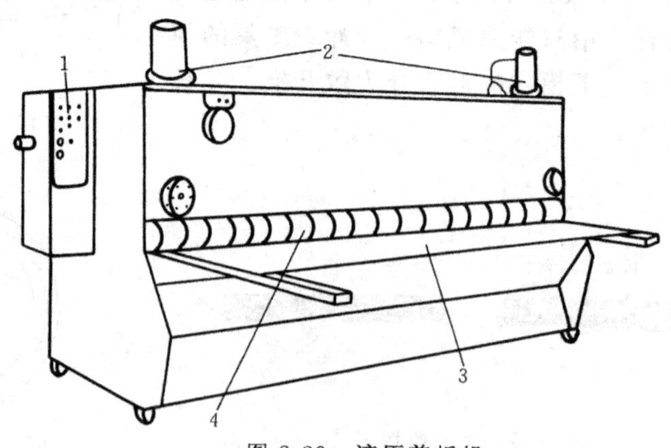

图 2-29 液压剪板机
1—按钮 2—液压缸 3—工作台面 4—压板

2. 级进模（连续模）在条料的送料方向上，具有两个以上的工位，并在压力机一次行程中在不同的工位上完成两道或两道以上的冲压工序的冲模。它按定位方法不同分为挡料块、级进模、侧刃级进模、导正销级进模。

（1）挡料块级进模　挡料块级进模属于粗定位。它的特点是结构简单、成本低。一般用于精度要求低的制件，见图 2-34。

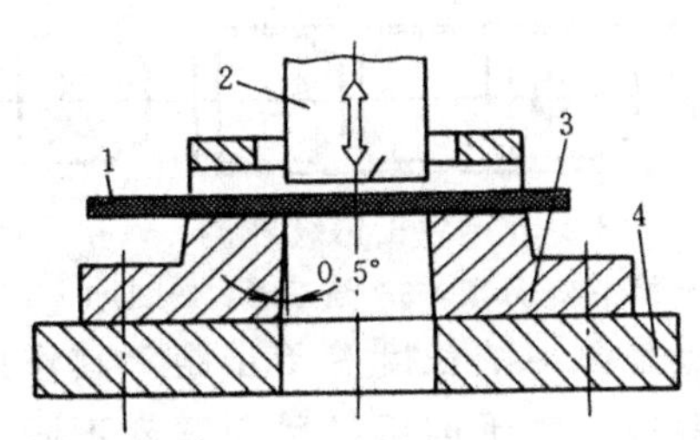

图 2-30　敞开模
1—工件　2—凸模　3—凹模　4—下模板

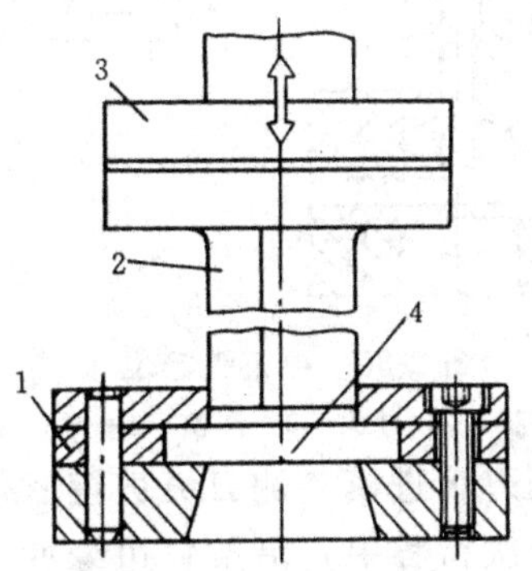

图 2-31　导板模
1—导尺　2—凸模　3—上模板　4—工件

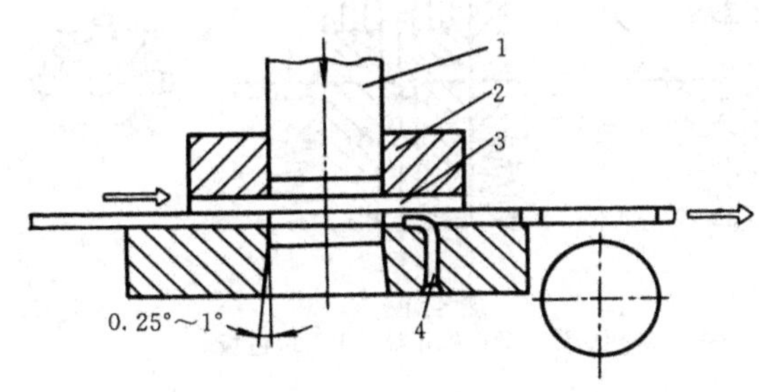

图 2-32　带钩形挡料销的导板模
1—凸模　2—导板　3—导尺　4—钩形挡料销

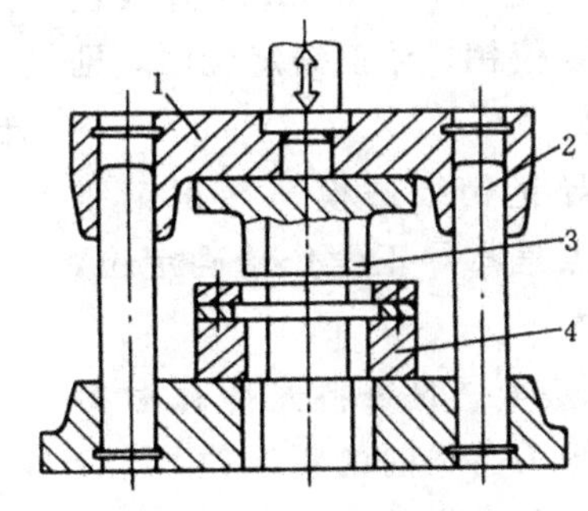

图 2-33　导柱模
1—上模板　2—导柱　3—凹模　4—下模板

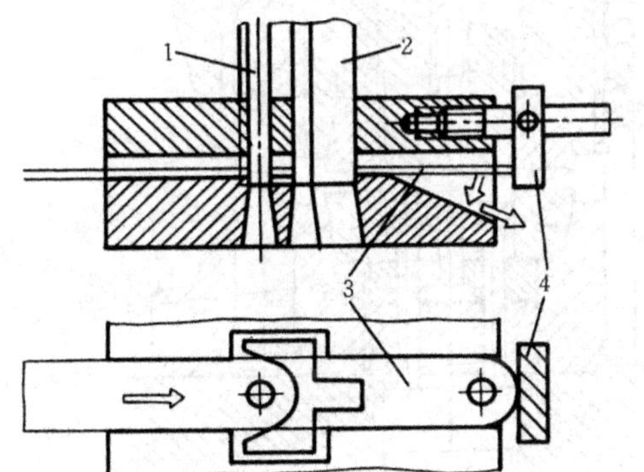

图 2-34　挡料块级进模
1—冲头　2—凸模　3—工件　4—挡料块

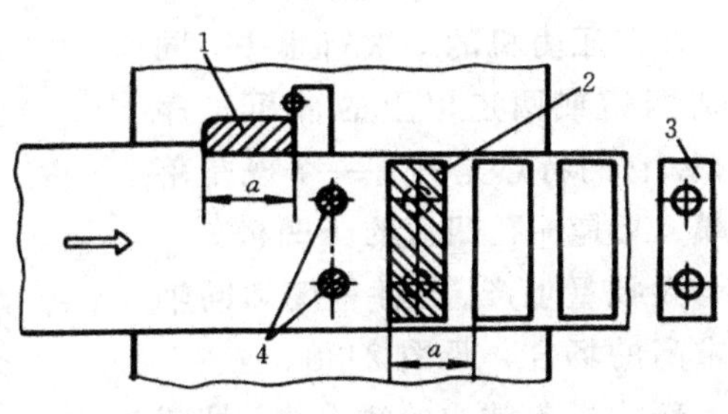

图 2-35　侧刃级进模
1—侧刃　2—落料凸模　3—工件　4—冲孔冲头

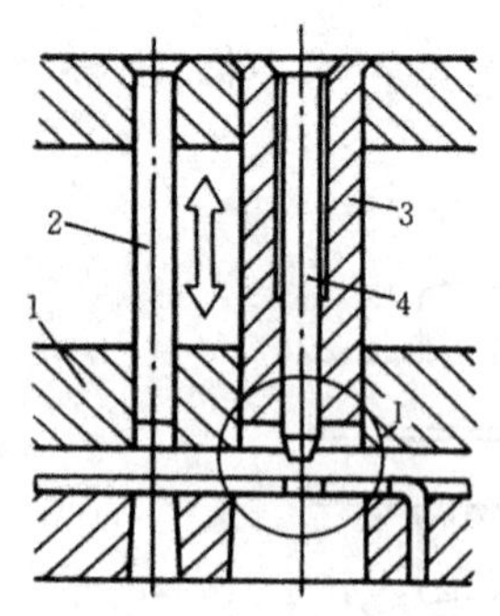

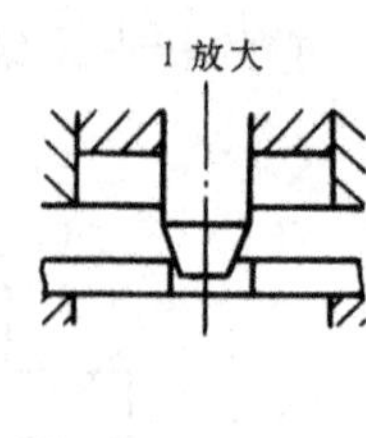

图 2-36　导正销定位

1—导板　2—冲头　3—凸模　4—导正销

图 2-37　导正销级进模

1—凸模　2—导板　3—导正销　4—工件

(2) 侧刃级进模　侧刃级进模靠侧刃定位。它的特点是侧刃的长度等于步距。其作用是在冲床的每次行程中，沿条料边缘冲下一块长度等距的料边。由于前后导尺间宽度不同，前宽后窄形成一个凸肩，只有在侧刃切去料边使宽度减小后，条料才能再前进一个步距，以控制送料距离。一般用于冲制厚度小于 0.5mm 的薄板或不便使用定位销、导正销定位时，见图 2-35。

(3) 导正销级进模　导正销级进模的特点是靠导正销作精确定位，见图 2-36。

这套模具中的条料先冲孔后再由内孔边缘为落料时的粗定位，然后导正销进入已冲好的孔中，来导正孔与外形的相对位置。一般用于制件精度高，同轴度要求高的场合，见图 2-37。

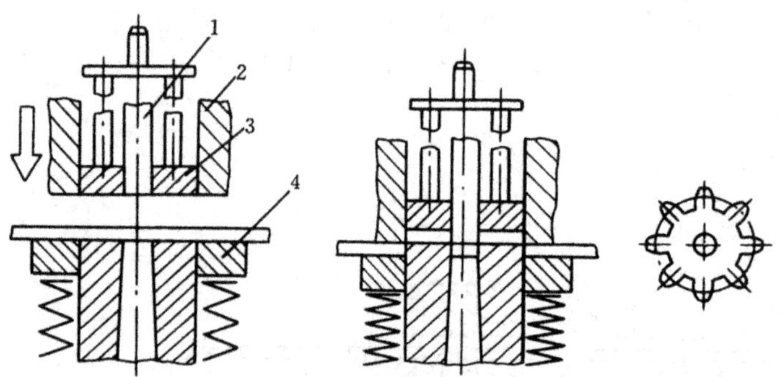

图 2-38　复合模

1—冲头　2—凹模　3—顶出器　4—卸料板

3. 复合模　复合模是只有一个工位，并在压力机的一次行程中，同时完成两道或两道以上的冲压工序的冲模。它的特点是具有一个既是落料凸模、又是冲孔凹模的凸凹模。一般用于大批量生产、制件精度和同轴度要求高的场合，见图 2-38。

滚珠式导向结构的复合模，见图 2-39。其冲制精度高于普通导柱导套结构的复合模。

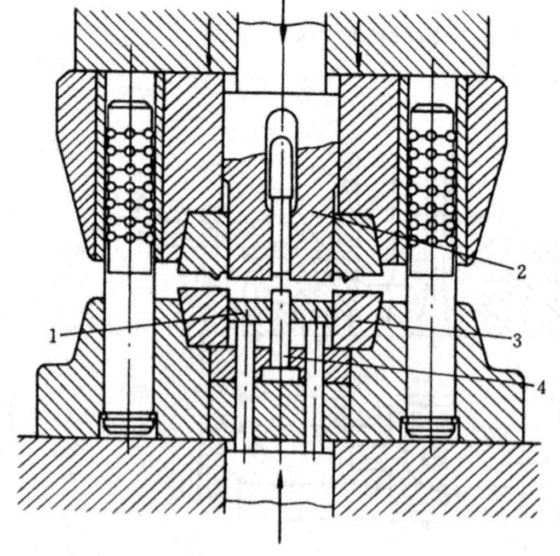

图 2-39　滚珠式导向结构的复合模

1—顶出器　2—凸凹模　3—凹模　4—冲头

2.4.3.6　冲裁力　冲裁力是指冲裁时，材料对凸模的最大抵抗力，是选用冲压设备和检验冲模强度的重要依据。

冲裁力的大小主要与材料的力学性能、厚度和制件的同边长度有关。用平刃冲模冲裁时，其冲裁可按下面公式计算：

$$F = kL\delta\tau \times 10^{-3}$$

式中　F——冲裁力，(kN)；

k——冲裁力因数，一般取 $k=1.3$；

L——制件冲裁长度（mm）；

δ——制件厚度（mm）；

τ——材料的抗剪强度（MPa）。

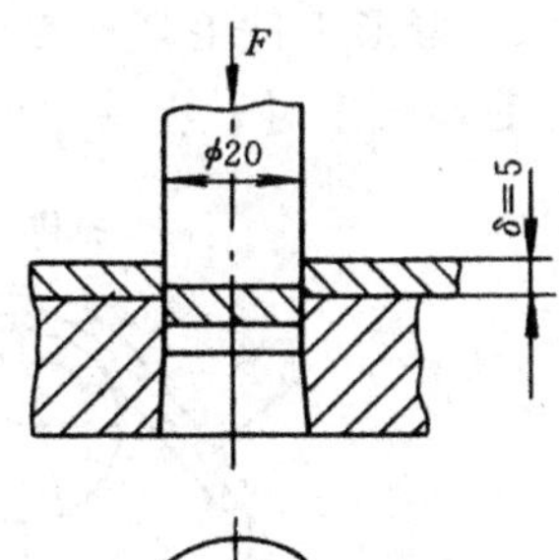

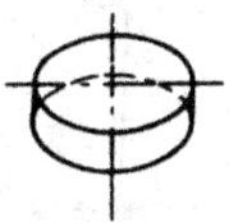

图 2-40　冲裁力

例　一凸模尺寸 $d=20$mm，冲制材料为 08F，材料厚 $\delta=5$mm，材料的抗剪强度 $\tau=(22\sim31)\times10^{7}$Pa，求冲裁力 F，见图 2-40。

解　$F = kL\delta\tau$

$$F = 1.3\times\pi\times20\text{mm}\times5\text{mm}\times27\times10^{7}\text{Pa}\times10^{-6} = 110270\text{N} = 110\text{kN}$$

2.4.4　弯曲和拉深

2.4.4.1　变形工序　变形工序是指坯料在冷冲压力的作用下，应力超过坯料的屈服极限，坯料经过塑性变形后，成为一定形状的加工工序。变形工序主要为弯曲、拉深、成形等工序，见表 2-3。

2.4.4.2　弯形　将原来平直的板料、条料、棒料或管子弯成所需形状的加工方法称为弯形

表 2-3　变形工序的分类与特征

工序性质	工序名称		工序简图	工序定义
变形工序	弯曲			将板料弯成一定角度或一定形状
	拉深			将平板料变成任意形状的空心件
	成形	起伏		将板料局部拉深形成凸起和凹进部分
		翻边		将板料上的孔或外缘翻成一定角度的直壁。或将空心件翻成凸缘

1. 弯形特点　弯形工作是使材料产生塑性变形，因此只有塑性好的材料才能进行弯形。钢板弯形后的情况，见图 2-41。它的外层材料伸长，内层材料缩短，而中间一层材料在弯形后的长度不变，这一层叫中性层。材料弯曲部分的断面，虽然由于发生拉伸和压缩，使它产生变形，且外层变窄，内层变宽，但其断面面积保持不变，见图 2-42。

2. 弯形工件毛坯长度计算　由于材料在弯形后，中性层的长度不变，因此在计算弯形工件的毛坯长度时，在一定的条件下，可以按中性层的长度计算。

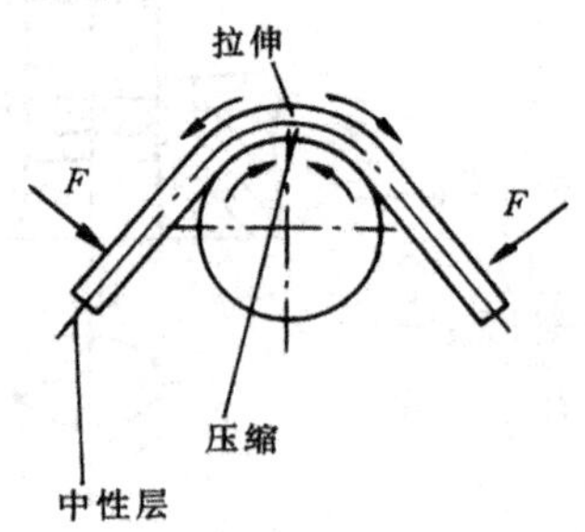

图 2-41　钢板弯形后的情况

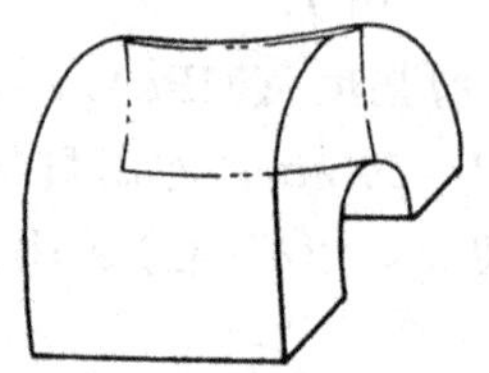
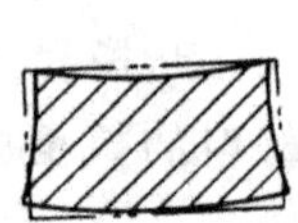

图 2-42　横断面变化情况

例　有一弯曲件见图 2-43，求制件毛坯长度。

解　$L=l_1+l_2+l_3=l_1+\frac{\pi d\alpha}{360^\circ}+l_3=30\text{mm}+\frac{\pi\times114\text{mm}\times150^\circ}{360^\circ}+50\text{mm}=229.23\text{mm}$

3. 弯曲件的质量　冲压弯曲最常见的质量问题是弯裂、回弹、偏移。

（1）弯裂　由于弯曲件外层纤维受拉、变形最大，所以最容易变裂而造成废品。外层纤维拉伸变形的大小，主要决定于弯曲件的弯曲半径，弯曲半径越小，则外层纤维变形越大。为了防止弯曲件的断裂，必须限制弯曲半径，使之大于导致材料开裂之前的临界弯曲半径——最小弯曲半径。

影响弯曲半径的因素很多。例如，材料的力学性能、材料的热处理状态、弯曲角度的大小、坯料的表面质量和断面质量等。另外，坯料弯曲线的方向与钢板经碾压以后得到的纤维方向组成的几何角度，也直接影响最小弯曲半径的数值，见图 2-44。

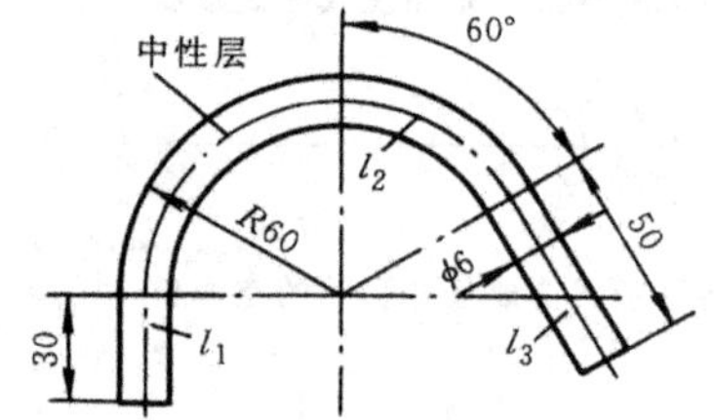

图 2-43　弯曲件毛坯长度

图 2-44　材料纤维方向对弯曲半径的影响

最小弯曲半径数值一般由试验方法确定。表 2-4 所列为最小弯曲半径数值。

（2）回弹　由于弹性的作用，弯曲后制件的弯曲角度和弯曲半径将发生变化，这种现象叫回弹，见图 2-45。

（3）偏移　在弯曲过程中，坯料沿凹模圆角滑移时，会受到摩擦阻力，由于坯料各边所受的摩擦力不等，在实际弯曲时使坯料向左或向右偏移，对于不对称的制件，这种现象尤其显著，从而造成制件边长不合要求。

表 2-4 最小弯曲半径数值 R_{min}

材料	退火的或正火的		冷作硬化的		材料	退火的或正火的		冷作硬化的	
	弯曲线位置					弯曲线位置			
	垂直纤维	平行纤维	垂直纤维	平行纤维		垂直纤维	平行纤维	垂直纤维	平行纤维
0.8、10	0.1δ	0.4δ	0.4δ	0.8δ	磷铜	—	—	1δ	3δ
15、20	0.1δ	0.5δ	0.5δ	1.0δ	半硬黄铜	0.1δ	0.35δ	0.5δ	1.2δ
25、30	0.2δ	0.6δ	0.6δ	1.2δ	软黄铜	0.1δ	0.35δ	0.35δ	0.8δ
35、40	0.3δ	0.8δ	0.8δ	1.5δ	纯铜	0.1δ	0.35δ	1δ	2δ
45、50	0.5δ	1δ	1δ	1.7δ	铝	0.1δ	0.35δ	0.5	1.0δ
55、60	0.7δ	1.3δ	1.3δ	2δ					

注：1. 当弯曲线与纤维方向成一定角度时，可采用垂直和平行纤维方向二者的中间数值。
2. 在冲裁或剪裁后没有退火的坯料应作为硬化的金属选用。
3. 弯曲时应使有毛刺的一边处于弯角的内侧。
4. 表中δ为板料厚度。

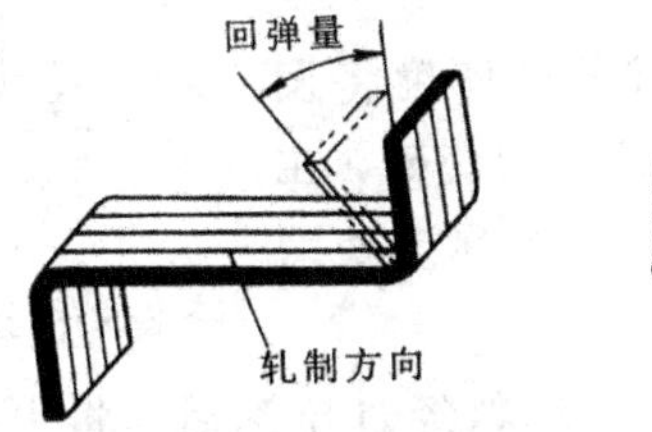

图 2-45 弯曲件的回弹

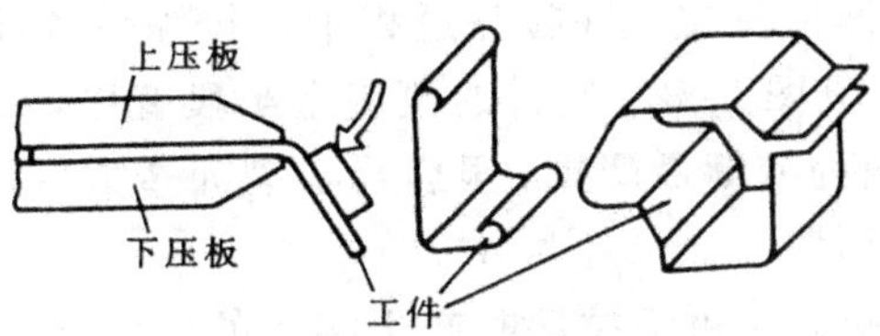

图 2-46 自由弯曲

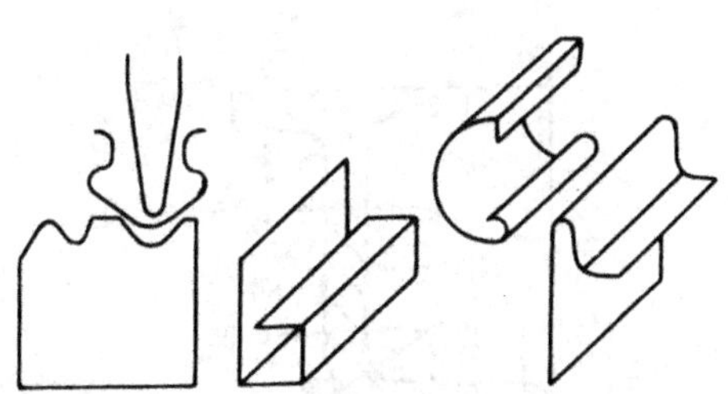
图 2-47 模具弯曲

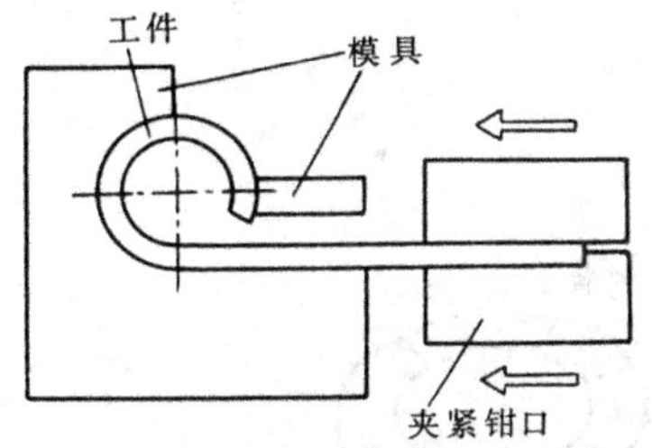

图 2-48 卷边弯曲

4. 弯曲方法 弯曲有自由弯曲、模具弯曲、卷边弯曲，见图 2-46、图 2-47、图 2-48。

2.4.4.3 拉深 拉深是利用模具使平面坯料成为开口空心零件的冲压方法。

(1) 拉深变形分析 将平板坯料拉深成空心筒形件的过程，见图 2-49。拉深模工作部分没有锋利的刃口，而是具有一定的圆角、其单边间隙大于坯料厚度，当凸模向下运动时，即将坯料经凹模孔口拉下，而形成空心的筒形件。因此，拉深模工作部分比冲裁模表面粗糙度低。

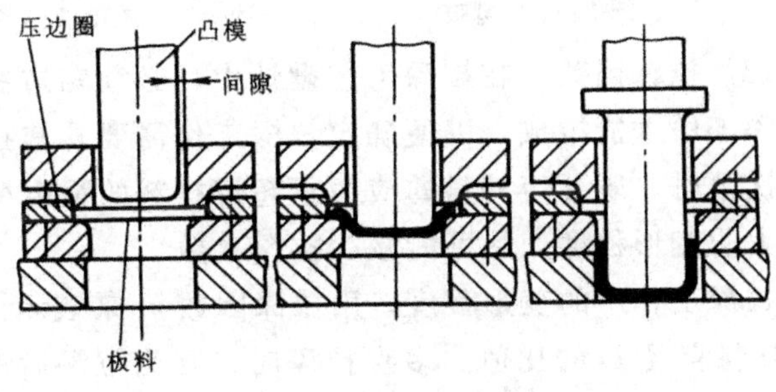

图 2-49 拉深过程

拉深工艺主要特征是金属产生了流动，见图 2-50。是将一个直径为 D 的平板坯料，变成一个直径为 d、高度为 h 的筒形件。

将坯料与制件的形状和尺寸作一比较，就会发现坯料中间直径为 d 的部分变为制件的底部，坯料上 $D-d$ 圆环部分变为制件的筒壁 h，而且 $h>\frac{1}{2}(D-d)$，这说明在拉深过程中，金属产生了流动，可以认为坯料中阴影部分的金属被挤向上部，增加了制件的高度。

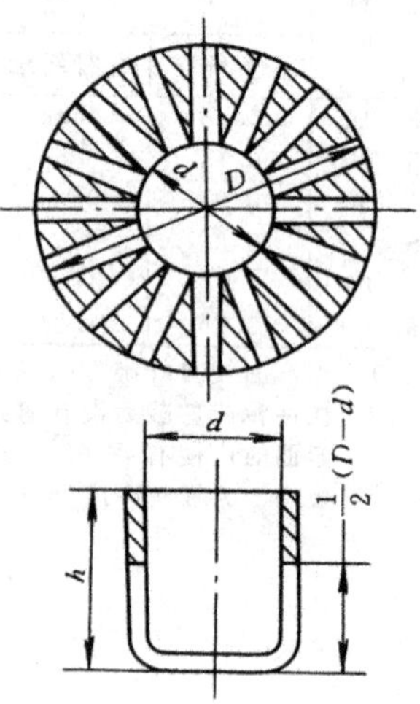

图 2-50 拉深时材料流动示意图

（2）拉深的质量问题

1）起皱 拉深时凸缘部分坯料，直径方向拉深伸长，圆周方向压缩，当压应力达到一定值时，凸缘部分材料便先失去稳定而产生弯曲。这种在凸缘的整个周围产生波浪形的连续弯曲，称为起皱，见图 2-51。

2）厚度变化 在拉深过程中，拉深件各部分的厚度将发生变化，见图 2-52。制件的侧壁上半段变厚，下半段变薄，在凸模圆角处变薄最严重，很容易破裂而造成废品，故称该处为“危险断面”。

3）硬化 由于拉深时产生很大的塑性变形，坯料经过拉深后，将引起加工硬化，强度和硬度显著提高，塑性降低，使进一步拉深工作发生困难。

图 2-51 起皱

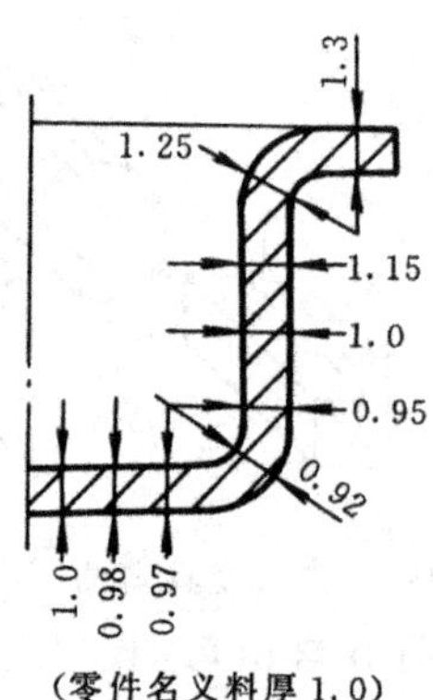

（零件名义料厚 1.0）

图 2-52 有压边圈拉深时零件的厚度变化

（3）拉深因数 在拉深工艺设计中，必须知道制件是用一道拉深工序拉成，还是需要几道拉深工序才能拉成，以便确定拉深工作需要几套拉深模才能制成合格的制件。因此在决定拉深次数时，既要使材料的应力不超过材料的强度极限，又要充分利用材料的塑性，使之达到最大的变形程度，尽可能减少拉深次数。

拉深工作中的变形程度，用拉深因数 m 来表示。对筒形件，拉深因数为拉深后制件直径 d 与坯料直径 D 的比值。多次拉深时，则为拉深后筒部外径与拉深前筒部外径之比值。

由于拉深过程中，材料性能发生变化，故拉深因数逐渐增大，以 m_1、m_2、……m_{n-1}、m_n 表示第 1、2、……（$n-1$）、n 次拉深时的拉深因数，见图 2-53。拉深因数值为

$$m_1 = d_1/D$$
$$m_2 = d_2/d_1$$
$$\vdots$$
$$\vdots$$
$$m_n = d_n/d_{n-1}$$

(4) 拉深模的间隙　拉深模间隙（单面间隙）为拉深凹模与凸模直径之差的一半。即

$$Z = \frac{D_{凹} - d_{凸}}{2}$$

拉深模间隙的作用是减小材料与凹模之间的摩擦，并控制材料在凹模形腔内的流动。由于坯料在拉深过程中有变厚现象，材料本身也存在厚度公差，所以在确定间隙值时不能过大或过小。间隙过大，则制件容易起皱；间隙过小，则筒壁容易变薄，甚至被拉裂。由于拉深件的外形、精度和拉深方法等都有显著的差别，因而没有一个统一的拉深间隙数值。实际生产中，一般不通过计算来确定拉深模间隙，可由表 2-5 的经验公式确定。

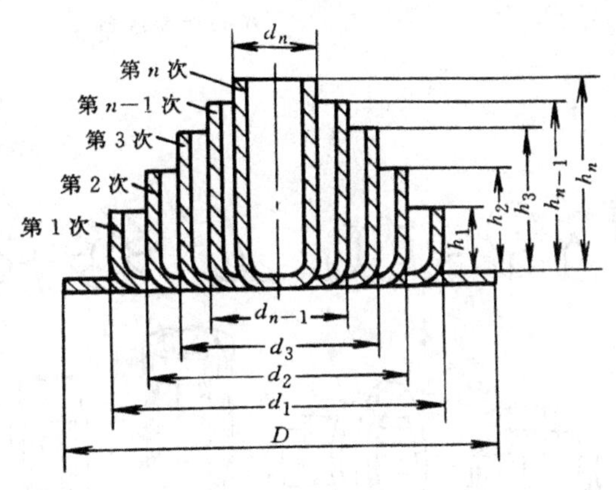

图 2-53　多次拉深时筒形直径的变化

2.4.4.4　冷挤压　冷挤压是在常温条件下，利用模具在压力机上对金属以一定的速度施加相当大的压力，使金属产生塑性变形，获得所需零件的形状与尺寸的方法。

冷挤压的工艺过程是：先把坯料放在凹模内，借凸模的压力使金属产生塑性变形，并通过凹模的下通孔或凸模与凹模间的环形间隙将制件挤出。

按挤压的金属流动方向，冷挤压可分三类：正挤压、反挤压和复合挤压。

(1) 正挤压　挤压时金属流动方向与凸模运动方向相同，见图 2-54。

表 2-5　拉深模间隙

材　料	单面间隙 Z		
	第一次拉深	中间各次拉深	最后拉深
软钢	(1.3～1.5) δ	(1.2～1.3) δ	1.1δ
黄铜、铝	(1.3～1.4) δ	(1.15～1.2) δ	1.1δ

注：δ 为材料厚度，mm。

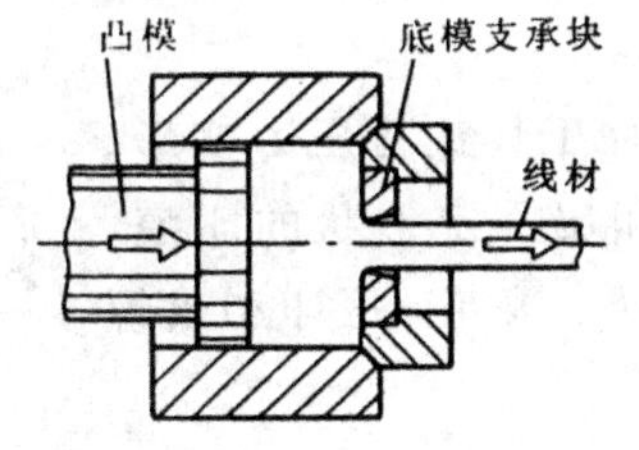

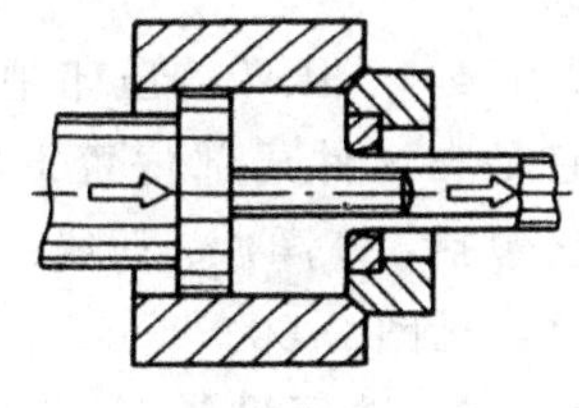

图 2-54　正挤压

(2) 反挤压　挤压时金属的流动方向与凸模的运动方向相反，见图 2-55。

(3) 复合挤压　挤压时一部分金属的流动方向与凸模运动方向相同，而另一部分金属的流动方向则相反，见图 2-56。

冷挤压的部分产品及其断面形状，见图 2-57。

2.4.4.5　拉制　拉制是将预先轧制的杆料或管子拉过截面积略小于坯料的孔形，使坯料的截面积减小而长度增加的一种变形过程，见图 2-58。

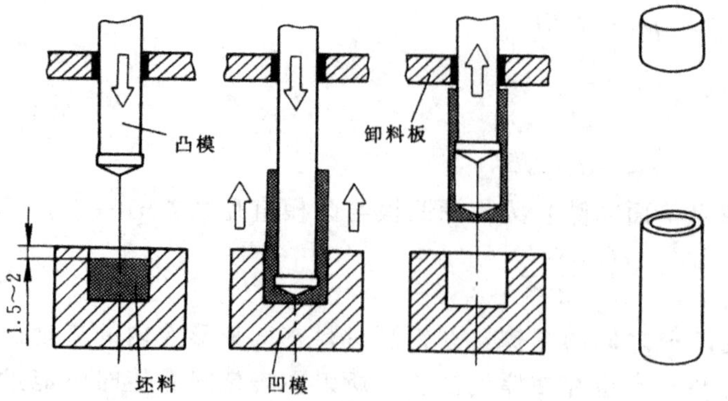

图 2-55　反挤压

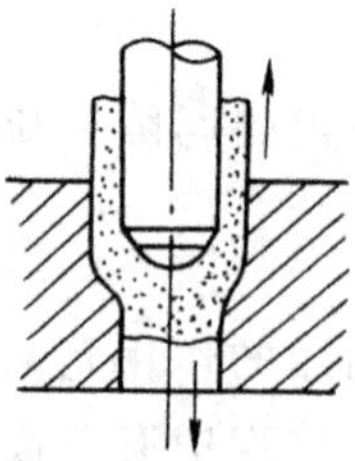

图 2-56　复合挤压

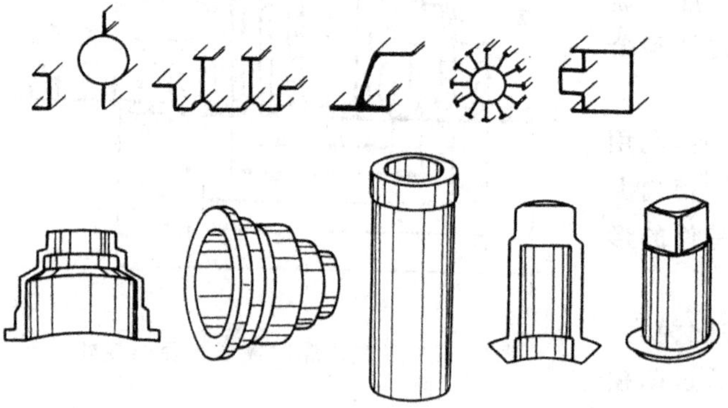

图 2-57　挤压制件

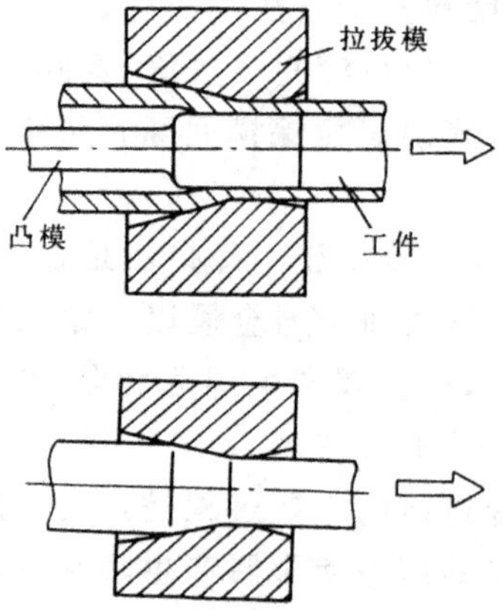

图 2-58　拉制

2.4.4.6　滚压　滚压就是利用滚压机对金属板料进行变形加工，使之成为类似筒形件的回转体工件。滚压机上有滚压轮、滚压成形模，见图 2-59。

2.4.4.7　压印　压印是一种工具进行压力变形。它是在工件局部位置上压印出一定形状的印痕。它包括：打洋冲、划线、挤压、滚花、压印和攻螺纹，见图 2-60。

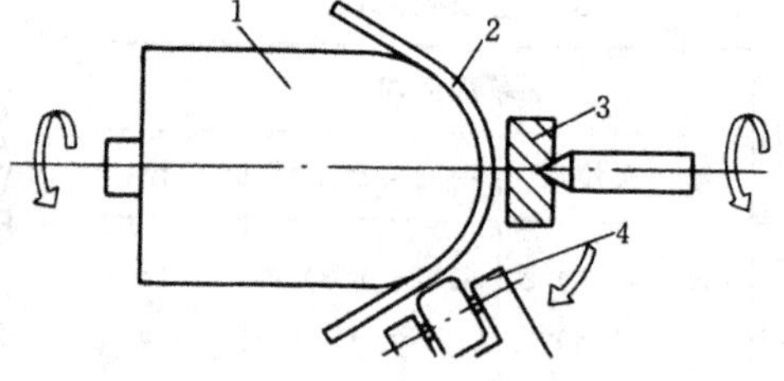

图 2-59　滚压

1—滚压成形膜　2—工件　3—压块　4—滚压轮

2.4.5　冲压设备

冷冲压是利用冲压设备及安装在其上的冷冲模对材料施加压力，使其产生变形的加工方法。

压力机有机械和液压两种传动形式。

2.4.5.1　机械压力机　机械压力机有偏心式压力机、曲轴式压力机、肘杆式压力机和摩擦式压力机，见图 2-61。

2.4.5.2　液压压力机　加工较大工件时，可使用液压压力机，见图 2-62。图 2-63 为利用液压压力机在复合冲模上对板料进行冲压的例子。

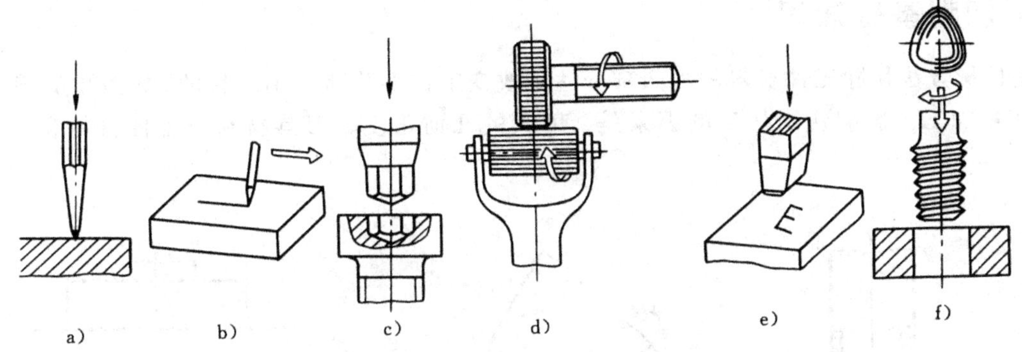

图 2-60 压印加工

a) 打洋冲 b) 划线 c) 挤压 d) 滚花 e) 压印 f) 攻螺纹

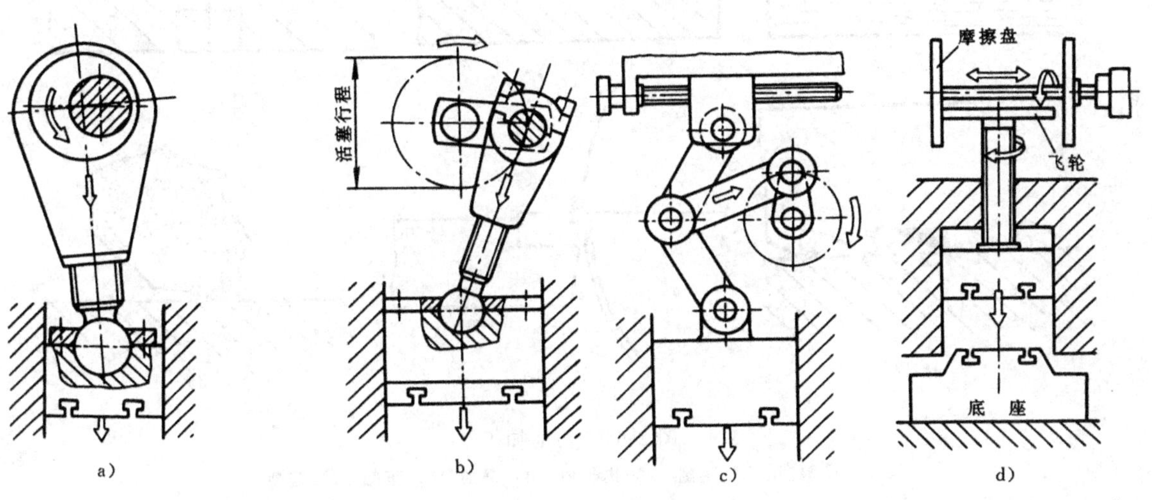

图 2-61 压力机种类

a) 偏心式 b) 曲轴式 c) 肘杆式 d) 摩擦式

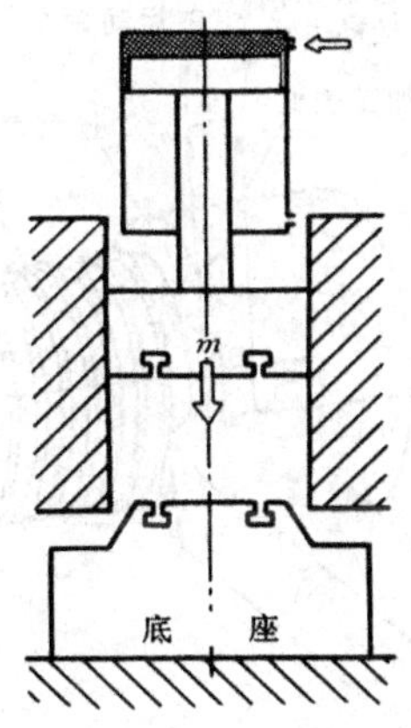

图 2-62 液压压力机

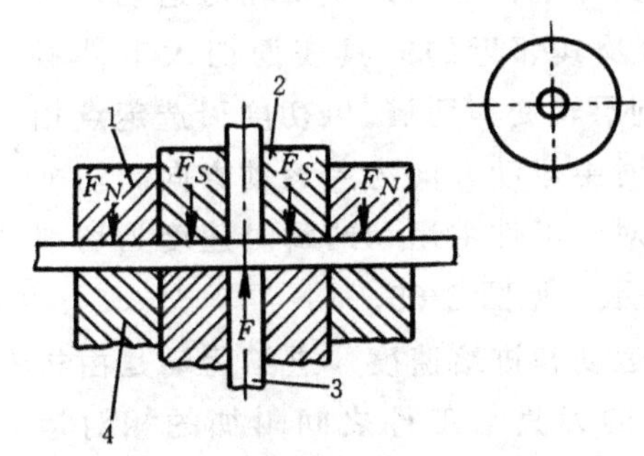

图 2-63 液压压力机在复合模上冲压

1—压边圈 2—凸凹模 3—冲头 4—凹模

2.5 切削基础知识

用机械方法切除工件材料的多余部分达到改变工件形状和大小的目的，如图2-64所示的各种切削加工。影响切削加工的因素是：刀具的几何角度、刀具材料、工件材料和切削条件。

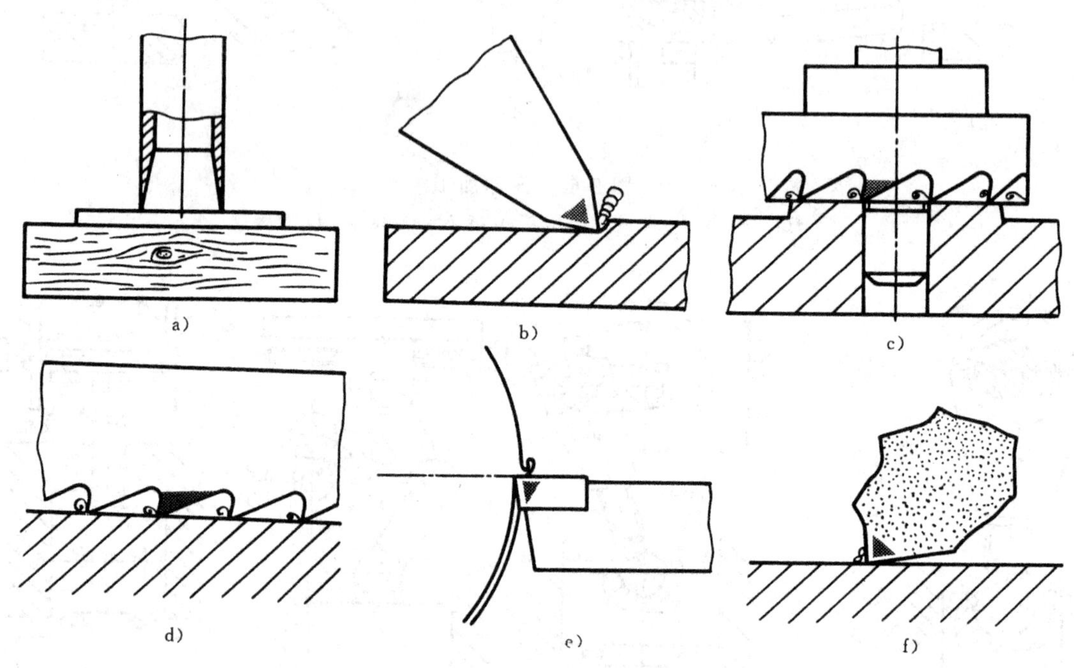

图2-64 切削加工

a）木榫眼凿 b）錾削 c）铯平面 d）锯削 e）车削 f）磨削

2.5.1 切削运动和切削速度

1. 切削运动 切削运动指切削过程中刀具相对于工件的运动，它分为主运动、进给运动和合成切削运动。

(1) 主运动和切削速度 主运动是由机床或人力提供的刀具和工件之间的主要相对运动，它使刀具切削刃及其邻近的刀具表面切入工件材料，导致被切削层转变为切屑。以切削刃选定点相对于工件的瞬时主运动方向为主运动方向。切削刃上选定点相对于工件主运动的瞬时速度为切削速度，用 v_c 表示，见图2-65。

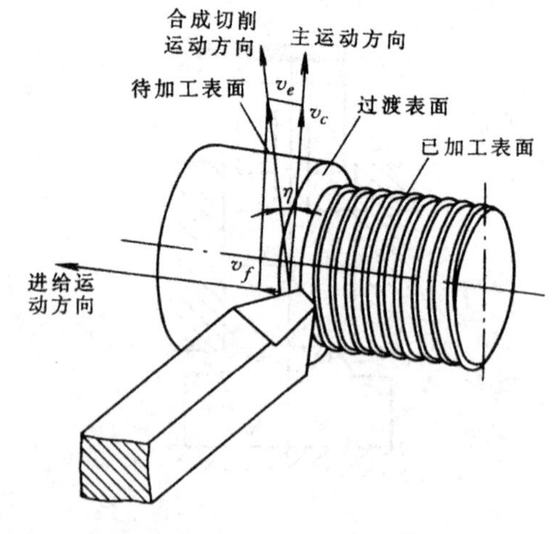

图2-65 车削运动与工件表面

(2) 进给运动和进给速度 进给运动是由机床或人力提供的刀具与工件之间附加的相对运动，加上主运动，即可不断地或连续地切除切屑，并得出具有所需几何特性的已加工表面。以切削刃选定点相对于工件的瞬时进给运动的方向为进给运动方向。切削刃上选定点相对工件的进给运动的瞬时速度，称为进给速度，用v_f表示，见图 2-65。

主运动是速度最高、消耗功率最多的运动。主运动只有一个且必须有一个；而进给运动可以只有一个(如一般车削和铣削)、也可多个(如磨削)，也可以没有（如拉削)。不同切削形式有不同的运动，见图 2-66。

(3) 合成切削运动和合成切削速度　合成切削运动是由主运动和进给运动合成的运动。切削刃选定点相对于工件的合成切削运动的瞬时速度称为合成切削速度，用v_e表示。

v_c与v_e之间的夹角η称为合成切削速度角，见图 2-65。

2. 加工中的工件表面　在切削过程中，工件上的切削层不断被刀具切除，从而在工件上形成三个不断变化着的表面：(见图 2-65)

(1) 待加工表面　工件上有待切除之表面。

(2) 已加工表面　工件上经刀具切削后产生的表面。

(3) 过渡表面　工件上由切削刃形成的那部分表面，在切削过程中它不断变化着，并且位于上述两个表面之间。

2.5.2　金属切削刀具

金属切削刀具的种类虽然很多，但其切削部分的形状和几何参数具有本质上的共性。所以，无论哪种复杂刀具，其切削部分均可近似地视为外圆车刀切削部分演变的结果。为此，研究金属切削刀具均从外圆车刀的切削部分入手。

1. 车刀切削部分上的表面和切削刃

(1) 刀具表面（见图 2-67）

1) 前面A_γ刀具上切屑流过的表面

2) 主后面A_α刀具上同前面相交形成主切削刃的后面。

3) 副后面A'_α刀具上同前面相交形成副切削刃的后面。

(2) 切削刃与刀头　图 2-68。刀具前面上拟作切削用的刃称为切削刃，它分为：

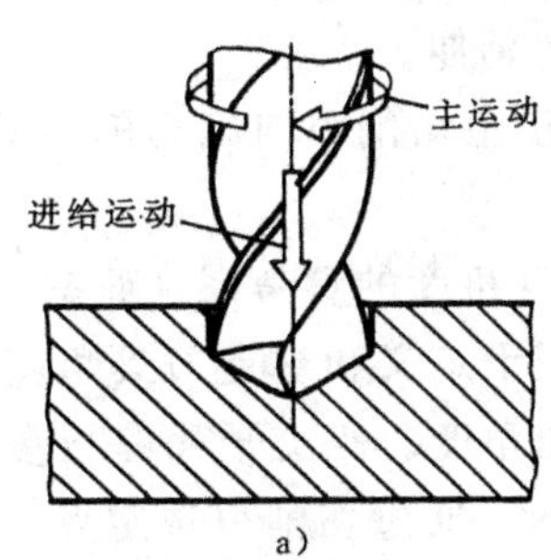

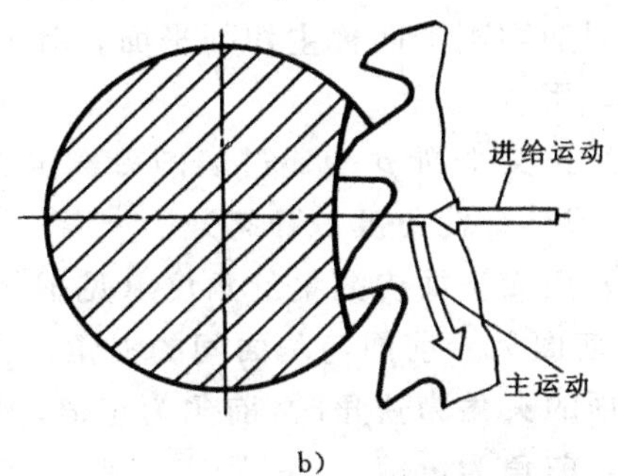

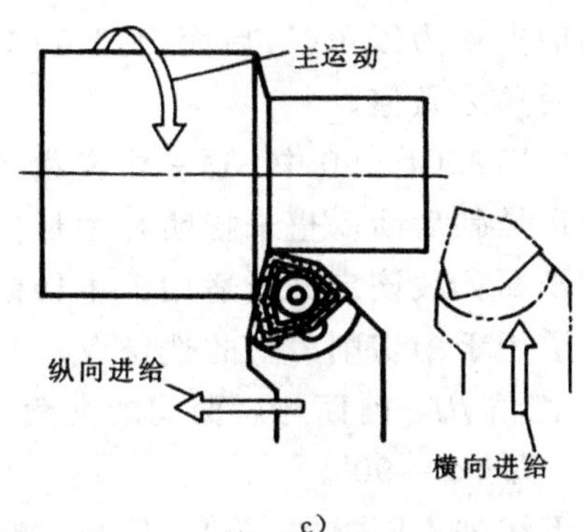

图 2-66　切削运动

a）钻削运动　b）铣削运动　c）车削运动

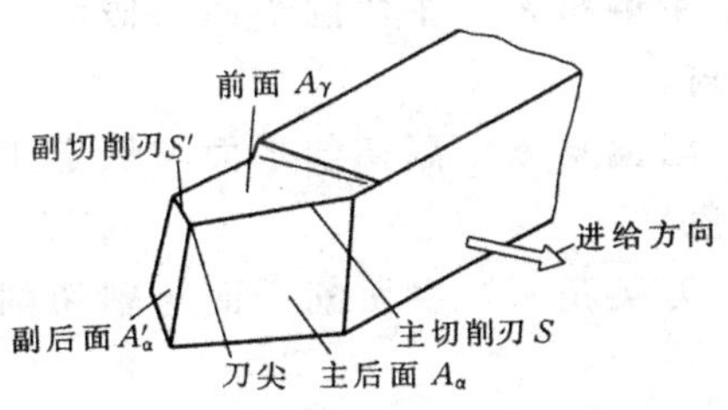

图 2-67　车刀表面

1）主切削刃 S　起始于切削刃上主偏角为零的点，并拟用来在工件上切出过渡表面的那段切削刃。

2）副切削刃 S'　切削刃上除主切削刃以外的刃。亦起始于主偏角为零的点，但它向背离主切削刃的方向延伸。

3）刀尖　指主切削刃与副切削刃的连接处相当少的一部分切削刃，经常是指主、副切削刃的实际交点。

2. 确定刀具角度的参考系（静态）　刀具表面和切削刃在空间的位置，可以用刀具几何角度来表示。用于定义和规定刀具角度的各基准平面称为刀具的参考系。通常用正交平面静止参考系来标注角度。正交平面静止参考系由下列三个坐标平面组成，见图 2-68。

（1）基面 p_r　通过切削刃选定点垂直于假定主运动方向的平面。

（2）切削平面　通过切削刃选定点与切削刃相切并垂直于基面的平面称切削平面。通过主切削刃的切削平面称主切削平面，用 p_s 表示。通过切削刃选定点并垂直于切削刃的平面称法平面，用 p_n 表示。

（3）正交平面 p_0　通过切削刃选定点并同时垂直于基面和切削平面的平面。

3. 刀具标注角度（静态）

（1）正交平面内测量的角度（见图 2-69）

1）前面 γ_o　前面与基面间的夹角。前面与主切削平面的夹角为锐角时，前角为正值，其夹角为钝角时，前角为负值。

2）后角 α_o　后面与切削平面间的夹角。后面与基面的夹角为锐角时，后面为正值；其夹角为钝角时，后角为负值。

GB/T12204—90 中，这一定义由于未指明是主后面还是副后面；也未指明是主切削平面还是副切削平面，故该定义既适用于主切削刃上选定点；也适用于副切削刃上的选定点。

3）楔角 β_o　前面与后面间的夹角。从图中可知：$\gamma_o+\beta_o+\alpha_o=90°$。

对于切削不同材料，前角、后角、楔角也不同，见图 2-70。

（2）基面内测量的角度（见图 2-71）

1）主偏角 κ_r　主切削平面与假定工作平面间的夹角。

2）副偏角 κ_r'　副切削平面与假定工作平面间的夹角。

3）刀尖角 ε_r　主切削平面与副切削平面间的夹角。

从图中可知：$\kappa_r+\varepsilon_r+\kappa_r'=180°$

（3）主切削平面内测量的角度（见图 2-72）

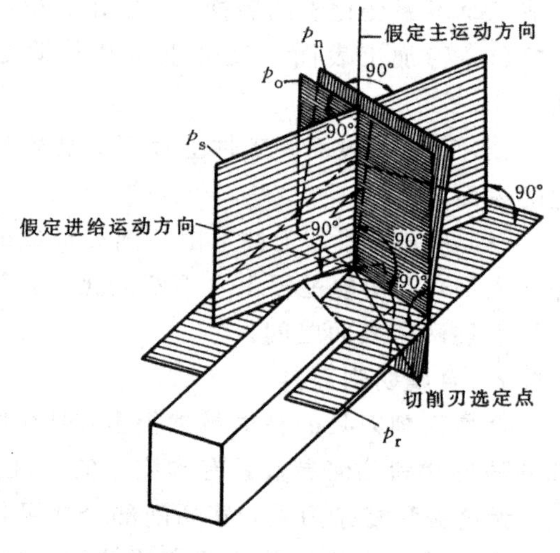

图 2-68　刀具静止参考系的平面

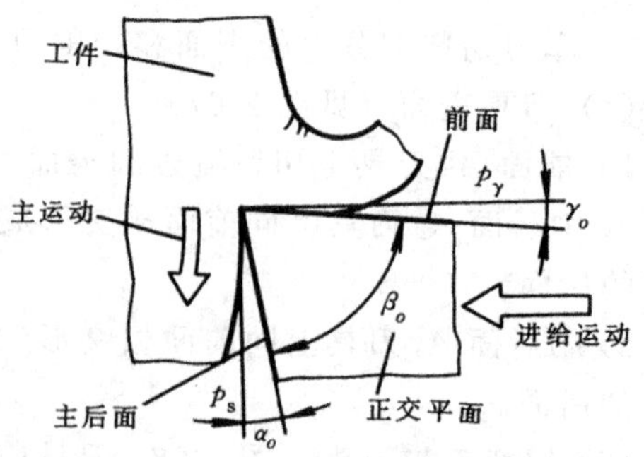

图 2-69　正交平面内测量的角度

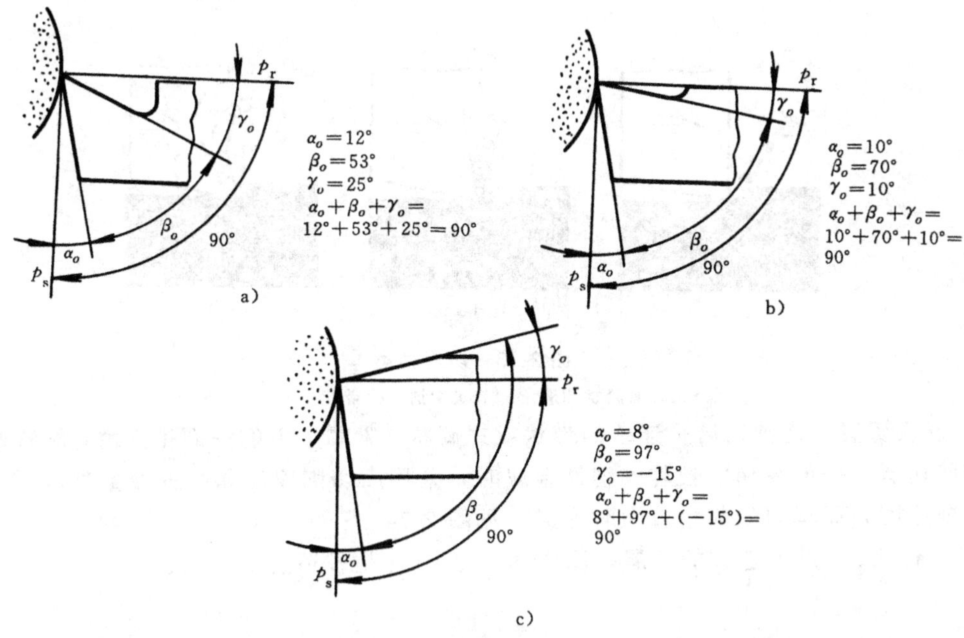

图 2-70　不同材料刀具角度

a)铝和铝合金(软)　b)钢(中硬)　c)铸铁(脆)

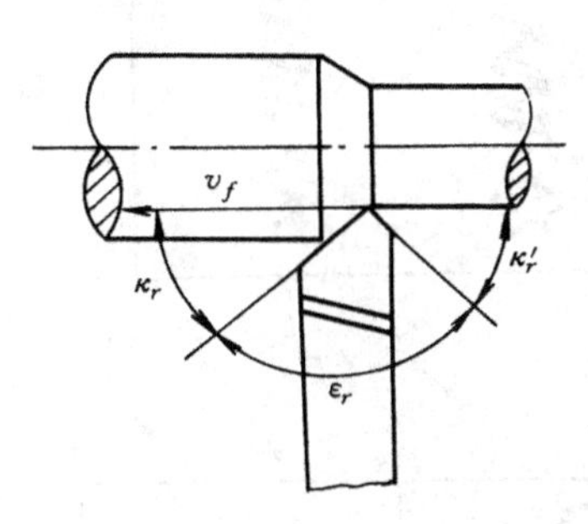

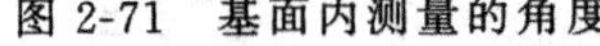

图 2-71　基面内测量的角度

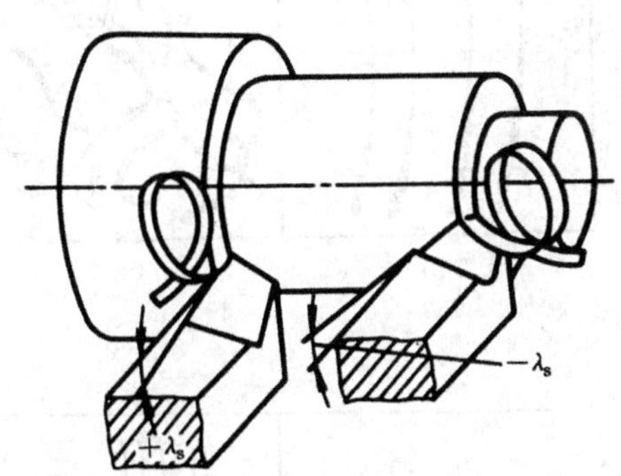

图 2-72　主切削平面内测量的角度

刃倾角 λ_s　主切削刃与基面间的夹角。当刀尖是主切削刃上最高点时，λ_s 为正值；刀尖位于主切削刃最低点时，λ_s 为负值；主切削刃与车刀基面平行时，$\lambda_s=0$

2.5.3　切削过程和切屑种类

金属的切削过程在本质上是金属受到刀具的挤压，经过弹性变形，塑性变形后，沿一定表面被挤裂的过程。表面金属层在刀具的面前经过剧烈摩擦而离开刀具，成为切屑。由于工件材料及加工条件的不同，切削时形成的切屑种类也不同。常见的切屑种类大致可分为三类，见图 2-73。

1. 崩碎状切屑　在加工脆性材料（如灰铸铁、青铜）时，因材料的断裂强度很低，切削时不经塑性变形即突然崩裂，形成崩碎状切屑。

2. 节状切屑　这种切屑在背刀的切屑面上有明显的裂痕，呈节状。一般在粗加工较硬钢材采用大的进给量、较高的切削速度、较小的前角时形成这种切削。

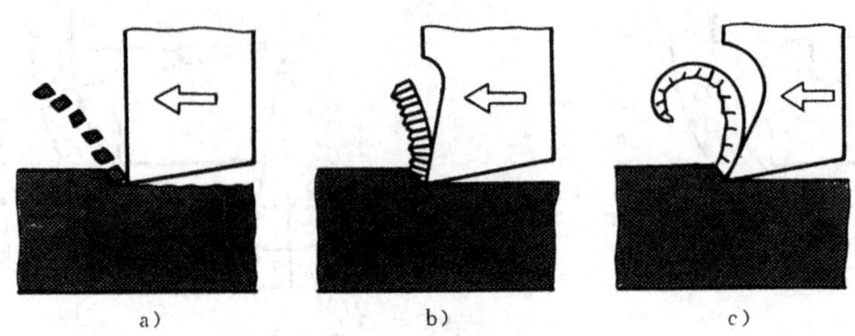

图 2-73　切屑种类

a)崩碎状切屑　b)节状切屑　c)带状切屑

3. 带状切屑　这种切屑呈连续的带状或螺旋状，紧靠车刀的一面很光滑，而背面呈毛茸状。带状切屑，一般在切削较软的塑性金属时，采用高切削速度和小进给量时得到，或采用低的切削速度，而车刀的前角较大时形成。见图 2-74。

图中 a、b、c 是不适宜的切屑，图中 d、e、f、g 是较适宜的切屑。

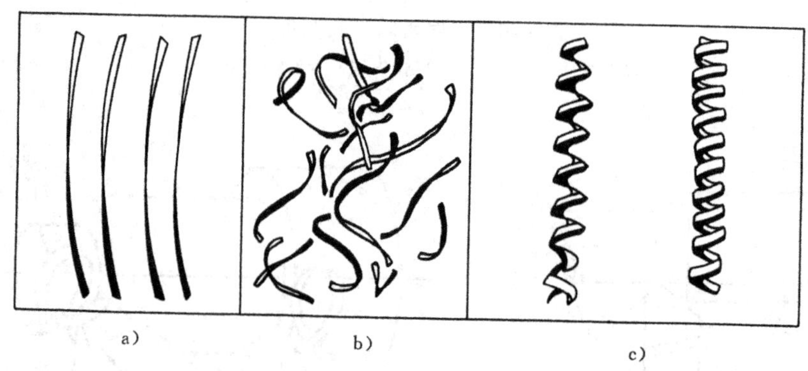

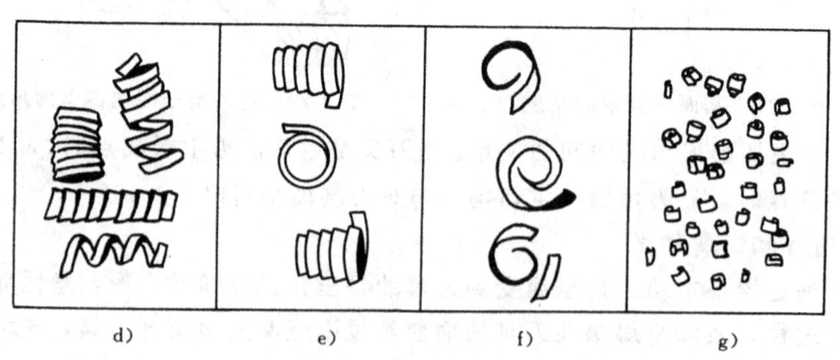

图 2-74　切屑的形状

a)带状　b)紊乱状　c)长螺旋状　d)短螺旋状　e)短锥螺旋状　f)C 形断屑　g)崩碎状

考虑到断屑，可在可转位刀片上加工出槽形沟，以形成断屑槽，见图 2-75a；或夹固刀片时通过断屑台形成断屑槽，见图 2-75b。也可在刀具前面通过磨削形成断屑槽，见图 2-75c。

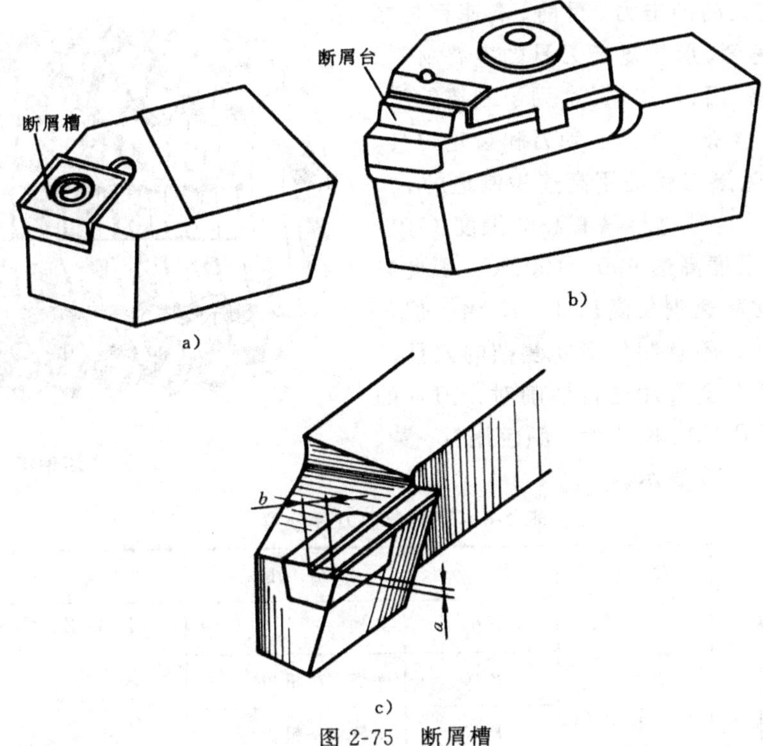

图 2-75 断屑槽

a）可转位刀片 b）带断屑台的夹固器 c）磨有断屑槽的车刀

2.5.4 切削刀具的材料

2.5.4.1 对刀具切削部分的基本要求

1. 高的硬度和耐磨性 刀具的切削部分的硬度至少要高于被加工材料的硬度，一般要求它的硬度大于 60HRC。刀具材料在切削过程中经受着剧烈摩擦，因此必须有良好的耐磨性。刀具材料的硬度越高，耐磨性也越好。

2. 高的热硬性 指刀具在高温下能保持其高硬度、高耐磨性的能力。一般用热硬性的温度表示。

3. 足够的强度和韧性 指刀具材料能承受冲击和振动而不碎裂的能力。

除以上性能外，还应具备良好的导热性、刃磨性、工艺性和经济性。

2.5.4.2 常用刀具材料

1. 非合金工具钢（碳素工具钢） 这种材料淬火后有较高硬度（59～64HRC）容易磨得锋利，价格低。但它的热硬性差，在温度达到 200～250℃ 时，硬度就明显下降。所以允许的切削速度很低（$v<10\text{m/min}$）。此外它的淬透性差，热处理时变形大。所以这类钢主要用于切削速度很低，形状简单、尺寸较小的手动刀具，如锉刀、手用锯条、手用铰刀。还用来制作使用次数不多的成形车刀，用于加工轻金属。

2. 低合金工具钢 它比碳素工具钢有较高的热硬性和韧性，其热硬性温度可达 300～350℃，切削速度比碳素工具钢高 10%～40%。合金工具钢的主要优点是淬透性好，热处理变形小，主要用于制造形状比较复杂而热处理变形小的刀具，如拉刀、板牙等。

3. 高合金工具钢（高速钢）　这种钢热处理后硬度可达 62～65HRC，耐磨性好。它的热硬性温度达 550～600℃，允许的切削速度比碳素工具钢高 2～4 倍。其抗弯强度和韧性比硬质合金好，能承受较大的冲击力。目前，高速钢是制造具有一定切削速度、形状复杂刀具的主要材料。它的合金元素是钨、钼、钒和钴，常用于制造钻头、铣刀、机用铰刀、丝锥、车刀、刨刀和齿轮刀具。图 2-76 所示的齿轮滚刀就是用高速钢制造的。

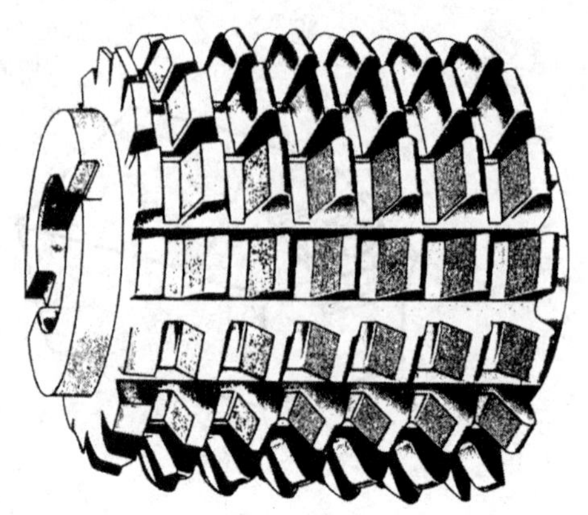

图 2-76　高速钢滚刀

4. 硬质合金　这种材料具有高的硬度（70～75HRC），红硬性温度高达 900～1000℃。因此它允许的切削速度比高速钢又高出 4～10 倍。但其性能较脆，怕振动，不宜制作形状复杂的刀具。

表 2-6 是硬质合金刀片进行切削时，刀片的分类表。其符号用 P、M、K 表示；颜色用兰、黄、红表示。数字由 0～50 表示。

表 2-6　硬质合金刀片分类

颜　色	性　能	字　母	符　号	应　用	材　料
蓝色	韧性↓ 耐磨性强度↑	*P* 长切屑材料	P 01	精切	钢、铸钢、可锻铸铁、灰铸铁
			P 10	精切＋半精切	
			P 20	半精切＋粗切	
			P 30	粗切	
			P 40 P 50	粗切	
黄色	韧性↓ 耐磨性强度↑	*M* 长或短的切屑材料	M 10	半精切＋粗切	钢、淬火钢、铸铁、有色金属
			M 20	半精切＋粗切	
			M 30	粗切	
			M 40	粗切	
红色	韧性↓ 耐磨性强度↑	*K* 短切屑材料	K 01	精切＋半精切	淬火钢，铸铁，可锻铸铁，塑料，非金属
			K 10 K 20	半精切＋粗切	
			K 30	粗切	
			P 40	粗切	

硬质合金刀片焊接或机械夹固在钢制刀杆上，见图 2-77。

5. 陶瓷材料　烧结的金属陶瓷刀片夹在刀夹内。该刀具材料的热硬性温度最高达 1300℃，其耐磨性优于硬质合金，但不耐冲击，不适于“断续”切削。

6. 金刚石　使用金刚石刀具时只能选用极小的进给量（0.02～0.06mm/r）和极小的背吃

刀量。其热硬性温度最高达900℃，因此可选用很高的切削速度（高于7000m/min）。可用于精车和精镗。

2.5.5 切削液

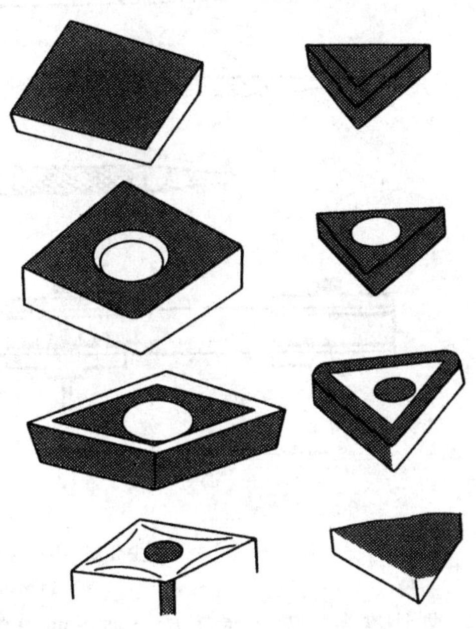

图 2-77 硬质合金刀片

合理选用切削液，能减少切削过程中的摩擦，改善散热条件，从而降低切削力、切削功率，切削温度和刀具磨损，并能提高已加工表面质量和生产效率。

1. 切削液的作用

（1）冷却作用 切削液能带走切削区大量的切削热，改善刀具等的散热条件，因此降低了切削温度，提高了刀具的寿命。

（2）润滑作用 切削液能渗透到工件表面与刀具之间，切屑与刀具之间的微小间隙中，形成一层薄薄的吸附膜，减少了摩擦因数。因此减少了切削力和切削热，减少了刀具的磨损。并能限制积屑瘤的生长，改善加工表面质量。对精加工来说，润滑作用就显得更加重要了。

（3）清洗作用 为了防止切削过程中产生的细小切屑或磨削中的砂粒、磨屑粘附在工件、刀具和机床上，影响工件表面质量和机床的精度，要求切削液有良好的清洗作用。同时在使用中，给予一定的压力，以提高冲洗能力，迅速把切屑和砂粒冲走。

2. 切削液分类 金属切削加工中常用的切削液可分为两大类，一类是水溶液，以冷却为主，多用于粗加工，如电解质水溶液、乳化液等。另一类为油类，以润滑为主，多用于精加工，如矿物油、动物油、植物油、混合油以及活化矿物油等。

表 2-7 切削加工工艺的切削液

加工工艺	切削速度	冷却	润滑
锯	高	高	低
车	↑	↑	↓
铣			
钻			
自动机			
深孔钻			
齿轮加工			
螺纹切削			
绞、拉削	低	低	高

3. 切削液的选用 切削液应根据工艺要求，加工性质、工件材料、刀具材料等具体情况合理选用。按不同的具体情况，对切削液的冷却、润滑、清洗等作用，有所侧重的考虑，见表2-7。

2.6 钳工加工

钳工加工是利用各种手工工具和钻床对零件进行加工或对机器及部件进行装配修理等的操作方法。

2.6.1 划线

划线是根据图样或实物的尺寸，准确地在工件表面上划出加工界限的操作方法。

划线一般在单件或小批量生产中使用，在大批量生产中是不划线的，而使用夹具和样板。

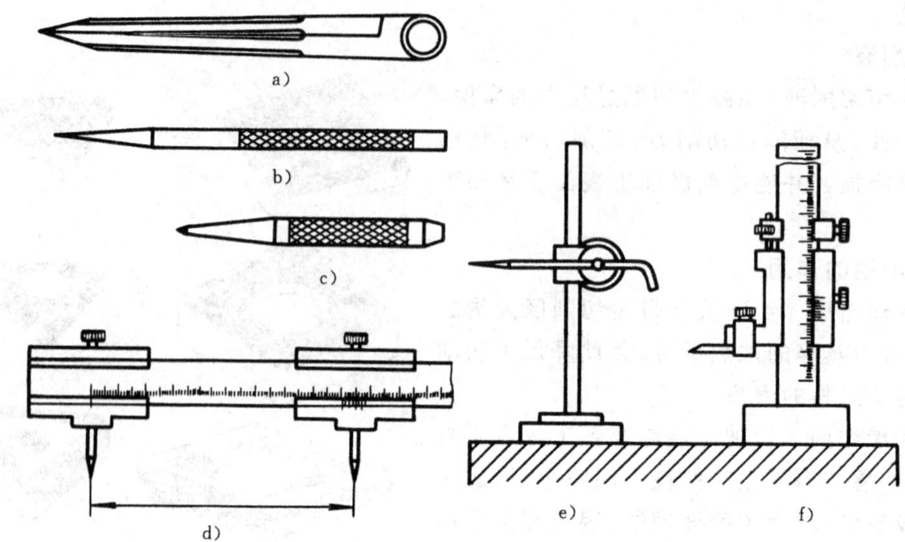

图 2-78 划线工具

a）尖分规 b）划针 c）冲子 d）长臂圆规

e）划线盘 f）游标高度尺

1. 划线准备 为了使工件上划出的线条清晰易见，在划线的表面需先涂上一层薄而均匀的涂料。涂料的种类很多，常用的有白灰水和蓝油。白灰水可用于毛坯表面，蓝油可用于已加工表面。

2. 划线工具 常用划线工具见图 2-78。

用划针、划线尺或划线盘可划直线。

用尖脚圆规在工件上量尺寸或划圆。

用划线盘可划平行于平板面的线。划针的高度可借助直尺确定。

用游标高度尺的量爪可划出高精度的直线，其读数值常是 0.02mm，见图 2-79。

用冲子在已划好的线上冲眼，也可冲圆心，冲眼要打在线条的中央切点上和相交点上。

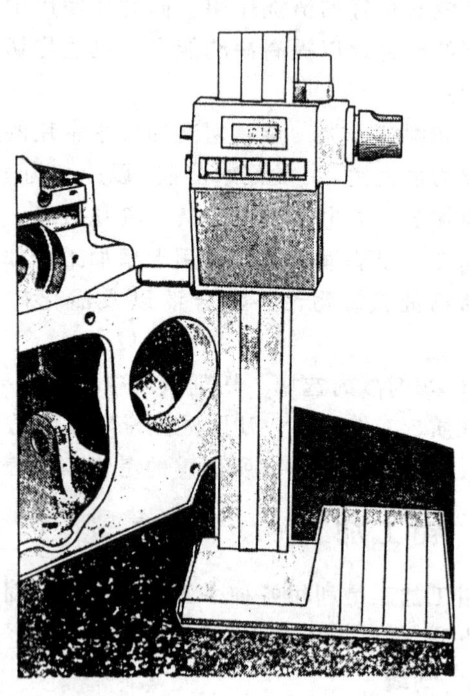

图 2-79 游标高度尺划线

2.6.2 錾削

用锤子敲击錾子对金属工件进行切削加工的方法，称錾削。

1. 錾子的楔角 錾子用于切割和切削。錾子切削刃楔角的经验值是：錾削铜或铝等软金属时，β_o 角取 30°至 50°；錾削未经淬火的碳钢、灰铸铁、铸钢等中等硬度材料时，β_o 角取 50°至 70°；錾削合金钢、冷硬铸铁等硬材料时，β_o 角取 75°至 85°，见图 2-80。

2. 錾子种类 錾子一般用碳素工具钢锻

成，头部应淬硬。常用錾子有下列几种，见图 2-81。

（1）扁錾 常用于平面錾削，切割和去毛刺。见图 2-82。

（2）狭錾 常用于錾沟槽。

（3）油槽錾 用于錾油瓦的油槽。

（4）圆口錾 用于雕錾铁板的曲线和圆弧。

（5）冲錾 用于打通两个钻孔之间的间隔，见图 2-83。

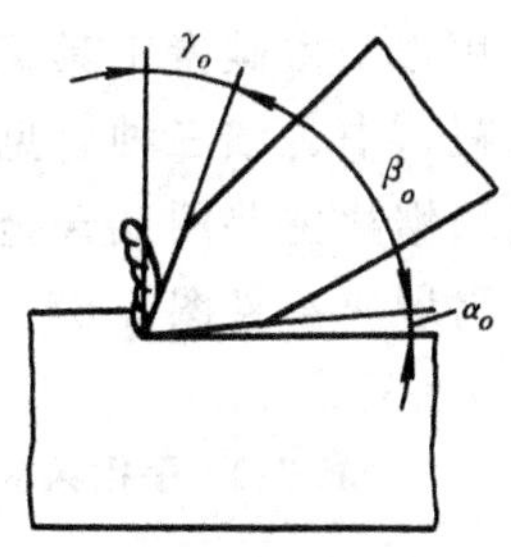

图 2-80 錾削

2.6.3 锯削

用锯对材料或工件进行切断或切槽等的加工方法称锯削。

1. 锯削过程 可把锯想像成由许多窄的刀楔排列而成。每一单独的楔形锯齿就相当于錾子的刀楔，见图 2-84。

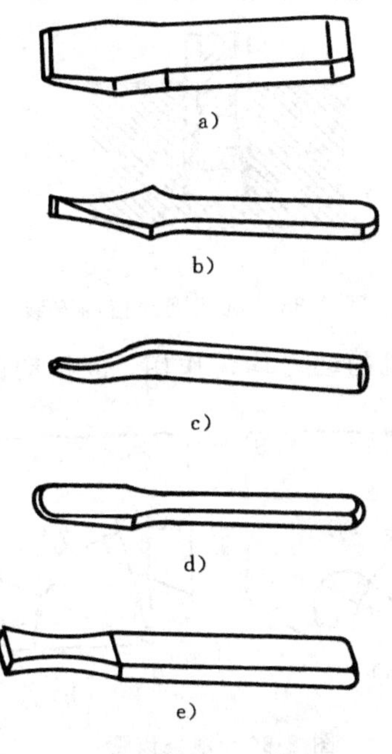

图 2-81 錾子种类
a）扁錾 b）狭錾 c）油槽錾
d）圆口錾 e）冲錾

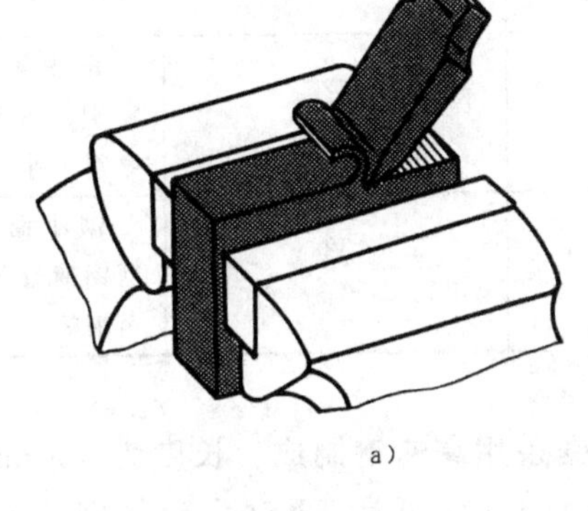

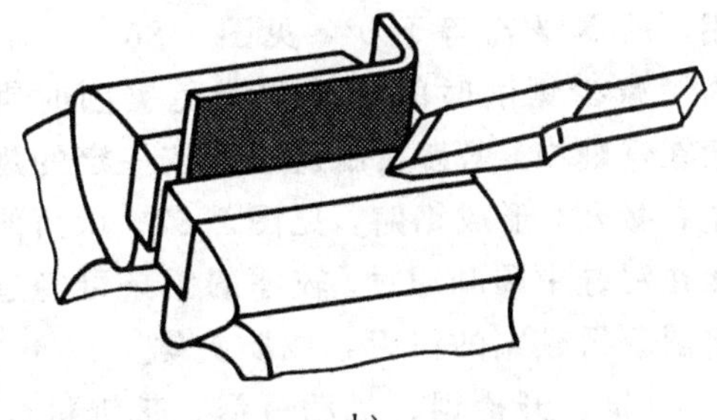

图 2-82 扁錾操作
a）平面錾削 b）切割薄板

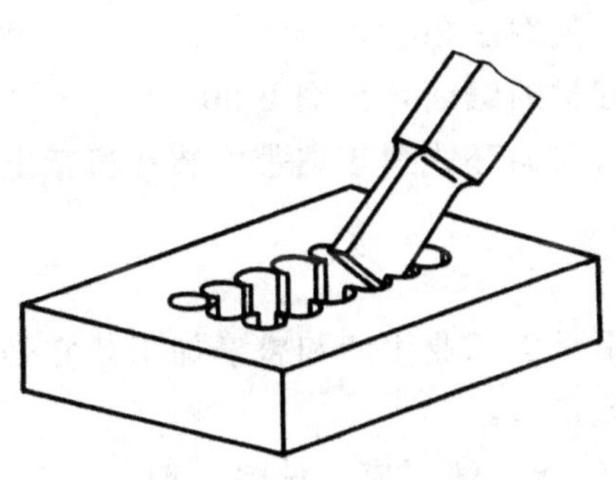
图 2-83 用冲錾打通孔

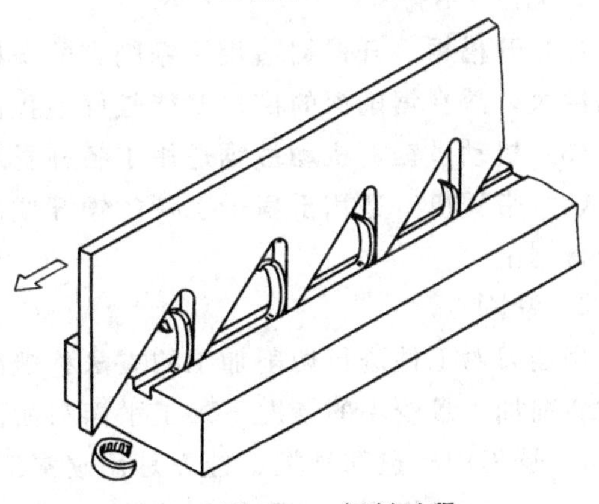
图 2-84 锯削过程

2．锯削工具　锯削工具可由人工或由电动机驱动。

手用锯条由碳素工具钢制成，长度为 300mm 为了适应不同材料性质和锯削面的宽窄，锯齿分为粗、中、细三种。见表 2-8。

机用锯片主要用低合金工具钢或高合金工具钢制成，高效能圆形锯片装有硬质合金的齿或齿的扇形块，见图 2-85。

表 2-8　手据条规格及用途

类别	齿距/mm	25.4mm（1inch）齿数	用途
粗	1.8	16	锯软钢、铝、紫铜、塑料等
中	1.2，1.4	22	锯中等硬度钢、黄铜、厚管子等
细	0.8，1	32	锯小而薄型钢薄管子、角钢等

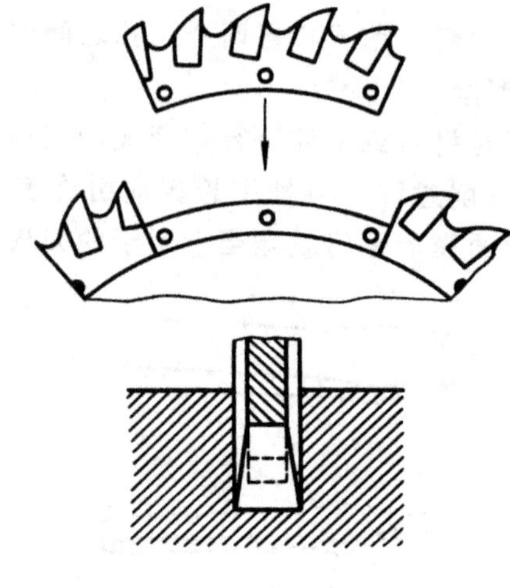

图 2-85　机用锯片齿的安装

机用锯条用高速钢制成，长度为 450mm。由于电动机的动力均匀作用，故机动锯片的锯齿前角 γ_o 大于 0°。可是，手锯由于作用力不均匀作用。故需要 γ_o 等于 0°，见图 2-86。

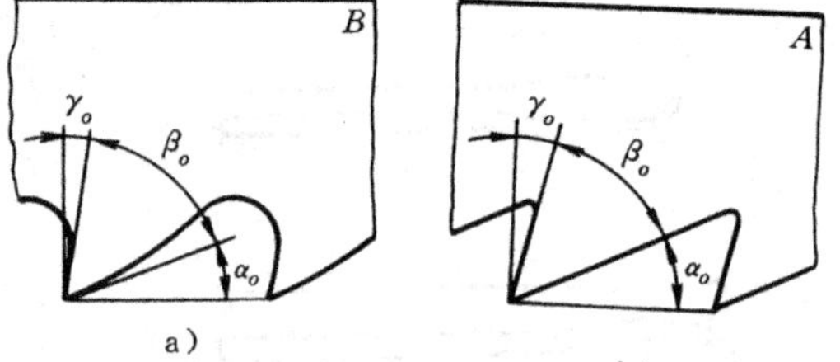

图 2-86　锯条齿形

a）机用锯条圆弧齿　b）手用锯条直线齿

为了减少锯削时的摩擦和避免锯削时锯条卡死在锯缝中，锯齿在制造时均按一定的规律向左右撇开，形成锯路，见图 2-87。从而使锯条能在锯缝中顺利通过。较厚的锯条可经过凹面磨削获得较宽的齿刃，以防夹锯。

3．弓锯、开槽锯、机动弓锯、带锯机。

（1）弓锯　弓锯用于锯削小型型材和深的槽口，见图 2-88。

（2）开槽锯　开槽锯适用于锯削直的窄槽口，并得出准确的槽口宽度。由于开槽锯的锯片高度大，故在锯削深的槽口时能较好地控制锯削方向，见图 2-89。

（3）机动弓锯、机动弓锯适用于各种材料的型材和管材的锯断，见图 2-90。

（4）带锯机　适用于扁平工件的锯开或成型锯削。它的循环式焊接锯带安装在机架上连续进行锯削。

2.6.4　锉削

用锉刀对工件进行切削加工的方法称锉削。主要应用于手工业生产和整修加工。它是一种在切削加工量较小的情况下加工平面和曲面的切削加工方法。

1．锉刀的构造和种类　锉刀是用碳素工具钢，经热处理淬硬制成，见图 2-91。

锉刀上的锉齿用剁制和铣制两种方法制出。剁制出来的锉齿具有负前角，主要起刮削作用。铣制出来的锉齿具有正前角，主要起切削作用。铣制时可铣出断屑槽，具有较大的圆槽形的齿隙，容易排屑，见图 2-92。

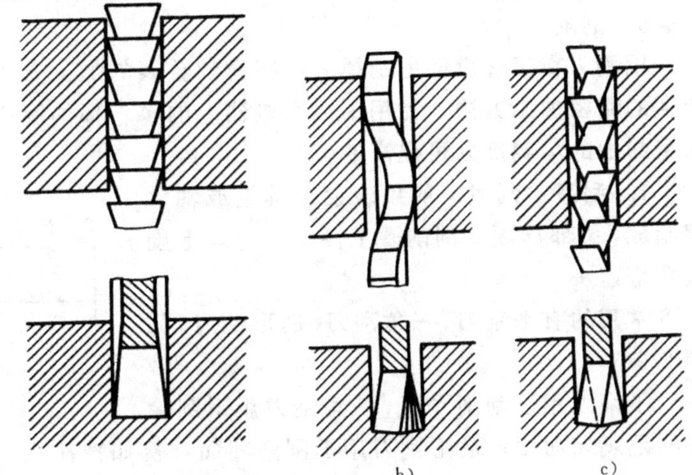

图 2-87 锯片的锯路
a）凹面磨削锯齿 b）波浪齿型 c）左右交错齿型

锉刀的种类可根据制作方式，锉纹密度，断面的形状来划分。

锉纹分类，见图 2-93。

（1）直齿单锉纹 用于软金属，如铅、锡。

（2）斜齿单锉纹 用于铜锌，边缘排屑。

（3）弧形锉纹 用于软材料，两边排屑。

（4）带断屑槽锉纹 用于轻金属，断屑后边缘排屑。

（5）双锉纹 用于钢和铸件。

（6）粗齿锉纹 用于木材、皮革、塑料。

锉刀的断面形状，见图 2-94。

按锉刀每 10mm 长度上的齿纹数可分为粗齿锉(4～12 齿)，细齿锉（13～16 齿），油光锉（36～60 齿）。

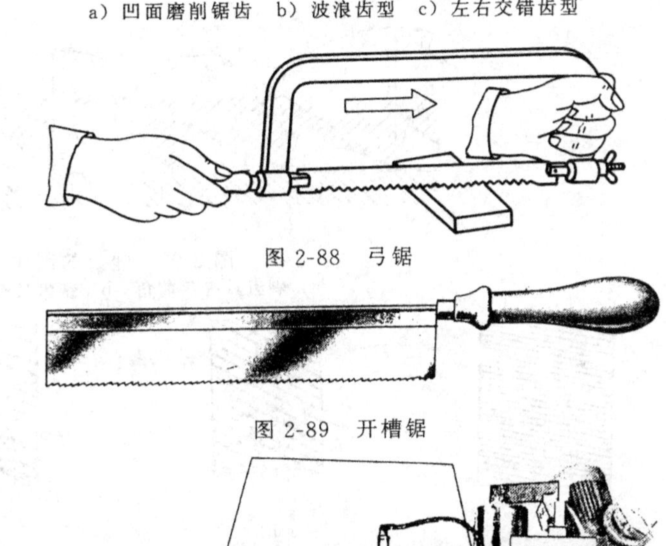
图 2-88 弓锯

图 2-89 开槽锯

粗锉刀由于齿距较大，不易堵塞，一般用于锉削铜、铝等软金属以及加工余量大、精度等级低和表面粗糙度较粗的工件；细锉刀用于锉削钢、铸铁以及加工余量不大，精度等级高和表面粗糙度要求较细的工件；油光锉用于最后修光工件表面。

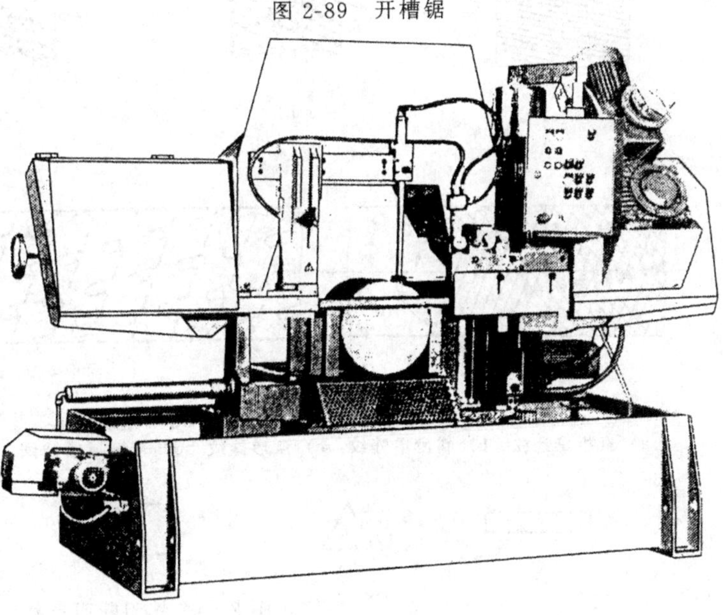
图 2-90 机动弓锯

锉刀的规格还分普通锉（300mm 长）及整形锉（150mm 长）。整形锉主要用于精细工件的加工，如样板、冲模等，或用于普通锉刀难于加工的地方。

2. 锉削方法 锉削运动应可能层交叉进行，以便可以控制锉削加工的位置。锉刀只有推进时用力，拉回时不用力，不然锉齿很快就会变钝。工件尽可能夹在台钳中央。如要锉斜面，可用虎钳装夹，见图 2-95。

2.6.5 刮削

用刮刀在工件表面上刮掉一层很薄的金属的加工方法称刮削。它是提高表面质量和尺寸精度的精密加工方法。常用于精密机器上的零、部件制造。经刮削加工后，支承面、配合面和密封面的承载部分可提高 80%

1. 刮刀　刮刀一般用碳素工具钢或轴承钢制成，头部淬硬。刮削硬工件时也可焊上硬质合金刀头。

常用的有平刮刀、三角刮刀、匙形刮刀，见图 2-96。

平刮刀用于刮削平面，三角刮刀用于刮除孔的毛刺和曲面；匙形刮刀用于刮削凹面，例如轴瓦。

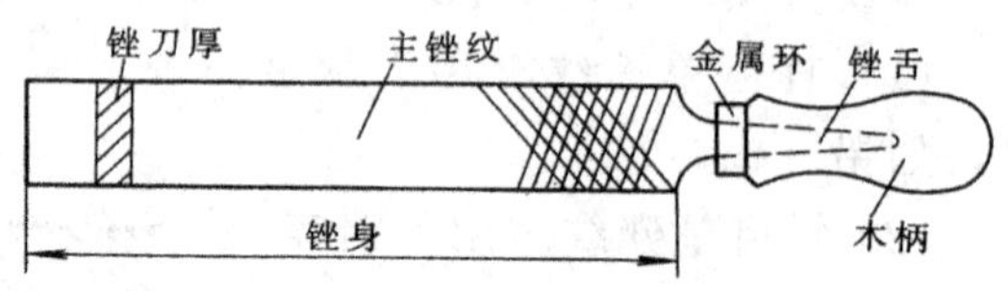

图 2-91　锉刀的构造

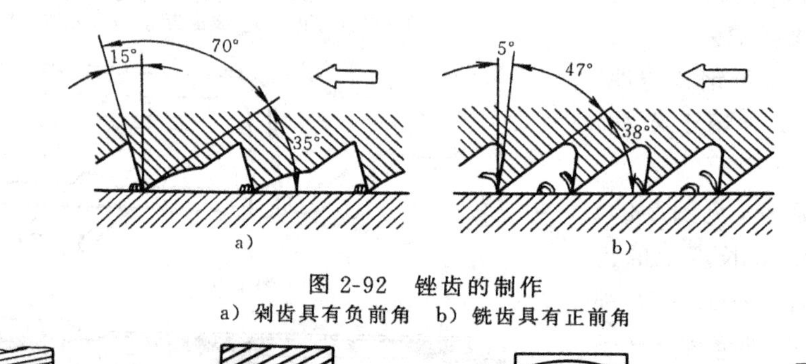

图 2-92　锉齿的制作

a）剁齿具有负前角　b）铣齿具有正前角

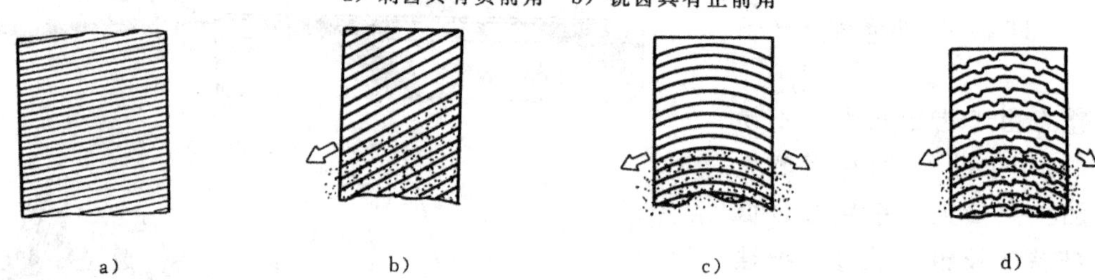

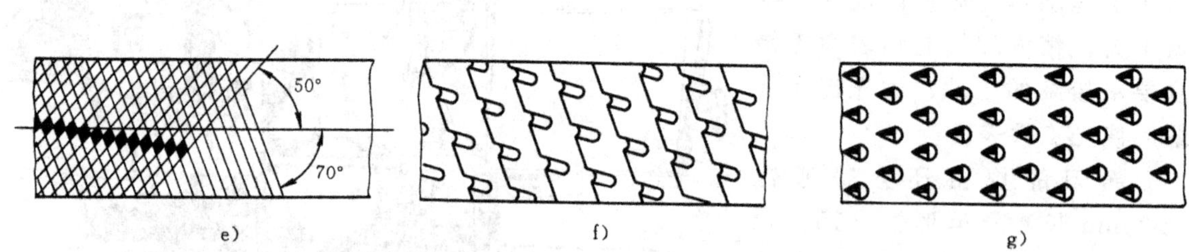

图 2-93　锉纹分类

a）直齿单锉纹　b）斜齿单锉纹　c）弧形锉纹　d）带断屑槽锉纹　e）双锉纹　f）螺旋状粗齿　g）粗齿

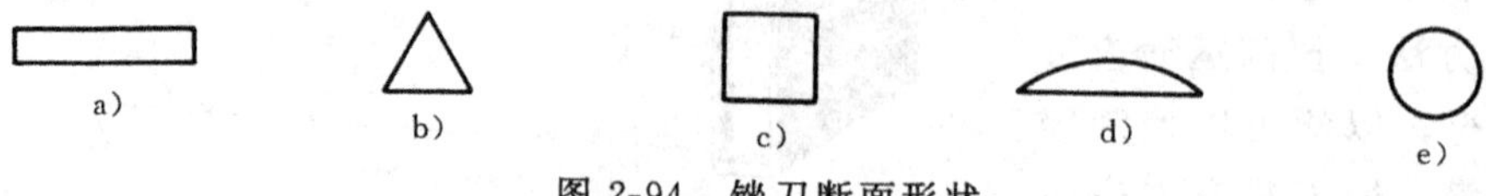

图 2-94　锉刀断面形状

a）平锉　b）三角锉　c）方锉　d）半圆锉　e）圆锉

2. 刮削方法　每次刮削应在工件平面上涂一层显示剂，并使工件与平板对研，以显示工件平面上的凸起部分。然后用刮刀将凸起部分刮削掉。向前刮削时要轻压，一个刮削动作结束时压力应减弱，使其不会产生下凹。每进行一遍刮削后应更换刮削方向，见图 2-97。

若要对轴瓦的曲面进行刮削，先将显示剂均匀地涂在轴的表面，然后把轴放在轴瓦里。来回转动几次，再取出轴，根据轴瓦上接触斑点的分布情况，对凸起部分进行刮削。为避免刮削后工件表面出现波纹，应交叉进行曲面刮削。剖分式轴瓦修整前应判别轴瓦好坏，见图 2-98。

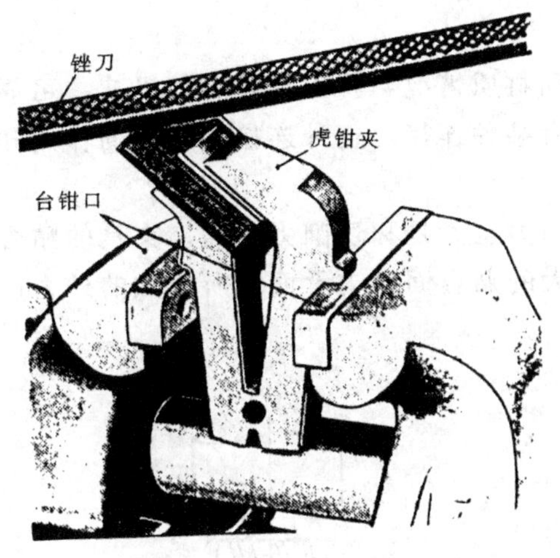

图 2-95　斜边锉削

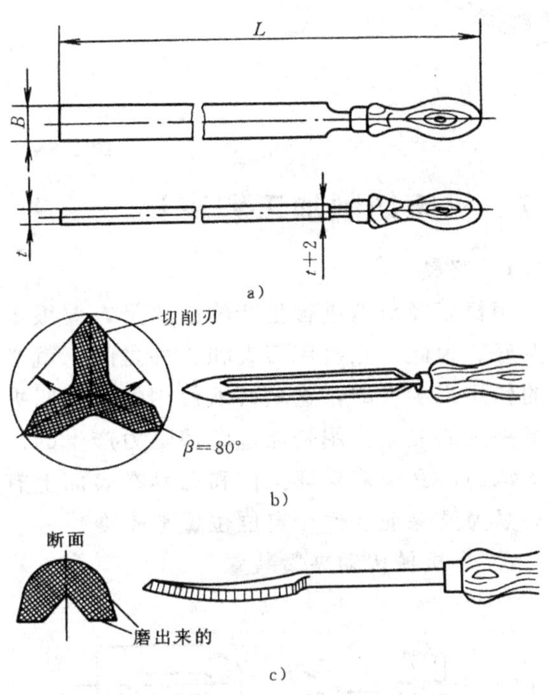

图 2-96　刮刀

a）平刮刀　b）三角刮刀　c）匙形刮刀

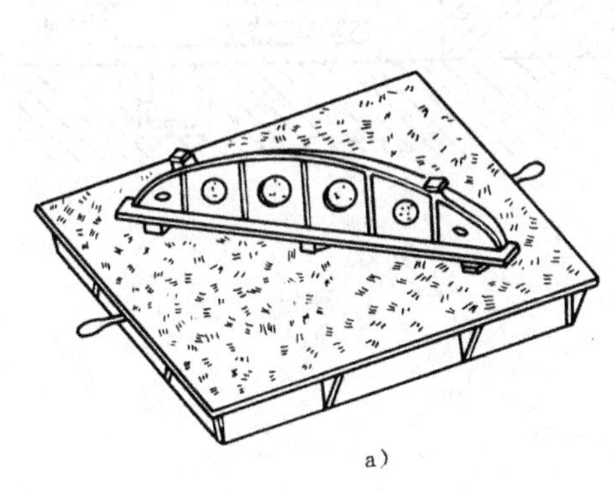

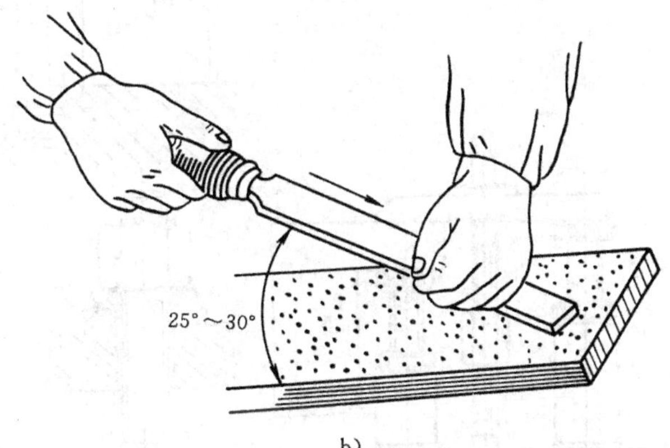

图 2-97　刮削

a）刮研平板　b）刮削平面

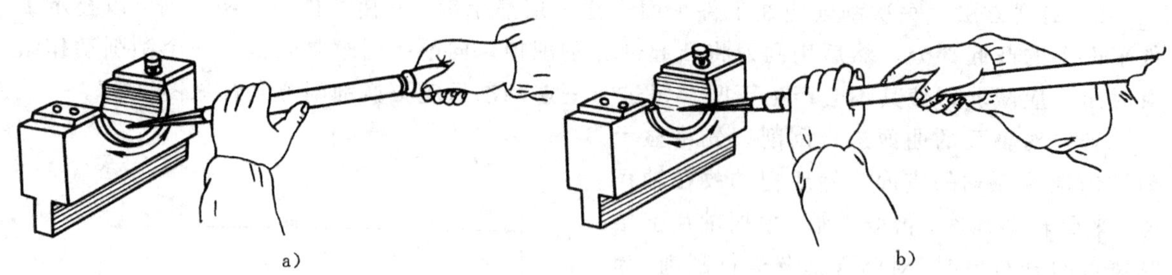

图 2-98 轴瓦的刮削

2.7 机床切削加工和夹具

2.7.1 夹具

用机床经济地进行生产的前提是，要根据加工和材质情况，将刀具和工件迅速、可靠地装夹好。为此，在机床刀具和工件之间，就必定要有某种连接。这种连接是靠力的作用和形状的作用来实现的，这里必须使用的装置叫夹具。

夹具的夹紧作用是通过摩擦阻力产生的。摩擦阻力至少是和切削力相等。夹具的贴合面和支承面，必须能保证工件和刀具在表面上有足够大的贴合面和支承面。所施加的外力产生的夹紧力要保证零件在定位位置上不变。

1. 靠机械传动夹紧装置

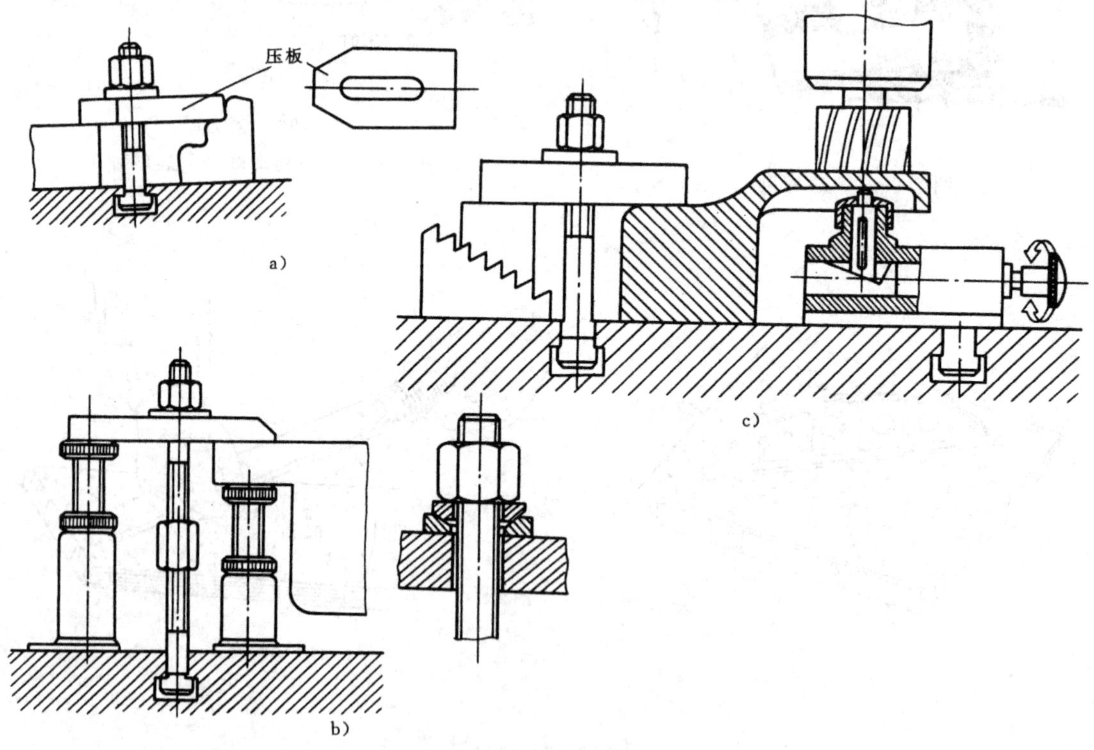

图 2-99 压板螺栓装置
a）带梯形夹持块 b）带螺纹调节 c）带辅助支承

(1) 压板螺栓装置　因为杠杆作用，夹紧螺栓和工件的杠杆臂越短，夹持力越大。其形式见图 2-99。一般用于夹紧板材和大件。必要时还可增加一个辅助支承。

(2) 楔式夹钳装置　利用斜面作用夹紧工件。一般用于不能用夹钳夹持的扁平的工件，见图 2-100。

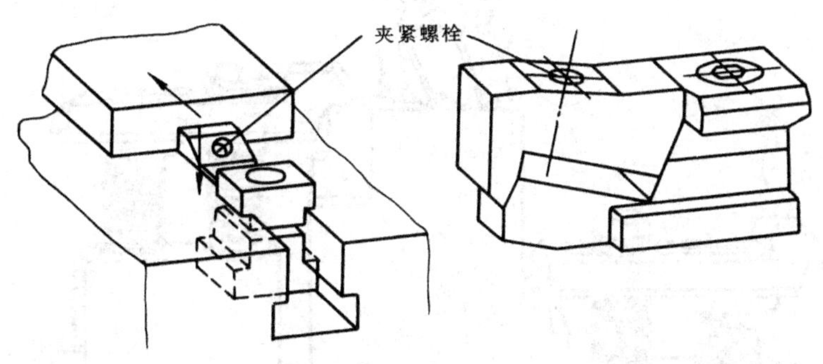

图 2-100　楔式夹钳装置

(3) 快速夹紧装置　利用弹簧、摇杆、偏心的作用，可快速夹紧工件。它的缺点是夹紧力和夹紧距离较小，并且自锁性差。因此这种装置适用于振动较小和夹紧力不大的情况下，见图 2-101。

(4) 机用虎钳　利用丝杠——螺母传动，夹持工件，既迅速又方便，见图 2-102。

(5) 回转工作台　利用回转台上刻度和垂直面上的角度，可使工件夹持后在水平面和垂直面内调整，便于加工，见图 2-103。

(6) 平面轮齿分度圆台　利用平面齿轮分度，在圆台上利用 T 形槽夹持工件，在精密机械加工中得到广泛应用，见图 2-104。

(7) 磁性工作台　利用电磁铁的磁性吸住工件。一般被吸工件较小，不易夹持，例如垫圈等，见图 2-105。

(8) 液压、气动夹紧装置　利用液压和气动装置夹紧工件，可缩短夹紧时间，而且可以进行多点同时夹紧或者按一定顺序操作将多工件夹紧，见图 2-106 和图 2-107。

(9) 组合夹具　为适应多品种小批量生产的特点，机床夹具实行了组合化原则。即用少量的预先制造好的不同形状，不同规格尺寸的标准元件组合成各种夹具以满足多种加工需要。

组合夹具的元件，按其用途的不同可分为基础件、支承件　定位件、夹紧件、导向件、辅助件和组合件，见图 2-108。

把这些元件和组合件，按一定的步骤和要求组装成加工所需的夹具，它是组合夹具设计和装配统一的过程。图 2-109 所示是数控加工时使用的组合夹具例子。

2.7.2　孔加工

孔加工可分为钻孔、扩孔、锪孔、铰孔和攻螺纹，见图 2-110。

2.7.2.1　钻孔

1. 钻孔过程　钻孔时，钻头作旋转切削和直线进给运动。钻头一般为两刃刀具，钻削时，切削刃各部分的切削速度相差较大。钻削的进给是使钻头沿轴线方向推进。切削速度 v_c 和进给量 f 的大小与工件的材料、钻头的材料、钻头的直径有关。钻削的进给分力 F_V 能使钻头切削刃进入工件材料中，主切削力 F_H 能切除材料而产生切屑，见图 2-111。

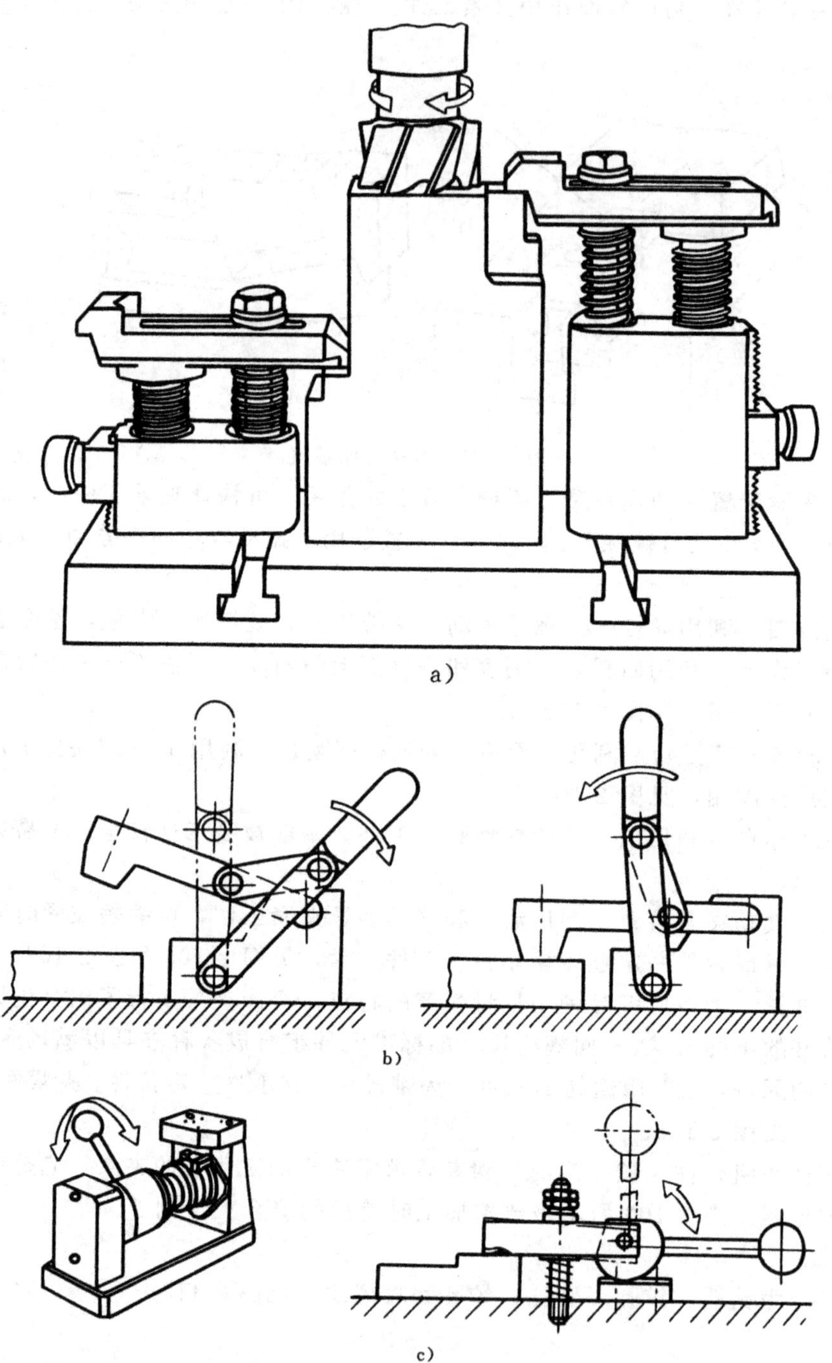

图 2-101 快速夹紧装置

a）弹簧夹紧 b）摆杆夹紧 c）曲线和圆的偏心夹紧

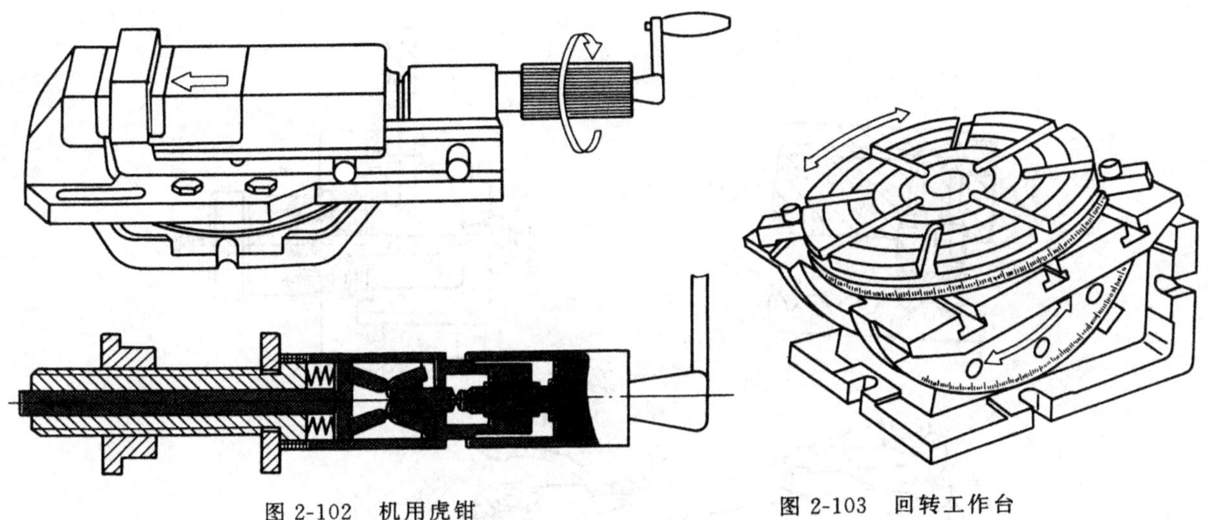

图 2-102　机用虎钳

图 2-103　回转工作台

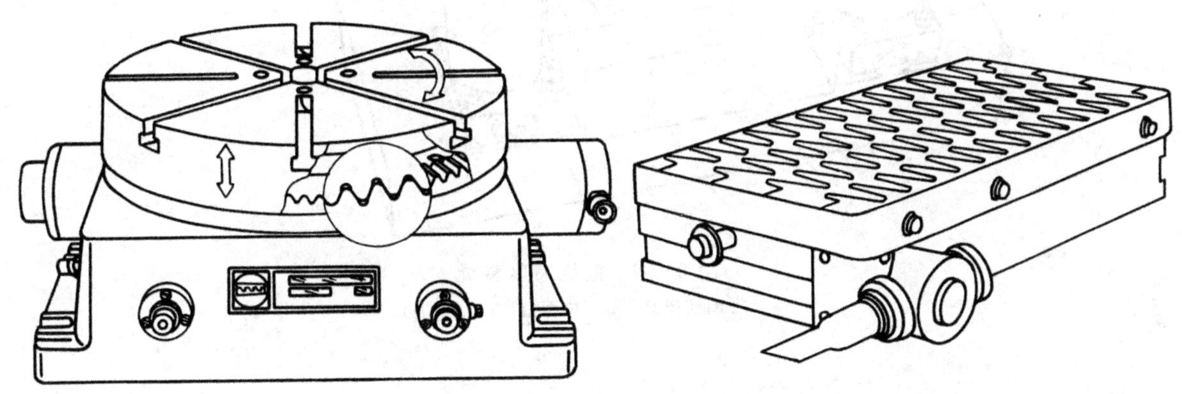

图 2-104　平面轮齿分度圆台

图 2-105　磁性工作台

钻削是一种半封闭式切削，切屑变形很大，不能自由排出，而且难于冷却润滑，这就使钻削温度容易增高，钻头易磨损。

2. 麻花钻头　麻花钻由柄部、颈部、工作部分组成，工作部分包括导向部分和切削部分。钻柄分为锥柄和直柄两种，见图 2-112。

麻花钻切削部分主要由两个主切削刃，两个副切削刃和一个横刃。主要标注角度是前角、后角和顶角，见图 2-113。

麻花钻分以下三种类型（德国标准）：

（1）N 型　用于加工一般硬材料。

（2）H 型　用于加工硬材料。

（3）W 型　用于加工软材料。

这三种类型麻花钻头的区别是螺旋线导程不同，前角也不同。与其它切削刃一样，加工软材料前角大，加工硬材料前角尽量小，见图 2-114。

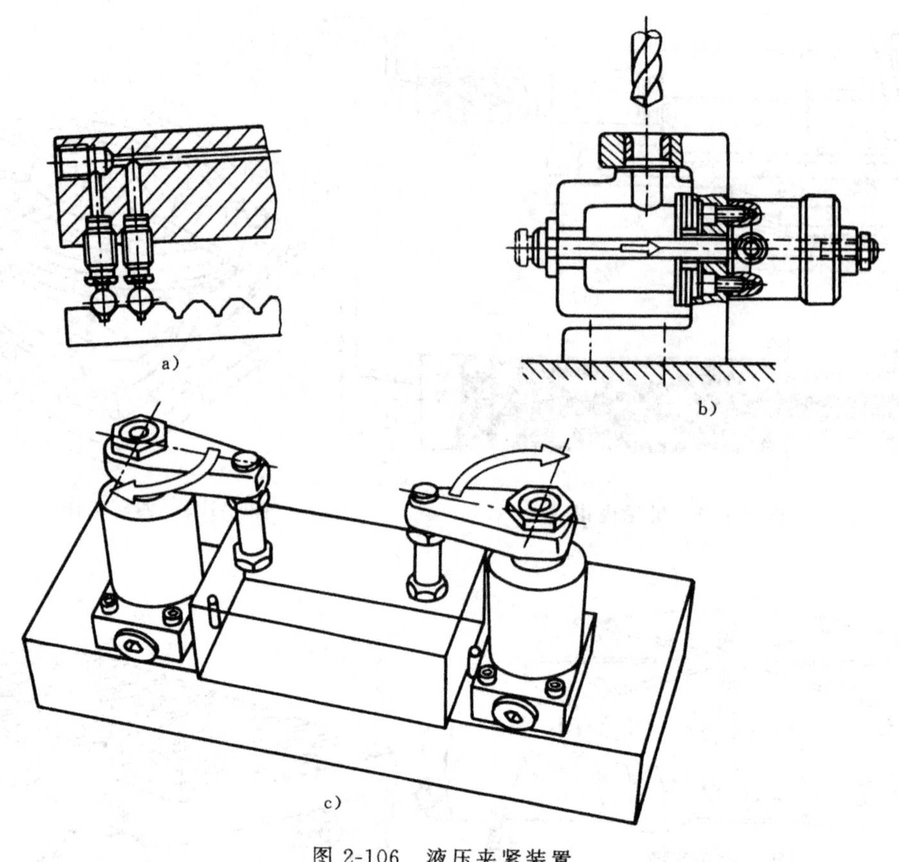

图 2-106　液压夹紧装置

a）可调液压缸　b）拉力缸　c）摆动缸

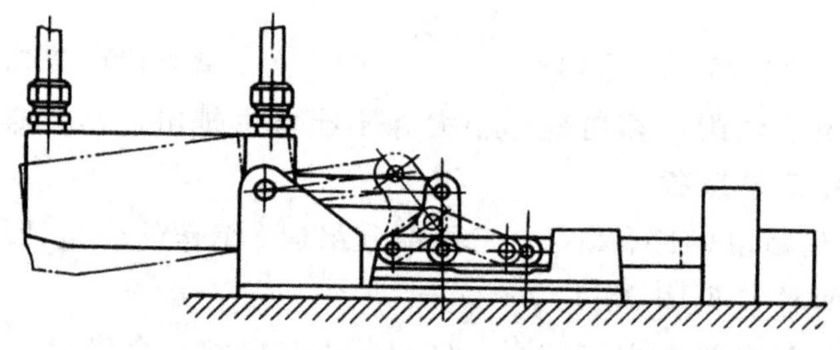

图 2-107　气动夹紧装置

麻花钻在使用过程中要经常保持锋利。标准麻花钻刃磨的一般要求是：锋角大小要符合要求并被钻头中心线平分；两条主切削刃长度相等，否则就会出现只有一个切削刃参加切削或钻头中心线和钻孔中心线不重合，见图 2-115。

钻头的装夹可用钻夹头和快换钻夹头，图 2-116 所示的钻夹头适用于夹装直柄钻头。

锥柄钻头可用钻头套作过渡工具。当要取出钻头时可用楔铁，见图 2-117。

3．其它钻头　除麻花钻外，根据孔加工的不同需要还有许多孔加工的刀具。

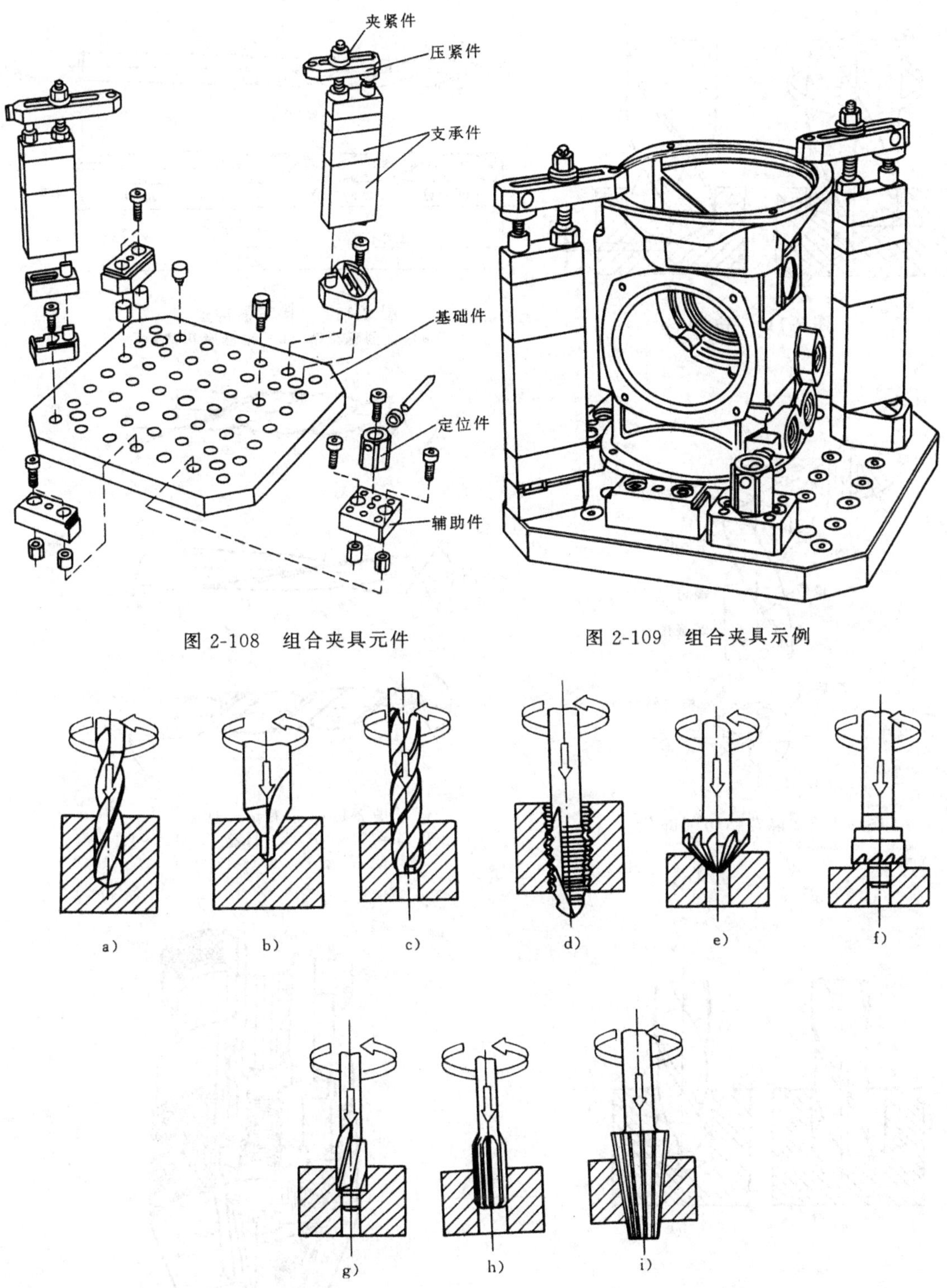

图 2-108　组合夹具元件

图 2-109　组合夹具示例

图 2-110　孔加工

a) 钻孔　b) 钻中心孔　c) 扩孔　d) 攻螺纹　e) 锪孔　f) 锪平面　g) 锪沉孔　h) 绞孔　i) 绞锥孔

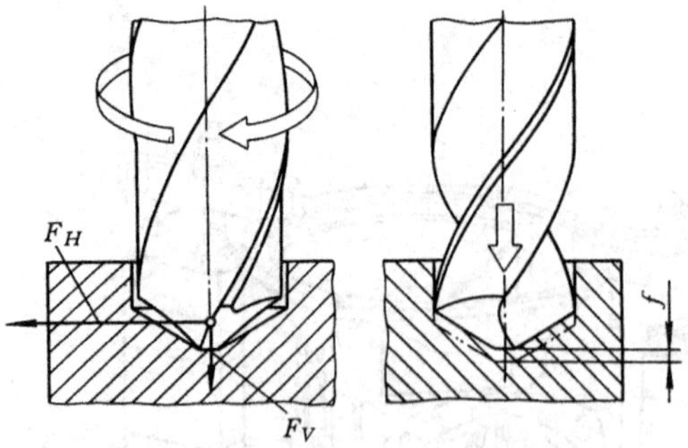

F_H

F_V

f

图 2-111 钻削

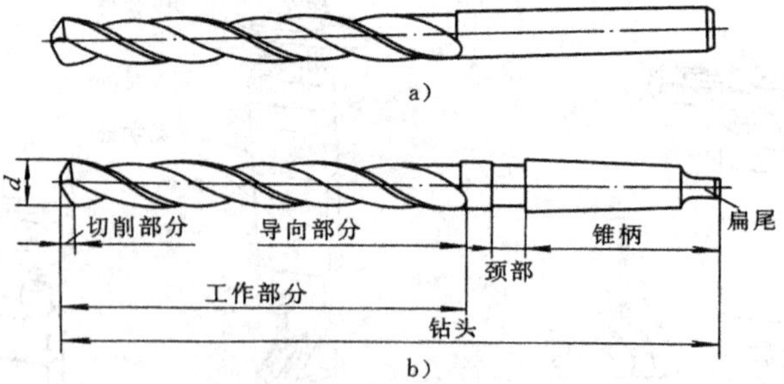

a）

d

切削部分 导向部分 锥柄 扁尾

颈部

工作部分

钻头

b）

图 2-112 麻花钻构造

a）直柄麻花钻 b）锥柄麻花钻

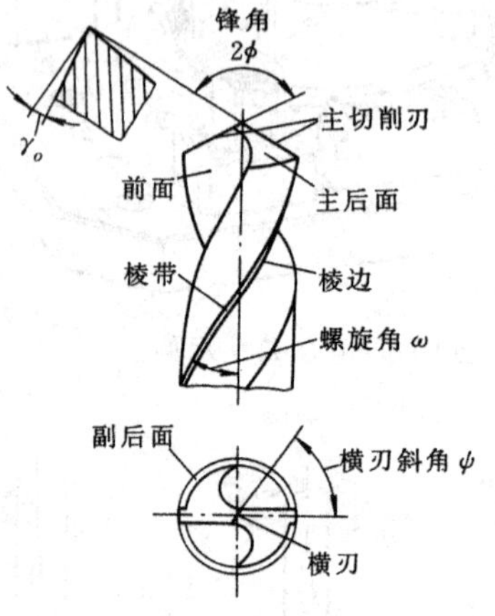

锋角

2ϕ

γ_o

主切削刃

前面

主后面

棱带

棱边

螺旋角 ω

副后面

横刃斜角 ψ

横刃

图 2-113 麻花钻切削部分

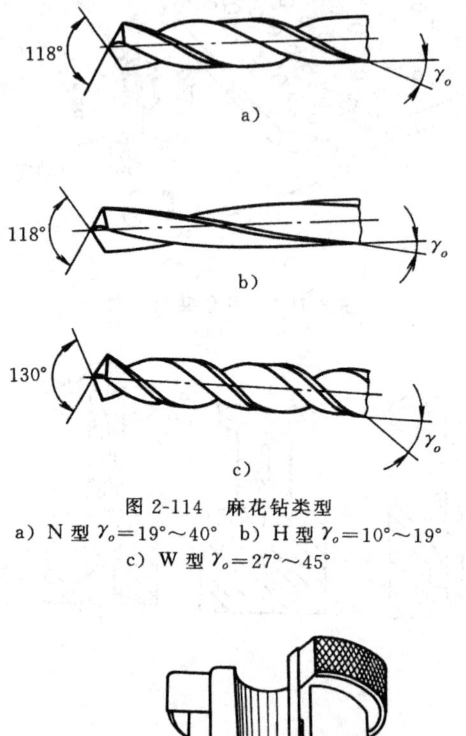

118°

γ_o

a）

118°

γ_o

b）

130°

γ_o

c）

图 2-114 麻花钻类型

a）N 型 $\gamma_o=19°\sim40°$ b）H 型 $\gamma_o=10°\sim19°$

c）W 型 $\gamma_o=27°\sim45°$

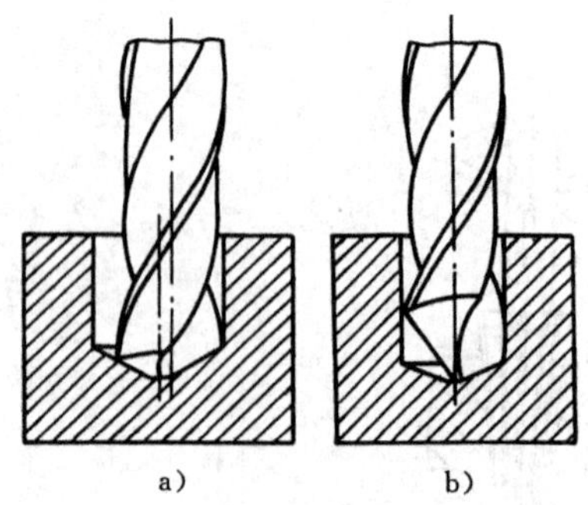

图 2-115 麻花钻刃磨缺陷

a）一个切削刃切削 b）切削刃长度不等

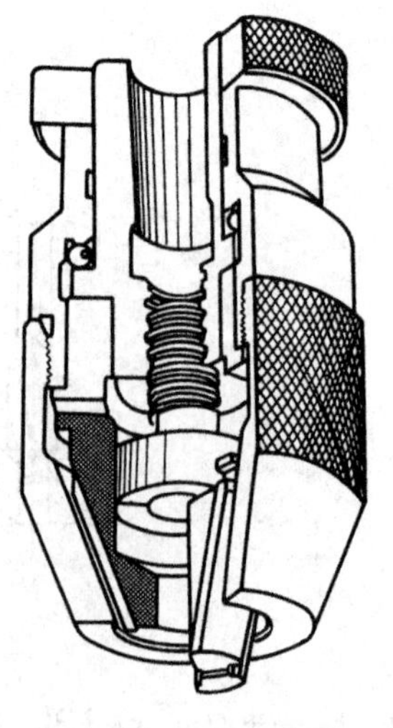

图 2-116 快换钻夹头

(1) 多刃带阶梯的钻头　用来加工阶梯孔，这样可避免多次更换刀具，且加工出的阶梯孔同轴度精度高，见图 2-118。

(2) 数控机床上用的钻头　其锋角有 90°或 120°两种，图 2-119。

(3) 中心钻　较长的工件加工时采用两顶尖装夹。工件两端的中心孔由中心钻钻出，见图 2-120。

(4) 深孔钻　深孔加工必须使用特殊刀具，即深孔钻，以及特殊的附件，对切削液的流量、压力都提出了较高的要求。对深径比 $L/d_o>20$ 的孔，则必须用深孔钻。按切削刃分，可分为单刃和多刃深孔钻。按排屑方式分，可分为外排屑(枪钻)内排屑(BTA 深孔钻和喷吸钻两种，见图 2-121)。

(5) 带硬质合金刀片的钻头　带硬质合金刀片的钻头钻孔时可不用切削液，还可用于车孔，见图 2-122。

(6) 扩孔钻头　除了用麻花钻作扩孔钻削外，专用扩孔钻有整体式和插柄式两种，插柄式扩孔钻用于扩大直径的孔，见图 2-123。

(7) 车孔刀　用车孔刀可进行扩孔，见图 2-124。

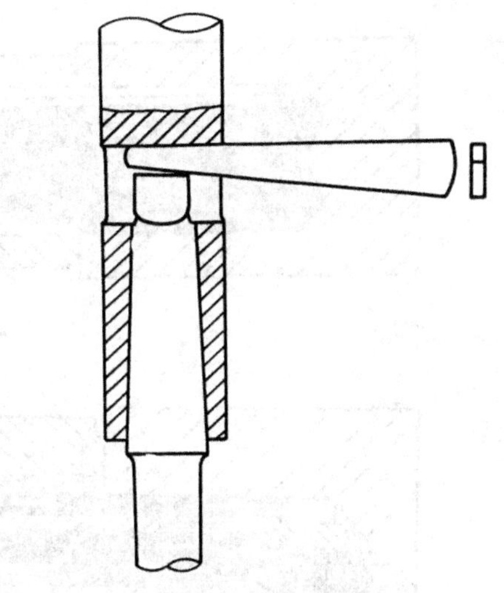

图 2-117　钻头套和楔铁

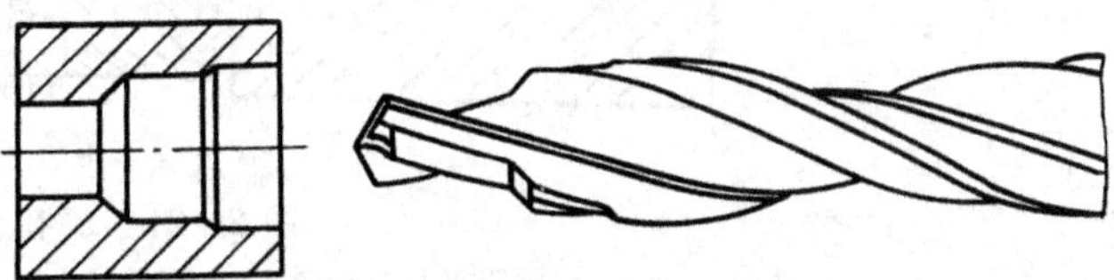

图 2-118　多刃带阶梯的钻头

图 2-119　NC 钻头

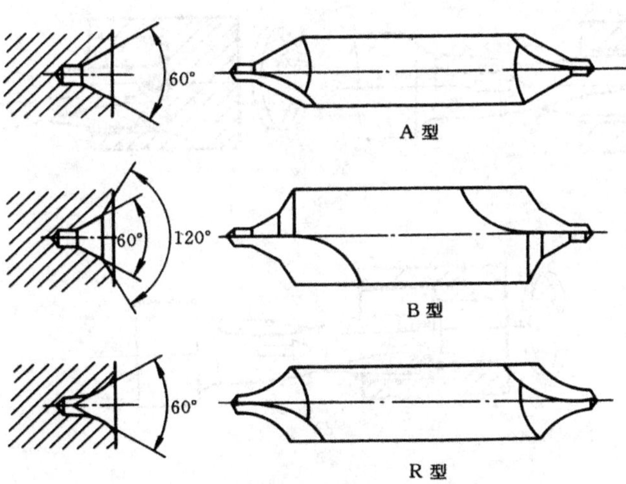

图 2-120　中心钻

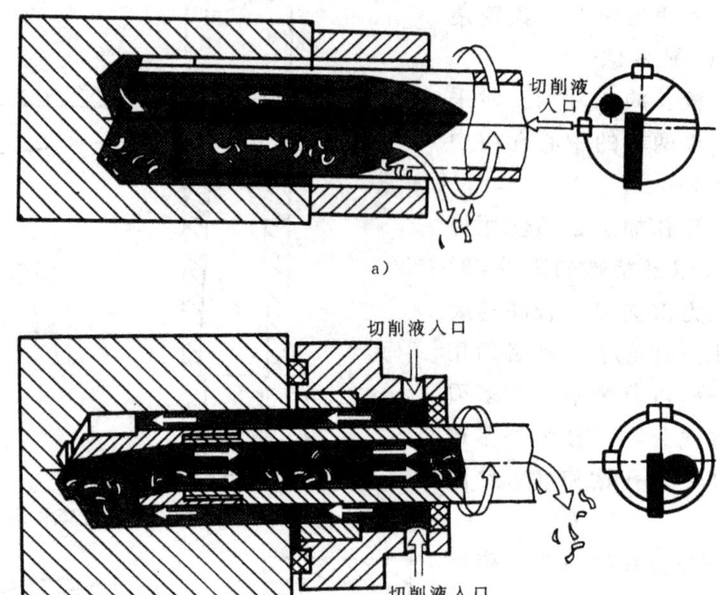

a）

b）

图 2-121 深孔钻

a）单刃外排屑深孔钻（枪钻） b）BAT 内排屑深孔钻

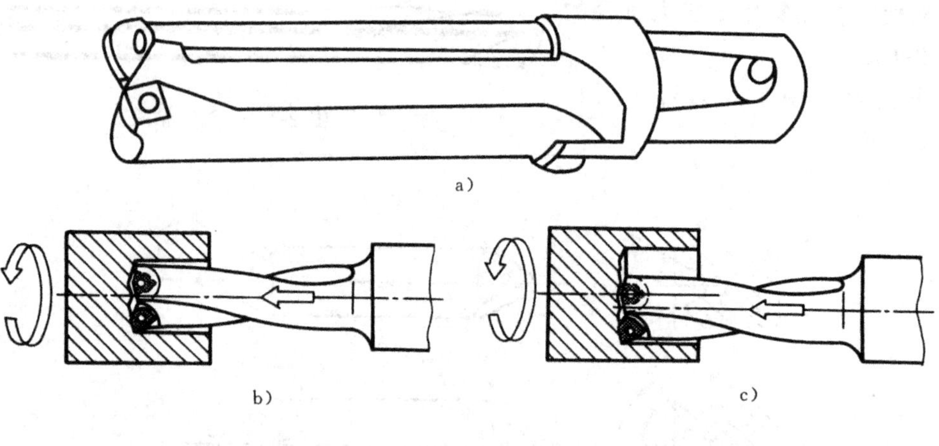

a）

b）

c）

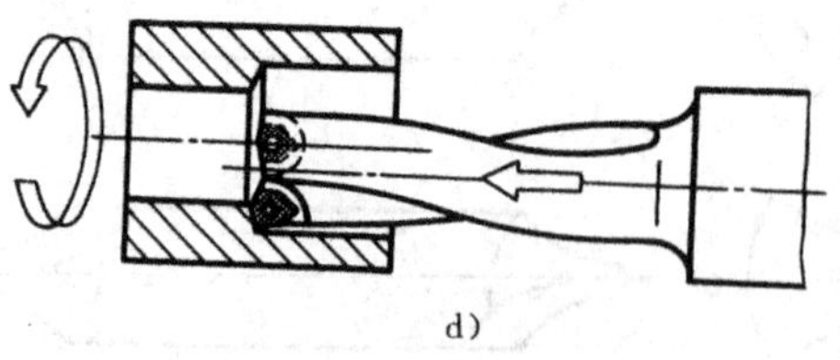

d）

图 2-122 带硬质合金刀片钻头

a）钻头 b）、c）、d）用于车孔

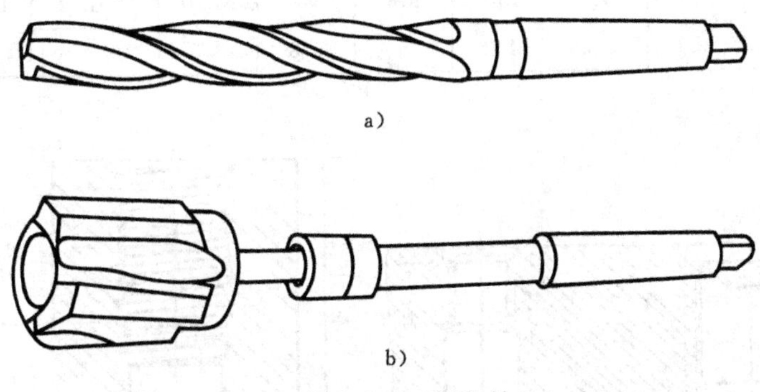

图 2-123 扩孔钻

a）整体式扩孔钻 b）插柄式扩孔钻

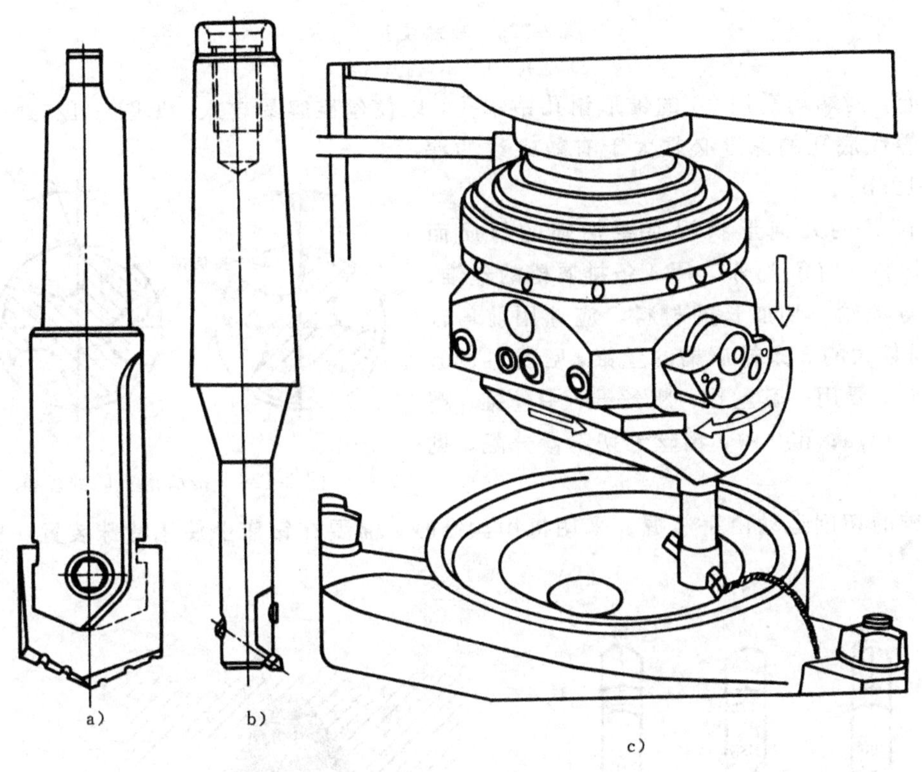

图 2-124 车孔刀

2.7.2.2 攻螺纹

螺纹孔的切削叫攻螺纹。攻螺纹前螺孔底径可按下式计算

$$D_1 = D - P$$

式中 D_1——螺纹底孔直径（mm）；

D——螺纹公称直径（mm）；

P——螺距（mm）。

攻螺纹前螺纹底径见表 2-9。

表 2-9 攻螺纹前螺孔底径 (mm)

螺纹代号	M3	M4	M5	M6	M8	M 10	M 12	M 16	M 20	M 24
底孔直径	2.5	3.3	4.2	5	6.8	8.5	10.2	14.0	17.5	21.0

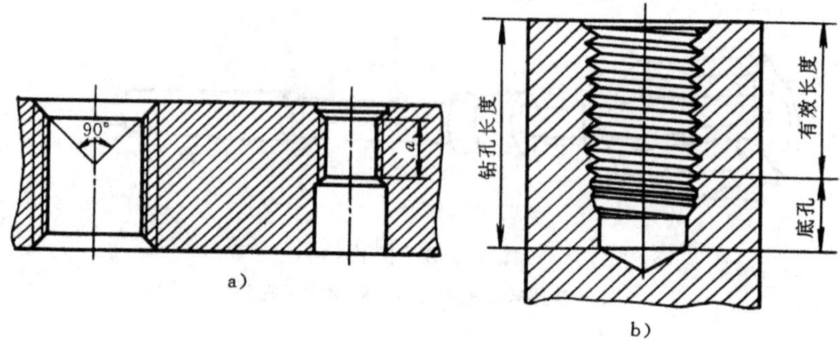

图 2-125 攻螺纹

a）通孔 b）不通孔

攻螺纹前，两端均需用 90°的锥形锪孔钻锪孔，以使丝锥容易攻入，见图 2-125a。攻不通孔螺纹时，螺纹底孔的深度必须大于有效螺纹的深度，见图 2-125b。

丝锥切削刃的几何形状视所要切削的材质而定。若为硬材料，前角 γ_o 小，用 4 条排屑槽的丝锥，若为轻金属等质轮、切屑长的材料，应选用前角较大，存屑空间较大的 3 条排屑槽的丝锥，见图 2-126。

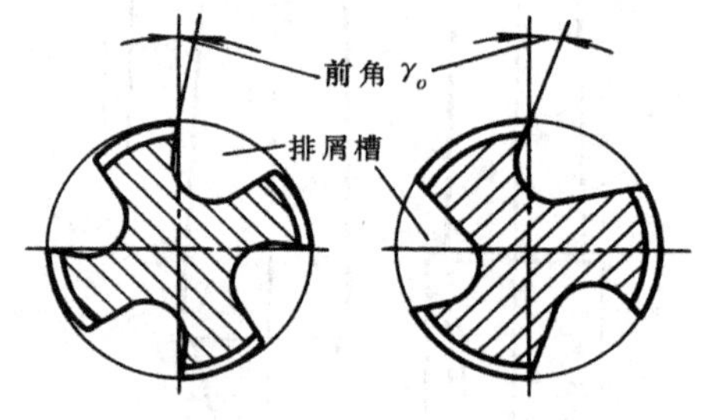

图 2-126 排屑槽不同的丝锥

材料较厚，要用一套丝锥。粗丝锥、中丝锥、精丝锥，见图 2-127a；粗、中、精丝锥切削量分配，见图 2-127b。

成套丝锥的切削运动由手掌握。采用机用丝锥时，需要在钻床上使用特殊装置，见图 2-128。

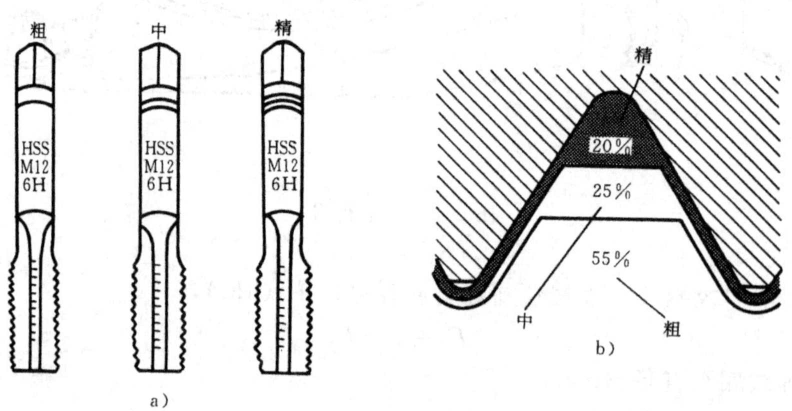

图 2-127 成套丝锥

a）粗、中、精丝锥 b）切削量分配

机用丝锥刃槽又分为左旋和右旋。左旋丝锥切削时切屑向下排出，适用于切削通孔；右旋丝锥切削时切屑向上排出，适用于切削不通孔，见图 2-129。

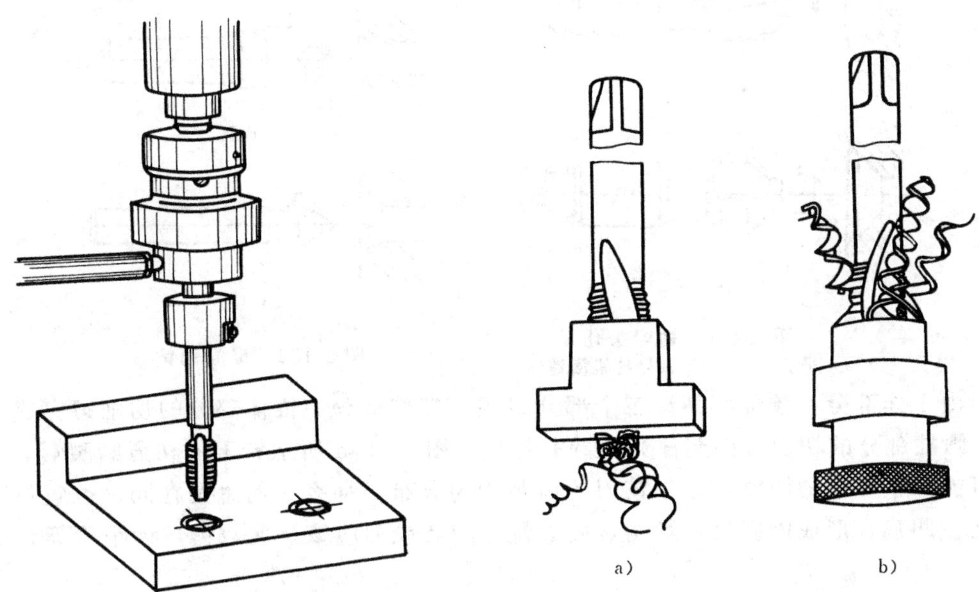

图 2-128　机用丝锥攻螺纹　　图 2-129　左、右旋机用丝锥

2.7.2.3　锪孔　孔口表面用锪钻加工成圆柱形沉头孔、锥形沉头孔和端面凸台的加工方法叫锪孔。

多刃端面锪钻可加工铸铁为主的孔的端面，以便作螺栓头或垫圈的支承面。刀杆与套式锪钻相配合，可加工内表面，见图 2-130。

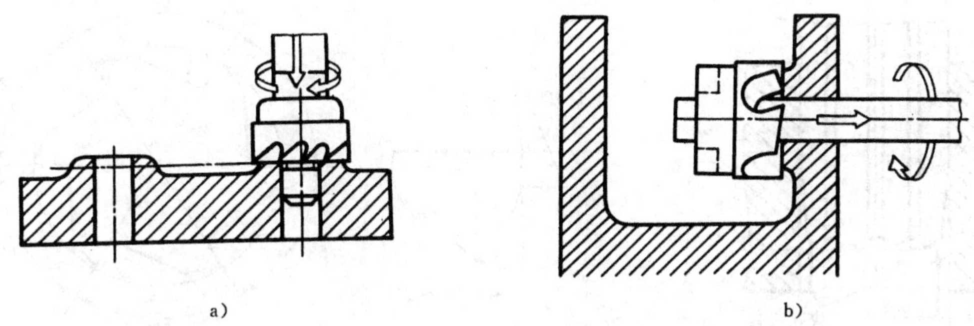

图 2-130　锪平面
a）平底锪钻　b）套式锪钻

为埋头铆钉或埋头螺栓钻埋头孔，可用平底锪钻和带导柱锥面锪钻，见图 2-131。

锥面锪钻的锥角按工件锥形沉孔的锥角不同有 60°、75°、90°及 120°四种。其中 90°用得最多锥面锪钻可用于去毛刺，见图 2-132。

2.7.2.4　铰孔　用铰刀对孔进行精加工称为铰孔。铰孔是为了提高孔的尺寸精度和表面质量。因而使圆柱销和圆锥销可以得到精确的配合面；螺栓、轴颈和轴配合准确。铰刀切削刃前角接近零度，只起刮削作用，因为几个切削刃同时参加切削，因此每个切削刃只刮下极薄的切屑。钻头钻孔留下铰孔余量很少，一般只有 0.1～0.3mm，见图 2-133。

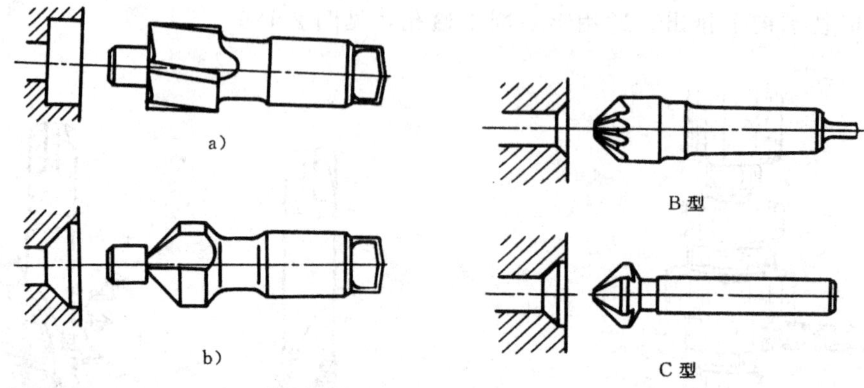

图 2-131　锪埋头孔
a) 平底锪钻　b) 带导柱锥面锪钻

图 2-132　锥面锪钻

铰刀由工作部分、颈部和柄部三个部分组成。工作部分中锥体部分的切削刃完成主要切削工作。圆柱部分的切削刃则起修光孔壁并导向。图 2-134a 所示铰下的切屑断裂后，断裂处孔壁上可能产生轻微的凹痕，如果铰刀的齿距均匀分布，那么切屑总是在同一位置折断。刀齿可能钩住凹痕，形成颤振痕，影响表面质量，因此铰刀应该是偶数齿，齿距不等，见图 2-123b。

手用铰刀有直线型的，适用于通孔和不通孔加工。螺旋角为 7°和 45°的左旋铰刀适用于铆钉孔和带槽孔的加工，见图 2-135。

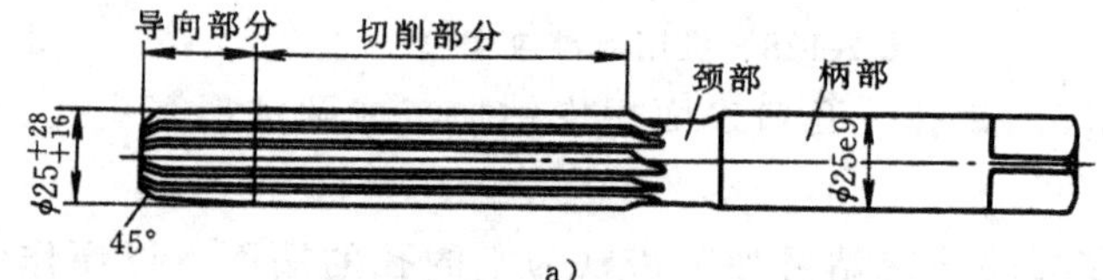

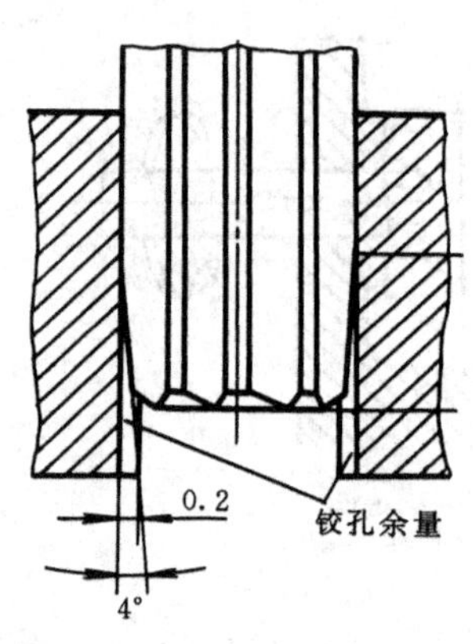

图 2-133　铰刀的切削部分

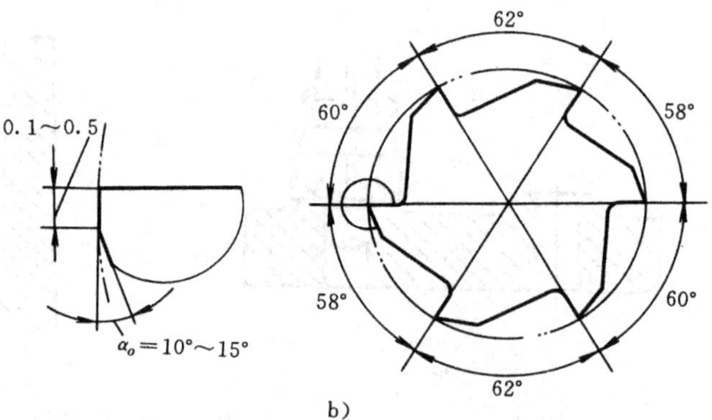

图 2-134　铰刀的组成
a) 铰刀构造　b) 铰刀的齿数和齿距

机用铰刀切削锥部短，由机床的主轴导向。有固定式和可调式两种，见图 2-136。

还有一些特殊的机用铰刀。如圆柱形的螺旋铰刀、圆锥形的螺旋铰刀和带硬质合金刀片的铰刀，见图 2-137。

2.7.2.5　钻床　在钻床主轴孔内可安装钻头、扩孔钻、锪钻、丝锥和铰刀等孔加工刀具。台式钻床外形，见图 2-138。

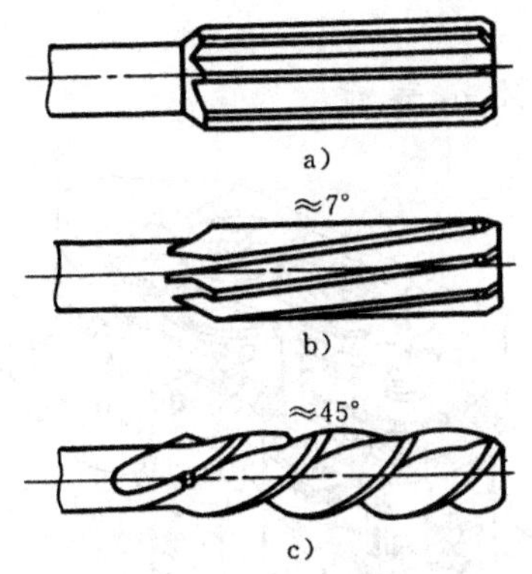

图 2-135　手用铰刀类型
a）直线型　b）7°左旋铰刀　c）45°左旋铰刀

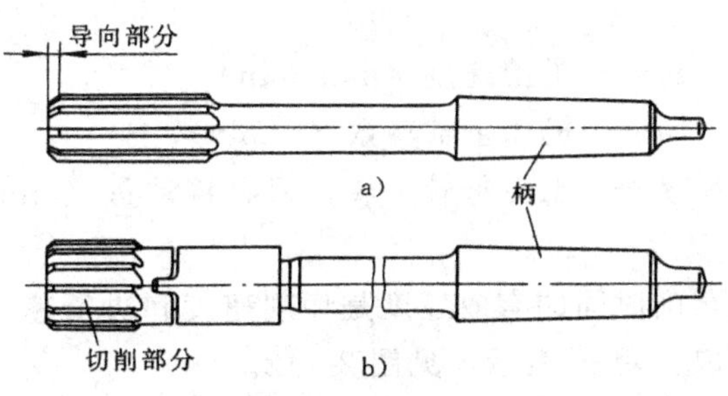

图 2-136　机用铰刀
a）固定式　b）可调式

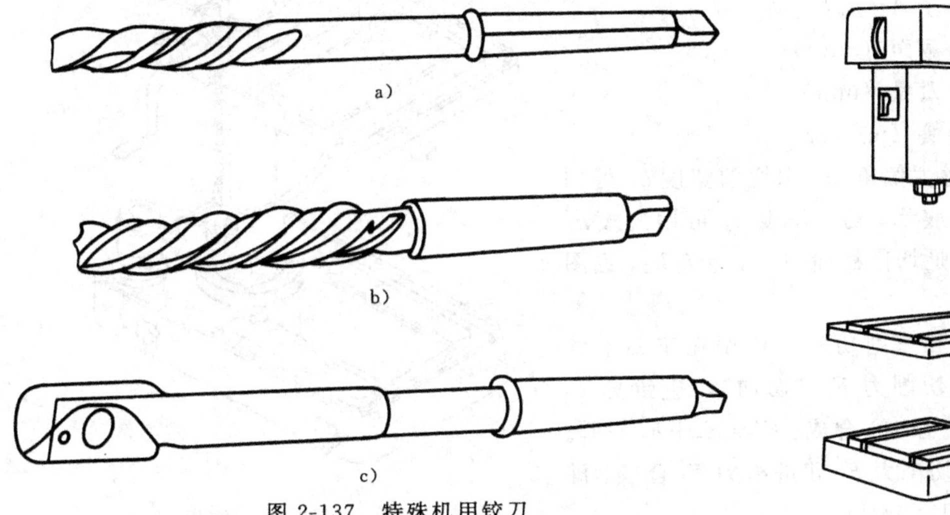

图 2-137　特殊机用铰刀
a）圆柱形螺旋铰刀　b）圆锥形螺旋铰刀　c）带硬质合金刀片的机用铰刀

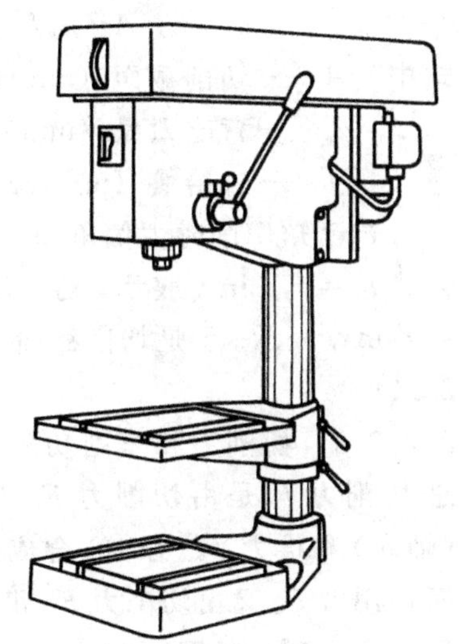

图 2-138　台式钻床

立式钻床结构图，见图 2-139。

此外还有深孔钻床、摇臂钻床、多轴钻床、卧式钻床，铣钻联合机等。适用于不同的孔加工。

2.7.3　车削

车削是用来加工圆形截面的回转体表面的。由于工件与车床工作主轴是相联的，因而车削主运动就是工件的旋转运动；进给运动则是刀具相对工件的纵向、横向和斜向移动，见图 2-140。

2.7.3.1　车床工作　卧式车床是应用很广泛的一种车床，再加上立式车床、转塔车床、仿形车床、自动车床和专用车床，车削可完成多种工作。现举例见图 2-141。

2.7.3.2　车削用量　切削刃的选定点相对于工件上主运动的瞬时速度称切削速度，用 v_c 表示。纵向车削时，进给运动是沿着工件的旋转轴线进行的，v_c 是恒定的。

$$v_c = \pi n d$$

式中　v_c——切削速度（m/min）；

　　d——工件直径（m）；

n——机床主轴转数（r/min）；

车削时的进给速度是指工件旋转时，车刀进给速度，用 v_f 表示。

$$v_f=nf$$

式中 v_f——进给速度（mm/min）；

n——机床主轴转数（r/min）；

f——工件每转一转，刀具移动量（mm/r）。

车削时间的有效速度是切削速度和进给速度的合成，用 v_e 表示，见图 2-142。

当车刀在进行切削时，切除的切屑是按切屑截面 A 定的，见图 2-143。

$$A=a_pf$$

式中 A——切削截面（mm^2）；

a_p——背吃刀量（mm）；

f——进给量（mm/r）。

若已知切削时主偏角 κ_r，则切削宽度 b_D 可用公式 $b_D=a_p/\sin\kappa_r$ 表示，切削厚度 h_D 可用公式 $h_D=f\sin\kappa_r$ 表示。于是切削截面 $A=af=b_Dh_D$，见图 2-144。

2.7.3.3 切削力和车削功率 作用在车刀上的总切削力 F 是由切削力 F_c（切向），进给力 F_f（轴向）和推力 f_p（径向）合成：$F^2=F_c^2+F_f^2+F_p^2$。而作用力 F_a 又由切削力 F_c 和进给力 F_f 合成，即 $F_a^2=F_c^2+F_f^2$，见图 2-145。

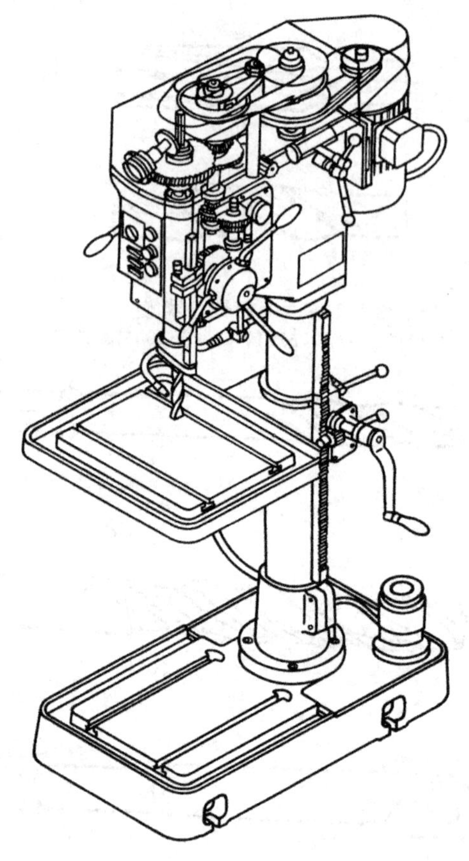

图 2-139 立式钻床

切削力 F_c 的大小与工件材料和切削刃角度有关，且使车刀承受弯曲负荷。且公式表示

$$F_c=\kappa_cA_D$$

式中 κ_c——与工件材料、切削刃角度有关的特性系数；

A_D——切削层公称横截面积。

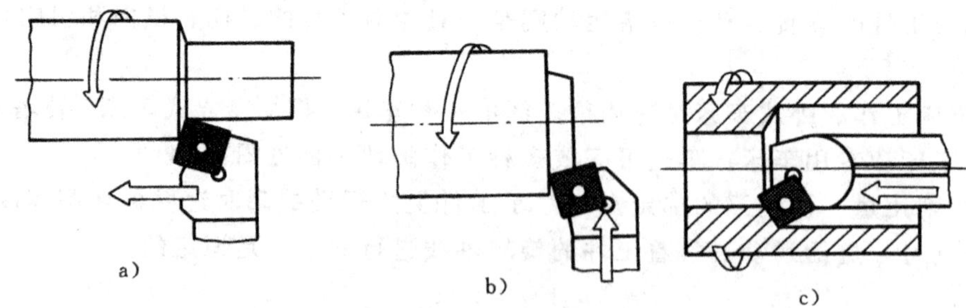

图 2-140 车削运动

a）刀架纵向进给 b）刀架横向进给 c）尾座轴向进给

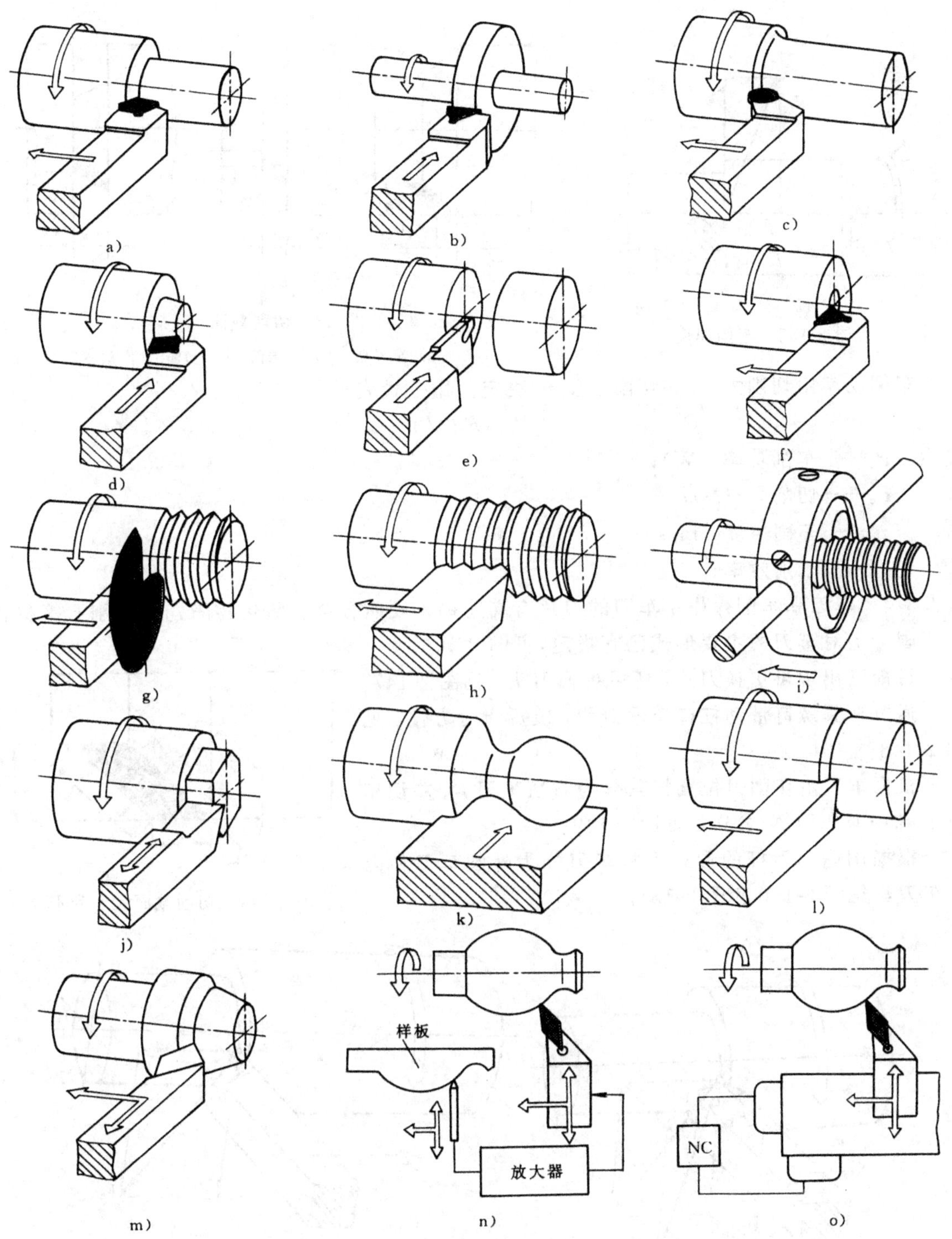

图 2-141 车床工作

a）纵向车外圆 b）横向宽刀车外圆 c）倒圆角 d）横向车端面 e）横向切断 f）纵向精车端面 g）车螺纹 h）梳刀车螺纹 i）套螺纹 j）非圆车削 k）横向成形车削 l）纵向成形车削 m）车锥面 n）仿形车成形面 o）数控车成形面

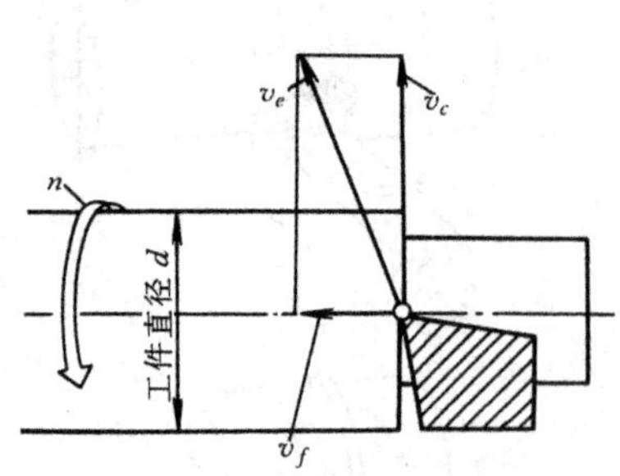

图 2-142 车削速度

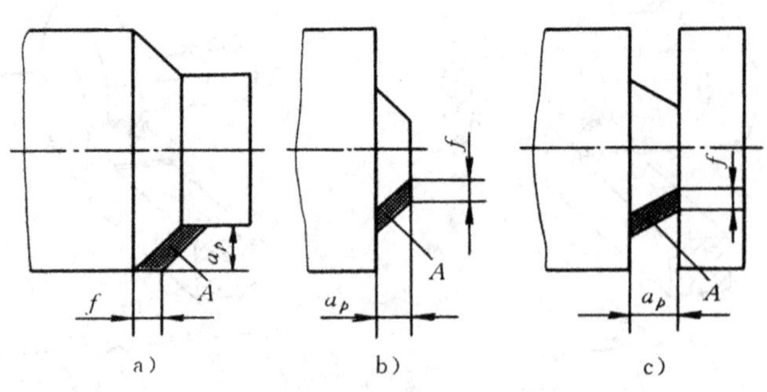

图 2-143 切削截面

a）车外圆 b）车端面 c）切断

车削功率由切削力 F_c 和切削速度 v_c 决定。用公式表示

$$P_e = F_c v_c / \eta$$

式中 P_e——车削功率（W）；

F_c——切削力（N）；

v_c——车削速度（m/s）；

η——车削效率。

2.7.3.4 车刀和车削操作 车刀的刀片有高速钢、硬质合金、氧化物陶瓷、金刚石等材料。国际上对车刀的主要形式已有规定，见图 2-146。

目前已出现可更换刀片，还可更换刀头，见图 2-147。

通过夹紧螺钉带动杠杆压紧刀片，装拆十分方便，见图 2-148。

根据车刀主切削刃位置将其分为右切车刀 R、左切车刀 L 和中心车刀 N 之分，见图 2-149。

根据用途和刀杆的形式可将车刀分为外圆车刀和内孔车刀，见图 2-150 和图 2-151。

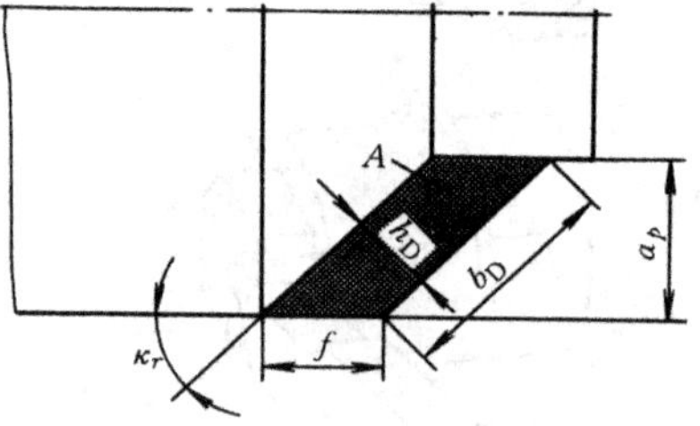

图 2-144 切削截面大小和形状

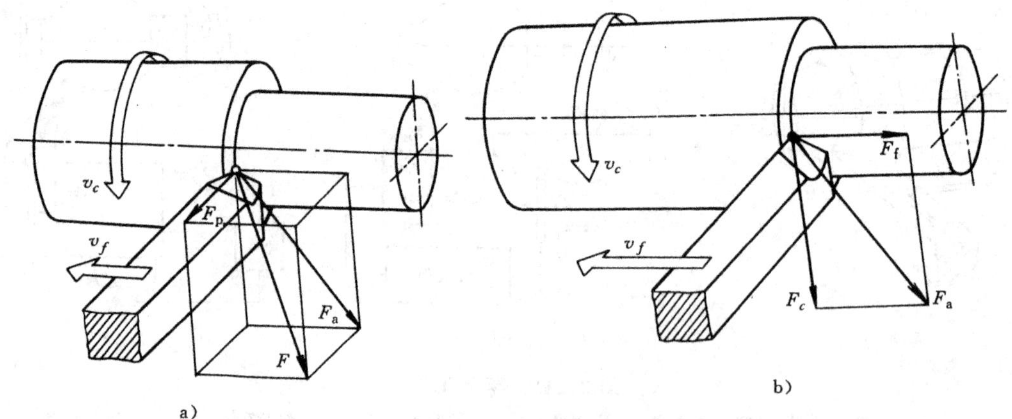

图 2-145 车刀上的作用力

a）总切削力 F b）作用力 F_a

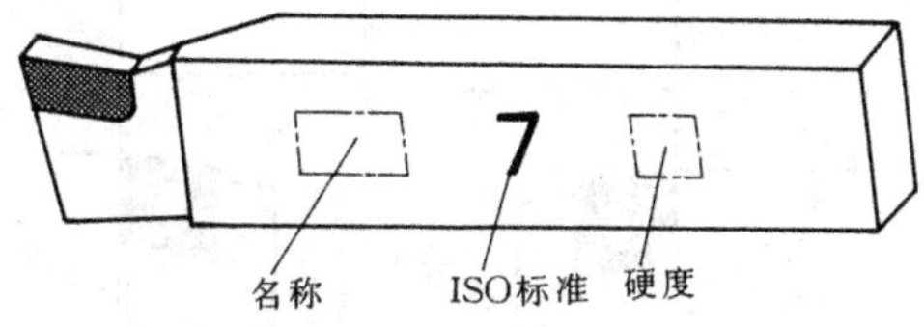

图 2-146 切断刀示例

图 2-147 车刀系统

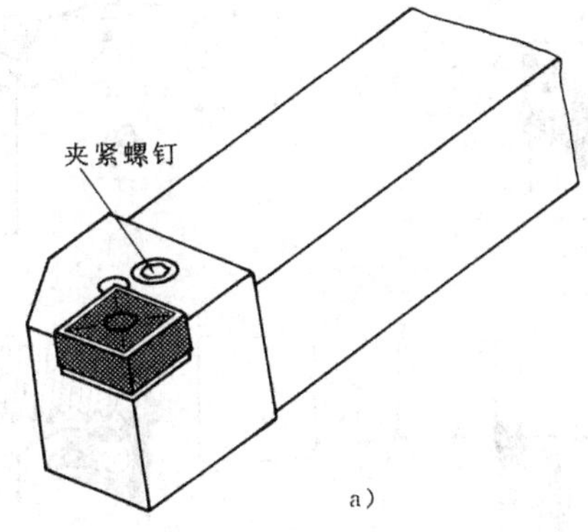

a)

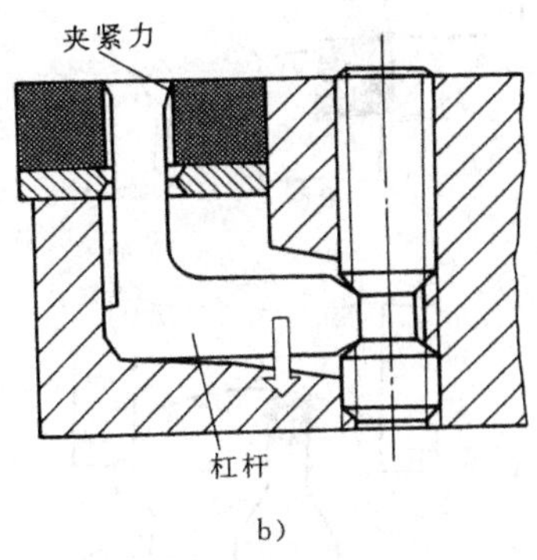

b)

图 2-148 刀片装夹

a）带刀片的车刀 b）刀片装夹原理

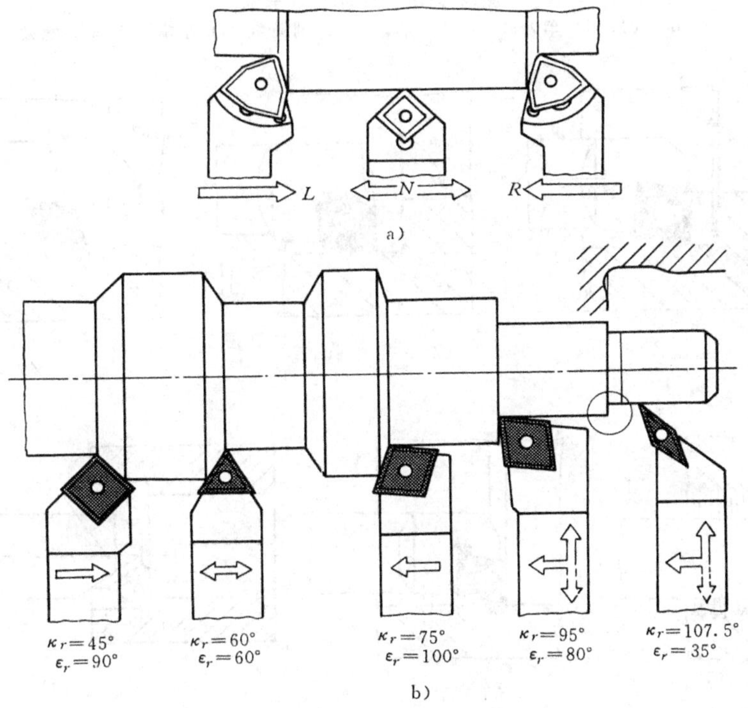

图 2-149 车刀切削刃位置

a）右、左、中车刀 b）车刀工作

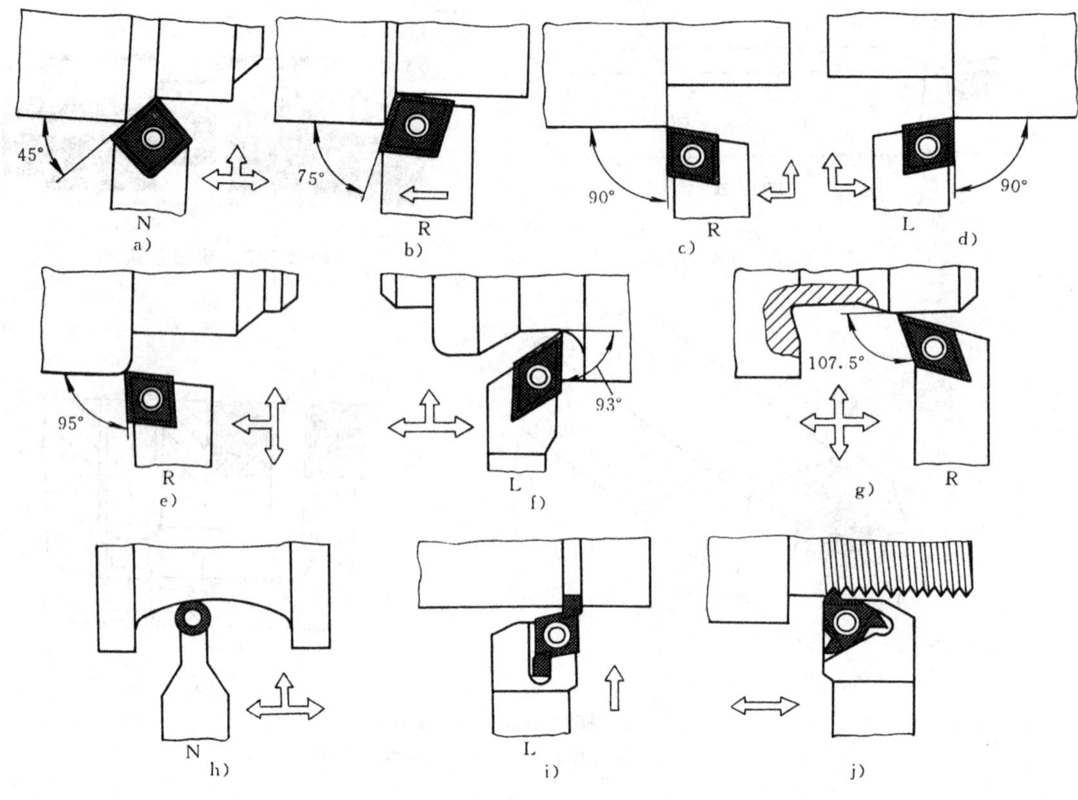

图 2-150 外圆车刀车削

a)、b)、c)、d) 车外圆 e)、f)、g)、h) 倒圆角 i) 车槽 j) 车外螺纹

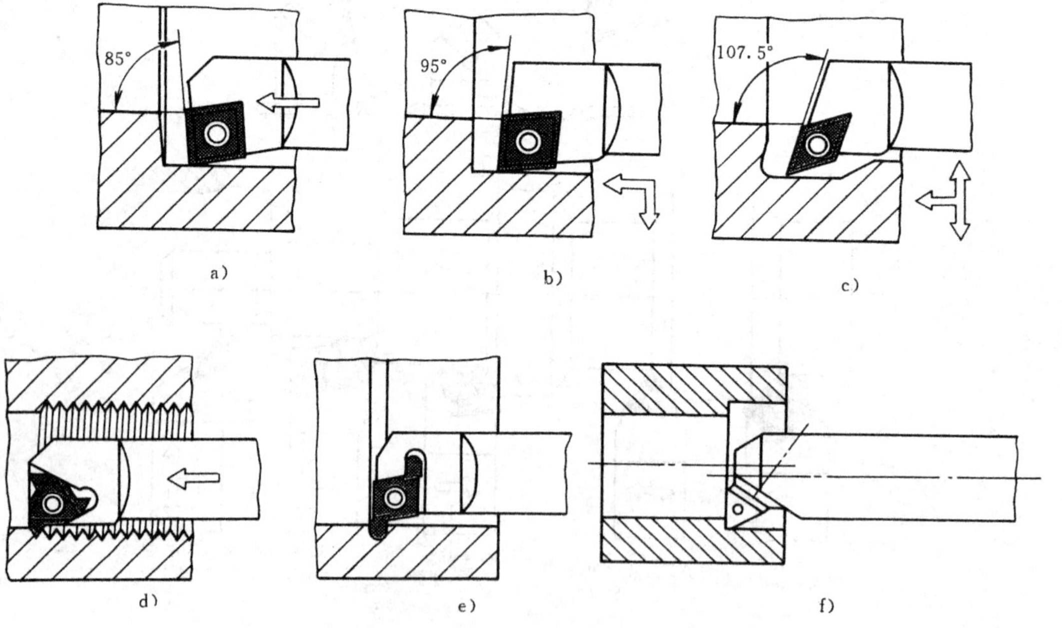

图 2-151 内孔车刀车削

a)、b)、c) 车内孔 d) 车内螺纹 e) 车沟槽 f) 车阶梯孔

此外还有端面车刀和切断刀，见图 2-152。

2.7.3.5 车刀装夹和工件装夹

1. 车刀的装夹　为了提高加工的经济性，除卡头和四方刀架外，目前车床上已采用快换刀夹。采用快换刀夹可快速装夹某一加工工序所需的刀具和快速对刀，见图 2-153。

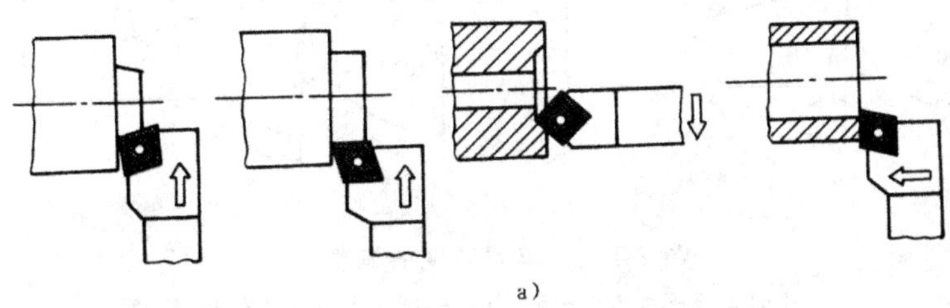

a）

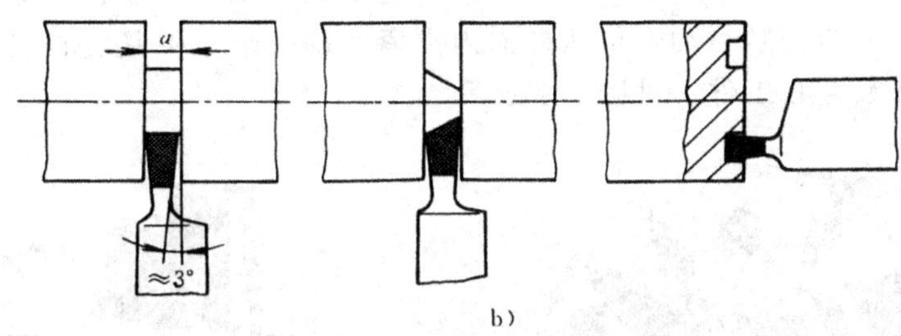

b）

图 2-152　端面车削和切断

a）端面车削　b）切断

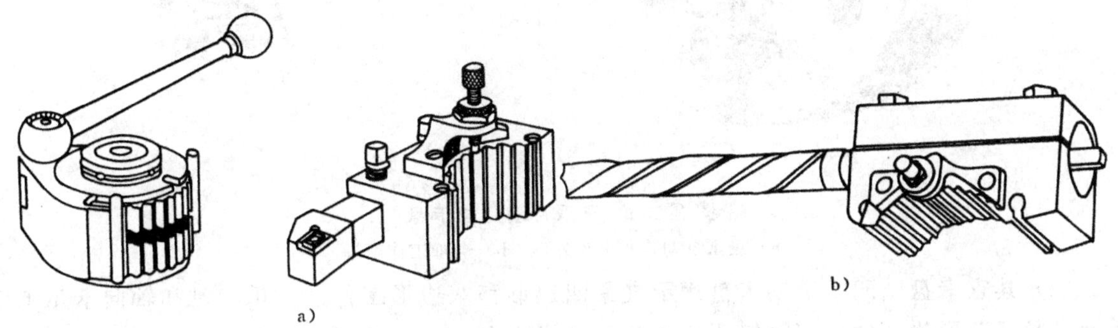

a）　b）

图 2-153　快换刀夹

a）快换刀夹　b）刀夹夹钻头

车刀刀夹相对于工件中心线的高度将影响后角 α_o 和前角 γ_o，从而影响切屑的形成，如车刀刀尖高于工件轴线，则后角减小，前角增大。反之，后角增大，前角减小，见图 2-154。

强力切削时，把车刀调至高于工件轴线是合理的。用成形车刀加工、切螺纹、车锥面、车槽和切断时，车刀刀尖一定要精确对中。

2. 工件的装夹　工件的形状和尺寸各不相同，所需之夹具也各种各样。车床夹具必须把旋转的运动传至工件并能完全承受切削力。

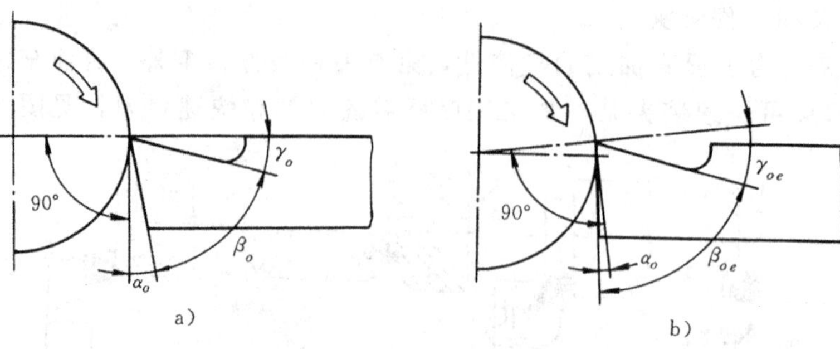

图 2-154　车刀高度的调整

a）外圆车刀通过工件轴线　b）外圆车刀高于工件轴线

（1）三爪自动定心卡盘，三爪自动定心卡盘用于装夹截面为圆形、三角形和六角形的工件。三爪自动定心卡盘的三个卡爪能同步移动，因此在夹紧工件时能自动定心。用卡盘扳手拧动锥齿轮时形成卡爪的夹紧运动，可从外向内夹紧，即外卡爪夹紧实心工件；也可以从内向外夹紧，即卡爪夹紧空心工件，见图 2-155。

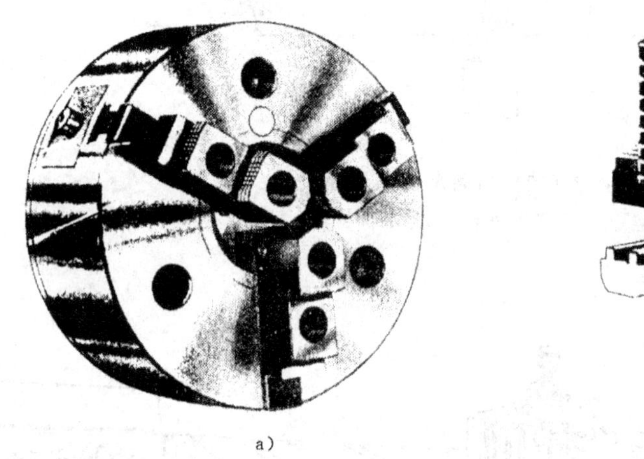

a）

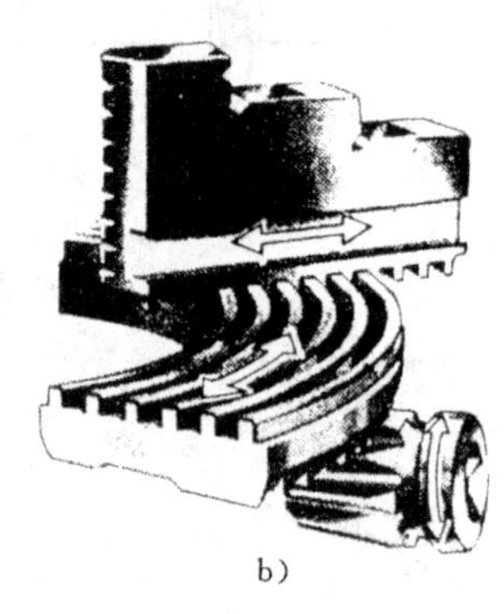

b）

图 2-155　三爪自动定心卡盘

a）三爪自动定心卡盘外形　b）卡爪工作原理

（2）其它卡盘　四爪单动卡盘用于夹紧四边形和八边形工件。二爪卡盘和轴向卡爪卡盘用于夹紧复杂形状工件。用螺钉压板夹紧的夹钳卡盘可夹紧不对称工件，见图 2-156。

（3）顶尖装夹　如果工件较长并经常重新装夹，则须采用双顶尖装夹。拨盘和鸡心夹头把回转运动传至工件。工件的两端各有一个中心孔，见图 2-157。

（4）端面顶尖座　端面顶尖座安装在主轴一侧，可端面夹持工件，以对轴的整个表面进行加工，见图 2-158。

（5）弹簧夹头　弹簧夹头用于夹紧断面形状为圆形、正六边形、冷拔料制成的中小工件。它夹紧迅速，精确可靠，见图 2-159。

（6）中心架和跟刀架　用中心架支承细长轴防止工件因受切削力的作用而产生弯曲。加工细长轴的端面时，如钻孔或攻螺纹，也须用中心架。中心架固定在车床床身的导轨上。对中心时，必须先调整下面的两个爪，然后把盖子盖好固定，最后调整上面一个爪。

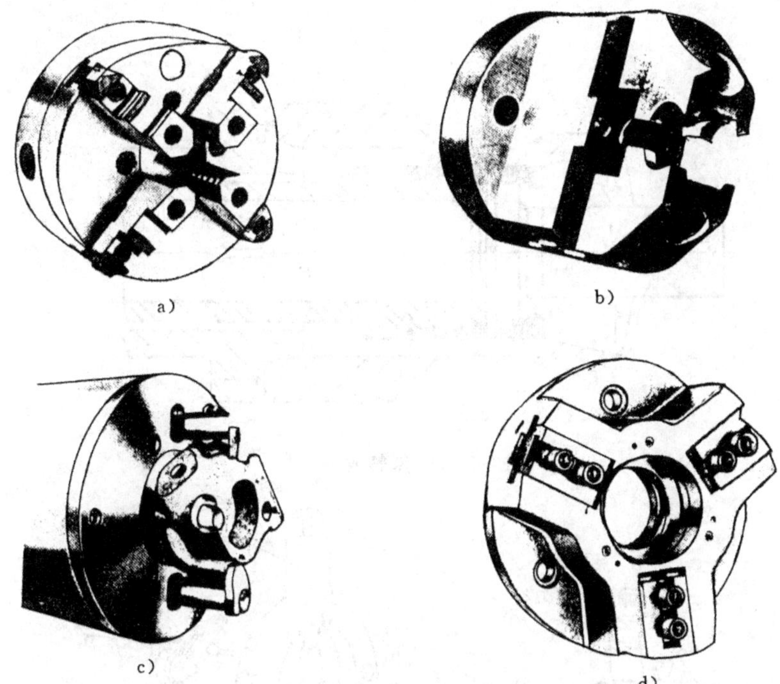

图 2-156 其它卡盘

a）四爪单动卡盘 b）二爪卡盘 c）轴向卡爪卡盘 d）螺钉压板卡盘

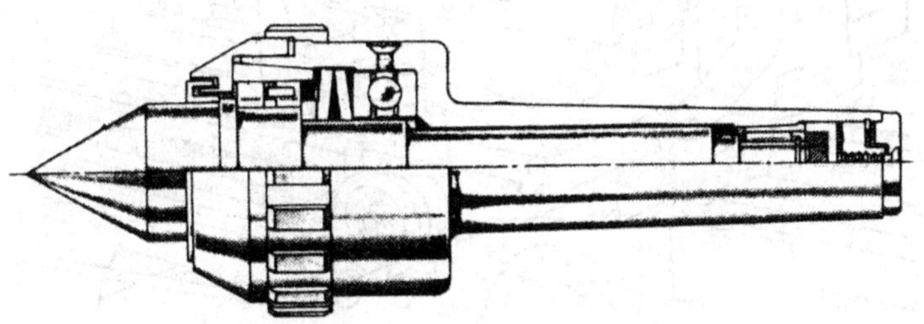

图 2-157 顶尖

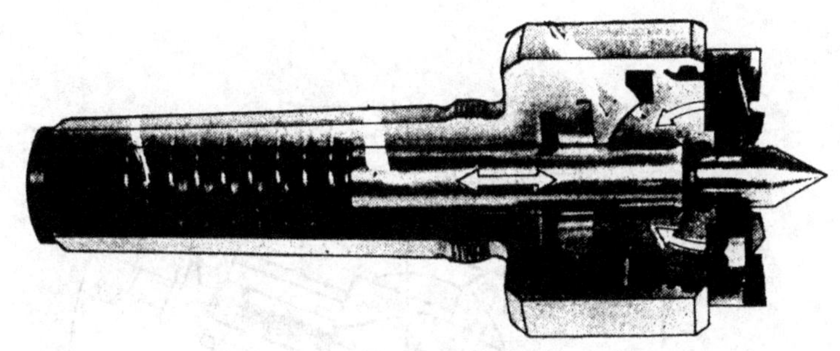

图 2-158 端面顶尖座

车削光轴的整个外圆时，必须用跟刀架。跟刀架的前侧是开口的，它只有两个支承爪。用螺钉将其紧固在床身溜板上，见图 2-160。

2.7.3.6 其它车削操作

1. 车圆锥面 车削锥面有三种方法。

(1) 斜置小滑板法 此种方法适用于车削短圆锥面。把刀架小滑板旋转锥角之一半，两手握摇手柄，使刀具进给，见图 2-161。

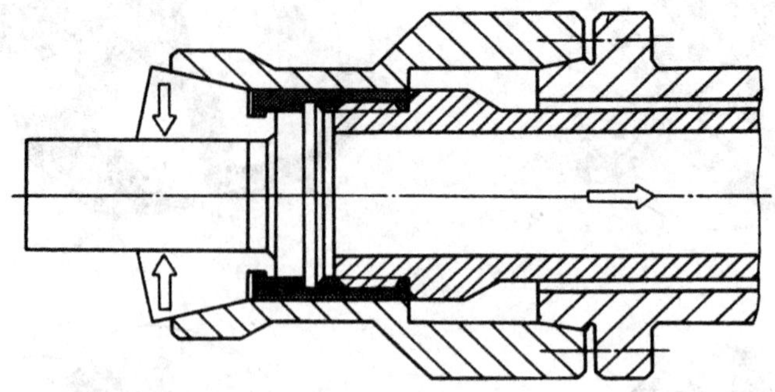

图 2-159　弹簧夹头

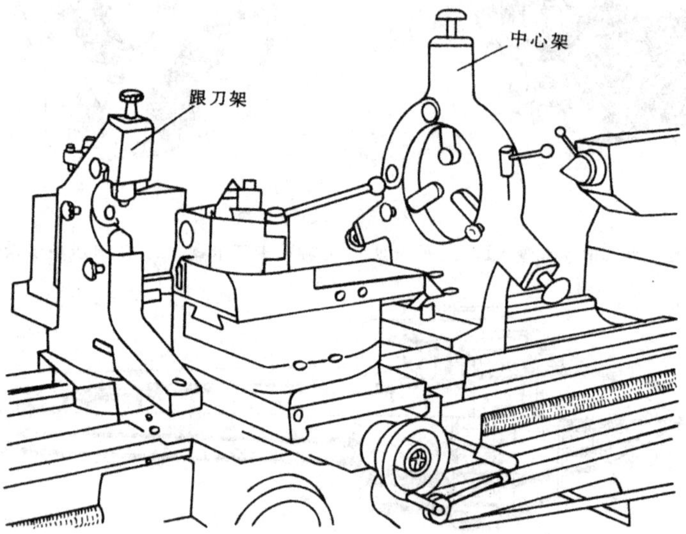

图 2-160　中心架的跟刀架

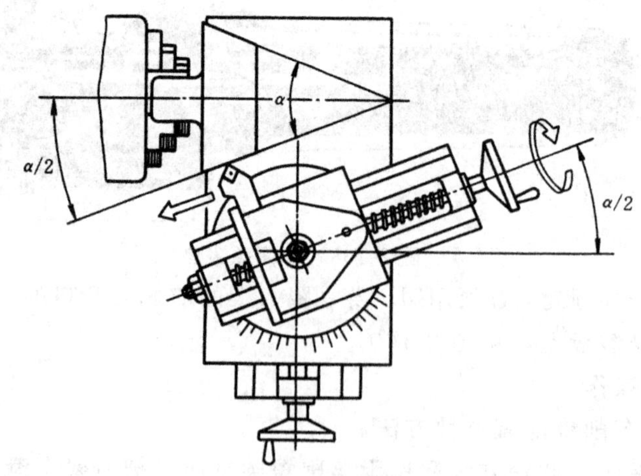

图 2-161　车短锥面

(2) 靠模法　此种方法适用于车削锥角较小、精度要求较高批量较大的锥面。把仿形板调至锥角的一半。当床鞍作纵向移动，滑块就沿着仿形板斜面滑动，由于丝杠和中滑板上的螺母是联接的，这样床鞍纵向进给时，中滑板就沿着仿形板斜度作横向进给，车刀就合成斜进给运动，见图 2-162。

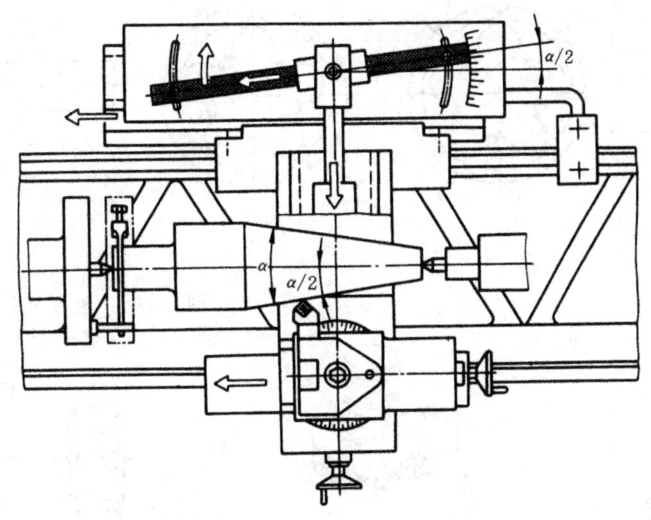

图 2-162　车长锥面

(3) 偏移尾座法　这种方法适用车削锥角小、长度长的锥面。把尾座沿水平方向偏移尺寸 S，溜板带动车刀，纵向进给，见图 2-163。

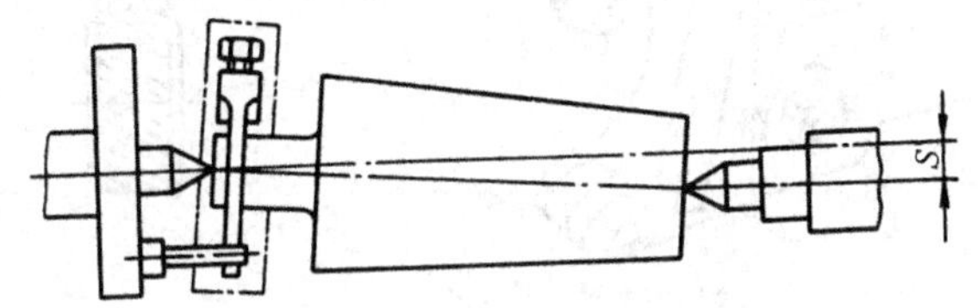

图 2-163　车细长锥面

2. 成形车削　若工件的几何精度要求不高，例如手柄加工可采用手工成形车削，用样板检查。如果工件的形面几何精度要求较高，且工件的轴向尺寸较小时，可粗车大致成形后，再用成形刀精车，见图 2-164。

3. 板牙套螺纹　在车床尾座上安装板牙附件，就可加工外螺纹，见图 2-165。

4. 滚花　在刀架上安装滚花刀，可对工件进行滚花。在开始时就须强力将滚花工具抵紧工件滚出花束，这样才能保证以后滚花工具的刀齿进入已压出的沟纹内，见图 2-166 中的 a、b 和 c、d、e、f。

2.7.3.7　卧式车床　卧式车床由床身、主轴箱、进给箱、溜板箱、交换齿轮箱、尾座、刀架、床身等结构组成，见图 2-167。

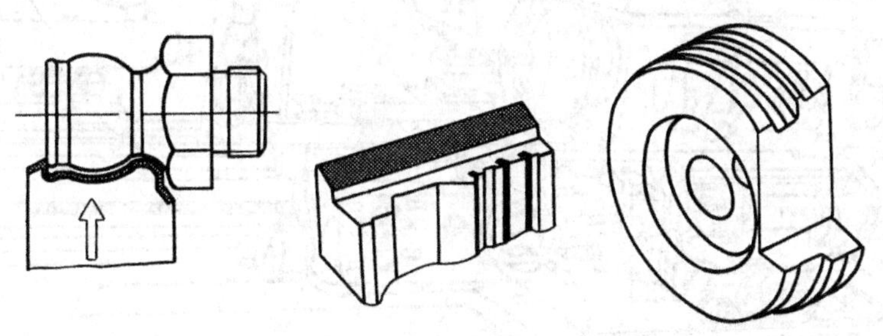

图 2-164　成形车削

车床主轴是空心轴，其莫氏锥孔可安装顶尖锥柄。主轴外锥面可与各种卡盘配合，且有卡式装置，见图 2-168。

车床尾座安装顶尖后可用作工件的一个支承，也可安装刀具，如钻头、铰刀、板牙附件。它可在床身导轨上纵向移动，横向调整量约为 15mm。顶尖套筒内有锥孔，见图 2-169。

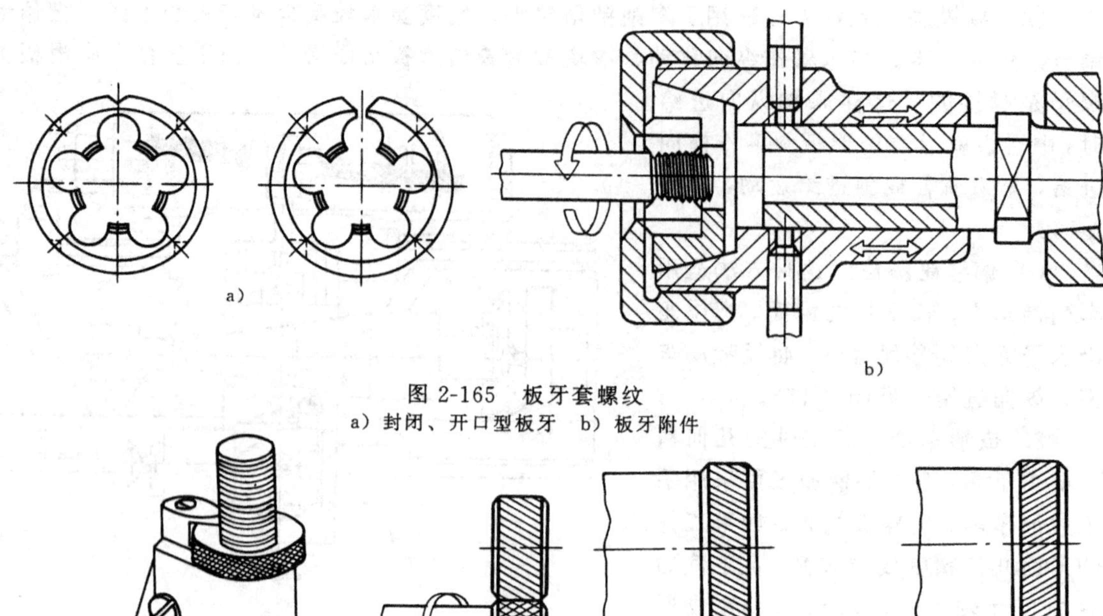

图 2-165 板牙套螺纹

a）封闭、开口型板牙 b）板牙附件

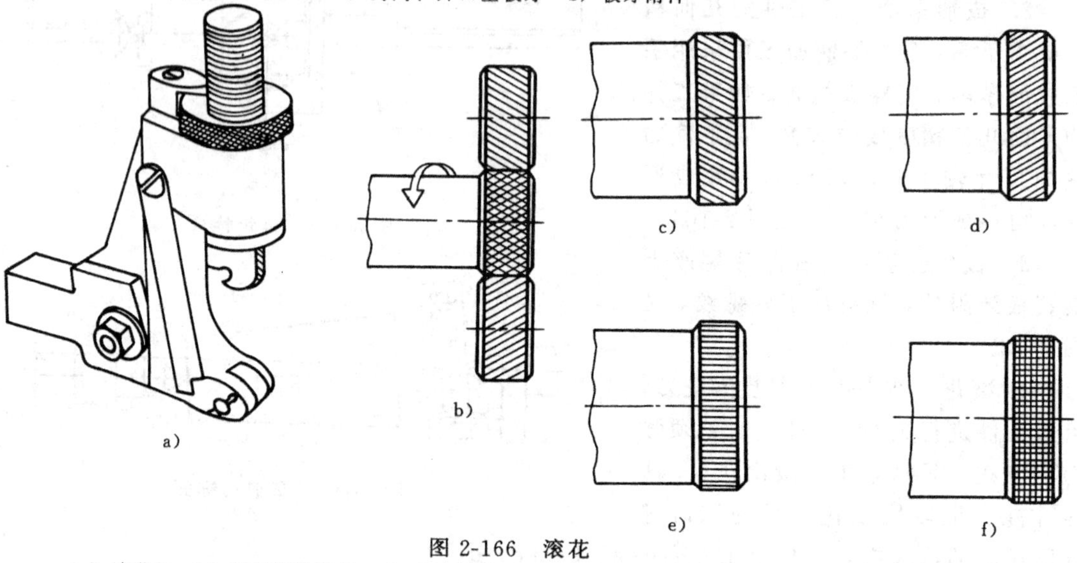

a) b) c) d) e) f)

图 2-166 滚花

a）滚花刀 b）交叉花纹滚切 c）右滚花纹 d）左滚花纹 e）平滚花纹 f）十字滚花纹

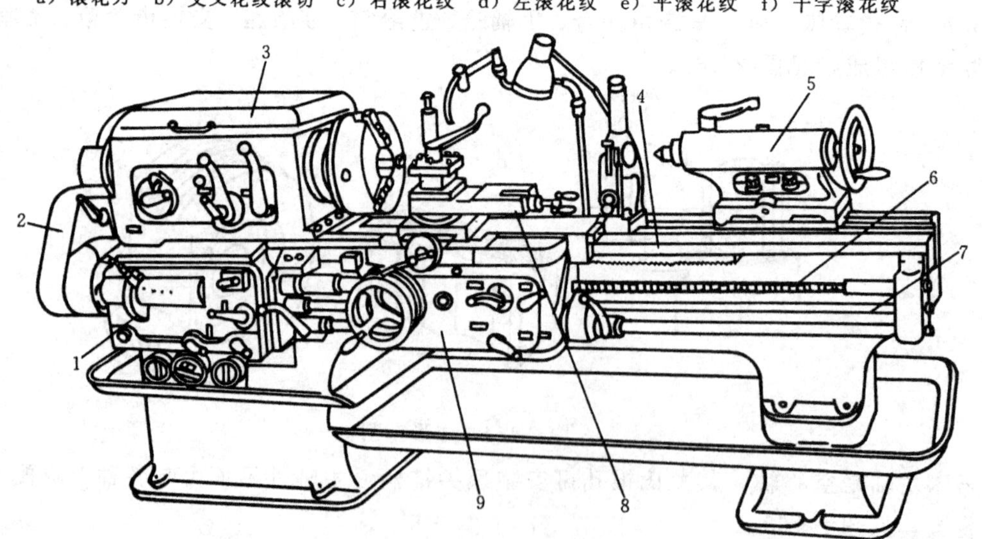

图 2-167 卧式车床

1—进给箱 2—交换齿轮箱 3—主轴箱 4—床身 5—尾座 6—丝杠 7—光杠 8—刀架 9—溜板箱

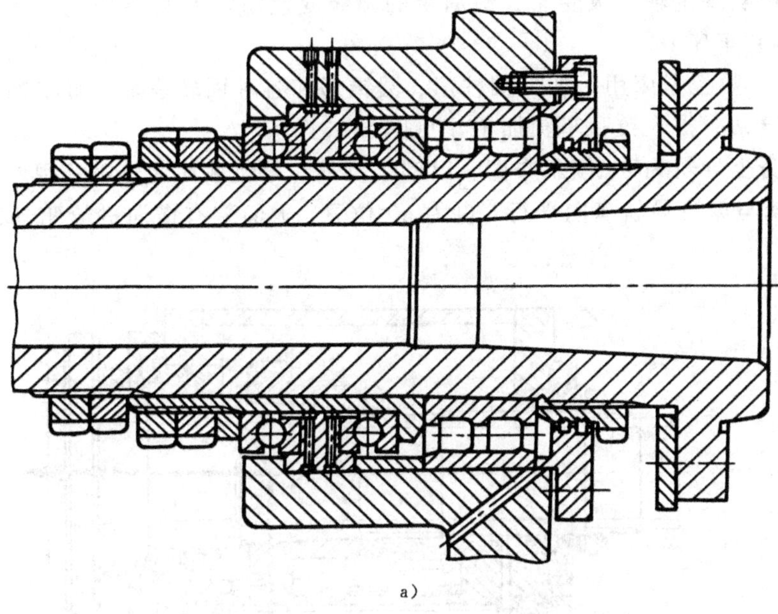

a）

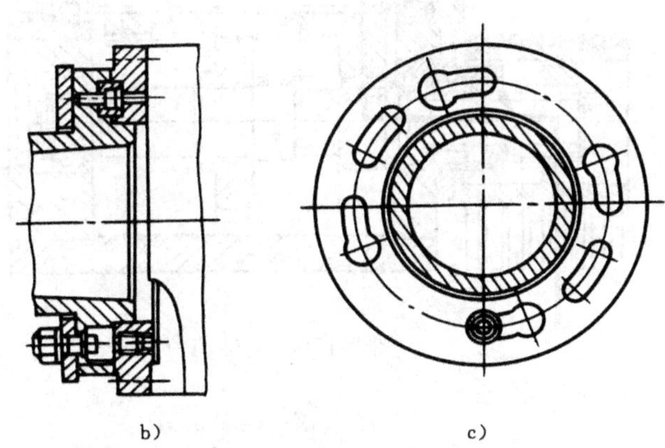

b）　　　　c）

图 2-168　车床主轴

a）主轴结构　b）卡盘安装　c）卡式装置

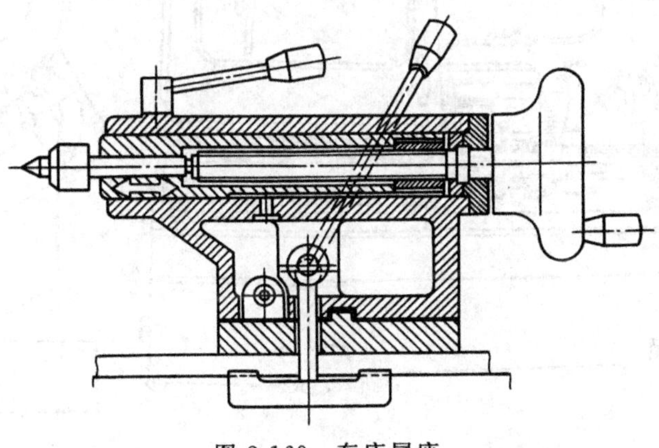

图 2-169　车床尾座

车床主轴箱可实现主轴多级变速。最简单的两级变速箱，见图 2-170。

2.7.3.8　其它车床

1. 数控车床　数控车床用于加工圆柱形、圆锥形和各种回转表面；可车削各种螺纹，以及对盘形零件进行钻、扩、铰和车孔加工，见图 2-171。

数控车床床身上导轨为 60°倾斜布置，以利于排屑。导轨截面为矩形，刚性很好。床身上的床鞍、溜板导轨与床身导轨横向平行，也为 60°位置，上面装有横向进给驱动装置和转塔刀架，见图 2-172。

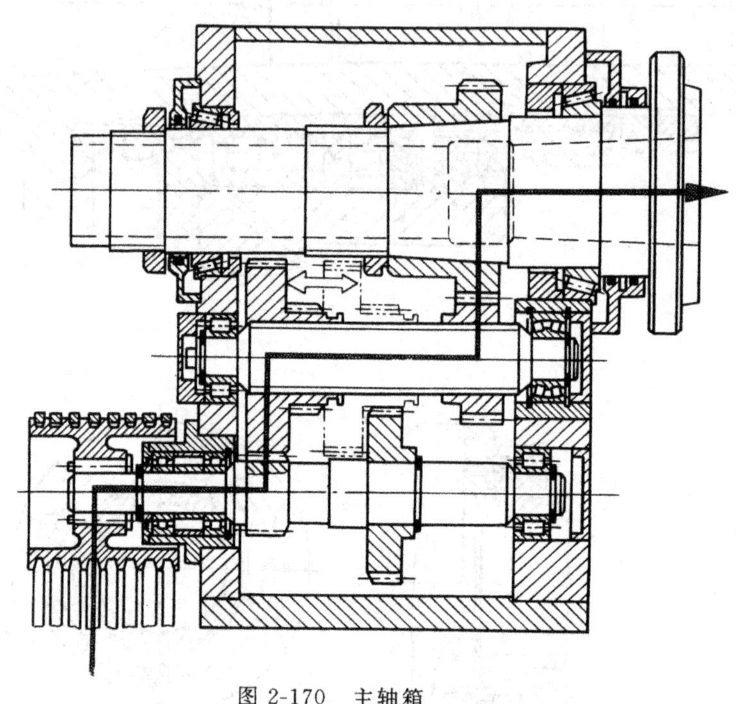

图 2-170　主轴箱

图 2-171　数控车床

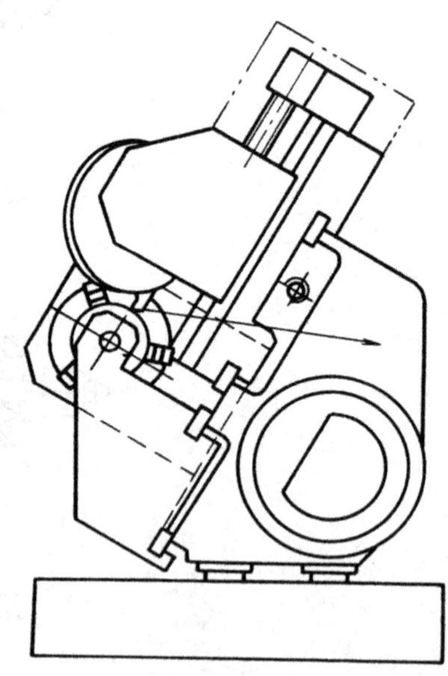

图 2-172　数控车床的倾斜式床身

数控车床的转塔刀架上的刀盘可装 12 位刀具，见图 2-173。

2. 转塔车床　转塔车床与卧式车床不同，它没有尾座，而有一个回转刀架和普通的前刀架。回转刀架的刀具可按照零件的加工顺序，如粗车、精车、车槽、钻孔、铰孔、车螺纹等依次安装，并调整妥当。加工时，用这些刀具轮流地进行工作，不必反复地装卸刀具及测量工件尺寸。因此在成批生产中加工形状复杂的工件时，转塔车床和卧式车床相比较有较高的生产率，见图 2-174。

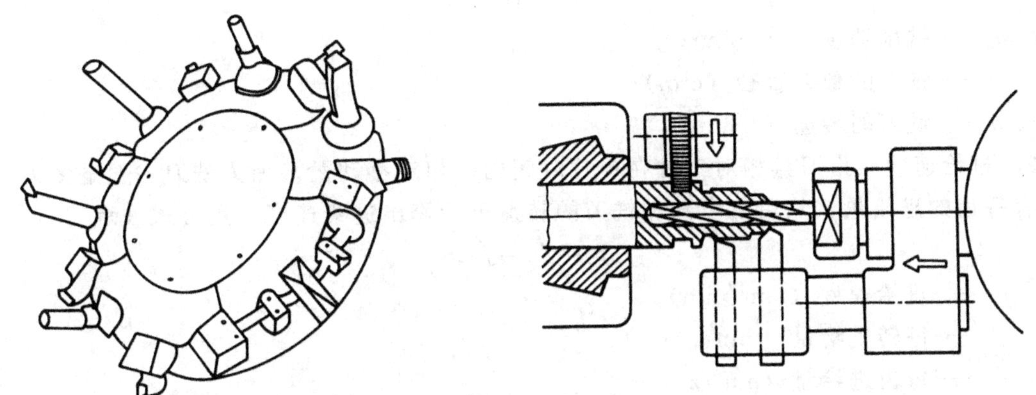

图 2-173　刀盘　　　　图 2-174　转塔车床刀具使用

图中回转刀架上刀具车外圆和钻孔、前刀架上滚花同时进行，大大提高了生产效率。

3. 落地车床　落地车床比普通车床的床身短，甚至完全取消了床身。主轴箱和刀架滑座直接安装在地基或落地平板上，没有尾座，工件夹持在花盘上。可加工大而短的工件，见图 2-175。

4. 立式车床　立式车床与卧式车床区别在于前者的主轴回转轴线是垂直的，后者是水平的。立式车床主要用于加工短而直径大的重型工件。例如大型带轮、轮圈、大型电机的零件。在立式车床上可车削、镗削圆柱表面，圆锥表面及成形面、端面、车螺纹　钻孔和磨削，见图 2-176。

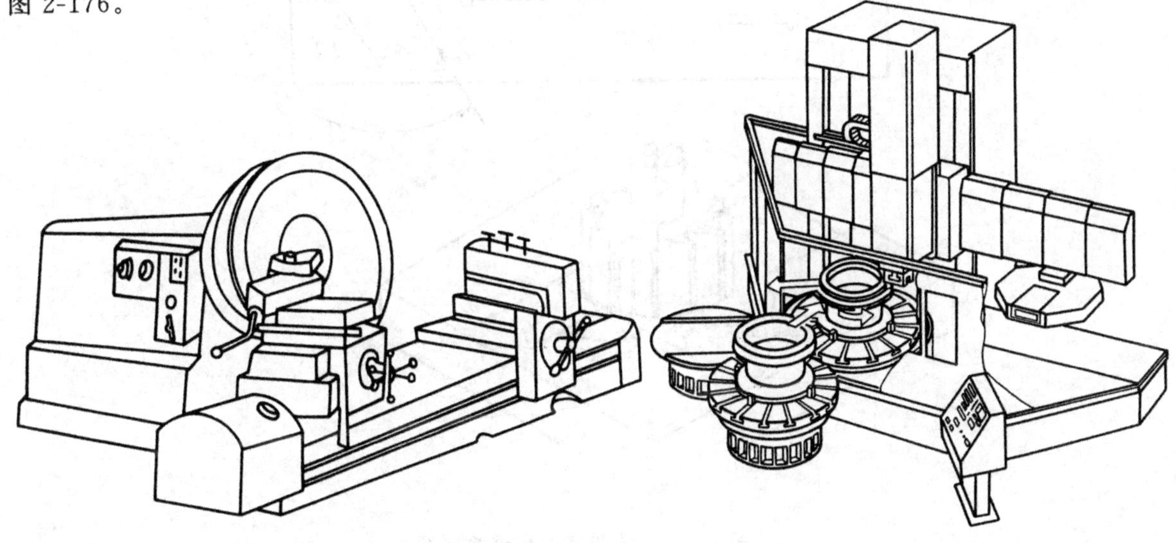

图 2-175　落地车床　　　　图 2-176　立式车床

2.7.4 铣削

铣刀旋转作主运动，工件或铣刀作进给运动的切削加工方法称为铣削。铣削可以加工平面和曲面，也可以加工螺旋面和齿数。

2.7.4.1 铣削用量

1. 铣削速度　指主运动的线速度，它的选择与工件和刀具材料有关。其计算公式为：

$$v_c=\frac{\pi nD}{1000}$$

式中　v_c——铣削速度（m/min）；

D——铣刀的最大直径（mm）；

n——铣刀的转速（r/min）。

2. 进给速度　指刀具相对工件在单位时间内的相对移动量。因为铣刀一般是多刃刀具，所以有每齿的进给量，然后由齿数和铣刀的转速可计算出进给速度。用公式表示

$$v_f=fn=f_zzn$$

式中　v_f——进给速度（mm/min）；

f——每转进给量（mm/r）；

f_z——每齿进给量（mm/z）；

z——齿数；

n——铣刀转速（r/min）。

铣削速度和进给速度，见图 2-177。

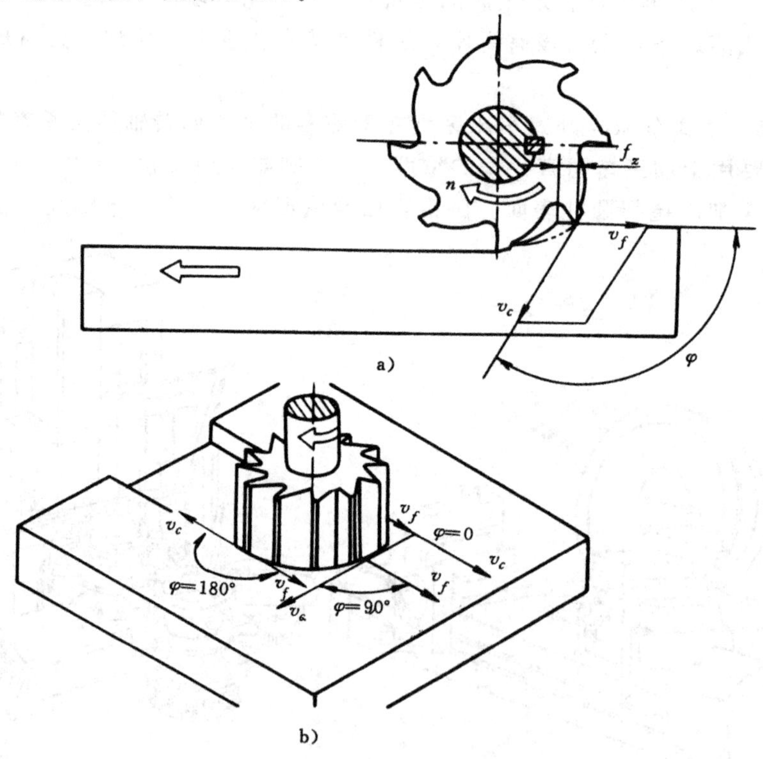

图 2-177　铣削速度和进给速度

a）铣刀轴线与加工面平行　b）铣刀轴线与加工面垂直

3. 背吃刀量 a_p 和铣削宽度 a_c　根据不同的铣刀和不同的铣削方式而决定，见图 2-178。背吃刀量较大时，铣削速度或进给量就必须较小。a_p——背吃刀量；a_e——铣削宽度（侧吃刀量）。

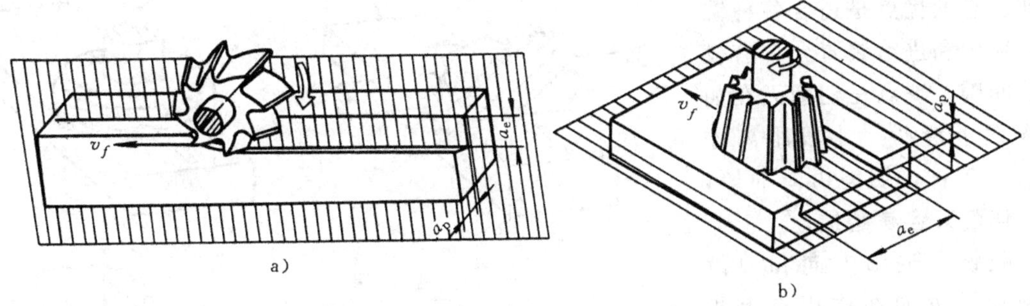

图 2-178　背吃刀量和铣削宽度

a）铣刀轴线与加工平面平行　b）铣刀轴线与加工面垂直

2.7.4.2　铣削加工　铣削加工可分为铣平面、铣圆柱面、铣螺旋面、铣齿、铣槽、成形铣削，见图 2-179。

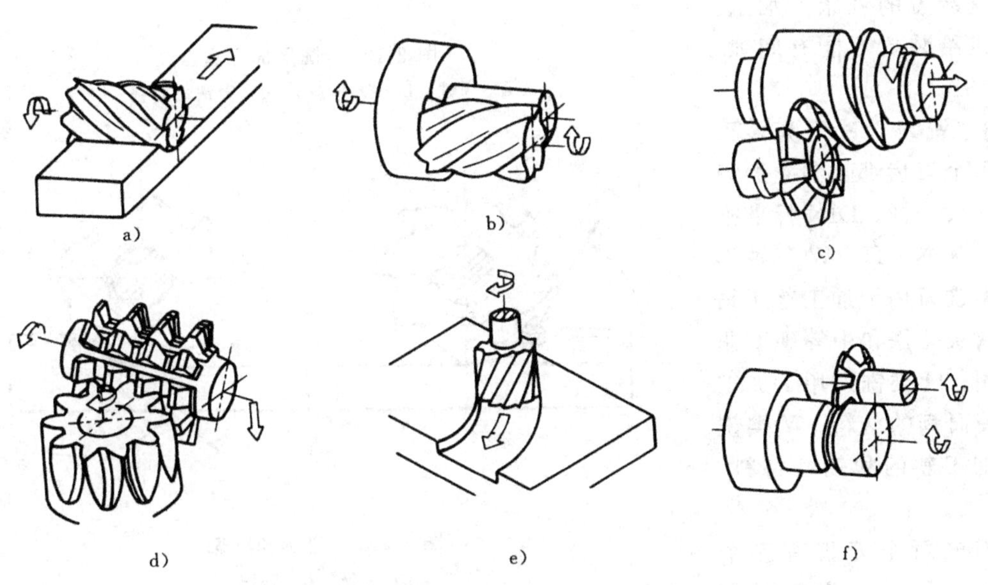

图 2-179　铣削加工形状

a）铣平面　b）铣外圆　c）铣螺纹　d）铣齿　e）铣槽　f）成形铣

根据刀具中心线和工件表面位置的相对位置不同可分为两种不同的加工方法。以平面铣削为例：

周铣——铣刀的中心线与工件表面平行。

端铣——铣刀的中心线与工件表面垂直。

周铣是用铣刀圆周上的切削刃对工件表面进行铣削。由于它是连续进刀的，故所加工的表面略呈波纹状。端铣是利用铣刀端部进行铣削。若同时利用圆周齿和端面齿进行铣削的叫周铣端面铣，见图 2-180。

按照铣刀和工件相对运动方向和开始铣削时切屑的厚度不同，有两种不同的铣削方式。

逆铣　进给方向和刀齿铣削运动方向在作用点上相反的铣削方式。开始铣削时铣屑较薄，切削力随切屑的厚度增加而增加。它的优点是适合各种铣床，导向和进给装置允许有较小的间隙。缺点是切削刃在加工表面上滑动一小段距离才能切入工件，切屑由薄而厚，所以切削刃容易磨损。

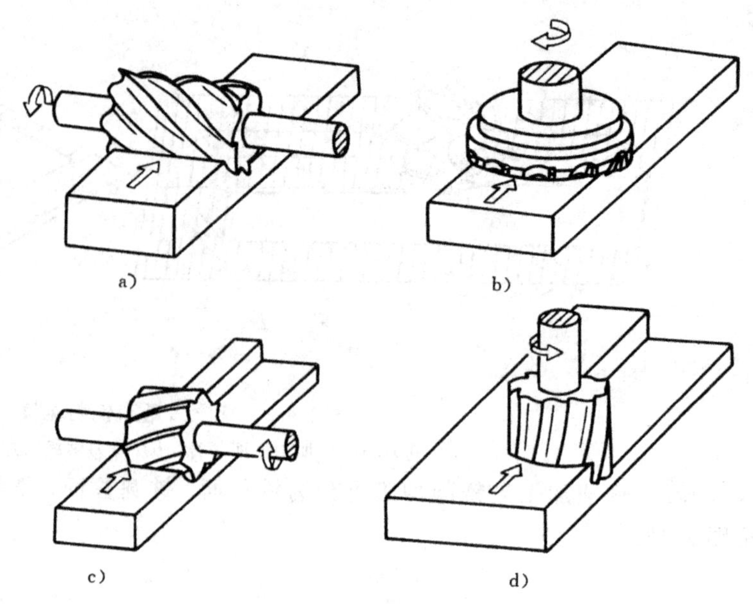

图 2-180　铣平面方式
a）周铣　b）端铣　c）、d）周铣端面铣

顺铣　进给方向和刀齿铣削运动方向在作用点上相同的铣削方式。它的优点是切削刃一开始就切入工件，铣刀与工件间没有相对滑动。因而铣刀切削刃的磨损小。加工的表面质量较好。缺点是只适用于有顺铣装置的铣床上加工，导向和进给装置不能有间隙，见图 2-181。

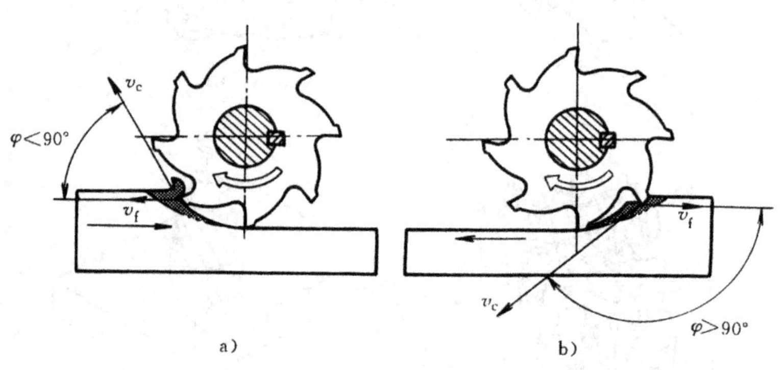

图 2-181　逆铣和顺铣
a）逆铣　b）顺铣

2.7.4.3　铣刀　铣刀为多刃刀具，每个刀齿都是独立的刀楔。象钻头一样，DIN 标准把铣刀也分为 N、H、W 三种类型。N 类铣刀用于加工普通结构钢，软灰铸铁和中等硬度非铁金属用；H 类铣刀用于加工硬的和硬而韧的材料；W 类铣刀用于加工软的和韧性材料，见图 2-182。

铣刀的每个刀齿有三个主要角度：后角 α_o、楔角 β_o 和前角 γ_o。楔角的大小主要取决于铣刀材料和工件材料，见图 2-183。

铣刀按结构分为套式铣刀、带柄铣刀和镶齿铣刀。按铣刀齿的制作方式分为尖齿铣刀和铲背铣刀。尖齿铣刀沿后刀面刃磨，因而其形状和直径不断变化。它对铣削工作没有影响。铲背铣刀是成形铣刀，沿前刀面刃磨，因而铣刀的几何形状不会变化，见图 2-184、185、186、187。

铣刀的刀齿有直齿、斜齿和螺旋齿。直齿铣刀的缺点是容易引起振动。斜齿和螺旋齿铣刀由于其切削厚度是连续变化的，所以振动较小，见图 2-188。

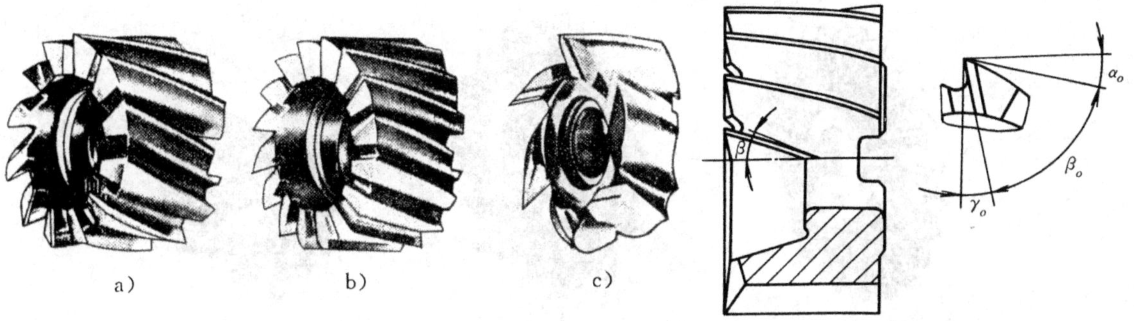

图 2-182 铣刀分类

a）N 类铣刀 b）H 类铣刀 c）W 类铣刀

图 2-183 铣刀刀齿的角度

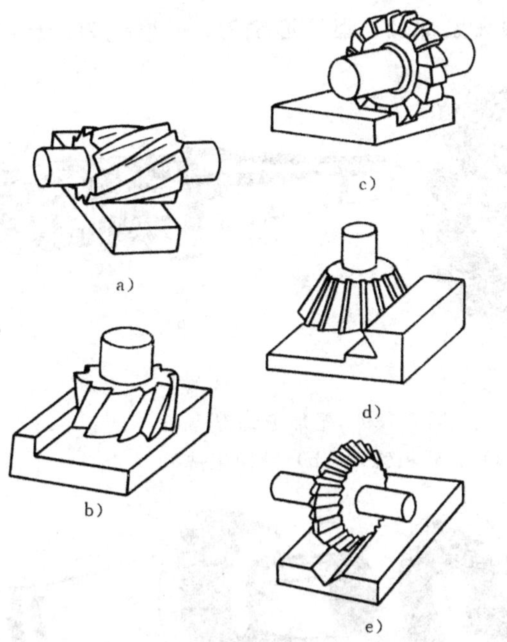

图 2-184 尖齿套式铣刀

a）圆柱形铣刀 b）套式面铣刀 c）三面刃铓刀 d）单铣刀 e）双角铣刀

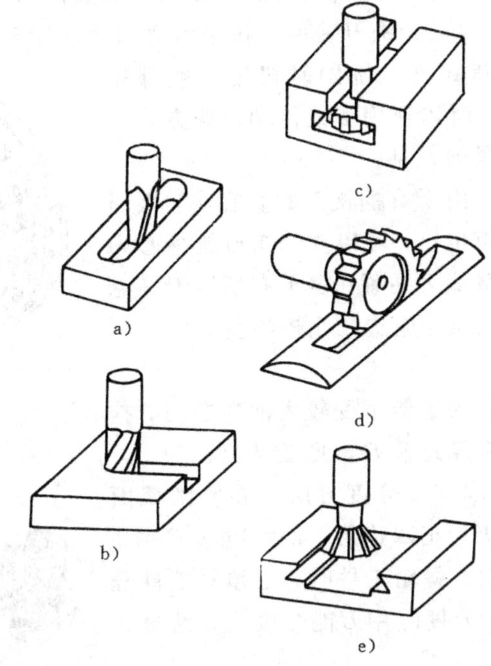

图 2-185 尖齿带柄铣刀

a）双刃键槽铣刀 b）多刃立铣刀 c）T 形槽三面刃铣刀 d）半圆键槽铣刀 e）单角铣刀

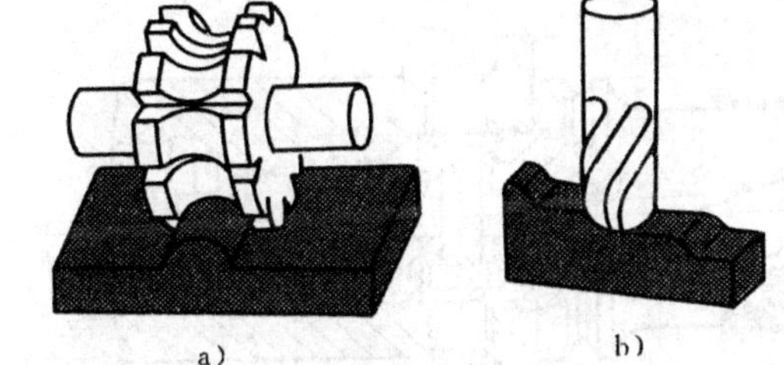

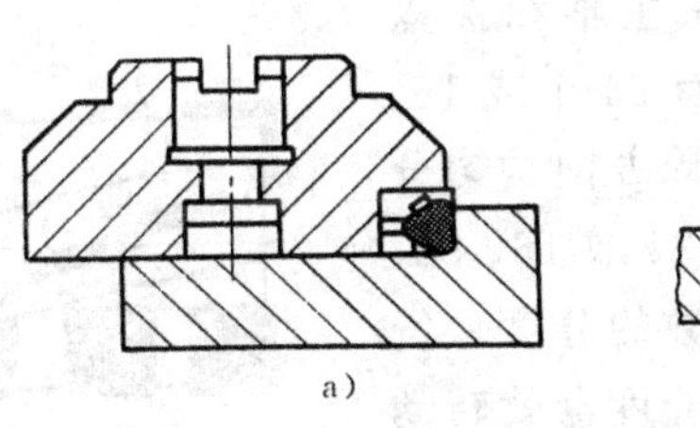

图 2-186 铲背铣刀

a）套式铲背成形铣刀 b）带柄铲背铣刀

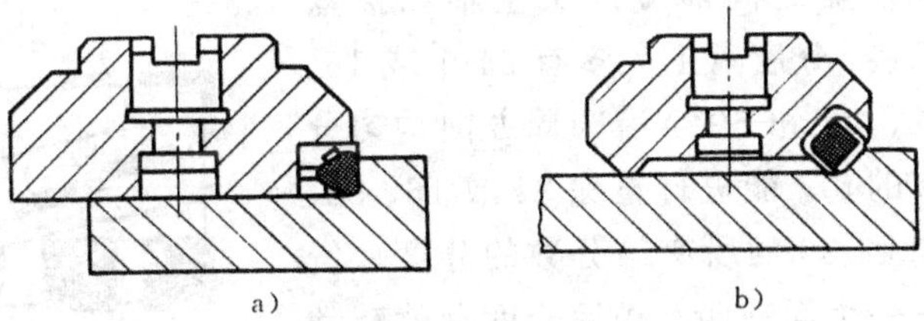

图 2-187 镶齿铣刀

a）直角面镶齿铣刀 b）平面镶齿铣刀

a）

b）

c）

图 2-188　铣刀切削刃排列
a）直齿铣刀　b）斜齿铣刀　c）螺旋形铣刀

若粗加工铣刀可制出纵向槽形成滚刀形式，见图 2-189。

2.7.4.4　铣刀装夹　扭矩和弯曲力作用于铣刀的夹紧部位。圆柱形铣刀、成形铣刀、盘铣刀等套式铣刀铣削时扭矩一般都很大。所以须用键或传动块等方式联接紧固，见图 2-190。

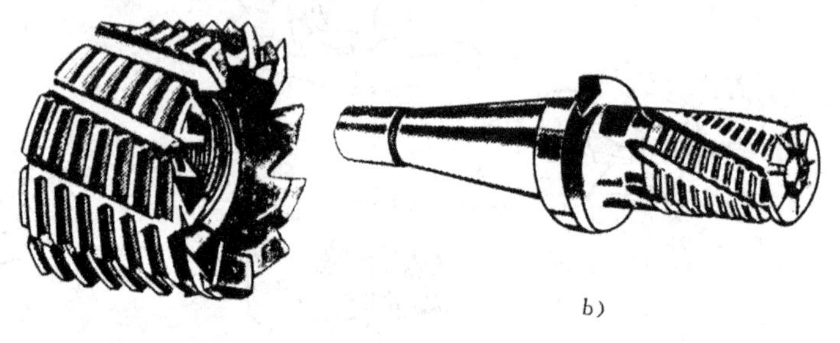
a）　b）

图 2-189　粗加工铣刀
a）套式粗铣刀　b）带柄粗铣刀

由于有柄铣刀的直径小，因而扭矩也小，可以在卡盘或锥柄套内用摩擦力夹紧。由于有柄铣刀是悬臂夹紧，应选用小进给量，见图 2-191。

为了能承受较大的弯曲力，挂架应靠近铣刀，见图 2-192。

2.7.4.5　分度方法　在铣削截面形状为正四边形、正六边形工件和齿轮、棘轮工件时，必须对工件分度。分度时用万能分度头，见图 2-193。

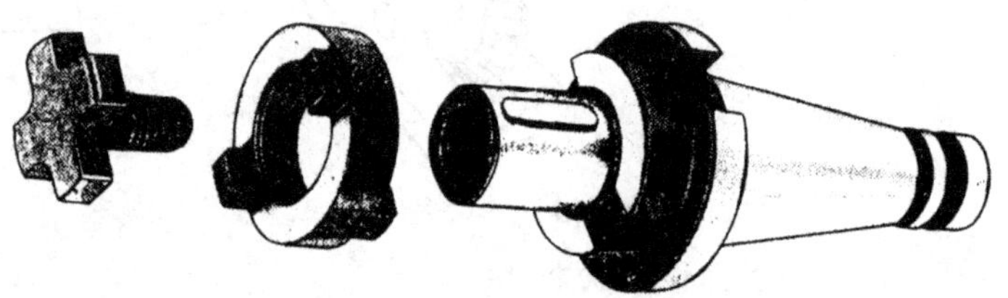
图 2-190　套式铣刀刀杆（可装面铣刀）

分度方法有以下几种：

1. 直接分度　工件夹紧在分度头顶尖和尾座顶尖之间。工件和分度盘之间靠分度头主轴和拨盘联接。分度盘上大多有 24 个或 16、32、42 和 60 个沿圆周方向均匀分布的孔，能进行整除 24 或 16、32、42 和 60 的所有等分数的分度。铣完一个面或齿、槽后分度盘就转动一定数量的孔距，然后由定位销定位固定，见图 2-194。

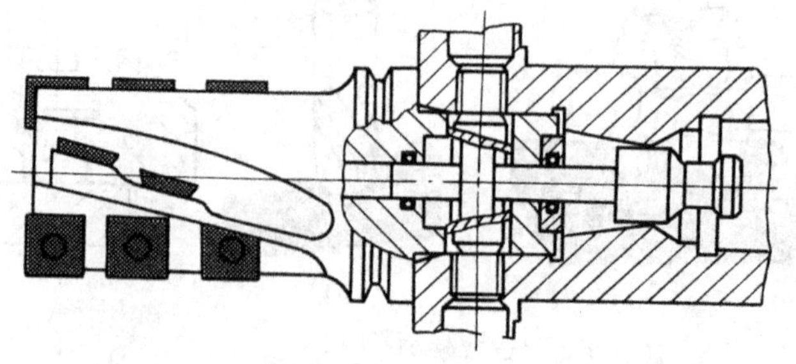
图 2-191　有柄铣刀装夹（圆柱柄铣刀的弹簧夹头）

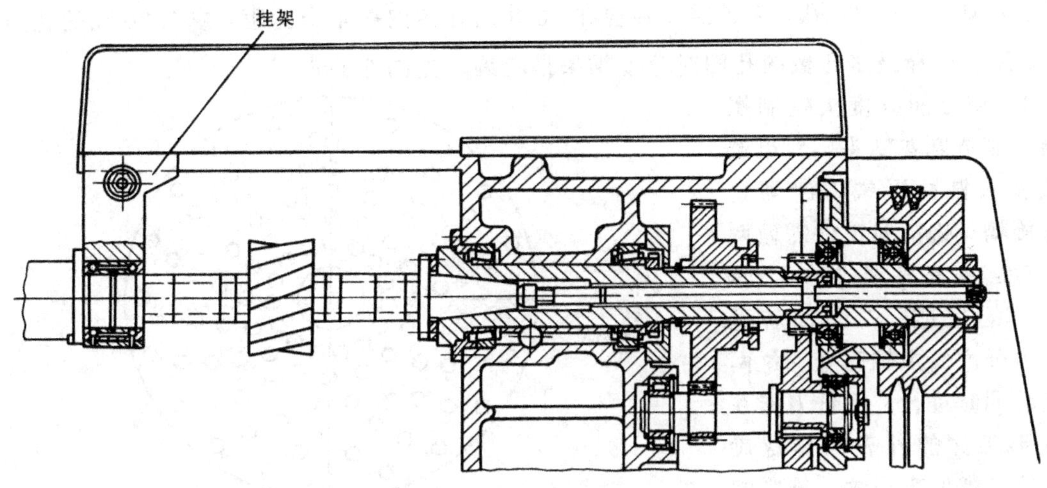

图 2-192　铣刀杆安装

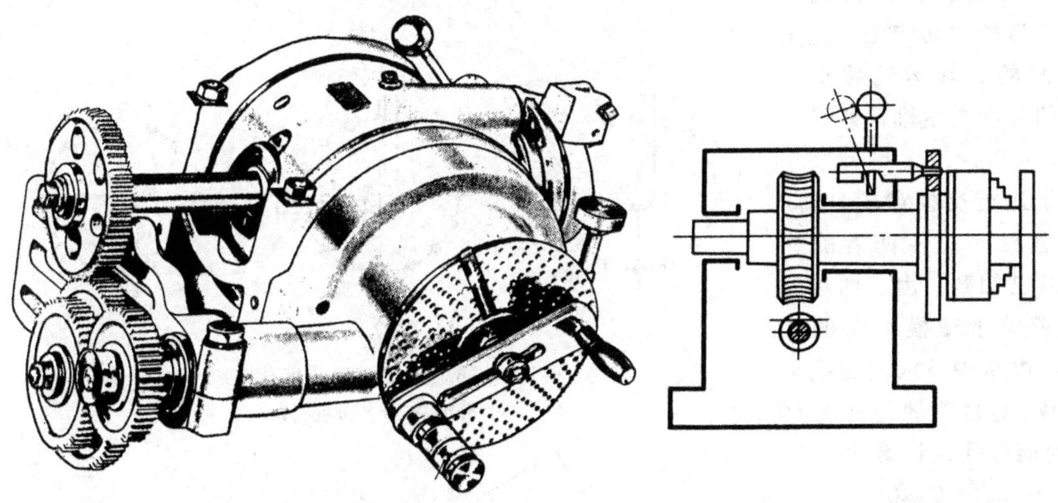

图 2-193　万能分度头

图 2-194　直接分度

2. 间接分度　工件也是固定在分度头顶尖和尾座顶尖之间或装夹在三爪自动定心卡盘上。工件和分度头主轴靠拨盘联接。摇分度手柄经单头蜗杆和 40 齿的蜗轮组成的蜗杆副使分度主轴转动。手柄转 40 圈分度主轴转一圈，即工件也转一圈，见图 2-195。

加工某一工件时分度数 z 为已知，蜗杆副传动比 i 为 40∶1，手柄转数 $n=40/z$。若分度一次的转动角度为 α，手柄转数 $n=\frac{40\alpha}{360°}=\frac{\alpha}{9°}$

举例　铣 32 齿的齿数，$z=32$

分度手柄转数为 $n=\frac{40}{32}=1\frac{1}{4}$

为了能使手柄转一又四分之一圈，可用分度盘上 18 种不同孔数。只要能被 4 整除的孔圈的孔数都

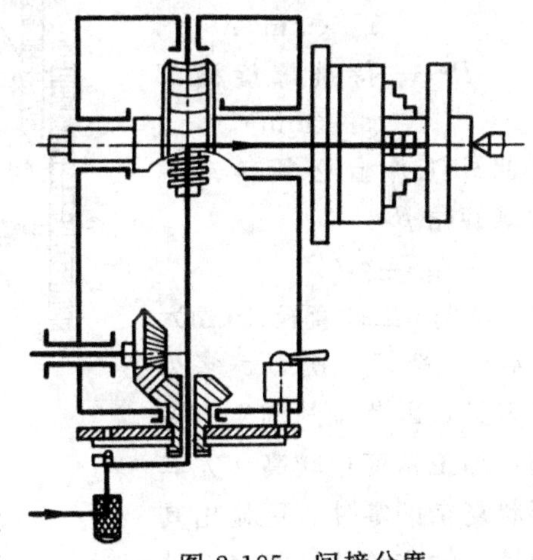

图 2-195　间接分度

可用。例如 16 孔、20 孔。为了摇$\frac{1}{4}$转应在 16 孔的孔圈内摇 4 个孔距，或在 20 孔的孔圈内摇 5 个孔距。选择最多孔数的孔圈时分度结果最精确，见图 2-196。

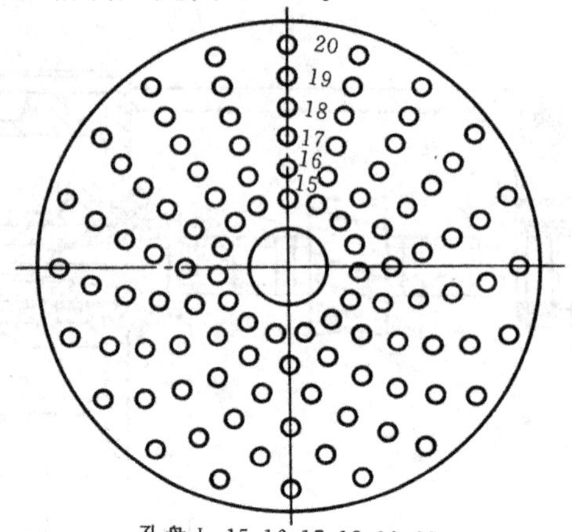

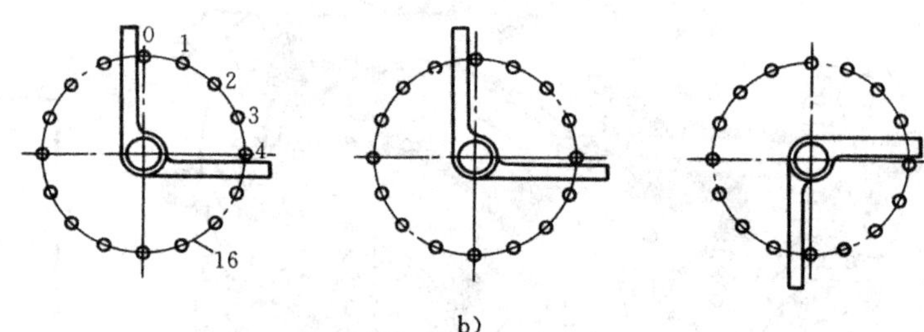

图 2-196 分度盘和分度孔距

a) 分度盘 b) 分度孔距

3. 用万能分度头铣制螺旋槽 制造麻花钻头，斜齿铰刀或斜齿圆柱形铣刀时须铣出螺旋槽。铣削时工件需做两个运动：一是直线进给运动，由工作台完成；二是回转运动，由分度头主轴完全。这两个运动同时进行，使铣刀能在圆柱形工件的外表面作螺旋线进给，类似车螺纹。铣削螺旋槽时也要进行交换齿轮计算。交换齿轮的功能是，把工作台丝杠的旋转运动传至带动工件的分度头主轴，见图 2-197。

为了进行交换齿轮计算，工作台丝杠和工件两者的螺距必须是已知数。由于两者的螺距比值等于交换齿轮的传动比，所以从中可求出交换齿轮的齿数。分度头的传动比 40：1 作为因数代人计算式

$$\frac{z_{主动轮}}{z_{从动轮}}=\frac{P_T 40}{P 1}$$

式中 P_T——工作台丝杠螺距（mm）；

P——待铣螺旋槽螺距（mm）。

此外工作台必须转动一导程螺旋角 β

$$\operatorname{tg}\beta=\pi d/P$$

式中 d——工件直径（mm）。

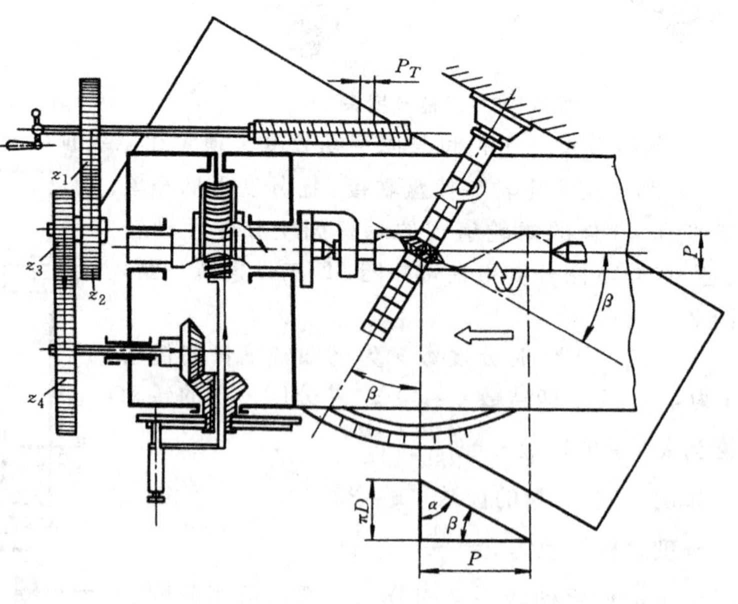

图 2-197 铣制螺旋槽

2.7.4.6 铣床 铣刀是多刃多齿刀具，因此铣削的生产率很高，加工精度也较高，尤其对形状复杂的零件，更显出其优越性。铣床的种类很多，结

构性能也较完善，应用非常广泛。常用铣床有以下几种。

1. 卧式万能升降台铣床　此种铣床是目前应用最广泛的铣床，因它具有高转速，变速范围大，功率大，刚性好及操作方便、结构完善等优点，能完成各种铣削工作，如铣平面、沟槽、特形面、各种齿轮和螺旋槽等，见图 2-198。

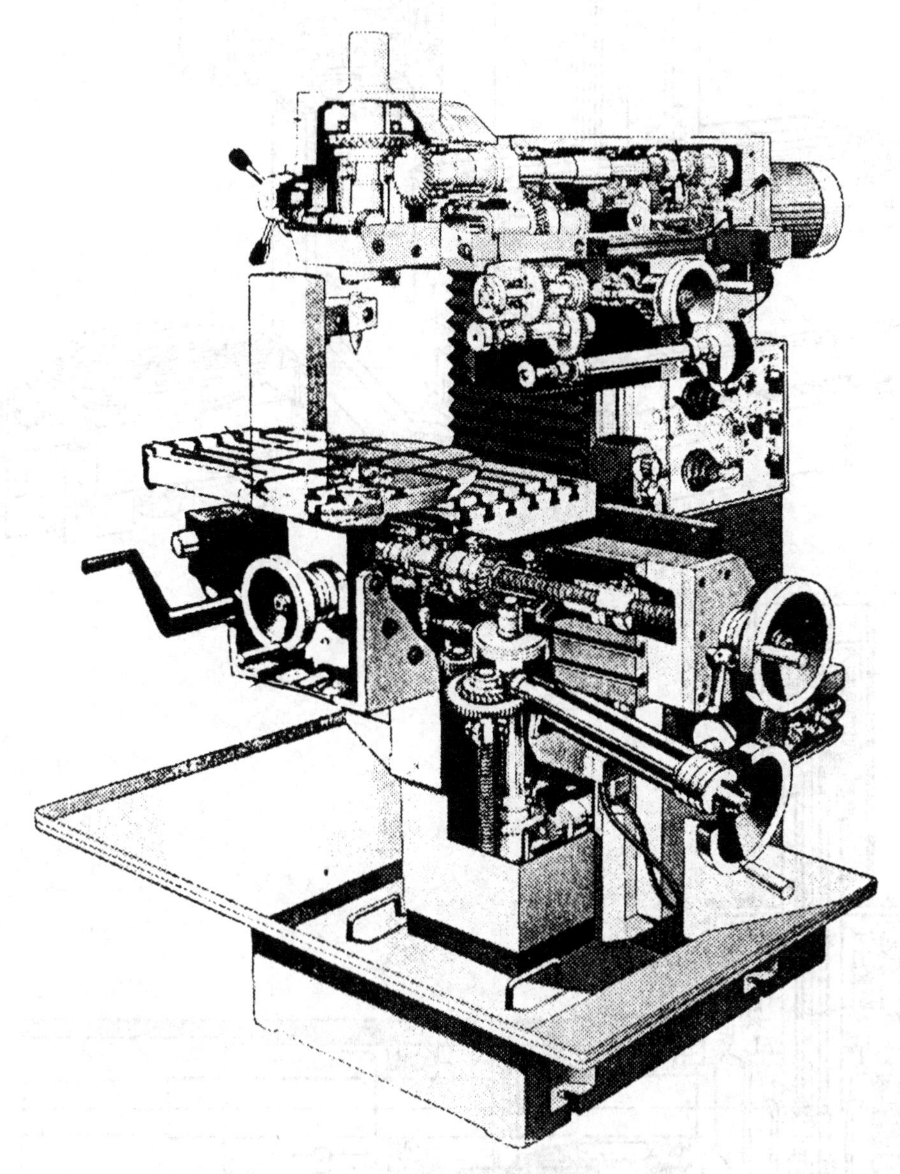

图 2-198　卧式万能升降台铣床

2. 万能升降台数控铣床　数控铣床应用也十分广泛，最常见的三座标数控铣床。主要用于小批量、多品种、形状复杂、精度高的零件的加工。如凸轮、样板、靠模、模具等，见图 2-199。

它有立式和卧式两根工作主轴，刀具靠液压传动装置快速装夹，见图 2-200。

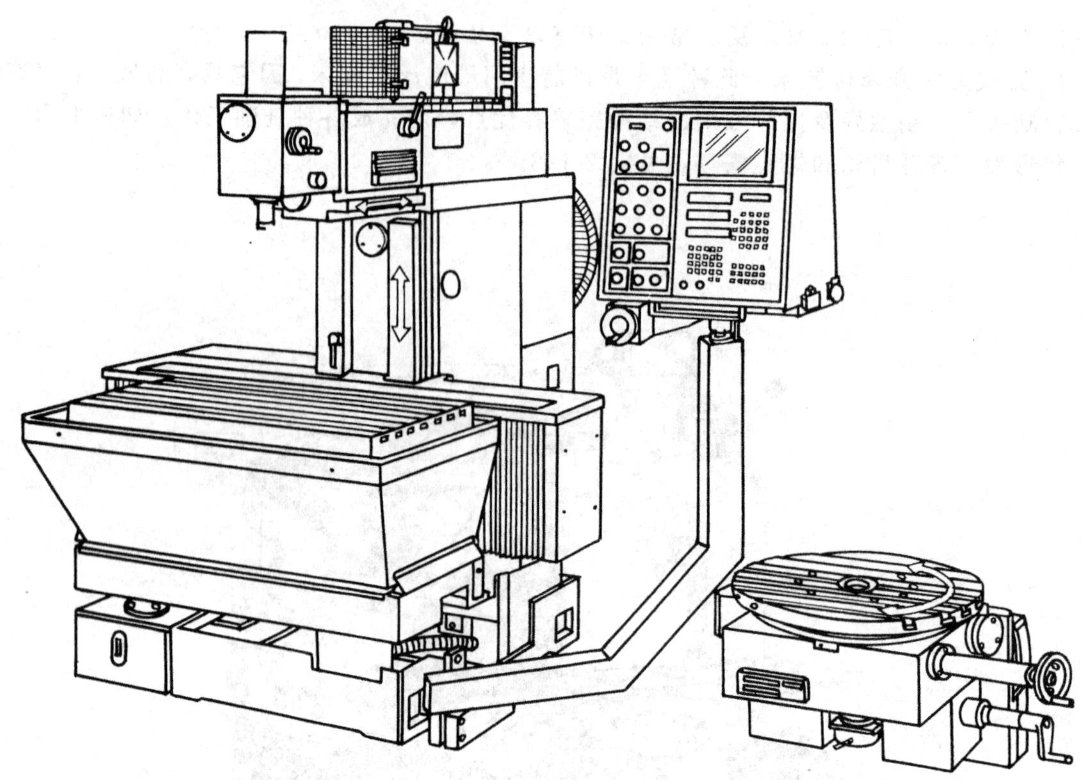

图 2-199　万能升降台数控铣床

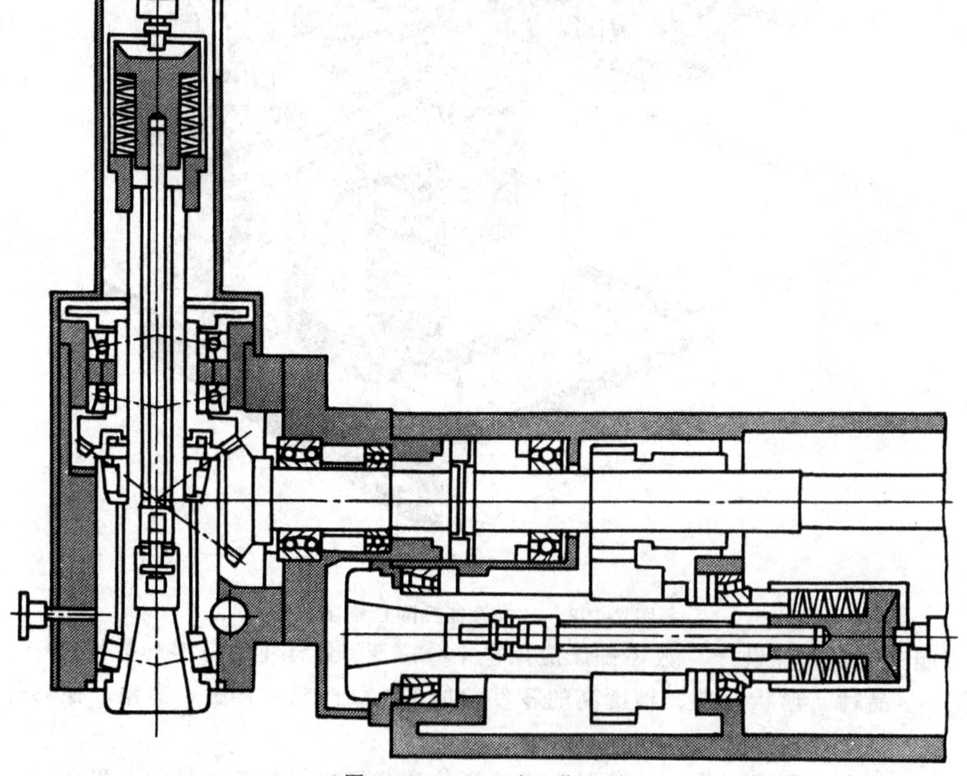

图 2-200　立、卧工作主轴

它可以自动换刀、整个换刀过程是一个顺序控制的过程。加工过程中，按照程序中的刀具指令，刀库将待换刀具转到最下面的换刀位置。换刀指令发出后，都按规定顺序进行的，见图 2-201。

2.7.5 拉削

拉削就是用拉刀在拉床上加工工件的内或外表面的方法，见图 2-202。

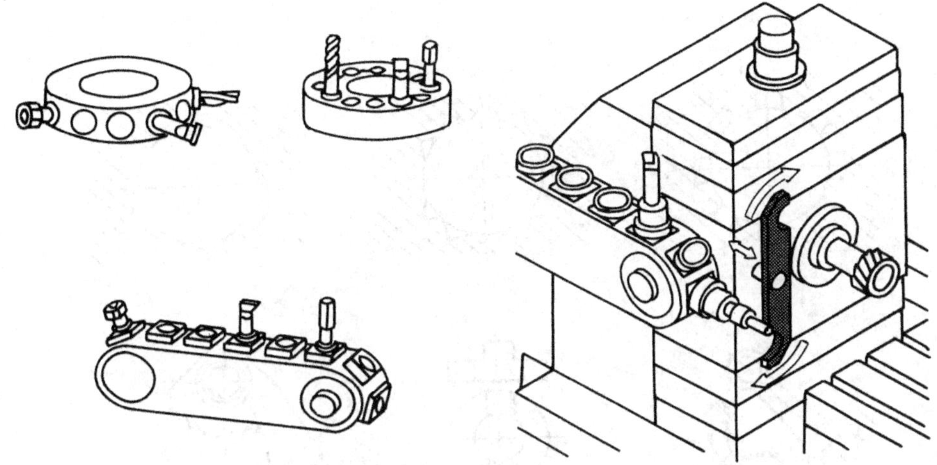

图 2-201 刀库与自动换刀

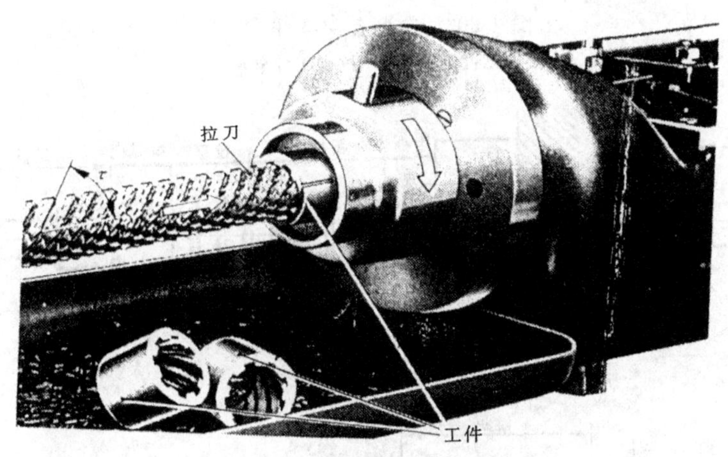

图 2-202 拉削

拉削运动比较简单，只有主运动，没有进给运动。拉削时工件固定不动，拉刀对工件作相对直线运动，拉刀的切削齿后一个比前一个高，因此在一次进给中，被加工零件表面的全部切削余量被拉刀上不同的切削齿分层切下，所以生产率很高。并且，由于拉削速度低，拉削过程平稳，切削层表面厚度很薄，所以拉削可以得到较高的加工精度和细的表面粗糙度。但是加工一种形状和尺寸的工件需备有相应形状和尺寸的很昂贵的拉刀，所以拉削只适于大批量生产。

拉削可以加工各种形状的通孔、平面和成形表面。特别适宜加工用其它方法较难加工的各种异形通孔零件，见图 2-203a。随着拉制工艺发展，一些外齿轮，非圆齿轮，连杆、凸台等外廓也用拉削方法生产，见图 2-203b。

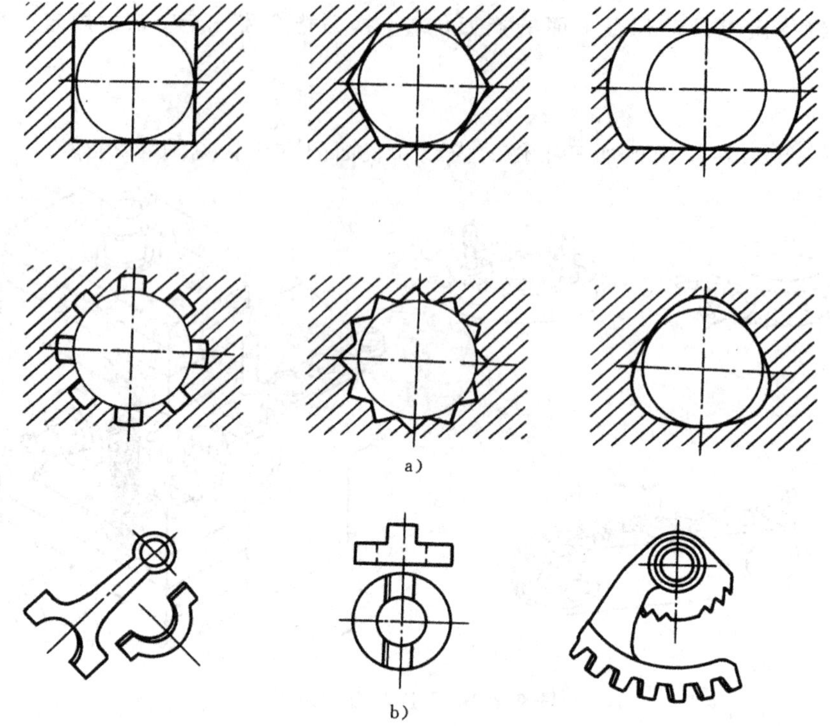

a)

b)

图 2-203 拉削各类零件

a）拉制工件通孔 b）拉制工件外廓

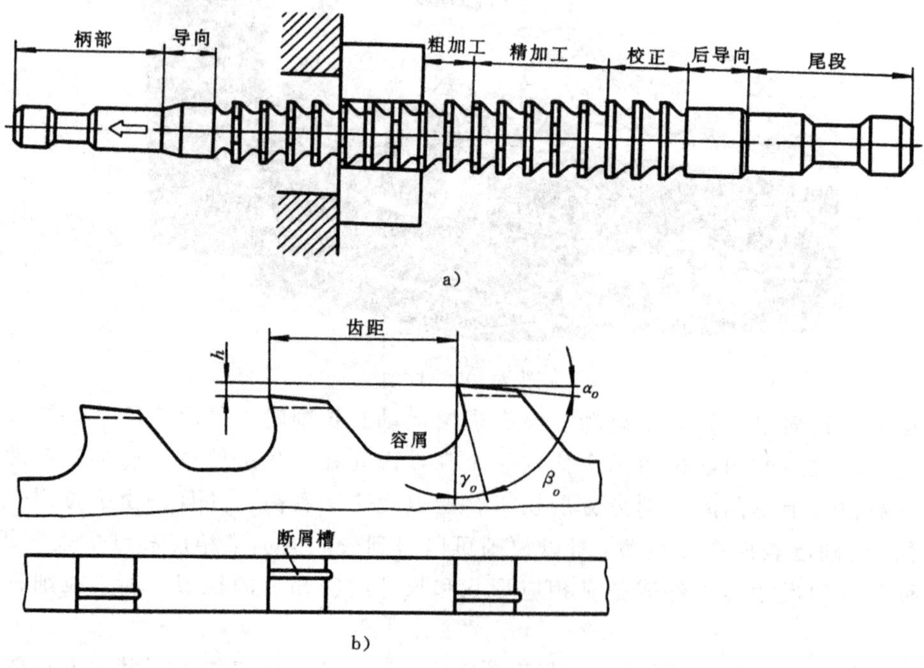

a)

b)

图 2-204 拉刀

a）拉刀构造 b）拉刀切削齿

2.7.5.1 拉刀

根据被加工表面及孔断面形状的不同，拉刀有各种形式。拉刀是在拉力作用下进行切削的刀具。它是一种多齿刀具，在其前后相邻两刀齿（或两组齿）之间，有一个称为齿升量 f_z的高度差或半径差（等于切削厚度），从而在拉刀与工件产生相对运动时，能从工件上切去一层又一层的金属。以圆柱形拉刀为例，见图 2-204a。

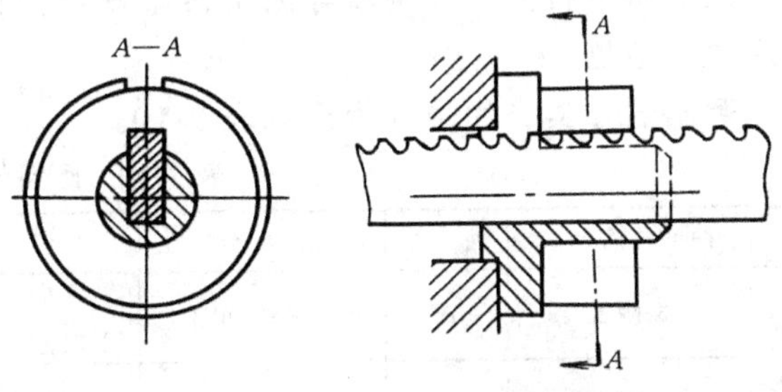

图 2-205 平面拉刀加工键槽

拉刀柄部与拉床联接，导向部分与工件上已有的孔相配合，并在切入时为拉刀导向；切削部分有切削齿，用于切削金属；切削齿上有容屑槽用于容纳切削；容屑槽应有足够的空间，否则会因切屑容纳不下而破坏已加工表面，甚至破坏拉刀；切削齿刃上沿轴向有交错的断屑槽，见图 2-204b；校正部分用作最后修正加工；导向部分是为防止拉刀工作时下垂而设置的。除圆柱拉刀外还有平面内拉刀，外拉刀等。平面内拉刀用于切削键槽，见图 2-205。

2.7.5.2 拉床 拉床是用于进行拉削加工的机床。按加工表面的不同可分为内表面及外表面拉床；按结构形式可分为卧式拉床及立式拉床。拉床的工作一般由液压驱动，见图 2-206。

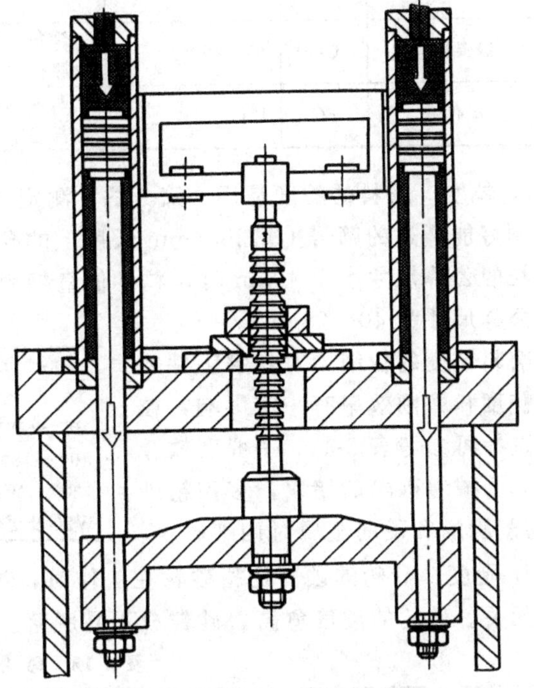
图 2-206 立式内表面拉床

2.7.6 磨削

用磨具以较高的线速度对工件表面进行加工的方法叫磨削。磨削时砂轮上的每一个砂粒都相当于一个刀楔，整个砂轮可以看作具有无数个刀楔的铣刀，所以磨削加工可看作密齿刀具的超高速切削过程。变钝后，磨粒发生崩裂或脱落，砂轮表面就形成新的锋利磨粒，见图 2-207。

2.7.6.1 砂轮 为使砂轮适应待磨削的工件材料，选用不同的磨料、粒度、硬度、组织和粘结剂。

1. 磨料 磨料是砂轮的重要组成部分。它除了应具备锋利的棱角外，还应有一定的韧性、高的硬度和良好的耐热性。

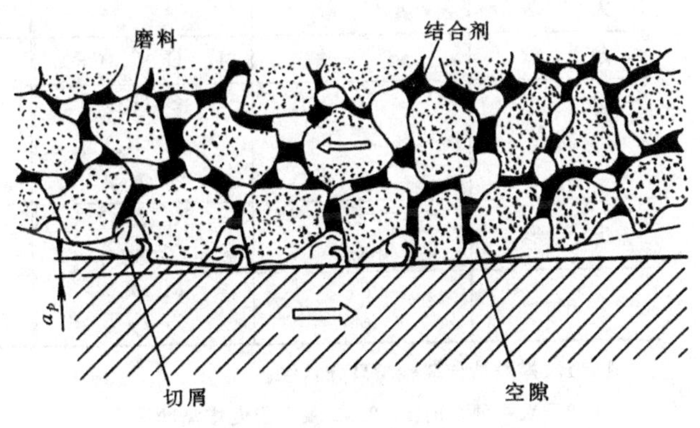

图 2-207 磨削

砂轮磨料主要采用刚玉（氧化铝），碳

化硅和碳化硼等人造磨料。刚玉、碳化硅和碳化硼等人造磨料都是在高温下烧制而成。相比起来，刚玉类韧性好，强度较高；而碳化物类硬度高、性脆、强度较低。

天然磨料石英、金刚砂等因价格昂贵和含有减低切削性能的杂质，自人造磨料出现后已退居次要地位。

磨料的分类、代号及用途见表 2-10。

表 2-10 磨料的分类及应用

种类		代号	成分ω	特征	适用的磨削对象
刚玉类	棕刚玉	A	Al_2O_3 约 90%	棕褐色，韧性较好，硬度略低于白刚玉	碳钢、合金钢、可锻铸铁、硬青铜
	白刚玉	WA	Al_2O_3 达 98%	白或灰白色，硬度较棕刚玉高，韧性较棕刚玉低	淬火钢、合金钢、高速钢、高碳钢的精磨
碳化物类	黑碳化硅	C	SiC>95%	黑色，硬度比刚玉类高	非金属材料和延展性较好的非铁金属及铸铁
	绿碳化硅	GC	SiC>97%	绿色，比黑碳化硅切削力强，自锐性好	硬质合金、宝石和光学玻璃等硬脆材料
	碳化硼	BC	B_4C	灰黑色，硬度高、研磨性能好，在高温下易氧化	硬质合金、宝石及精密工件的研磨与抛光

2．粒度　磨料的粒度是用“筛分法”测定的，即用不同号的筛子将磨料筛分。其粒度大小用刚好能通过的筛号（每 25.4mm 长度上的孔数）来表示，粒度值越大，砂粒尺寸愈小。但当砂粒的公称尺寸小于 40μm 时，粒度值直接用“W”和公称尺寸 μm 表示（如 W40 表示磨粒的公称尺寸为 40～28μm）。

磨料粒度的粗细，对被磨工件表面粗糙度和磨削效率有一定影响，粒度的选择可参考表 2-11。一般磨软金属时，为减缓砂轮的堵塞，多用粗砂粒，磨削脆的和硬的金属时用细砂粒。

表 2-11 不同粒度磨料的使用范围

磨料粒度	使用范围
14#～24#	用于粗磨，如钢锭、钢铸件打毛刺，切断钢坯等
36#～46#	用于一般磨削，如一般平面磨、外圆磨和无心磨
40#～100#	用于精磨和刀具刃磨
120#～W20	用于精磨、珩磨、螺纹磨
W20 及更细	用于精细研磨、镜面磨削

3．硬度　砂轮的硬度是指砂轮在工作时，砂粒自砂轮上脱落的难易程度，与磨料本身的硬度无关。砂轮的硬度愈高，砂粒愈不易脱落。表 2-12 列出砂轮硬度等级。

表 2-12 砂轮硬度等级

硬度等级 大级	硬度等级 小级	代号	硬度等级 大级	硬度等级 小级	代号
超软	超软	D、E、F (CR)	中硬	中硬$_1$	P (ZY_1)
软	软$_1$	G (R_1)		中硬$_2$	Q (ZY_2)
	软$_2$	H (R_2)		中硬$_3$	R (ZY_3)
	软$_3$	J (R_3)	硬	硬$_1$	S (Y_1)
中软	中软$_1$	K (ZR_1)		硬$_2$	T (Y_2)
	中软$_2$	L (ZR_2)	超硬	超硬	Y (CY)
中	中$_1$	M (Z_1)			
	中$_2$	N (Z_2)			

注：1. 橡胶结合剂砂轮只分六级。

2. 表中硬度的 1、2、3 表示硬度增高的顺序。

3. 代号一栏中括弧内为旧代号。

砂轮硬度的选择决定于被磨削的材料。磨削软金属时，因磨粒不易变钝，应采用硬砂轮，使磨粒不致过早脱落；磨削硬金属时，磨粒磨钝快，应采用软砂轮，以免失去切削能力。

4. 砂轮的组织　砂轮的组织是指砂轮的疏密程度，通常以砂轮的总体积（砂粒、结合剂和空隙体积）中砂粒所占体积的百分比表示，一般分三种组织状态（紧密、中等、疏松），13级（0～12）。其中0号最紧，12号最松，较常用的是5～8级。图2-208为砂轮组织示意图。

粗磨及磨削软金属时，应采用疏松的砂轮，因疏松的砂轮不易堵塞。精磨时应采用紧密的砂轮。

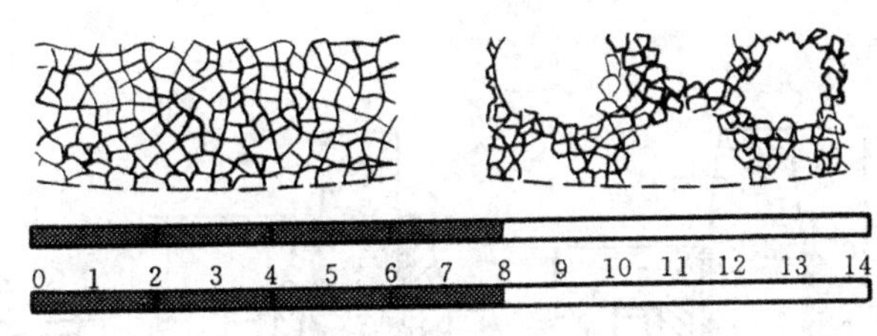

图2-208　砂轮组织

5. 结合剂　将磨料粘结成砂轮的物质称为结合剂。结合剂不仅将磨料粘结成一定形状，并使砂轮具有一定的强度和硬度。最常用的是陶瓷结合剂（代号V）。

陶瓷结合剂是一种以粘土、长石及其它天然硅铝酸盐材料制成的无机结合剂。它的化学稳定性好，耐热性和耐腐蚀性较好，砂轮的磨削率高，磨损小，适用于成型磨削和磨曲轴、螺纹、齿轮等，但对于弯曲及冲击的抵抗能力很差。

除陶瓷结合剂外，还有树脂结合剂（代号B）和橡胶结合剂（代号R）。树脂结合剂强度高并富有弹性，不怕冲击，能在高速下工作，并能制成薄片砂轮进行磨槽。橡胶结合剂的强度和弹性比树脂结合剂更高，因此可用它制成很薄的砂轮。

6. 强度　砂轮在高速旋转下工作，受到很大的离心力作用，为防止工作时破裂，砂轮必须具有足够的强度。砂轮的强度一般用安全线速度来表示，使用时，不应超过规定的线速度（30m/s）。

7. 砂轮的形状及规格　不同表面的磨削，就需各种不同形状及规格的砂轮。各种形状的砂轮都有代号，可查阅有关标准或手册。

常用砂轮磨具形状见图2-209。

在砂轮非工作表面标有该砂轮产品标记：1—300×50×75—A60 L5　V—35m/sGB2485 形状　外形尺寸　磨料粒度　硬度组织　结合剂速度

8. 砂轮装夹　砂轮的圆周速度很高，潜伏着严重的事故危险。只许可靠的和有经验的工人装夹砂轮，见图2-210

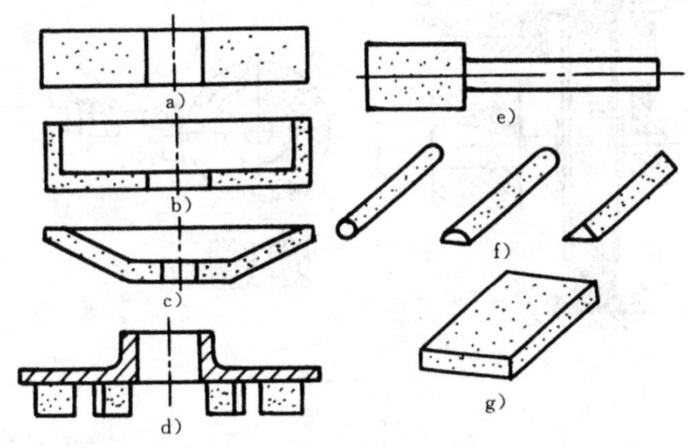

图2-209　砂轮的形状
a）平板砂轮　b）杯形砂轮　c）蝶形砂轮　d）扇形砂瓦组合　e）带柄圆柱磨头　f）油石　g）平形砂轮

砂轮在安装前，必须严格检查是否有裂纹，这可通过外形观察或用木棒轻敲来确定。如发音清脆为良好；发嘶哑声音说明有裂纹，有裂纹的砂轮严禁使用。安装时，砂轮承受的紧固力必须均匀、适当否则不但影响加工质量，而且会使磨床主轴的轴承磨损很快。

9. 砂轮的平衡　圆周速度很高的机器部件和刀具必须平衡，否则会导致振动，从而降低机床精度和使加工表面粗糙度变粗，并加速主轴轴承的磨损。安装后的砂轮可在滚式托架上平衡，在静平衡架上平衡更好。大型砂轮和转速很高的砂轮要经过动平衡，即在平衡机上进行动态平衡。通过平衡，砂轮各部分重量均等，其重心与它的回转轴线重合，见图 2-211。

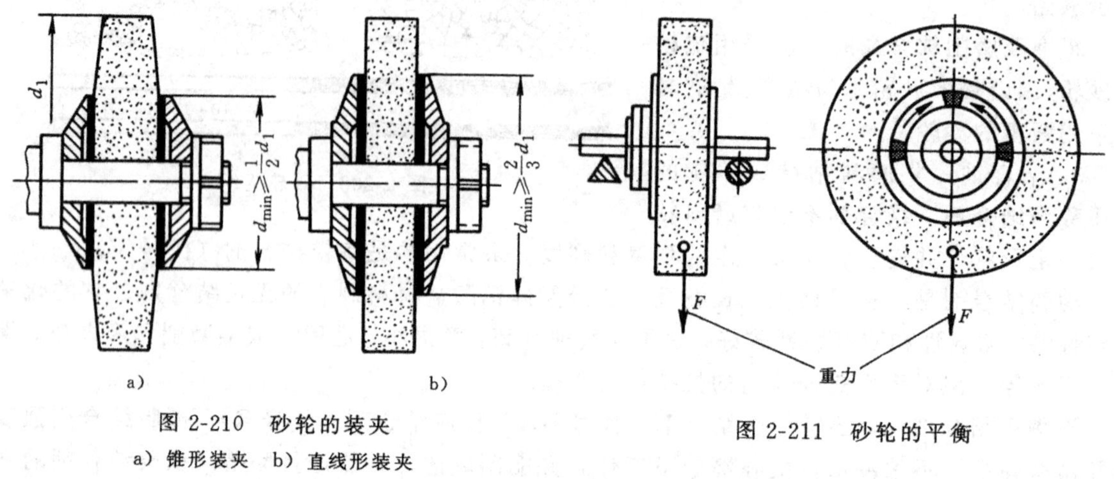

图 2-210　砂轮的装夹

a）锥形装夹　b）直线形装夹

图 2-211　砂轮的平衡

10. 砂轮的修整　砂轮使用一段时间后，磨粒会因磨钝而逐渐失去切削能力，砂轮表面被堵塞或外形失真，使磨削质量和生产率降低，这就需要通过修整来恢复砂轮的切削能力和准确的外形。常用的修整器有金刚石修整轮、钢修整轮和单粒金刚石修整笔，见图 2-212。

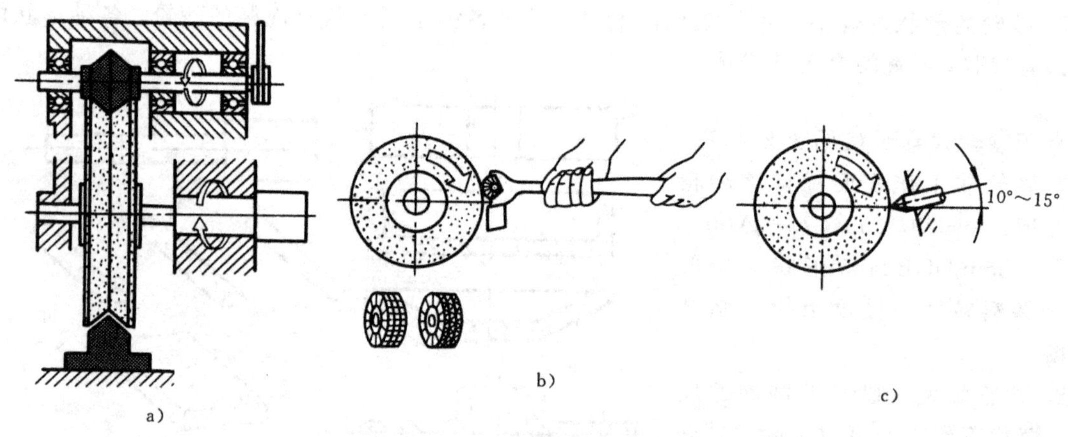

图 2-212　砂轮的修整

a）金刚石修整轮　b）钢修正轮　c）单粒金刚石修整笔

2.7.6.2　磨削用量　砂轮的圆周速度 v_c，工件的运动速度 v_w、砂轮的背吃刀量 a_p、工件每转一转相对砂轮在纵向进给方向所移动的距离即纵向进给量 f 等统称磨削用量。合理选择磨削用量是提高磨削加工质量和生产率的重要途径，见图 2-213。

2.7.6.3　磨削加工

1. 平面磨削　根据砂轮与工件的相对的位置，平面磨削分为圆周磨削和端面磨削。磨床的工作台则有作往复进给的长工作台或作圆周进给的圆工作台，见图 2-214。

2. 外圆磨削　工件作低速回转运动，这种回转运动是圆周进给运动。根据砂轮与工件的相对运动关系可分为纵磨法和横磨法。

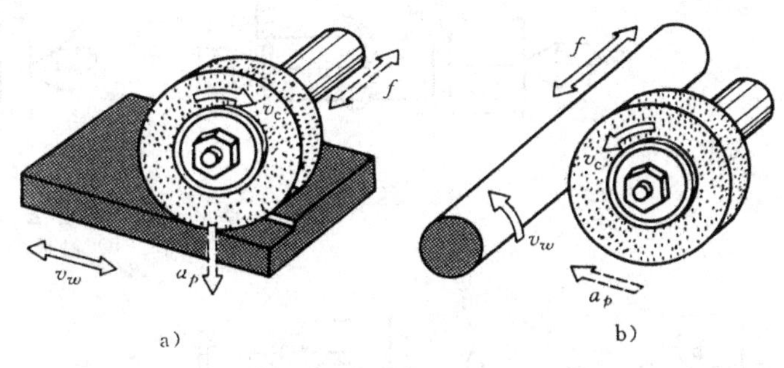

图 2-213　磨削用量
a) 平面磨削　b) 外圆磨削

(1) 纵磨法　工件回转并与工作台一起作直线往复运动，每一往复行程终了时，砂轮横向进给，继续进行磨削。在调整工作台行程长度和行程位置时注意砂轮超越工件端部量至少应为砂轮宽度三分之一，见图 2-215a。粗磨时，工件每转一转的纵向进给量可为砂轮宽度的四分之三。半精磨时，工件每转一转的纵向进给量可为砂轮宽度的三分之一，见图 2-215b、c。

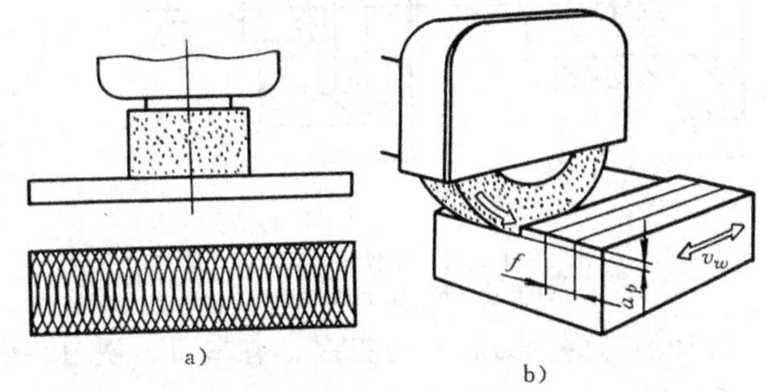

图 2-214　平面磨削
a) 端面磨　b) 周边磨

(2) 横磨法　砂轮宽度一般大于工件磨削部分的长度。工件不作纵向进给，只作横向进给，直至将余量全部磨去。横向磨削法常用于磨削长度较短的外圆表面并用于成形磨削，见图 2-216。

3. 内圆磨削　内圆磨削主要用于圆柱孔和圆锥孔的精密加工。可用纵磨法或横磨法。为了保证砂轮和工件的接触面积不致过大，砂轮直径最大不得超过相应孔径的 2/3。内圆磨削的困难是温升高和排屑条件差，见图 2-217。

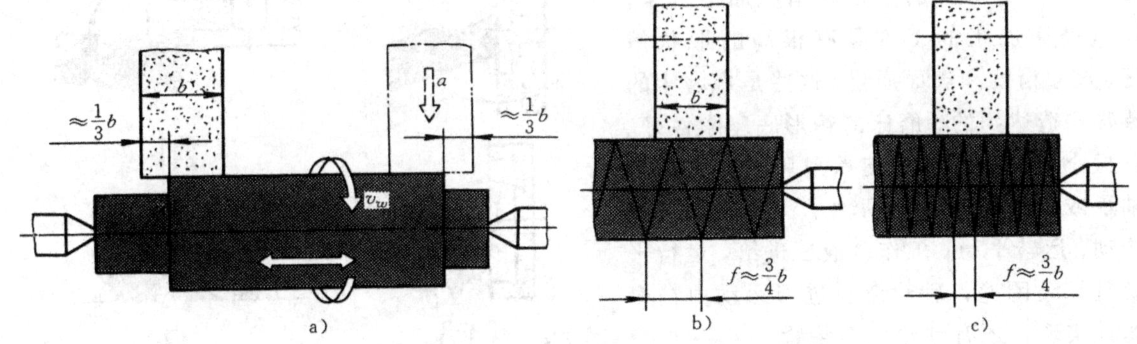

图 2-215　纵磨法
a) 砂轮超越量　b) 粗磨　c) 半精磨

4. 无心磨削　无心磨削时工件处于磨轮和导轮之间而无需夹紧。导轮较软，约是 2°～15° 倾斜安装，回转较慢。利用导致使工件旋转并作纵向进给移动，磨轮以较高的速度对工件进行磨削。无心磨削生产率高，但调整费时，因此只适合成批和大量生产，见图 2-218。

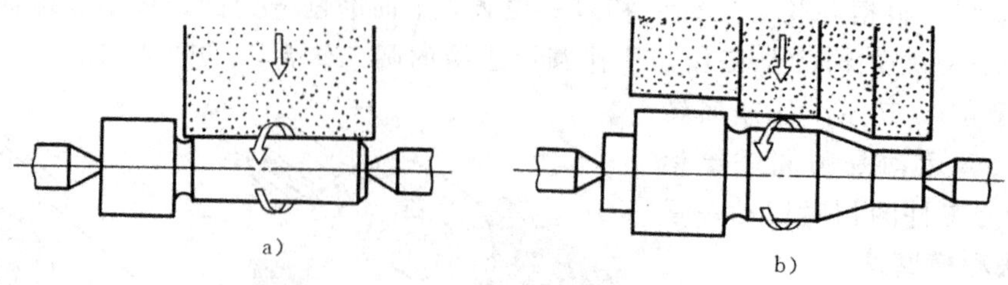

图 2-216 横磨法
a）磨外圆柱 b）磨成形面

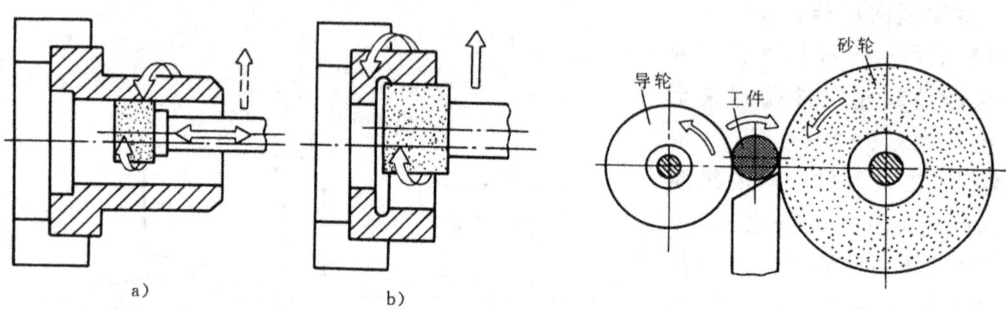

图 2-217 内圆磨削
a）纵磨法 b）横磨法

图 2-218 无心磨削

5. 刀具的刃磨 刀具种类很多，有车刀、铣刀、刨刀、钻头、铰刀、拉刀、丝锥、齿轮滚刀、插齿刀等。刀具磨钝后必须进行刃磨。以使切削刃恢复锋利和使其工作部分具有正确的几何形状、尺寸精度和要求的表面粗糙度，并无退火、烧伤、裂缝等。尖齿刀具主要刃磨后刀面，铲齿成形刀具主要刃磨前刀面，见图 2-219。

图 2-219 刀具的刃磨

2.7.6.4 磨床 磨床是高精度加工机床，经过磨床加工的工件具有很高的形状精度、尺寸精度和表面质量。这些是靠磨床的特殊构造达到的。磨床的箱形底座刚性好、自振小；砂轮轴精确支承采用预应力滚动轴承或间隙可调的滑动轴承；砂轮轴用带传动、运转平稳；工作台液压进给，运行平稳且无级调速；砂轮滑板进刀运动由精密丝杠实现，还有砂轮修整装置。

1. 砂轮机 砂轮机用来刃磨錾子、钻头、刮刀等刀具或洋冲、划针等工具，也可用来磨去工件或材料上的毛刺、锐边等。砂轮有防护罩，砂轮机的搁架与砂轮间的距离一般应保持在 3mm 以内，否则容易使磨

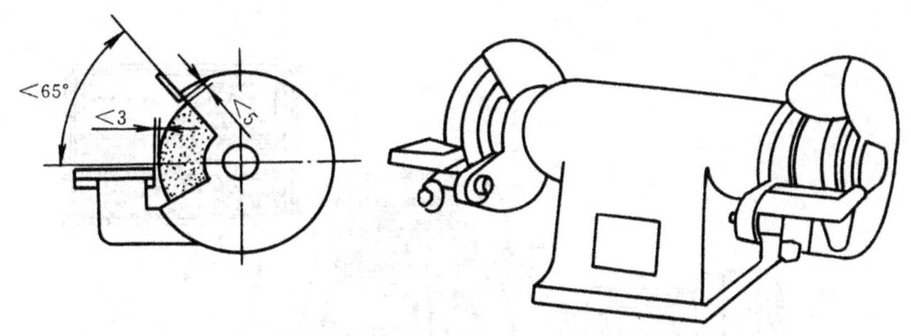

图 2-220　砂轮机

削件被轧入，见图 2-220。

2. 卧轴矩台平面磨床　在这种机床上，利用砂轮的周边磨平面或利用砂轮的侧边磨沟槽。工作台用液压驱动作往复直线运动，且由滑动导轨支承。砂轮头架可在立柱导轨上作垂直方向移动。立柱本身可在垂直于工作台运动方向上横向移动，见图 2-221。

此磨床可以用成形砂轮进行直线成形磨削，也可用数显控制和成形修整器进行不同轮廓的成形磨削，见图 2-222。

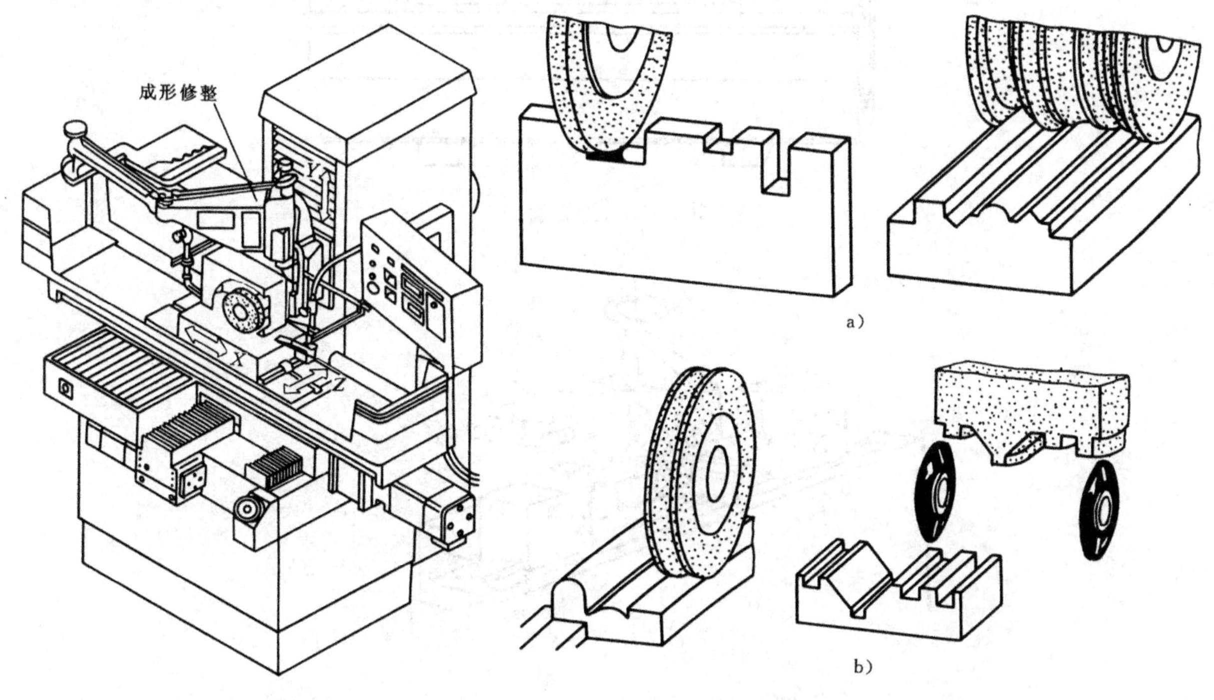

图 2-221　平面磨床

图 2-222　成形磨削
a）直线成形磨削　b）数显轮廓磨削

3. 外圆磨床　外圆磨床适应于磨削圆柱和圆锥形外表面。可以纵向磨削或横向磨削。上工作台偏摆半锥角可磨锥体，下工作台由滑动导轨支承，且采用液压驱动，作往复直线运动。砂轮架作横向进给，见图 2-223。

外圆磨床也可以用成形砂轮磨任意形状的工件。若用数控外圆磨床轮廓控制，对两个或两个以上的坐标方向的运动同时进行严格地连续控制，可加工出所需的成形工件。且配以跟踪装置，对进给的路线加以修正，见图 2-224。

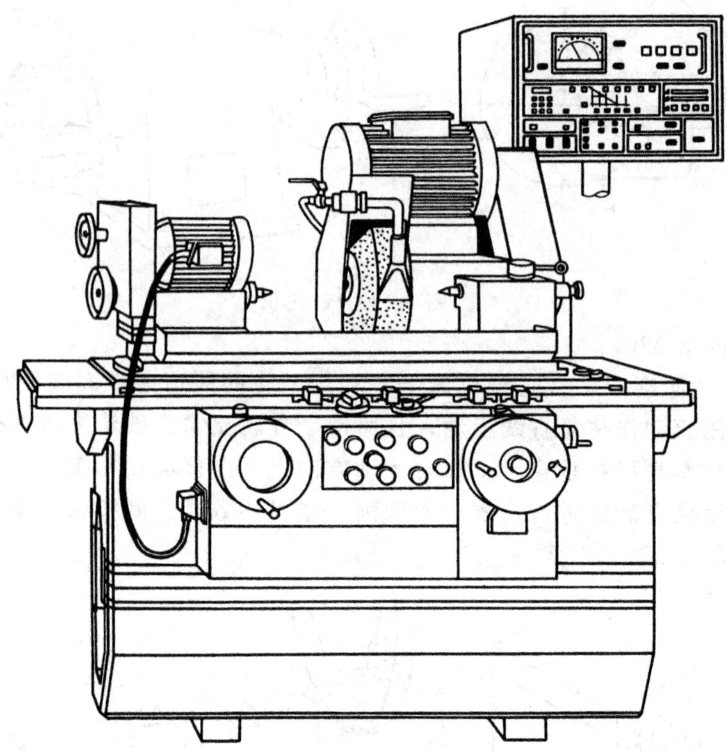

图 2-223 外圆磨床

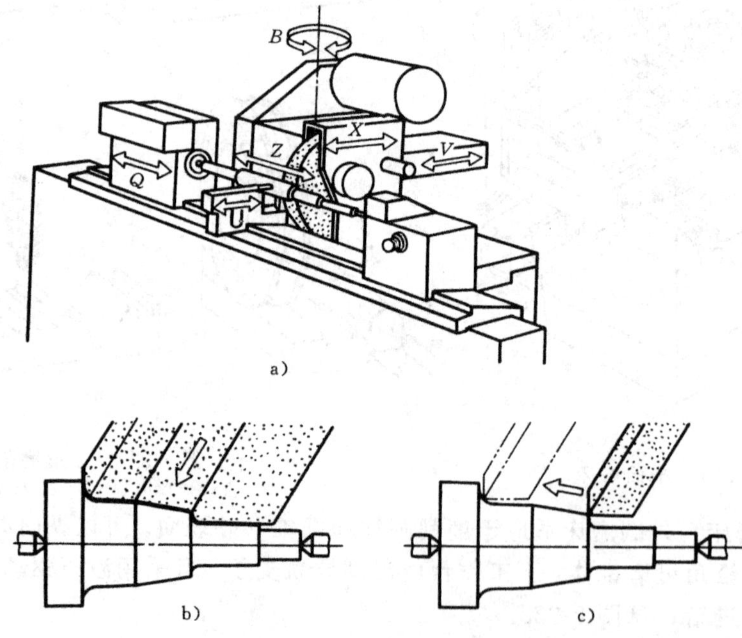

a）

b）

c）

图 2-224 数控外圆磨床及加工

a）数控磨床 b）横向成形磨 c）数控轮廓磨

2.7.7 表面光整加工

随着精密机械的发展，对关键零件的加工精度及表面质量的要求也不断提高。除了用刀具进行精加工外，还用磨具和磨料进行精加工。

2.7.7.1 珩磨 珩磨是磨削的一种特殊形式。它是用颗粒很细的油石、可胀缩的磨头对被加工工件作旋转运动和往复直线运动的复合运动，并加注适当的切削液来加工工件内表面的。磨头向上、向下的运动都调至超越工件长度的1/3，见图2-225。

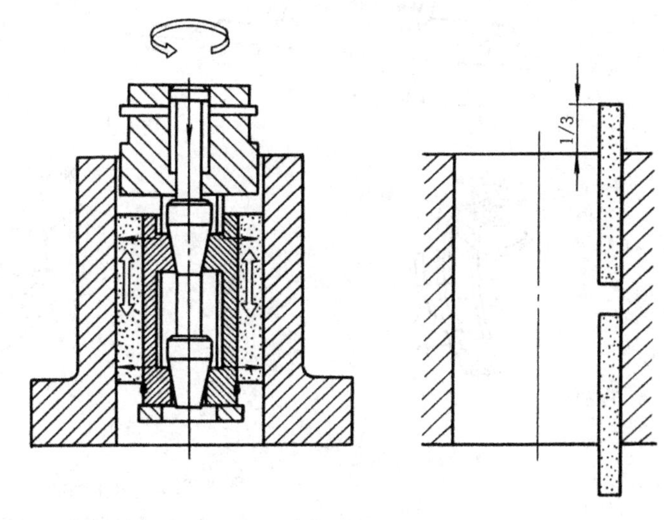

图 2-225 珩磨

珩磨头四周均布4条或6条油石，机床主轴带着它在孔内不断地作旋转和往复直线运动，当珩磨头上的油石向孔壁胀开时，就磨削一层极薄的金属，当珩磨头向上运动时，磨粒就在工件表面刻划出右螺旋线；向下运动时；刻划出左螺旋线。左右螺旋线交叉重迭，即在工件表面形成复杂的网状螺纹，见图2-226。

除珩磨内孔外，还可珩磨外圆、成形曲面和平面，见图2-227。

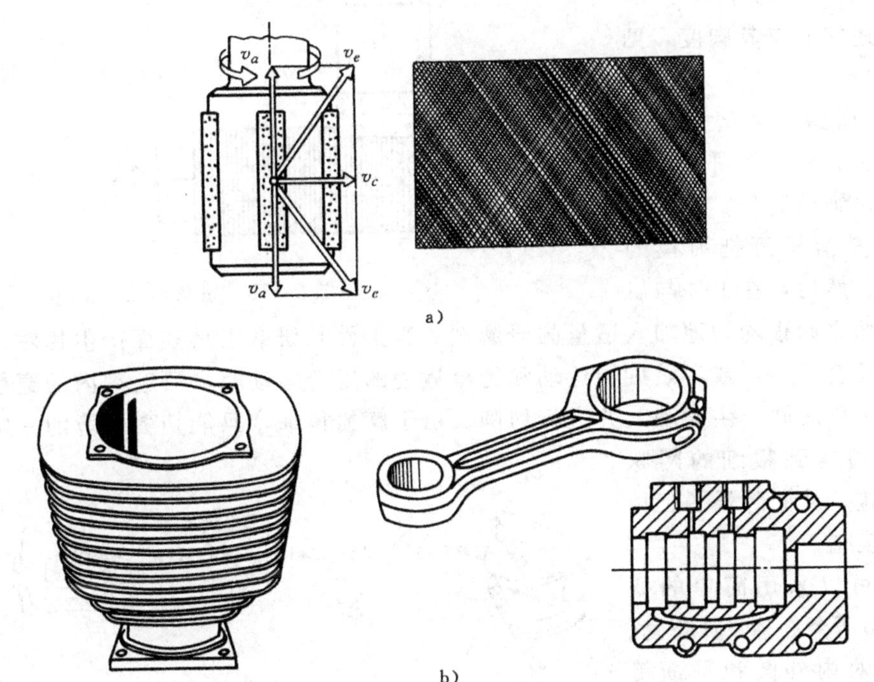

图 2-226 内孔珩磨
a）网状螺纹 b）典型工件

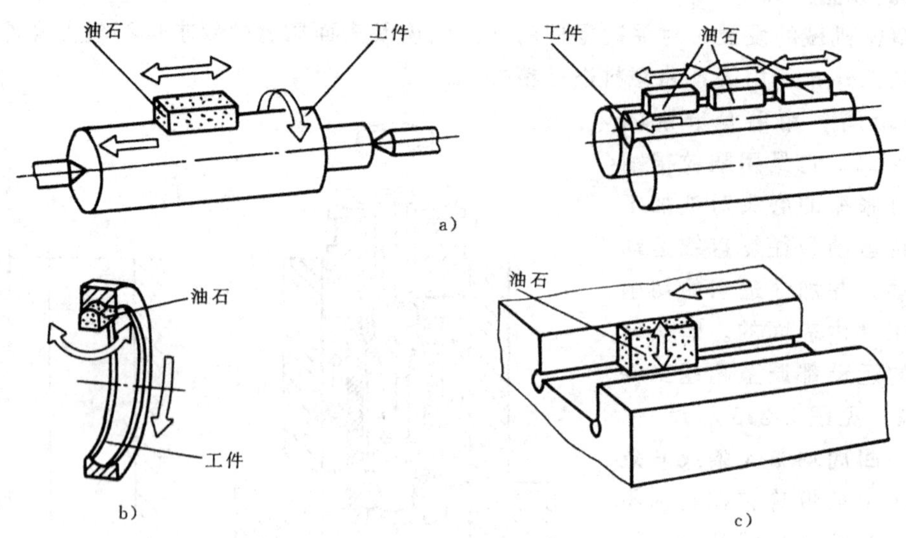

图 2-227 其它珩磨

a) 珩磨外圆 b) 珩磨成形面 c) 珩磨平面

2.7.7.2 超精加工 在珩磨加工的两个运动外再加上第三种运动，可实现超精加工。即除工件旋转和油石的直线往复，还有油石的振动运动，振幅为每分钟 700～1500 次。磨削轨迹是一螺旋线。油石的圆凹槽与工件直径相配。所以三种运动的作用结果不仅能改善工件的圆柱度，还能改善其圆度，见图 2-228。

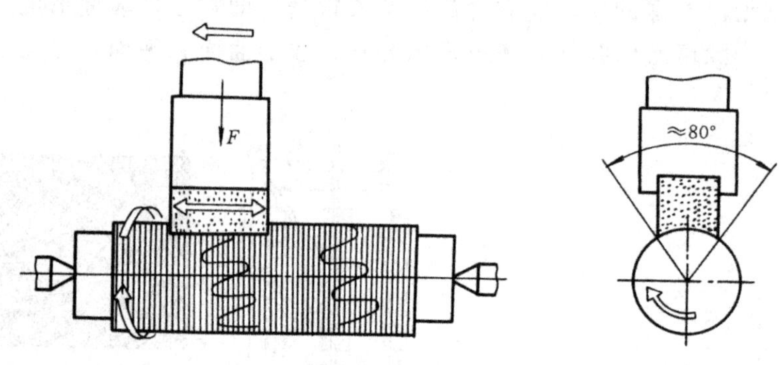

图 2-228 超精加工

2.7.7.3 研磨 研磨是常用的光整加工方法。使研磨工具表面嵌入很细的磨粉，它就变成了好象是有千万把刀楔的切削表面。然后，在工件与研磨工具表面之间很均匀地加入适量的研磨剂。当工件与研磨工具表面产生相对往复运动和旋转运动的复合运动，或者是旋转运动和行星运动的复合运动时，研磨剂内的磨粉就在研磨工具表面和工件之间产生滚动，并进行切削。由于磨粉很细，只能切去极薄的一层金属，因而工件表面可得到很细的网状磨痕的轨迹，从而降低了工件表面粗糙度值。

研磨可以采用简单的研磨工具，如研磨心棒、研磨套、研磨平板对内外圆和平面等进行研磨，见图 2-229。

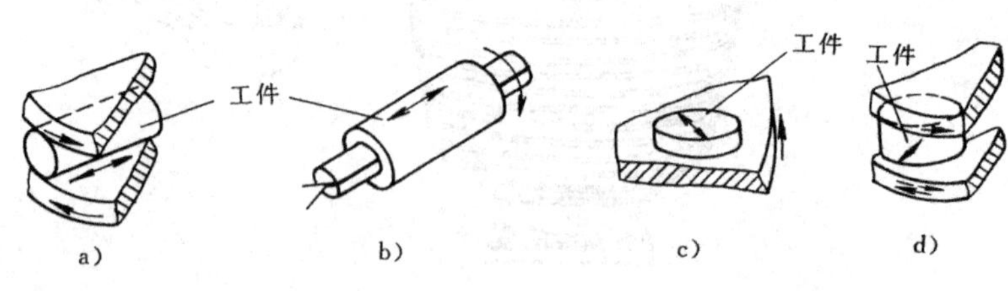

图 2-229 研磨

a) 外圆研磨 b) 心棒研磨内孔 c)、d) 平面研磨

研磨还可采用机械设备。

如单盘研磨机和双盘研磨机，见图 2-230 和图 2-231。

2.7.8 特种加工

为加工各种难加工材料和各种特殊复杂表面，人们就探索用软的工具加工硬的工件材料，用电、化学等能量来代替机械能，这就称为特种加工。常见的有电火花加工、电解加工。

2.7.8.1 电火花加工 电火花加工方法是在加工过程中，使工具和工件之间脉冲性地“火花放电”，靠放电时局部、瞬时产生的高温把金属蚀除下来。它可用来穿孔、加工型腔和线切割，见图 2-232。

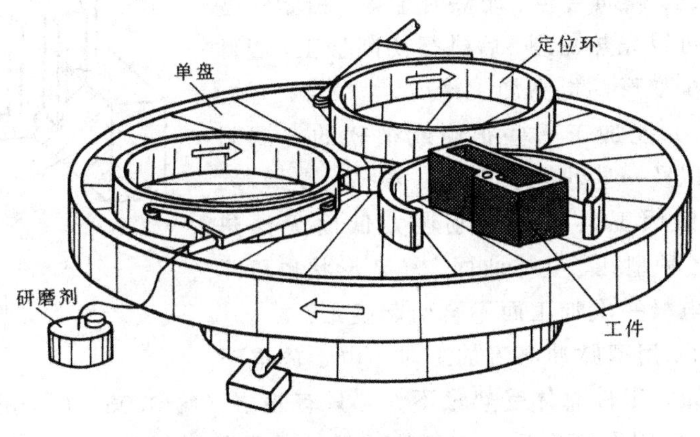

图 2-230 单盘研磨机

1. 电火花成形加工 要使电火花蚀除现象能用于加工工件至尺寸要求，必须创造条件，解决下列问题：

1）必须使工具和工件被加工表面（正负极）之间经常保持一定的间隙，这一间隙视加工电压和加工余量而定，约在 0.01～0.2mm 之间。为此，在电火花加工过程中必须具有电极工具的自动进给和调节装置。

2）火花放电必须是脉冲性、间歇性的。每一脉冲的延续时间通常应小于 0.001s，才能使热量及高温来不及传导扩散到其余部分，这就能局部地蚀除金属。为此电火花加工必须采用脉冲电源。

3）火花放电必须在有一定绝缘性能的液体介质中进行。一方面是为了能把电火花在加工时产生的微小金属屑等电蚀产物从放电间隙中悬浮排除出去；另一方面液体对电极表面有较好的导热冷却作用。

以上这些问题的综合解决，是通过电火花加工设备及其各组成部分来实现的，见图 2-233。

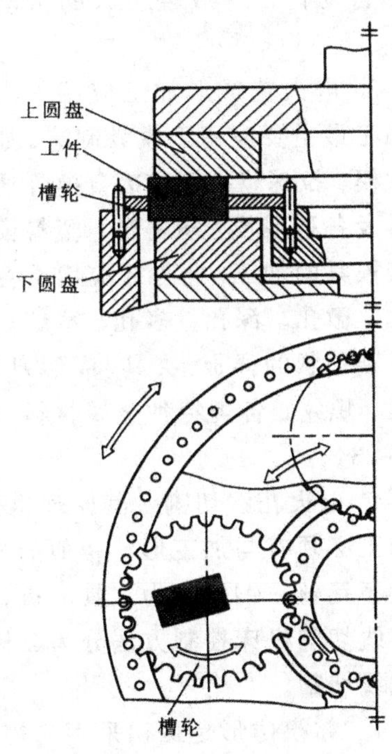

图 2-231 双盘研磨机

脉冲电源发出一连串的脉冲电压，最大幅值自 20～150V，它加至浸压在工件液介质中的工件和工具上，自动进给调节装置使工具和工件间经常保持一很小的放电间隙，脉冲电压由低升高时使某一间隙最小处或绝缘强度最低处击穿，在该局部产生火花放电，瞬时高温使工具和工件表面都蚀除掉一小块金属，各形成一个小凹坑。工作液恢复绝缘后，第二个脉冲又在最近点绝缘最弱处击穿放电，这样在金属表面微凸之间此起彼伏，在一秒钟内形成成千上万次放电的结果，整个加工表面将由无数个小凹坑所组成，而工具的轮廓和截面的形状，便复印在工件上面。

2. 电火花成形加工特点 电火花加工不同于一般金属切削加工，不需要依靠锋利的刀具和强大切削力，而是利用液体中放电热效应的电蚀现象（温度高达1200℃），工具电极与工件之间能保持不接触，因此它具有通常机械切削加工所没有的特点。即：

1）能用软工具（如纯铜、石墨）加工高硬度和高韧性的金属材料，例如淬火钢，不锈钢、硬质合金、耐热合金等。由于一些工件可以先热处理，后进行切削加工，因此能减少变形，提高加工精度。

2）能加工一些很脆或很软的金属材料，以及一些小孔、深孔、弯孔、窄缝等，而不致因工具或工件刚性太低而无法进行。各种型孔、立体曲面、复杂形状也可用成形电极一次加工而不会引起变形。

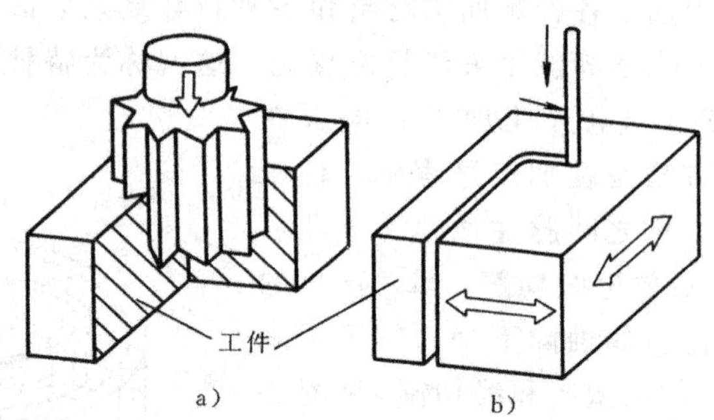

图 2-232　电火花加工
a）型腔加工　b）线切割

3）用窄脉冲电流加工时，由于放电时间极短，工件总体受热量不大，只有表层（约0.05～0.1mm）受热影响，其金相组织发生一些变化，因而特别适于加工热敏感性很强的材料。而且这种表面淬火现象在大多数情况下，还能提高加工表面硬度，有利于延长工件的寿命。

4）电火花加工规范变换容易，只需改变脉冲电参数即可进行粗加工、半精加工和精加工，容易实现加工过程的自动化，并减轻工人的劳动强度。

3. 电火花成形加工应用　电火花加工最主要应用于模具制造。如各种冲模、拉深模、粉末冶金模等通孔模具及各种锻模、压铸模、塑料模等型腔模具的加工。此外还应用于各种小孔、微孔、深孔、多孔、窄缝，各种复杂形状的样板、夹具、成形刀具、量具、螺纹；各类特种金属材料，见图2-234。

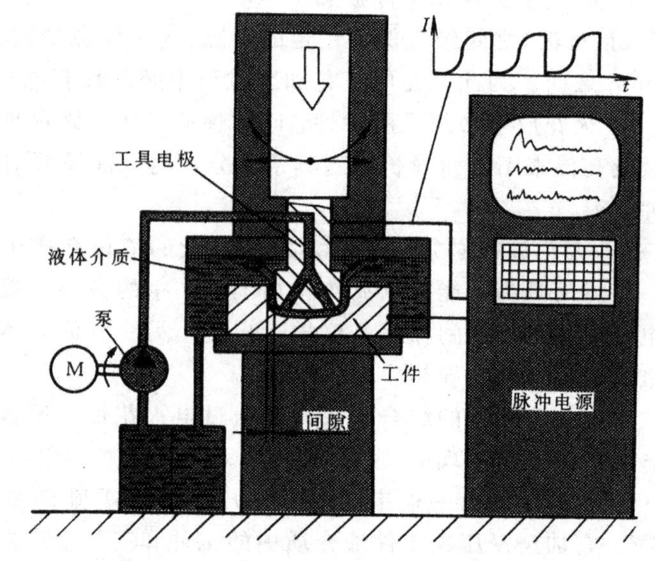

图 2-233　电火花加工原理

4. 电火花线切割　其原理也是利用电火花放电的电蚀现象来进行加工的，只是电火花成形加工必须有与加工形状相似的成形电极作为工具电极；而线切割加工则是利用移动着的细钼丝、钨丝、铜丝作为工具电极，以线锯的方式对工件进行切割。

线切割机床控制方法分为靠模仿形电火花线切割、光电跟踪电火花线切割和数字控制电火花线切割。

1）靠模仿形是最初采用的控制方法。利用薄铜片制成与被加工工件相同的形状和尺寸，覆盖在工件材料上作为靠模，中间垫一块胶木板与工件绝缘。钼丝线电极与靠模板之间加以数伏的直流电压，根据它们之间的接触、离开来控制横向进给。电极丝即沿着这块靠模若即若离地进行仿形切割。

2）光电跟踪电火花切割机床的原理是利用光电头把放大了的图形线条转换成电信号，使工件按图样所画的形状运动。

3）数字程序控制电火花切割的控制原理是把图样上工件的形状和尺寸编制成程序信号，输入电子计算机，转换成电脉冲信号控制步进电机，由步进电机带动精密丝杠，使工件在垂直于电极丝的平面内作成形运动。

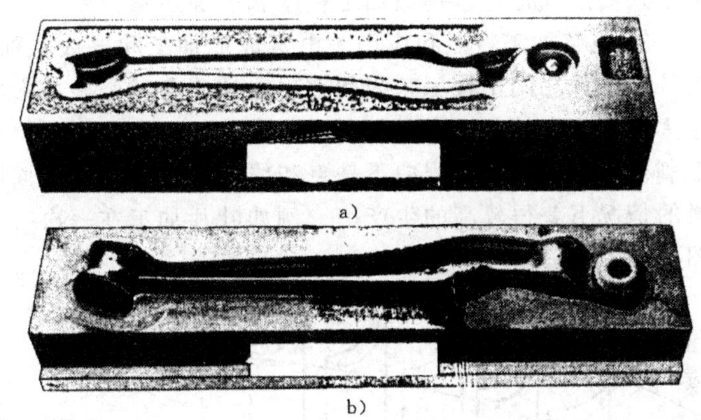

图 2-234　锻模制造
a）锻模　b）石墨工具

与电火花穿孔加工相比较，线切割省掉了成形的工具电极，大大降低了工具电极的成本和减少了生产准备工时，瞬时加工面积和工件的蚀除量很小，因而加工同样尺寸的工件，线切割机床的功率和尺寸都可以小得多，材料的利用率很高，这对加工贵重金属具有重要意义；作为工具电极的钼丝不断移动，损耗较小，加工精度很高，对要求配合间隙比较大的冲模，甚至可以同时加工出凹模和凸模，见图 2-235。

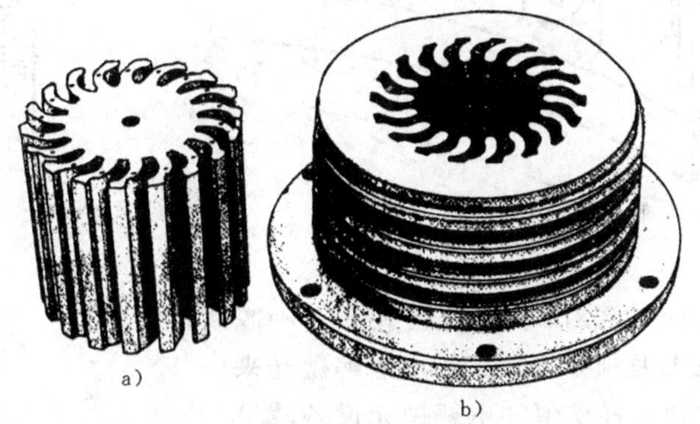

图 2-235　线切割加工冲模
a）凸模　b）凹模

由于线切割加工有上述特点，所以它在通孔模具与工件的加工中应用广泛。

2.7.8.2　电解加工　电解加工是利用金属在电解液中受到电化学腐蚀，更确切地叫“电化学阳极溶解”，来将工件加工成形。

1. 电解加工原理　如图 2-236 所示，工具电极联接在直流电源（5～20V）的负极，工件联接在正极。进给系统使工具电极以一定的速度向工件靠近，同时用泵把电解液在一定压力下（0.5～2MPa）输送到阴阳两极之间，当工具（阴极）和工件（阳极）最近处相距为 0.1～1mm 时，工件表面和阴极相对应的部分，就在很高的电流密度下（10～500A/cm^2）产生阳极溶解，使金属化学反应生成的氢氧化物沉淀被高速电解液冲走。而在阴极

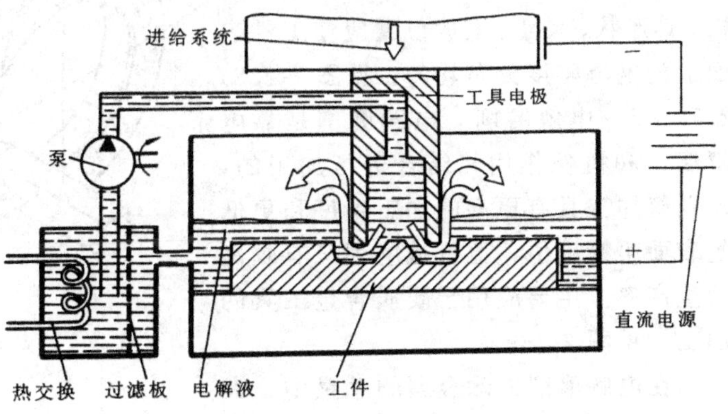

图 2-236　电解加工原理

只析出氧气，本身并不发生变化。由于阴极不断地向阳极进给并始终保持狭小的间隙，金属就不断地在进给方向溶解，结果工件上就加工出相似于阴极的形状来。

2. 电解液　在电解加工中电解液大多数采用氯化钠（NaCl）和硝酸钠（$NaNO_3$）等水溶液，其中氯化钠的效率很高，但精度较差，而采用硝酸钠的效果，正好与之相反。在实际生产中往往针对不同的工件材料采用组合配方，以获得较为满意的效果。另外，在电解液中还可混入高压气体，以提高加工精度和表面质量。

3. 电解加工特点和应用　电解成形加工和电火花加工一样，是由电能直接进行加工的。工具与工件之间不接触，因此它也能加工各种坚硬或形状复杂的能够电解的金属材料。它比电火花优越之处，在于电极可以不消耗，电能效率高，表面粗糙度值低，无表面变质层，无毛刺。由于在加工过程中不是点和线加工而是整个表面同时加工，因而能在获得较高表面质量的情况下获得较高的生产率。例如叶片加工在一次行程中就可加工出复杂的叶身形面，见图 2-237。

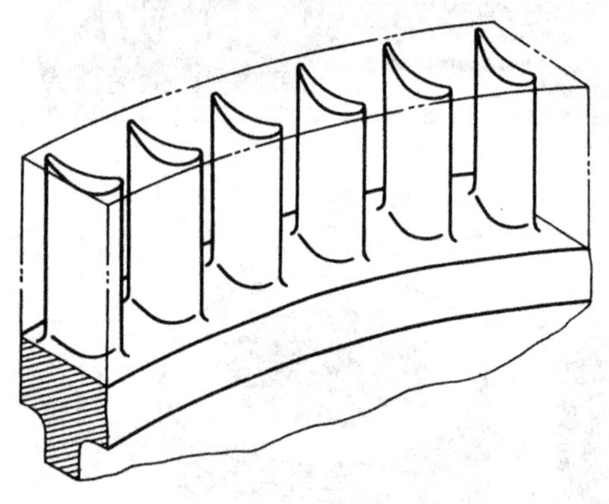

图 2-237　叶片电解加工

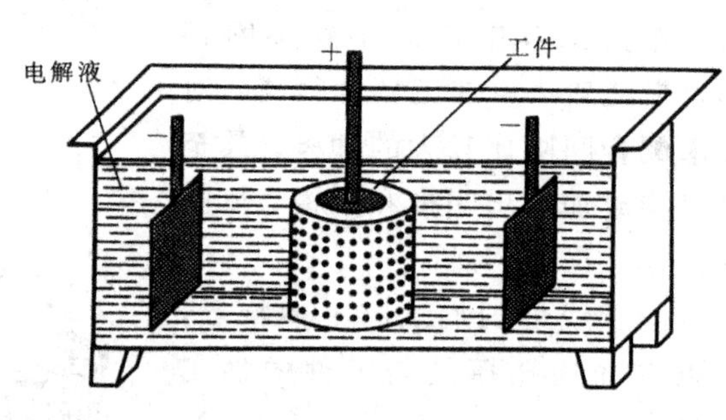

图 2-238　电解抛光

此外电解加工工艺还应用于各种膛线，花键孔、深孔、内齿轮、链轮、异形零件、模具及倒棱去毛刺等方面。还用电解抛光来降低表面粗糙度值。电解抛光设备较简单，只需直流电源和电解液槽，常不需用机床。抛光时常用石墨、铅、耐酸钢作阴极，其形状、尺寸、安放位置应使工件表面上的电流密度分布均匀，见图 2-238。

2.7.8.3　电解磨削　电解磨削是靠电解腐蚀和机械作用相结合进行加工的，比电解加工具有更高的加工精度和更低的表面粗糙度值，比机械磨削又有较高的生产率。主要应用于硬质合金工具的加工，见图 2-239。

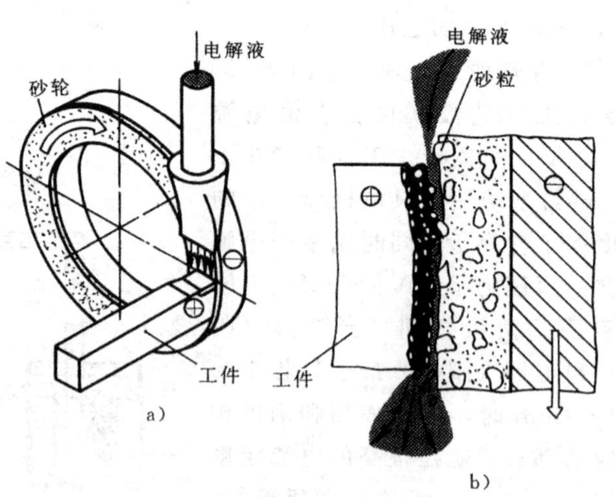

图 2-239　电解磨削

a）电解磨削车刀　b）局部放大图

在电解磨削去除金属的总量中，大部分是由电化学作用去除的，只有少量是由机械磨削作用去除的。机械磨削作用主要去除钝化膜及未被溶解的碳化物，从而使工件表面钝化、活化，不断交替进行，工件被连续加工，直至达到一定的表面质量。

电解磨削由于集中了电解加工和机械磨削的优点，因此在生产中已用来磨削一些高硬度的零件。除各种硬质合金刀具外，还可加工量具、挤压拉丝模，轧辊等。对于普通磨削很难加工的小孔、深孔、薄壁筒、细长杆工件等，电解磨削也能显示出其优越性。对于复杂型面的齿轮等工件，也可采用电解研磨和电解珩磨，因此电解磨削应用范围很广。

2.8 热切割

热切割有气割，等离子弧切割以及激光切割，它们都是通过气体喷射作为刀具来切割工件的，它们的具体应用场合见表 2-13。

表 2-13 切割方法的使用范围

材料		材料厚度/mm			材料	材料厚度/mm		
		气割	等离子弧	激光		气割	等离子弧	激光
钢	碳素钢 低合金钢	≤500	15	12	铝	—	100	4
					铜	—	20	1.5
	高合金钢	—	70	6	非金属	—	—	30

2.8.1 气割

气割是利用氧—乙炔中性焰将被切割的金属预热到燃烧温度，然后在预热处通以高压氧气流，使金属在纯氧中燃烧放出大量的热，并借高压氧气流的压力将切口处形成的氧化物吹走，将金属切开。

气割金属应具备以下条件：金属在氧中的燃烧点应低于金属本身的熔点；金属氧化物的熔点应低于金属本身的熔点；金属燃烧应是放热反应，金属导热性应低。

因为钢的燃烧温度随含碳量增加而上升，而熔点却下降。因此，气割金属一般为碳的质量分数在 0.4%以下碳钢及碳的质量分数在 0.25%以下低合金钢。

气割设备除割炬外，其它都与气焊相同。割炬由加热喷嘴和切割喷嘴组成，大多呈环状分布，工作状况见图 2-240。

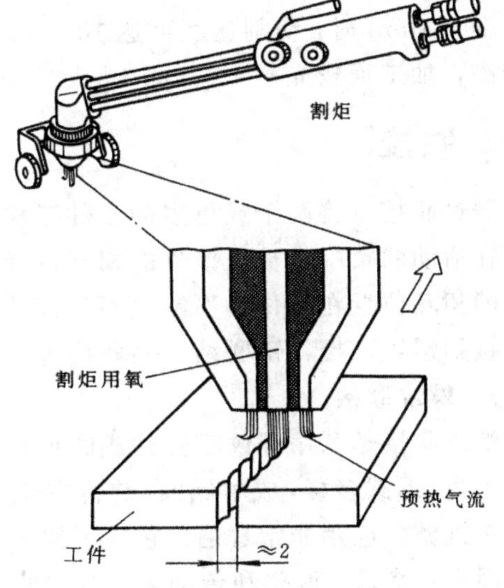

图 2-240 气割

2.8.2 等离子弧切割

等离子弧切割是在钨极和工件间引燃电弧，供给的保护气体被加热获得足够能量后，便会电离，形成气体离子，称之为等离子体或物质第四态，它具有能量高度集中，中心温度极高（30000℃），吹力很高等特点，因此可以切割任何黑色或有色金属。在切割时，高热的等离子弧将被切割金属局部熔化，并同时用高速气流将已熔化的金属或非金属吹走而形成狭窄的切口，见图 2-241。

2.8.3 激光切割

激光切割是利用激光射线作为热源，通过氮—二氧化碳—氮的混合气体在电压作用下形成激射光气体，发出激光射线，并通过透镜的聚焦在工件表面形成直径为 0.1mm 到 0.2mm 的光斑，此光斑将产生极大的能量，可达 $10^7W/cm^2$，从而使工件材料快速熔化，熔化的液态材料被高速切断气流吹走，形成 0.1～0.3mm 宽的光滑切口，工作状况见图 2-242。

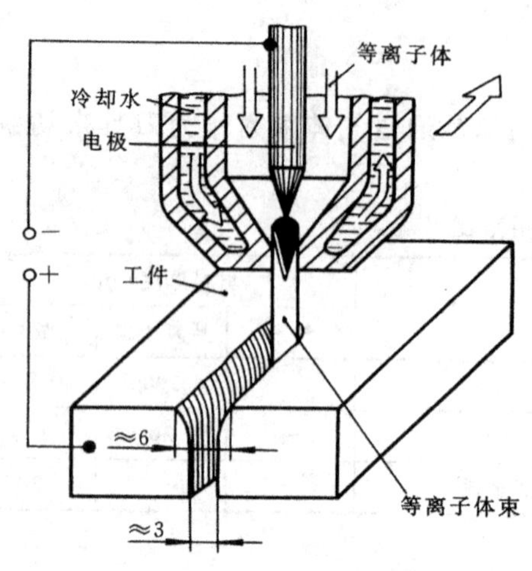

图 2-241 等离子弧切割

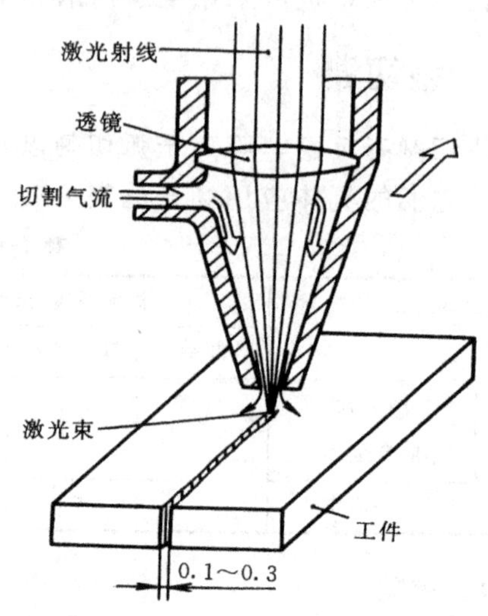

图 2-242 激光切割

激光切削的生产率相当高，使用功率为 1kW 的激光切割器能切割 10mm 厚的钢板，当切割厚度为 1mm 时，切割速度可达 10m/min，它能加工任何金属材料及非金属材料，且加工精度较高，加工面较光滑。

2.9 联接

通过联接可将两个或更多的工件互相联接在一起。联接可分为固定联接和活动联接两大类。在活动联接中，被联接件的相互位置在工作时能够按需要变化；而在固定联接中，被联接件的相互位置在工作时不能也不容许变化。另外，联接又可分为可拆和不可拆两大类。可拆联接如螺纹联接，键联结、销联接等，不可拆联接如铆钉联接，焊连接，粘接等。

2.9.1 螺纹联接

螺纹联接是利用螺纹零件构成的可拆联接，是一种最常见的联接方式。它具有结构简单，联接可靠，形式多样，成本低廉，装拆方便，迅速等优点，因而在机械中应用非常普遍。它除了用于联接外，还可用于固定，堵塞，调整和传动等，常用的螺纹联接件多已标准化。

2.9.1.1 螺纹的形成 将一个底边长度为 πd 的直角三角形，围绕在直径为 d 的圆柱体表面，且使底边与圆柱体的端面圆周线重合，则此三角形的斜边就在圆柱体的表面形成一条螺旋线。沿它加工成一定形状的凹槽，就形成了螺纹，见图 2-243。

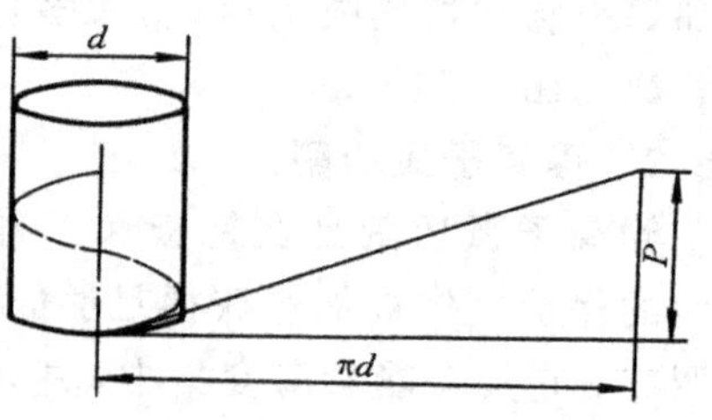

图 2-243 螺纹的形成

在圆柱体（或圆锥体）外表面上的螺纹叫做外螺纹或阳螺纹；在圆孔（或圆锥孔）的内表面上的螺纹叫做内螺纹或阴螺纹。

2.9.1.2 螺纹的参数（见图 2-244）

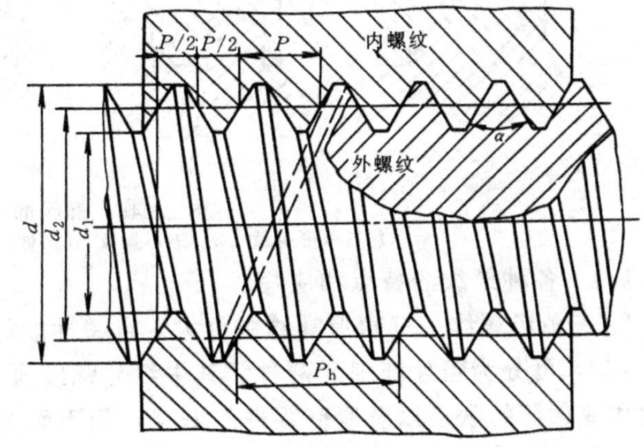

图 2-244 螺纹的参数

1. 大径（d、D） 指外螺纹的牙顶直径（d）或内螺纹的牙底直径（D）。

2. 小径（d_1，D_1） 指外螺纹的牙底直径（d_1）或内螺纹的牙顶直径（D_1）。

3. 中径（d_2，D_2） 在螺纹的轴向剖面内，牙厚等于牙间宽的假想圆柱直径。

4. 螺距（P） 指相邻两牙在中径线上对应两点间的轴向距离。

5. 导程（P_h） 指在同一螺旋线上，相邻两牙在中径线上对应两点间的轴向距离。对于单线螺纹，$P_h=P$；对于螺纹线数为 n 的多线螺纹，$P_h=nP$。

6. 牙型角（α） 指在轴向截面内，螺纹牙形两侧边的夹角。

2.9.1.3 螺纹的分类

根据标准，可将螺纹分为米制螺纹和英制螺纹，我国采用米制，国际标准也用米制。

根据螺旋线的旋向不同，可将螺纹分为左旋螺纹和右旋螺纹。螺纹的旋向可用右手判别，具体方法是：手心对着自己，四个手指按螺杆中心线方向摆着，如果螺纹的旋向与右手拇指的指向一致，则为右旋螺纹，反之则为左旋螺纹，见图 2-245。一般工程上常用右旋螺纹，左旋螺纹逆时针方向旋转是拧紧的，只有当使用右旋螺纹会松开时才用左旋螺纹，比如砂轮的固定。

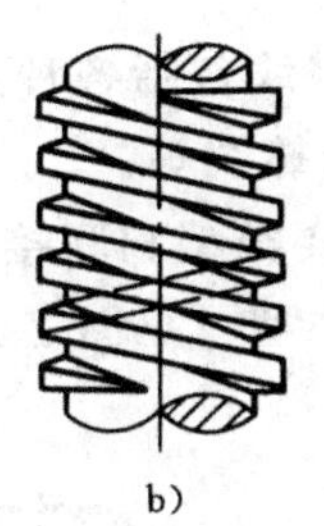

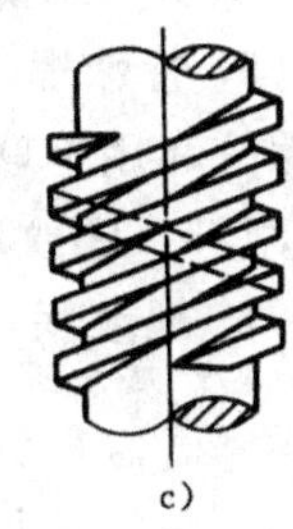

图 2-245 螺纹的旋向和线数

a）单线右旋 b）双线左旋 c）三线右旋

根据线数，可将螺纹分为单线螺纹和多线螺纹。在同一圆柱面上切削的螺纹条数为一条时，称为单线螺纹，若为二条或多条时，就称为多线螺纹。联接多用单线螺纹，当要求旋转一圈能在轴向上移动较大距离时，使用多线螺纹，见图 2-245。

根据母体形状，可将螺纹分为圆柱螺纹和圆锥螺纹。

根据螺纹的用途不同，可将螺纹分为联接螺纹和传动螺纹。

根据螺纹断面形状（牙型），可将螺纹分为三角形螺纹，矩形螺纹，梯形螺纹，锯齿形螺纹，以及其它特殊的形状，见图 2-246。

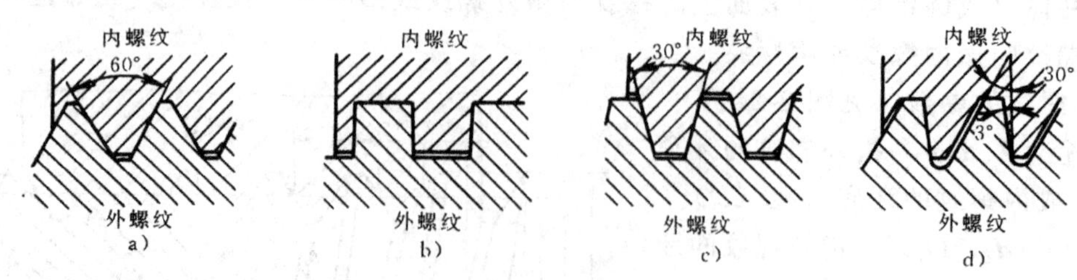

图 2-246 螺纹的牙型
a）三角形螺纹 b）矩形螺纹 c）梯形螺纹 d）锯齿形螺纹

2.9.1.4 各种螺纹的特点和应用

1. 三角形螺纹 三角形螺纹强度大，自锁性能好，主要用作联接。米制三角形螺纹牙型角为 60°，可分为粗牙和细牙两种。其中细牙螺纹自锁性更好，且牙齿细小，常用于受冲击、振动和变载荷的联接以及薄壁零件的联接，但不耐磨，不宜经常装拆。

英制三角形螺纹的牙型角为 55°，多用于管件联接。一般将为了防止过多地削弱管壁的强度而采用的特殊英制细牙螺纹称为管螺纹。它主要有圆柱管螺纹和圆锥管螺纹两种，其中圆锥管螺纹的螺纹分布在 1∶16 的圆锥表面上，故紧密性更好，常用于高温、高压管路的联接。

2. 矩形螺纹 牙形为正方形，牙型斜角为 0°，它的传动效率较其它螺纹高，且公称直径，螺距，旋合长度相同时，牙根总剖面积比其它螺纹小，因而强度较低，磨损后造成的轴向和径向间隙较大，其应用常为梯形螺纹所代替。

3. 梯形螺纹 梯形螺纹的牙型角为 30°，用于活动联接的场合。因梯形螺纹根部较厚，沿轴向双向都能承受很高载荷，且定心性较好，不易松动，虽然传动效率稍低，于矩形螺纹，但基本上不存在矩形螺纹的缺点，常用于丝杠上。

4. 锯齿形螺纹 锯齿形螺纹的牙型角为 33°，它的工作边牙形斜角为 3°，另一边为 30°。它可承受单向轴向力，综合了矩形螺纹效率高和梯形螺纹牙根强度高的特点，用于单向受力的传力螺纹（螺旋压力机）。

5. 特殊螺纹 特殊螺纹包括各种用于特殊场合的螺纹，比如在机床上用于滚珠丝杠传动的螺纹和用于联接薄板的螺纹等。

2.9.1.5 螺纹联接的主要类型和联接零件

1. 螺纹联接的主要类型（见图 2-247）

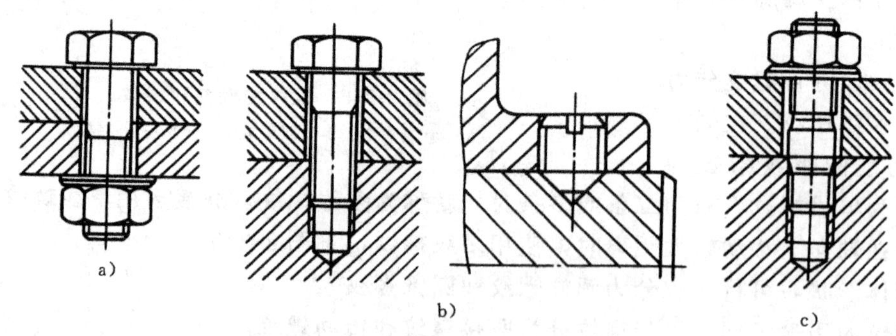

图 2-247 螺纹联接的主要类型
a）螺栓联接 b）螺钉联接 c）双头螺柱联接

（1）螺栓联接　螺栓联接是把螺栓穿过被联接件的孔，然后拧紧螺母，将被联接件联接起来。它的特点是无需在被联接件上切削螺纹，构造简单，装拆方便，成本低廉，应用最广。一般用于联接件较薄并能从联接件两边进行装配的场合。

（2）双头螺柱联接　将双头螺柱螺纹较短的一端旋紧在被联接件之一的螺孔内，另一端穿过被联接件的通孔，然后拧紧螺母，将被联接件联接起来。它可避免因多次装拆而磨损被联接件螺纹孔的缺点。主要用于受结构限制而不能用螺栓或被联接件耐磨性差、结构复杂及要求结构紧凑的场合。

（3）螺钉联接　把螺钉穿过一被联接件的通孔，然后旋入另一联接件的螺纹孔中拧紧，将被联接件联接起来。它有光整的外露表面，应用与双头螺柱相似，即用于不需经常装拆，被联接件之一较厚，不便制出通孔或因结构限制不能采用螺栓联接的场合。

紧定螺钉联接：紧定螺钉用于固定两个零件的相对位置，它放入被联接件之一的螺纹孔中，其末端顶住另一被联接件的表面或顶入相应的坑中，可传递不大的力和转矩。

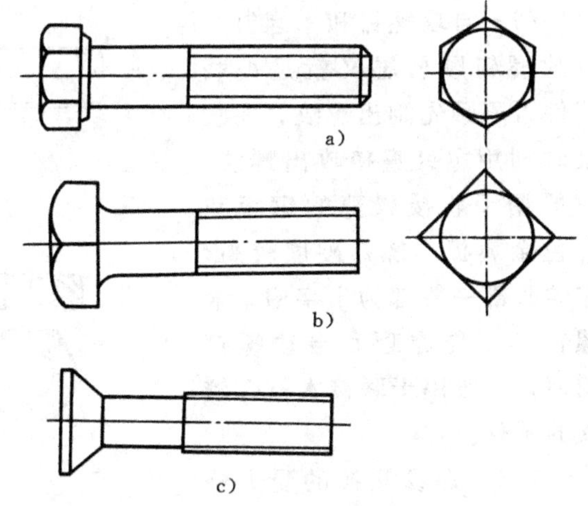

图 2-248　螺栓的结构形式

a）六角头螺栓　b）方头螺栓　c）沉头螺栓

2. 常用螺纹联接件

（1）螺栓　螺栓的结构形式很多，根据头部形状有六角头螺栓，方头螺栓，沉头螺栓，半圆头螺栓等几种，它是机械制造中最常见的螺纹联接件。其中沉头螺栓多用于零件表面要求平坦光滑不阻碍其它物体运动的场合，见图2-248。

（2）双头螺柱　一般两头螺纹长度不同，较短一端拧入联接件后不再装拆，也有等长双头螺柱。

（3）螺钉　结构与螺栓大致相同，但头部形状较多，以适应不同的装配空间、拧紧程度、联接外观等的需要。它的头部形式有十字槽盘头、十字槽沉头、十字槽圆柱头、开槽沉头、开槽圆柱头、内六角圆柱头等多种。其中一字槽多用于较小零件的联接；十字槽在拧紧时对中性好，槽的强度高，拧时不会打滑，内六角用于需施加较大拧紧力矩的场合，见图2-249。

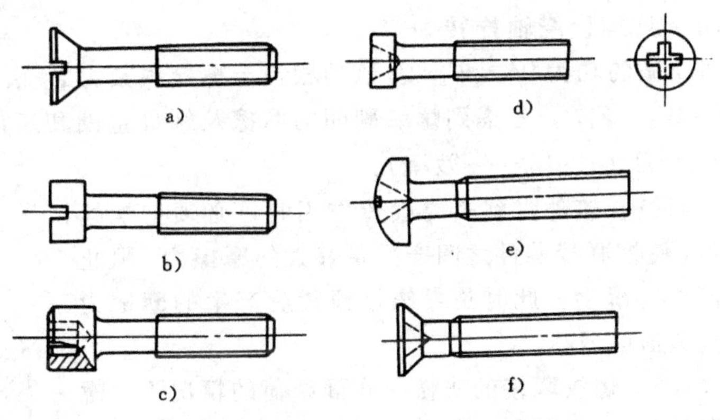

图 2-249　螺钉的结构形式

a）开槽沉头　b）开槽圆柱头　c）内六角圆柱头

d）十字槽圆柱头　e）十字槽盘头　f）十字槽沉头

（4）紧定螺钉　紧定螺钉的头部和末端有多种结构形式。方头承受旋转力矩最大，内六角头次之，开槽螺钉最低。末端应有足够的硬度，有平端、凹端、锥端、圆柱端等，见图 2-250。

(5) 螺母　螺母的结构形式繁多，主要有方螺母，六角螺母，圆螺母等，其中六角螺母的应用最普遍，见图 2-251。

(6) 垫圈　垫圈也有多种形式，主要用于保护被联接件的支承表面。

(7) 自攻螺钉和木螺钉　自攻螺钉顾名思义就是被联接件可不预先制出螺纹，在联接时利用螺钉直接攻出螺纹，一般用于联接较薄的钢板和有色金属板。螺钉硬度较高，它的头部一般都为十字槽。木螺钉的工作原理和自攻螺钉相似，一般用于联接木材等较软的零件。

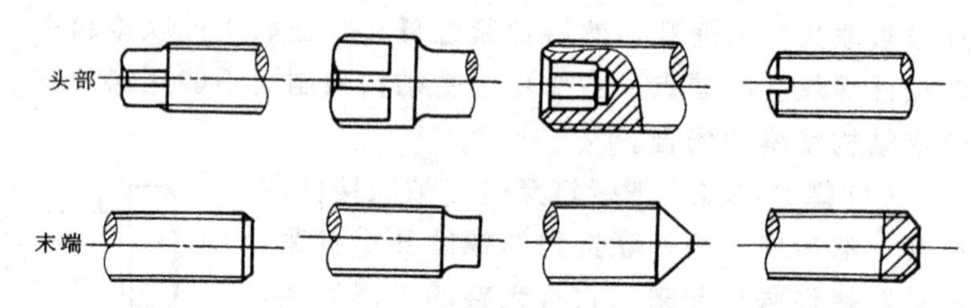

图 2-250　紧定螺钉的结构形式

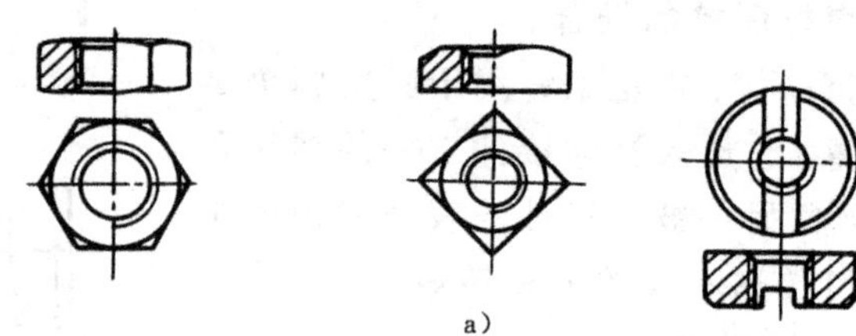

a)

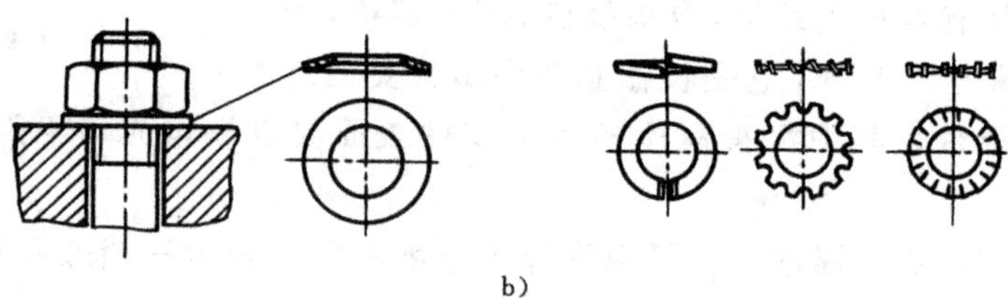

b)

图 2-251　螺母和垫圈

a) 螺母　b) 垫圈

2.9.1.6　螺纹联接的受力分析(见图 2-252)　当拧紧螺母或螺栓时必须要有一个力矩，这个力矩与预紧力 F_v，螺纹表面之间的摩擦及被联接件接触面有关，并且大多情况下可根据工作手册中的表格推断出。

用一把有效长度为 l 的扳手将一只螺栓绕轴拧转 360°，此时所做的功为 $W_1=F_1\pi 2l$。该功相当于螺栓预紧力 F_v 沿轴向上升一个螺距 P 所做的功 W_2，$W_1=W_2=F_vP$，考虑到螺纹副间的摩擦及螺母垫圈和工件表面的摩擦损耗，则预紧力 $F_v=F_1\pi 2l\eta/P$（式中 η——效率）。

当被联接件受到横向载荷作用时，必须把螺栓拧紧，使被联接零件之间产生足够大的摩擦力，阻止它们相对滑动，此时是靠螺栓预紧后产生的摩擦力来传递横向载荷。

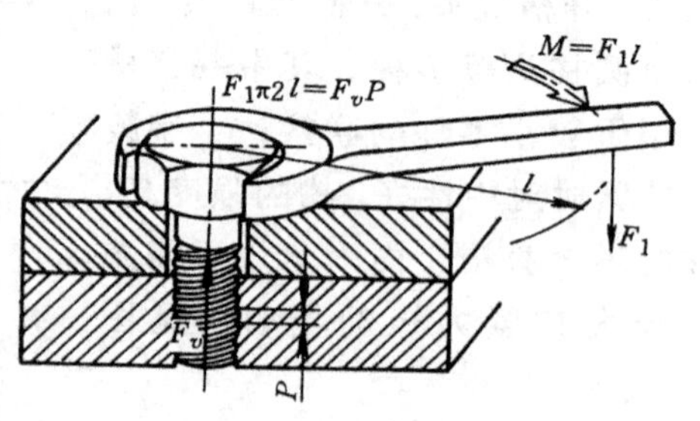

图 2-252　螺纹联接的受力分析

2.9.1.7　螺纹联接的防松　在静载荷的情况下，螺纹联接件在拧紧后可以自锁，因为螺纹副之间的摩擦，以及螺母，螺栓头部等支承面处的摩擦都有防松作用。但是在振动，交变或冲击载荷的作用下，上述的摩擦阻力有时会变得很小，甚至可能瞬时消失，从而使联接有可能松动，甚至松开，这就容易发生事故。所以，在设计螺纹联接时，必须考虑防松问题。

防松的根本问题在于防止螺纹副之间的相对转动，具体的防松方法很多，就工作原理来看，可分为力防松，形状防松和材料防松。

1. 力防松　它是依靠零件之间产生的摩擦力来防松的，因此不能满足安全的最高要求，但其结构简单。一般有两种形式，一种是加装弹簧垫圈，利用弹簧垫圈被压平而产生的弹力，来保持螺纹间有一定的摩擦阻力；另一种是用双螺母，当螺母拧紧后，螺纹牙间的接触状况见图 2-253，在两螺母间的一段螺栓内产生附加压力，故产生附加摩擦力。

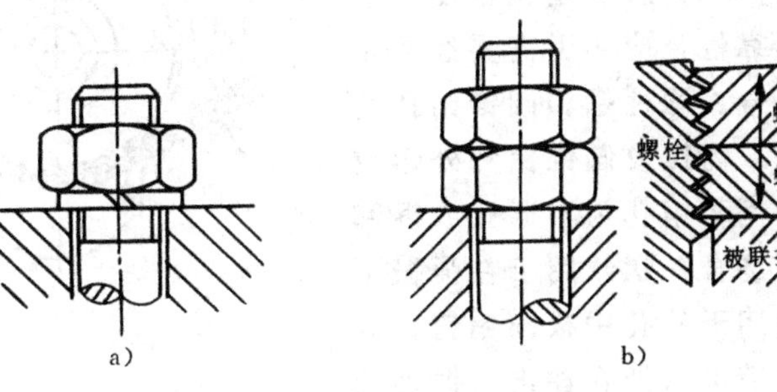

图 2-253　力防松

a) 弹簧垫圈　b) 双螺母

2. 形状防松　利用便于更换的金属元件来约束螺纹副，可以完全防止螺纹联接的松动。用于对安全性要求很高的场合，但其形状较复杂。一般有如图 2-254 所示的四种形式，分别为开口销防松，外舌止动垫圈防松，圆螺母用止动垫圈防松，金属丝防松。

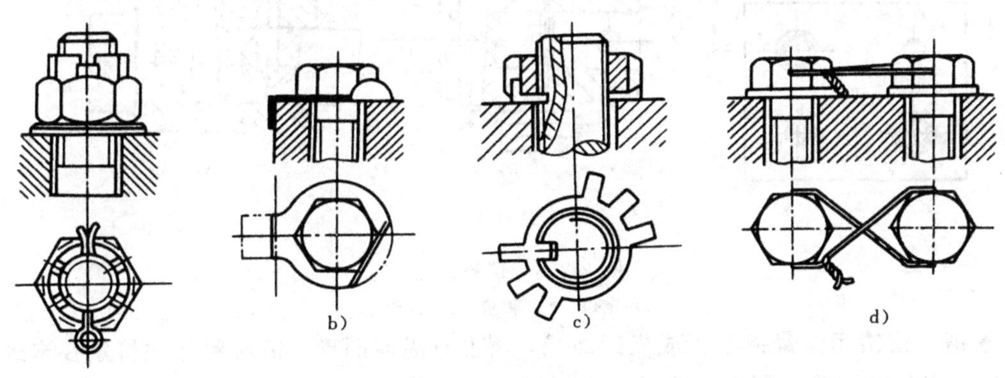

图 2-254　形状防松

a) 开口销　b) 外舌止动垫圈　c) 圆螺母用止退垫圈　d) 金属丝

3. 材料防松　把螺纹副转变为非运动副，从而排除了相对转动的可能性，一般通过焊接、粘接等方法，多用于很少拆开或不拆开的场合。

2.9.1.8　螺纹加工　根据螺纹的种类、精度和数量不同，可以采取不同的加工方式。大批量生产螺纹联接件时，可采用滚螺纹和搓螺纹的方法。它们都是无切屑加工，生产效率高，一般标准紧固件都通过这种方式生产出来，见图 2-255。当要求加工精度较高时，或加工特殊螺纹时，一般采用车削的方法，如要求更高精度时，还要进行磨削。小批量加工螺纹联接件时，也可采用攻螺纹、套螺纹方法。

2.9.2　销联接

销联接主要用于定位，用以精确确定零件间的相互位置，构成可拆联接；也可起联接作用，以传递不大的载荷；还可作为安全装置中的过载保护元件，见图 2-256。

1. 圆柱销　圆柱销依靠微量的过盈固定在铰光的销孔中，多次装拆将有损于联接的紧固和定位的精确，因此不宜多次装卸。

2. 圆锥销　圆锥销有 1∶50 的锥度，它易于安装，有可靠的自锁性能，定位精度高于圆柱销，经多次装拆不会影响定位精度和联接的可靠性，应用于需要经常装拆的场合。圆柱销和圆锥销孔均需铰削。内螺纹圆锥销和外螺纹圆锥销用于销孔为不通孔或拆卸困难的场合，螺纹用于在强振下保险或用于从孔中拔出销钉。开尾圆锥销可保证在冲击，振动或变载下不致松脱，见图 2-257。

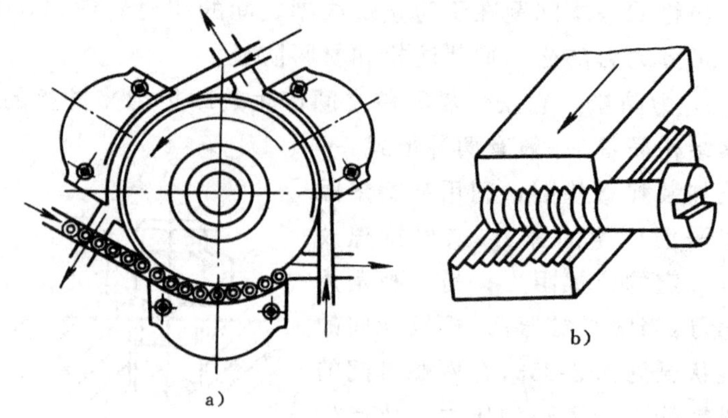

图 2-255　螺纹加工

a）滚螺纹　b）搓螺纹

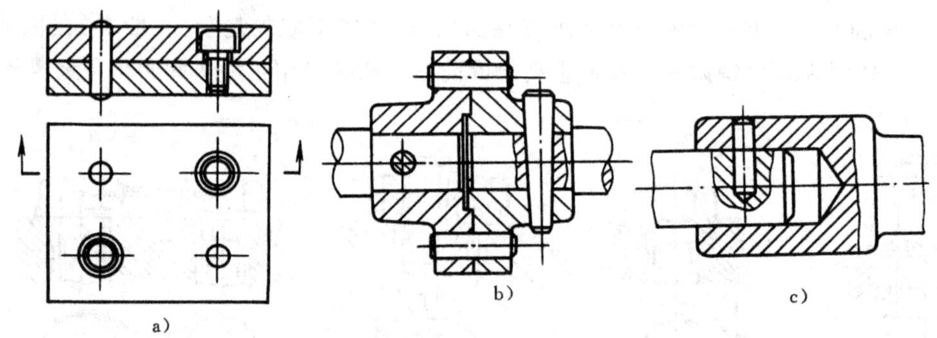

图 2-256　销的作用

a）定位　b）联接　c）保险

3. 槽销　槽销用弹簧钢滚压或模锻而成，销上有纵向凹槽，借材料弹性挤紧在未经铰光的销孔中。它制造简单，可多次装拆，多用于传递载荷。

4. 弹性圆柱销　由弹簧钢带制成的纵向开缝的圆管，比实心销轻，借助弹性均匀地挤紧在未经铰光的销孔中，不易松脱。它互换性好，可多次装拆，但刚性较差，不适合高精度定位。载荷大时可用几个套在一起使用。

销的类型可按工作要求选择。定位销通常不受载荷或只受很小的载荷，数目不得少于两个，并须注意销钉的位置，一般为对称分布。

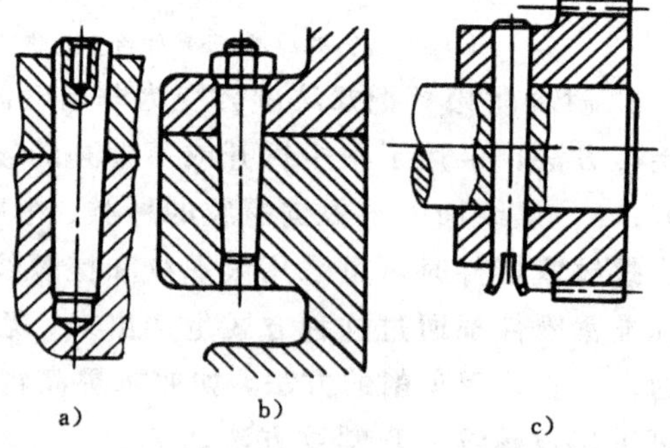

图 2-257　几种特殊结构的圆锥销

a）内螺纹圆锥销　b）外螺纹圆锥销

c）开尾圆锥销

2.9.3　轴—轮毂联接

带轮、离合器、齿轮这一类的机械零件（带毂零件）与轴联接实现周向固定，并传递转矩，或者实现轴向固定以传递轴向力，一般称为轴—轮毂联接。根据联接时力传递的方式的不同，可分为形状联接、力联接及材料联接。

1. 形状联接　形状联接是通过联接件的形状起作用来传递转矩的，这种联接不会打滑，一般情况下轮毂相对轴可作轴向移动。

（1）平键联结　键的两侧面是工作面，工作时靠键与毂槽的互压传递转矩。可分为普通平键，导向平键和滑键三种。普通平键用于静联结，导向平键和滑键用于动联结。导向平键固定在轴上，毂可以沿着键轴向移动，滑键固定在毂上，随毂一同沿着轴上键槽移动，见图2-258a、b、c。

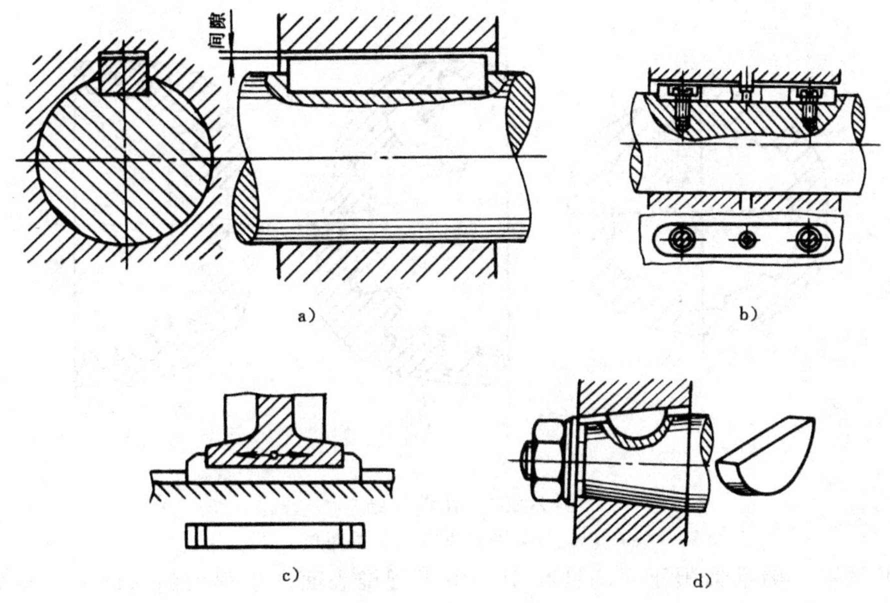

图 2-258　键联结

a）普通平键　b）导向平键　c）滑键　d）半圆键

（2）半圆键联结　用于静联结，两侧面为工作面，它在轴上的槽中能绕其几何中心线摆动以适应毂上键槽的深度，一般用于轻载，尤其适用于锥形轴的联结，见图 2-258d。

（3）花键联结　花键联结是由带键齿的花键轴和带键槽的轮毂所组成。侧面为工作面，根据齿形不同，可分为矩形、渐开线形和三角形三种，多用于载荷较大、定心精度要求较高的场合，见图 2-259。

（4）成形联接　是利用非圆剖面的轴与相应的毂孔构成的联接。这种联接没有应力集中，定心性好，能传递很大转矩，但制造困难，应用不普遍，见图 2-260。

2. 力联接　力联接是通过锁紧面之间的摩擦力来传递转矩的，摩擦力的大小是由锁紧面之间的压力（法向力）及摩擦因数决定的。各种摩擦力联接都可能打滑。

（1）楔键联结　键的工作面是上下两面，键的上表面有一定的斜度。装配后，键楔紧在轴、毂之间，工作时，靠键，轴、毂间的摩擦力传递转矩。只有在转矩大于摩擦力时，侧面才参与传递转矩，此时侧面工作，为形状联接。它的主要缺点是引起轴上零件与轴的配合偏心和偏斜，见图 2-261a。

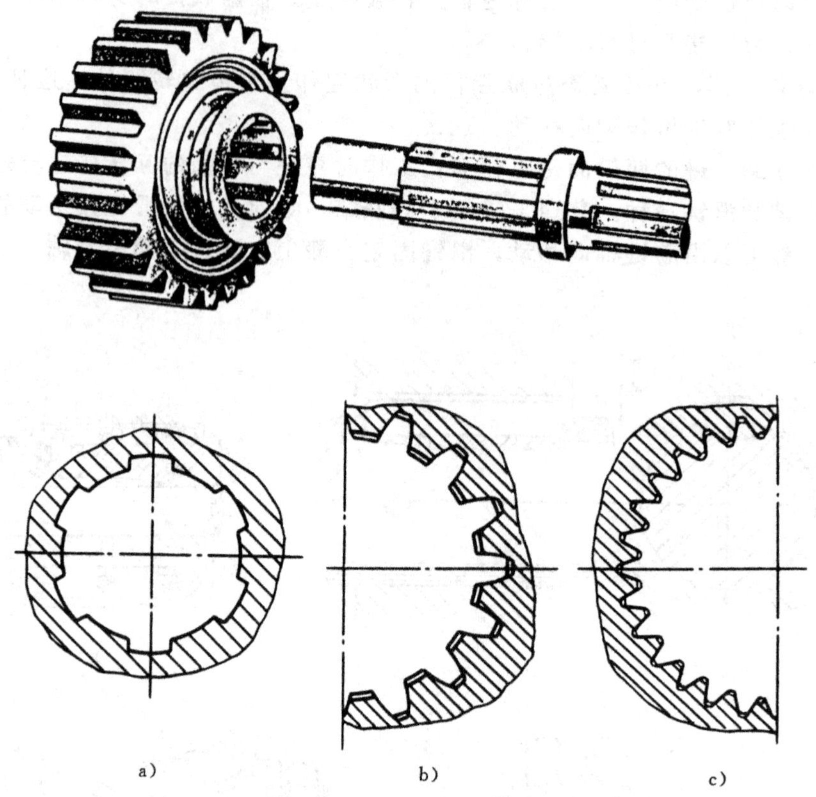

图 2-259　花键联结

a）矩形　b）渐开线形　c）三角形

（2）圆锥联接　圆锥轴颈压入圆锥孔中，由于圆锥表面产生很大的法向力，使轴颈和轮毂之间产生摩擦力，靠摩擦来传递扭矩，见图 2-261b。它制造简单，拆卸方便，定心精确，但轴向位置不能精密确定。

（3）夹紧联接　在这种联接中，轮毂是开槽的，将轴装入孔中后，通过旋紧螺纹将轮毂与轴压紧在一起，靠摩擦力传递转矩，见图 2-262。此种联接简单，方便，但精度较低。

（4）星形弹簧垫圈联接　它是通过用弹簧钢制成的锥形垫圈，在力作用下以法向力紧紧压在轴和轮毂孔上，产生摩擦力传递转矩，具体工作状况见图 2-263。

（5）环形锥面压紧联接　它是利用内外钢环锥面配合来挤紧轴和毂的联接。旋紧螺纹产生轴向压紧力，使两环压紧，内环缩小箍紧轴，外环胀大而撑紧毂，在接触面间产生径向压力，而产生摩擦力传递转矩，见图 2-264。

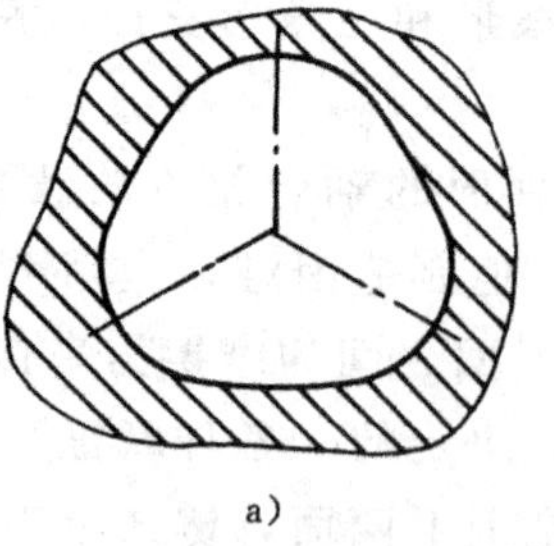

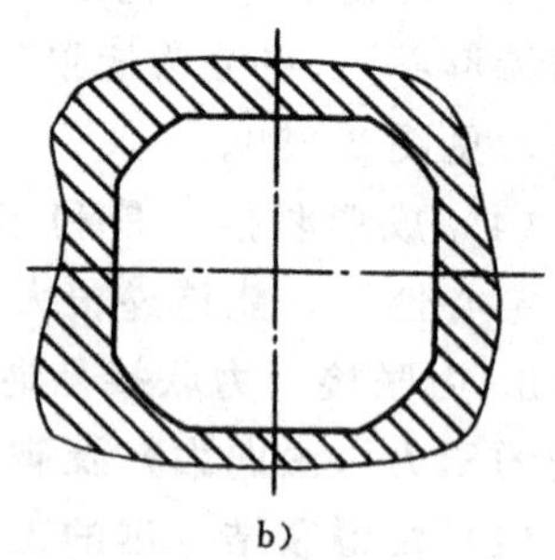

图 2-260　成形联接

a）等边三角形　b）正方形

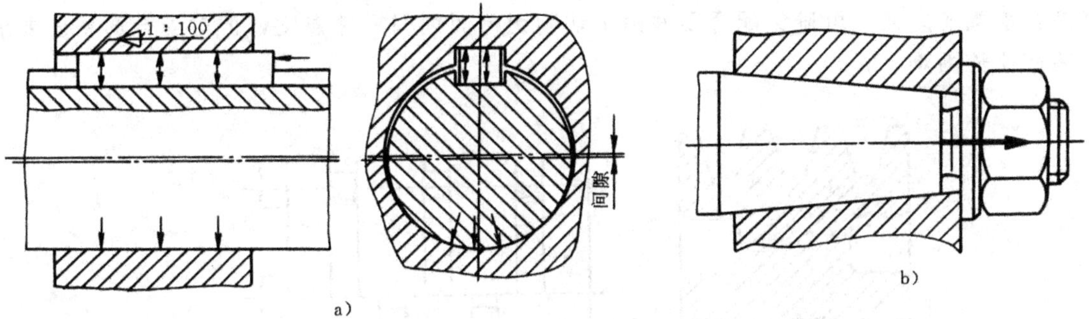

图 2-261　楔键联结及圆锥联接
a）楔键联结　b）圆锥联接

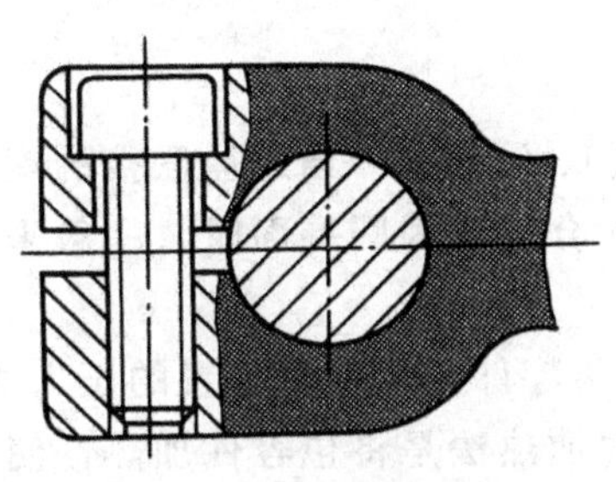

图 2-262　夹紧联接

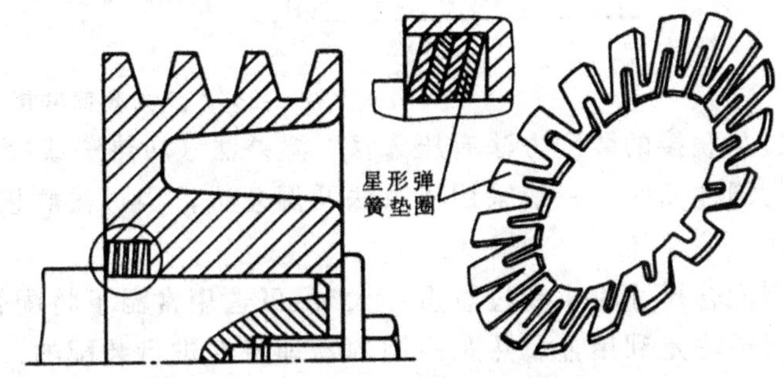

图 2-263　星形弹簧垫圈联接

（6）弹性介质紧固套联接　它是通过介质产生的力来联接轴和轮毂的。在轴和轮毂之间是薄壁的内部充满介质的空心轴衬，通过旋紧螺钉推动紧固套，压缩介质从而使轴衬的内壁及外壳产生变形，分别压紧轴及轮毂，从而产生摩擦力来传递转矩，见图 2-265。

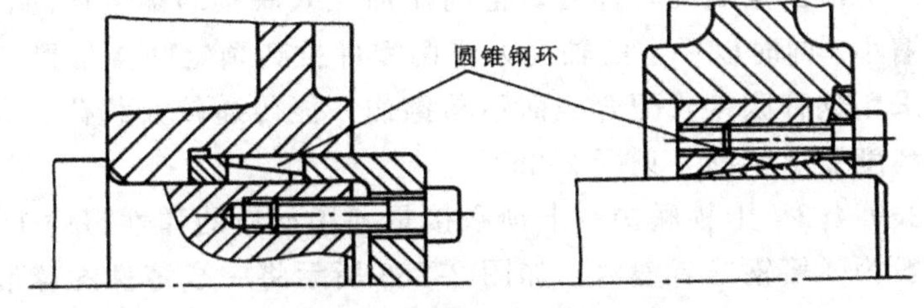

图 2-264　环形锥面压紧联接

（7）压力套筒联接　它是由弹簧钢制成的，在内壁和外表面上有许多环形槽，见图 2-266。通过旋紧螺钉改变内孔及外圆的径向尺寸，产生法向力压紧轴及轮毂，从而产生摩擦力来传递转矩。

3. 材料联接　它将轴和轮毂用焊接，粘接等方法固定在一起，从而传递转矩。它的联接可靠，牢固，但不可拆卸。

2.9.4　过盈及卡锁联接

2.9.4.1　过盈联接　过盈联接是依靠包容件（孔）和被包容件（轴）配合后的过盈值，来达到联接的目的。它的基本工作原理是由于零件具有弹性，装配以后，零件产生径向变形，使

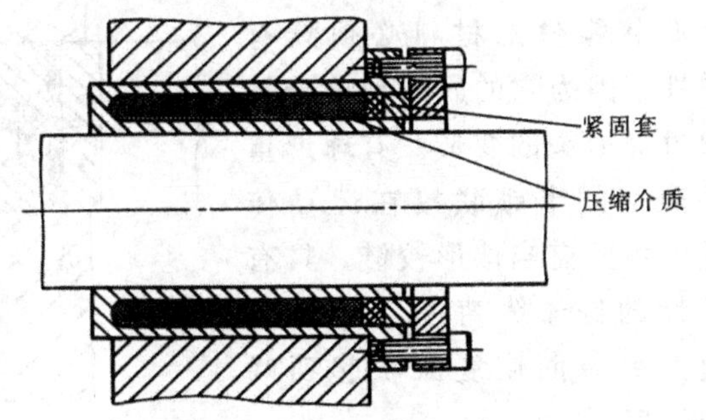

图 2-265　弹性介质紧固套联接

配合面间产生很大压力，工作时载荷就靠相伴而生的摩擦力来传递。过盈联接结构简单，同轴度高，承载能力强，可避免配合零件由于切削键槽而削弱零件强度，但对配合面精度要求高，装卸比较困难。

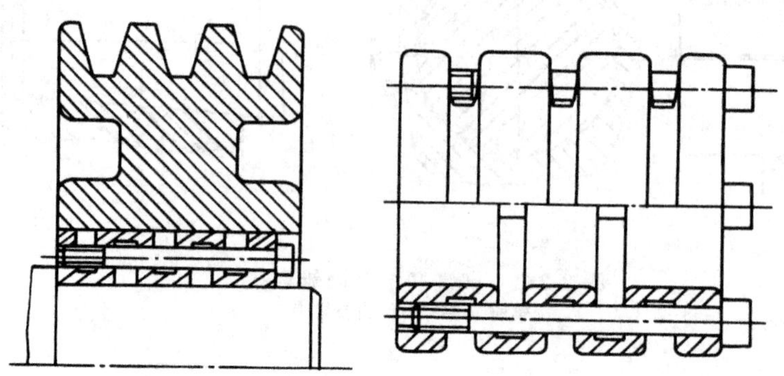

图 2-266　压力套筒联接

过盈联接的装配方法有压入法、温差法（加热法或冷却法）、液压法。当过盈联接的配合表面为圆柱面时，一般采用压入法及温差法；当过盈联接的配合表面为圆锥面时，一般采用液压法。

当配合尺寸较小和过盈量不大时，可选用常温下将配合的两零件压到配合位置的压入法。

温差法是利用金属热胀冷缩的物理特性进行装配的。其中加热法是将包容件加热，使之胀大，然后将被包容件装入到配合位置，待冷缩后，配合件就形成能传递力的结合体；而冷却法是将被包容件用冷却剂冷却使之缩小，再把被包容件装入到配合位置。在其它条件相同时，用温差法进行装配联接，可比压装法多承受 3 倍的转矩和轴向力，且不需另加紧固件。

液压法装配零件时，把高压油压入联接的配合面间，使包容件内径胀大，被包容件外径缩小，同时以一定的轴向力将两零件推到预定联接位置，然后放出高压油，即形成过盈联接。采用这种联接，配合表面不易擦伤，能传递较大载荷，尤适用于大型被联接件，但对配合面精度要求较高，见图 2-267。

2.9.4.2　卡锁联接　卡锁联接是利用材料的弹性将两个零件联接起来的，联接零件的材料一般为弹簧钢或者塑料。如图 2-268 所示将一个零件的球形关节头或倒钩部分嵌入另一个零件的凹面，就形成了一个结构合理的卡锁联接。

在卡锁联接中，至少有一个联接零件的材料必须具有弹性，因为它的脱开和接合是通过球形头的变形。有球形重叠表面的卡锁联接在运动传递中主要充当球形铰链，具有弹性的钩子先弯曲然后在凹边的另一面恢复原状起到联接作用。

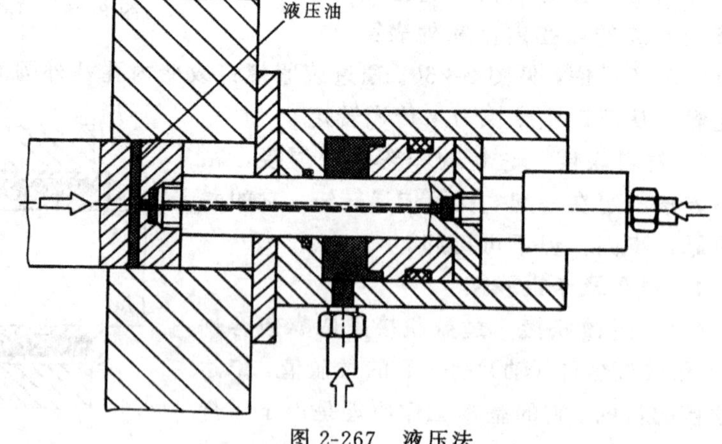

图 2-267　液压法

卡锁联接分为可拆联接和不可拆联接两种，见图 2-269 对可拆联接来说，联接零件凸起部的两面都成斜面，相对于两个方向都能活动；而不可拆联接的联接零件在它的内边是一个带有直角的侧凹边，要将它拆开就必须损坏联接零件。

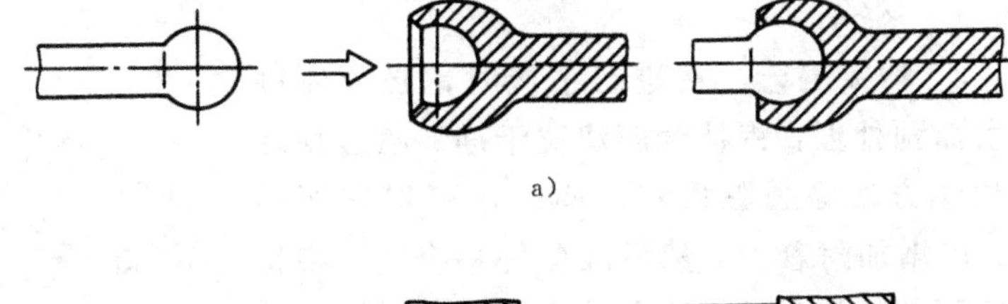

a）

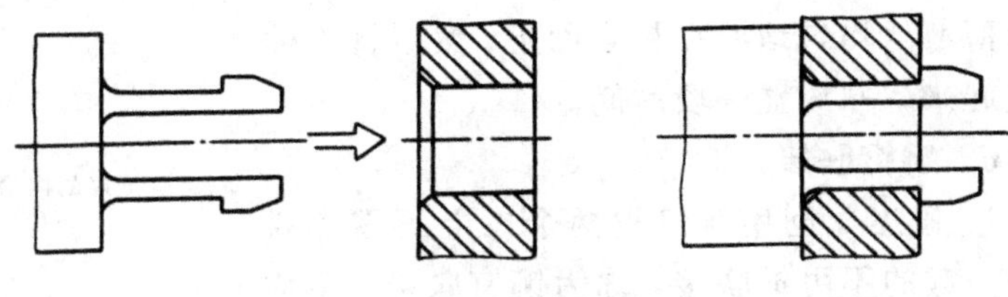

b）

图 2-268　卡锁联接（一）

a）球形关节头　b）有弹性的钩子

人们利用卡锁联接中的弹簧夹头和弓形夹子来作为紧固件（见图 2-270）。卡锁联接在固定时，只要轻轻地安装即可，而且具有不大的接合力，并能消除孔的偏差，通过卡锁联接能将所有塑料制成的容器和罩壳拼接在一起。

2.9.5　粘接

1. 概述　粘接就是通过一粘合层把两个工件粘接在一起。它除主要用于工件的联接外，还具有固定、防松、密封等作用。

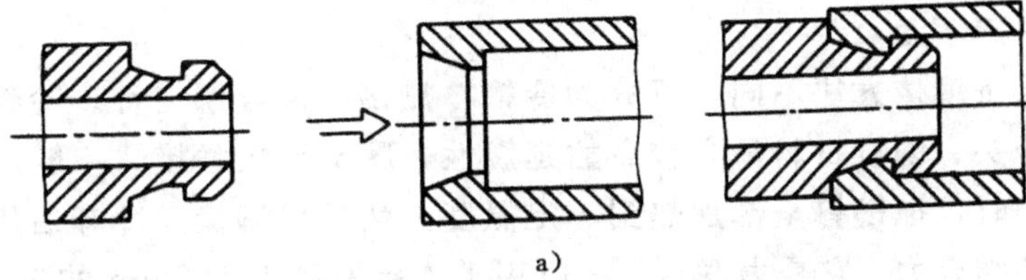

a）

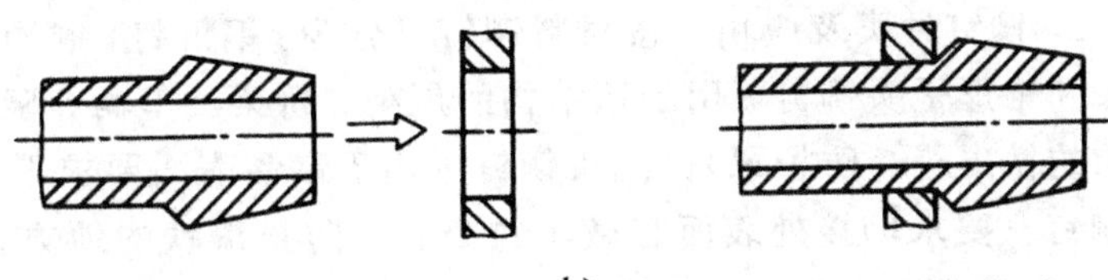

b）

图 2-269　卡锁联接（二）

a）不可拆联接　b）可拆联接

粘接与铆接、焊接等其它联接相比，具有能连接各种不同种类的材料、内部组织无变化、粘接表面光滑、无间隙、断面强度均匀、绝缘效果好、加工工艺简单等优点。但是对施工技术要求高，可靠程度和稳定性受环境因素（温度、湿度等）的影响较大。由于它所具有的这些特点，粘接目前被广泛应用于飞机、汽车、机械制造等各个领域。

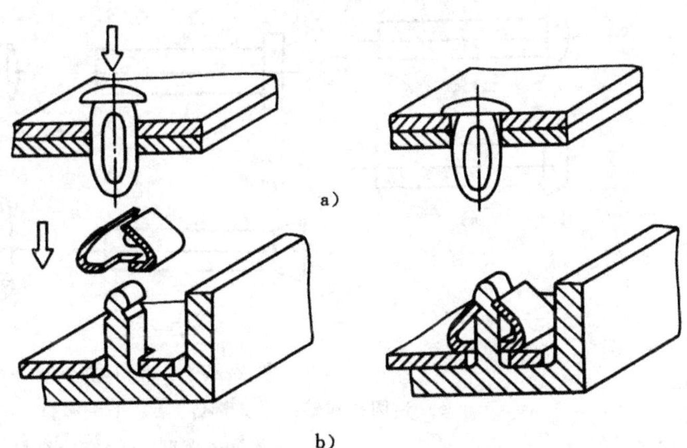

a）

b）

图 2-270　卡锁联接（三）

a）弹簧夹头　b）弓形夹子

2. 粘合剂　粘合剂的品种繁多，一般分为有机胶和无机胶两大类。粘合剂的选择很重要，要考虑被粘接件的材料，联接的工作环境和载荷情况，以及对联接的一些特别要求等。

3. 粘接原理　要形成一个牢固的粘接接头，一方面要使粘合层本身具有足够高的内聚强度，另一方面必须使粘合剂与被粘物之间具有良好的粘附强度，见图2-271。粘合的效果取决于粘合剂和工件之间的粘附力以及粘合剂的内聚力。

4. 粘接工艺　在进行粘接时，必须先进行表面预处理，将粘合面清洗干净，通过物理及化学方法除去脏物和油脂，还可把表面弄毛，以增加附着力，然后准备好粘合剂，将粘合剂薄薄地均匀地涂在粘合面上，然后将工件粘接起来，并放置一段时间。

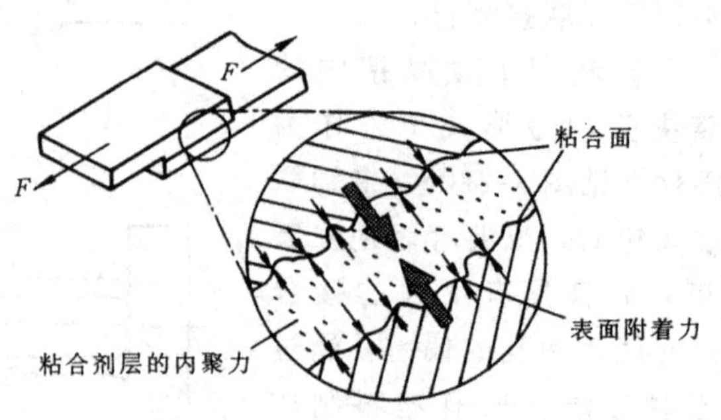

图 2-271　粘接

2.9.6　铆钉联接

1. 概述　利用铆钉把两个以上的零件联接在一起的不可拆联接，称为铆钉联接，简称铆接。

按使用要求的不同，可将铆接分为活动铆接（结合部分可相互转动），固定铆接（结合部分固定不动）。

按铆接方法不同，可分为冷铆、热铆、混合铆三种。冷铆时，铆钉不需加热，直接镦出铆合头，铆钉材料须有较高的延展性，属于形状联接，一般用于连接厚度小于 8mm 的工件；热铆时，把铆钉全部加热到一定温度，然后再铆接，冷却后因铆钉杆收缩加大了被联接件之间的结合力，它是力联接，一般用于连接厚度大于 8mm 的工件；混合铆时，只在铆合头端部加热，一般用于较长的铆钉。

2. 铆钉种类及应用　按材料铆钉可分为：钢铆钉，铜铆钉和铝铆钉等。按形状可分为：半圆头和锥形平头铆钉（用于钢结构的屋架、桥梁、车辆等坚固铆接）；平头铆钉（用于无特殊要求的铁皮箱、防护罩）；沉头铆钉（用于制品表面要求平整，不允许外露的场合）；扁圆沉头铆钉（要求铆接处表面有微小的凸起，防止滑跌的地方，如踏脚板，楼梯等）；空心铆钉（有空心要求的地方，如电器组件、薄板等），见图 2-272。

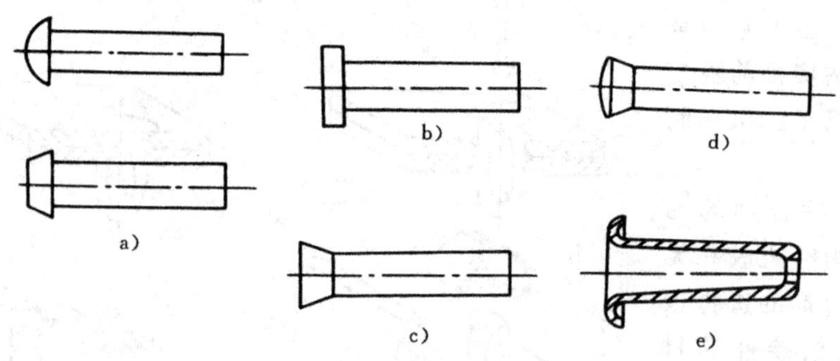

图 2-272　铆钉种类

a）半圆头和锥形平头铆钉　b）平头铆钉　c）沉头铆钉

d）扁圆沉头铆钉　e）空心铆钉

3. 铆接过程　铆接时将被铆件平整地互相重叠，一起钻孔，孔口按要求倒角，然后进行铆接，具体铆接过程见图 2-273。

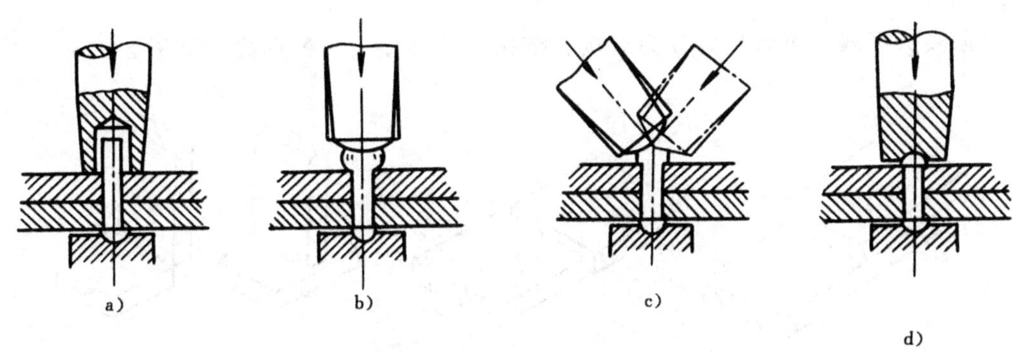

图 2-273　铆接过程

a）压紧铆钉　b）镦粗铆钉　c）初步打成铆合头　d）做好铆合头

2.9.7　钎焊

采用比母材金属熔点低的金属材料作钎料，将焊件和钎料加热到高于钎料熔点，低于母材熔化温度，利用液态钎料润湿母材，填充接头间隙并与母材相互扩散实现连接焊件的方法称为钎焊。

钎焊与其它焊接相比，具有以下优点：钎焊时加热温度低于焊件金属的熔点，所以焊件金属的组织和性能变化较少，应力和变形也较少，可用在精度要求高的场合；不仅可焊同种金属，而且也可焊接不同金属，甚至可以焊接金属与非金属；可以一次焊几条，几十条，生产率高，还可用来焊接用其它焊接方法无法加工的结构形状复杂的接头。主要缺点是：在一般情况下，焊缝的强度和耐热能力都比基体金属低。

2.9.7.1　钎焊的基本原理　将钎料放置在焊缝旁，将其加热至加工温度之后，液体钎料开始浸润工件表面，使钎料与基体紧密结合，由于毛细管作用，液态钎料被吸入焊缝（0.05～0.2mm），最后，液态钎料沿晶界渗入基体，这时两种材料相互扩散，即钎料和基体相互渗透，并牢固地连接在一起，见图 2-274。

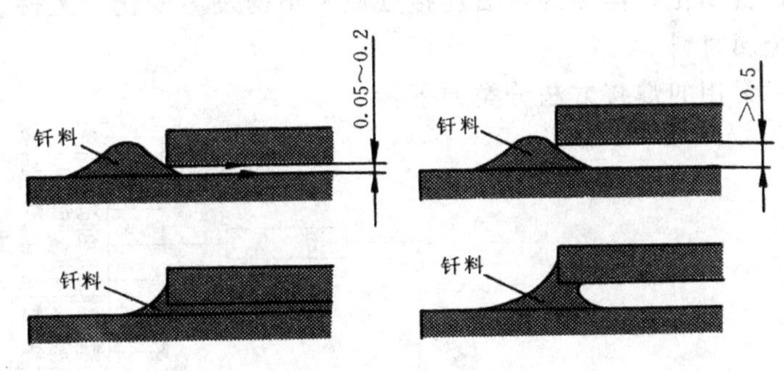

图 2-274　钎焊的基本原理

2.9.7.2　钎焊加工　钎焊加工可根据钎焊温度，钎料供应，加热方法及接头形式进行分类。

1. 根据钎焊温度　可将钎焊分为硬钎焊及软钎焊两种。钎料熔点在 450℃以上，一般称为硬钎焊，焊缝的连接强度可达 500MPa，常用在焊接受力较大，温度较高的场合；钎料熔点在 450℃以下，一般称为软钎焊　焊缝的连接强度比较低，在 50～200MPa 之间。

2. 根据钎料的供给方式　可将钎焊分为部分加热钎焊，全部加热钎焊及浸液钎焊。它们分别是将工件焊接点加热至钎焊温度、对已放置好钎料的整个工件进行加热至钎焊温度、将工件浸入含有钎料溶液的容器中加热至钎焊温度进行钎焊的工艺方法。

3. 根据加热方法　可将钎焊分为气体加热、固体加热、液体加热、辐射加热及电阻加热等方法。

4. 根据接头形式　可将钎焊分为对接、搭接、T 形接头三种形式，见图 2-275。

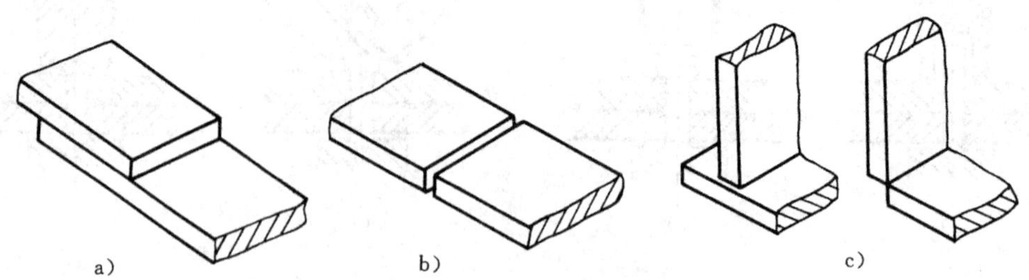

图 2-275　钎焊接头形式

a）搭接　b）对接　c）T 形接头

2.9.7.3　钎料与熔剂　钎料是含有铜、锡等多种金属的合金材料，具有如下要求：要有合适的熔点，良好的填缝能力，与焊件金属能很好地溶解和扩散，能满足接头性能指标。

在焊件表面存在的氧化膜，将使钎焊难以进行，熔剂的作用是用化学反应或物理溶解的方法去除氧化膜，并使其浮于表面，熔化的熔剂覆盖在焊件金属表面，隔绝空气，不使焊件再氧化，起着机械保护作用。

2.9.8　焊接

焊接就是通过加热或加压，或者两者并用，并且用或不用填充材料，使工件达到结合的一种方法。焊接在工业上占有很重要的地位，具有以下特点：减轻结构重量，节约金属材料，生产率高，劳动强度低，可以保证高的气密性，提高产品质量，产品成本低，便于实现机械化，自动化，但在焊接后连接处原子结构发生变化，工件发生收缩变形，而且并不适合于全部金属材料。

常用的焊接方法分类如下：

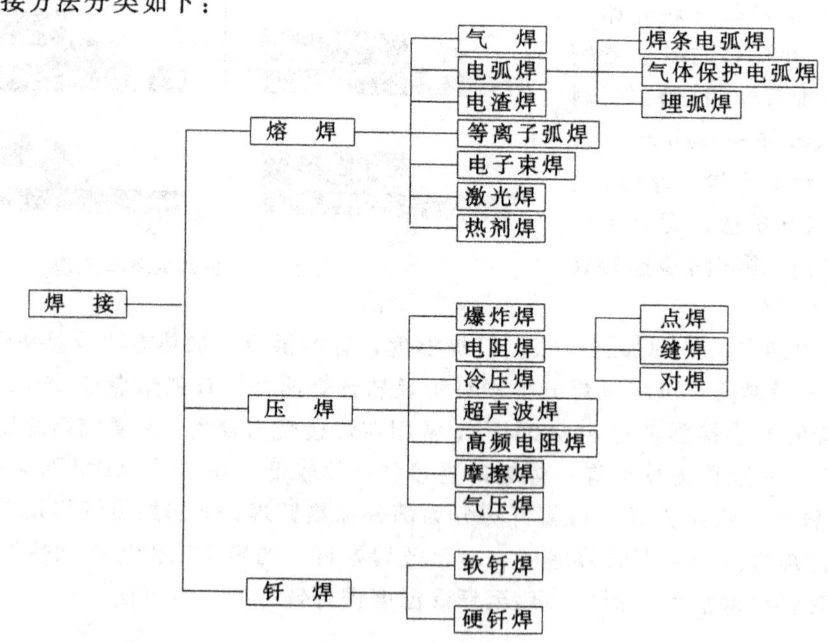

2.9.8.1 熔焊

1. 气焊 气焊是利用可燃气体与氧气混合燃烧所产生的热量，将焊件和焊丝熔化连接在一起的加工方法。

(1) 氧—乙炔焰的构造及性质 气焊使用的可燃气体一般为乙炔，氧和乙炔混合燃烧的火焰即为氧—乙炔焰。氧气一般通过液化空气的方法制得，它不能自燃，但能助燃。乙炔(C_2H_2)是一种具有特殊气味的无色可燃气体，比空气轻，由碳化钙（电石）与水作用而产生，它是一种有爆炸危险的气体。当乙炔的温度超过 300℃，同时压力增加到 0.15～0.2MPa 时就容易发生爆炸；常温下超过 0.2MPa 会自行爆炸。

焊接火焰由氧和乙炔气体混合燃烧而形成。火焰由焰心、内焰、外焰三部分组成。其中内焰的温度最高，可达 3200℃，气焊一般在此区域内进行。根据氧气和乙炔的比例不同，气焊火焰可分为中性焰 ($O_2 : C_2H_2 = 1.1 \sim 1.2$，焊接低碳钢。中碳钢及有色金属)，氧化焰 ($O_2 : C_2H_2 > 1.2$，焊接黄铜)，碳化焰 ($O_2 : C_2H_2 < 1$ 焊接高碳钢、铸铁、硬质合金)，见图 2-276。

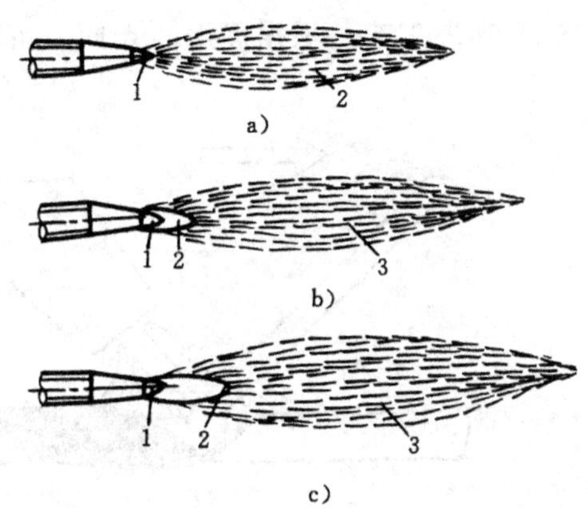

图 2-276 氧—乙炔焰的种类及构造

a) 氧化焰 b) 中性焰 c) 碳化焰

1—焰心 2—内焰 3—外焰

(2) 气焊设备 气焊所用主要设备有氧气瓶、减压器、乙炔发生器（或乙炔瓶)、回火防止器、焊炬，见图 2-277。

氧气瓶用于储存和运输氧气，容量一般为 40L，最高压力 15MPa，由合金钢制成。

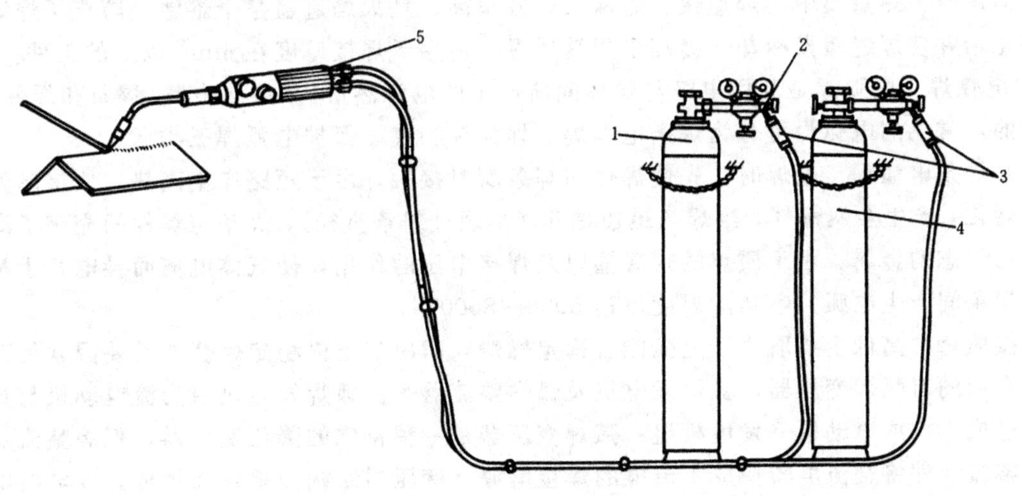

图 2-277 气焊设备

1—氧气瓶 2—减压器 3—回火防止器 4—乙炔瓶 5—焊炬

乙炔瓶是储存和运输乙炔的容器，在瓶内装满浸渍了丙酮的多孔性填料，能使乙炔溶解于丙酮中（常温下丙酮溶解乙炔气是 1∶23)，从而稳定、安全的储存。使用时压力下降，丙酮的溶解能力降低，乙炔就会分解出来。

回火防止器的作用是防止回火，保证安全。气焊时，当乙炔气体供应不足或管路、焊嘴发生堵塞等情况时，火焰会沿乙炔管路往回燃烧，发生爆炸。因此，需在乙炔瓶上加装回火防止器。

减压器主要起减压及稳压作用，使氧气压力保持在0.3～0.4MPa。

焊炬是将氧气和乙炔按一定比例混合，再将混合气体喷出进行燃烧，形成稳定而集中的火焰。工作时，具有一定压力的氧气以高速从喷嘴口喷出，使喷嘴周围压力降低，把喷嘴周围的乙炔吸入射吸管内，经混合后由焊嘴喷出。

(3) 气焊工艺　根据焊炬的走向，可将气焊分为左向焊法和右向焊法两种，见图2-278。

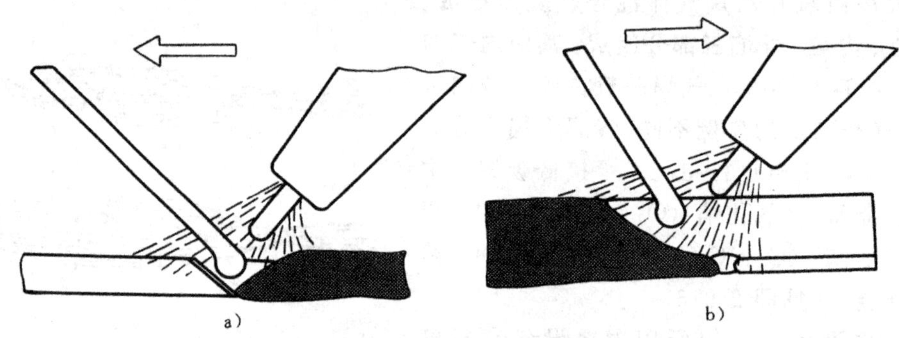

图2-278　左向焊法和右向焊法

a) 左向焊法　b) 右向焊法

左向焊时，对工件有预热作用，焊接薄板（5mm以下）时效率较高，但焊缝易氧化，冷却较快，热量利用率低。

右向焊时，热量集中，焊速快、熔深大，效率高，且火焰遮盖整个熔池。防止了焊缝金属的氧化，并使焊缝缓慢冷却，提高了焊缝质量，适用于焊接厚度在5mm以上的工件。

2. 电弧焊　电弧焊是利用电极与焊件间所产生的电弧热量，来熔化金属（焊条和焊件）进行焊接的，常见的电弧焊可分为焊条电弧焊、埋弧焊和气体保护电弧焊三类。

(1) 焊条电弧焊　电焊时，先使焊件与焊条瞬时接触，由于短路产生高热，使接触处金属很快熔化，产生金属蒸气，当焊条迅速提起（不超过焊条直径），焊条与焊件间充满了高热的气体与气态的金属，由于质点的热碰撞以及焊接电压的作用，使气体电离而导电，于是在焊件与焊条间产生电弧，电弧的温度可达5000～8000℃。

焊接质量的高低主要取决于电弧能否稳定燃烧，而决定电弧稳定燃烧的首要因素是弧焊电源。常用的有弧焊变压器，弧焊发电机及弧焊整流器等。弧焊发电机由交流电动机与直流发电机组成，构成电动机—发电机组；弧焊变压器是一种特殊的降压变压器；弧焊整流器是通过硅整流元件将交流电转换成直流电的焊接电源。变压器结构简单，成体低。发电机电弧稳定，但结构复杂，成本高。生产中一般采用整流式弧焊机，它介于两者之间，维修方便，成体低，电弧也比较稳定。

焊接时使用的电焊条一般由焊芯和药皮两部分组成，焊芯主要起传导电流和填充焊缝的作用；药皮主要保证焊缝金属具有合乎要求的化学成分和力学性能，并使焊条具有良好的焊接工艺性能。

焊接时最常用的接头形式有对接接头，搭接接头和T形接头三种形式。根据焊接操作时焊缝的空间位置不同，可分为平焊，横焊、立焊及仰焊四种，其中平焊操作最方便，生产率高。

(2) 气体保护电弧焊　气体保护焊是用外加气体作为电弧介质，并保护电弧和焊接区的电弧焊。普通电弧焊时焊接金属将会和空气中的各种气体发生反应，影响焊缝质量。而气体保护电弧焊通过喷嘴中送出的气流，在电弧周围造成局部的气体保护层，使电极端部，熔滴和熔池与空气机械地隔离开来，从而保证了焊接过程的稳定性，并保证了焊缝质量，见图2-279。

气体保护电弧焊按保护气体的种类分为：氩弧焊，氦弧焊，氮弧焊，二氧化碳气体保护焊及混合气体保护焊等；按电极形式分为：不熔化电极（钨极）和熔化电极的气体保护焊；按操作方法分为：手工，半自动和自动气体保护焊。

(3) 埋弧焊　埋弧焊是电弧在焊剂层下燃烧进行焊接的方法。由于电弧在焊剂层下燃烧，能防止空气对焊缝的不良影响，送进焊丝，电弧移动由机械自动完成，焊缝连接性好，电弧稳定，焊缝质量好，生产率高，并能节约焊接材料和电能，见图2-280。

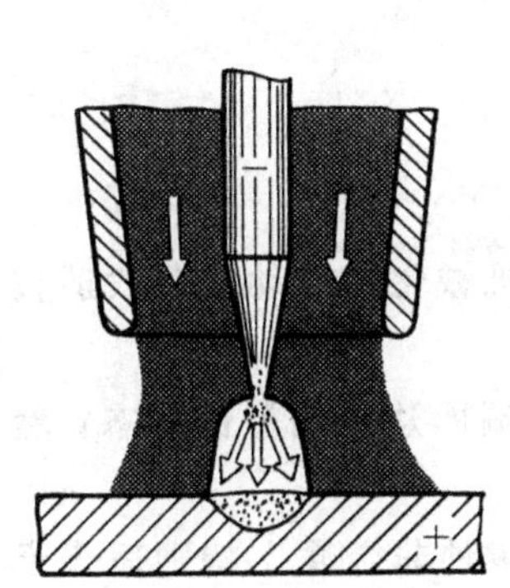

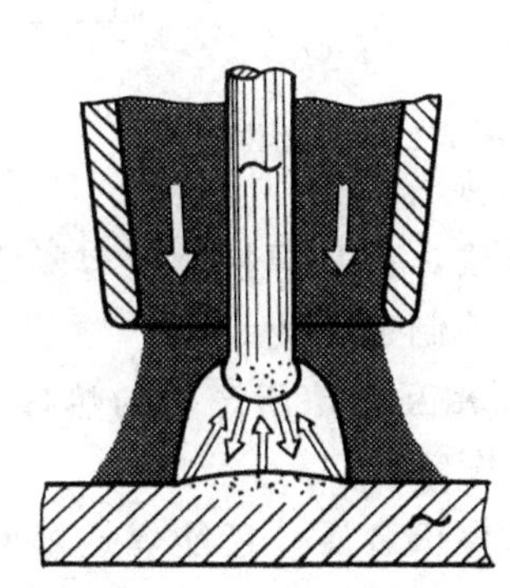

图2-279　气体保护电弧焊

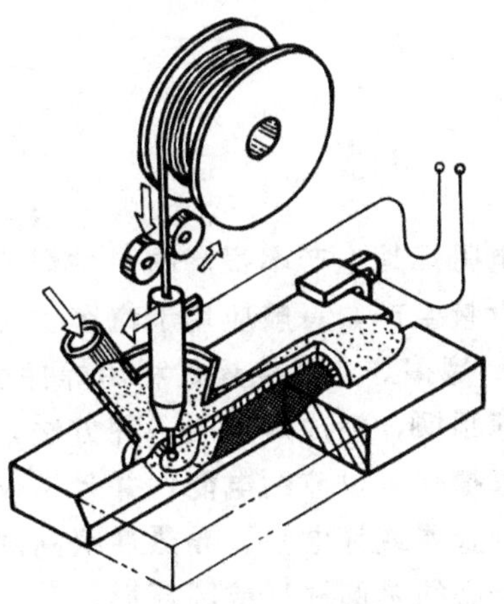

图2-280　埋弧焊

2.9.8.2　压焊　压焊是在焊接过程中，必须对焊件施加压力（加热或不加热），以完成焊接的方法。

1. 电阻焊　电阻焊是利用电流通过接头的接触面及邻近区域产生高的电阻热，使其达到熔化或半熔化状态，同时施加压力，使焊件焊合的方法，见图2-281。

点焊时，将焊件搭接装配后，压紧在两圆柱形电极间，并通以很大的电流，使两焊件接触处加热到熔化温度，然后断电，加压，凝固形成焊点。

缝焊与点焊相似，但焊接时以旋转的滚盘代替点焊时的圆形电极，而焊件在转动的滚盘间借摩擦力向前移动，当电流断续或连续地由滚盘流过焊件时，即形成缝焊的焊缝。

对焊可分为电阻对焊和闪光对焊。电阻对焊是将焊件装配成对接接头，使其端面紧紧接触，利用电阻热加热至塑性状态，然后断电加压完成焊接；闪光对焊是将焊件装配成对接接头，接通电源，并使其端面逐渐移近达到局部接触，利用电阻热加热这些接触点（产生闪光）使端面金属熔化，断电加压完成焊接。

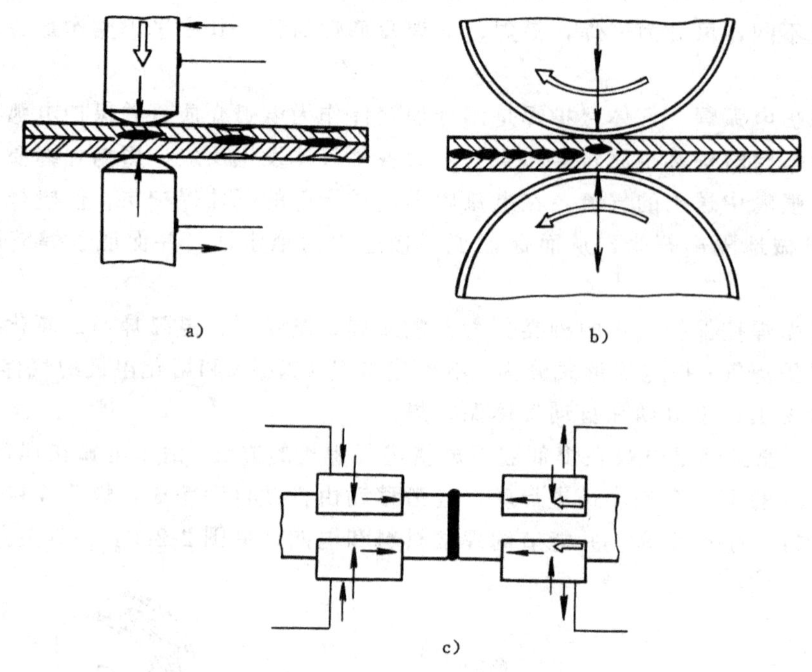

图 2-281 电阻焊

a）点焊 b）缝焊 c）对焊

电阻焊是生产率很高的一种焊接方法，而且焊接过程容易实现机械化和自动化，故适宜于大批量生产，一般应用于汽车、飞机等制造行业。

2. 摩擦焊 摩擦焊是利用焊件表面相互摩擦所产生的热量，使端面达到热塑性状态，然后迅速顶锻，完成焊接的一种方法，见图 2-282。

摩擦焊可以节约电能，并且不仅能焊接金属，还能焊接塑料等多种非金属，特别适合于焊异种金属或导电性、导热性很高的金属。但因焊接时大都要旋转，故接头形状受限制，接头部分必须是圆柱形或圆环形。

2.9.8.3 堆焊 堆焊主要用来修复机械设备工作表面的磨损部分和金属表面的残缺部分，以恢复原来的尺寸，或堆焊成耐磨、耐蚀的特殊金属表面层。

堆焊时必须根据不同要求选用不同的焊条，并且采用不同的堆焊工艺，才能获得较满意的堆焊质量。

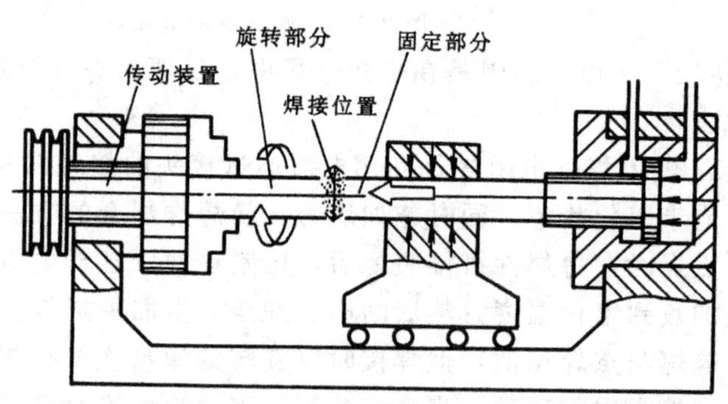

图 2-282 摩擦焊

2.9.8.4 常用金属材料的焊接性 焊接性是指在一定的焊接工艺条件下，获得优良焊接接头的难易程度。焊接性的好坏，主要取决于材料，结构和工艺等因素。

钢材的焊接性好坏，主要取决于它的化学成分，而碳含量的影响最大，随钢材碳含量的增加，其焊接性逐步下降。

铸铁的焊接主要用于修补铸铁的缺陷或裂缝，因铸铁碳含量较高，它的可焊性很差。

由于合金元素的影响，合金钢的焊接性较差，我们可以把钢中合金元素的含量按其作用换算成碳的相当含量，根据含量的大小，决定合金钢的焊接性，含量越大，焊接性越差。

碳含量较高的材料的焊接，可以通过合理地选用焊接规范和采用恰当的工艺措施，来获得较好的焊接质量。例如中碳钢，由于碳含量较高，为了获得优质焊缝，可将焊件预热，并选用较小的焊条直径和焊接电流。

2.9.8.5　焊接缺陷及检验　焊接缺陷按其在焊缝中的位置可分为内部缺陷和外部缺陷两种。外部缺陷如焊缝尺寸及形状不符合要求，咬边、焊瘤、凹坑、烧穿、表面气孔、表面裂纹等；内部缺陷如未焊透、未熔合、夹渣、内部气孔、内部裂纹等。

焊接质量的检验方法一般可分为破坏检验和无损检验两大类。破坏检验是从焊件或试件上切取试样，或把整个产品破坏，根据要求进行力学性能试验，分析化学成分或检验金相组织等；无损检验一般有外观检验、密封性检验（气密性试验、煤油试验）、耐压检验（水压试验、气压试验）、渗透探伤、超声波探伤、射线探伤等。

2.10　涂层

涂层的目的不仅是用于装饰，而且增加了表面的耐磨性和耐久性，提高了防锈和防腐蚀能力。

2.10.1　清洗表面

金属表面往往被油、灰尘、锈等污染，所以要进行清洗，清洗的方法主要是除锈和去油。

除锈的方法有喷砂、研磨（化学、机械和电解）和酸洗等。

去油的方法有溶剂法、碱液法、乳剂法、电解法等。

2.10.2　非金属涂层

1. 塑料涂层　把零件浸在液态塑料中，或把塑料喷涂在零件上，见图 2-283。

塑料涂层采用氯化乙烯树脂、酚醛树脂、聚乙烯和一些共聚合树脂等。

2. 陶瓷涂层　将无机玻璃或耐火材料覆盖在金属表面上的方法，如搪瓷。将搪瓷粉撒喷在零件上，然后加热至 800～1000℃ 形成涂层，该涂层具有很好的化学稳定性和耐热性。

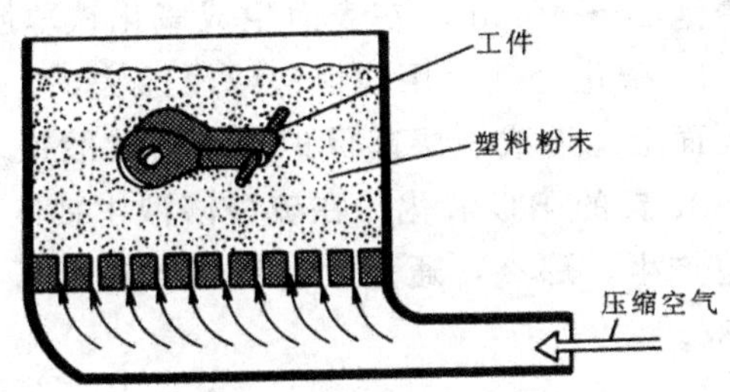

图 2-283　塑料喷涂

2.10.3　金属涂层

1. 热浸镀　将金属在溶化的金属液中浸渍，在其表面制造金属薄膜的方法。采用此法可将 Zn、Sn、Al，Pb 等镀在钢铁表面上。例如，镀锌薄钢板（白铁皮），见图 2-284。

2. 电镀　电镀是将工件作为阴极，电镀金属作为阳极侵入电镀液中，在电极间施加较小的电压，电镀金属以离子形式溶入电镀液中，金属离子向阴极移动并在工件表面析出，在工件表面上沉积出一层薄薄的保护金属，见图 2-285。常用的电镀金属有 Ni、Sn、Gu 等。以下的金属均

图 2-284　热浸镀

可进行电镀：Co、Sn、Zn、Ag、Cu、Fe 和黄铜等。

3．复合板　用轧制的办法，使保护层薄板金属与基体金属结合在一起。用这种方法可以节约昂贵的金属。

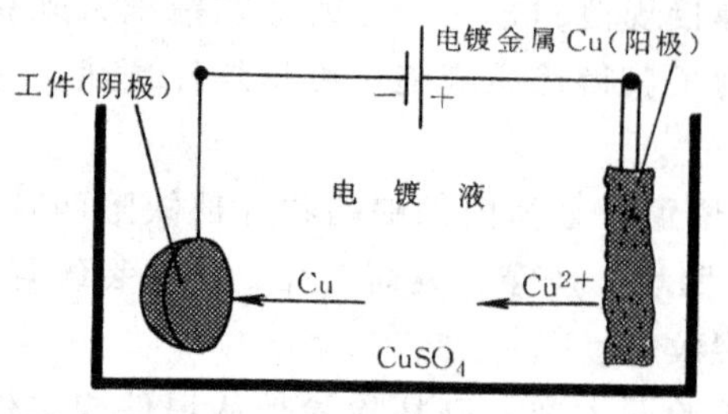

图 2-285　电镀

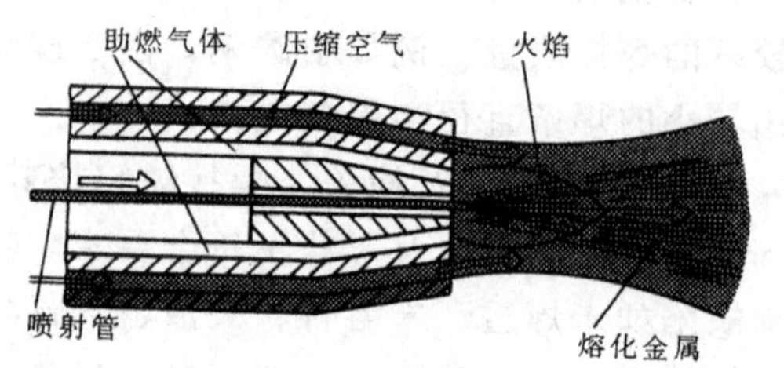

图 2-286　金属喷镀

4．金属喷镀　用压缩空气将液态金属吹喷在物体表面上的方法，见图 2-286。常用的喷镀金属有 Zn、Al、Pb、Sn 等。

5．金属渗镀　将其它金属扩散，渗透在基体金属表面上，以生成合金层的方法。提高耐热性渗镀铝，提高耐蚀性渗镀铬。

6．真空镀膜　将工件置于高真空的玻璃容器中，钨丝通过电加热镀膜金属，使镀膜金属的蒸气飞溅沉积在工件表面上，见图 2-287Al、Cu、Ni、Ag 等金属均可作为镀膜金属。

2.10.4　化学防护层

把金属浸入溶液中，靠化学反应或电化学反应在金属表面生成保护性的氧化膜或反应生成物薄膜。主要应用有：钢铁的发蓝处理，磷化处理，铝的阳极氧化处理等。

1．钢铁的发蓝处理　把钢铁件浸入浓的 NaOH 和磷酸钠亚销酸钠水溶液（140～150℃）中浸泡 20～40min。在表面生成氧化铁薄膜，薄膜多孔，耐蚀性不太好。

2．磷化处理　用喷射法或浸蚀法，将磷酸锌的水溶液涂敷到经预先去锈和脱脂处理的金属表面上。形成一层起保护作用的磷酸铁表面层。

3．铝的阳极氧化　在硫酸溶液中插入一块个铅板（负极）和铝制工件（正极），如果有直流电产生，那么，通过自由氧原子运动可在工件表面上生成氧化层（铝的阳极氧化），见图 2-288。

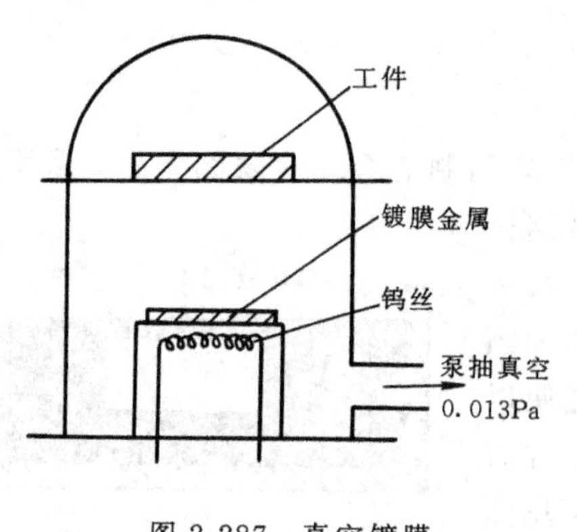

图 2-287　真空镀膜

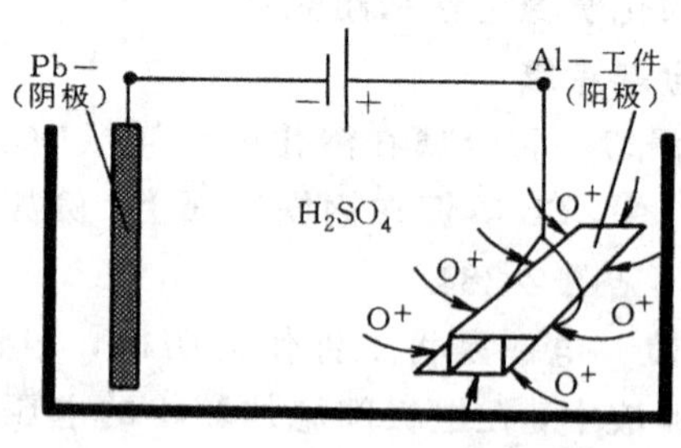

图 2-288　阳极氧化

2.11 金属热处理

2.11.1 铁碳组织

铁碳合金是铁和碳的二元合金，铁碳合金的组织有铁素体、奥氏体、渗碳体、珠光体和莱氏体。

铁素体是碳溶于 α-Fe 中的间隙固溶体，用“F”表示，其最大固溶度为碳的质量分数为 0.0218%（727℃），室温时铁素体中碳的固溶度碳的质量分数只有 0.0008%，铁素体的晶格类型是体心立方。

奥氏体是碳溶于 γ-Fe 中的间隙固溶体，用“A”表示，其最大固溶度为碳的质量分数为 2.11%（1148℃），奥氏体是高温组织，在平衡条件下，它最低存在的温度是 727℃，在该温度下奥氏体的碳的质量分数是 0.77%，奥氏体的晶格类型是面心立方。

渗碳体是铁和碳的金属化合物，分子式为 Fe_3C，其碳的质量分数为 6.69%，渗碳体具有复杂的晶格。

珠光体是铁素体和渗碳体组成的机械混合物，用“P”表示，它平衡条件下的碳的质量分数为 0.77%，珠光体中铁素体和渗碳体是片层相间的形态。

莱氏体在 727℃ 以上是奥氏体和渗碳体的机械混合物，称为高温莱氏体，用“L_d”表示，低于 727℃ 则是珠光体和渗碳体的机械混合物，称为低温莱氏体，用“L_d”表示，其成分是固定值，碳的质量分数是 4.3%。

以上铁碳组织见图 2-289。

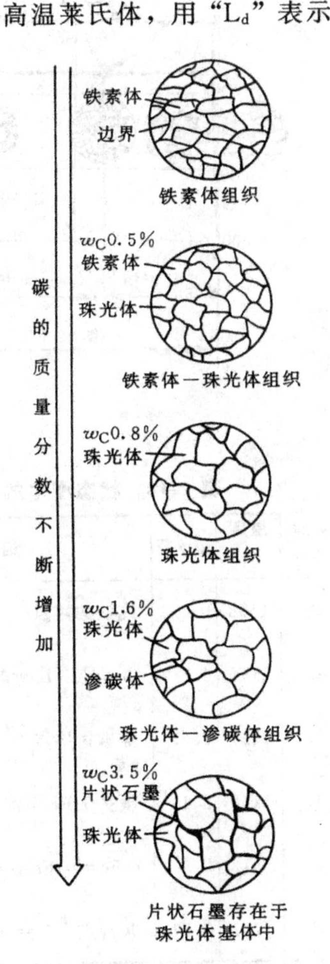

图 2-289 铁碳合金组织

2.11.2 铁碳合金状态图

1. 铁碳合金状态图　铁碳合金状态图是表示在极缓慢冷却（或极缓慢加热）的情况下，不同成分的铁碳合金的状态或组织随温度变化的一种图形。铁碳合金状态图反映出在平衡条件下铁碳合金的成分、温度和组织之间的关系，见图 2-290。

2. 状态图中点、线的含义（见表 2-14、表 2-15）

3. 铁碳合金的分类

（1）工业钝铁（$w_C \leqslant 0.0218\%$）

（2）钢（$0.0218\% < w_C < 2.11\%$）

1）亚共析钢（$0.0218\% < w_C < 0.77\%$）。

2）共析钢（$C = 0.77\%$）

3）过共析钢（$0.77\% < w_C < 2.11\%$）。

（3）白口铸铁（$2.11\% < w_C < 6.69\%$）。

1）亚共晶白口铸铁（$2.11\% < w_C < 4.3\%$）。

2）共晶白口铸铁（$w_C = 4.3\%$）。

3）过共晶白口铸铁（$4.3\% < w_C < 6.69\%$）。

2.11.3 加热时的组织与晶格

热处理的目的是通过加热、冷却的方法，改变金属及合金的组织结构，使其具备工程技术上所需要的性能。热处理一般是由加热、保温和冷却三个阶段组成的。

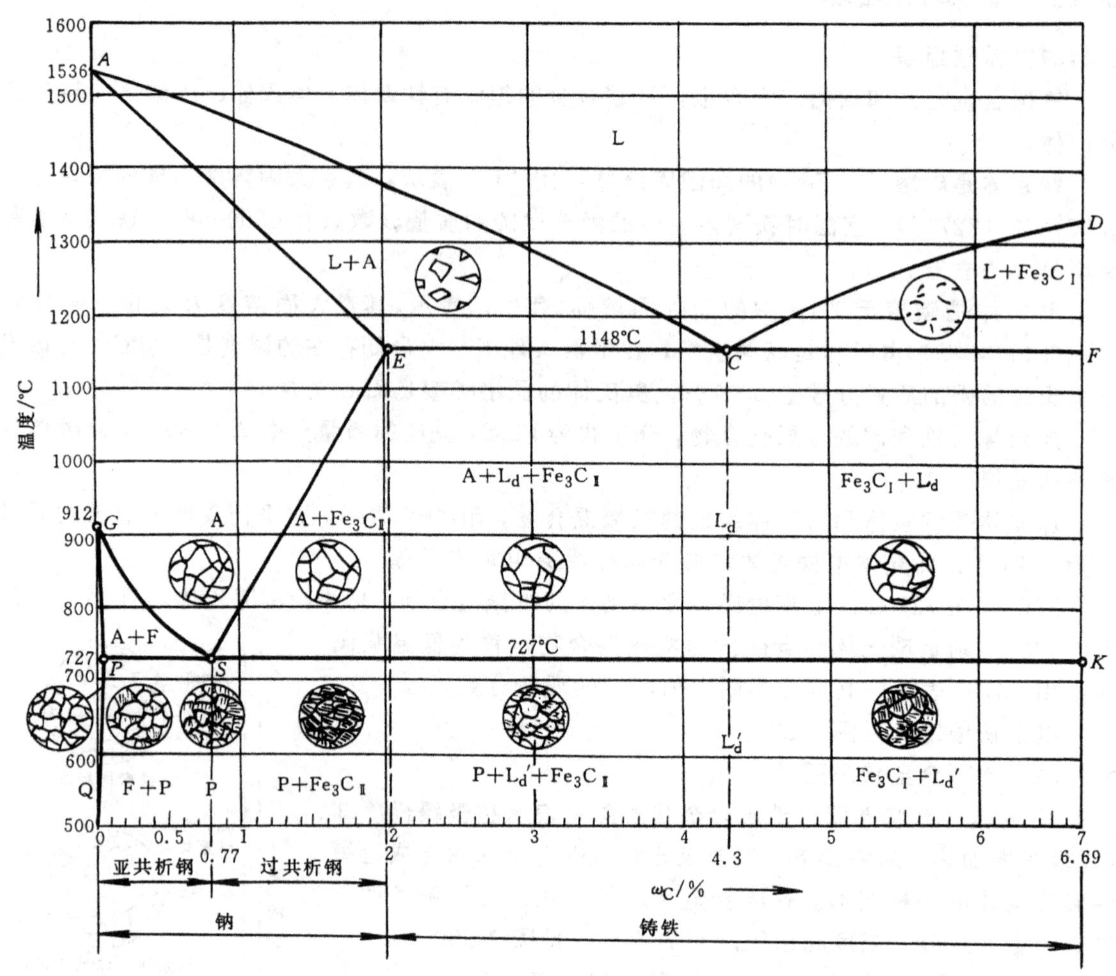

图 2-290 Fe-Fe$_3$C 状态图

表 2-14 状态图中的特性点

点的符号	温度/°C	w_C/%	意 义
A	1538	0	纯铁的熔点
C	1148	4.3	共晶点，L ⇌ A+Fe$_3$C
D	1227	6.69	渗碳体熔点
E	1148	2.11	碳在 γ-Fe 中的最大溶解度
G	912	0	α-Fe ⇌ γ-Fe 铁的同素异物转变点
S	727	0.77	共析点，A ⇌ F+Fe$_3$C

表 2-15 状态图中的特性线

特性线	特性线的含义
ACD	铁碳合金的液相线
AECF	铁碳合金的固相线
GS	冷却时，从奥氏体中析出铁素体的开始线，常用 A_3 表示
ES	碳在 γ-Fe 中的溶解度线，常用 A_{cm} 表示
ECF	共晶转变线，L ⇌ A+Fe$_3$C
PSK	共析转变线，A ⇌ F+Fe$_3$C，常用 A_1 表示
PQ	碳在 α-Fe 中的溶解度线

为了使钢件热处理后获得所要求的性能，对于大多数热处理工艺（如淬火、正火和退火等）其加热温度应高于钢的临界点（727℃），使钢具有奥氏体组织。加热及保温获得奥氏体（亦称奥氏体化）是这类热处理的第一步骤。

$Fe—Fe_3C$ 相图示出了不同成分的 Fe—C 合金在各个温度区间平衡相的结构、成分和相对含量，能够表示在缓慢加热和冷却过程中所发生的相变。

根据 $Fe—Fe_3C$ 合金相图，由铁素体 α＋渗碳体 Fe_3C 两相组成的珠光体，加热到 Ac_1 稍上温度时要转变为单相奥氏体，即

$$\left(\underset{w_C=0.02\%}{\alpha} + \underset{w_C=6.69\%}{Fe_3C}\right) \xrightarrow[\text{加热}]{Ac_1\text{以上}} \underset{w_C=0.77\%}{\gamma}$$

体心立方点阵　　复杂斜方点阵　　面心立方点阵

按照 $Fe—Fe_3C$ 相图，组织为珠光体的共析钢（$w_C=0.77\%$）在 A_1（727℃）温度以下加热时，其相组成保持不变，加热到 A_1 点以上时，珠光体全部转变为奥氏体。

在亚共析（$w_C=0.40\%$）钢中，当缓慢加热到稍高于 A_1 温度后，除珠光体全部转变为奥氏体外，还有少量铁素体转变为奥氏体。此时钢由铁素体加奥氏体组成，继续升高温度，铁素体不断地向奥氏体转变，当温度升高到 A_3（A_{cm}）点以上时，全部转变为奥氏体，此时钢中只有单相奥氏体存在。

其它成分的钢在加热或冷却时，均可根据 $Fe—Fe_3C$ 相图，在不同温度得到不同的组织。图 2-291 所示为共析钢（$w_C=0.77\%$）在加热时的组织与晶格的转变。共析钢在 727℃ 以下时其组织为珠光体，当温度升高到 727℃ 以上时，组织转变为奥氏体，其晶格为面心立方点阵。

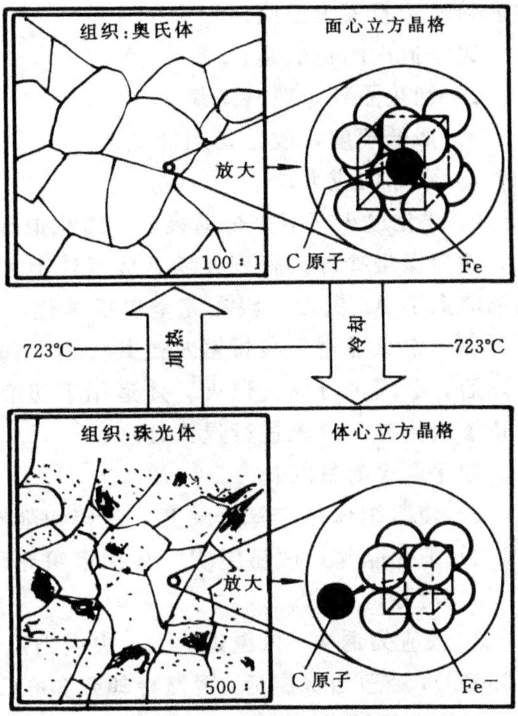

图 2-291　共析钢加热时组织、晶格转变

2.11.4　钢的热处理

钢的热处理是通过将钢在固态下加热、保温和冷却来改变其内部组织，从而获得所需的性能的一种工艺方法。

根据工艺不同，钢的热处理方法可分为退火、正火、淬火、回火及表面热处理等五种。

热处理的方法虽然很多，但任何一种工艺都是由加热、保温和冷却三个阶段组成。因此，热处理工艺过程可用“温度—时间”为坐标的曲线图形来描述的，如图 2-292 所示，此曲线称为热处理工艺曲线。

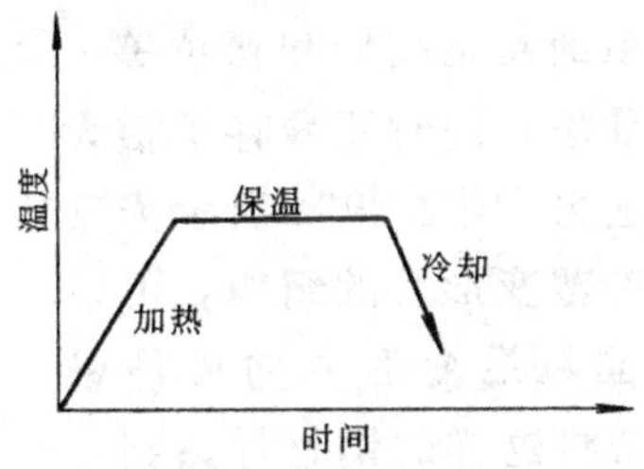

图 2-292　热处理工艺曲线图

2.11.4.1　退火　退火是将钢加热到适当温度，保温一定时间，然后缓慢冷却（一般为随炉冷却）至室温，以获得接

近于平衡状态的组织。

退火目的为：1）降低钢的硬度，提高塑性，以利于切削加工及冷变形加工。2）细化晶粒，均匀钢的组织及成分，改善钢的性能或为以后的热处理作准备。3）消除钢中的残余内应力，以防止变形和开裂。

根据钢的成分和退火目的，要求的不同，退火可分为：完全退火、球化退火、扩散退火、去应力退火和再结晶退火。

1. 完全退火　完全退火又称重结晶退火，主要用于亚共析钢，是把钢加热到略高于 A_{c3}的温度，保温一定时间，然后缓慢冷却（炉冷或在冷却坑内冷却），所得的组织基本上接近于平衡组织。

完全退火的加热（包括加热温度和保温时间），必须以钢材奥氏体的完全、充分以及奥氏体晶粒不致粗大为原则。

完全退火的目的是：

1）细化晶粒，改善组织。

2）降低硬度，改善切削性能。

3）消除内应力。

2. 球化退火（不完全退火）　球化退火是将钢材加热到 Ac_1以上 20～30℃，保温一定时间，然后缓慢冷却，得到在铁素体基体上均匀分布着球状碳化物的组织。由于球化退火只加热到略高于 Ac_1温度，没有完全奥氏体化，故又称为不完全退火。

珠化退火适用于共析钢及过共析钢，如碳素工具钢、合金刃具钢、轴承钢等，在锻压加工以后，必须进行球化退火，才适用于切削加工。在球化退火前，若钢的原始组织中有明显网状渗碳体时，应先进行退火处理。

球化退火的目的：

1）使组织球化，降低硬度，改善切削性能。

2）细化晶粒，改善组织（包括组织球化）为最终热处理作准备。

3）消除内应力。

3. 去应力退火（低温退火）　去应力退火是将工件加热到略低于 A_1 的温度（一般取 500～650℃），经适当保温后，缓慢冷却到 300℃ 以下出炉的一种热处理工艺。在去应力退火过程中，钢的组织不发生变化，只是消除内应力。

零件中存在的内应力是十分有害的，如不及时消除，将会引起工件在一定时间以后，或在随后的切削加工过程中和最终热处理时产生变形或裂纹。

4. 再结晶退火　工件在经过一定量的冷塑性变形（如冷冲和冷轧等）后，在晶粒内部产生大量的晶格畸变和错位等，从而导致硬度、强度的升高和塑性、韧性的降低，即产生加工硬化现象，同时还残存了很大的内应力。图 2-293a 所示为钢材经冷塑变形后的组织，可以看出晶粒沿变形方向成仿锥形，若将这样的钢材加热到一定温度以上（低于 Ac_1），会重新生核长大成均匀的等细晶

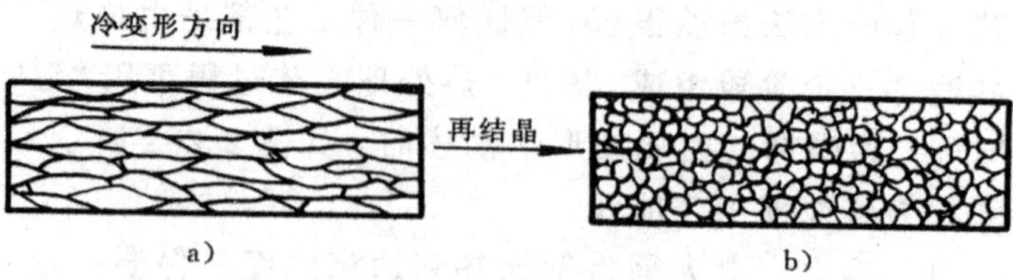

图 2-293　钢的再结晶示意图

粒，如图 2-293b，从而消除了加工硬化现象和残余应力，钢材又恢复了塑性变形能力，这一现象称为再结晶。

2.11.4.2　正火　将钢加热到临界点（亚共析钢为 Ac_3；过共析钢为 Ac_{cm}）以上适当温度，保温一定时间，然后在空气中冷却下来的热处理工艺，称为正火。

由于正火能消除钢材的一些缺陷，使组织更细、更均匀化，因此，也经常采用正火作预热处理，为最终热处理创造良好的组织准备。

正火的目的是：

1）改善含碳量较低的钢材的切削性能。

2）中碳结构钢构件的力学性能要求不高时，可代替调质作为最终热处理，起到简化工艺的目的。

3）消除过共析钢的网状渗碳体。

4）消除缺陷、细化晶粒、改善组织，为最终热处理作准备。

正火与退火两者的目的基本相同，但正火的冷却速度比退火稍快，故正火钢的组织比较细，它的强度、硬度比退火高。

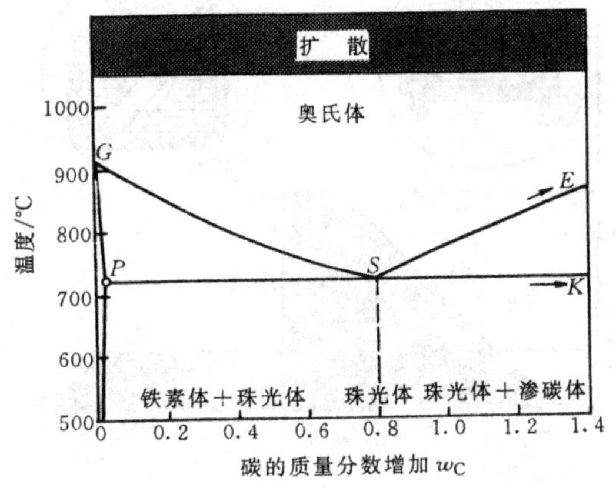

图 2-294　碳钢的淬火加热温度范围

2.11.4.3　淬火　将钢加热到临界温度 Ac_3（亚共析钢）或 Ac_1（过共析钢）以上某一温度，经保温一定时间，使之全部或部分奥氏体化，然后快速冷却（达到或大于临界冷却速度），以获得马氏体组织的热处理工艺，称为淬火。淬火的目的主要是为了获得马氏体组织，以提高钢的硬度和耐磨性。

淬火的加热温度范围见图 2-294。

淬火冷却时的组织转变见图 2-295。

对于大多数工件来说，淬火后马氏体性能不能满足其使用要求，因此淬火后必须配以适当的回火，见图 2-296 热处理工艺曲线。

淬火冷却介质有水、矿物油、盐水溶液等。

钢的淬透性与淬硬性：淬火时，工件截面上各处的冷却速度是不同的，表面的冷却速度最快，越到中心冷却速度越慢。如果工件表面及中心的冷却速度都较快，则沿工件的整个截面都能获得马氏体组织，即完全被淬透了。如果中心部分冷却速度较低，则表面得到马氏体，心部获得非马氏体的组织，表示钢未被淬透。钢在一定条件下淬火后，

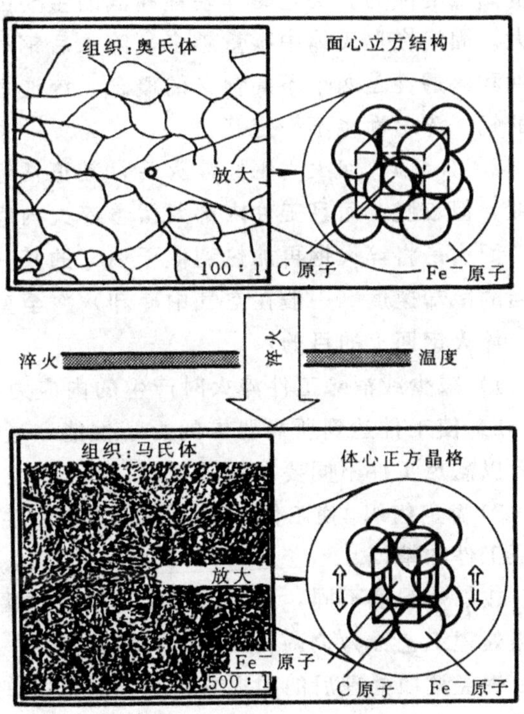

图 2-295　淬火组织转变

获得淬透层（也称淬硬层）深度的能力，称为钢的淬透性，淬透性对钢的力学性能影响很大，淬透性好的钢，即使零件的尺寸较大也能完全淬透，经回火后，中心和表面都得到回火索氏体组织，可得到良好的综合力学性能；而淬透性差的钢则不能完全淬透，经回火后，表面上得到回火索氏体，中心为片状珠光体组织，越靠近心部的力学性能越差，特别是韧性越差。见图 2-297。因此，钢的淬透性对提高，大截面零件的力学性能，发挥钢材的潜力，具有重要意义。

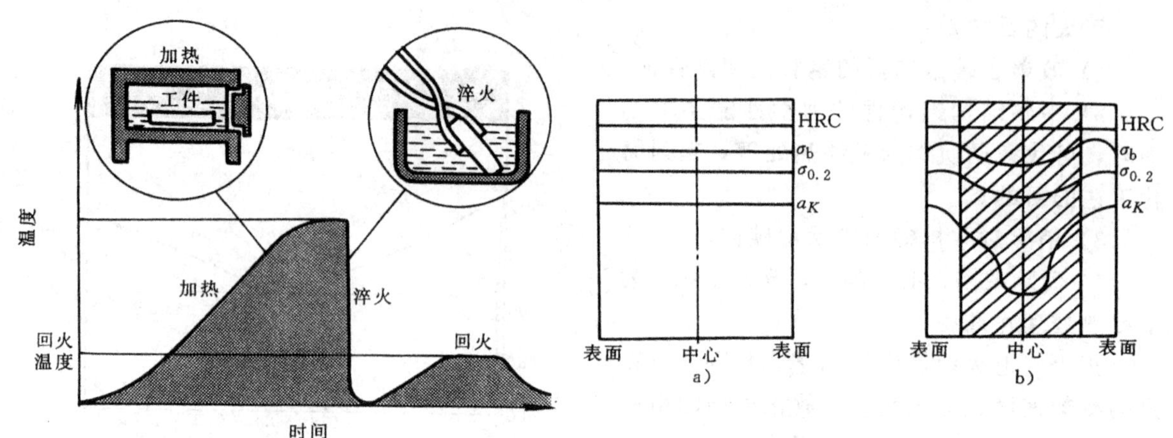

图 2-296　淬火后回火热处理工艺曲线

图 2-297　淬透性对调质后钢的力学性能的影响
a）已淬透　b）未淬透

淬硬性是钢材在正常淬火条件下，可能得到的最高硬度值的大小，即表示钢淬火时获得硬度高低的能力。决定钢淬硬性高低的主要因素是含碳量，而钢中的合金元素对淬硬性影响不大。固溶在奥氏体中碳量越多，淬火后钢的硬度就越高，则其淬硬性越好。可以看出，淬硬性和淬透性是两个不同含义的概念。淬透性好的钢，其淬硬性不一定好。反之，其淬硬性好的钢，淬透性也不一定好。

2.11.4.4　回火　钢经淬火后，其正常组织为：马氏体+残余奥氏体。具有高的硬度和强度，但较脆，而且工件内部残留着淬火内应力，必须经过回火处理后才能使用。

回火是将淬火钢再加热到低于 Ac_1 的某一温度，保温一定时间，待组织转变完成后，以适当的冷却速度（一般在空气中冷却）冷至室温的热处理工艺。

淬火钢回火的目的：

1）减少或消除工件淬火时产生的内应力，防止工件在使用过程中的变形和开裂。

2）使工件达到所需要求的力学性能，通过回火提高钢的韧性，适当调整钢的强度和硬度，以满足工件不同要求的需要。

3）稳定组织，使工件在使用过程中不发生组织转变，从而保证工件的形状和尺寸的不变，保证工件的精度。

按加热温度不同，回火可分为低温、中温和高温回火三类。其中淬火后加高温回火的复合热处理工艺称为“调质处理”。

钢经调质处理后的回火索氏体与正火后的索氏体相比较，在相同硬度条件下，前者的屈服强度、塑性和韧性都明显地高于后者。这是因为回火索氏体中的碳化物是粒状，而正火索氏体的碳化物是片层状。40 钢正火及调质处理后力学性能的比较，见表 2-16。

表 2-16　40 钢正火及调质处理后力学性能比较

热处理工艺	σ_b/MPa	σ_s/MPa	σ_s/%	ψ/%	α_K/ (J/cm^2)
正火	575	313	19.9	36.3	68.4
调质	595	346	30.0	65.4	139.5

2.11.5　表面热处理　表面热处理是使某些零件表面具有高的硬度和耐磨性，而心部具有足够的塑性和韧性，如齿轮、曲轴等。

常用的表面热处理有表面淬火和化学热处理两种。

2.11.5.1　表面淬火　表面淬火是通过不同的热源对零件进行快速加热，使零件一定厚度的表面层很快达到淬火温度，然后迅速冷却，从而使表面层得到硬度很高的马氏体组织，而心部却仍然保留着韧性和塑性较好的原来组织。

常用的表面淬火有火焰淬火和感应加热表面淬火。

1. 感应加热表面淬火　钢铁工件在交变电磁场作用下产生感应电流，使工件表面层很快地加热到淬火温度，然后迅速冷却的热处理方法称为感应加热淬火。其原理如图 2-298，感应器中通入一定频率的交流电，以产生交变磁场，于是工件表面层产生了与感应器中交变频率相同，但电流方向相反的感应电流（涡流）。由于电流的集肤效应涡流在工件截面上的分布是不均匀的，表面电流密度大，中心电流密度小，感应器中的电流频率越高，涡流越集中于工件的表层，由于工件表面涡流产生的热量，使工件表面迅速加热到淬火所需温度，而心部温度仍接近室温，随即快速冷却，从而达到了表面淬火的目的。

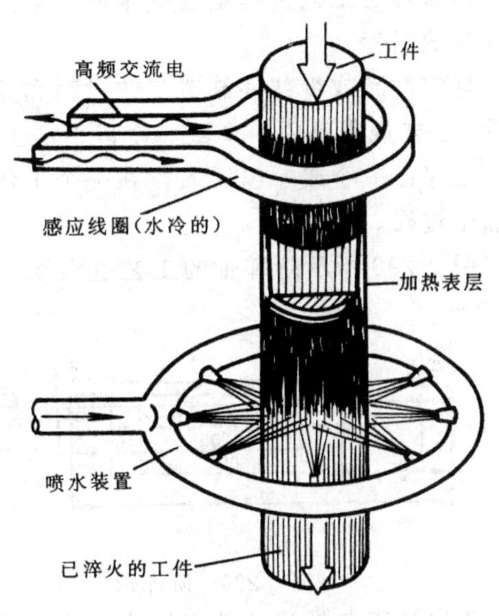

图 2-298　感应加热示意图

2. 火焰加热表面淬火　火焰加热表面淬火是将高温火焰喷向工件表面，使工件表面层迅速加热到淬火温度，然后快速冷却的一种表面淬火方法。

火焰淬火最常用的是氧—乙炔火焰混合气体或其它可燃气体。

2.11.5.2　化学热处理　将工件放在一定的活性介质中加热，使某些元素渗入工件表层，以改变表层化学成分和组织，从而改善表层性能的热处理工艺，称为化学热处理。

化学热处理有渗碳、渗氮、碳氮共渗，渗金属等多种。

1. 渗碳　渗碳是将低碳钢或低碳合金钢制工件放在碳介质中加热到单相奥氏体区，保温一定时间，使介质分解产生活性碳原子并渗入钢表层的热处理工艺。这样可使钢的表面含碳量提高，工件经淬火及低温回火后，表面获得高硬度，而心部又具有高韧性。

2. 渗氮　它是向钢的表面渗入氮原子的过程，其目的是提高零件表面的硬度、耐磨性、耐蚀性及疲劳强度。

渗氮相对于渗碳，有如下特点：

1）渗氮层具有很高的硬度和耐磨性，渗氮后不用淬火即可得到高硬度。

2）渗氮温度低，工件变形小。

3）渗氮后具有很好的耐蚀性，可防止水、蒸汽、碱性溶液的腐蚀。

但是渗氮的时间长，成本高，渗氮层薄而且脆。

3. 碳氮共渗　碳氮共渗就是向零件表面同时渗入碳原子和氮原子的过程。常用的是气体碳氮共渗。

碳氮共渗与渗碳相比，有许多优点，它加热温度低，零件变形小，生产周期短，而且渗层有较高的硬度、耐磨性和疲劳强度。

2.12　工艺规程

机械加工工艺过程是改变生产对象的形状、尺寸、相对位置和性质等，使其成为成品或半成品的过程。

规定产品或零部件制造工艺过程和操作方法等机械加工的工艺文件，称为机械加工工艺规程。工艺规程是由一个或一个以上的工序组合而成，毛坯依次地通过这些工序而变为成品。

工序：一个或一组工人，在一个工作地对同一个或同时对几个工件所连续完成的那一部分加工过程。

图 2-299 所示阶梯轴的工艺过程见表 2-17。

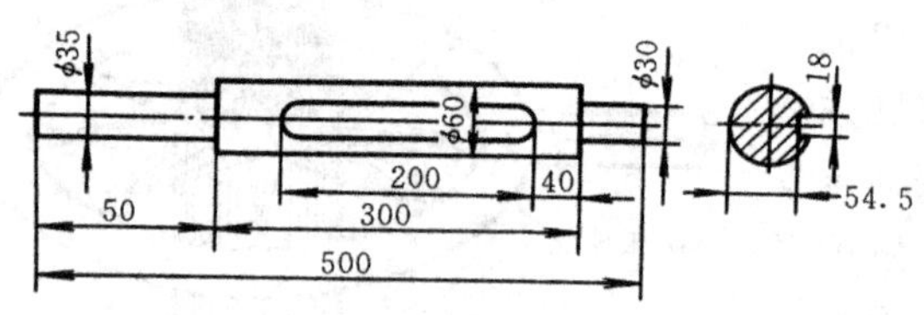

图 2-299　阶梯轴

表 2-17　阶梯轴的工艺过程

工序编号	工作名称	工作地点
10	车端面、钻顶尖孔	车床
20	车外圆	车床
30	铣键槽	铣床
40	磨外圆	外圆磨床
50	去毛刺	钳工台

工序是工艺规程的基本组成部分，是组织生产和实施计划的基本单元。

安装：工件在一次装夹中所完成的那部分工序。在一个工序中可包括一次或数次安装。

工件在加工时，增加安装次数，往往会降低加工的位置精度，所以在加工时尽量采用一次安装。

工位：在一次安装内，工件在机床上所占的每一个位置。

在每次安装中，工件对机床或夹具的相对位置发生了变化，但是变换工位并不需要重新安装，工件对机床的相对位置的变化是由夹具或机床的机构来实现的。

图 2-300 所示的台阶面工件在铣床上加工，就是一次安装两个工位。

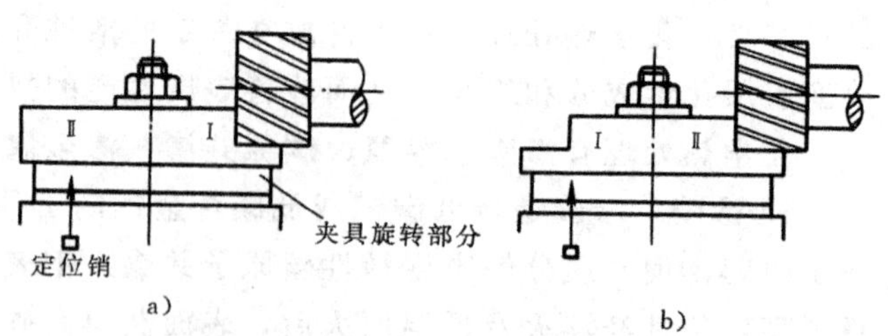

图 2-300　一次安装两个工位
a）第一个工位　b）第二个工位

工步：工序又可分为工步，在一个工序中可包括一个或数个工步。一般来说，在不变动被加工表面、切削刀具和切削用量（不包括吃刀量）的条件下，所完成的工序中的一部分，叫做工步。表 2-14 中的车外圆这道工序分粗车和精车两个工步，因为切削用量和刀具是不同的。

在工艺过程卡片中，对工步和工位一般不作严格区分。

采用复合刀具和多刀加工的工步称为复合工步，在工艺规程中也写为一个工步。

工作行程：在一个工步中，如加工余量较大，不能一次切除，则可分成几次进给，每一次进给运动称为一次工作行程。图 2-301 所示为分层进给。

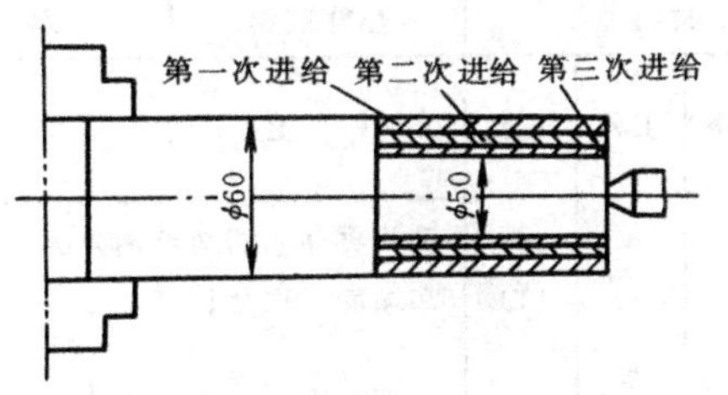

图 2-301　分层进给

所以说，机械加工工艺过程由一系列工序、安装、工位、工步和工作行程所组成。

车削阶梯轴（见图 2-302）的完整工艺分析见表 2-18。

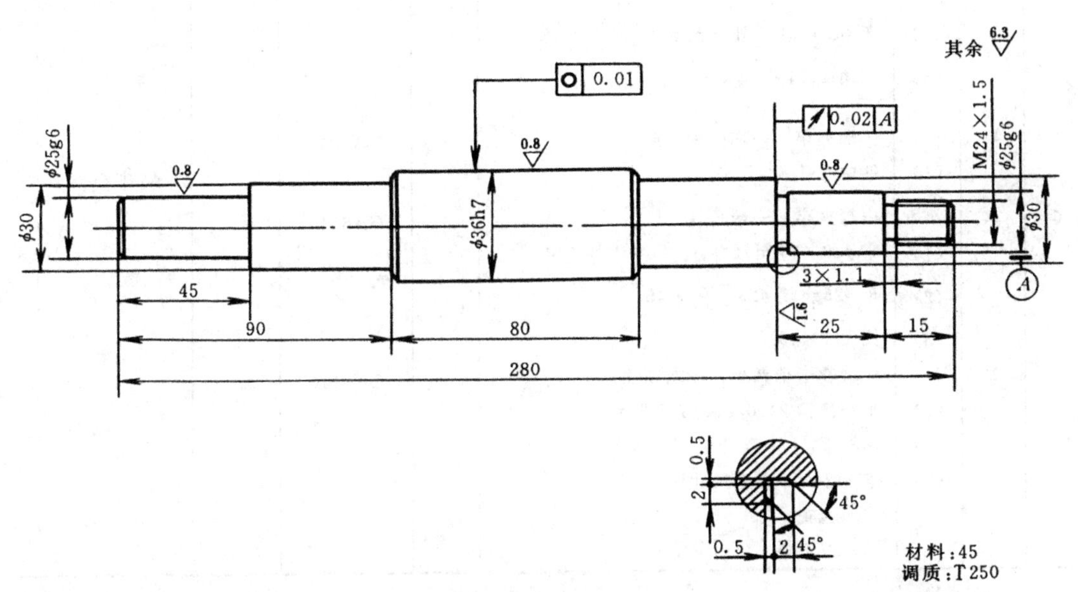

图 2-302　阶梯轴

表 2-18　阶梯轴的工艺卡

× × 厂	机械加工工艺卡		产品名称		图号		
			零件名称	阶台轴	共 2 页	第 1 页	
材料种类	热轧圆钢	材料成分	45	毛坯尺寸	ϕ39×282		

工序	工种	工步	工　序　内　容	车间	设备	工具 夹具	工具 刃　具	工具 量具
1	热处理		调质 T250					
			检查					
2	车		夹住 ϕ36h7 毛坯外圆	I	CA6140			
		(1)	车端面					
		(2)	钻中心孔 ϕ3				ϕ3 中心钻	

（续）

×　×　厂			机械加工工艺卡	产品名称		图号		
				零件名称		阶台轴	共 2 页	第 1 页
材料种类			热轧圆钢	材料成分	45	毛坯尺寸	$\phi 39\times 282$	
工序	工种	工步	工　序　内　容	车间	设备	工　具		
						夹具	刃　具	量具
3	车		调头夹住 $\phi 36h7$ 毛坯外圆	I	CA6140			
		(1)	车端面，取总长至 280					
4	车		一端夹牢，一端顶住	I	CA6140			
		(1)	车 $\phi 36h7$ 外圆至 $\phi 36{}^{+0.6}_{+0.5}\times 250$					
		(2)	车 $\phi 30$ 外圆至 $\phi 30\times 110$					
		(3)	车 $\phi 25g6$ 至 $\phi 25{}^{+0.5}_{+0.4}\times 40$					
		(4)	车 $M24\times 1.5$ 外圆至 $\phi 24{}^{-0.032}_{-0.268}\times 15$					
		(5)	倒角 $1\times 45°$					
5	车		一端夹牢，一端搭中心架	I	CA6140			
		(1)	钻中心孔 $\phi 3$				$\phi 3$ 中心钻	
6	车		一端夹牢，一端顶住	I	CA6140			
		(1)	车 $\phi 30\times 90$ 至尺寸					
		(2)	车 $\phi 25g6$ 至 $\phi 25{}^{+0.5}_{+0.4}\times 45$					
		(3)	倒角 $1\times 45°$					
7	车		一端软卡爪夹牢，一端顶住	I	CA6140			
		(1)	车轴肩槽 $2\times 0.5\times 45°$ 至尺寸					
		(2)	车槽 3×1.1 至尺寸					
		(3)	车 $M24\times 1.5$ 至尺寸					
			检查					
			以下略					

3 材　　料

3.1 材料分类

金属加工业使用的材料有金属和非金属。借助于工具和机器对这些材料进行加工，制成机械零件。加工过程中，还需要各种辅助材料，如磨料，切削液和抛光材料等。

在机械行业中，常用的金属材料分类如下：

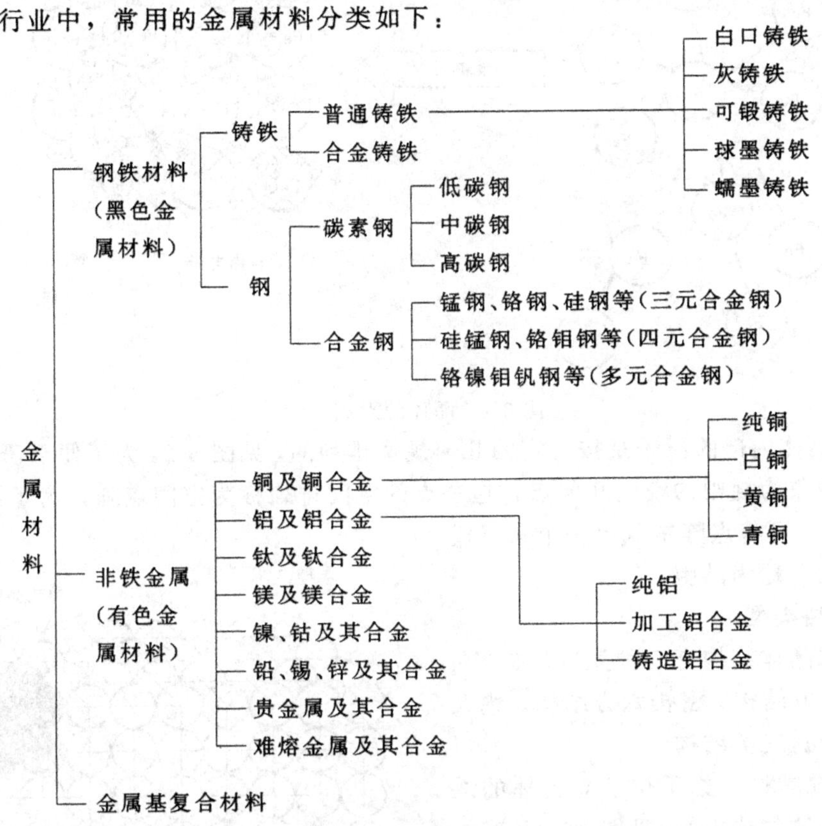

其中以铁、锰、铬或以它们为主形成的具有金属特性的物质称为黑色金属。如碳素钢、合金钢、铸铁等。

除黑色金属材料以外的其它金属材料，称为有色金属材料。如黄铜、硬铝、锡基轴承合金等。

3.2 材料结构

决定金属及合金性能的基本因素是其内部结构和组织，因而了解金属内部结构和对金属性能的影响，有很重要的意义。

3.2.1 结晶构造

1. 晶体和非晶体　一切物质都是由原子构成的。物质可分为两大类：晶体和非晶体。区分晶体和非晶体应从其内部的原子排列情况来确定。在晶体中，原子（或分子）在三维空间作有规则的周期性重复排列，见图 3-1，而非晶体物质内部的原子是无规则杂乱地堆积着，一般情况下，固体金属都是晶体。

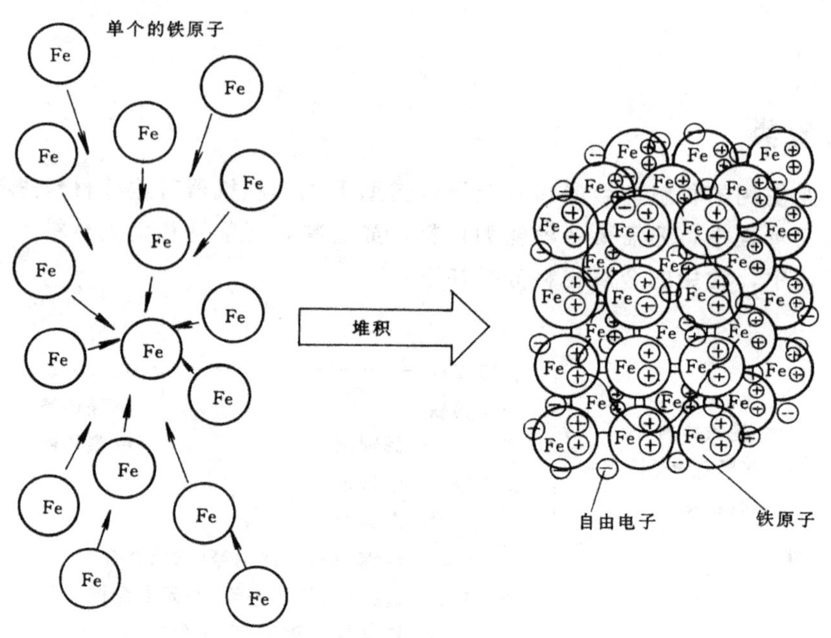

图 3-1　晶体的形成

2. 晶格　晶体内部的原子是按一定的几何规律排列的，见图 3-2，为了便于研究，可把晶体原子或分子抽象为规则的空间几何点，这些点的空间排列称为空间点阵，为了说明点阵排列的规律和特点，可将点阵中取出一个具有代表性的基本单元，称为晶胞。

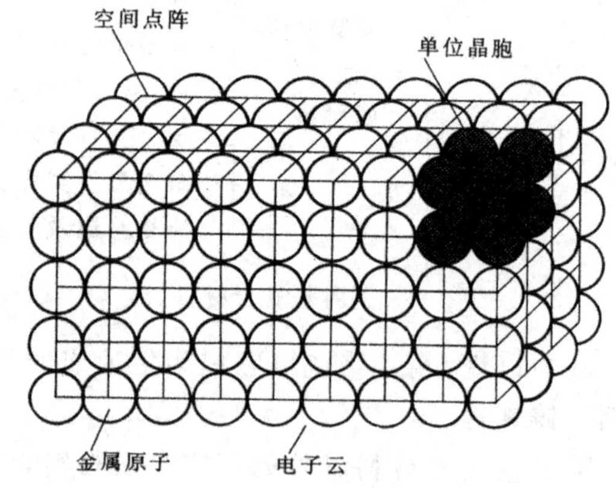

图 3-2　金属晶体结构

3.2.2　金属晶格类型

常见的金属晶体结构有三种类型：体心立方结构，面心立方结构，密排六方结构。绝大多数金属都属于这三类结构。

1. 体心立方晶格　原子位于立方体的八个顶角上和立方体的体中心，见图 3-3。具有体心立方结构的金属有（α-铁）α-Fe，铬 Cr、钒 V、钼 Mo、钨 W 等共约 30 种，约占金属元素的一半左右。

2. 面心立方晶格　原子位于立方体八个顶角上和立方体六个面和中心，见图 3-3。具有这种面心立方晶格的金属有 γ-铁（γ-Fe）、铝 Al、铜 Cu、铅 Pb 及镍 Ni。

3. 密排六方晶格　在一个六方柱体中，原子排列在柱体的每个角上和上、下底面面中心，另外还有三个原子排列在柱体的中间，见图 3-3。具有密排六方晶格的金属有镁 Mg、铍 Be、镉 Cd 及锌 Zn。

金属的晶格类型不同，说明它们的原子排列形式不同，且原子排列的紧密程度也不相同，因此原子间的结合力就有差异，反映到宏观上，则具有不同的性能。

3.2.3 晶体中的结构缺陷

前面讲的晶体结构，是金属原子完全按照严格的一定规律排列的理想状态，所以也称“理想晶体”。但在实际金属晶体中，由于受到种种干扰而被破坏，实际金属中原子排列的不完整性称为晶体缺陷。

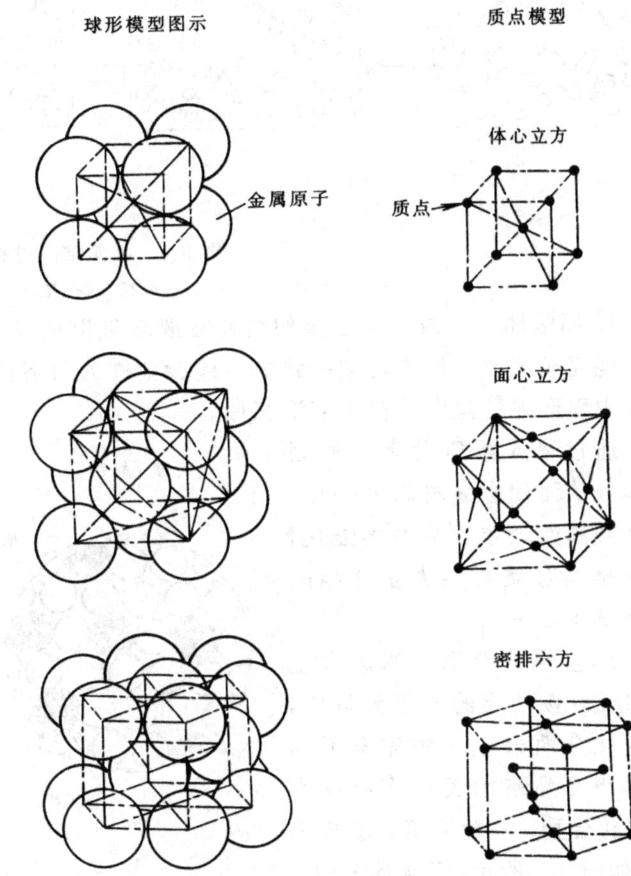

图 3-3 晶格类型

晶体中的空位和间隙原子就是一种晶体缺陷，见图 3-4。在实际金属晶体中，晶格上应有原子占据的某些位置，有时未被原子所占领，这种空着的位置称为空位。同时，也可能在晶格的某些空隙处出现多余的原子，这种不占有正常位置而处在晶格空隙中的原子，称为间隙原子。

除了上述空位和间隙原子晶体缺陷以外，还有位错，晶界及亚晶界等结构缺陷，这些缺陷都在不断地运动变化着，金属中的许多重大变化过程和许多性能也都与晶体缺陷密切相关。

3.2.4 纯金属的结晶

金属的结晶是指金属从液态转变为固态的过程。

金属结晶过程如图 3-5 所示。当液体温度不断下降达到凝固温度时，首先在液体中某些局部地区，有一些原子规则地排列起来，逐渐形成晶核，并由小到大，数量由少到多，涉及的范围由局部到整体直到彼此接触，直至液体完全消失为止。

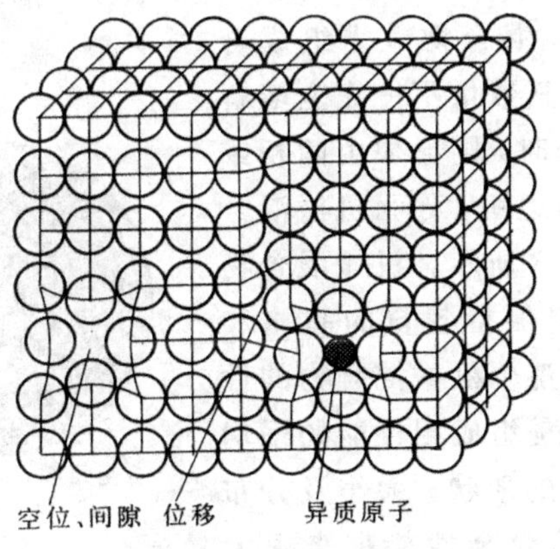

图 3-4 晶体缺陷

3.2.5 合金的组织与性能

合金组织的种类很多，根据构成合金元素之间相互作用的不同，可将合金组织分为固溶体、金属化合物和机械混合物等三种类型。三类合金组织的成分、结构和性能之间的变化规律各不相同。

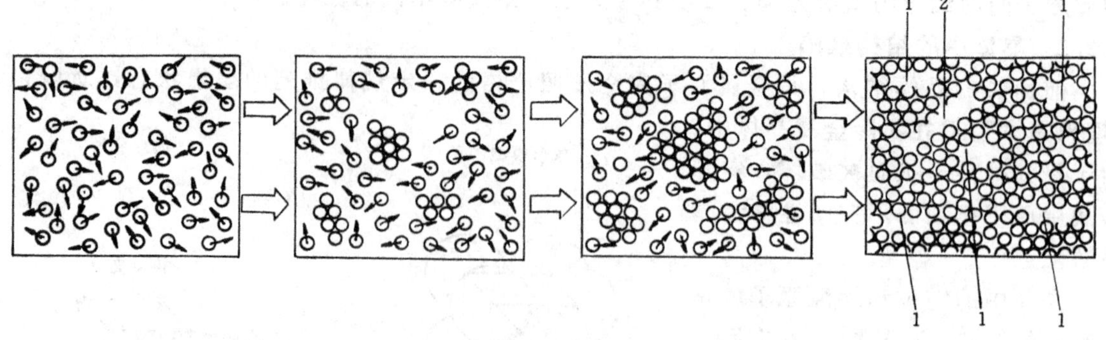

图 3-5　金属结晶过程

1—晶核　2—晶界

1. 固溶体　组成这类合金的组元在液态时相互溶解，当合金由液态结晶为固态时，组元间仍能互相溶解而形成均匀一致的固体合金称为固溶体，见图 3-6。这一概念与食盐或糖溶解在水中而形成的盐水或糖水溶液相似。

通过溶入溶质元素形成固溶体，从而使金属材料的强度、硬度升高的现象称为固溶强化，它是提高金属材料力学性能的重要途径之一。

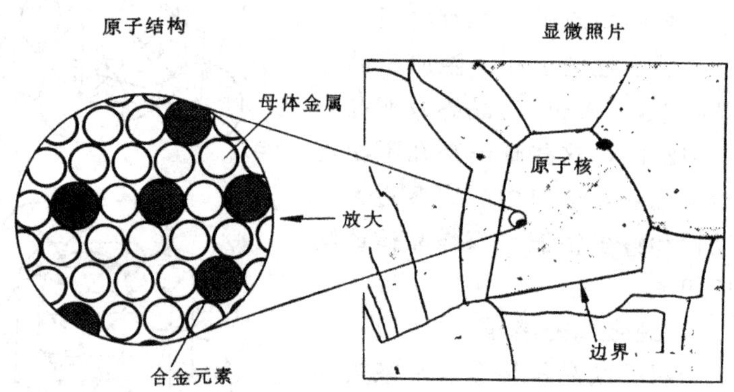

图 3-6　固溶体的显微照片及原子结构

2. 金属化合物　组成合金的组元，按一定的原子数量比，相互化合而形成一种完全不同于其组元晶格的固体物质称为金属化合物。一般可用分子式表示。如图 3-7 所示，渗碳体 Fe_3C，它能使合金得到强化，从而提高合金的强度、硬度和耐磨性。

3. 机械混合物　当组成合金的组元，其数量不能完全溶解或完全化合时，则形成由两相或多相构成的组织，称为机械混合物。如图 3-8 所示，机械混合物中各个相仍保持各自的晶格和性能，因此整个机械混合物的性能，基本上是组成相性能的平均值。但各相的形状，大小及分布情况等也给合金性能带来很大的影响。

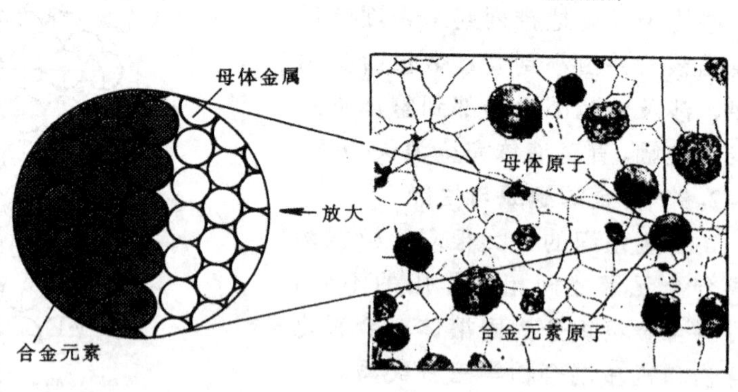

图 3-7　金属化合物的显微照片及原子结构

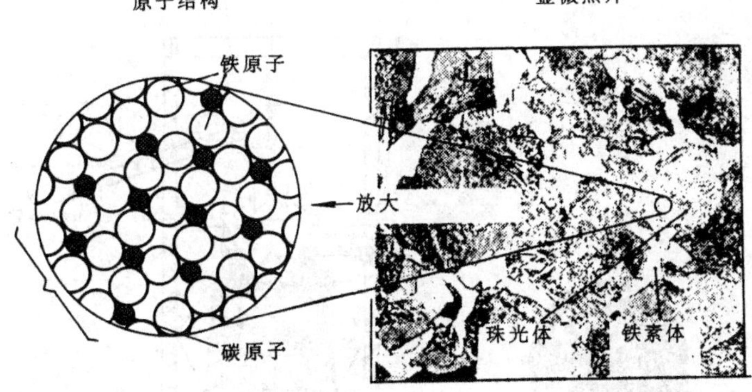

图 3-8 机械混合物的显微结构及原子结构

3.3 钢和铸铁材料

在工程技术上广泛采用钢和铸铁材料。这两种材料都含有基本元素铁，但是地球上纯铁很稀少，必须从矿石中冶炼。

3.3.1 生铁的冶铁

地球上早就有铁矿石存在，主要是铁和氧、硫和碳化合形成的，主要铁矿石的种类见表 3-1。

表 3-1 铁矿

名称及化学式		$\omega_{Fe}/\%$
磁铁矿	Fe_3O_4	60～70
赤铁矿	Fe_2O_3	40～60
褐铁矿	$Fe_2O_3 \cdot H_2O$	30～50
菱铁矿	$FeCO_3$	30～45

钢铁材料是由铁、碳及硅、锰、磷、硫等杂质元素所组成的金属材料。要获得钢，首先要炼得生铁。

生铁是由原料经高炉冶炼而获得。高炉生铁一般分成两种：一种是把铁水浇成铁锭，用于铸造，以获得铸铁件，这种生铁称为铸造生铁；另一种是直接用作炼钢的原料，称为炼钢生铁。

为了使铁矿石中的铁和氧分离，必须把铁从氧化物中还原出来，因此炼铁的过程，实质上就是还原的过程，炼铁是在高炉中进行的。高炉设备见图 3-9。

高炉的产品主要是生铁，它是以铁碳为主（其碳的质量分数大于 2.11%），并含有少量硅、锰、磷、硫等杂质元素的合金。

高炉的副产品是煤气和炉渣，煤气是良好的燃料，炉渣可制成建筑材料，用途广泛。

3.3.2 炼钢

钢是由生铁经高温熔炼降低其含碳量和清除杂质而得到的。炼钢即为一脱碳过程。

生铁和钢最主要的区别在于含碳量的不同，生铁碳的质量分数大于 2.11%，而钢碳的质量分数小于 2.11%。另外，生铁中的硅、锰、磷、硫等杂质元素的含量也比钢高。因此，要将生铁炼成钢，必须减少生铁中碳及硅、锰、硫、磷的含量。减少它们的方法是氧化，所以炼钢过程实质上是碳及杂质元素的氧化过程。炼钢的方法有：

1. 氧化顶吹炼钢法（也称 LD 法） 用氧和添加剂处理生铁的一种炼钢方法，见图 3-10。其主要特点是冶炼速度快，生产率高，钢的品种，质量与平炉大致相当。

2. 平炉炼钢法 平炉炼钢法的特殊意义在于可直接从废钢中重新获得优质钢。

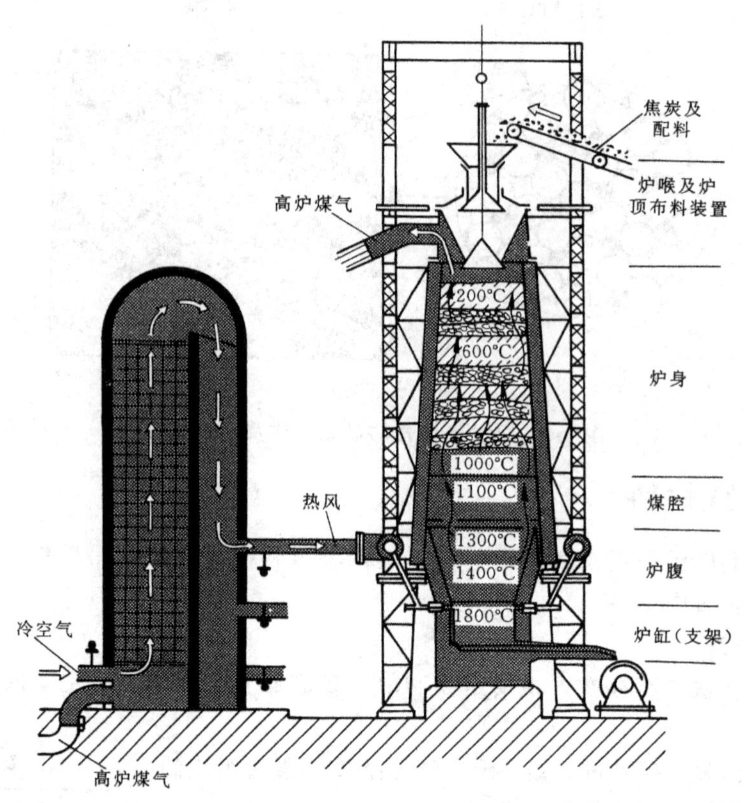

图 3-9 高炉设备

平炉的特点是容量大，炉料中废钢比例大，冶炼时间长，工艺过程容易控制，平炉的产品是碳素钢和低合金钢，见图 3-11。

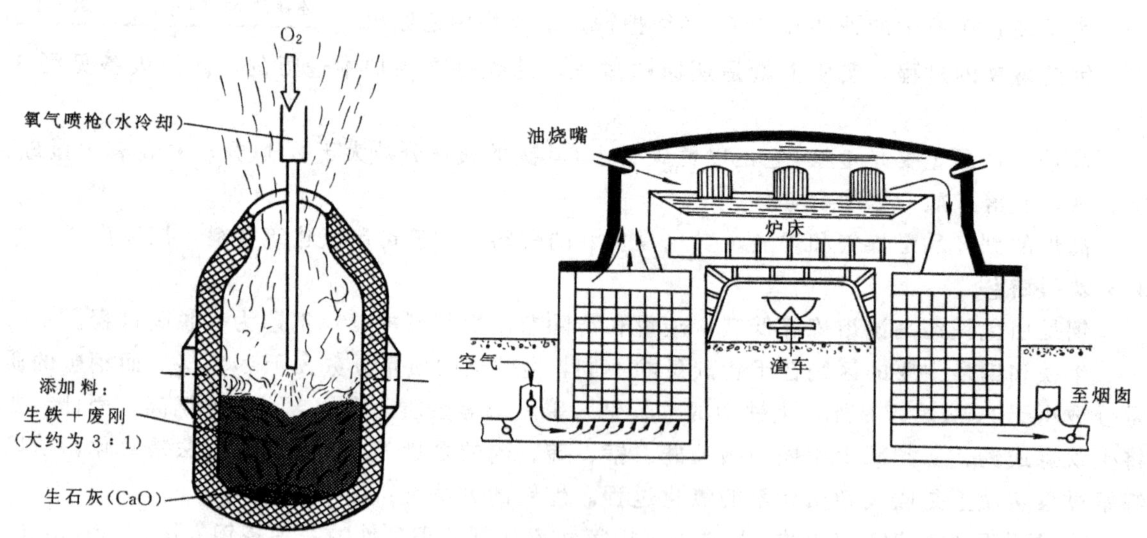

图 3-10 吹氧炼钢法

图 3-11 平炉断面图

3. 电弧炉炼钢法　电弧炉是一个圆筒形容器，石墨电极竖直地插入其中，电流以电弧的形式跳过电极与熔化金属之间以及两电极之间的空间。这过程中电能转换成热能，见图 3-12。

这种炼钢方法的主要原料为废钢，主要产品是合金钢。

钢水炼成后，除少数直接铸成铸件外，绝大部分都要浇注成钢锭，然后轧成各种钢材。

浇注钢锭是炼钢生产中的重要环节，其好坏对钢材的质量有重要影响。

根据钢水的脱氧程度不同，可分为镇静钢，半镇静钢和沸腾钢三类。

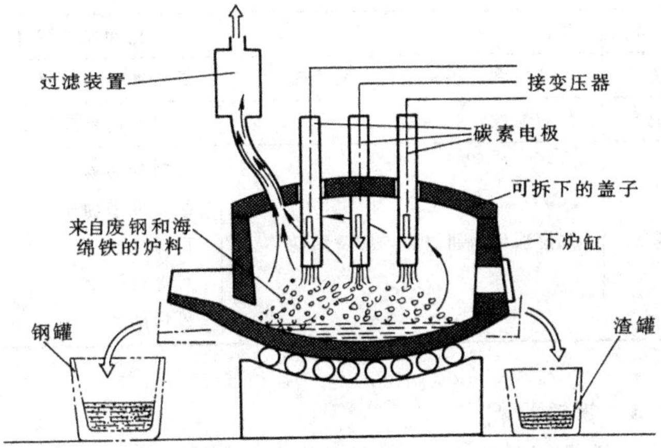

图 3-12　电弧炉

3.3.3　合金元素及共生元素

为了改善钢的某些性能，在冶炼时有意加入一些元素。加入的元素称为合金元素。这些元素在钢中的影响见表 3-2。

表 3-2　钢和铁材料中的合金

元素	提高	降低	举例
金属			
铝 Al	抗氧化，渗氮	—	34CrAlMo5：渗氮钢炼钢中的还原剂
铬 Cr	抗拉强度，硬度，热稳定性，耐腐蚀性	伸长率（在小尺寸时）	X5CrNi1810：不锈钢
钴 Co	硬度、刀具使用寿命（抗剪性）、热稳定性	在较高温度下晶粒生长	S10—4—3—10：w_{Co}10%的高速钢，例如用于车刀
锰 Mn	抗拉强度、淬透性（含微量锰时）、韧性	切削加工性，冷成形性，灰铸铁时析出石墨	28Mn6：优质钢，例如用于锻件
钼 Mo	抗拉强度，热稳定性，刀具使用寿命，淬透性	回火脆性含钼高时的可锻性	56NiCrMoV7：耐热工具钢，例如用于挤压心棒
镍 Ni	强度，韧性，淬透性，耐腐蚀性	热膨胀	GGG—NiCr303：奥氏体的球墨铸铁
钒 V	疲劳强度、硬度、热稳定性	过热灵敏度	115CrV3：工具钢，例如用于丝钻头
钨 W	抗拉强度、硬度热稳定性、刀具使用寿命	小尺寸时的伸长率，可切削性	S6—5—2：w_W6%的高速钢，例如用于拉刀
非金属			
碳 C	强度及硬度（最高 w_C≈0.9%），淬透性	熔点，伸长率，熔解及可锻性	C60W：σ_b≈800MPa 的优质钢
氢 H_2	由于脆化而老化，抗拉强度	缺口冲击韧度	在炼钢时被分离，例如通过真空处理

（续）

元　素	提　　高	降　　低	举　　例
非金属			
氮 N_2	脆化	防老化性能可深冲性	—
磷 P	抗拉强度、热稳定性，防腐蚀性	缺口冲击韧度可焊接性	使得钢、铁的熔液稀薄
硫 S	可切削性	缺口冲击韧度可焊接性	$10SP_b20$：易切钢
锶 Si	抗拉强度，屈服点，防腐蚀性	断裂伸长率 缺口冲击韧性 可深冲性 可焊接性 可切削性	67SiCr7 抗拉强度为 σ_b＝1600MPa 的强簧钢

3.3.4 铸铁材料

铸铁是碳的质量分数大于2.11%的铁碳合金，并含有硅、锰、硫、磷等杂质元素。

根据铸铁中石墨的形态，铸铁可分为灰铸铁、球墨铸铁、可锻铸铁等。

1. 灰铸铁

(1) 组织与性能　铸铁中石墨以片状或曲片状形态存在的称为灰铸铁。它的显微组织见图 3-13。

灰铸铁的组织由金属基体和片状石墨两部分组成。其基体是铁素体和珠光体。

石墨虽然降低了铸铁的力学性能，但由于石墨的存在，使灰铸铁具有良好的铸造性能和切削性能、耐磨、减振性以及低的缺口敏感性。

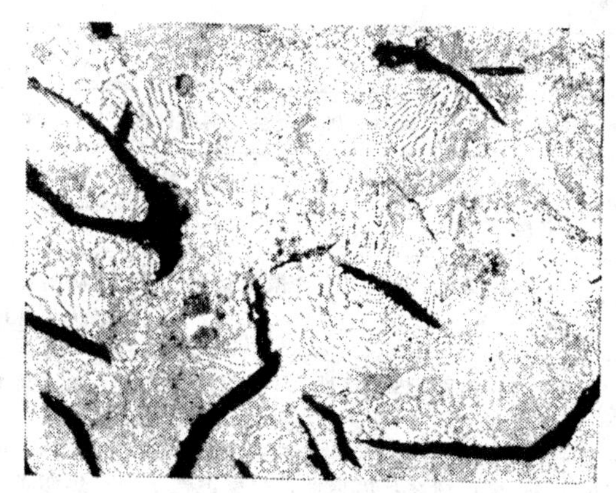

图 3-13　片状石墨铸铁组织

灰铸铁的性能特点，见表 3-3。

表 3-3　灰铸铁的性能

体积质量/ (kg/m³)	7.25×10^3
熔点/℃	1150～1250
抗拉强度/MPa	100～350
断后伸长率/%	1
收缩率/%	1

(2) 灰铸铁的孕育处理　石墨对铸铁的性能起决定性的作用，为了提高铸铁的力学性能，一方面是改变石墨的数量大小和分布，另一方面是增加基体中珠光体的数量。后者可适当调整碳、硅、锰的含量；而要改善石墨形状可采用孕育处理。

所谓孕育处理（或称变质处理）就是在铁水中加入少量硅铁、硅钙合金等孕育剂，使铁水中产生大量、均匀分布的晶核，使石墨片及基体组织得到细化。

经过孕育处理后的灰铸铁称为孕育铸铁，其强度有很大提高。

2. 球墨铸铁

(1) 组织与性能　铁水经过球化处理而使石墨大部或全部呈球状，有时为团絮状的铸铁，称为球墨铸铁。其组织见图 3-14。

球墨铸铁的力学性能比灰铸铁和可锻铸铁都高，可接近铸钢。但球墨铸铁仍具有和灰铸铁相同的切削加工性能，铸造性能、减振性和耐磨性。

（2）制造与应用　球墨铸铁是经过球化处理得到的，球化处理常用的球化剂有纯镁、镁合金、稀土硅铁镁合金等。

由于球墨铸铁具有良好的力学性能和加工工艺性能，并能通过热处理使其力学性能在较大范围内变化，因此，可以代替碳素铸钢、合金铸钢和可锻铸铁，制造一些受力复杂、强度、硬度、韧性和耐磨性均要求较高的零件，如柴油机曲轴、凸轮轴、连杆、减速箱齿轮以及轧钢机轧辊等。

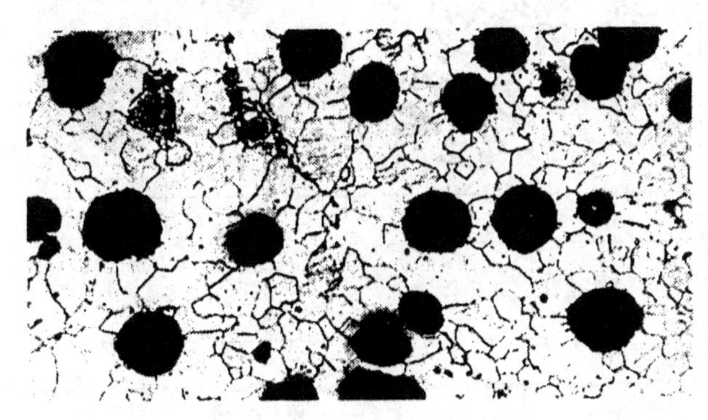

图 3-14　球墨铸铁组织

表 3-4　球墨铸铁的性能

体积质量/（kg/m³）	7.2×10^3
抗拉强度/MPa	400～800
断裂伸长率/%	22～2
收缩率/%	0.5～1.2

3. 可锻铸铁　可锻铸铁俗称马口铁。它是由白口铸铁坯件，经高温、长时间的石墨化退火，使渗碳体在固态下分解，而获得的具有团絮状石墨的铸铁。

可锻铸铁有黑心可锻铸铁和珠光体可锻铸铁。前者的显微组织为铁素体和团絮状石墨，后者为珠光体和团絮状石墨，见图 3-15。

不同铸铁、铸钢材料的组织与特点，见表 3-5。

可锻铸铁的金属基体不同，其性能也不一样。黑心可锻铸铁具有一定的强度和一定的塑性和韧性，而珠光体可锻铸铁则具有较高的强度、硬度和耐磨性，但塑性和韧性则较低。

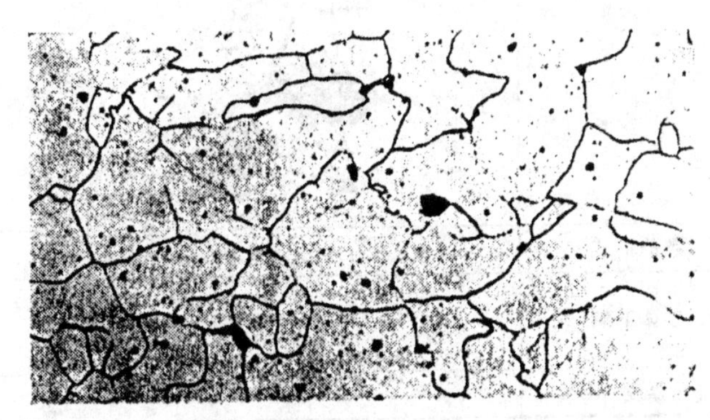

图 3-15　可锻铸铁组织

可锻铸铁由于铁水处理简单，质量稳定，容易组织流水生产，低温韧性好等优点，广泛应用于汽车、拖拉机制造部门，用来制造形状复杂、承受冲击载荷的薄壁、中小型零件。

3.3.5　碳素钢

碳素钢简称碳钢，是碳的质量分数小于 2.11%而不特意加入合金元素的钢。在钢铁材料中，碳素钢占有很大的比重。与合金钢比，碳素钢冶炼简便，价格低廉，其性能已能满足工业上的一般要求，故在机械制造、建筑、交通运输及其它各个工业部门中得到广泛的应用。

表 3-5 不同铸铁、铸钢材料的组织

铸铁材料	灰铸铁		球墨铸铁
			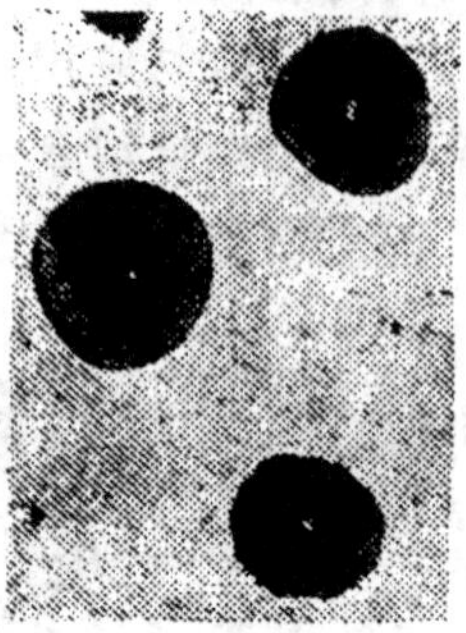
碳的形式	粗片的	细片的	球形的
基体组织	铁素体、珠光体		
抗拉强度/MPa	100～400		400～800

铸铁材料	黑心可锻铸铁	铸钢
	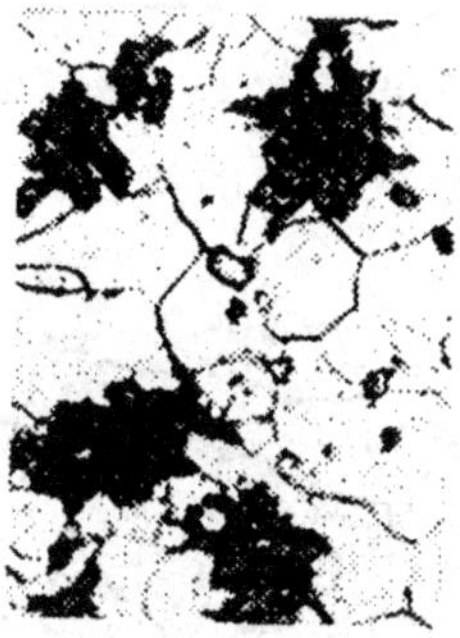	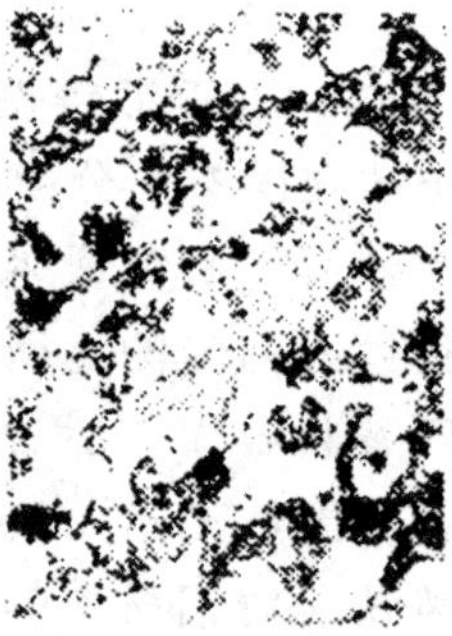
碳的形式	絮状的	
基体组织	铁素体	珠光体和铁素体
抗拉强度/MPa	340～690	370～690

表 3-6 可锻铸铁的性能

可锻铸铁	黑心可锻铸铁	珠光体可锻铸铁	可锻铸铁	黑心可锻铸铁	珠光体可锻铸铁
体积质量/ (kg/m³)	7.4×10³		断裂伸长率/%	15～3	10～2
抗拉强度/MPa	320～480	350～700	收缩率/%	1.6	0.5

3.3.5.1 碳素钢的分类 碳素钢的分类方法很多，几种主要的分类方法是：

1. 按钢中碳的质量分数分类

（1）低碳钢 碳的质量分数 $\omega_C \leqslant 0.25\%$。

（2）中碳钢 碳的质量分数 $\omega_C = 0.25\% \sim 0.60\%$。

（3）高碳钢　碳的质量分数$\omega_C \geqslant 0.60\%$。

2. 按钢的质量分类　根据钢中有害杂质磷、硫含量多少可分为：

（1）普通碳素钢　S≤0.055%，P≤0.045%。

（2）优质碳素钢　S≤0.035%，P≤0.035%。

（3）高级优质钢　S≤0.025%，P≤0.025%。

（4）特级质量钢　S＜0.015%，P＜0.025%。

3. 按钢的用途分类

（1）碳素结构钢　用于制造各种机械零件和工程结构件，碳的质量分数大多在0.7%以下。

（2）碳素工具钢　用于制造各种刀具、模具和量具，碳的质量分数一般在0.7%以上。

3.3.5.2　碳素钢的牌号及用途　我国钢材的牌号用国际的化学元素符号、汉语拼音字母和阿拉伯数字相结合的方法来表示。

1. 碳素结构钢　碳素结构钢的牌号由代表屈服点的拼音字母“Q”屈服点数值、质量等级符号和脱氧方法符号四个部分按顺序组成。例如Q235-A·F表示屈服点为235MPa的A级沸腾钢。

牌号为Q195、Q215的碳素结构钢用于制作钉子、铆钉、垫块及轻负荷的冲压件。牌号为Q235的碳素结构钢用于制作小轴、拉杆、连杆、螺栓、螺母、法兰等不太重要的零件。牌号为Q255、Q275的碳素结构钢用于制作拉杆、连杆、转轴、心轴、齿轮和键等零件。

2. 优质碳素结构钢　优质碳素结构钢用来制造重要的机械零件。使用前一般都要经过热处理来改善力学性能。

优质碳素结构钢的牌号用两位数字表示，这两位数字表示该钢的平均碳的质量分数的万分之一。如45表示平均碳的质量分数为0.45%的优质碳素结构钢；08表示平均碳的质量分数为0.08%的优质碳素结构钢。

3. 碳素工具钢　碳素工具钢是用于制造刀具、模具和量具的钢。由于大多数工具都要求高硬度和高耐磨性，故工具钢碳的质量分数都在0.70%以上，都是优质钢和高级优质钢。

碳素工具钢的牌号以汉字“碳”或汉语拼音字母字头“T”后面标以阿拉伯数字表示，其数字表示钢中平均碳量的千分之几，例如T8（或碳8）表示碳的质量分数平均为0.80%的碳素工具钢。若为高级优质碳素工具钢，则在牌号后面标以字母A（或汉字“高”）。如T12A（或碳12高）表示碳的质量分数平均为1.20%的高级优质碳素工具钢。

3.3.6　合金钢

合金钢是为了改善钢的性能，特意加入一种或数种合金元素的钢。其种类很多，为了便于生产、管理和使用，必须分类、命名和编号。

3.3.6.1　合金钢的分类

合金钢的分类方法很多，但最常用的有两种：

1. 按用途分类

（1）合金结构钢　用于制造各种机器零件及各种金属结构件。

（2）合金工具钢　用于制造各种工具，切削刃具、模具等。

（3）特殊性能钢　具有某种特殊物理、化学性能的钢，如不锈钢、耐热钢耐磨钢等。

2. 按化学成分分类

（1）低合金钢　合金元素的质量分数总含量＜5%。

(2) 中合金钢　合金元素的质量分数总含量5～10%。

(3) 高合金钢　合金元素的质量分数总含量>10%。

3.3.6.2　合金结构钢　合金结构钢的牌号采用两位数字（碳的质量分数）+元素符号（或汉字）+数字来表示。前面的数字表示钢的平均碳的质量分数的万分之几，合金元素直接用化学符号（或汉字）表示，后面的数字表示合金元素平均质量分数的百分之几。凡合金元素的质量分数小于1.5%时不标数，如果平均质量分数为1.5%～<2.5%、2.5%～<3.5%……时，则相应地标为2、3……。例如40Cr钢为结构钢，碳的质量分数为0.40%，主要合金元素为铬，其质量分数在1.5%以下。60Si2Mn钢，碳的质量分数为0.60%，主要合金元素为<1.5%的锰和1.5%～<2.5%的硅。

合金结构钢是在碳素结构钢的基础上加入适量的合金元素的钢。按用途不同，合金结构钢可分为：普通低合金钢、调质钢、渗碳钢、弹簧钢、滚珠轴承钢和超高强度钢。

1. 普通低合金钢　普通低合金钢是在普通碳素结构钢的基础上加入少量(<3%)合金元素而制成的。主要取代普通碳素结构钢，用以制造各种要求强度较高的工程结构件。

2. 渗碳钢　渗碳钢一般碳的质量分数为0.12%～0.25%，并含有适量的合金元素，以保证零件心部有良好的韧性。

3. 调质钢　成分和性能的主要特点：

1）合金结构钢中的中碳钢，都可用作调质钢，碳的质量分数一般为0.25%～0.55%。

2）经调质处理（淬火加回火）后，如沿截面淬透，可得到良好的综合力学性能，若没有淬透，将出现自由铁素体，韧性下降。

3）钢的淬火临界直径，随合金元素和晶粒度的增加而增大。用于制造尺寸较大，应力较高的机械零件，需选择淬火临界直径较大的钢种。

4）调质钢中的锰钢、铬钢、镍铬钢等，具有回火脆性倾向，回火后应快冷。

4. 弹簧钢　用来制造能承受大量弹性变形的弹簧或其它弹性零件（如弹簧轴）。要求具有高的弹性极限、疲劳极限（包括缺口疲劳极限）；并要求具有较高的工艺性能，一定的冲击韧度、塑性和淬透性在热状态下要求易于成形。

5. 滚珠轴承钢　制造滚动轴承的专用钢叫滚动轴承钢。轴承在运转时，承受的集中和交变载荷，甚至可达每分钟数万次，因此要求轴承材料具有高的疲劳极限，良好的耐磨性和一定的韧性，一般轴承是在腐蚀性介质中工作，因而还要求具有抗蚀能力。

6. 超高强度钢　一般认为，屈服强度在1275MPa、抗拉强度在1375MPa以上的钢，叫做超高强度钢。它是在合金调质钢的基础上，加入多种元素而发展起来的，主要用于航空和火箭，近年来在模具和机械制造方面也开始应用。

3.3.6.3　合金工具钢　合金工具钢与碳素工具钢相比，具有淬透性好、耐磨性好、热硬性高、热处理变形小等优点。按用途可分为刃具钢、模具钢、量具钢。

1. 刃具钢　合金刃具钢主要用来制造车刀、铣刀、钻头等各种金属切削用刀具。

一般刃具要承受较大的外力和摩擦，因此要求其具有高的硬度、耐磨性、热硬性和足够的强度和韧性。

刃具钢一般分为低合金刃具钢和高速钢两类。

(1) 低合金刃具钢　低合金刃具钢是在碳素工具钢的基础上加入铬、锰、硅、钨、钒等元素。钢中的铬、锰、硅的主要作用是提高淬透性，提高钢的强度。钨和钒形成碳化物，能提高钢的硬度、耐磨性及热硬性。

(2) 高速钢 俗称锋钢，用于制造较高切削速度的刀具。这类钢具有较高的热硬性，当切削温度高达 600℃时，其硬度仍能保持在 60HRC 左右。

高速钢需通过特殊的热处理才能获得所需的性能，一般淬火温度均接近这种钢的熔化温度，并进行多次回火，以得到二次硬化的最高效果。

2. 模具钢 模具钢是用于制造冲压、锻造、成形和压铸等模具的钢种。按其工作条件的不同，可分为冷模具钢和模具钢。

冷模具钢是用于制造使金属在冷态下变形的模具，如冷挤压模、冷冲模等。冷变形模具在工作中承受很大的压力、弯曲应力、冲击力和摩擦力。为此要求这类钢应具有高的硬度、耐磨性、并有足够的强度和韧性。

热模具钢是用来制造使金属在高温下成形的模具，如热锻模、热挤压模等。热变形模具钢是在繁重的条件下工作，承受很大的冲击力，要求模具具有高的强度和韧性、一定的耐磨性；高的回火稳定性；具有抗热疲劳的能力；具有好的导电性等。

3. 量具钢 量具是测量工件的工具，如卡尺、千分尺、量块、样板等。量具必须具有精确而稳定的尺寸，热处理变形小，要求工作端面有高的硬度和耐磨性。

量具钢的最后热处理是淬火加低温回火，使其硬度达到 60HRC 以上。为了稳定尺寸，可再进行冷处理。量具钢选用实例见表 3-7。

表 3-7 量具钢的选用实例

量具名称	钢　　号
平样板、卡板	15、20、50、55、60、60Mn、65Mn
一般量规或量块	T10A、T12A、9CnSi
高精度量规或量块	Cr12、GCr15
高精度、形状复杂的量规或量块	CrWMn

3.3.6.4 特殊性能钢 特殊性能钢是指具有特殊的物理、化学性能的钢。其种类很多，一般可分为不锈钢、耐热钢和耐磨钢等。

1. 不锈钢 不锈钢是不锈耐酸钢的简称，其中不锈钢是在空气和弱腐蚀介质中能抵抗腐蚀的钢。耐酸钢是在酸、盐溶液等强腐蚀性介质中能抵抗腐蚀的钢。

通常不锈钢有铬不锈钢和铬镍不锈钢。

2. 耐热钢 耐热钢就是在高温下不易发生氧化并具有较高强度（又称热强性）的钢。耐热钢分为抗氧化钢与热强钢两类。

3. 耐磨钢 耐磨钢因其具有很高的耐磨性，耐磨钢主要用于工作时受到严重磨损和强烈冲击的零件，如拖拉机履带、破碎机牙板、铁轨分道岔和球磨机衬板等。通常用的较多的是高锰钢，如 ZGMn13。

3.4 有色金属

有色金属亦称非铁金属。通常指元素周期表中除铁、铬、锰以外的所有金属。

有色金属种类很多。在机械制造业中广泛使用的有铝和铝合金，铜和铜合金，钛和钛合金等。

有色金属都能耐大气腐蚀。有一些有色金属甚至能耐碱和酸的腐蚀。

体积质量小于 5kg/L 的有色金属一般称轻金属，体积质量大于 5kg/L 的有色金属一般称重金属。

大部分高纯度的有色金属很软，强度很低。必须通过合金化才能显著提供硬度和强度，如在 Cu 中加入 Zn，形成铜锌合金（黄铜），在 Al 中加入 Si 形成铝硅合金等，以满足制造业中对材料的力学性能要求。

3.4.1 铜和铜合金

铜是最重要的有色金属之一，对机械制造来说铜是不可缺少的。铜的性能和应用范围见表 3-8。

表 3-8 铜的性能及应用范围

性　　能	应　　用	性　　能	应　　用
良好的导电和导热性	电力工业的电线电缆和电镀材料	好的可焊性	钎焊用的烙铁，硬钎料和难熔钎料
良好的耐腐蚀性	加热用的管子和容器	切削性差	建筑房屋的外表装饰和屋檐水槽
良好的可成形性	耐热和耐腐蚀的密封材料	可浇铸性差	

工业上使用的纯铜，又称紫铜，铜的质量分数为 99.5%～99.95%强度不高，硬度较低，塑性较好。易于冷热加工。大的变形后出现的加工硬化可通过再结晶退火消除，铜的切削性能差，要使用大前角的刀具并采用合适的切削液（煤油）才能切削，磨削时铜会粘在砂轮上。

铜可与锌、锡、镍等合金元素组成各种合金。

铜锌合金可称黄铜，它具有良好的铸造性能，加工性能，抗腐蚀性能和冷成形性能，强度和塑性随锌含量的增加而提高，见图 3-16。所以黄铜中锌的质量分数小于 45%。

铜锡合金又称锡青铜。它具有很高的强度，耐腐蚀和良好的自润性。锡与青铜的强度和塑性的关系见图 3-17。由图可知铜锡合金的锡的质量分数一般在 3%～14%。铜锡合金一般用作制造轴瓦、蜗轮、套管、膜片弹簧等。

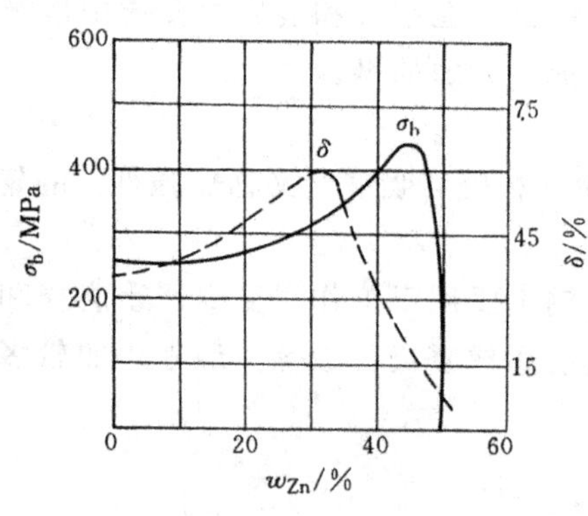

图 3-16 黄铜的力学性能与含锌量的关系

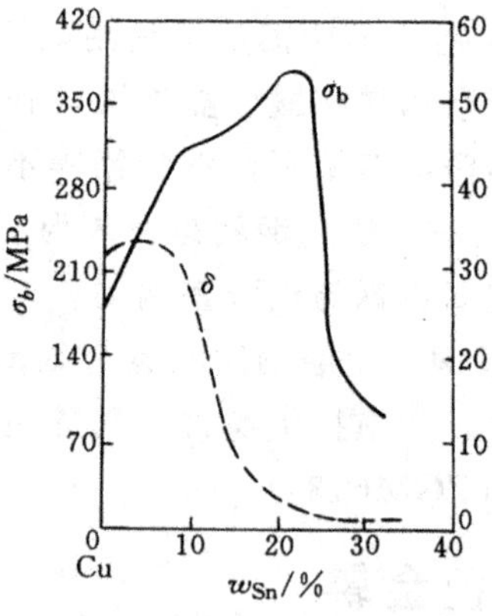

图 3-17 锡青铜的力学性能与含锡易的关系

铜镍锌合金又称锌白铜，镍的质量分数在 10%～25%。因含有合金元素镍，所以外观象白银，主要用于精密机械，量规和绘图仪器等。

铜镍合金镍的质量分数在 40%～45%。主要用于电气行业的耐腐蚀电阻材料。

3.4.2 铝及铝合金

铝是银白色金属，是仅次于钢铁而应用广泛的材料，铝的性能和应用范围见表 3-9。

为了提高强度和硬度，在铝中加入了多种合金，主要的合金元素有 Si、Cu（最高 6%）、Mg（最高 11%）和 Zn（最高 6%）以及 Cr、Mn、Ti 和 Pb（少量）。

铝合金一般分为加工铝合金和铸造铝合金。加工铝合金又可分为能热处理强化的加工铝合金和不能热处理强化的加工铝合金。见图 3-18。

铝合金可进行切削加工和热加工，切削速度高(400m/min)。刀具材料用高速钢和硬质合金都可以。铝合金的焊接性能良好。铝合金的热处理特点是时效硬化，即淬火后的铝合金强度和硬度随时间的延长而增加。室温下的时效是自然时效，加热至 100～200℃ 条件下的时效是人工时效。铝合金的自然时效曲线见图 3-19。

表 3-9 铝的性能及应用范围

性　能	应　用
良好的导电和导热性	箔、丝、管、带、铆钉
良好的耐腐蚀性	容器、车辆附件、装饰镶边
良好的可变形性	反光镜、建筑物配件
良好的切削加工性	照明设备灯具
良好的浇铸性能	食品工业的包装材料
良好的合金性	
抗拉强度低	

常用的加工铝合金有：防锈铝，硬铝，超硬铝，锻铝。常用的铸造铝合金有：铝硅合金，铝铜合金，铝镁合金和铝锌合金。

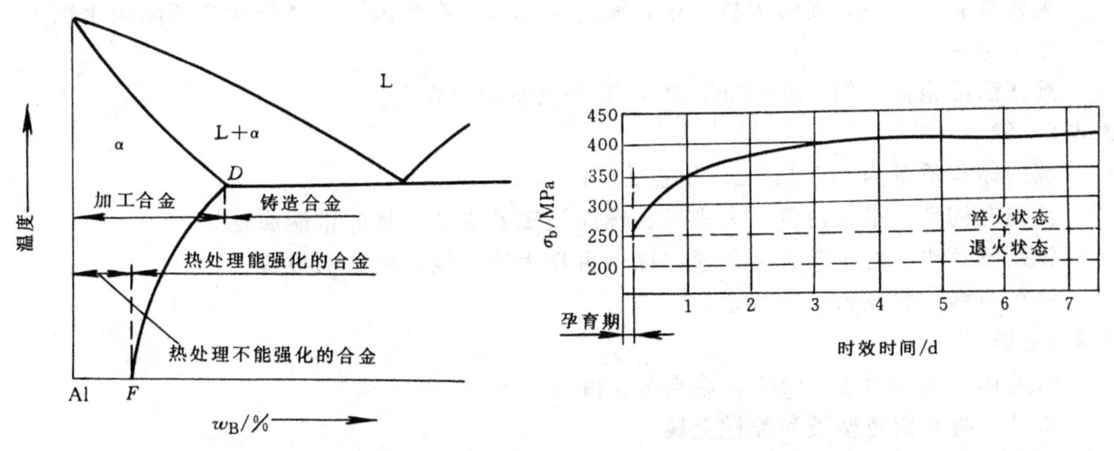

图 3-18 铝合金的一般分类　　图 3-19 铝合金的自然时效曲线

3.4.3 钛和钛合金

钛的体积质量为 4.5kg/L、熔点为 1668℃。

钛是银白色的金属，在 500℃以下有很好的抗腐蚀性能，不易氧化。

工业纯钛（99.0%～99.5%）的硬度和强度比铝、铜高很多，塑性也较好，所以适宜于进行压力加工。

钛加入铝、锡、铜、铬等合金元素，形成钛合金。

3.4.4 锌

锌的体积质量为 7.1kg/L。熔点为 419℃。

纯锌耐大气腐蚀，能很好地熔焊、钎焊和浇铸。

锌主要与铝和铜组成合金。因为锌具有很好的与其它元素组成合金的特性。镀锌时，锌能很好地与基本金属结合，可作为表面防护材料。

锌的力学性能：$\sigma_s \leqslant 140\text{N/mm}^2$，锌很脆，在120℃热态容易加工，当温度升高到250℃时重新变脆。

3.4.5 锡

锡的体积质量为7.3kg/L，熔点为232℃。

铜锡合金即普通青铜，锡对青铜的力学性能影响见图3-17。

锡具有良好的成形性和延展性，可制成0.01mm以下的锡箔。锡还具有很好的流动性和铸造性，可作为镀层材料，如作罐头盒用薄板的镀层，俗称白铁皮。

3.4.6 铅

铅的体积质量为11.3kg/L，熔点为327℃。

铅很软，可弯曲。具有高的抗腐蚀性，能抗硫酸的腐蚀。铅可用作耐酸容器，蓄电池极板，铅玻璃有很高的光折射性，能作X射线与同位素射线的辐射保护。铅易熔于其它金属。铅的质量分数为8%～10%的铅合金用作轴承材料。

铅的化合物毒性很大，对人体和动物的健康危害甚大！使用铅，铅合金和含铅颜料应遵守有关的规定。

3.4.7 镁

镁的体积质量为1.74kg/L，熔点为：650℃。

纯镁具有可燃性，在烟火技术中，镁与氧化合，产生闪光。燃烧的镁不能用水熄灭，只能用沙子熄灭。

纯镁强度很低，约110～200MPa，工程上使用镁合金。

3.4.8 镍

镍的体积质量为8.85kg/L，熔点为1450℃。

纯镍有韧性，呈银白色，有光泽。镍能被磁铁吸住。镍非常耐腐蚀。

镍是不锈钢中的主要合金元素，镍还可作为镍—镉蓄电池的极板。

镍可与锰、铅及铍组成合金。

3.4.9 铍

铍的体积质量为1.9kg/L，熔点为1280℃。

铍是一种银白色坚硬和脆性金属。

铍加入铜合金中形成铍青铜可制造精密钟表弹簧，亦可制造坚硬耐腐蚀的外科手术器械，氧化铍可制造火花塞。

3.4.10 有色金属牌号

GB340—76《有色金属及合金产品牌号表示方法》规定，工业纯金属冶炼产品以化学元素符号加上顺序号表示，其纯度随顺序号增加而降低，如Cu—1（99.95%），Cu—2（99.90%）。

加工产品、硬质合金等其余产品的牌号，以规定的汉语拼音字母或元素符号与阿拉伯数字相结合表示。

常用金属和合金名称及其汉语拼音字母代号，见表3-10。

表3-10 常用金属和合金名称及其汉语拼音字母代号

名称	铜	铝	镁	镍	黄铜	白铜	青铜	钛及钛合金
代号	T	L	M	N	H	B	Q	TA、TB、TC

专用金属和合金名称及其汉语拼音字母代号，见表3-11和表3-12。

表 3-11 专用金属和合金名称及其汉语拼音字母代号

名称	代号	名称	代号	名称	代号
防锈铝	LF	细铝粉	FLX	胶印锌板	XJ
锻铝	LD	特细铝粉	FLT	印刷合金	I
硬铝	LY	冶金，化工	FLG	稀土	RE
超硬铝	LC	变形镁合金	MB	铸造合金	Z
特殊铝	LT	镁粉	FM	钨钴硬质合金	YG
硬钎焊铝	LQ	铝镁粉	FLM	钨钛钴硬质合金	YT
无氧铜	TU	轴承合金	Ch	铸造碳化钨	YZ
脱氧铜	TP	焊料合金	Hl	碳化钛-(铁〕镍钼硬质合金	YN
金属粉末	F	阳极镍	NY		
喷铝粉	FLP	电池用锌板	XD	万能硬质合金	YW
涂料铝粉	FLU	印刷锌板	XI	钢结硬质合金	YE

例如，工业纯铜 T1、T2、T3、T4，黄铜 H80，铸造黄铜 ZH62，特殊黄铜 HSn62－1，硬铝 LY12，工业纯铝 L1、L2 等。

产品状态及特性也有汉语拼音字母代号，见表 3-12。

表 3-12 产品状态、特性及其汉语拼音字母代号

产品状态		产品特性		状态,特性代号组合举例	
名称	代号	名称	代号	名称	代号
热加工	R	优质表面	O	不包铝(热轧〕	BR
退火(焖火,软〕	M	涂漆蒙皮板	Q	不包铝(退火〕	BM
淬火	C	加厚包铝的	J	不包铝(淬火,冷作硬化〕	BCY
淬火后冷轧(冷作硬化)	CY	不包铝的	B	不包铝(淬火,优质表面)	BCO
淬火〔自然时效〕	CZ	硬质合金　表面涂层	U	不包铝(淬火、冷作硬化、优质表面)	BCYO
淬火〔人工时效〕	CS	添加碳化钽	A	优质表面(退火〕	MO
3/4 硬、1/2 硬 1/3 硬、1/4 硬	Y1、Y2、Y3	添加碳化铌	N	优质表面(淬火、自然时效〕	CZO
硬	Y	细颗粒	X	优质表面(淬火、人工时效〕	CSO
特硬	T	粗颗粒	C	淬火后冷轧、人工时效	CYS
		超细颗粒	H	热加工、人工时效	RS
				淬火、自然时效、冷作硬化、优质表面	CZYO

按 DIN 标准的分类，有色金属分为铸造合金和塑性合金。其牌号分三部分，即化学成份、冶炼方式和用途、热处理状态和特殊性能符号。

如铸造合金的牌号：

GD－CuZn15Si4；G－ZnAl14Cu3。

如塑性合金的牌号：

CuAl8FeF45。

冶炼方式和用途符号：

G——铸造，GD——压铸，GK——金属模铸造，GZ——离心铸造，V——废料和边角料合金，U——重熔金属，GI——轴承合金，L——焊料。

热处理状态和特殊性能符号：

a——时效硬化，Ka——冷时效硬化，Wa——热时效硬化，ho——扩散退火，Zh——拉伸，p——挤压，Uh——轧制。

特殊性能符号，如强度等则排在化学成分之后。例如：G－ZnAl14ho 和 AlMg3F17，扩散退火，F17，$\sigma_s=170$MPa。

3.4.11 有色金属的应用

在机械工业中作为结构材料应用有色金属的主要是铝、镁、钛、铜、镍和他们的合金。在汽车制造中，为降低油耗，大力推进轻型化，以铝代钢的比率逐年增加。例如汽车车身装潢采用经过抛光或阳极处理的铝和涂铝塑料；汽缸体、车轮毂和齿轮箱用铝合金制造；车门把手用锌合金镀铜、镍和铬；火花塞是用含锰、铬或硅的镍合金制成。铝、镁、钛合金主要用于制造飞机、汽车、导弹和宇航飞行器；钛合金还具有优良的耐蚀特性，用于制造化工和核电设备。铜合金具有优良的导电性、导热性和耐蚀性，主要用于电机、电器、化工和船舶制造。铅青铜和锡青铜还是重要的轴承材料。镍基合金和钴基合金具有高的耐热和耐蚀性，多用于制造耐高温和抗腐蚀的部件，如燃汽轮机叶片、燃烧室等。锌合金熔点低，流动性好，并有适当的力学性能，常采用压铸成形，制作承载较低的机械零件。铅基合金和锡基合金的摩擦因数低，主要用于制作滑动轴承。铅还是蓄电池和硫酸制造业中常用的结构材料。硬质合金主要以碳化钨为基体的粉末冶金材料，多作为工具和耐磨零件。浓缩铀和钚在原子能反应堆中是最重要的核燃料。锆、铌、钒等合金的中子吸收能力小，耐蚀性好，可作为反应堆“包壳”等结构材料。对中子吸收能力大的铪、轧等则作为控制材料。铍和氧化铍作为核反应堆的减速材料和反射材料。液态金属钠可用作快中子增殖反应堆的冷却剂。在功能材料领域中，有色金属和合金更占有特殊地位。硅、锗、镓等是微电子工业的重要半导体材料。铌钛合金和铌锡金属化合物是常用的超导材料。此外，镍、钼、钒、钛等还是制造各种合金钢的常用添加元素。

3.5 粉末冶金材料

以金属粉末为原料，通过压制成形，烧结和必要的后续处理制取金属材料和制品的工艺过程称为粉末冶金。粉末冶金的工艺过程是：原料粉末的制备；粉末物料在专用压膜中加压成形，得到一定形状和尺寸的压坯；压坯在低于基本金属熔点的温度下加热使制品获得最终的力学性能。作为粉末原料的有铁，铜，锡、石墨，镍，钨等。粉末冶金工艺见图 3-20。采用粉末冶金工艺可以制造板，带，棒，管，丝等各种型材，以及齿轮，链轮，棘轮，轴套等各种零件。即可制造重量仅百分之几克的小制品，也可以制造近几吨重的大型坯料。

3.5.1 烧结组织的形成

堆放着的粉末微粒间的接触点很少，所以物质微粒之间的内聚力也很小。在很高的压力（40～80MPa）作用下，粉末微粒接触面增大，从而，使内聚力也增大。然后加热至略低与该金属的熔点，加热使微粒间产生原子结合，即可得到组织致密、力学性能优良的烧结体。

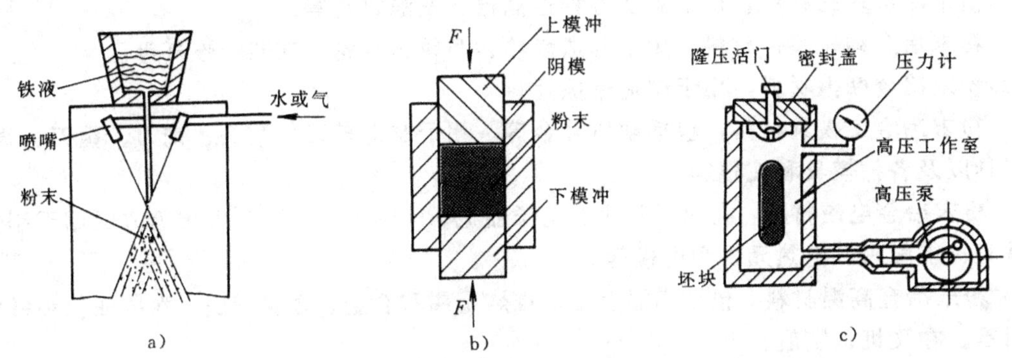

图 3-20 粉末冶金工艺示例

a）雾化制粉 b）模压成形 c）热等静压

为了防止氧化，加热应在还原性或非氧化性气氛中进行，有时也在真空中进行，烧结炉主要采用电炉。

要使粉末冶金制品满足特殊性能要求，还必须添加合金元素。例如，加钨以提高高温稳定性和耐热性；加钛以增加强度；加镍以提高耐腐蚀性能；加锰以增加硬度，见图 3-21。

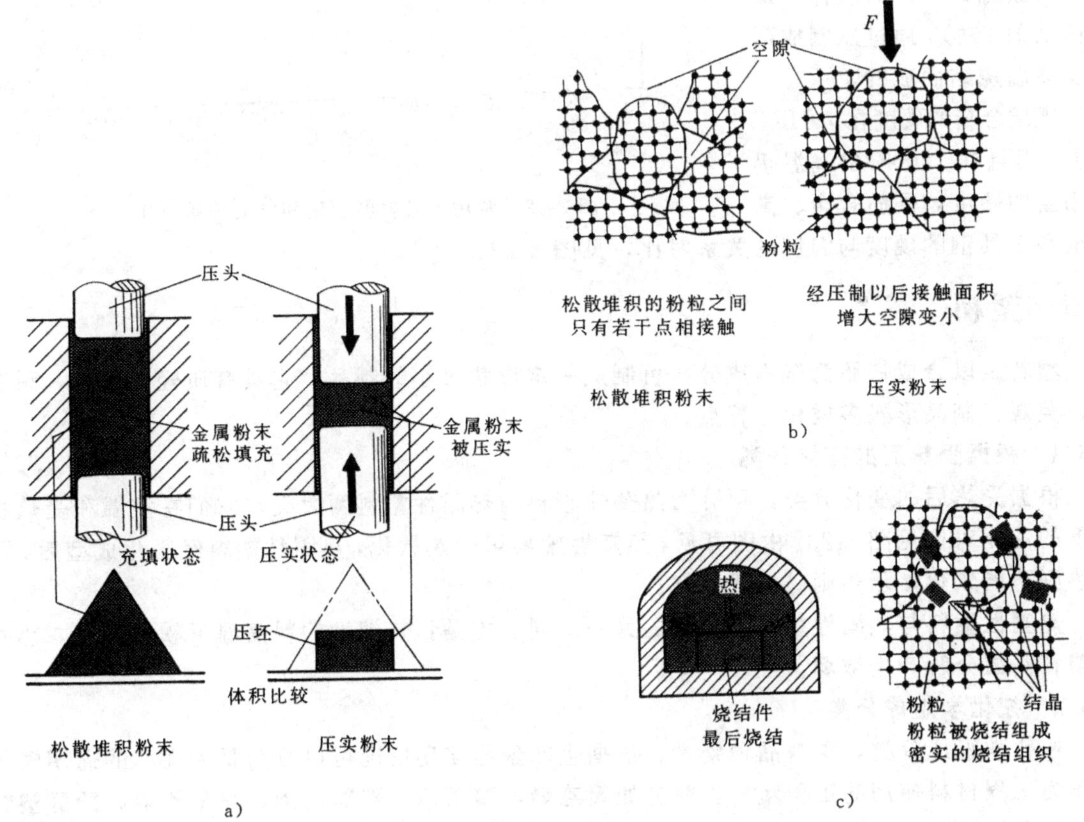

图 3-21 烧结组织的形成

a）压实粉末 b）压实过程显微组织的变化 c）加热形成烧结组织

3.5.2 粉末冶金制品和应用

1）粉末冶金减摩材料，用于制造各种轴承、滑道等。

2）粉末冶金多孔材料，用于制造各种过滤器、发泡材料等。

3）粉末冶金结构零件材料，用于制造齿轮、凸轮、棘轮、支架、连杆等。

4）粉末冶金摩擦材料，用于制造摩擦片。

5）粉末冶金工模具材料，包括硬质合金等，用于制造车刀、钻头、铣刀、镗刀、锯片、钻探工具以及各种模具和轧辊等。

6）粉末冶金电磁材料，在仪器仪表、电子器械、印刷机械、轻工机械等方面用于制造磁轭、铁心、电触头、电热元件和电极等。

7）粉末冶金高温材料，包括高温合金、难熔金属和合金、金属陶瓷、弥散强化和纤维强化材料等。在飞机、宇航、火箭、高温炉等方面用于制造涡轮盘、喷嘴、叶片以及其它耐高温的结构零件。

硬质合金是最常用的刀具材料之一，硬质合金是以难熔、高硬度的金属碳化物（碳化钨、碳化钛等）为基体，加入粘结剂（钴），通过压制成形以及高温烧结而成的。

硬质合金的硬度在70HRC以上，而且在1200℃的高温仍有相当的硬度，硬质合金、高速钢和工具钢的硬度与温度的关系对比，见图3-22。

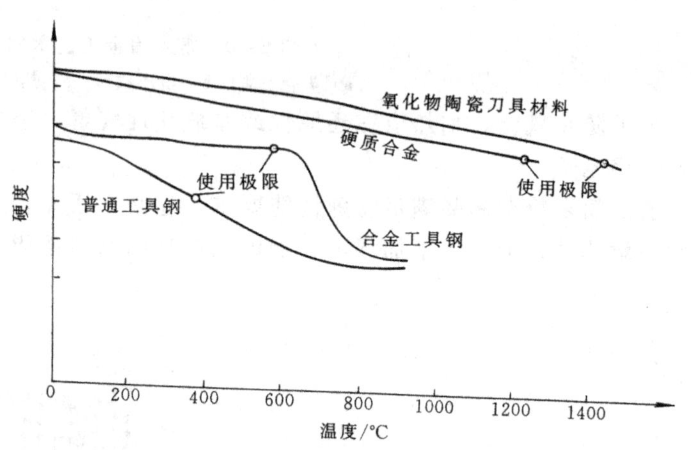

图3-22　常用刀具材料硬度和温度关系对比

3.6　塑料

塑料是以合成树脂为基本成分，可制成一定形状大小的制品。它具有质轻，绝缘，耐腐蚀，美观，制品形式多样化等特点。

3.6.1　根据受热后的变化分类

根据受热后的变化分类，可分为热塑性塑料与热固性塑料两大类，它们在室温和受热状态下的性能对比见图3-23。由图可见，热塑性塑料可受热软化，热固性塑料经固化成型后，再受热则不能软化，强热则破坏或分解。

热塑性塑料与热固性塑料受热后的另一不同反应是：热塑性塑料高温下软化分解，热固性塑料高温分解产生浓烟。

3.6.2　按化学组成分类

按化学组成分类，塑料品种繁多。根据生产量与使用情况可以分为量大面广的通用塑料和作为工程材料使用的工程塑料。前者如聚乙烯，聚丙烯，聚氯乙烯，聚苯乙烯，酚醛塑料等；后者如聚酰胺，聚碳酸脂，聚甲醛，ABS（丙烯氢—丁二烯—苯乙烯三元共聚物），聚四氟乙烯，聚砜，聚酰亚氨，高密度聚乙烯，玻璃纤维增强塑料等。

通用塑料产量大，生产成本低，性能多样化。主要用来生产日用品或一般工农业用材料。例如聚氯乙烯可制成人造革，塑料薄膜，泡沫塑料，耐化学腐蚀用板材，电缆绝缘层等。

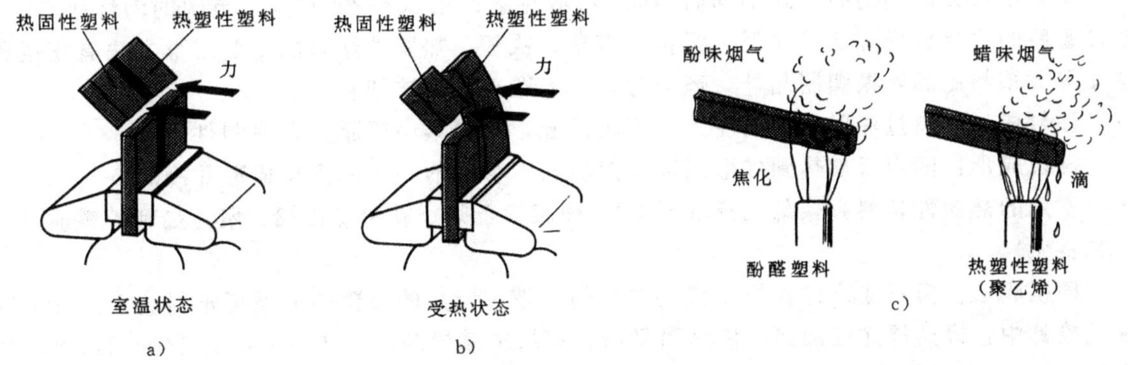

图 3-23 热塑性塑料与热固性塑料的性能对比

工程塑料，产量不大，成本较高，但具有优良的力学性能，耐热，耐化学腐蚀等特性。可制成轴承，齿轮等机械零件以代替金属、陶瓷等。

3.6.3 塑料性能评价

塑料作为材料，主要从以下几个方面的性能进行评价：

1. 物理性能　体积质量，硬度，吸水性等。

2. 力学性能　抗拉强度，抗弯强度，伸长率，弹性模量等。

3. 电性能　介电常数，表面电阻，体积电阻，介质损耗，击穿电压等。

4. 热性能　按规定条件测定的热变形温度，长期使用时的最高温度等。

5. 耐化学腐蚀性能　耐酸，碱性能，耐有机溶剂性能等。

此外尚有根据特殊需要而测定的光学性能，耐火焰性能等。

塑料是有机材料，因此其主要缺点是绝大多数塑料制品可燃烧，在常期使用过程中由于光线，空气中氧的作用以及环境条件和热的影响，其制品的性能可能逐渐变坏，甚至损坏到不能用，即发生老化现象，此外，目前我国的塑料成本还较高。

塑料的原料是合成树脂和添加剂（又叫助剂）。添加剂包括稳定剂、润滑剂、着色剂、增速剂、填料以及根据不同用途而加入的防静电剂、防霉剂、紫外线吸收剂等。稳定剂的作用主要是防止成型过程中高聚物受热分解或长期使用过程中防止高聚物受光和氧的作用而老化降解。因此有热稳定剂、光稳定剂、抗氧剂等。润滑剂的作用是在高聚物成性过程中附着于材料表面以防止粘着模具，并增加流动性。加入着色剂以使塑料制品具有各种鲜艳的颜色。增塑剂可渗透入高聚物分子之间增加高聚物分子的活动性，从而增加塑料制品的柔韧性，降低塑料的脆性。填料具有提高塑料机械强度、降低成本、改进性能的作用。在室外使用的塑料制品，特别是塑料薄膜中应当加入紫外线吸收剂，以防止塑料受日光照射后老化破坏，以提高使用寿命。对与经常受摩擦的塑料制品，例如电影胶片则应当加入防静电剂，以防止聚集静电荷。防静电剂还可防止塑料表面易吸附灰尘而污染的缺点。在潮湿环境中使用的塑料制品中应当加防霉剂。

稳定剂和润滑剂是塑料中必须加入的添加剂，其它组分则根据塑料种类和用途的不同而有增减。例如聚乙烯塑料不需要加增塑剂，而软聚氯乙烯塑料则加有大量的增塑剂。制备泡沫塑料时则应当加发泡剂。

3.6.4 塑料成形方法

塑料成形方法因制品形式不同而不同。热塑性塑料在80～200℃温度范围的塑性成形，热塑性塑料的主要成形方法有注射、深拉，挤塑、吹塑。热固性塑料的主要成形方法有模压和层压等。塑料制品除模塑制品外，还有薄膜、人造革、泡沫塑料等。

注射成形：通过注射将塑料注入并充满模腔，在模具中凝固后形成制件。

深拉成形：塑料板加热到成形温度，然后向下移动的一个芯深拉成形并冷却。

常用的热塑性塑料有聚氯乙烯（PVC），硬聚氯乙烯、软聚氯乙烯、聚乙烯和聚酰胺（贝伦和良尤）。

模压成形：模压成形是在模压机上进行的。把一定量的经预热的模压塑料放入打开的模压机模具中，模具被连续加热。模具锁紧后，塑料填满模腔。加热温度约为140～170℃，压力超过100Pa。塑料硬化后，再打开模子，把模件取出。

层压成形：层压塑料比模压塑料坚固，用酚醛塑脂浸泡的一层层纸和布料作为填充料，用热金属模将塑料制成板或其它一定形状的塑料制品。通常，把板状层压塑料称为胶纸板或胶布板。层压塑料可用来制造各种形状零件：齿轮、轴套、滑轮、内衬件和绝缘板。层压成形塑料很坚固，有韧性和良好的切削性能。

把薄木板用合成树脂彼此粘结在一起，就形成胶合板。胶合板制品有家具、齿轮、隔板。

酚醛塑料是典型的热固性塑料，脆性较大，加入一些填充料，可提高强度和塑性。

3.6.5 工程塑料的应用

1. 一般结构件　可作壳体、框架、手轮等。例如用低发泡PC制造的汽车的罩壳，每件24kg，可一次注射成形。

2. 传动结构件　可作齿轮，蜗轮，联轴器等，如200kg的齿轮胚可用铸型尼龙（MC尼龙）一次浇铸成形。

3. 减摩、自润滑件　可作轴承、导轨、活塞环等，如塑料－多孔青铜－钢背三层复合自润滑轴承，估计世界年消耗量达1.5亿个，可在无油润滑、边界润滑和水润滑条件下工作；聚四氟乙烯纤维织物钢背轴承的承载能力高达400MPa；以固体润滑剂填充、以石棉织物增强的PF、DAP等塑料用作水泵轴承、轧钢机轴承、船尾轴承，可大量取代滚动轴承等；以青铜等填充的聚四氟乙烯机床导轨，既耐磨又可消除粘－滑现象（爬行）。用改性的聚四氟乙烯、聚甲醛、聚酰亚胺等作为压缩机活塞环，可实行无油润滑。

4. 耐蚀件　可制作化工容器和泵、管、阀等，如整体式聚苯硫醚离心泵，利用磁力马达，使之与介质隔离，具有突出的耐腐蚀、耐热性能。聚氯乙烯、聚丙烯、聚四氟乙烯管道外缠玻璃钢所制成的复合管道，即耐压又耐蚀，可节约大量不锈钢。

5. 电绝缘件　可作线圈骨架、印刷线路板等。如大型电子计算机多层印刷线路板大量采用了耐高温塑料聚酰亚胺。

6. 高强度、高模量结构件　可用以制作高速风机叶片、螺旋桨推进器叶轮等。如小型螺旋桨推进器采用玻璃纤维增强尼龙610塑料注射成形，每只重略低于50kg，即耐腐蚀又耐气蚀。

工程塑料在汽车上的应用量最大。据70年代末资料，每辆汽车有800～1000个零件采用塑料，主要为内饰件、外壳件和功能件，共重50～80kg，如仪表板、正时齿轮、保险杠、油箱、蓄电池、各种底盘衬套和罩壳车门等，可降低汽车自重和油耗。

3.7 复合材料

复合材料是由两种或多种固体材料，它们可能是不同的非金属材料相互复合；非金属材料和金属材料相互复合；不同的金属材料相互复合等。这种复合保留了各自优点，得到单一材料无法比拟的，优越的综合性能。

按复合材料的增强剂种类和结构形式的不同，复合材料可分为三大类。

1. 纤维增强复合材料　这类复合材料是以纤维状材料如玻璃纤维、碳纤维，硼纤维等陶瓷材料做复合材料的增强剂、复合于塑料、树脂、橡胶和金属等为基体的材料之中。如橡胶轮胎、玻璃钢，纤维增强陶瓷等都是纤维复合材料。加强方式有一个方向的加强和所有方向均加强等，见图 3-24。

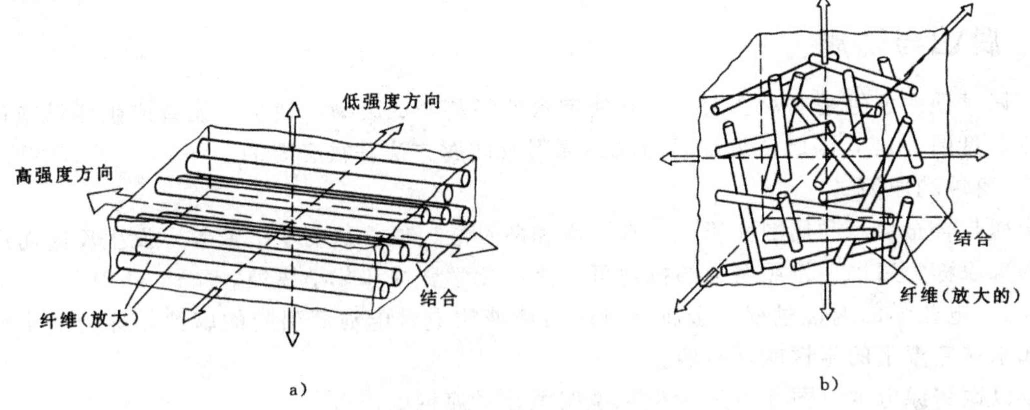

图 3-24　纤维增强方向

a）一个方向加强　b）所有方向均加强

复合材料中以纤维增强材料应用最广、用量最大。其特点是体积质量小，比强度和比模量大。例如碳纤维与环氧树脂复合材料，其比强度和比模量均较高强度钢和铝合金大数倍，还具有优良的化学稳定性，减摩耐磨、自润滑、耐热、耐疲劳、耐蠕变、消音、电绝缘等性能。纤维增强复合材料的另一特点是各向异性，因此可按制件不同部位的强度要求设计纤维的排列。故纤维增强复合材料的用途很广，见表 3-13。

表 3-13　复合材料的主要用途

序　号	类　　别	用　　途
1	轻质高强件	汽车保险杠，工字梁、飞轮、船壳、潜艇壳体、高压容器、飞机机翼、直升飞机螺旋桨、高速纺织零件如剑杆，分离铀的高速离心转筒、发动机叶片、高级运动器材如网球拍和撑杆等
2	化工耐腐蚀件	石油化学工业中的各种槽、罐、釜、塔、过滤器、搅拌器、泵、阀、管道和配件、风机、喷淋盘等
3	电机、电器绝缘件	印刷线路板，电机护环，电刷、槽楔、套环，电讯零件，电子计算机零件，高压绝缘子，电机换向器等

（续）

序号	类别	用途
4	减摩、耐磨和摩阻件	轴承、轴瓦、凸轮、导轨、刹车片等
5	传动件、密封件	汽车驱动轴、连杆、推杆、齿轮、活塞环、密封圈、垫片等
6	宇航、火箭、导弹等军用零部件	承受再人大气层的导弹头部防垫护罩，载人宇宙飞船的防热结构材料如鼻锥、机翼、尾翼前缘，火箭喷管喉衬，卫星的天线结构件，战术导弹及鱼雷的结构件，气垫船构件，军用飞机的框架、梁、支柱、起落架，压气机叶片等

纤维增强塑料的成形工艺较多，主要有手糊法、模压法、纤维缠绕法、注塑成形法等。

2. 层叠复合材料　由两种或两种以上不同材料叠合而成，如用具有两种膨胀系数的金属复合而成的能指示温度变化的热工仪表材料。

3. 细粒复合材料　硬质合金就是 WC－Co 或 We－TiC－Co 等组成的细粒复合材料。

3.8 腐蚀与防腐

金属腐蚀的危害是非常巨大的，它使宝贵的材料变成废物，使生产设备或生活设施过早地报废。见图 3-25，因此了解金属的腐蚀原因及防腐方法是很必要的。

3.8.1 腐蚀的原因

金属与合金由于和周围介质（大气、水和各种酸、碱、盐的水溶液等）发生反应而产生破坏的现象称为腐蚀。按照腐蚀的机理可分为电化学腐蚀和化学腐蚀。

3.8.1.1 电化学的腐蚀过程　金属与电解质溶液构成微电池而引起的腐蚀，称为电化学腐蚀。如钢在室温下的生锈就是一例。

今以铜锌原电池（图 3-26）为例来说明电化学腐蚀的原因。

图 3-25 由于腐蚀造成构件报废

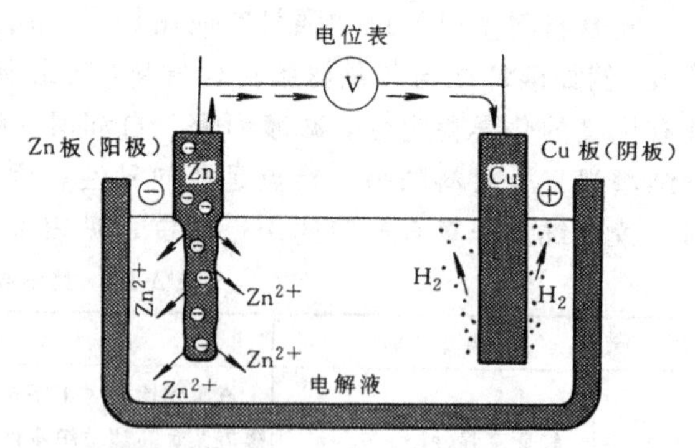

图 3-26 电化学腐蚀过程示意图

将锌板和铜板放入电解液中，用导线连接，由于两种金属的电极电位不同，见图 3-27。构成原电池，即有电流产生。由于锌比铜活泼（锌电极电位低），锌易失去电子而成为阳极，故电流的产生必然是锌板上的电子往铜板移动。锌失去电子后，变成正离子而进入溶液，锌就溶解破坏了，而铜不被腐蚀。

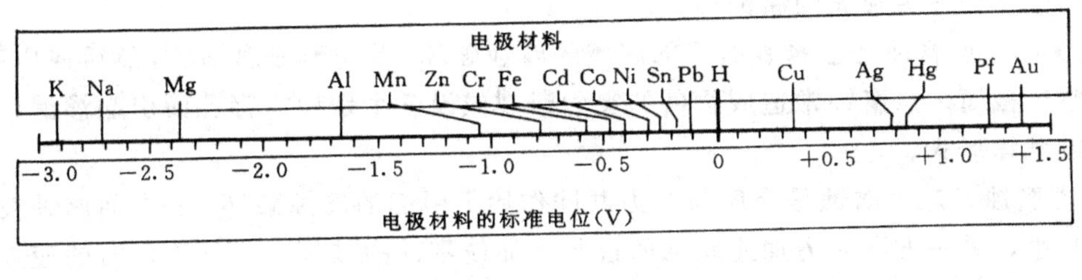

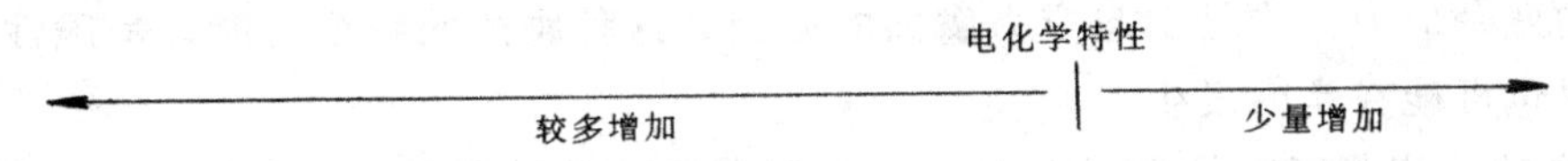

图 3-27 金属的电极电位

因此，任意两种金属在电解液中互相接触时，就会形成原电池，而产生电化学腐蚀，其中较活泼的金属（电极电位较低的金属）不断地溶解而损坏。

下面再看一下碳钢在潮湿的空气中怎样产生电化学腐蚀的。

碳钢是由铁素体渗碳体两相组成的，铁素体的电极电位低，渗碳体的电极电位高，在潮湿空气中，钢表面上蒙上一层液膜（电解液溶液），两相组织又互相接触而导通，从而形成微电池，铁素体成为阳极而被腐蚀，见图 3-28。

金属的腐蚀绝大多数是电化学腐蚀引起的，而且电化学腐蚀比化学腐蚀快得多，危害性很大。

3.8.1.2 化学腐蚀过程 金属与周围介质直接发生化学反应而引起的腐蚀称为化学腐蚀。金属在干燥气体（如氧、氢、二氧化碳、二氧化硫等），高温氧化性气氛以及非电介质溶液（如石油、苯等）中所产生的腐蚀都属于化学腐蚀。例如钢在高温加热时表面产生氧化就是一种典型的化学腐蚀的现象。

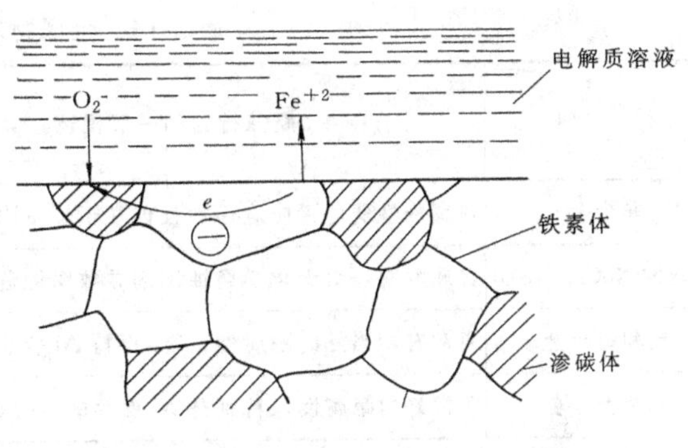

图 3-28 碳钢电化学腐蚀示意图

化学腐蚀的特点是只有单纯的化学反应，在作用过程中没有电流产生，而且腐蚀过程的产物沉积在发生反应的金属表面。并形成一层薄膜，当这种薄膜与基体结合牢固、很稳定，很致密，从而阻止腐蚀的发展，又起到保护基体金属的作用。若所形成的膜是不稳定的，疏松的，与金属结合不牢固，则它就起不到保护作用，此时腐蚀过程将不断进行，直至金属全部破坏。

3.8.2 腐蚀方式

金属腐蚀常见的形式主要有以下几种：

1. 均匀腐蚀 均匀腐蚀又称一般腐蚀，它是在整个金属表面上以大约一致的速度发生的一种腐蚀，这种腐蚀使金属尺寸不断减小，以致破坏，但从技术观点来看，其危害性不大，因这种破坏是可以预测，而且只要采取适当的保护措施，即可减轻这类腐蚀。

2. 晶间腐蚀 晶间腐蚀是沿晶界进行的一种腐蚀，有时在外观上不易察觉。晶界区域因腐蚀遭到破坏，使材料强度大幅度下降，严重的可完全失去金属声音，轻敲即可碎成粉末，所以晶间腐蚀是一种危害很大的腐蚀形式。

3. 点腐蚀　点腐蚀是金属表面局部区域的腐蚀破坏，首先形成腐蚀坑，然后向内部发展，甚至贯穿整个截面。点腐蚀常造成物件的突然断裂或设备个别地方穿孔而引起渗漏，也是很危险的腐蚀破坏形式。

4. 应力腐蚀　应力腐蚀是介质与应力共同作用下引起的腐蚀破坏。一方面腐蚀使零件的有效截面减小，另一方面应力加速腐蚀的进行，促使零件的破坏。零件工作时的应力，冷加工及焊接后的残余应力，均是引起应力腐蚀的原因，这种腐蚀的特征是断口呈脆性破坏，腐蚀可能在晶界也可能在晶内发生。

5. 疲劳腐蚀　疲劳腐蚀是金属在腐蚀性介质中同时受到交变应力作用而发生腐蚀，其破坏过程是先在零件表面形成腐蚀坑，然后在介质与交变应力作用下发展成疲劳裂纹，再逐渐扩展，直至零件疲劳断裂。汽轮机叶片、水泵零件、船舶螺旋桨轴及在腐蚀介质中工作的弹簧等，均会因疲劳腐蚀而破坏。

3.8.3 防腐措施

常用的防腐措施有以下几种：

1. 选择适当的材料　可根据材料的使用环境及作用选择适当的材料，金属材料的腐蚀行为，见表 3-14。

表 3-14　金属材料的腐蚀行为

材　　料	腐蚀行为的一般描述	干燥的室内通风	大陆性气候	工业空气	海洋性气候	海　水
非合金	耐腐蚀性弱，无防腐性，仅仅在干燥室内可以保存	●	○	□	○	○
不锈钢 X5CrNi1810	普通耐腐，由于化学腐蚀试剂导致腐蚀危险	●	△	□	□	△…□
铝和铝合金	通常有相当好的耐腐性，Cu-保持 Al 合金	●	△	□	□	●…□
铜及铜合金	非常好的耐腐性，特别是 Ni 保存的铜合金	●	●	△	△	●…□

符号说明：●实用保存　□不耐保存

△特别耐腐蚀　○浪费

2. 适当的防腐结构　例如在不同材料间用隔离层，使两金属材料不直接接触，见图 3-29。

3. 改善腐蚀环境　制造一个防腐的小气候，如干燥气体封存法，采用密封仓装，在包装空间内放干燥剂或充入干燥气体（例如氮气），从而使金属不易生锈。

4. 在切削加工中防腐　如在切削加工时加入防腐油，使机床、工件、刀具不受周围介质（如空气、水分、手汗等）的腐蚀。

5. 铁件表面的防腐层　即常说的覆盖法防腐，它是把金属同腐蚀介质隔开来，以达到防腐目的。

（1）通过化学表面处理进行防腐　常用的有发蓝，磷化等氧化方法。

发蓝处理是将钢件放入空气—水蒸汽或化学药物溶液中加热到适当温度，使其表面形成一层蓝色或黑色氧化膜，以改善钢的耐蚀性。

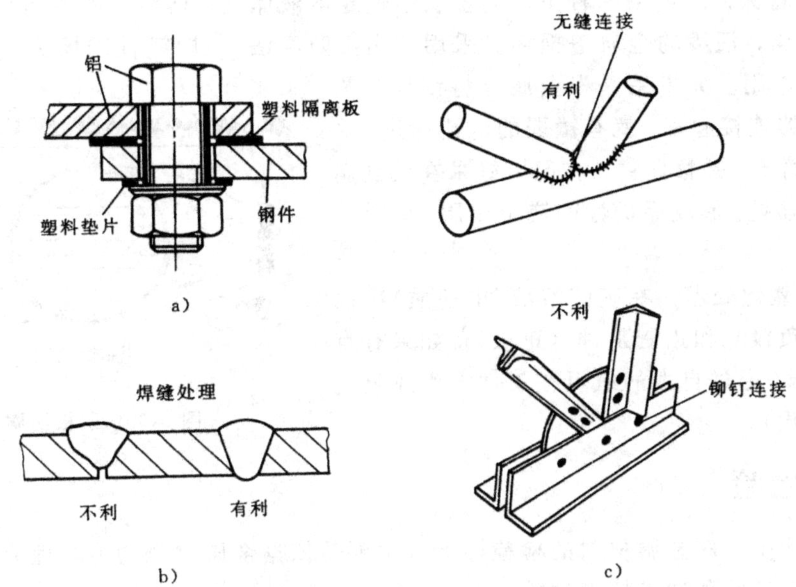

图 3-29 不同材料间的隔离层

磷化即用磷酸盐处理，用喷射法或浸蚀法，将磷酸锰或磷酸锌（均为磷酸盐）的水溶液涂敷到经预先去锈和脱脂处理的金属表面上。于是，形成一层起保护作用的磷酸铁表面层。

(2) 非金属涂层

1) 上油和涂脂 当产品表面需要保持光洁时应用（如游标卡尺）。油和脂必须经脱酸处理。

2) 涂层 用红铅打底形成不渗透的保护层。分别按照用途和目的选择表层涂料（亚麻油或漆）。

3) 搪瓷 先把搪瓷粉撒、喷在零件上，随后在800～1000℃的温度范围内加热。涂层具有化学稳定性和耐热性。搪瓷由玻璃状粉末（石英、长石，铝矾土和颜料）组成。

4) 塑料涂层 把零件浸在液态塑料中，或把塑料喷涂在零件上。普通油漆日趋被树脂、赛璐珞、氯化橡胶漆等涂料所代替。此外，还有一种烤漆，在120～150℃温度范围内烤干，具有很好的耐腐蚀性能。

(3) 金属保护层

1) 金属浴 把干净的工件浸入液态金属熔池中（如把钢板投入锌熔池中）。随后，使漫流的金属从工件上摘掉，留下薄薄的保护层。热镀锌采用的就是这种方法。

2) 电镀（镀镍，镀锡，镀铜，镀镉）为了阻止腐蚀，在易受损坏的金属表面上镀上耐腐蚀金属薄层。电镀时，待镀零件置入防护金属的金属盐溶液中，然后，在很小电压下使电流通过溶池。电流使溶液发生化学分解，金属从盐中析出，在电镀工件上沉积一层薄薄的保护金属。

3) 复合板 所谓复合板，就是用轧制的办法，使保护层薄板金属与基本金属结合在一起。采用这种方法，可以节约昂贵的金属材料。

4) 喷镀 用压缩空气将液态金属（如铅，锌甚至钢）涂敷到工件上。

6. 阴极防腐保护　如果两种不同的金属通过导电液体（电解液）连接起来，那就组成一个电化学原电池。活泼的金属遭损坏。采用“阴极防腐法”，即牺牲阳极法，活泼金属（如镁），起防腐的作用。如果用一根金属丝将镁棒与需要保护的钢容器连接起来，就有微弱的电流通过。这样，镁溶解成离子，并移向铁。它们恰好呆在受到腐蚀威胁的钢容器处。形成保护性的镁金属层，见图 3-30。

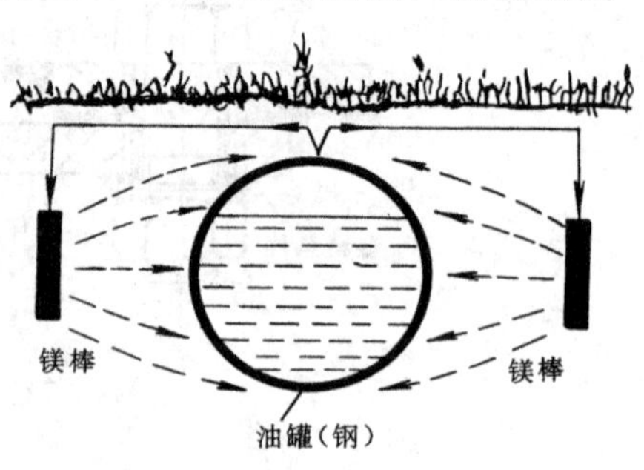

图 3-30　阴极防腐保护

7. 铝阳极氧化处理　在硫酸溶液（电解质）中插入一个铅板（负极）和铝制工件（正极）。如果有直流电产生，那末，通过自由的氧可在工件上生成氧化层（铝的阳极化）。

3.9　材料检验

在机械行业中，对金属材料的检验标准，主要是依据金属材料的力学性能，主要项目有拉伸试验，硬度试验和冲击韧度试验。

3.9.1　拉伸试验

拉伸试验是使用最广泛的力学性能试验方法之一，试验时缓慢的在试样两端施加试验力，使试样的工作部分受轴向拉力，引起试样沿轴向伸长，试验一般进行到拉断为止。

通过测定试样对外加试验力的抗力，可以求出材料的强度指标。测定试样在破断后塑性变形的大小，可以求出材料的塑性指标。

拉伸试样应按国家际准规定制作，拉伸试样的形状见图 3-31a。拉伸试验在万能材料试验机上进行，万能材料试验机结构见图 3-31b，该试验机除了能进行拉伸试验外，还能进行压缩、扭转、剪切等多项力学性能试验。

进行拉伸试验，机器自动给出试样的应力—应变曲线图。典型塑性材料的应力—应变曲线图见图 3-32。典型脆性材料的应力—应变曲线图，见图 3-33（脆性材料拉伸时无屈服现象）。

以塑性材料的应力—应变曲线图为例，可得到如下的强度指标：比例极限 σ_p 屈服点或屈服强度 σ_s 和抗拉强度 σ_b。

比例极限 σ_p：应力与应变成正比关系的最大应力，即在应力—应变曲线图上开始偏离直线时的应力。

屈服点 σ_s：在拉伸过程中，试验力不增加，甚至有所降低，试样还继续发生明显变形的最小应力。

除退火或热轧的低碳钢和中碳钢等少数金属合金有屈服现象外，大多数金属合

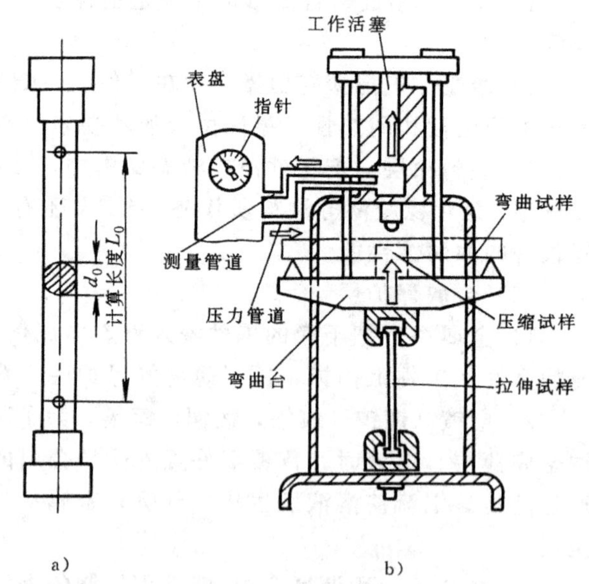

图 3-31　拉伸试验
a）拉伸试样　b）万能材料试验机

金没用屈服点，因此规定发生0.2%残余伸长的应力，作为屈服强度$\sigma_{r0.2}$以表示。

屈服点或屈服强度，是衡量材料抵抗外力，而不产生屈服的最高极限，外力超过了该最高极限，材料就开始屈服了。所以该点的σ_s和$\sigma_{r0.2}$通常是作为材料的许用应力的制定标准。

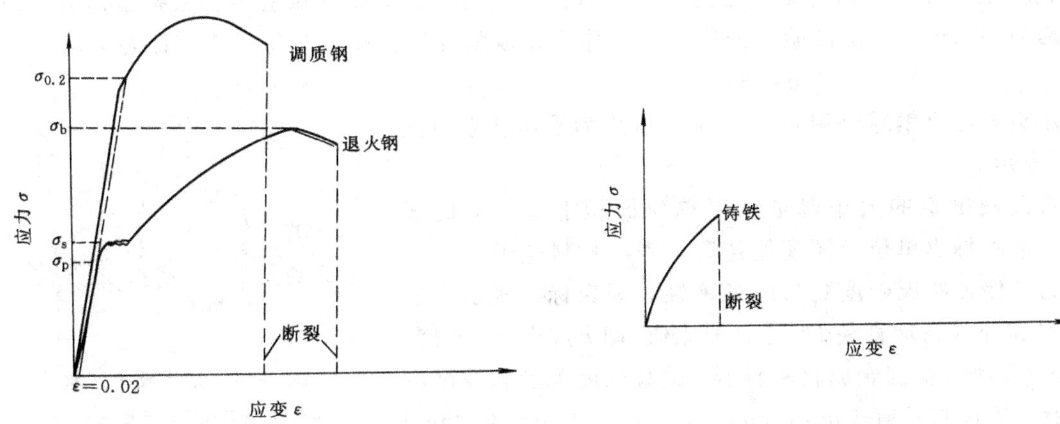

图3-32　塑性材料应力—应变图　　　图3-33　脆性材料应力—应变图

许用应力$[\sigma]=\sigma_s/n$或$[\sigma]=\sigma_{r0.2}/n$　$n>1$

抗拉强度σ_b：由试样拉断前承受的最大力所决定的临界应力，即试样拉伸过程中最大力所对应的应力。

抗拉强度表征材料在拉伸条件下的工程强度极限也是材料选择的主要依据之一。

材料在屈服至拉伸之间发生的行为，一般称为加工硬化。

从应力—应变曲线图可得到上述的强度指标。那么通过观察测定试样在拉伸前后的形状尺寸的变化，可得到试样的塑性指标，断后伸长率δ和断面收缩率ψ。

断后伸长率是试样拉断后，所测得伸长与原始长度的百分比。

$$\delta=(L_1-L_0)/L_0\times100\%$$

式中　L_1——试样拉断后的长度；

L_0——试样原始长度。

断面收缩率是试样拉断后，缩颈处横截面的最大收缩量与原始截面积的百分比

$$\psi=(S_0-S_1)/S_0\times100\%$$

式中　S_0——试样原始截面积，(mm^2)；

S_1——试样断颈处截面积，(mm^2)。

断后伸长率和断面收缩率反映了试样发生塑性变形的能力。

3.9.2　硬度试验

硬度是衡量金属材料软硬的一个指标。

硬度值的物理意义随着试验方法的不同，其含义也不同。它是表征着材料的弹性、塑性、形变强化率，强度和韧性等一系列不同物理量组合的一种综合性能指标。

一般来说，硬度是指金属表面上不大体积内抵抗变形或破裂的能力，所以材料的硬度值和材料的强度指标有一定的关系。硬度高的材料强度也大，硬度低的材料，强度也小。

硬度试验方法比较简单易行，不必破坏工件，已成为产品质量检查，制订合理工艺等的重要试验方法。在生产中使用最为广泛的是静试验力压入法硬度试验，即布氏硬度和洛氏硬度。

1. 布氏硬度　布氏硬度的测定原理是用一定大小的试验力 F (N)，把直径为 D (mm) 的淬火钢球压入被测金属表面，见图 3-34。保持一定时间后，卸除试验力，根据金属表面压痕的表面积 A (mm^2) 除试验力所得商值，作为硬度的计算指标，其符号用 HB 表示，

$$HB=F/A$$

压头为淬火钢球时用 HBS 表示，压头为硬质合金时用 HBW 表示。

布氏硬度值的大小就是压痕单位面积上所承受的压力，一般不标出单位，硬度值越高，表示材料越硬。

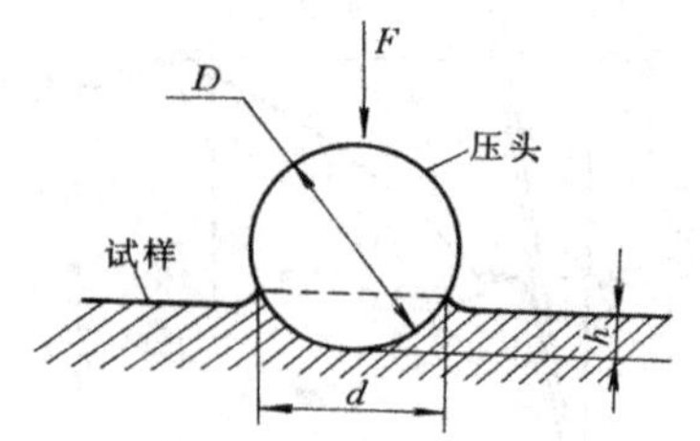

图 3-34　布氏硬度试验
d—压痕直径　D—压头直径
F—试验力　h—压痕深度

为了保证布氏硬度测量的准确性，国家标准规定了试验力 F 和淬火钢球直径 D^2 的三种比值，即 F/D^2 为 30、10、2.5 三个数值，根据金属材料种类，试验硬度范围和厚度不同选择。钢球直径有 1mm、2mm、2.5mm、5mm 和 10mm 五种，试验力 F 可在 9.8～29.4kN 之间选择。实际操作时，是通过测量压痕的直径和外加试验力然后查表得到布氏硬度值的。

布氏硬度试验的优点是其硬度值代表性全面，因压痕面积较大，能反应较大范围内金属各组成相综合影响的平均性能。另外，布氏硬度值和抗拉强度间存在一定换算关系。

布氏硬度实验的缺点是其压头为淬火钢球时，由于钢球本身的变形问题，使之不能试验太硬的材料，一般在 HBS450 以上就不能使用。由于压痕较大，不作成品检验，通常用于铸铁、有色金属、低合金结构钢等原材料的硬度。

2. 洛氏硬度　洛氏硬度试验是目前应用最广泛的试验方法，和布氏硬度一样，也是一种压入硬度试验，但它不是测定压痕面积，而是测量压痕的深度，以深度的大小表示材料的硬度值，其硬度值符号用 HR 表示。

洛氏硬度的试验压头采用锥角为 120°的金钢石圆锥或直径为 1.588mm 的钢球。试验力先后两次施加。先加初试验力，然后加主试验力，其硬度值可从洛氏硬度机中直接读得，不必进行计算，见图 3-35。

为了可以用一种试验计可测定从软到硬的金属材料硬度，采用了不同的压头和总试验力，组成几种不同的洛氏硬度标度，常用的有 HRA、HRB、HRC 三种。

各种洛氏硬度值不能直接进行比较，只能通过试验进行相对比较。

洛氏硬度的优点是操作迅速简便，压痕较小，可在工件表面进行试验，可测定各种金属材料的硬度。其缺点是压痕较小，代表性差，由于材料中有偏析及组织不均匀等情况，使所测硬度值的重复性差，分散度较大。

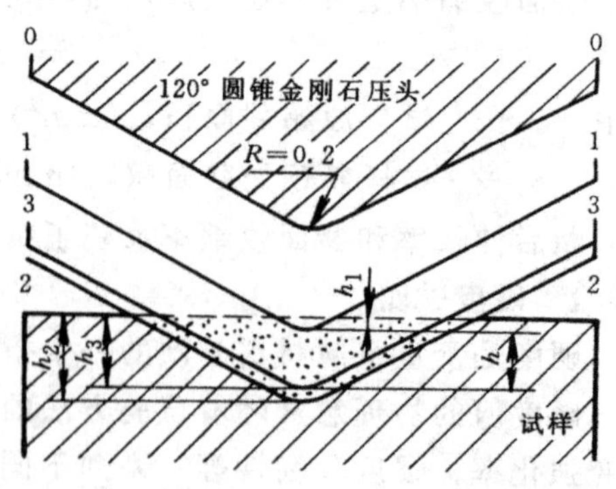

图 3-35　洛氏硬度试验

3. 维氏硬度　维氏硬度试验原理基本上和布氏硬度试验相同，见图 3-36。它是用一个两相对面间夹角为 136°的正四棱椎体金钢石压头，以选定的载荷 F 作用下压入被测金属表面，经规定的保持时间后，卸除载荷，测出压痕的对角线长度 d，算出压痕的表面积 A。试验载荷除以压痕表面积所得的商就是维氏硬度值。

维氏硬度试验所用的载荷可根据试件的大小、厚薄等条件进行选择，常用的载荷在 49.0～980.7N 范围内变动。载荷保持的时间，黑色金属为 10～15s；有色金属为 30s±2s。

维氏硬度用符号 HV 表示，HV 前面为硬度值，HV 后面按以下顺序用数值表示试验条件。

在实际应用中，维氏硬度值可根据对角线的长度，直接从表中查出。

维氏硬度因试验时所加的载荷小，压入深度浅，故可测量较薄的材料，也可测量表面渗碳、渗氮层的硬度。而且维氏硬度值具有连续性（10～10^3HV），故可测定极软到极硬的各种金属材料的硬度。但是因需测量对角线长度，测试手续较繁，并且压痕小，所以对测试件的表面质量要求较高。

3.9.3　冲击韧度试验

许多机器零件在工作时要遇到冲击试验力，随着变形速度的增加，材料的塑性，韧性降低，脆性增加。强度高而塑性韧性差的材料，往往易于发生突然性破断。现代机械的发展趋势是速度高，重量轻，功率大，即要求零件承受高速度的大试验力，又希望零件尺寸小，重量轻。因此，如何发挥材料承受冲击试验力的能力，就越来越受到重视。冲击韧度试验方法见图 3-37。

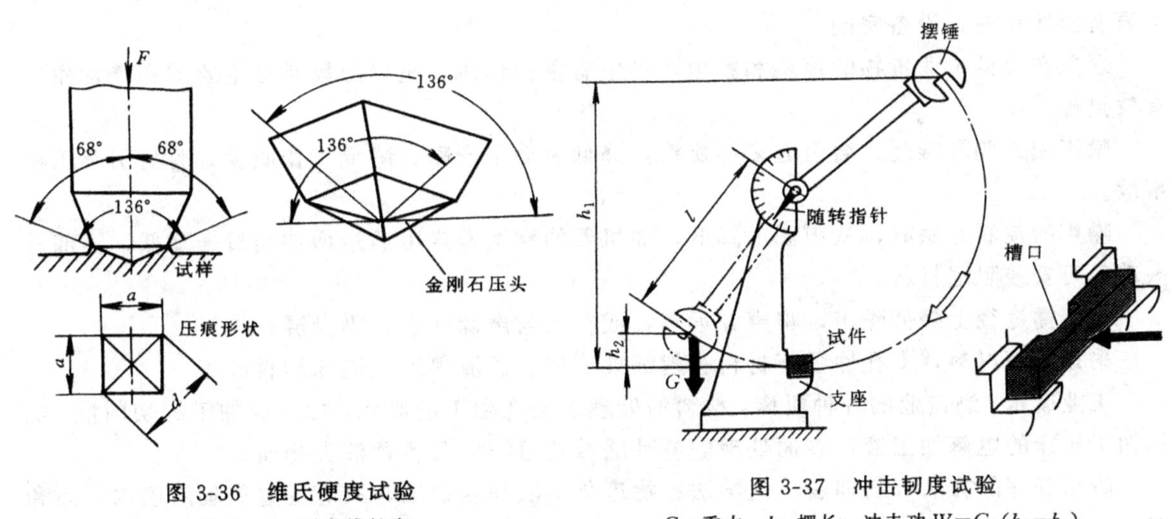

图 3-36　维氏硬度试验
a—边长　d—对角线长度

图 3-37　冲击韧度试验
G—重力　l—摆长　冲击功 $W=G\ (h_1-h_2)$

3.9.4　疲劳

材料、零件和构件在循环应力或应变作用下，在某点或某些点逐渐产生局部的、永久的结构变化，并在一定循环次数后形成裂纹或继续扩展直到完全断裂的现象。据统计大多数机械零件是由于疲劳产生断裂破坏的。在机械中最常见疲劳形式：高周疲劳、低周疲劳、接触疲劳等。

高周疲劳：在低于材料屈服强度的应力下，循环次数在 10^7 次的疲劳。

低周疲劳：在局部循环塑性应变作用下，循环周次低于 10^4～10^6 次循环的疲劳，也称塑性疲劳。

接触疲劳：零件在高接触压应力反复作用下产生的疲劳。

零件的工作表面会产生局部区域的片和小块金属剥落，形成麻点或凹坑。

一般来说，金属材料在无限多次交变载荷作用下，而不致断裂的最大应力称为疲劳强度。

疲劳强度受到很多因素影响，经归纳有工作条件、表面状态、材料本质及残余内应力等。改善零件的结构形状、降零件的表面粗糙度数值，以及采取各种表面强化的方法，都能提高零件的疲劳强度。

3.10 环境保护

环境保护也是工业企业组织生产的重要组成部分，在发展生产的同时，必须防止环境污染，和生态破坏，在工厂和工厂周围创造清洁舒适的环境，保障劳动者的身体健康。

在机械行业的工厂中，对环境的影响因素主要有：工业毒物、粉尘、噪声、工业废水等。工业毒物主要指化学性物质，其来源是多方面的，如原料、辅助原料、半成品、成品副产品以及废水、废气和废渣等。有些化学物质通常是气体、蒸气、粉尘雾、烟等状态。

工业毒物进入人体的途径有呼吸道，皮肤和消化道，呼吸道的吸入是最主要和危险的途径。

对于生产工业毒物的机器，设备必须密闭化，采用隔离操作，有条件的可采用机械化自动化操作。

粉尘对人体的危害主要是呼吸系统，长期吸入粉尘会形成硅肺，控制扬尘的途径和方法主要有湿法作业，设备密闭。

通风在降低工业毒物的污染和粉尘污染中有重要作用，机械通风是最主要的和最常用的有效措施。

噪声使人刺耳难受，会引起多种疾病，降低劳动生产率，降低工作质量，容易引起工伤事故。

噪声的控制方法有，从声源上降低，如机器的摩擦噪声可通过增加润滑来降低，零部件振动，可安装阻尼材料。

在传播途径上降低噪声，将声源远离，或在人与声源间设置隔身屏。

采用吸声材料，多孔性吸声材料有超细玻璃棉、矿渣棉细孔泡沫塑料砖等。

工业废水，制造业的各种机床，材料的处理多会产生工业废水，如金属加工的切削液，电解加工机床的电解加工液，表面处理的各种酸碱盐溶液以及各种油类物质。

废水处理的方法有物理法、化学法、物理化学法和生物法，只有经过处理的废水，附和工业废水的允许排放浓度才能进入地下污水管道。

4 机械及其构成

任何现代产业和工程领域都需应用机械，它能帮助和代替人们工作，减轻沉重的体力劳动，提高生产率。

将已有的机械能或非机械能转换成便于利用的机械能，以及将机械能变换成某种非机械能或用机械能来完成一定工作的装备称为机械。

组成机械的基本单元称之为机械零件。

4.1 机械工艺系统

为了将机械的功能和作用原理了解得更为透彻，人们一般将它看作是一个工艺系统。在这个系统中，能量、材料和信息（工艺，几何信息等）被输送进去，在那儿进行转化，然后机械再将它输送出来，见图 4-1。

图 4-1 机械工艺系统

根据这种思考方法，人们将机械划分为三种类型：

(1) 能量转换机械 称之为动力机械。

(2) 材料转换机械 称之为工作机械。

(3) 信息转换机械 称之为电子数据处理设备。

4.1.1 动力机械

动力机械是将能量进行转换的机械。在机械制造中，通过它能将输入的其它形式的能量(电能、化学能等)转换成所必需的机械能，或将已有的机械能转换成便于利用的机械能。

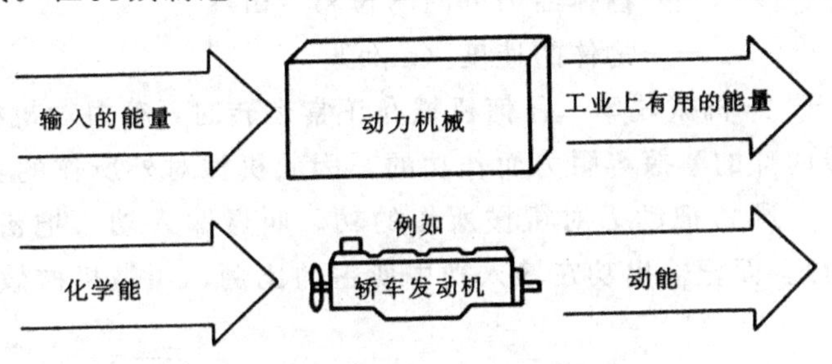

图 4-2 动力机械的工艺系统

人们可以通过能量流程图的帮助将它直观地表达出来。将能量输入到动力机械中去，然后通过它转变为工业上便于利用的能量，最后加以输出，见图 4-2。

4.1.1.1 功、能、功率、效率

1. 功 当物体受到力的作用时，而且在力的方向上发生了位移，我们就说力对物体做了功，见图 4-3。

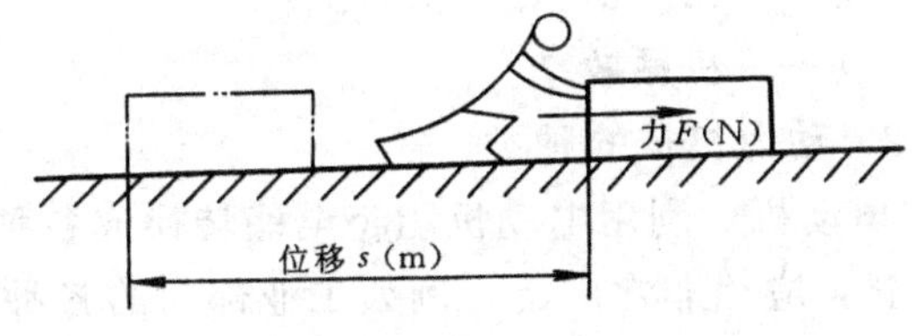

图 4-3 力对物体做功

功的大小等于力与受力作用的物体在沿力方向所发生的位移的乘积，单位是焦耳 (J)

$$W=F\ s$$

式中 F——物体所受力（N）；

s——物体沿力方向的位移（m）；

W——力对物体所做的功（J）。

2．能　凡物体能作功，即称该物体具有能量，简称能。能量就是物体作功的本领。

能量一般被分成以下几种形式：机械能（包括动能和势能）、热能、电能、化学能、原子能等。

不同的能量彼此是能够互相转换的。比如在电动机中，电能通过电流输入电动机中，它的大部分转换为动能，驱动电动机运转，而另一部分转换成热能，使电动机发热，见图 4-4。

能量既不能消失，也不能创生，只能从一种形式转换为另一种形式，或者从一个物体转移到另一个物体，而能的总量保持不变。比如水力发电是将水流的动能转换为电能，电流通过电炉发热是电能转换成热能，电动机运转是电能转换为机械能等，这就是能量守恒定理。

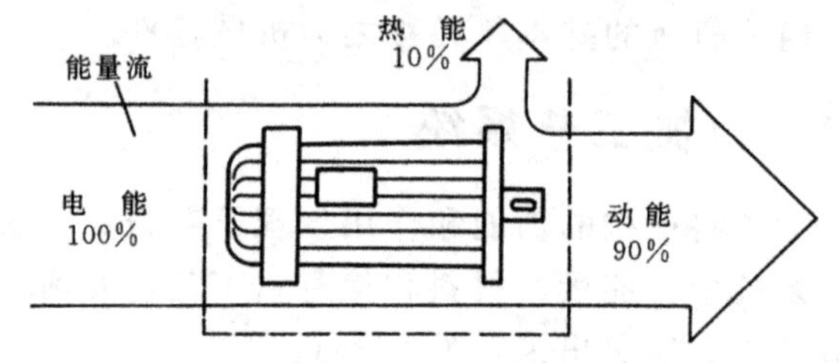

图 4-4　电动机的能量流

3．功率　如果两台机器作同样的功，那么在较短的时间内完成这个功的机器作功较快，我们把物体在单位时间内所作的功叫功率，单位是瓦特（W）。

$$P=\frac{W}{t}=\frac{F\ s}{t}=F\ v$$

式中 W——物体所作的功（W）；

t——作功的时间（s）；

F——物体所受力（N）；

s——物体沿力方向的位移（m）；

v——物体的速度（m/s）。

4．机械效率　任何机械在正常运转时，动力对机械所作的功，总有一部分是用来克服机械内部的摩擦等阻力而作功的，因此机械对外所作的功，总是小于动力对机械所作的功。

通常把动力对机械所作的功，叫做输入功，把机械对外所作的功，叫做输出功（有用功）。而把输出功在输入功中所占的比例，叫做机械效率，即

$$\eta=\frac{W_{出}}{W_{入}}$$

式中 $W_{出}$——输出功（J）；

$W_{入}$——输入功（J）；

η——机械效率。

4.1.1.2　动力机械的种类

1．电动机　利用电动机能将电能转换成各种生产机械所需要的机械能。它是生产机械的驱动装置，应用非常广泛，例如工业部门的各种机床，起重设备，传送设备，空气压缩机等都是用电动机来驱动的；人们日常生活中的风扇，洗衣机等也都是用电动机来驱动的。

电动机的种类很多，有直流电动机、交流电动机、伺服电动机、步进电动机等，运行性能各异，能适应不同类型生产机械的各种要求，电动机与生产机械的联接非常方便，比起其它动力机械，不仅效率高（$\eta=70\%\sim95\%$），而且运行可靠，维护简便，并且借助控制设备和远距离测量，能实现遥控和自动控制，便于集中管理。

2. 内燃机　燃料（柴油、汽油等）在机器内部燃烧，将其放出的热能直接转换为动力的一种动力机械。通常所说的内燃机是指活塞式内燃机，它将燃料和空气混合并压缩，在其气缸内燃烧，释放出的热能在气缸内产生高温高压的气体，此气体膨胀推动活塞作功，带动曲柄连杆机构或其它机构将机械能输出，驱动从动机械工作，见图 4-5。

内燃机的热效率高，功率和转速范围宽，配套方便，机动性能好，所以获得了广泛地应用。全世界各种类型的汽车几乎均以内燃机作为动力，拖拉机，农业机械，工程机械等也都是用内燃机作为动力的，世界上内燃机的保有量在动力机械中居首位，在人类活动中占有非常重要的地位。

内燃机的种类繁多，一般按它所使用的燃料（如柴油、汽油、酒精等）和工作循环的行程数（四行程、二行程）分类。

内燃机在工作时的噪声要比电动机大得多，达到 85～110dB，一般要采用隔声措施如加装隔音罩。另外，内燃机的排放物中具有有害成分，它会污染大气环境，对人类造成危害。目前，世界上不少国家都制订了控制内燃机排污的标准和法规。

图 4-5　内燃机

3. 液压马达与液压缸　液压马达和液压缸，都是液压系统的执行元件，它能将输入的液压能，转换为机械能输出，并驱动工作部件工作。其中，液压马达输出回转运动的机械能，液压缸则输出往复运动或摆动的机械能。液压马达可分为柱塞马达、齿轮马达和叶片马达。

液压技术是一门较新的技术，液压马达与电动机相比，具有一系列的优点。比如输出功率大，设备运转平稳，易于实现无级变速和自动控制，而且由于使用的是液体，能够吸收冲击载荷，减少振动。但是液压传动的效率偏低，一般在 80%以下，而且液体的泄漏也较难完全杜绝，见图 4-6。

4. 气动马达与气缸　气动马达和气缸，都是气动系统的执行元件，它能将压缩气体的压力能转换为机械能输出，并驱动工作部件工作。其中，气动马达输出旋转运动的机械能，气缸则输出往复运动或摆动的机械能。气动马达最常用的是容积式气动马达，它利用工作腔的容积变化来作功，分叶片式，柱塞式和齿轮式等形式，具体结构与液压马达相似，见图 4-6。

气动技术与液压技术相类似，它们的工作原理，分类、特性、结构等都基本一致，它经常应用于潮湿、高温、防爆、防火、强磁、辐射、起动频繁、经常变向和无级调速等场合。它的元件结构简单，对气源净化和稳压要求不高，并且工作速度快，可以自由调节，无过载危险，泄漏的气体对环境没有污染。但由于空气的可压缩性，使元件工作时速度不可能总是均匀恒定的，而且压缩空气的成本也比较高，并且排气噪声也不可能完全消除。

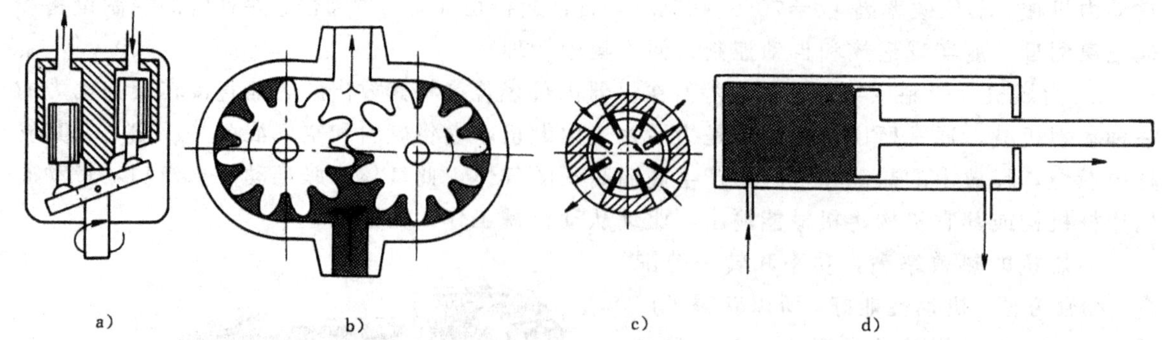

图 4-6 液压（气动）马达与液压（气）缸

a）柱塞马达 b）齿轮马达 c）叶片马达 d）液压（气）缸

4.1.2 工作机械

工作机械从本质上说是一种材料转换机械。它是利用人、畜或动力机械所提供的机械能，来改变工作对象（原料、工件或工作介质）的物理状态、性质、结构、形状、位置等的机械，例如物料搬运机械、机床、热处理炉等，比如一台机床，输入能量（电能）和材料（棒料），经过机床加工后，就输出了所要求的工件，见图 4-7。

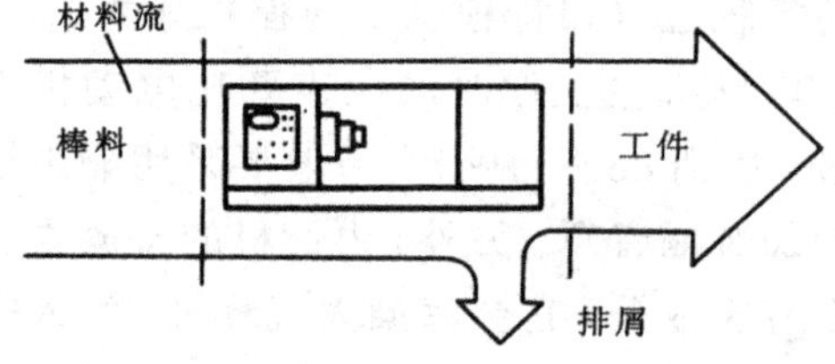

图 4-7 工作机械的工艺系统

4.1.2.1 材料的种类及物料传送

1. 材料的种类　对于材料的划分方法有很多种，一般是以材料的用途、形状、结构等进行划分的。

在物理学中，根据材料的形态可将它分成固态、液态、气态三种类型。

在机械工程中，根据材料的属性，我们将它划分为金属材料，非金属材料及复合材料三大类。

另外，根据材料的形状，又可将材料分为无具体形状的材料（液体、粉料、粒料）和有规定几何形状的材料（毛坯、工件、结构件等）。

2. 物料传送　在传送物料时首先必须考虑物料的质量大小，因其对物料的传送，加工，起着很大的作用。

一个物体中所含物质的多少叫做这个物体的质量，用 m 表示，单位一般是千克（kg），但有时也用克（g）或吨（t）表示。

另外，为了比较各种物质在相同体积下所含的质量，需要采用一个叫密度的物理量。某物质的密度等于该物质的质量和它的体积的比值，单位是 g/cm^3 或 kg/m^3 或 t/m^3

$$\rho=\frac{m}{V}$$

式中 m——物质的质量（g）；

V——物质的体积（cm^3）；

ρ——物质的密度（g/cm^3）。

在输送物料时一般用速度（相对于固体）和流量（相对于液体和气体）来衡量。

速度就是单位时间内物体所经过的路程，它用 v 表示，单位是 m/s，即

$$v=\frac{s}{t}$$

式中 s——物体所经过的路程（m）；

t——物体经过路程所用的时间（s）；

v——物体的速度（m/s）。

速度的单位除了 m/s 外，有时还用 m/min、mm/min 等表示。对于汽车等交通运输机械，速度一般用 km/h（公里每小时）来表示。

除了速度外，对于运动以回转为主的机械（例如车床）来说，我们还应知道物质的转速，它用 n 表示，单位是 r/min，即

$$n=\frac{z}{t}$$

式中 z——物体的旋转次数；

t——物体旋转的时间（min 或 s）；

n——物体的转速（1/min 或 1/s）。

以上所说的速度，转速都是相对于固态材料而言的，对于液态或气态材料的传输，用速度或转速就不太恰当，而且也不能充分体现液态、气态的传输特点，而一般采用流量这一概念加以描述。

流量是指单位时间内流经管道有效截面的流体数量。流体数量用体积表示者称为体积流量，单位为 m^3/h、l^3/h 等；用质量表示者称为质量流量，单位为 t/h、kg/h 等。

4.1.2.2 工作机械的种类

1. 物料搬运机械 主要是在企业内部进行物料装卸、运输、升降、堆垛和储存的机械设备。一般包括起重机械、输送机械、装卸机械、搬运车辆和仓储设备等五类。物料搬运机械是为生产服务的。

起重机械是起吊运或顶举重物的作用的，按其结构不同分为轻小型起重设备、升降机、起重机和架空单轨系统等几类。轻小型起重设备主要包括起重滑车、千斤顶、手动葫芦、电动葫芦和普通绞车。它们体积小、重量轻、使用方便，在机械制造业中应用比较广泛，见图 4-8。

a）

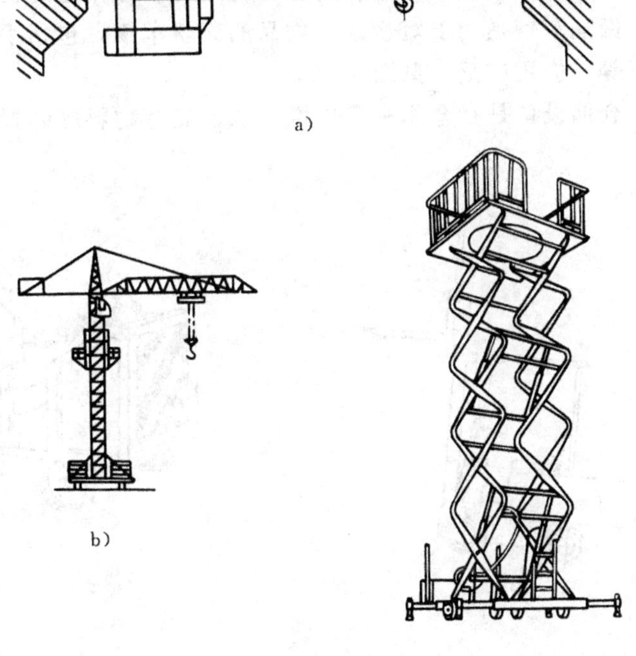

b）

c）

图 4-8 起重机械

a）桥式起重机 b）塔式起重机 c）升降机

输送机械是在一定的线路上连续输送物料的机械，它可进行水平、倾斜和垂直输送，也可组成空间输送线路。它的输送能力大，运距长，还可在输送过程中同时完成若干工艺操作，应用广泛。它是物料运输系统机械化和自动化不可缺少的组成部分，也是工厂实现自动化流水线的基本组成部分，见图 4-9。

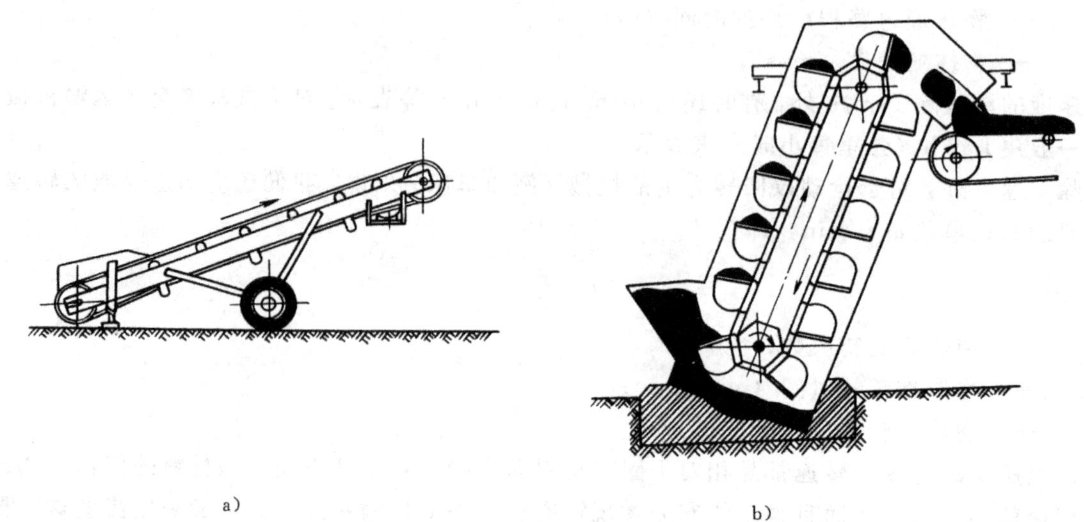

图 4-9　输送和装卸机械

a）输送机械　b）装卸机械

装卸机械是为车、船或其它设备进行装卸作业的机械，其特点是能自行取物，见图 4-9。

搬运车辆是用于短途搬运物品的无轨车辆，包括手推车、牵引车和拖车、起升车辆、电瓶车等，应用广泛，见图 4-10。

仓储设备是在仓库中完成堆、取、储存物料的装置，包括料仓装置、高架仓库、给料机等。

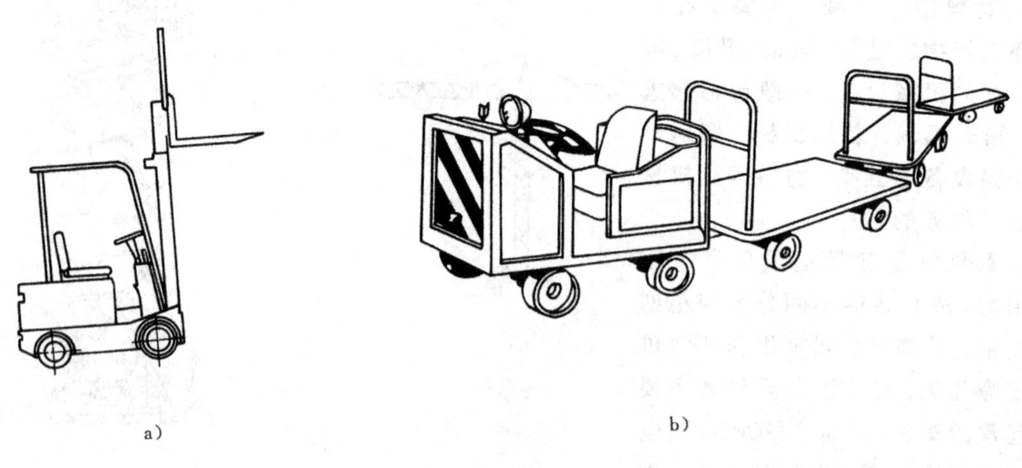

图 4-10　搬运车辆

a）起升车辆　b）牵引车和拖车

以上所说的这些物料搬运机械所运输的材料一般都是固体，当需要输送液体或气体时，所使用的搬运机械是泵。它将原动机的机械能或其它外部能量传送给液体使液体能量增加。泵主要用来输送液体（水、油、酸碱液、液态金属等），也可输送液体和气体的混合物，含悬浮固体物的液体。

2. 机床　对金属或其它材料的坯料、工件进行加工，使之获得所要求的几何形状、尺寸精度和表面质量的工作机械。机床是机械工业的基本生产设备。它的品种、质量和加工效率直接影响着其它机械产品的生产技术水平和经济效益。机床是制造机器的机器，机械产品的零件通常都是用机床加工出来的。

机床包括金属切削机床、木工机床、特种加工机床和锻压机械四大类，见图 4-11。金属切削机床是主要用于对金属进行切削加工的，它用切削工具（刀具、磨具和磨料）把坯料上多余的材料层切去变为切屑，使工件获得规定的几何形状、尺寸和表面质量。利用金属切削机床进行切削加工是机械制造中最主要的加工方法。在机械制造中占有重要地位。木工机床用于对木材进行切削加工。特种加工机床是用物理、化学等方法对工件进行特种加工，如电火花加工，电解加工机床等。锻压机械是用于对坯料进行压力加工的，如液压机，摩擦压力机等。

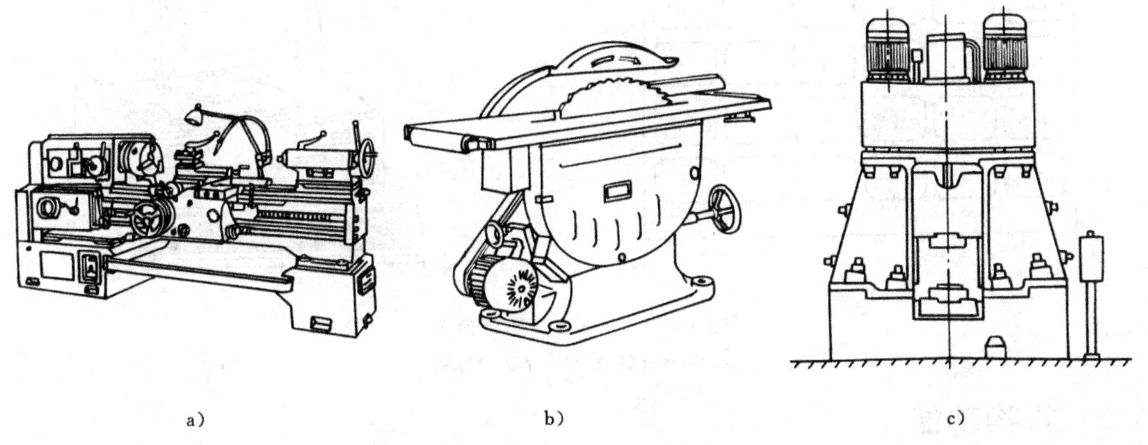

图 4-11　机床

a）金属切削机床（车床）　b）木工机床（锯床）　c）锻压机床（液压机）

3. 热处理炉　热处理炉是对材料进行热处理时的加热设备，见图 4-12。通过热处理，可以改变材料的性质、结构。与其它加工工艺相比，热处理一般不改变工件的形状和整体的化学成分，而是通过改变工件内部的显微组织，或改变工件表面的化学成分，赋予或改善工件的力学性能。过去采用的加热是在敞开的灶式炉中进行的，容易氧化脱碳。现在多采用盐浴炉，它将工件埋在熔融盐液中加热，可以基本上避免氧化，减少脱碳，且温度可准确控制。

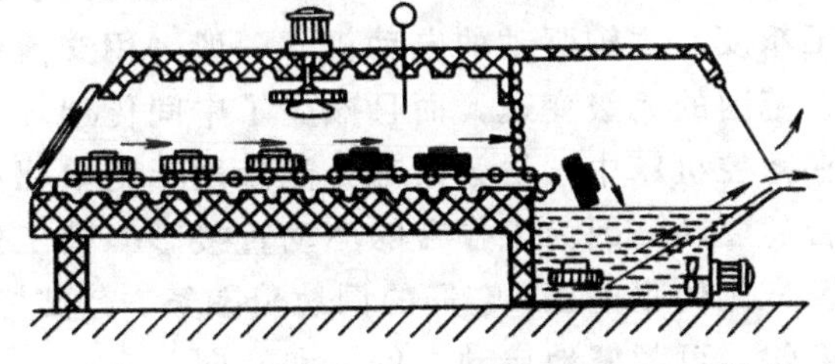

图 4-12　热处理炉

4.1.3 电子数据处理设备

电子数据处理设备接收数据和信息，并对它们进行处理，最后输出数据和控制信号。

电子数据处理设备一般由硬件和软件两大部分组成。硬件就是由电子和电磁元、器件及机械装置组成的所有计算机设备。它一般由运算控制单元、存储器、输入设备、输出设备等部件构成；软件则是指为方便用户和发挥计算机效率而设计的各种系统程序和应用程序，它将一台物理机器转换成易于用户使用的逻辑机器。

电子数据处理设备一般分为袖珍计算器、个人计算机、数控设备（CNC）等三类，其中袖珍计算器只能进行简单的数字计算；个人计算机可以进行科学计算，数据处理，实时控制及计算机辅助设计(CAD)；将计算机与机床相结合而产生的数控设备则被广泛应用于机械制造领域，它加工精度高，可靠性好，可加工各种复杂形状的零件，在机械制造行业中将发挥越来越大的作用，见图 4-13。

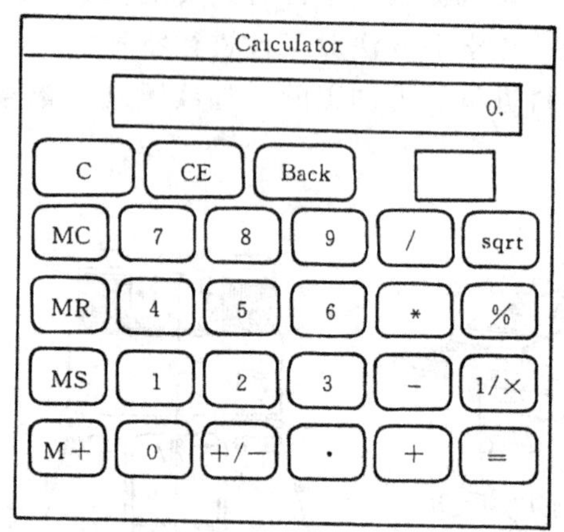

a)

b)

图 4-13 电子数据处理设备

a) 袖珍计算器 b) 个人计算机

4.2 机构功能

不仅是简单的机械，而且高级的，复杂的机械，也是由无数个典型的机构元件组成的。只要人们了解了每个机构元件的功能和它们的原理，就能了解整个机械的原理及功能。

4.2.1 数控机床各机构的功能（见图 4-14）

1. 驱动机构　在数控机床中，主运动和进给运动是分别由两台电动机驱动的，即分为主轴驱动和进给驱动。而主运动和进给运动之间的协调则通过数控箱加以控制，从而大大提高了加工精度。主轴驱动的电动机，一般采用交流调速电动机，它有较大的调速范围，能够实现较大范围的无级变速，而且减少了中间传递环节，提高了变速控制的可靠性。

在数控机床中，尽管大部分能量用于主轴驱动，但一般研究的重点是进给驱动，也就是工作台的驱动，因为工作台的驱动直接影响到工件质量。一般使用的有步进电机、直流伺服电机及交流伺服电机，它们的调速范围宽，有良好的稳定性，尤其是低速时的速度平稳性，反应速度快，可频繁地启动，停止和换向。

2. 床身机构　数控机床的床身由高强度灰铸铁制成，它的刚度大，并采用以三点支承安

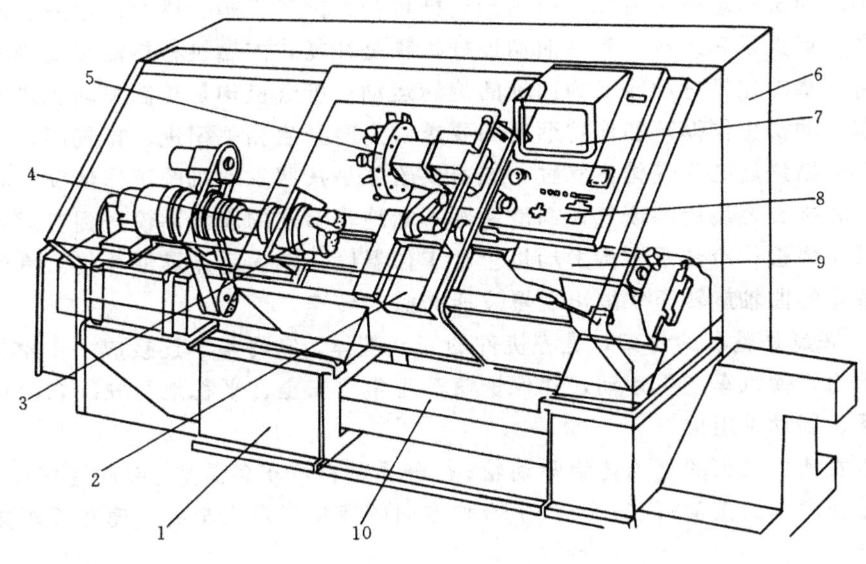

图 4-14 数控车床

1—床身 2—溜板 3—卡盘 4—主轴 5—盘形回转刀架 6—数控箱 7—显示屏 8—CNC 操作面板 9—尾座 10—排屑装置

装的斜床身，以保证机床不会因安装而发生变形，且斜床身有利于排除切屑和切削液。

3. 刀架机构　数控机床上一般有一个盘形回转刀架，刀盘上有 8 至 12 个刀座，可以用来安装 8 至 12 把标准刀具，因此一次装夹就可使用多把刀具完成复杂的零件加工，实现了工序集中。

4. 溜板机构　溜板导轨由整体淬火并经过磨削加工的合金工具钢制成，一般采用静压或滚动导轨。它磨损小、精度高、刀架运动时的灵敏度高。进给驱动的动力是由滚珠丝杆传给溜板的，它的精度高、磨损小、传动效率高。

5. 测量机构　在数控机床上，专门有一套利用光、电原理的机构，它能检测工作时的位移和速度，并发出反馈信号，起着相当于人的眼睛和机床刻度盘的作用。因而能保证加工零件的加工质量。

6. 数控箱　它是数控机床的控制部分，接受信息载体的信息，并对信息进行处理、计算、最后输出以驱动机床进行加工。操作者一般通过操作面板输入要进行加工的信息，然后由数控箱进行处理，并控制机床工作，还可通过操作面板上的显示屏模拟显示整个工作过程，从而使加工过程更加安全、可靠。

4.2.2 汽车各机构的功能

汽车是使用最广泛的交通运输机械，汽车工业是国民经济的支柱工业，它的发展可带动和促进其它工业和事业的发展。

汽车是由各种装置和机构组成的，尽管现代汽车所采用的各种装置和机构有不同结构类型，且它们的布置各有差异，但汽车的总体构造基本上是相同的，功能和工作原理也相类似，一般都由发动机、底盘、车身、电气设备四大部分组成。

1. 发动机　汽车发动机是汽车的动力装置，燃料在气缸中燃烧变成热能，并转化为动力，通过传动系驱动汽车行驶。

一般汽车发动机的总体构造都是由曲柄连杆机构、配气机构、燃料供给系、润滑系、冷却系、起动系、点火系等组成。其中曲柄连杆机构是往复式内燃机将热能转变为机械能的主要机构，它将活塞的往复运动转变为曲轴的旋转运动；配气机构是控制发动机进气和排气的装置，它按照发动机工作循环和作功顺序的要求，定时开启和关闭进、排气门，使气体准时进入气缸，并将燃烧后的废气排出气缸；燃料供给系是按照发动机的工作情况，将燃料适时地供给气缸，并排出燃烧后的废气；润滑系则不断地将清洁的润滑油输送到各运动机件的摩擦表面，以减小磨损；冷却系维持发动机正常工作温度；点火系点燃混合气（汽油发动机）；起动机是将静止的曲轴旋转至气缸出现爆发所必需的转速。

2. 底盘　底盘是整车的骨架，是各机件的安装基体。它将整车连接成一个整体，接受发动机发出的动力，使汽车产生运动，并保证汽车正常、安全、平稳地行驶。它由传动系、行驶系、转向系、制动系组成。

传动系将发动机发出的动力传给驱动轮；行驶系则将汽车各总成、部件连接成一整体，支持全车，并保证汽车的正常行驶；而汽车行驶方向的变化以及汽车的减速和停车则由转向系和制动系控制。

3. 车身　它是用来安置驾驶员，乘客和货物的。它能为驾驶员提供便利的工作环境，为乘员提供舒适的乘坐条件。

4. 电气设备　电气设备性能的好坏直接影响汽车的安全性、可靠性和经济性。随着科技的发展，汽车上装用的各种电器的数量会日益增加，所起的作用也越来越重要，它在解决汽车所面临的能源、安全、污染等问题方面起着重要的作用。

汽车电气设备一般包括充电系、起动系、点火系、照明信号设备、仪表及一些辅助设备。它具有直流低压，两个电源，并联单线，负极搭铁的基本特性。

4.3　应力和强度

机械零件在外载荷作用下，使其内部各质点之间产生相互作用力，称为内力；单位面积上的内力称应力；抵抗变形或破坏的能力称强度。

1. 载荷　载荷就是外力，由于载荷的性质不同，使零件引起的破坏和变形也不同。载荷按其作用性质不同可分为下列三种：

（1）静载荷　是指大小不变或是逐渐变化的载荷。

（2）交变载荷　是指大小、方向随时间发生周期性变化的载荷，又称循环载荷。

（3）冲击载荷　是指大小突然变化的载荷。

载荷按其作用形式不同又可分为拉伸、压缩、剪切、扭转、弯曲及不同载荷出现在同一构件上的组合载荷，见图 4-15。

2. 应力　轴、轴承和齿轮等零件在传递动力时。在其内部便产生了抵抗破坏或变形的力，这就是应力。应力是材料内部单位截面上的内力。

垂直于横截面的内力称为法向力。法向力在拉伸、压缩、弯曲载荷下出现。由法向力产生的应力称为正应力，用符号 σ 表示。

平行于横截面的内力称为剪切力。切力在剪切、扭转载荷下出现。由切力产生的应力称为切应力，用符号 τ 表示。

静载荷作用下的应力，不随时间改变而改变其大小，见图 4-16a。

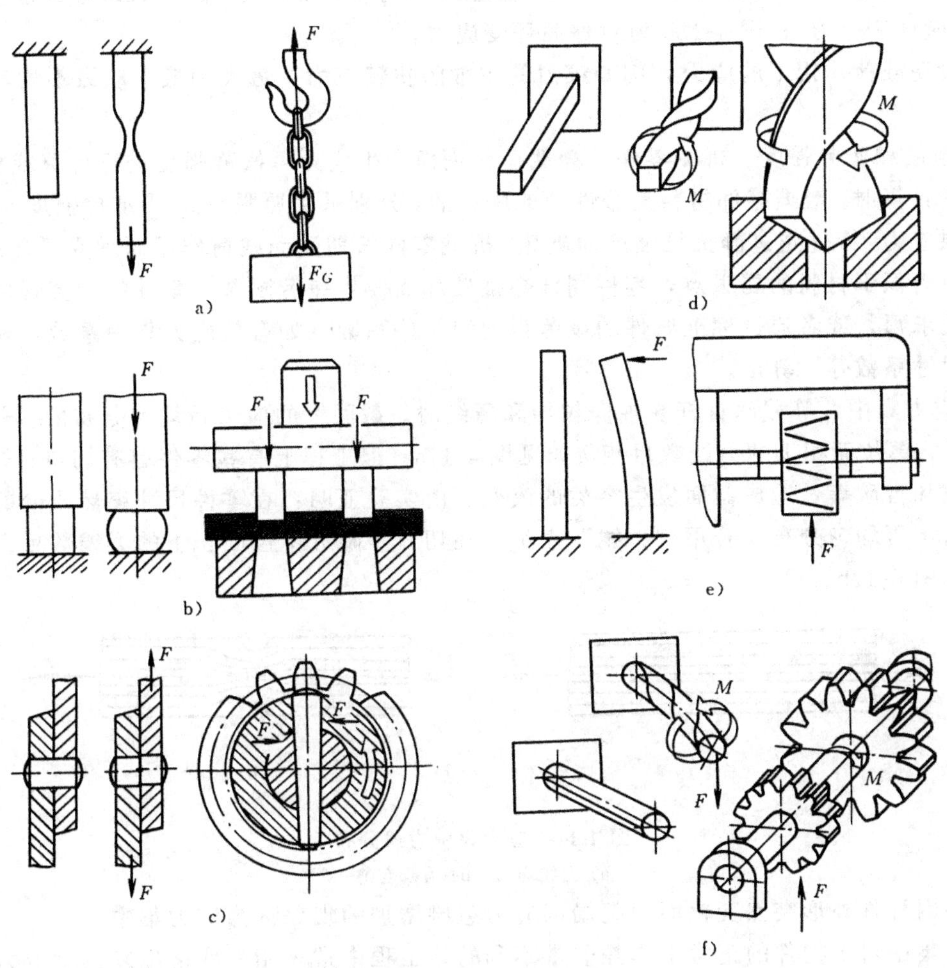

图 4-15　载荷作用形式

a）拉伸　b）压缩　c）剪切　d）扭转　e）弯曲　f）组合

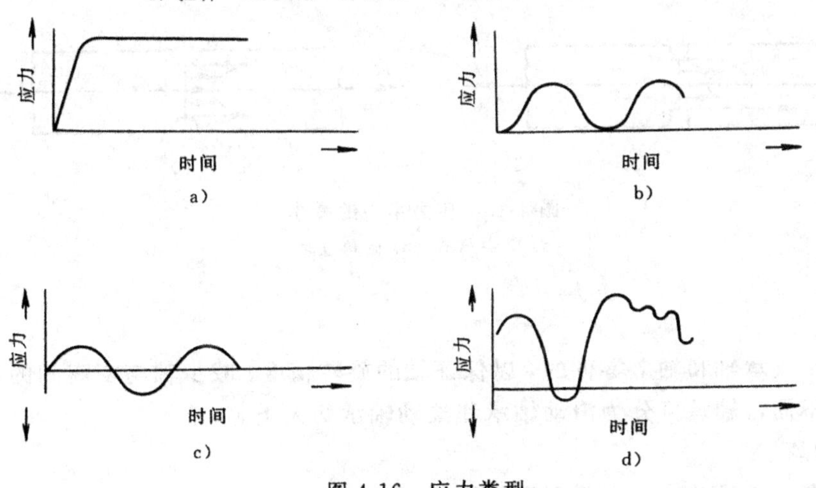

图 4-16　应力类型

a）静应力　b）零循环变应力　c）对称循环变应力　d）一般变应力

交变载荷作用下的应力，随时间改变而改变其大小，称变应力。图 4-16b 为零循环变应力（或脉动循环变应力）；图 4-16c 为对称循环变应力。

一般动载荷作用下的应力，例如滚刀的主轴的扭转应力，最大和最小应力不均匀，见图 4-16d。

3. 强度和疲劳强度　机械零件受静载荷作用而产生应力可按静强度进行计算或校核。在作静强度计算时，根据零件材料是塑性的或脆性的，分别采用屈服点 σ_s 或抗拉强度 σ_b 作为零件的极限应力，零件超过静抗拉强度而破坏；机械零件长期受动载荷作用而承受循环应力。尽管循环应力低于材料的屈服点，零件同样会被破坏而发生疲劳断裂。零件的疲劳强度可以直接由实验求得，或者通过标准试件的疲劳强度和一些系数（如有效应力集中系数，表面质量系数和尺寸系数等）算出。

4. 应力集中　等截面直杆在轴向拉伸和压缩时，截面上的应力是均匀分布的。若用“力线”表示，单位面积上的力线数目相等，见图 4-17a。但工程上有些零件因有切口、开槽、钻孔、螺纹和台阶等，造成截面发生突然的改变。由实验证明：在零件尺寸突然改变的横截面上，应力不再均匀分布。若用“力线”表示，在切口等附近单位面积上的力线数目多于其它部分，见图 4-17b。

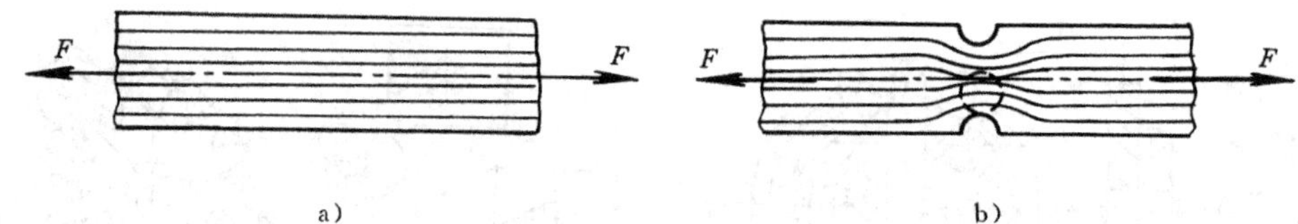

图 4-17　应力集中力线分布

a）力线均匀　b）力线变密

这种因杆件外形突然变化而引起局部应力急剧增加的现象称为应力集中。

应力集中对于构件的正常工作是非常不利的，工程中常采用一些措施来减小应力集中的影响。如带尖角的槽或台阶改为圆角过渡，尽量使截面变化缓和，以减小应力集中。见图 4-18。

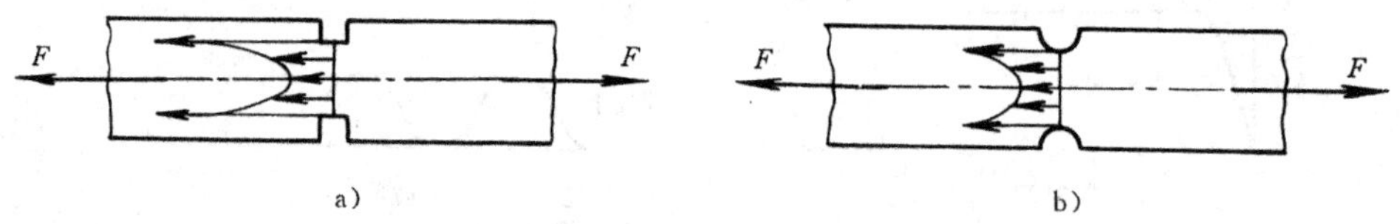

图 4-18　应力集中的减小

a）带尖角槽　b）圆角过渡

4.4　轴承

轴承是用来支承轴和轴上零件的，以保证轴的旋转精度，减少轴与支座间的摩擦和磨损。根据摩擦性质不同，轴承可分为滑动轴承和滚动轴承两大类。

4.4.1　滑动轴承

滑动轴承有动压滑动轴承和静压滑动轴承两种。它的主要特点是运转平稳、无噪声、润滑油膜具有吸振能力。故能承受较大的冲击载荷。

根据动压滑动轴承与轴颈之间的润滑状态，又可分为半液体润滑滑动轴承和液体润滑滑动轴承。

4.4.1.1　半液体润滑滑动轴承　这种轴承的轴颈与轴承的工件表面并没有被润滑油完全隔开，只是由于工作表面对润滑油的吸附作用而形成一层极薄的油膜。它使轴颈与轴瓦表面有一部分直接接触，另一部分则被油膜隔开而不能直接接触，它的摩擦因数约为 0.008～0.10。由于这种轴承在一般情况下能保证正常工作，且结构简单，加工方便，常用于低速、轻载、间断工作的场合。

4.4.1.2　液体润滑滑动轴承　这种轴承在工作时，当轴颈转速达到一定程度，轴颈与轴承之间，被一层润滑油膜所隔开，使两相对滑动表面不直接接触。滑动摩擦变为润滑油层间的液体摩擦，它的摩擦因数约为 0.001～0.008，因而增加了轴承的承载能力，延长了轴承的使用寿命。

轴颈在轴承中形成液体润滑的原理是这样的：轴在静止时，由于轴本身重量而处于最低位置，此时润滑油被轴颈挤出，在轴颈和轴承的侧面间形成楔形的间隙。当轴颈转动时，液体在流动摩擦力的作用下，被带入轴和孔所形成的楔形间隙处。由于楔形间隙面积逐渐减小，油的分子受到挤压和本身的动能，使此处压力逐渐升高，对轴产生一定的压力。在油楔压力作用下，将轴抬起而形成厚度为 h 的油膜。当轴达到一定速度时，轴颈与轴承表面完全被油膜隔开，这就形成了液体润滑，见图 4-19。由于这类轴承在转动中才能形成油膜，所以称为动压滑动轴承。一般传动轴大都是单油楔轴承。

机床主轴轴承常用的动压液体润滑滑动轴承通常有三个至五个油楔，见图 4-20。

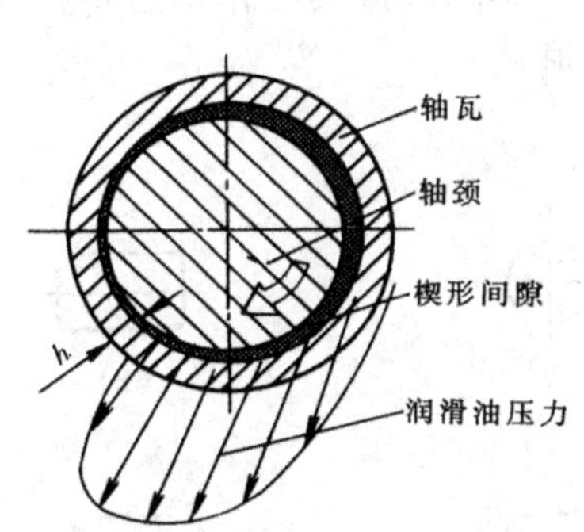

图 4-19　动压液体润滑滑动轴承的工作原理

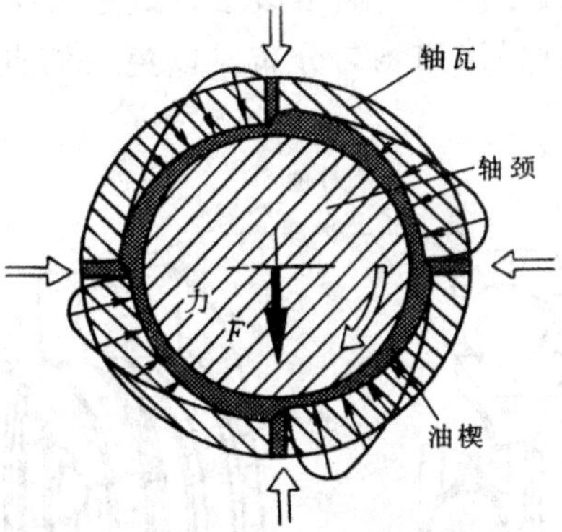

图 4-20　四个楔形油楔轴承

4.4.2　滑动轴承衬的材料

滑动轴承衬材料有铜基轴承合金、含油轴承、轴承合金。

4.4.2.1　铜基轴承合金　主要成分是铜，常用的有磷锡青铜和铝青铜，磷锡青铜轴承见图 4-21。它是一种很好的减摩材料，机械强度也较高，适用于中速、重载、高温及有冲击条件下工作的轴承。

4.4.2.2　含油轴承　采用青铜、铸铁粉末，加以适量的石墨粉压制成型后，经高温烧结形成多孔性材料，在 120℃时浸透润滑油，冷至常温，油就贮在轴承孔隙中。当轴颈在轴承中旋转时，产生抽吸作用和摩擦热，油就

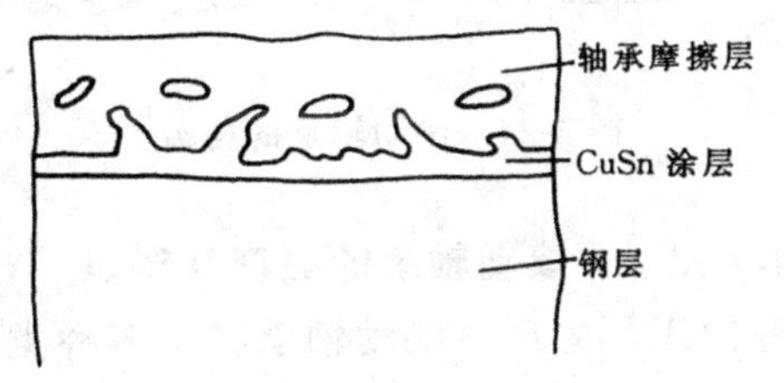

图 4-21　铜基轴承合金

膨胀而挤入摩擦表面进行润滑，轴停止运转后，油也因冷却而缩回轴承孔隙中去。含油轴承见图 4-22。

含油轴承价廉，又能节约有色金属，但性脆，不宜承受冲击，常用于低速或中速、轻载及不便润滑的场合。

4.4.2.3　轴承合金　它是锡、铝、铜、锑等的合金，见图 4-23。轴承合金具有良好的减摩性和耐磨性，但强度较低，不能单独做轴瓦，通常将它浇铸在青铜、铸铁、钢材等基体上使用。

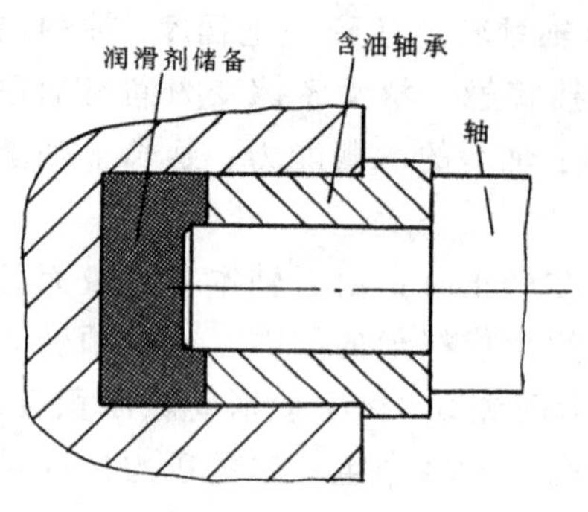

图 4-22　含油轴承

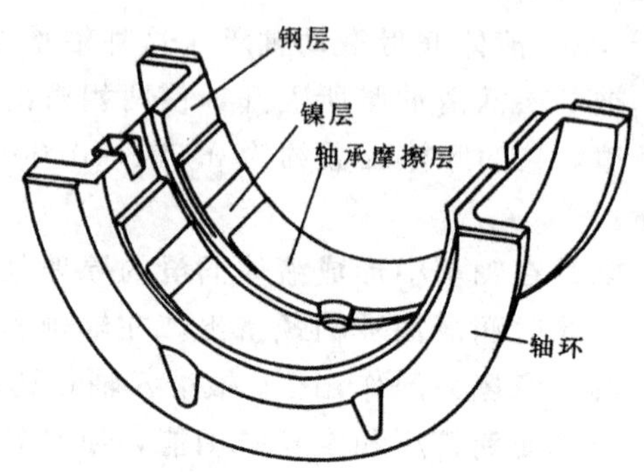

图 4-23　轴承合金

4.4.3　滚动轴承

4.4.3.1　滚动轴承的构造　滚动轴承一般由外圈、内圈、滚动体和保持架组成，见图 4-24。在内、外圈上一般都具有光滑的凹槽，起滚道作用，滚动体就沿着滚道运动。滚动体形状有球、圆柱滚子、圆锥滚子、鼓形滚子、滚针等，见图 4-25。保持架的作用是将相邻滚动体隔开，并沿滚道均匀分布，以免它们直接接触而增加磨损。

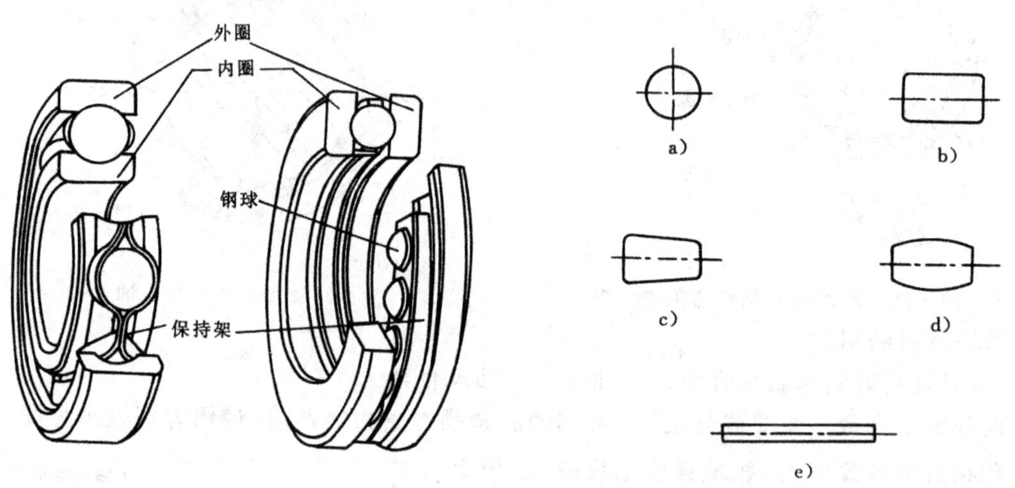

图 4-24　滚动轴承的构造

图 4-25　常见滚动体形状

a) 球　b) 圆柱滚子　c) 圆锥滚子　d) 鼓形滚子　e) 滚针

4.4.3.2　滚动轴承的类型及特点　在机械中，滚动轴承应用得极为广泛。它是标准零件，由专门工厂生产。滚动轴承有很多种类型，可供选择使用。常用的滚动轴承的类型、性能特点及应用范围列于表 4-1。

表 4-1　常用滚动轴承的类型、性能特点及应用范围

轴承类型	类型代号	简　图	相对转速	性　能　特　点	适用条件及举例
深沟球轴承	6000	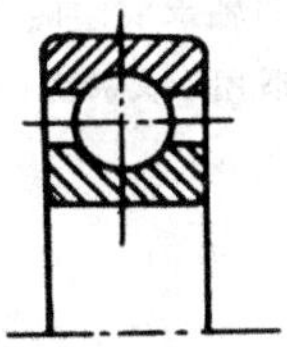	极高	当量摩擦因数最小。高转速时可用来承受不大的纯轴向负荷。内外圈轴线偏斜≯8′～16′	适用于刚性较大的轴上，常用于小功率电机、减速器、运输机的托辊、滑轮等
调心球轴承	1000	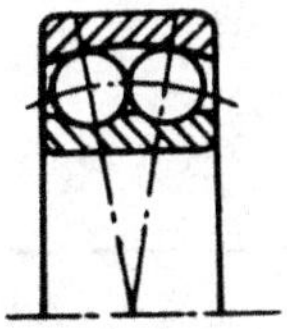	中	不能承受纯轴向负荷，能自动调心，内外圈偏斜≯1.5°～3°	适用于多支点传动轴、刚性小的轴以及难以对中的轴
外圈无挡边圆柱滚子轴承	N0000	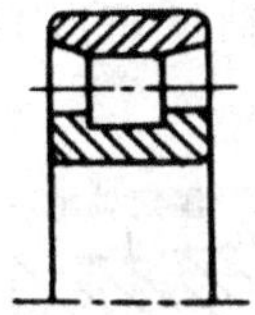	高	内外圈可以分离，滚子用内圈凸缘定向。内外圈允许少量的轴向移动，内外圈轴线偏斜≯2′～4′	适用于刚性很大、对中良好的轴。常用于大功率电机、机床主轴、车辆轴承箱、人字齿轮减速器等
调心滚子轴承	24000	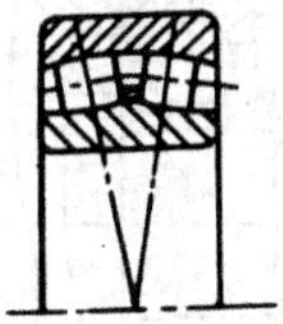	中	承载能力最大，不能承受纯轴向负荷。能自动调心，内外圈轴线偏斜≯1°～2.5°	常用于其它种类轴承不能胜任的重载情况，如轧钢机、大功率减速器、破碎机、吊车走轮等
滚针轴承	NA0000	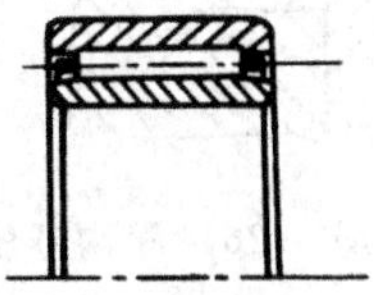	低	径向尺寸最小，径向承载能力很大，摩擦因数较大。旋转精度低	适用于径向负荷很大而径向尺寸受限制的地方，如万向联轴器、活塞销、连杆销等
角接触球轴承	7000	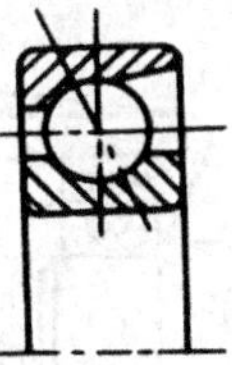	高	可承受纯轴向负荷，内部游隙可调，支点距离不宜大	适用于刚性较大跨距不大的轴及须在工作中调整游隙时。常用于蜗杆减速机、离心机、电钻、穿孔机等
圆锥滚子轴承	30000	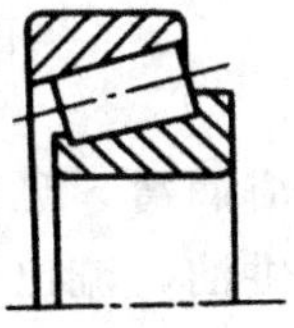	中	内外圈可分离，游隙可调。内外圈轴线偏斜≯2′	适用于刚性较大的轴。应用很广，如：减速机、车轮轴、轧钢机、起重机、机床主轴等

（续）

轴承类型	类型代号	简　图	相对转速	性　能　特　点	适用条件及举例
推力球轴承	单向 51000	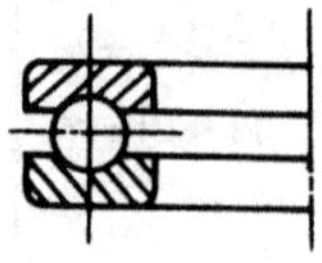	低	轴线必须与轴承底座底面垂直，不适用于高转速	常用于起重机吊钩，蜗杆轴，锥齿轮轴，机床主轴等
	双向 52000	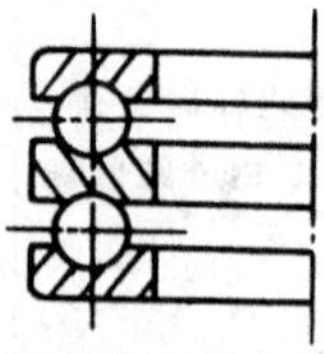	低		

4.4.3.3　轴承组合的固定和调整　对于长轴，当温度变化较大，将引起较大变形时，可采用图 4-26 所示的方法，将一个轴承的外圈两侧都固定，另一轴承可以自由游动，以适应轴的自由伸长。

4.4.3.4　滚动轴承的装拆　由于轴承内圈往往与轴颈配合较紧，为了不损伤轴承精度，将轴承压入轴颈时，应加力于内圈，见图 4-27。若轴承外圈与机壳配合较紧，应加力于外圈，见图 4-28。大尺寸的轴承可用热套的办法，将轴承装在轴颈上，为了便于使用拆卸工具，内圈在轴肩上应露出足够的高度，见图 4-29。

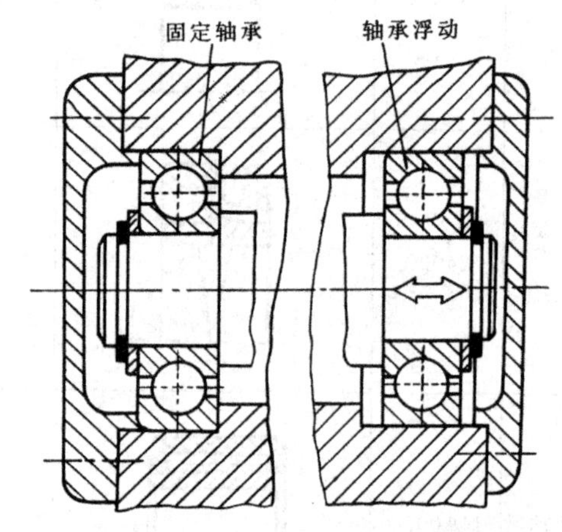

图 4-26　深沟球轴承的轴支座

4.4.3.5　滚动轴承的润滑　滚动轴承常用的润滑剂有润滑油和润滑脂两种。当轴的圆周速度小于 4～5m/s 时，一般都采用润滑脂，但在安装轴承处有润滑油供给时，或转速较高时，可用润滑油。

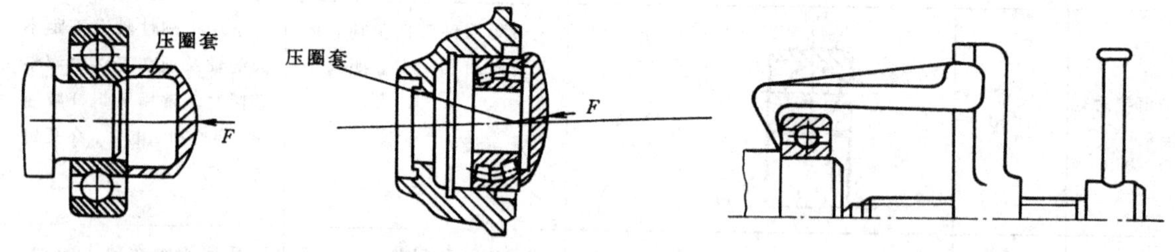

图 4-27　轴承内圈与轴颈的安装

图 4-28　轴承外圈与机壳的安装

图 4-29　轴承的拆卸

滚动轴承的滚动体将油携带并到达润滑位置，称为油浴润滑，见图 4-30。

在大型机械设备中对导入系统的重要驱动轴承用油泵供油，流出的油经过滤或冷却并又重新输入到润滑面上，见图 4-31。

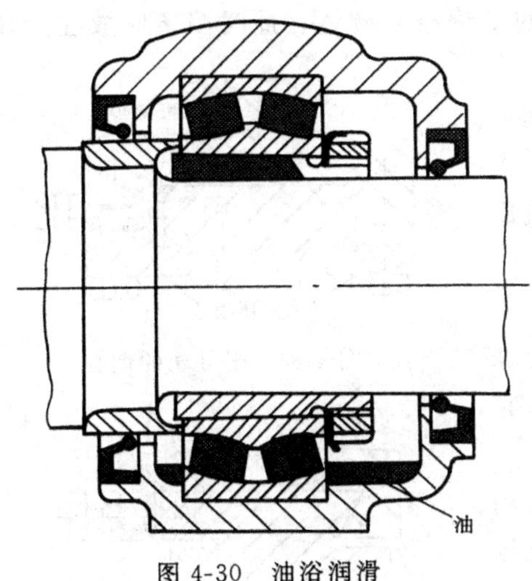

图 4-30 油浴润滑

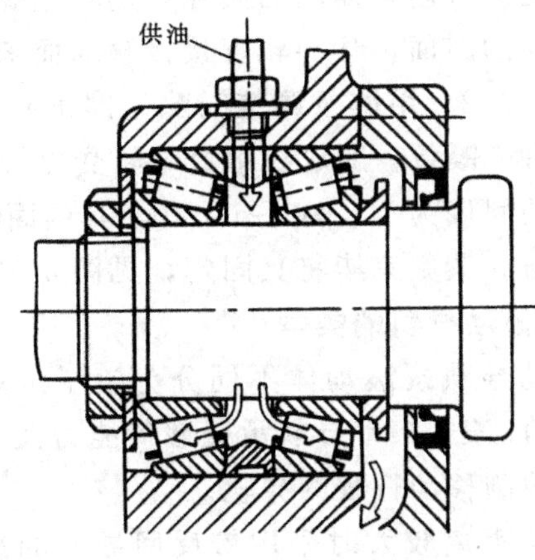

图 4-31 油泵供油润滑

4.5 导轨

机体是机器的基础零件，又是装配机器零部件的基准件。许多机体上都具有导轨面，它是引导机体上运动部件沿一定方向运动的一组平面或曲面。导轨分滑动导轨和滚动导轨。

4.5.1 滑动导轨的类型

根据截面形状的不同，导轨有平导轨、V 形导轨、圆形导轨和燕尾槽导轨，见图 4-32。

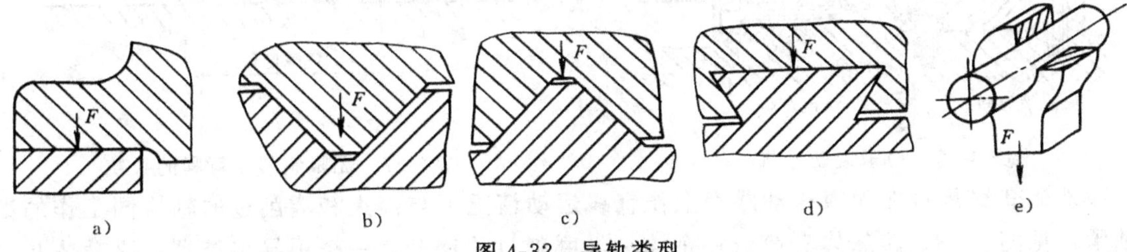

图 4-32 导轨类型

a) 平导轨 b)、c) V 形导轨 d) 燕尾槽导轨 e) 圆形导轨

为了保证机床导轨具有良好的导向性、稳定性和足够的承载能力，通常都有两条或两条以上的导轨组合而成。组合时可用相同截面或不同截面形状，例如卧式车床导轨，见图 4-33。其 V 形导轨导向性好，能自动补偿间隙；但制造较困难，而平导轨工艺性能好，制造精度容易保证。

4.5.2 导轨间隙的调整

为了保证导轨上运动部件的运动精度、运动平稳、无横向摆动和爬行，导轨通常采用间隙调整装置。这样不但可放宽导轨的制造公差，使导轨副部件装配容易，更重要的是可以补偿因磨损而产生的过大间隙，恢复原来的合理间隙。常用的导轨间隙调整方法有：用压板调整间隙，用镶条调整间隙。

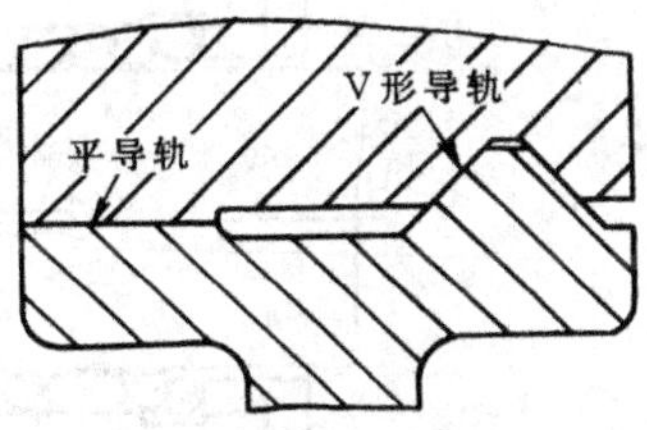

图 4-33 卧式车床导轨

4.5.2.1 用压板调整间隙 导轨副结构见图 4-34，滑板上在三面围绕导轨，故需用刮削压板

来调节间隙。垂直面间的间隙，则利用螺钉及等厚的平镶条来调整，此时镶条应放在受压力的导轨面的对面，让导轨直接接触的面来承受压力。

4.5.2.2 用镶条调整间隙 镶条有平镶条和楔形镶条两种。镶条一般放在组合导轨受力较小的一边。楔形镶条的斜度为1∶100～1∶40，其两面都要与导轨面均匀接触，调整完毕将其固定，见图4-35。

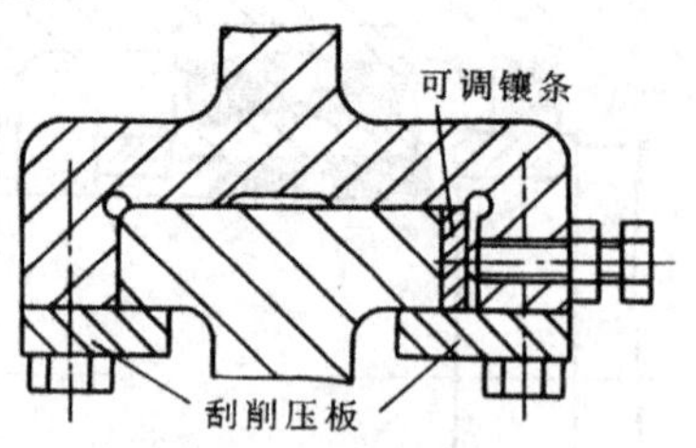

图4-34 平导轨的调整

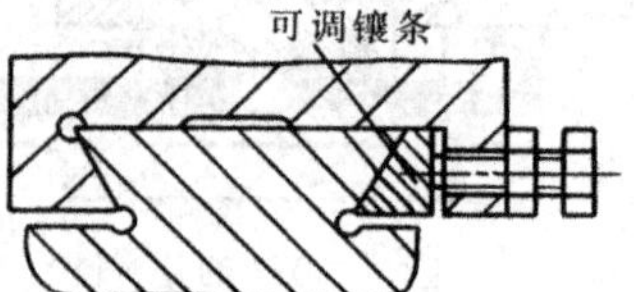

图4-35 用楔形镶条调整间隙

4.5.3 滚动导轨的类型

滚动导轨按滚动体不同分为滚子滚动导轨和滚珠滚动导轨。滚子滚动导轨承受载荷能力大，见图4-36。它属于有限制移动行程的导轨。

移动距离较大时采用带反回导向的滚动体的滚动导轨，称为无限制移动行程的导轨，见图4-37。这里运动着的滚动体是在无端头的磨光的平面上运动，其移动行程只受底座长度的限制。

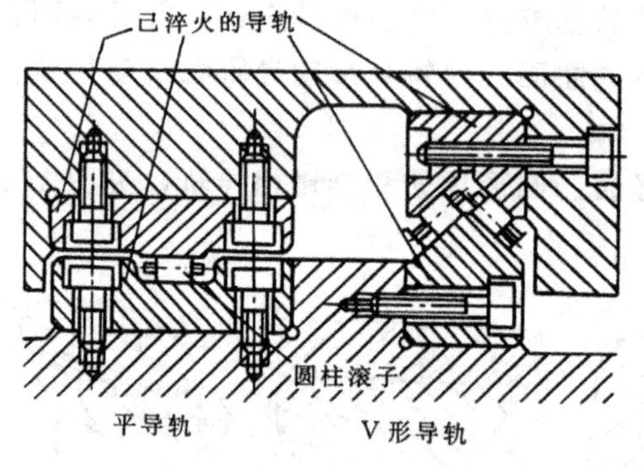

图4-36 滚子滚动导轨

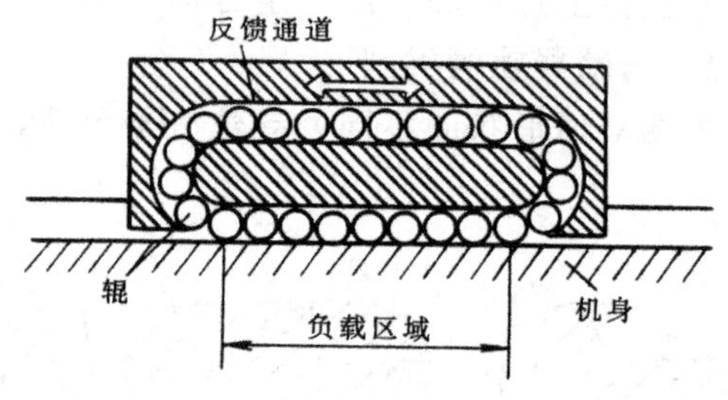

图4-37 无限制移动行程的导轨

滚珠体套筒是对在无限移动路程上作直线运动情况下与淬火和磨削过的轴协同工作的滚动轴承，见图4-38。滚珠体套筒由一个淬火经磨削过的钢套，一个引导保持器，滚动体和二个弹簧丝保持环组成。载荷由金属套和轴间球体承受。这些受载荷滚珠被导入保持器的许多运动轨道中，沿径向朝外回转，并进入保持器轨道孔又反导入受载区间，在回转和回道区球体受载。因此存在闭合球体滚动轨道，这样就能实现无限制行程的移动。

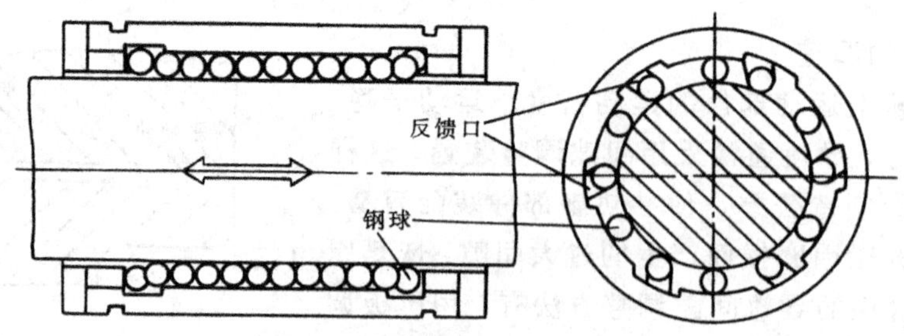

图4-38 滚珠式套筒导轨

旋转式套筒导轨见图 4-39，转动滚珠套筒可以带动一个轴。通过在轴上滚道中滚珠的导向可起到保持转动，即传递转矩的作用。

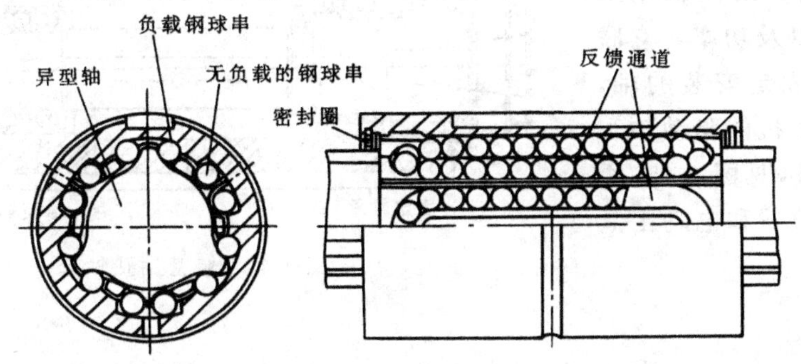

图 4-39　旋转式套筒导轨

4.6　机械零件

4.6.1　轴

根据轴工作时的承载情况不同可分为心轴、传动轴和转轴。根据轴的结构不同，轴又分为直轴、曲轴柔性轴等。

4.6.1.1　心轴　只受弯矩不受转矩作用的轴称为心轴。心轴是可以转动的，也可以是不转动的。与轴上零件一起转动的心轴称为转动心轴，见图 4-40。固定不转的心轴称为固定心轴，见图 4-41。

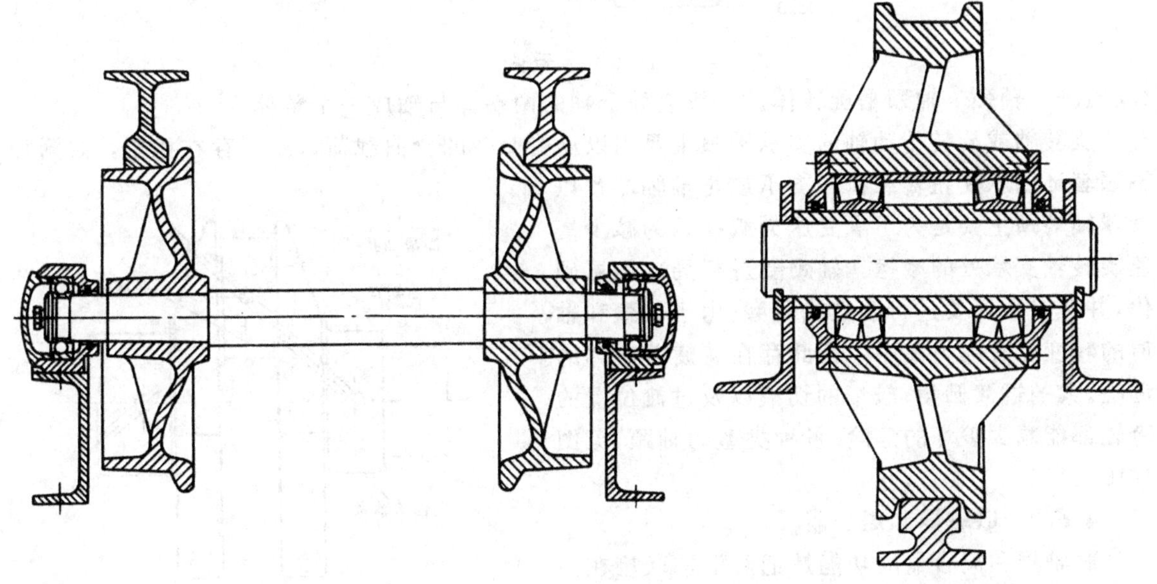

图 4-40　转动心轴　　图 4-41　固定心轴

4.6.1.2　传动轴　只受转矩不受弯矩、或所受弯矩很小的轴称为传动轴，见图 4-42。

4.6.1.3　转轴　同时受弯矩和转矩组合作用的轴称为转轴，见图 4-43。

4.6.1.4　曲轴　曲轴用来把直线运动转换成旋转运动或把旋转运动转换为直线运动，见图 4-44。

曲轴上轴承处的润滑油，通过轴向和径向排列的小孔来供给。为了避免产生振动，曲轴要进行静平衡和动平衡试验。

4.6.1.5 柔性轴 柔性轴用来传递较小的扭矩以及功率。它联接远距离的两个固定安装的轴，或者用来联接电动机的驱动轴和可局部移动的设备，见图4-45。柔性轴主要用在计数器和电动工具中。

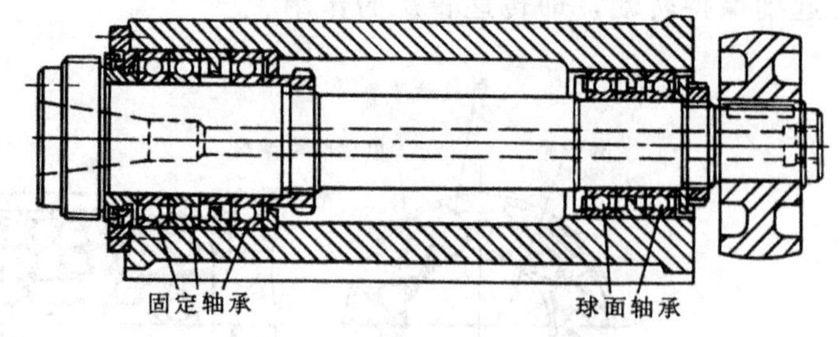

图4-42 精密钻孔轴套

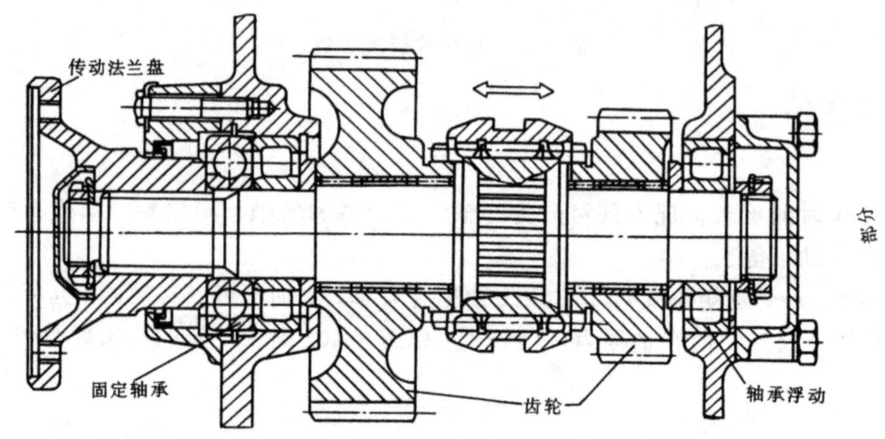

图4-43 转轴

4.6.1.6 轴颈 轴颈是旋转体。一般它处于轴的两端，与轴成一个整体。

旋转轴或旋转传动轴的支承轴颈主要用以承受交变的弯曲载荷。由于存在扭矩，要附加轴颈套环以承受扭转载荷。支承或止推轴端颈以及球轴端颈主要是为了承受压力载荷。为减少高速旋转轴支承处的摩擦，轴颈要进行局部表层硬化，并且多数还要进行磨光或研磨。由于轴颈和轴肩的转变处有应力集中，因此存在着疲劳破坏的危险。大的过渡圆角、较细的切痕以及过渡位置的冷轧都能减少破坏的危险。各种类型的轴颈，见图4-46。

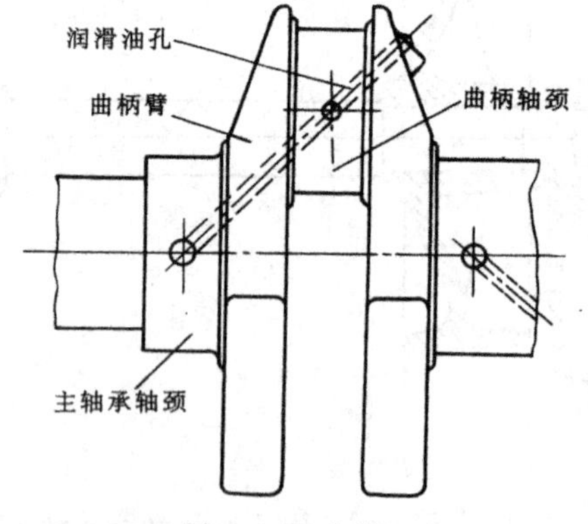

图4-44 曲轴

4.6.2 联轴器和离合器

联轴器和离合器的功能是把两根轴联接在一起。用联轴器联接时，只有在机器停止运转后，经过拆卸才能把两轴分开；用离合器联接时，在机器运转过程中能方便地接合或分离两轴，例如开车、停车等。联轴器在机械传动机构中的应用见图4-47。

轴与轴的位移包括轴向位移、径向位移和角度位移，见图4-48。

4.6.2.1 联轴器 联轴器分固定式联轴器、可移式联轴器和万向联轴器。

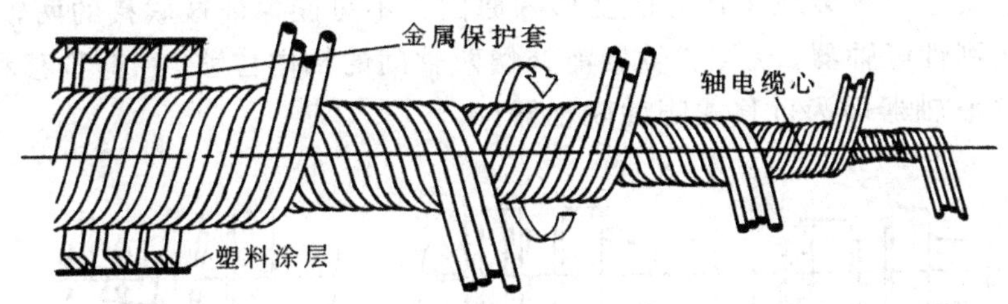

图 4-45　柔性轴

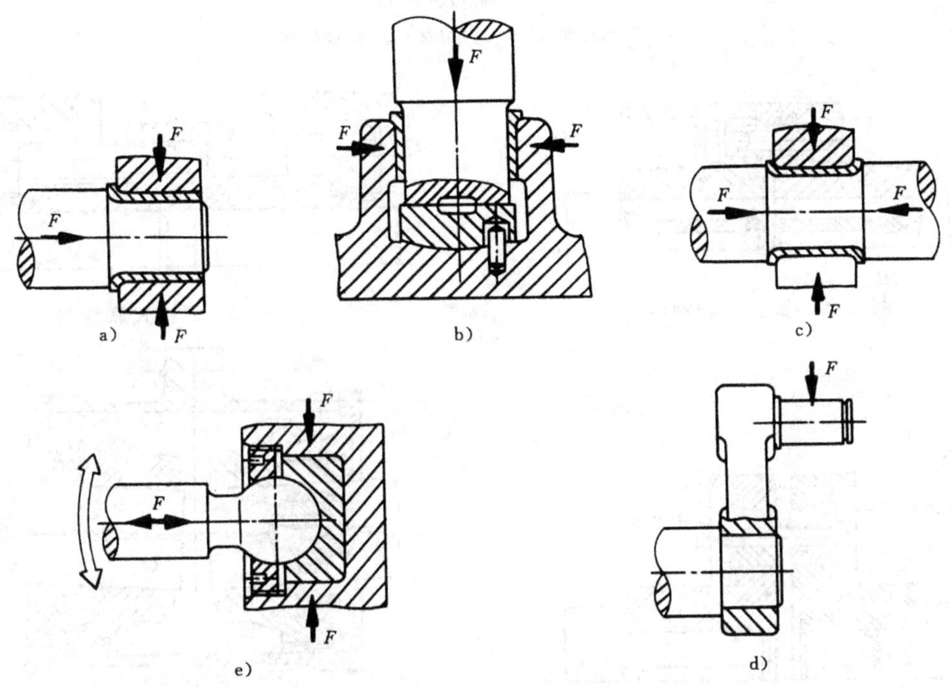

图 4-46　各种类型的轴颈

a）端部轴颈　b）止推轴颈　c）颈部轴颈　d）曲柄轴颈　e）球轴颈

1. 固定式联轴器　这种联轴器应用极为广泛，它由两个带毂的圆盘组成。两个圆盘用键分别安装在两轴轴端，并靠螺栓把它们联成一体。圆盘式联轴器，见图 4-49。

斜楔式联轴器见图 4-50。两面用螺钉收紧后，在两轴圆周上产生径向压紧力，使轴与轴相联接。

安全销联轴器见图 4-51，当转矩过大时，会使安全销剪断，起到安全保护作用。

用固定式联轴器联接的两轴必须严格对中，即只在轴向允许一定范围内位移，不能有其它位移。

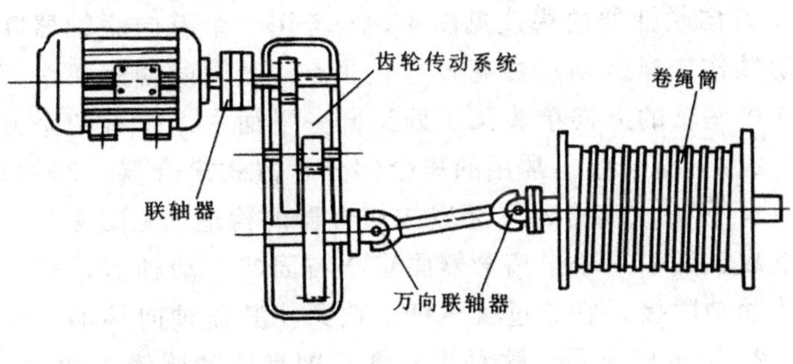

图 4-47　联轴器的应用

2. 可移式联轴器　分刚性和

弹性两种。由于制造、安装或工作时的变形等原因，不可能保证被联接的两轴严格对中，这时可采用可移式刚性联轴器。这类联轴器能补偿两轴间的轴向位移、径向位移和角度位移。图 4-52 所示的齿式联轴器即为可移式刚性联轴器。

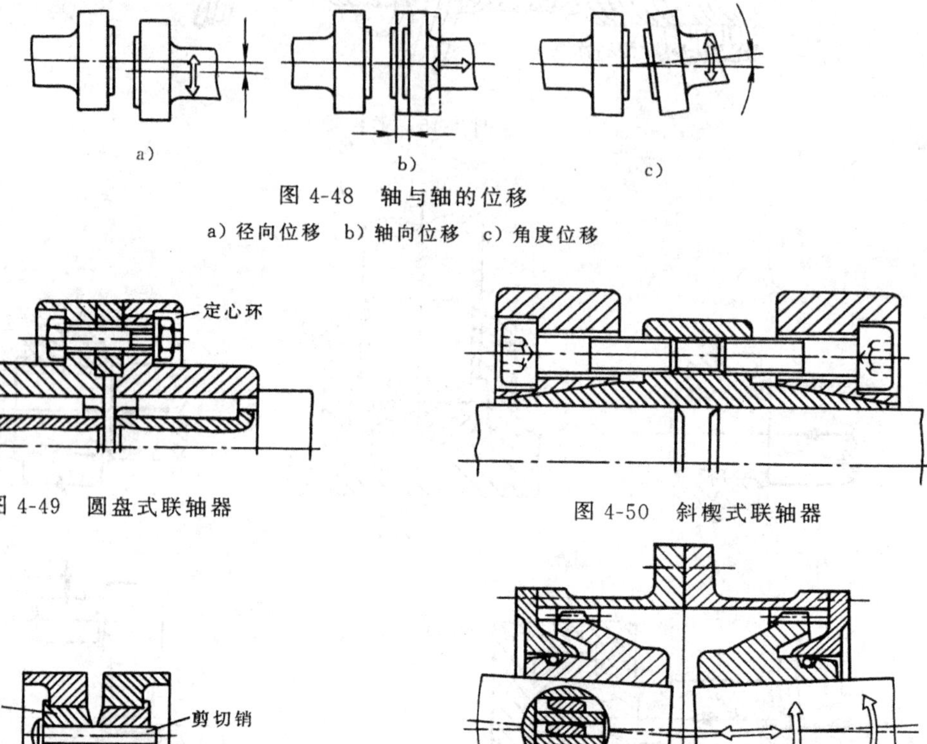

a)　　b)　　c)

图 4-48　轴与轴的位移

a）径向位移　b）轴向位移　c）角度位移

图 4-49　圆盘式联轴器

图 4-50　斜楔式联轴器

图 4-51　安全销联轴器

图 4-52　齿轮联轴器

可移式弹性联轴器主要用来补偿转角位移，此外在支承中它还能补偿其它轴的位移。图 4-53 所示为可移式弹性联轴器。

3. 万向联轴器　这种联轴器用于两轴相交某一角度的传动，两轴的角度偏移可达 35°～45°。万向联轴器的构造见图 4-54。若用一个万向联轴器联接主、从动轴时，主动轴匀速转动，从动轴作变速运动。要克服这一缺点，须同时使用两个万向联轴器，并且使两个万向联轴器联接中间轴的万向接头叉子处于同一平面中。带有两个万向联轴器的传动轴，见图 4-55。

4.6.2.2　离合器　常用的离合器分牙嵌式离合器、摩擦离合器和超越离合器。

1. 牙嵌式离合器　牙嵌式离合器的构造，见图 4-56。它由两个端面上具有凸齿的半离合器组成。其中一个半离合器固定在右面的主动轴上，另一个半离合器用导向平键或花键与左面从动轴联接，它通过操纵杆上拨叉使其作轴向移动，使两半离合器能接合或分离。

2. 摩擦离合器　这种离合器有圆盘式和圆锥式两种。摩擦离合器与牙嵌式离合器相比，联接时没有振动和冲击。当受力超过一定限度时会自动打滑，起安全作用。

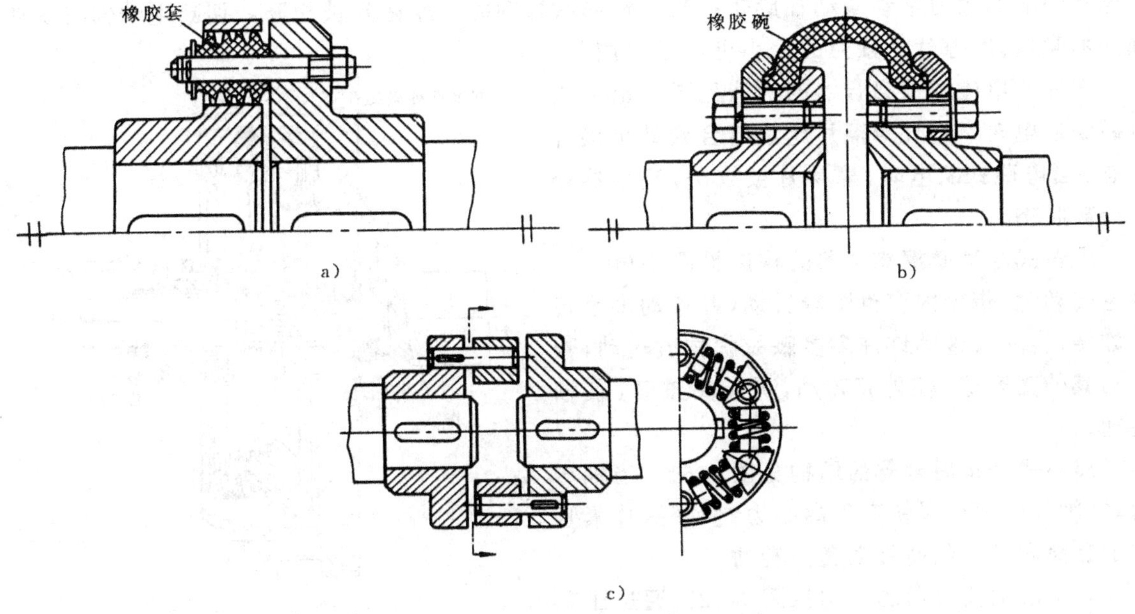

图 4-53　可移式弹性联轴器类型
a）橡皮套联轴器　b）橡皮碗联轴器　c）金属弹簧联轴器

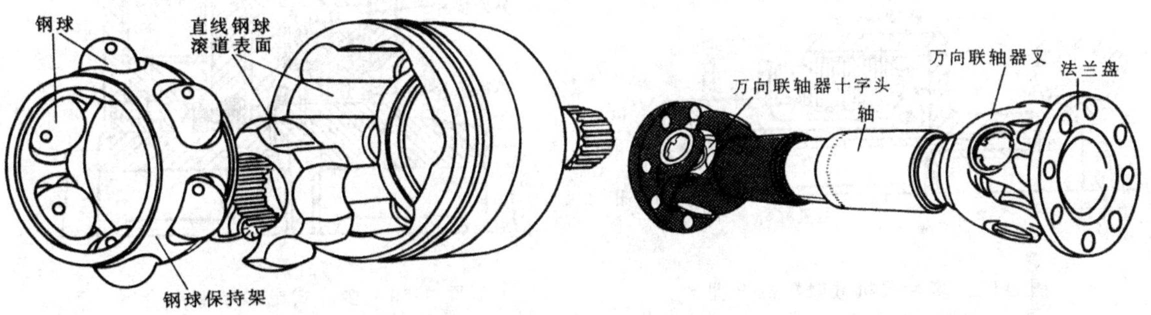

图 4-54　万向联轴器的构造　　图 4-55　带万向联轴器的传动轴

(1) 圆盘式离合器　它分单片式和多片式两种。

1) 单片式离合器　如图 4-57 所示，左面圆盘固定在主动轴上，右面圆盘可通过滑环向左移动，再通过压紧弹簧将摩擦片压紧。

2) 多片式离合器　这种离合器是借助多片摩擦片来传递转矩的。摩擦片的两平面均起传递转矩的作用，这样就使摩擦面大大增加。若要变更传递转矩的大小，可通过增减摩擦片的片数即可达到目的。

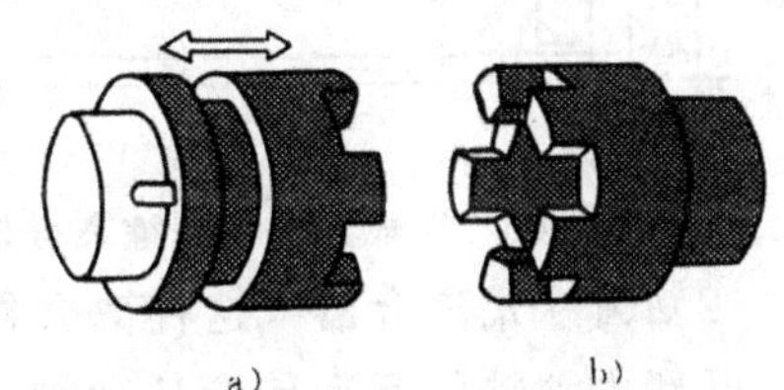

图 4-56　牙嵌式离合器
a）可移动的部分　b）固定部分

多片式的机械摩擦离合器的构造见图 4-58。主动轴上用键固定一外套筒，从动轴上用键固定一内套筒。其中外摩擦片的外圆与外套筒之间为花键联结，并可轴向移动，而内孔不与其它零件接触；内摩擦片的内孔与内套筒之间为花键联结，并可轴向移动，而外圆不与其它零件接触。当滑环由于操纵拨叉作用使它向左移动时，通过杠杆的作用，将摩擦片压紧。当主动轴转动时，靠摩擦片间的摩擦力带动从动轴旋转；当滑环向右移动时，摩擦片被松开，切断主动轴与从动轴间的联接。摩擦片压紧力的大小可用螺母调节。

多片式电磁摩擦离合器的构造见图 4-59。当电磁铁通电时，内外摩擦片压紧离合器处于接合状态；当电磁铁断电时，摩擦片被放松，离合器处于分离状态。

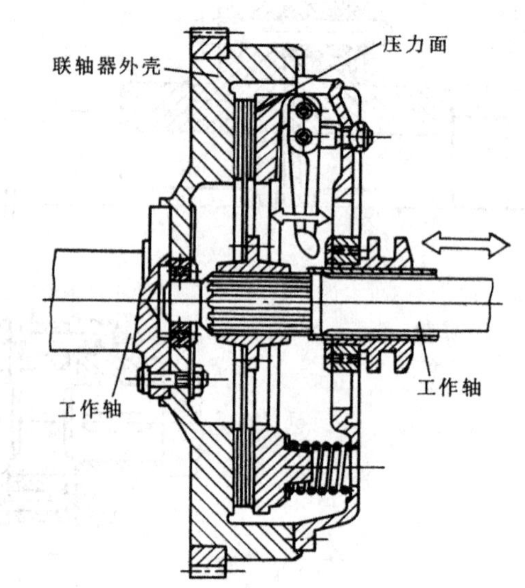

图 4-57　单片式离合器

颗粒式起动摩擦离合器的构造见图 4-60。当带轮转动时，带轮内套也跟着转动，并带动多个转片旋转，转片又带动许许多多颗粒状物质转动，颗粒与其外壳摩擦，使外壳转动，并传给轴套，使轴转动。

离心式摩擦离合器的结构见图 4-61。当轴转动时，轴外的两个滑块产生离心力，使摩擦片紧紧贴于套筒内壁，从而带动套筒转动。

安全滑动离合器的结构见图 4-62。通过压紧弹簧产生摩擦力将链轮的运动传递给轴。

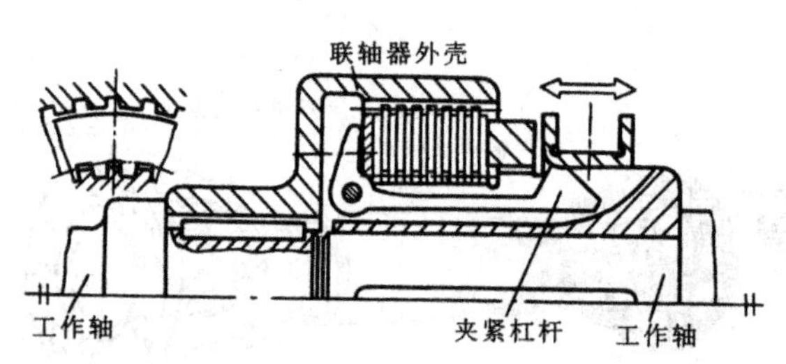

图 4-58　多片式机械摩擦离合器

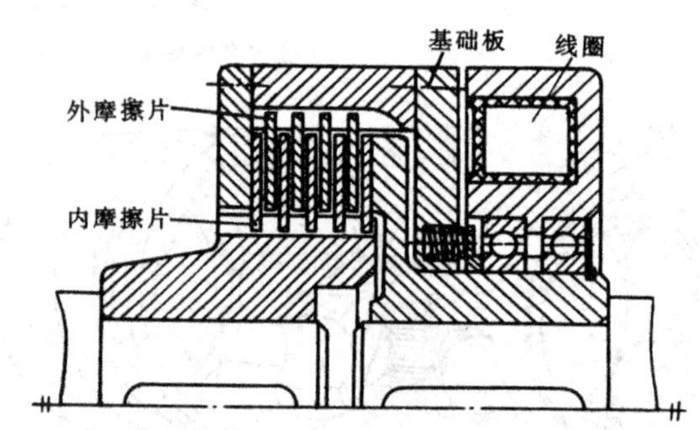

图 4-59　多片式电磁摩擦离合器

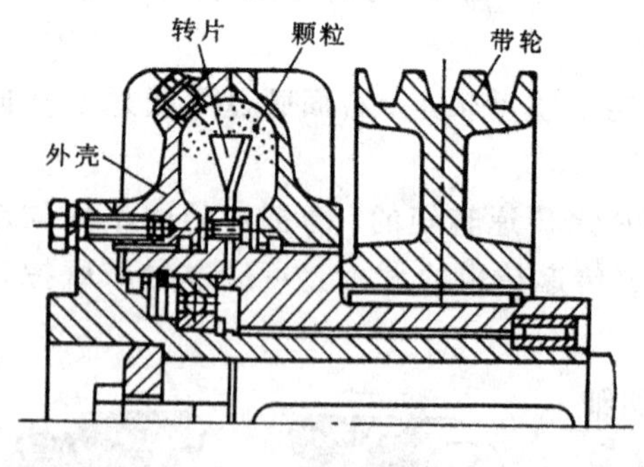

图 4-60　颗粒式起动摩擦离合器

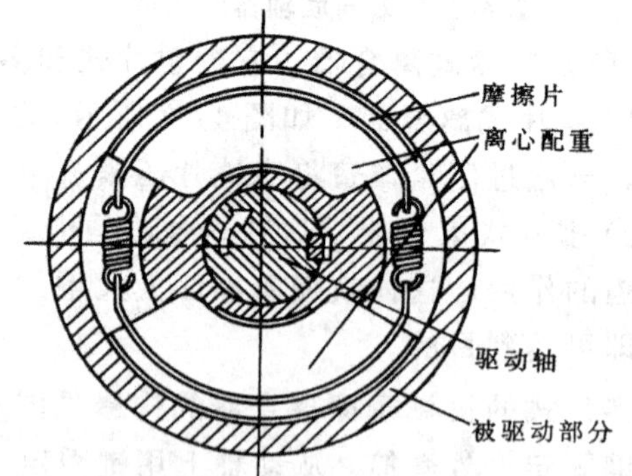

图 4-61　离心式摩擦离合器

(2) 圆锥式离合器　这种离合器的结构形状见图 4-63。它利用外锥面和内锥面的紧密结合，可把主动轴的运动传给从动轴。

3. 超越离合器　超越离合器有单、双向之分，图 4-64 为单向超越离合器。星轮 1 通过键与轴相联，外套 2 空套在星轮上，在星轮的三个缺口内各装一个滚柱 3，滚柱又被弹簧 5、顶杆 4 推向由外套和星轮的缺口所形成的楔缝中。当外套以慢速逆时针旋转时，滚柱在楔紧摩擦力的作用下，便带动星轮使轴也慢速逆时针旋转。

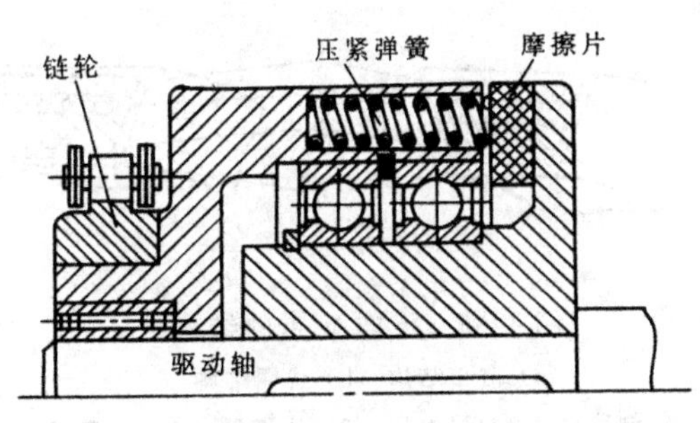

图 4-62 安全滑动离合器

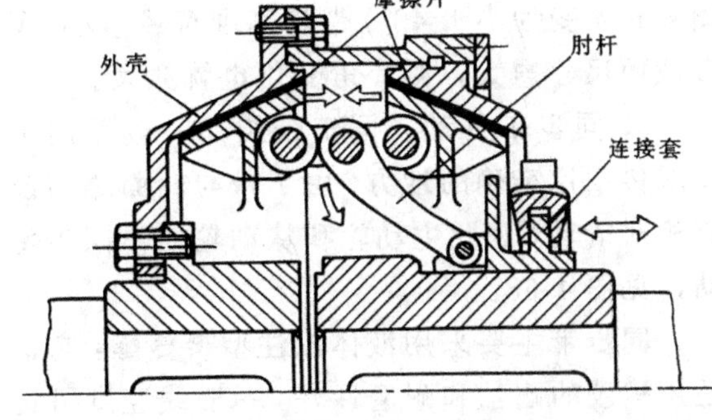

图 4-63 圆锥式离合器

当外套以逆时针慢速旋转时，若轴由另外一个快速电动机带动，也作逆时针快速转动，则星轮由轴带动作逆时针快速旋转。由于星轮转速高于外套，滚柱便从楔缝中回松，此时外套与星轮便自动脱开，按各自的速度旋转。当快速电动机停转时，滚柱又楔紧于星轮与外套之间，外套仍慢速旋转，所以超越离合器可使同一轴获得两种不同的转速。

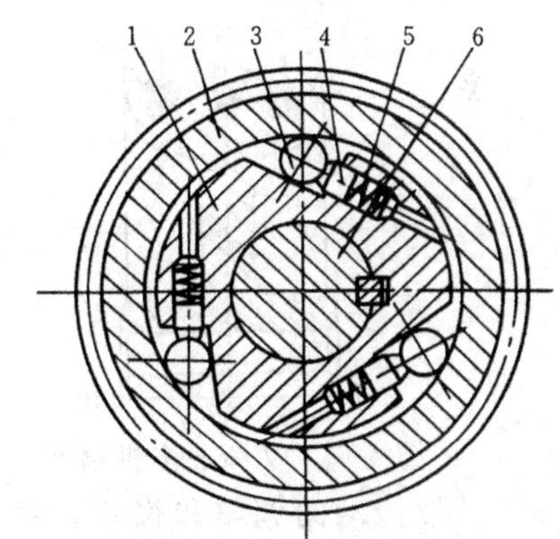

图 4-64 单向超越离合器

1—星轮 2—外套 3—滚柱

4—顶杆 5—弹簧 6—轴

4.6.3 带传动

带传动由主动轮、从动轮和挠性带所组成。工作时，是由于带和带轮面间产生的张紧力而产生的摩擦力来传递运动和动力的，因此带传动是一种利用中间挠性件的摩擦传动。

4.6.3.1 带传动的类型 根据带的截面形状不同，带传动可分为平带、V 带和同步带传动。

平带和 V 带传动相比较，当带的张紧力相同时，V 带产生的摩擦力要大于平带产生的摩擦力，约为平带的三倍，能传递较大的功率，见图 4-65。

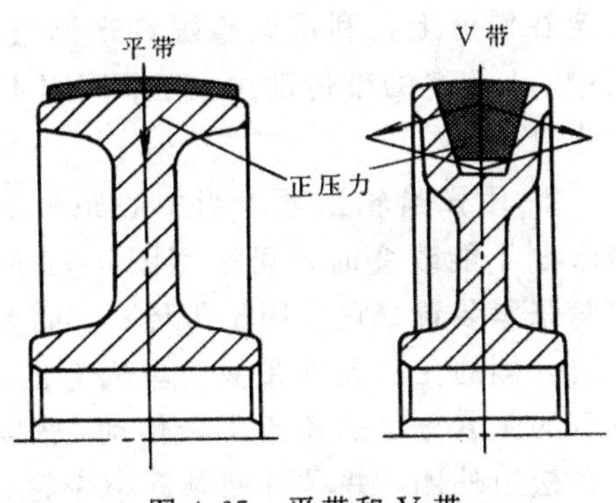

图 4-65 平带和 V 带

1. 平带传动 平带传动可用于两轴相距较远的传动。由于带比较薄，柔性比较好，所以也可适用平行轴的交叉传动和相错轴的半交叉传动。

2. V 带传动 V 带是没有接头的环形带，截面形状为梯形，两个侧面是工作面，夹角 $\varphi=40°$。标准 V 带分为帘布结构和线绳结构两种。图 4-66a 为帘布结构，由伸张层、强力层（胶帘布）、压缩层和包布层组成。图 4-66b 为线绳结构，由伸张层、强力层（胶线绳）、压缩层和包布层组成。一般用途的 V 带主要采用帘布结构。线绳结构比较柔软，弯曲疲劳性能也较好，但抗拉强度低，通常仅适用于载荷不大、小直径带轮和转速较高的场合。

V 带轮一般由轮缘、轮辐和轮毂三部分组成。V 带轮有 Y、Z、A、B、C、D、E 七种槽型，在轮缘上梯形槽，夹角 $\varphi=32^\circ\sim38^\circ$，见图 4-67。因为 V 带绕在带轮上弯曲时，外周受拉力，横向变窄，而内周受压，横向变宽，所以两侧夹角 φ 变为小于 40°。带轮基准直径愈小，V 带截面尺寸愈大，则 φ 角变化也就愈大。

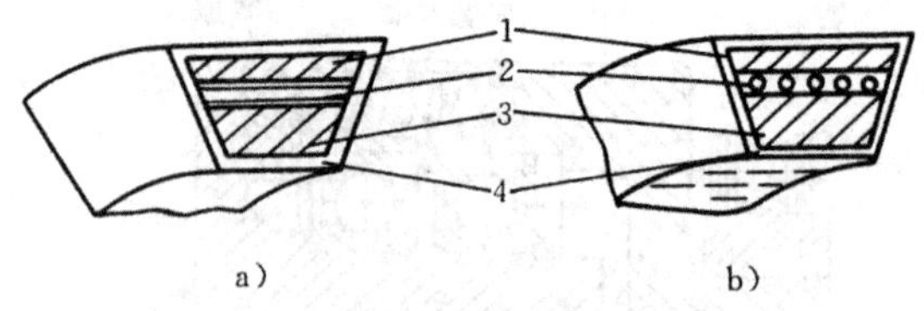

图 4-66 标准 V 带的结构

a）帘布结构 b）线绳结构

1—伸张层 2—强力层 3—压缩层 4—包布层

3. 同步带传动 同步带传动一般可用于要求传动比准确的地方。由于带与轮面之间没有相对滑动，因此主动轮和从动轮能作同步传动，见图 4-68。

同步带主要采用液体浇注型聚氨酯，它比通用橡胶的耐油和耐磨性好，一般线速度可达 80m/s。但散热性差，且成本较高。同步带轮一般采用铸铁或钢制造，在高速小功率时也可采用轻合金。同步带通常用于 NC 数控机床或汽车配气凸轮轴传动，图 4-69 所示为配气凸轮轴传动。

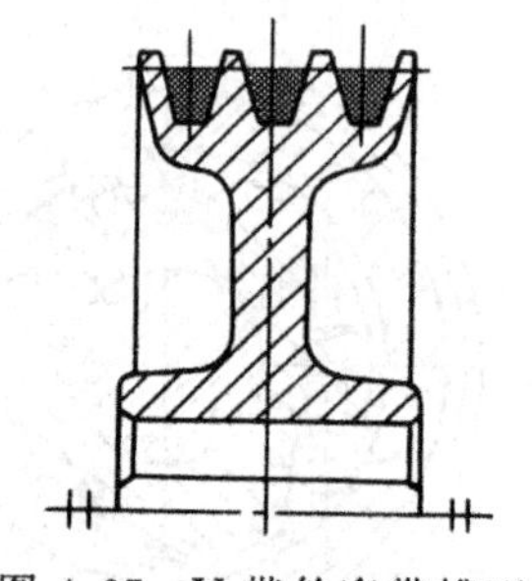
图 4-67 V 带轮多带槽型

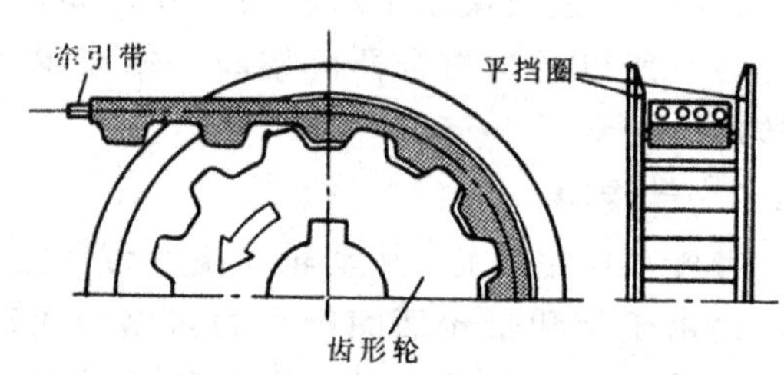

图 4-68 同步带传动

4.6.3.2 带传动的调整和张紧装置 带传动的失效，除了带在轮缘上打滑而丧失工作能力，带在弯曲变应力作用下，由于疲劳产生脱层和断裂之外，多数是由于带工作一段时间后会产生永久变形，使带的总长度增加，张紧力下降，从而影响带传动的正常工作。带的张紧可采用以下一些措施：

1. 调整中心距 图 4-70 所示是把电动机固定在滑道上，利用调整螺钉来调整中心距。在中、小功率的带传动中，可采用图 4-71 的自动张紧装置。

2. 用张紧轮张紧 当中心距由于结构上的限制不能改变时，可采用图 4-72 所示的张紧轮张紧装置。它适用于带传动，张紧轮置于松边内侧的目的是使带只受单向弯曲。图 4-73 所示的张紧方法适用于平带传动，张紧轮一般装在松边外侧，并尽可能靠近小带轮，以便增大其包角。但这种装置结构复杂，带绕行一周受弯曲的次数增多，易于疲劳破坏，在高速带传动时不宜采用。

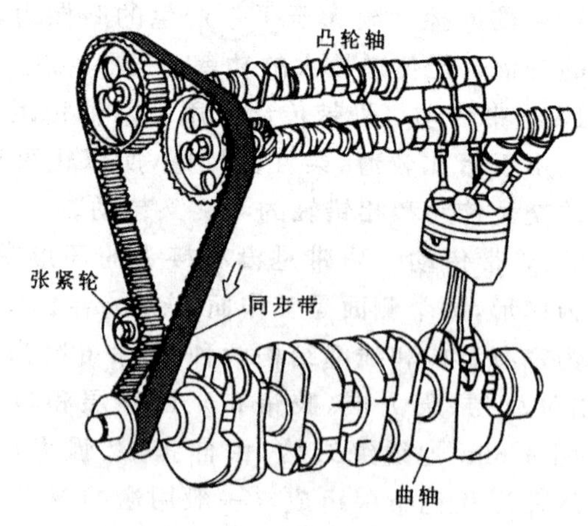

图 4-69 配气凸轮轴传动

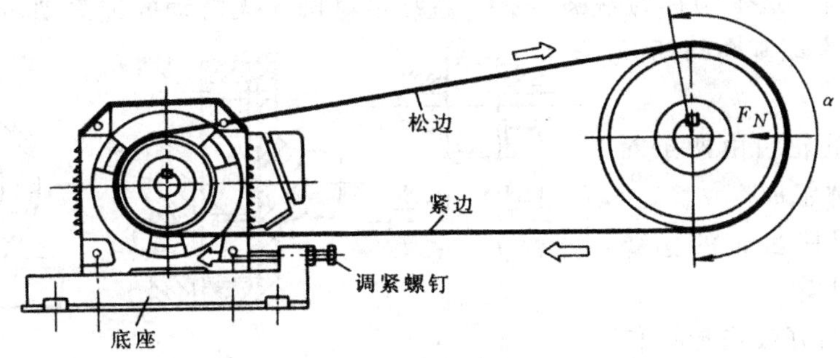

图 4-70　张紧装置

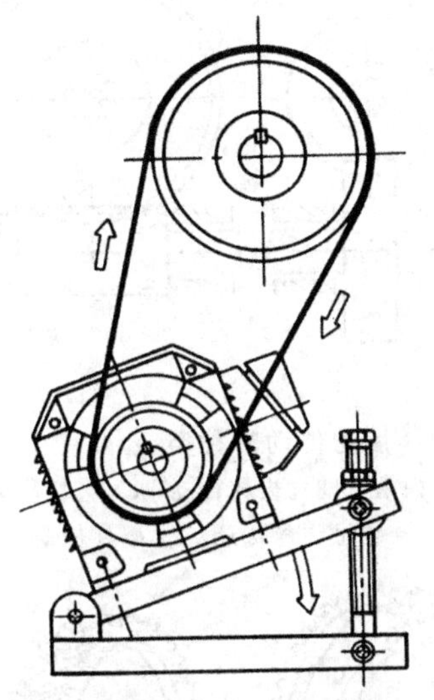

图 4-71　自动张紧装置

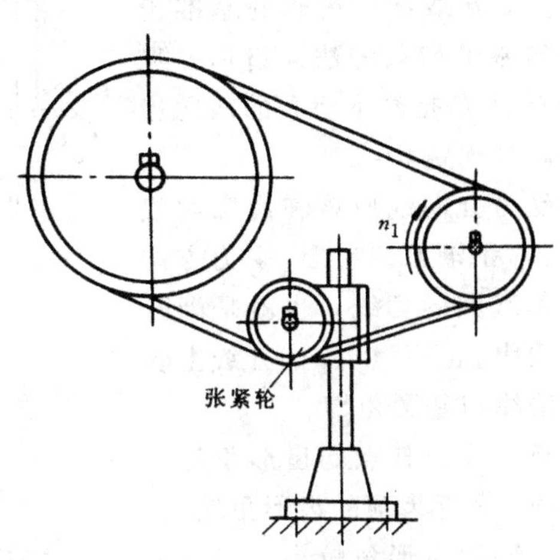

图 4-72　张紧轮带内张紧装置

4.6.4　齿轮传动

齿轮传动是指由齿轮副组成的传递运动和动力的传动形式。齿轮副由两个相啮合的齿轮组成。当一对齿轮相互啮合而工作时，可将主动轮的动力和运动传递给从动轮。

4.6.4.1　齿轮传动的种类　齿轮传动按齿轮传动轴的相对位置，可分为平面齿轮传动和空间齿轮传动，见图 4-74。图 a、b、c 为平面齿轮传动，图 d、e、f 为空间齿轮传动。按齿轮的啮合方式分，平面齿轮传动可分为外啮合齿轮传动、内啮合齿轮传动和齿条传动；空间齿轮传动可分为锥齿轮传动、交错轴齿轮传动和蜗杆传动。

按齿线的形状，齿轮可分为直齿、斜齿、人字齿和曲线齿四种，见图 4-75。按照齿廓形状可以分为渐开线齿轮（见图 4-76）、摆线齿轮（见图 4-77）和圆弧齿轮。

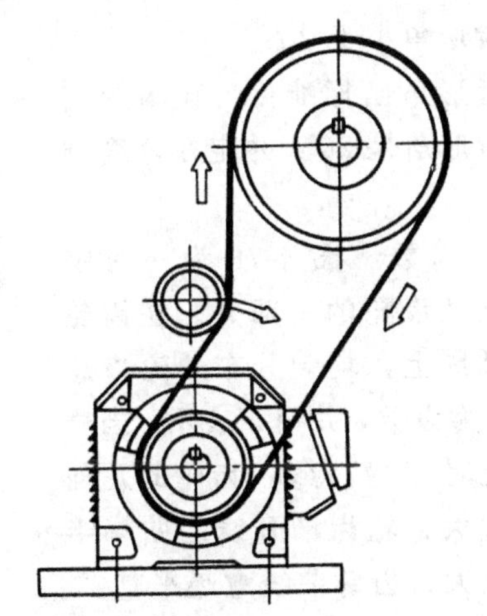

图 4-73　张紧轮带外张紧装置

4.6.4.2　渐开线齿廓　如图 4-76 所示，设以定长 r_b

为半径，画一个圆，这个圆称为基圆。有一直线沿基圆作无滑动的纯滚动，则直线上任一点 P 的轨迹 PP，称为该基圆的渐开线。

渐开线齿轮的轮齿由两条对称的渐开线作齿廓组成。

4.6.4.3 直齿圆柱齿轮的主要参数和几何尺寸计算

1. 齿形角　渐开线齿形上任意一点的受力方向线和运动方向线之间的夹角叫做齿形角 α，见图 4-78。渐开线圆柱齿轮的基准齿形是指基准齿条的法向齿形，见图 4-79。α 是指基本齿条的法向齿形角，且规定 $\alpha=20°$。

受力方向线应该和齿廓曲线垂直。对于渐开线齿形，受力方向线就是基圆的切线，也就是渐开线的法线。也可以说，渐开线上各点的法线与基圆相切。

渐开线上各点的齿形角是不相等的。靠近齿顶的齿形角较大，靠近根部的齿形角较小，基圆上的齿形角等于零。如果没有说明，一般齿形角是指分度圆上的。假如分度圆上的齿形角为 20°，则分度圆外的齿形角大于 20°，分度圆内的齿形角小于 20°。

齿形角已标准化，我国规定标准齿形角是 20°，并定在分度圆上。

2. 齿数　图 4-78 为一对啮合的圆柱齿轮的一部分。在齿轮整个圆周上，均匀分布的轮齿总数，称为齿数，并用 z 表示。当模数一定时，齿数愈多，齿轮的几何尺寸愈大，轮齿渐开线的曲率半径也愈大，齿廓曲线愈趋平直。

3. 模数　模数是齿轮几何尺寸计算中最基本的一个参数。在

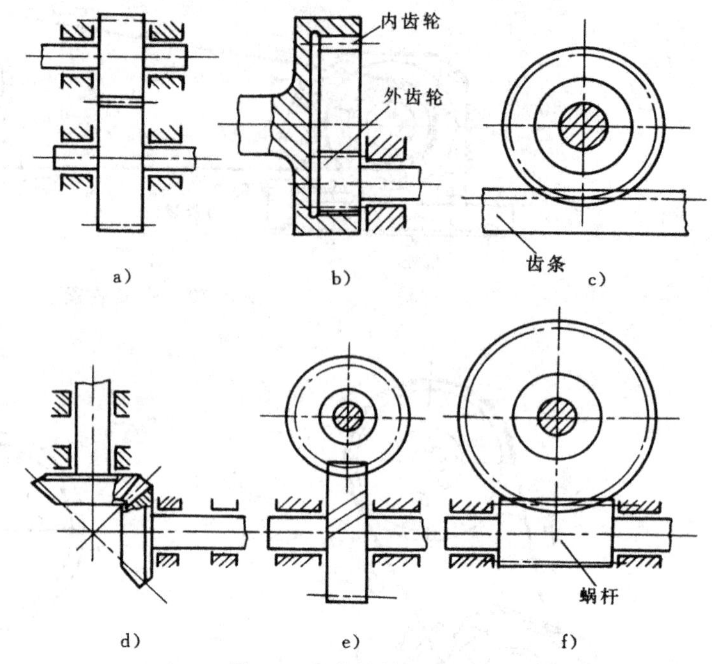

图 4-74　齿轮传动的种类

a）外啮合圆柱齿轮传动　b）内啮合圆柱齿轮传动　c）齿轮与齿条传动　d）锥齿轮传动　e）交错轴齿轮传动　f）蜗杆传动

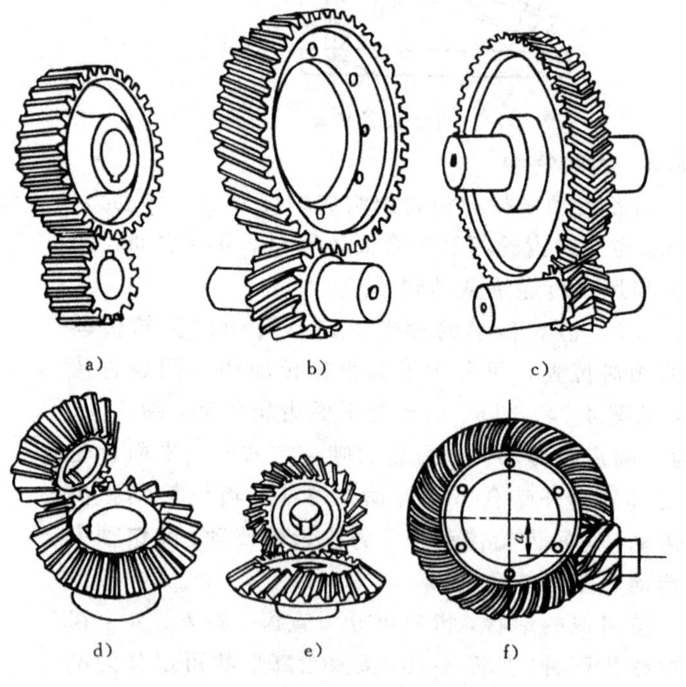

图 4-75　圆柱齿轮和锥齿轮

a）直齿圆柱齿轮传动　b）斜齿圆柱齿轮传动　c）人字齿圆柱齿轮传动　d）直齿锥齿轮传动　e）斜齿锥齿轮传动　f）曲线齿锥齿轮传动

图 4-78 中，设分度圆直径为 d，相邻两轮齿同侧渐开线在分度圆上的弧长为齿距 p，则分度圆周长 $\pi d=zp$，可得 $\frac{p}{\pi}=\frac{d}{z}$。

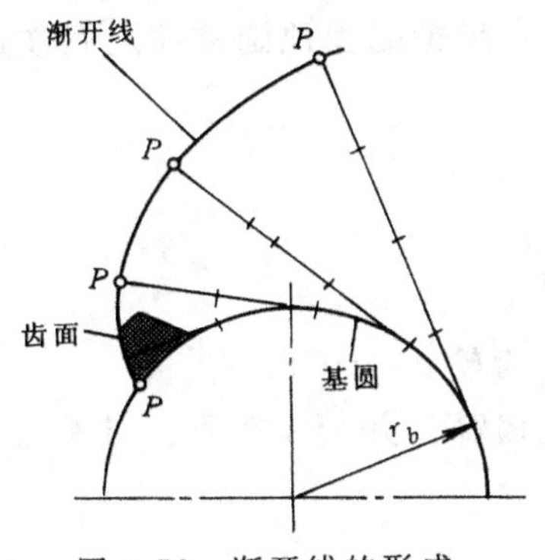

图 4-76 渐开线的形成

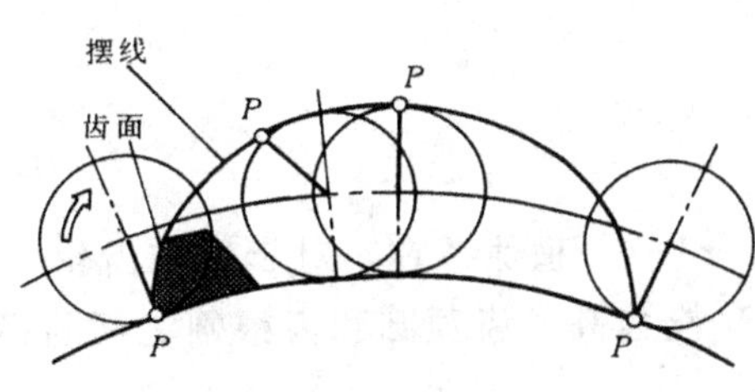

图 4-77 摆线的形成

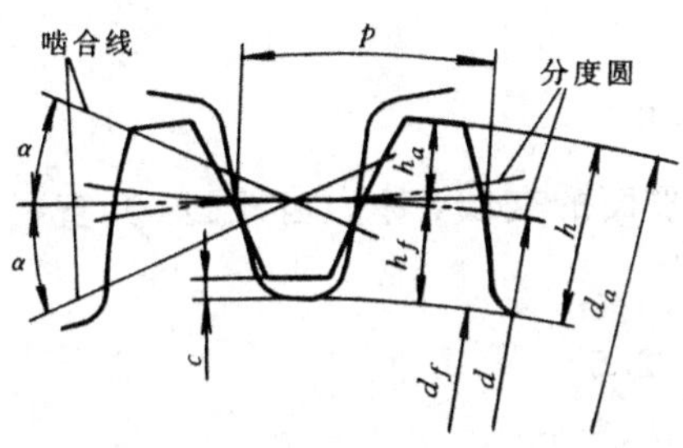

图 4-78 齿轮主要参数

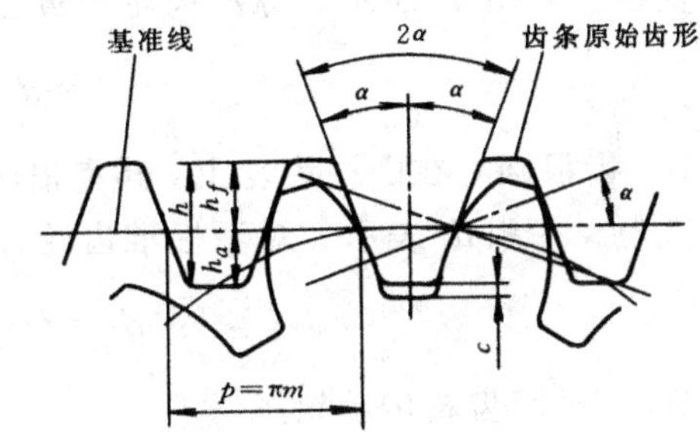

图 4-79 基准齿形

由于 π 是无理数，为了计算和制造上的方便，人为地把 p/π 规定为有理数，即齿距 p 除以圆周率 π 所得的商，称为模数，用 m 表示，单位为 mm，即

$$m=\frac{p}{\pi}=\frac{d}{z}$$

模数是反映齿距大小的基本参数，它直接影响轮齿的大小、齿形和强度。对于相同齿数的齿轮，模数大，齿轮的几何尺寸大，轮齿也大，因此承载能力也愈大，见图 4-80。

4. 分度圆　圆柱齿轮的分度圆柱面与端面的交线，称为分度圆。该圆直径称为分度圆直径。分度圆直径是表示齿轮大小的一个参数。并用 d 表示。计算公式为

$$d=mz$$

在分度圆直径上，齿形角和模数都取标准值，且端面齿厚和端面齿槽宽相等的齿轮，称为标准齿轮。

$m=1$

$m=2$

图 4-80 不同模数的齿轮

5. 齿距　两个相邻齿对应点之间端面齿廓之间的分度圆弧长，称为齿距，用 p 表示。计算公式为

$$p=\pi m$$

6. 齿顶高　齿顶圆与分度圆之间的径向距离称为齿顶高，用 h_a 表示。为了使轮齿的齿形匀称，齿顶高和模数按一定的系数成正比，标准齿轮的齿顶高为

$$h_a = m$$

7. 齿根高和顶隙　齿根圆与分度圆之间的径向距离称为齿根高，用 h_f 表示。为了使两齿轮在啮合传动时，避免一齿轮的齿顶与另一齿轮齿槽的底部接触，在齿顶与齿槽底部留有一定的间隙。即在齿轮副中，一个齿轮的齿根圆柱面与啮合齿轮的齿顶圆柱面之间在连心线上度量的距离，称为顶隙。并用 c 表示。计算公式为

$$c = c^* m$$

$$h_f = h_a + c = (1 + c^*)m$$

式中　c^*——顶隙系数，对于标准齿轮 $c^* = 0.25$；短齿齿轮 $c^* = 0.3$。

8. 全齿高　齿顶圆和齿根圆之间的径向距离称为全齿高。并用 h 表示。计算公式为

$$h = h_a + h_f = 2.25m$$

9. 齿顶圆　在圆柱齿轮上，其齿顶圆柱面与端平面的交线，称为齿顶圆。其直径称为齿顶圆直径。并用 d_a 表示。标准齿轮计算公式为

$$d_a = d + 2h_a = m(z + 2)$$

10. 齿根圆　在圆柱齿轮上，其齿根圆柱面与端平面的交线，称为齿根圆，其直径称为齿根圆直径。并用 d_f 表示。对于标准齿轮计算公式为

$$d_f = d - 2h_f = m(z - 2.5)$$

4.6.4.4　平面齿轮传动轮系

1. 一对圆柱齿轮传动　当两轮为外啮合时，两轮的转向相反；当两轮为内啮合时，两轮的转向相同，见图 4-81。

2. 有中间轮的传动　为了改变从动轮的旋转方向，在两点轮中间增加一个齿轮，从而改变从动轮的转向。这个增加的齿轮叫中间轮，见图 4-82。

4.6.4.5　齿轮加工　齿轮加工方法有仿形法和展成法。

1. 仿形法　是在普通铣床上用具有渐开线齿形的成形铣刀直接切出齿形的方法。常用的刀具有盘状铣刀和指状铣刀两种。

这种切齿方法简单，不需要专用机床，但生产率低，精度差，故仅用于单件生产及精度要求不高的齿轮加工。

2. 展成法　展成法是利用齿轮（或齿轮与齿条）的啮合原理来进行切削加工的，如滚齿，见图 4-83。它是将互相啮合的齿轮中的一个齿轮（或齿条）做成刀具，当强迫刀具和被加工齿轮轮坯的节圆作纯滚动时，刀具的齿廓就可包络出被加工齿轮的齿廓。常用的刀具有齿轮滚刀。

用展成法加工齿轮时，只需要一把刀具就可以加工模数及齿形角相同而齿数不同的齿轮，同时精度和生产率较高，但采用这种加工方法需要专用的机床，所以在大批量生产中通常采用这种方法。

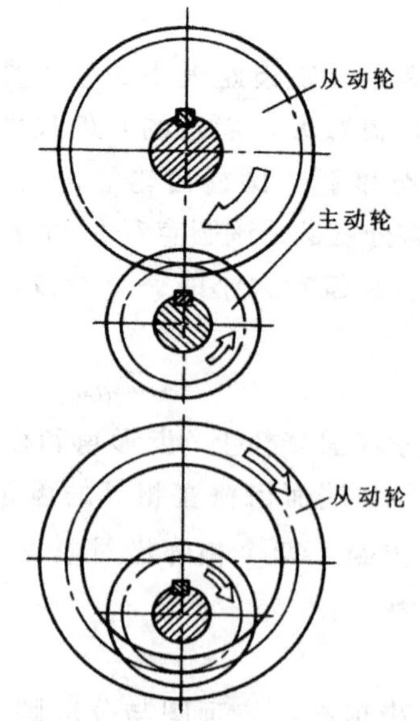

图 4-81　圆柱齿轮传动

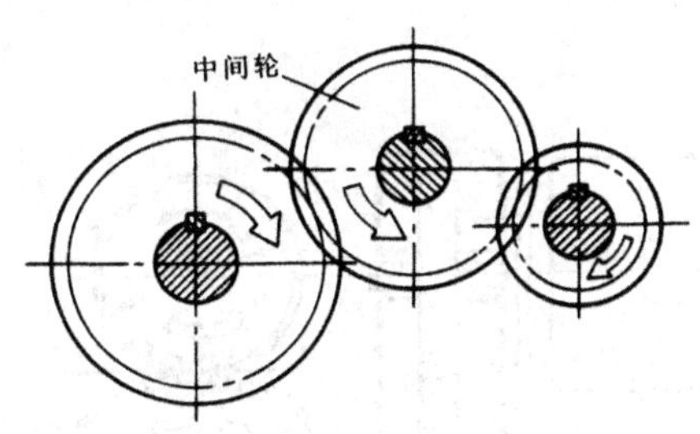

图 4-82　加中间轮的轮系

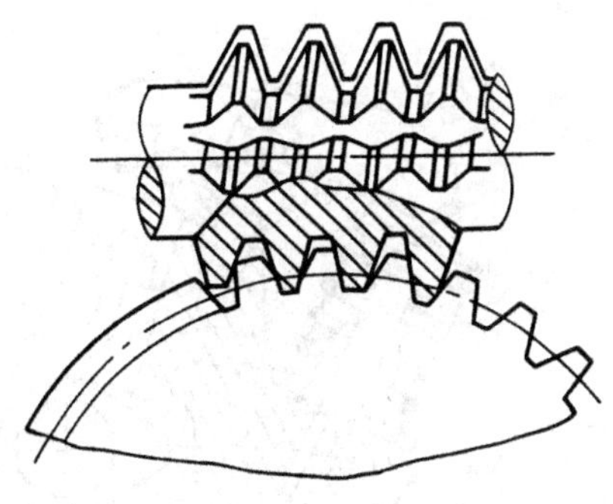

图 4-83　滚齿加工

4.7　机械传动机构

4.7.1　曲柄摇杆机构

图 4-84 所示为牛头刨床的横向进给机构，即曲柄摇杆机构。该机构工作时，齿轮 1 带动齿轮 2 转动，圆盘 3（相当曲柄）也随之转动，连杆 4 使带有棘爪摇杆 5 绕 D 点摆动，与此同时棘爪推动棘轮 6 上的齿轮，使与棘轮联在一起的丝杠 7 转动，从而完成工作台的横向进给运动。曲柄连杆机构应用十分广泛，例如剪切机、破碎机、搅拌机等。

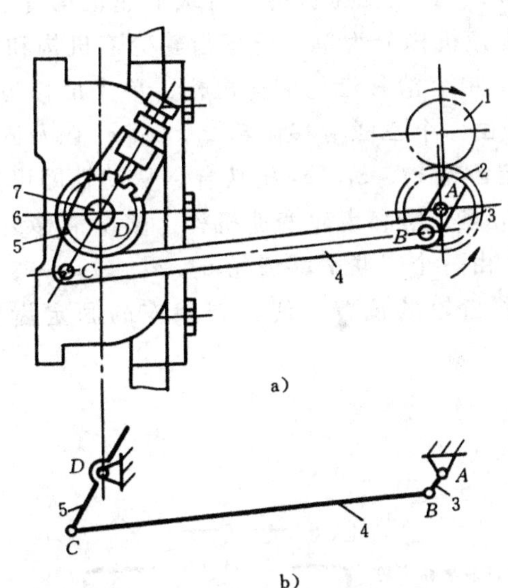

图 4-84　牛头刨床的横向进给机构

a) 进给机构　b) 运动简图

1、2—齿轮　3—圆盘　4—连杆

5—摇杆　6—棘轮　7—丝杠

4.7.2　凸轮机构

凸轮机构由凸轮、从动杆和机架三个构件组成。凸轮是一个具有曲线轮廓的构件，一般为主动件，作等速回转运动。与凸轮轮廓接触，并传递动力和实现预定的运动规律的构件，称为从动杆。

内燃机的配气机构即为凸轮机构，见图 4-85。当凸轮连续转动时，依靠凸轮轮廓与滑块接触，再通过摇杆使气阀作往复运动；当凸轮轮廓不与滑块接触时，则借助弹簧的作用力而使气阀关闭。这样可按预定规律，实现气阀的开启和关闭。

4.7.3　机械传动变速机构

一对齿轮传动如图 4-86 所示，其传动比 $i_{12}=n_1/n_2=d_2/d_1$，式中 n_1、d_1 分别表示主动齿的转速和分度圆直径；n_2、d_2 分别表示从动齿轮的转速和分度圆直径。

从上式中也可以导出 $n_2=n_1/i_{12}$，如果要得到不同的输出转速，显然，上述齿轮传动达不到要求，这时就要借助变速机构。

变速机构是指在输入转速不变的条件下，使从动轮得到不同转速的传动装置。

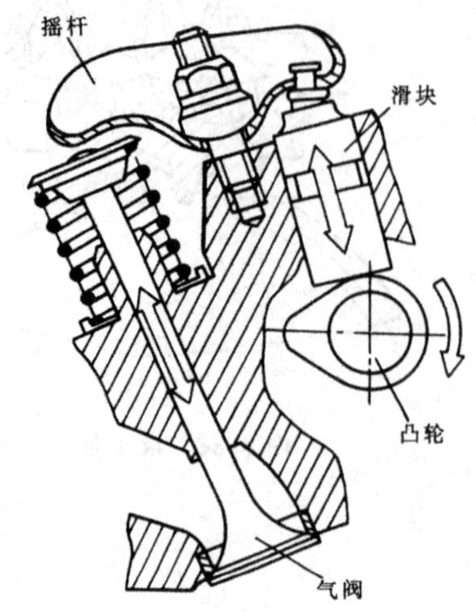

图 4-85 内燃机的配气机构

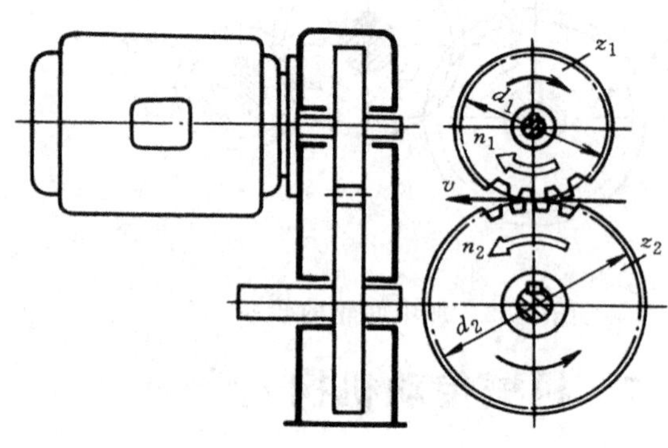

图 4-86 齿轮传动

变速机构分有级变速机构和无级变速机构两大类。

4.7.3.1 有级变速机构 有级变速机构有多种，尤以滑移齿轮变速机构应用最为广泛。滑移齿轮变速机构分为单个滑移齿轮变速机构和多个滑移齿轮变速机构。

1. 单个滑移齿轮变速机构 单个滑移齿轮所组成的变速机构见图 4-87。该滑移齿轮变速机构，由一个三联滑移齿轮 z_1、z_3、z_5 以及固定齿轮等组成。改变滑移齿轮的位置，使其分别与固定齿轮 z_2、z_4、z_6 相啮合，从动轴即可得三种转速。

2. 多个滑移齿轮变速机构 多个滑移齿轮所组成的变速机构见图 4-88，该滑移齿轮变速机构，由一个三联滑移齿轮 z_1、z_3、z_5，一个双联滑移齿轮 z_7、z_9 以及固定齿轮等组成。改变各滑移齿轮的位置，使其与相应的固定齿轮相啮合，使输出轴得到 2×3=6 种不同的转速。

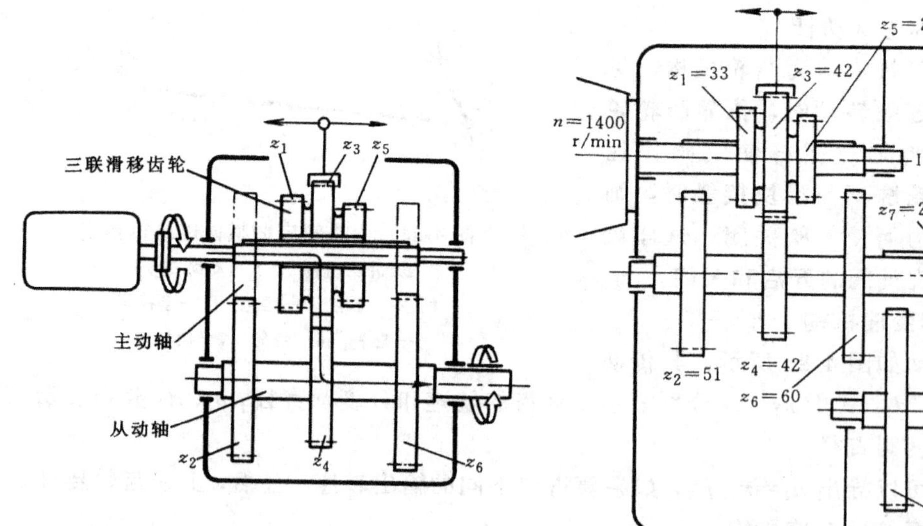

图 4-87 单个滑移齿轮变速机构

图 4-88 多个滑移齿轮变速机构

3. 摩擦离合器齿轮变速机构　其原理见图 4-89，它不需要滑移齿轮，只需分别合上摩擦离合器 K_1、K_2 和 K_3，即可有三条不同的传动路线，使从动轴得到三种不同的转速。

4.7.3.2　无级变速机构　摩擦盘无级变速机构是机械无级变速机构中用得比较普遍的一种。

摩擦盘无级变速机构的传动原理见图 4-90。电动机轴上的锥形摩擦盘与底板支架上的端面摩擦盘靠弹簧的压力贴紧，当锥形摩擦盘以 n_1 转速转动时，由于摩擦力的作用，紧贴锥形摩擦盘的端面摩擦盘也随之转动，转速为 n_2。通过改变电动机的与摩擦盘的相对位置，即改变端面摩擦盘的接触半径，可以得到不同的传动比。

这种无级变速机构结构简单，制造方便，但传递的功率不大，也很少用于要求传动准确的变速机构。

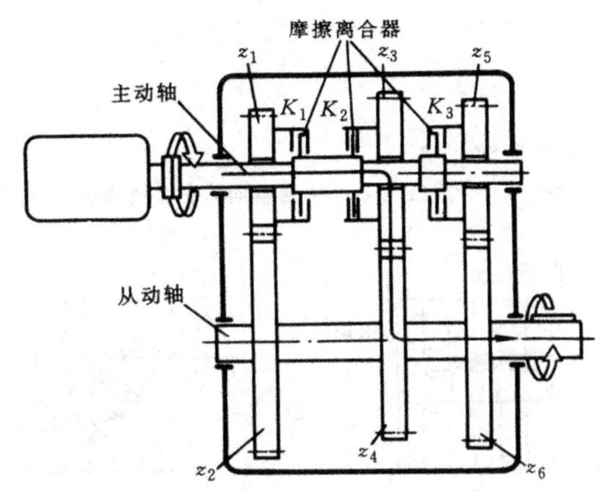

图 4-89　摩擦离合器齿轮变速机构

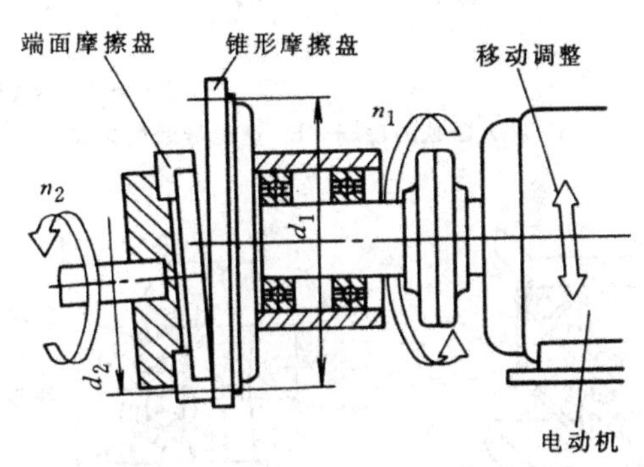

图 4-90　摩擦盘无级变速机构

4.8　电驱动装置

大部分的工作机械都是通过电动机驱动的，电动机是与电能有关的能量转换机械，是工农业生产、交通运输、科学技术、信息传输与日常生活中极为广泛和关键的动力机械。利用电动机可将电能转换成各种工作机械所需要的机械能。电动机的种类很多，运行性能各异，能适应不同类型工作机械的各种要求，它与生产机械的联接比较方便，并且具有较高的效率，运行可靠、维护简便，在现代工业中起着至关重要的作用。

4.8.1　电动机

电动机将电能转换成机械能，根据驱动它的电流的类型，一般将电动机分为直流电动机和交流电动机两大类。

电动机的运转是通过两个磁场的相互作用而产生的，见图 4-91。一根直导线产生的电磁场和永久磁铁的磁场相互作用，使一边的磁场加强，另一边的磁场削弱，在合成磁场中，磁场分布不均匀，一边较强，而另一边较弱，从而使导线向磁场削弱的一边运动。

4.8.1.1　直流电动机

直流电动机的工作原理见图 4-92，电流的流向为图 4-92b，则对导线 1 来说左边磁场加强，右边磁场削弱，导线向右运动；对导线 2 来说左边磁场削弱，右边磁场加强，导线向左运动，从而使线圈受力后顺时针旋转。当线圈转到图 4-92c 位置时，电刷被换向器直接短接，线圈中没有电流，故不受力的作用，但线圈由于惯性仍将继续转动。当处于图 4-92d 位置时，虽然线圈中的导线在磁场中所处的位置正好与图 4-92b 相反，但由于换向器的作用，导线 1 和 2 中的电流方向发生变化，从而保持线圈的受力方向及旋转方向不变，电动机继续转动，如此反复，把直流电能转换成机械能输出。

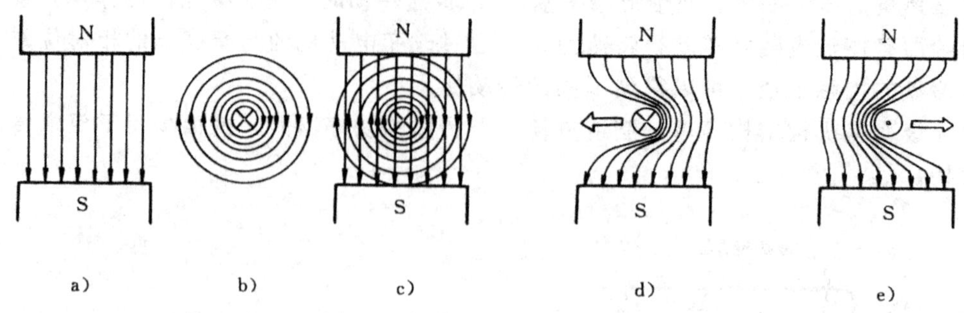

图 4-91　通电导线在磁场中的运动

a）永久磁铁的磁场　b）通电导线的磁场　c）将两磁场重叠　d）合成磁场　e）电流换向时的合成磁场

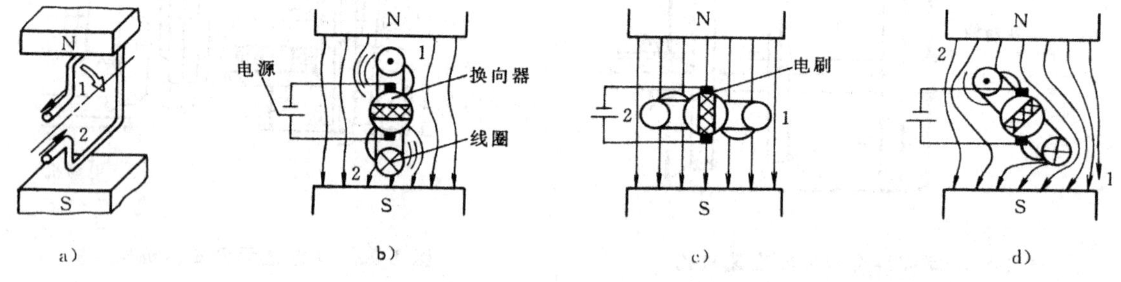

图 4-92　直流电动机的工作原理

直流电机主磁场的获得一般有两种方法，一种是用永久磁铁产生，另一种是利用给主磁极绕组通入直流电产生主磁场，即通常所说的励磁，这种方法应用极为广泛，能避免永久磁铁长时期使用磁性减弱的缺点，而且便于控制磁场的大小。

4.8.1.2　交流电动机

交流电动机是在电动机的定子绕组中通入三相交流电，从而产生一个磁场的轴线位置随时间而旋转的旋转磁场，电动机中的转子就是靠这个旋转磁场作用产生转动力矩而旋转的。

在图 4-93 中，我们将三相绕组做成对称的，并且它们的空间位置彼此相隔 120°，然后将绕组接在三相电源上，此时绕组内通过的是三相对称电流 i_1、i_2、i_3。如果在定子绕组的中心放置一个小磁针，小磁针将发生旋转，说明三相绕组中的三相电流产生了一个合成的旋转磁场。

在此旋转磁场内放置一个能够转动的线圈，当旋转磁场切割线圈时，将在线圈中产生感应电动势和感应电流，感应电流的磁场和旋转磁场相互作用而产生电磁转矩，使线圈旋转，它的方向与旋转磁场相同，但转速始终小于旋转磁场，此种电动机称之为异步电动机。

在旋转磁场中放置一个由磁极铁心和励磁绕组构成的转子，当励磁绕组通以直流电后，转子即建立恒定磁场，也可看作一个电磁铁，此磁场就象一个电磁铁被定子旋转磁场吸引着，沿

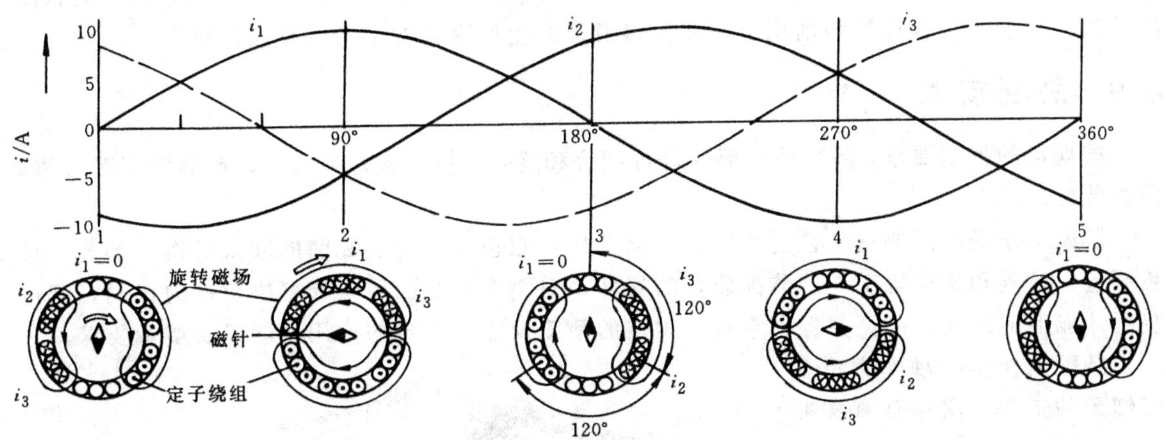

图 4-93 旋转磁场的产生

定子磁场的旋转方向以相同的转速旋转，此种电动机称为同步电动机。

4.8.1.3 特种电动机

在现代生产，科研领域和日常生活中所使用的电动机，大都是作为动力来使用的，其主要任务是进行能量转换，一般将它们称为普通电动机。但随着科学技术的进步，一些具有某种特殊性能的小功率电动机也得到了越来越广泛的应用，这些具有某种特殊功能的电动机统称为特种电动机。

特种电动机的基本原理和普通电动机相同，但它们在结构，性能和用途等方面却有很大的差别。它们主要被用来在自动控制系统中作为执行、检测元件。它的体积小、重量轻，且制造精度要求高，而且运行可靠、动作迅速、准确。

特种电动机的种类很多，如作为执行元件使用的伺服电动机、步进电动机、直线电动机等，在机械制造行业中主要被广泛应用于数控机床上。

4.8.2 机床的电驱动装置

4.8.2.1 进给驱动装置 在数控机床中，尽管大部分能量用于驱动主轴，但一般讨论的重点是进给驱动，也就是工作台的运动，因为工作台的运动直接影响到产品的质量。

根据机械加工的特点，一般要求进给驱动具有调速范围宽，转速在较大范围内有良好的稳定性；负载特性硬，切削中受负载冲击时，系统的速度应基本不变；反应速度快；可频繁地启动，停止和反转。

进给驱动装置一般使用步进电动机或伺服电动机。步进电动机是一种将脉冲信号变换成角位移的电磁装置，它的角位移与输入脉冲个数成正比，在时间上与输入脉冲同步。因此只需控制输入脉冲的数量、频率及电机绕组通电相序，便可获得所需的转角、转速及转动方向。伺服电动机分为直流伺服电动机和交流伺服电动机，它通过改变电动机的电枢电压，电枢电阻，主磁通三个参数中的任意一个来调节电动机的转速。

4.8.2.2 主轴驱动装置 数控机床的主轴驱动装置要求比较简单，只需能提供大的切削功率，调速范围大（1∶200)，能满足不同的加工方式要求，在一定的范围内保持恒转矩或恒功率切削。

主轴驱动装置一般使用交流调速电动机和直流调速电动机，它可以在较广范围内实现无级调速，此类电动机结构简单，运行可靠，维修方便。由于它具有较大的调速范围，从而保证了加工时能选用合理的切削用量，并获得最佳的生产率，加工精度和表面质量。

4.9 装配技术

按规定的技术要求，将零件或部件进行配合和连接，使之成为半成品或成品的工艺过程，称为装配。

装配工作是产品制造工艺过程中的后期工作，它包括各种装配前的准备工作，部装、总装调整、检验和试机等工作。装配质量的好坏，对整个产品的质量起着决定性的作用。通过装配才能形成最终产品，并保证它具有规定的精度及设计所定的使用功能以及质量要求。

装配工作是一项非常重要而细致的工作，必须认真按照产品装配图，制定出合理的装配工艺规程，采用新的装配工艺，以提高装配精度，达到质量优、费用少、效率高的要求。

4.9.1 装配概述

1. 装配前准备　装配前，要熟读装配图样，达到熟悉其技术要求，了解产品的结构和零件的作用及相互间的关系，从而确定装配的方法、程序。然后准备好装配工具、测量仪器，并对所有需要装配的零件或部件用柴油或煤油进行清洗，涂上润滑油，以保证装配的质量。

图 4-94　主轴箱部件

2. 装配　装配工作分为部件装配和总装配两个阶段。

（1）部件装配　将两个以上的零件装配成一体，使其成为完整的或不完整的机构（通称为部件）。部件装配后，应根据工作要求进行调整和试验，合格后才能进入总装配。部件直接构成制件的一个组成部分时，这个部件就叫组合件，见图 4-94。

（2）总装配　将各部件和零件装配成产品的过程，见图 4-95。

图 4-95　车床的总装

3. 装配方法　产品质量的好坏主要取决于零件，但装配的质量也具有不容忽视的影响。为了使装配精度符合要求，目前采用下列四种方法：

（1）互换装配法　在装配时，各配合零件不经修理、选择或调整即可达到装配精度的方法。

（2）分组装配法　在成批或大量生产中，将产品各配合副的零件按实测尺寸分组，装配时按组进行互换装配以达到装配精度的方法。

（3）修配装配法　在装配时修去指定零件上预留修配量以达到装配精度的方法。

（4）调整装配法　在装配时用改变产品中可调整零件的相对位置或选用合适的调整件以达到装配精度的方法。

4.9.2　装配生产类型和组织形式

1. 装配生产类型　机器装配可分大批大量生产、成批生产和单件小批生产三种。生产类型决定装配的组织形式、装配方法和工艺装备等。

2. 装配组织形式　装配组织形式对装配效率和装配周期均有较大的影响。根据产品结构的特点和批量大小的不同，装配工作采取不同的组织形式。

以装配的次序来分，可采用串联式和并联式装配，见图 4-96。

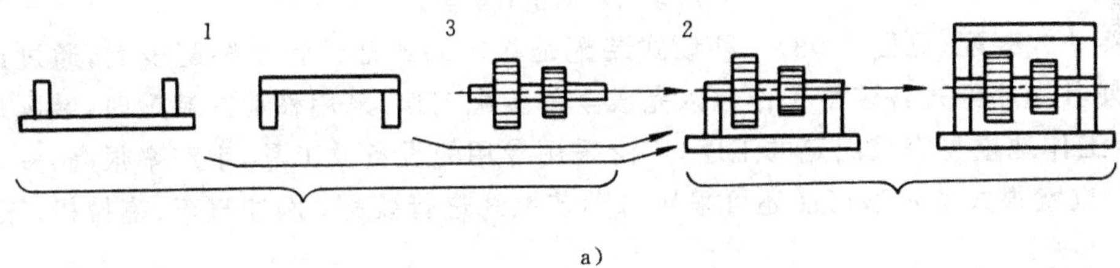

a）

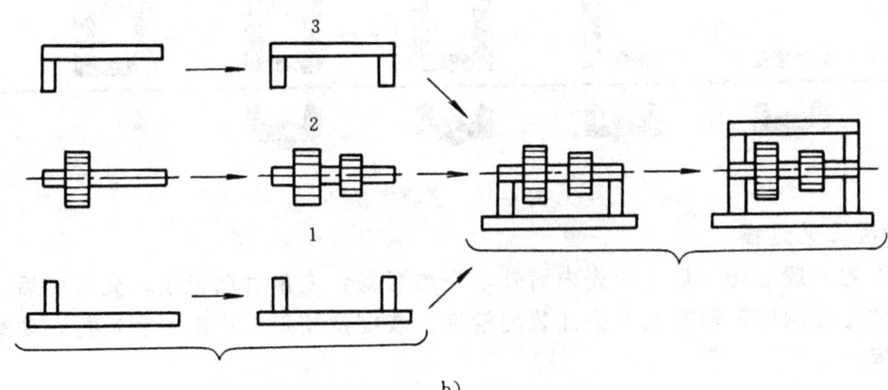

b）

图 4-96　装配次序

a）串联式装配　b）并联式装配

以装配的形式来分，可采取固定式和移动式装配。

（1）固定式装配（见图 4-97）　固定式装配是将产品或部件的全部装配工作安排在一固定的工作地上进行，装配过程中产品位置不变，装配所需要的零部件都汇集在工作地附近。当批量很小或单件生产时，如新产品试制，产品的全部装配工作可集中在同一工作地上由同一组工人去完成，这样需要较大的生产面积和技术水平较高的工人，整个产品的装配周期也比较长。当产品的批量较大时，为提高装配效率，可将产品的装配分成部装和总装，分别由几组工人在不同的工作地同时进行。例如成批生产的车床装配可分为主轴箱、进给箱、刀架、溜板箱和尾座等部件装配和车床总装配。在单位小批生产中对那些不便移动的重型机械，或因机体刚度较差，装配时移动会影响装配精度的产品都宜采用固定式装配的组织形式。

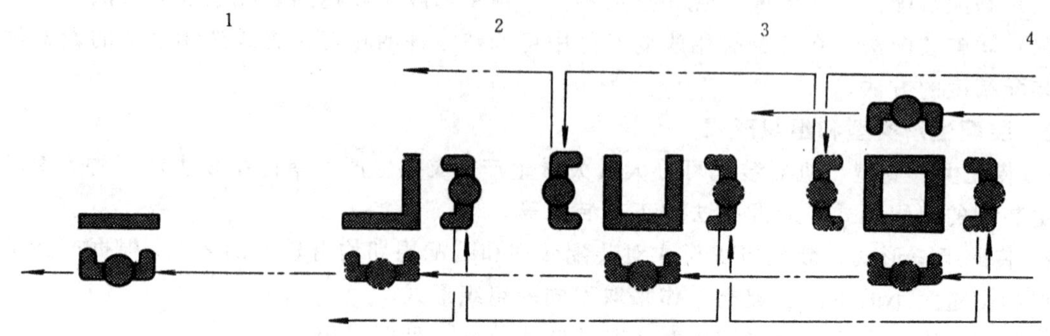

图 4-97　固定式装配

(2) 移动式装配(见图 4-98)　移动式装配是将产品或部件置于装配线上，通过连续或间歇的移动使其顺序经过各装配工作地以完成全部装配工作。采用移动式装配时，装配过程分得较细，每个工作地重复完成固定的工序，广泛采用专用的设备及工具，生产率很高，多用于大批大量生产。批量很大的定型产品还可采用自动装配线进行装配。例如汽车、拖拉机、滚动轴承、手表、自行车等。

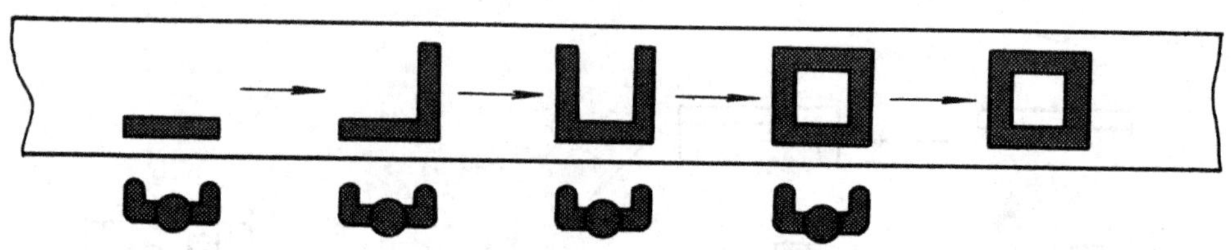

图 4-98　移动式装配

4.9.3　装配工艺过程

装配工艺一般是先下后上，先内后外，先难后易，先重大后轻小，先精密后一般，视具体情况考虑先后顺序，以有利于保证装配精度、装配及校正工作能顺利进行。现举例说明装配工艺过程。

1. 压缩气缸的装配　先熟悉压缩气缸的装配图，见图 4-99。

压缩气缸可分为 A、B、C 三个部件。先装配部件。

(1) 部件 A 装配(见图 4-100)　以前盖 1 为基准零件，依次装配导向衬套 2，密封圈 3，止推环 4，缓冲密封圈 5，和圆密封圈 6。

(2) 部件 B 装配(见图 4-101)　以后盖 7 为基准零件，依次装配缓冲密封圈 5 和圆密封圈 6。

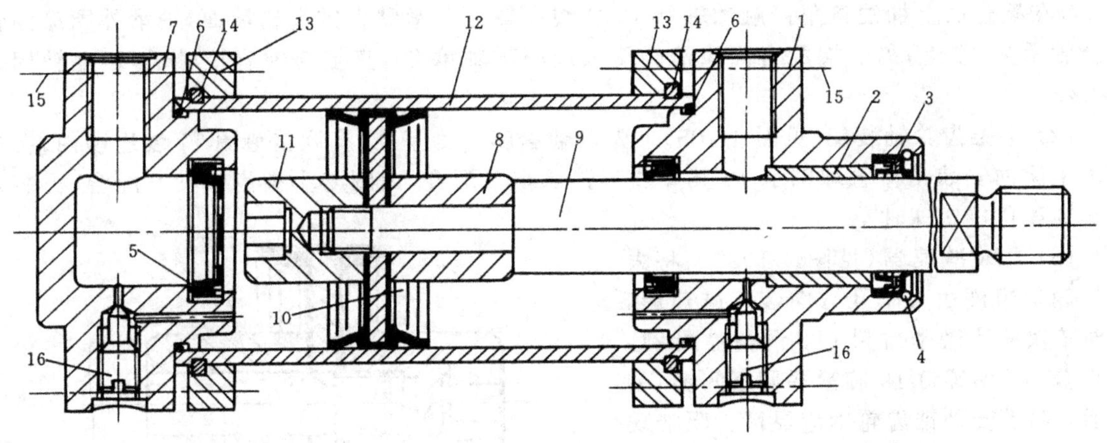

图 4-99　压缩气缸

1—前盖　2—导向衬套　3、5、6—密封圈　4—止推环　7—后盖　8、10、11—活塞　9—活塞杆
12—缸体　13—法兰盘　14—防护环　15、16—螺栓

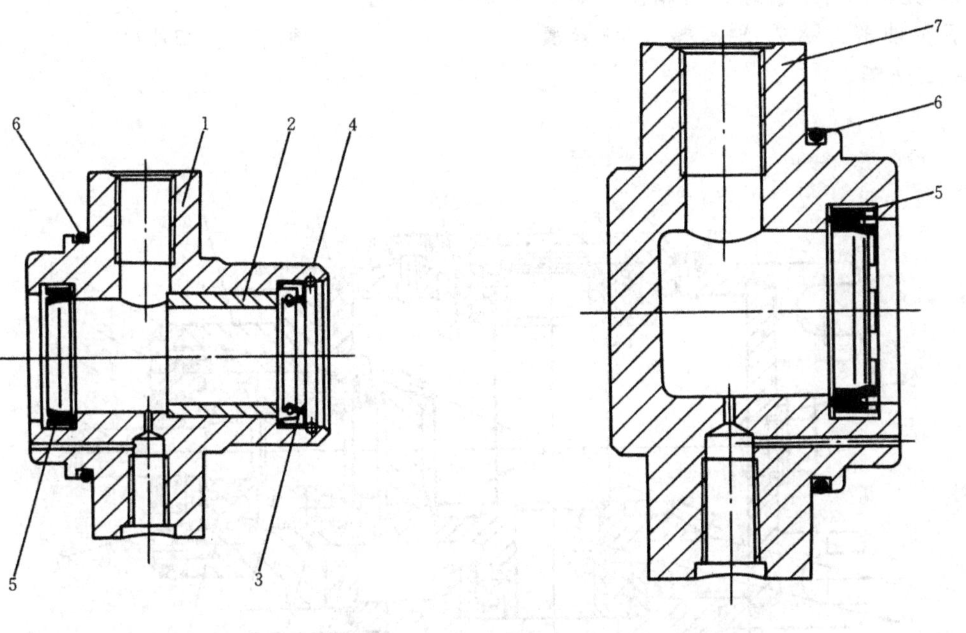

图 4-100　部件 *A*　　　　图 4-101　部件 *B*

(3) 部件 *C* 装配(见图 4-102)　以活塞杆 9 为基准,依次装配减振活塞 8,活塞 10 和缓冲活塞 11。

在三个部件 *A*、*B*、*C* 装配到以缸体 12 为基准的总装配前,先把法兰盘 13,防护环 14 套在缸体 12 中间外壳上。当部件 *A*、*B*、*C* 装上缸体 12 后,拧上螺栓 15。再装上减振螺栓 16。总装完毕。

2. 减速器的装配　减速器装在原动机与工作机之间，用来降低转速和相应改变其转矩，见图 4-103。

该减速器主要由大锥齿轮轴和小锥齿轮轴两大部件组成。

(1) 大锥齿轮轴装配(见图 4-104) 以大锥齿轮轴 15 为基准。一端装平键 16,套装大锥齿轮 17,在配合面上加油将角接触球轴承 13 压装在轴上并紧贴大锥齿轮端面,轴承外圈涂油轻压至轴承盖 12 上;另一端配合面涂油轻压入调心球轴承 20,直至与轴肩接触,再装上轴用扣环 22。

(2) 小锥齿轮轴装配(见图 4-105) 先以轴承座 2 为基准,将调整垫圈 11 装进座内;在配合面上涂油安装角接触球轴承 10 其外圈与轴承座 2 配合,内圈与小锥齿轮轴 6 配合,再装入隔套 9 和角接触球轴承 8。

(3) 总装减速器(见图 4-103) 将大锥齿轮轴组件由大轴孔方向装入减速箱,同时依次装入轴密封圈 14,调整垫圈 21,轴承盖 18,用螺钉 19 旋紧并调好间隙。装好后,用手转动锥齿轮轴应灵活无阻滞现象。

再将小锥齿轴组件由小轴孔方向装入减速箱,调整两锥齿轮正确的啮合位置,使齿背齐平,拧紧螺钉与箱体固定。

最后装轴密封圈 7、轴承盖 3,拧紧螺钉 4。装配完毕。

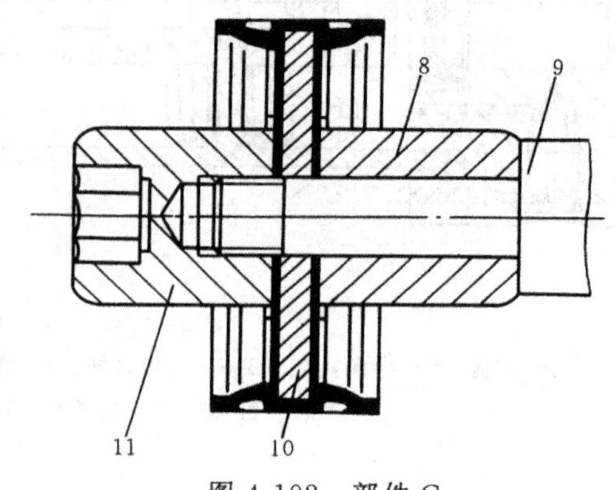

图 4-102 部件 C

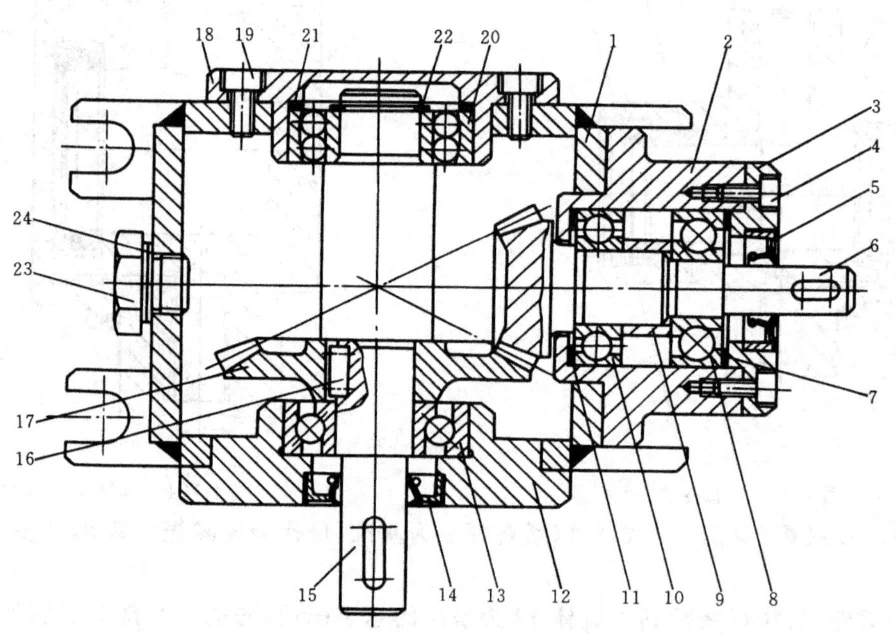

图 4-103 减速器

1—壳体 2—轴承座 3、18—轴承盖 4、19—螺钉 5、7、14、24—密封圈 6—小齿轮轴 8、10、11、13、20—轴承 9—隔套 11、21—垫片 12—轴承端盖 15—大锥齿轮轴 16—平键 17—大锥齿轮 22—轴用扣环 23—螺母

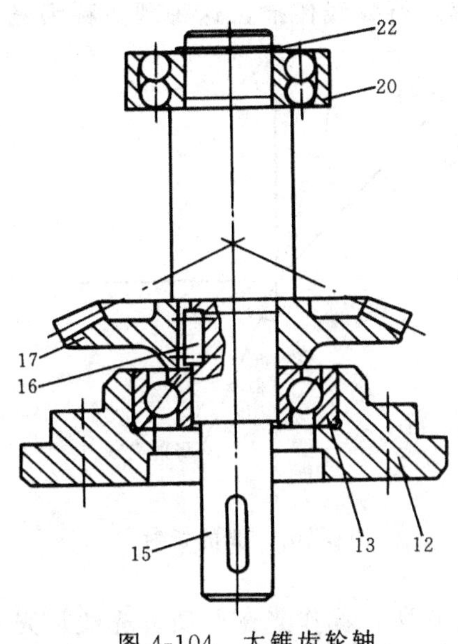

图 4-104 大锥齿轮轴

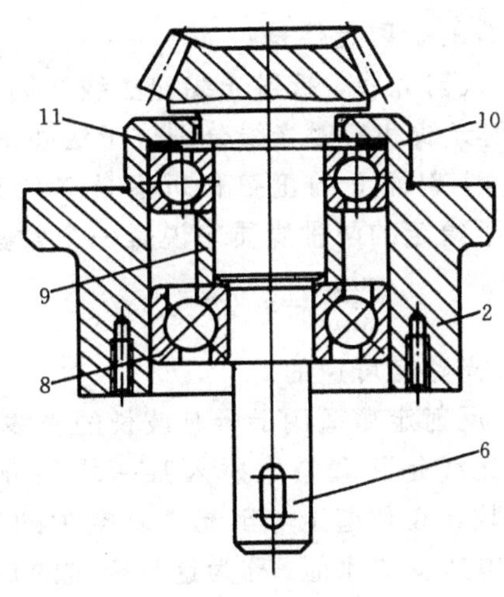

图 4-105 小锥齿轮轴

4.10 光学元件

4.10.1 光线的特性

光和无线电波一样，也是一种电磁波。除了可见光以外，不可见的紫外线和红外线也属于光的范围，即使在 0.4～0.8μm 如此小的可见光波长范围内，人们的肉眼也可根据光线的色彩来区分它们不同的波长，比如白光通过光的折射能够分解成逐个波长，它们的颜色分别为赤、橙、黄、绿、青、蓝、紫。

人们从实践经验中知道，光在同一种均匀介质中是沿着直线传播的。光的传播速度非常快，通过实验测得各种颜色的光在真空中的传播速度相同，都为 3×10^{8}m/s，而在其它不同的介质如空气、玻璃，水中的传播速度是不同的，并且都比在真空中小。

以光的直线传播性质为基础，研究光在透明介质中传播问题的光学，称为几何光学，它主要包括光的直线传播定律，光的反射和折射定律等。

4.10.2 光的反射

当光线从一种均匀介质射到另一种均匀介质的交界面上，一部分光线改变了原来的传播方向，反射回原来的介质里继续直线传播，这种现象，叫做光的反射，见图 4-106。

实验证明，在光的反射过程中，有如下的规律：

1）入射光线，反射光线和法线在同一平面内，入射光线和反射光线分别位于法线的两侧。

2）入射角等于反射角。

3）光路是可逆的。

4）反射定律适用于所有波长的光线。

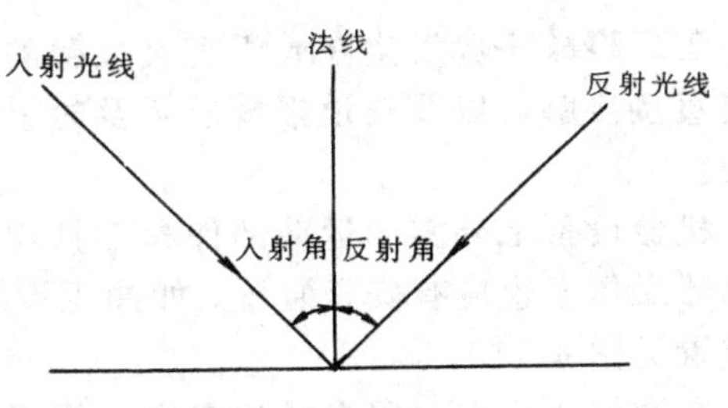

图 4-106 光的反射

当反射面是光滑的，此时的反射光线是有规律的；而当反射面粗糙不平时，则出现漫射的光线。

4.10.3 光的折射 当光线射入到两种介质的界面上，除了一部分光线反射外，另一部分光线改变了原来的传播方向，进入另一种均匀介质里，继续进行直线传播，这种现象称为光的折射，见图 4-107。

光线的折射定律是：

1）入射光线，折射光线和法线在同一平面内，入射光线和折射光线分别位于法线的两侧。

2）入射角 α 的正弦和折射角 γ 的正弦之比，对于给定的两种媒质来说是一个常数，即

$$\frac{\sin\alpha}{\sin\gamma}=n\text{（常数）}$$

3）光路是可逆的。

4）反射定律适用于所有波长的光线。

当光线是从真空中射入某一均匀介质时，那么常数 n 在数值上等于光在真空中的速度与在介质中速度的比值，称为这种介质的折射率。折射率小的介质，称作光疏介质；而折射率相对较大的介质，称作光密介质。光线从光密介质射入光疏介质，当入射角增大到某一角度时，折射光线会完全消失，入射光线全部被反射，此种现象被称为全反射。

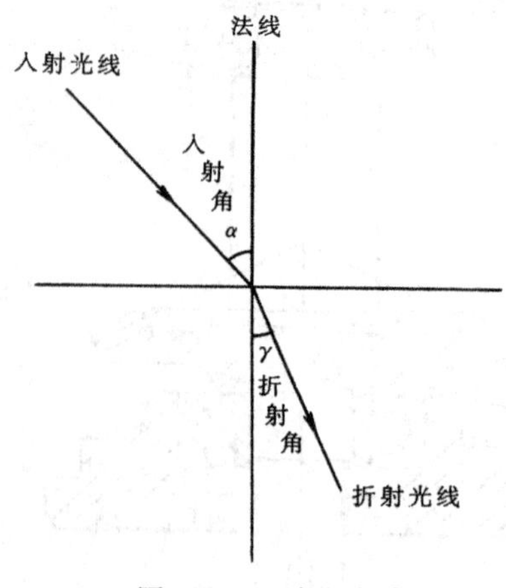

图 4-107　光的折射

4.10.4　常见的光学元件

日常生活中使用的平面镜是一种最常见，最普通的光学元件，通过镜面反射，人们可以看到自己及其它物体的像，还可以用来改变光线的传播方向。它的成像规律是根据光的反射定律而定的。

近年来新兴的光导纤维是一种传光，传像的光学元件，它是利用全反射原理工作的。实际应用的光导纤维是由内、外两层组成的非常细小的玻璃丝，其直径一般只有 50～100μm。内层材料的折射率大于外层材料的折射率。当光线从纤维的一端射人，沿着纤维内外层的交界面进行多次全反射而传到另一端，不会因折射而损失光线，全部将光线传输过去。光导纤维被广泛应用于医学、电子通讯等领域。

透镜是将两侧面都磨成球面（或者一面是球面，另一面是平面）的透明体，它可分成凸透镜和凹透镜两大类。通过透镜可以得到放大的物体的像，将凸透镜和凹透镜组合在一起，可以制成望远镜，以观察远距离的物体。另外，显微镜等光学仪器也是由透镜组合而成的，机械制造中的检测仪器有些也是由透镜等光学元件组成的，如数控机床中的刀具测量系统。根据透镜的工作原理制成的凹面反射镜和凸面反射镜则被广泛应用于汽车等行业。

4.11　机械安全装置

工厂事故一般发生在人机直接接触的活动中，因此通过采用机械或自动装置使人与设备脱离直接接触，以及安设报警装置及时警告工作人员采取有效对策，是保证生产安全的有效途径。

机器设备上外露的运动部件和工具均应装备防护网和隔离板，常用防护装置见图 4-108。在机器操作上也应有安全装置，如冲压设备上的双按钮电磁铁安全装置，见图 4-109，其它安全装置见图 4-110。

在数控机床上，很多操作多在工作区外，只有在安全门关闭时，切削运动才能进行，见图 4-111，并配有急停按钮，一旦出现意外情况，可按此按钮（红色蘑菇型）。

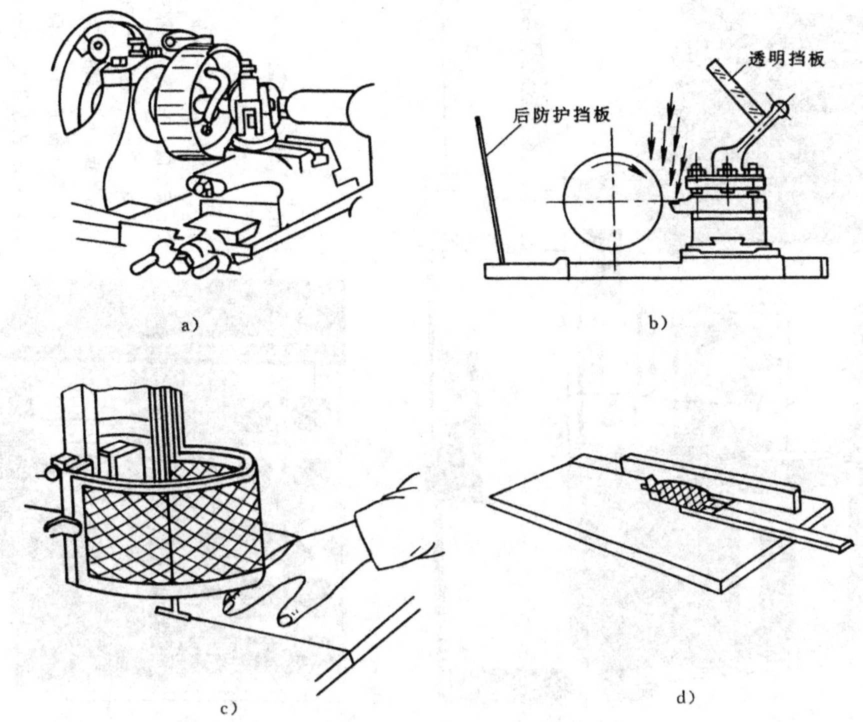

图 4-108　防护罩

a）卡盘防护罩　b）防护挡板　c）带锯浮动防护罩　d）圆锯防护罩

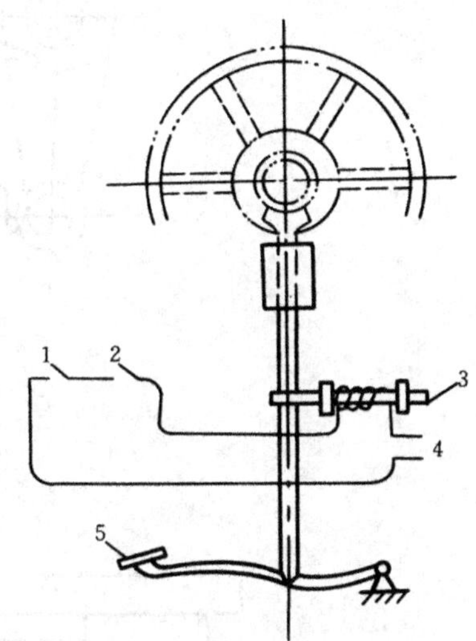

图 4-109　双按钮电磁铁安全装置

1、2—按钮　3—电磁铁　4—电源　5—踏板

数控机床的各个运动轴上，多配有限位装置，一旦工作台越程，限位装置即起作用，切断主电源。

机床的电源必须配有电气柜，各类电源开关多安装在电气柜内。

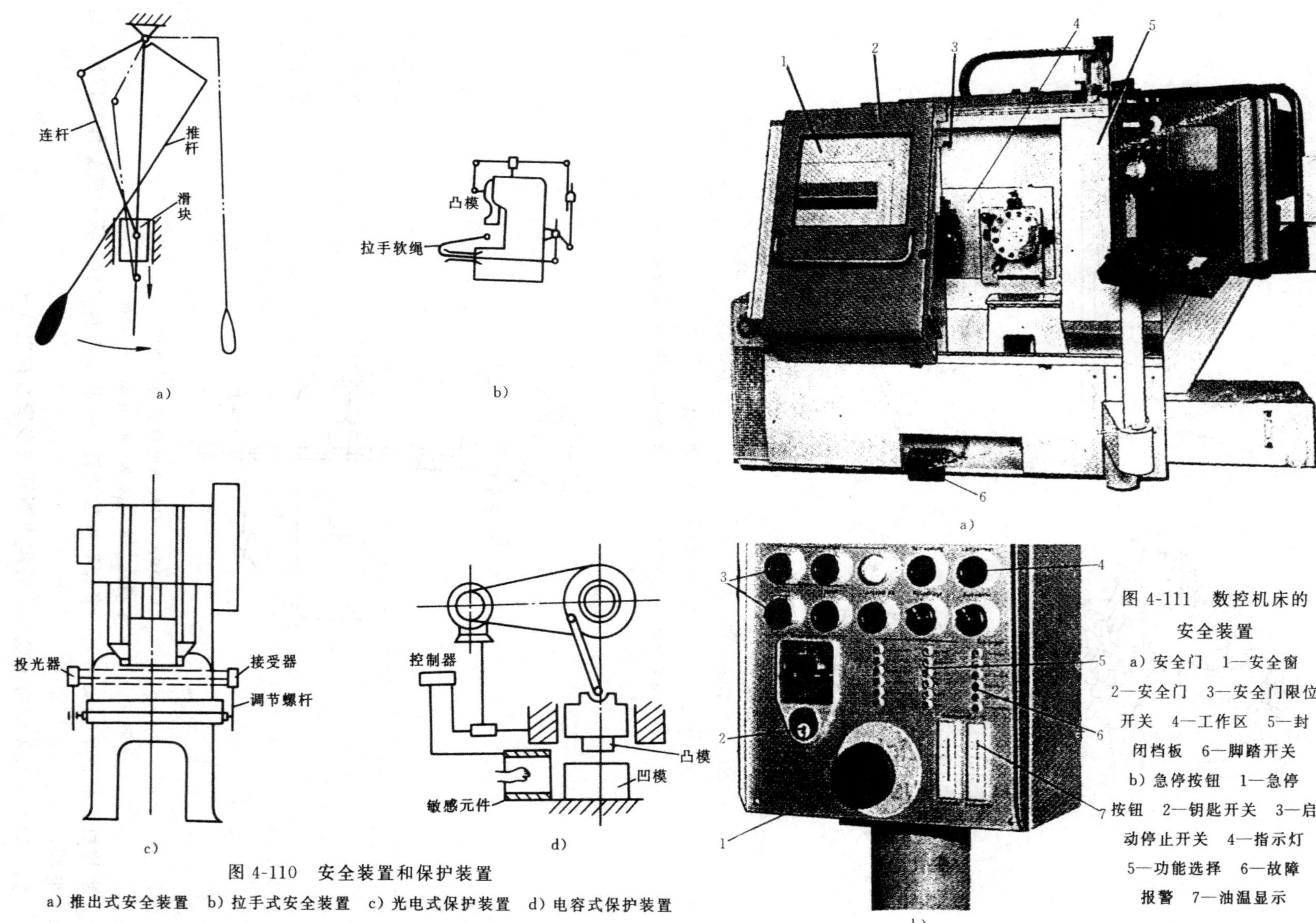

图 4-110 安全装置和保护装置

a）推出式安全装置 b）拉手式安全装置 c）光电式保护装置 d）电容式保护装置

图 4-111 数控机床的安全装置

a）安全门 1—安全窗 2—安全门 3—安全门限位开关 4—工作区 5—封闭挡板 6—脚踏开关

b）急停按钮 1—急停按钮 2—钥匙开关 3—启动停止开关 4—指示灯 5—功能选择 6—故障报警 7—油温显示

4.12 机床安装

机床安装工作是指机床由制造厂运到用户后，一直到机床能够正常工作这一阶段的工作内容。

机床一般均由制造厂整箱发运，到达目的地后由用户自行开箱。机床的起吊和就位，应使用制造厂提供的专用起吊工具，不允许采用其它方法进行。如不需要专用起吊工具的机床，应采用钢丝绳按照说明书规定部位起吊和就位，见图 4-112。

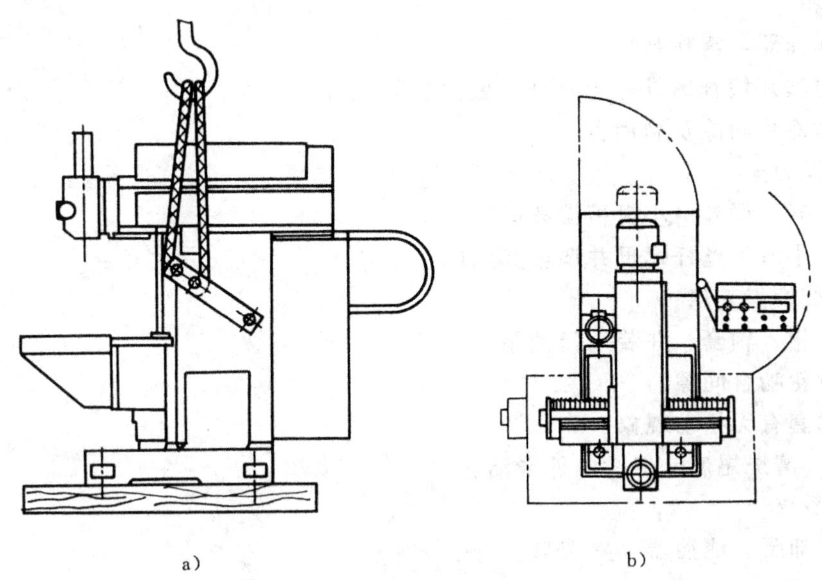

图 4-112 机床的起吊和就位

a) 起吊 b) 就位

机床应安装在牢固的基础上后，基础对于机床精度的保持和安全稳定的运行具有重要意义。机床的位置应远离振源，机床附近若有振源，在基础四周必须设置防振沟。机床应避免阳光照射和热幅射，应放置在干燥的地方，防止潮湿。

机床放置于基础上，应在自由状态下找平，然后将地脚螺栓均匀地锁紧。在测定机床安装水平时，对于普通机床水平读数不超过 0.04/1000mm，对于高精度的机床，水平仪读数不超过 0.02/1000mm。在测量安装精度时，应在 20℃的室温下进行。在检验机床精度时，不应调整对机床精度和性能有影响的零件或机构。

机床安装完毕后，应对整机进行清理。仔细检查机床各部位是否按要求加润滑油，切削液和液压油，电气控制箱是否完好。

4.13 机床的日常维护和保养

每台机床使用一定时间后，运动零件会磨损有些零部件可能损坏，为了延长元器件的使用寿命和零部件的磨损周期，防止各种故障，特别是恶性事故的发生，对机床必须进行日常的维护和保养。具体的日常维护和保养的要求，在各类机床的使用和维修说明书中一般都有明确的规定。一般来说，要注意以下一些方面。

制定每台机床日常的维护保养规章制度，根据各种部件的特点，确定其保养条例。如明文规定哪些部位需要天天清洗，哪些部位要定时定量加油或定期更换等。

例如，车床运转500h后，需进行一级保养。

保养时必须首先切断电源，然后进行工作。具体的保养内容有：

(1) 外保养

1) 清洗机床外表及各罩盖，保持内外清洁，无锈蚀、无油污。

2) 清洗大丝杠、光杠和操纵杆。

3) 检查并补齐螺钉、手柄球、手柄。清洗机床附件。

(2) 主轴箱

1) 清洗滤油器，清除杂物。

2) 检查主轴并检查螺母有无松动。紧固锁紧螺钉。

3) 调整摩擦片间隙及制动器。

(3) 溜板及刀架

1) 清洗刀架。调整中小滑板镶条间隙。

2) 清洗中小滑板丝杆螺母并调整其间隙。

(4) 进给交换齿轮箱

1) 清洗齿轮、轴套、并装入新油脂。

2) 调整齿轮啮合间隙。

3) 检查轴套有无松动现象。

(5) 尾座　清洗尾座，保持内外清洁。

(6) 润滑系统

1) 清洗冷却泵、滤油器、盛液盘。

2) 清洗油绳、油毡，保证油孔、油路清洁畅通。

3) 检查油质是否良好，油杯要齐全，油窗应明亮。

(7) 电器部分

1) 清理电动机、电器箱。

2) 电器装置应固定并整齐。

对于数控机床的日常维护，主要有以下几点：

1) 应尽量少开数控柜和强电柜的门。因为机加工车间空气中一般都含有油雾，漂浮的灰尘甚至金属粉末。

2) 定时清理数控装置的散热通风系统。如滤油网上灰尘积聚过多，将会引起数控装置内温度过高，甚至导致数控系统不能可靠地工作。

3) 定期检查和更换直流电机电刷。

4) 经常监视数控装置用的电网电压。

5) 存储器用的电池要定期更换。

4.14 柔性制造

柔性制造 (flexible manufacturing) 即是变化能力很大，适应性很强的制造，即能进行自动调整并对各种各类的复杂零件成批高效地加工。柔性制造可分为柔性制造单元 (FMC) 和柔性制造系统 (FMS)。

柔性制造单元是数控机床的扩展。一台加工中心加上多工位变换工作台，或者是车削加工中心或其它数控加工设备，加上搬运机器人等自动物料（工件、刀具、夹具）运输系统，组成柔性制造单元，见图 4-113。先进的 FMC，还包括了加工精度、切削状态和加工过程的自动监控。

柔性制造系统是由统一的信息控制系统，物料储运系统和一组数字控制加工设备组成的，能适应加工对象变换的自动化的机械制造系统，见图 4-114。

图 4-113　柔性制造单元

图 4-114　柔性制造系统

图 4-115　柔性制造系统的控制室

图 4-116　柔性制造系统中的加工中心

FMS 的工艺基础是成组技术，它按照成组的加工对象确定工艺过程，选择相适应的数控加工设备和工件、工具等物料的储运系统，并由计算机进行控制，见图 4-115、图 4-116。

由上所知，一般 FMS 应包含以下要素：

1）标准的数控机床或制造单元。

2）机床和装夹工位之间运送零件和刀具的传送系统。

3）发布指令，协调机床、工件、刀具传送装置的总监控系统。

4）中央刀具库及其管理系统。

5）自动化仓库及其管理系统。

从上可知，FMC 是可以作为 FMS 中的基本单元，若干个 FMC 可以发展组成 FMS。

4.15 工业机器人

工业机器人随着 FMC 和 FMS 技术的发展而发展，在 FMC 和 FMS 中工业机器人承担了重要的角色。工业机器人可以在一台数控机床与工件、毛坯传送架之间执行上下料的任务，也可在二至三台数控机床之间，将毛坯、半成品的工件进行工序传递的任务，还可以执行刀具的交换，夹具的交换，甚至装配等任务。

工业机器人在 FMC 和 FMS 中的作用，见图 4-117。

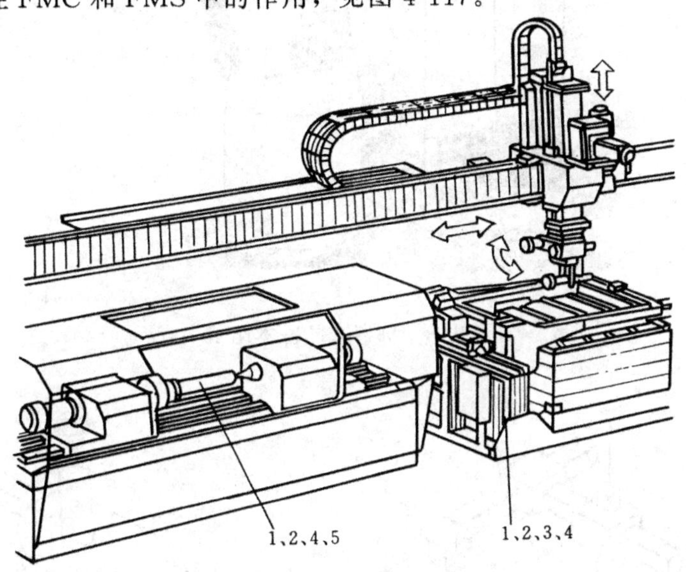

图 4-117 工业机器人在加工中心中的作用

1—抓夹 2—送料 3—分选 4—复位 5—夹紧

工业机器人的基本组成见图 4-118，由四大部分组成：

(1) 机械主体 它是工业机器人的支撑者，是动作的主要部分。有移动型和固定型两种。其传动部件和驱动部件都安装在机械本体内。

(2) 肘节 可弯曲任意角度，也可回转 90°、180°或 270°。

(3) 手 工业机器人接触工作物的部件，手还有手指和安全机构，随着作用对象的不同，还有不同的“手”供使用者选择。

(4) 控制器 是机器人接受并记忆人的指令，进行控制和运算，指挥机械主体，肘节和手执行作业的关键部件。

工业机器人按臂部的运动形式分为四种；直角坐标型，臂部可沿三个直角坐标移动；圆柱坐标型，臂部可作升降，回转和伸缩动作；球坐标型，臂部能回转，俯仰和伸缩；关节型，臂部有多个转动关节，见图 4-119。

机械手能模仿人手和臂的某些动作，用以按固定程序抓取，搬运物件或操持工具的自动操作装置。机械手一般附属于主机，没有独立的控制装置。如在加工中心中的机械手，由数控装置控制，根据数控程序更换刀具。所以机械手主要有手部和运动机构组成。

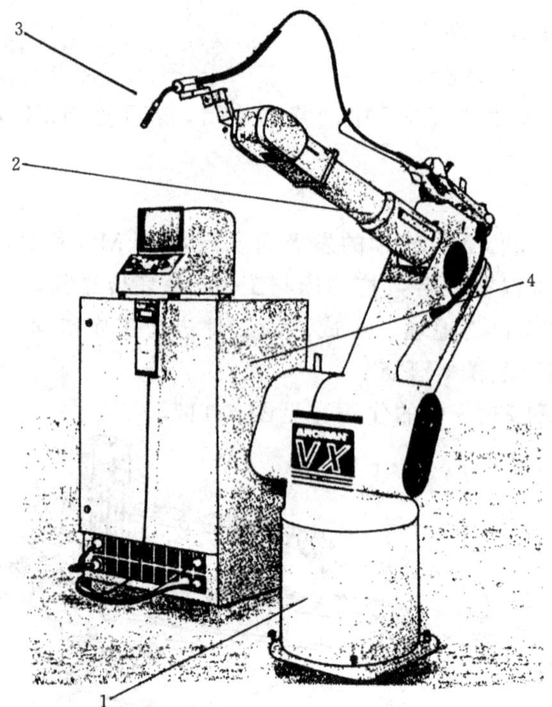

图 4-118　机器人的基本组成

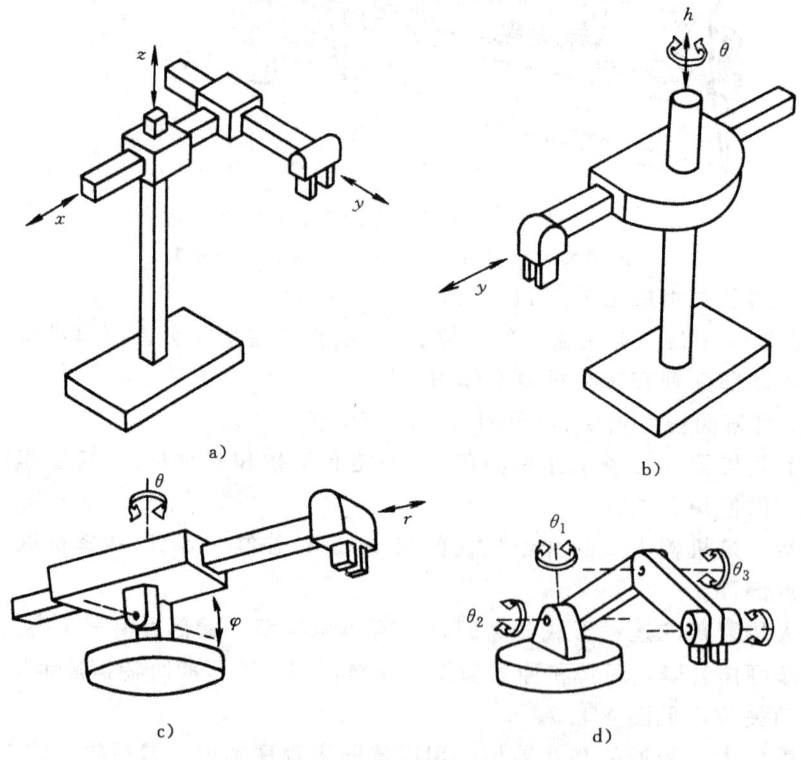

图 4-119　机器人的类型

a）直角坐标型　b）圆柱坐标型　c）球坐标型　d）关节型

5　控制和调节技术

控制和调节技术是机器和设备的自动化必不可少的。如机床夹具的夹紧，工作台面的移动，刀具的进给、切削，电源的开启关闭等，都是通过机械、气动、液压、电动及电子的控制和调节来完成的。

5.1　基本概念

5.1.1　控制技术

1. 控制技术　图 5-1 为一个工作台的传动装置。当手动给“开”的信号时，继电器吸合，电动机通电启动，通过带轮及丝杆螺母的传动使工作台移动。当工作台的限位装置碰到凸轮开关后，就产生“关”的信号，继电器断开，电动机停止运转，那么工作台也就停止了运动。这种对一个工作过程给予一个信号便使之启动、停止或赋予某种影响即称为控制。

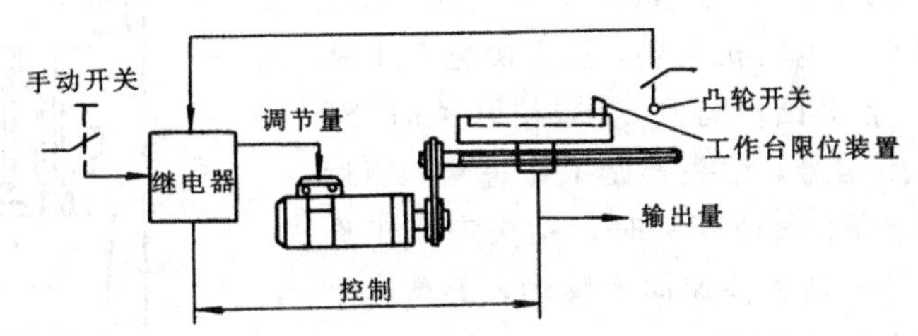

图 5-1　工作台的传动装置

在这个例子中，手动开关“开”是信号的输入，继电器是执行机构，控制电动机的电压 U 称为调节量，工作台移动的距离 S 称为输出量，输出量是由控制装置调节的，用信号输入来控制工作台移动的范围称为控制距离。整个设备的控制可以用方框图来表示，方框间的连线表示作用过程的方向，信号从左到右不可逆向，这种控制系统各部分的组合称为控制链，控制链的表示：

信号输入 → 信号处理 → 执行机构 → 驱动机构

在控制过程中，由调节量来控制机器的运动，而输出量不反馈于调节量，这就是控制技术的开环特性。

例如在液压张紧机中（见图 5-2），首先在不同的工作位置上产生各种信号，如工件的位置信号，开关信号等等。这些信号完成所需的各类条件后相互连接，当工件到位，开启信号产生后，信号的连接达到了要求，其液压系统才能工作。这时泵产生的压力通过液压缸将工件压紧在工作装置中；当液压缸的压力达到一定值后，压力继电器产生“关”的信号，通过信号处理继电器使电磁换向阀动作，液压缸缩回，液压张紧机完成工作。在这过程中，电磁换向阀是执行机构，液压缸是驱动机构，这个控制可分成三个部分：1）信号产生；2）信号处理及执行机构动作；3）驱动机构工作。

2. 控制方式　控制方式可根据信号处理的不同方式和程序编排的不同方式来进行分类：

(1) 信号的不同处理方式

1) 逻辑控制　图 5-3 所示，要产生使电动机转动的 S0 信号，则 S1、S2、S3 信号必须满足一定的逻辑功能。其中 S1 为工作台终端限位开关，S2 为工作台启始行程开关，S3 为手动启动开关。S2 和 S3 保证了工作台在一定的行程范围内移动。

2) 时序控制　如果控制是按时间次序而进行运行的话，那就称为时序控制。图 5-4 所示，电动机以恒定的转速运转，通过凸轮以一定的时间间隔将信号输入继电器中。这种信号的产生装置称为开关时钟或脉冲发生器。时序控制的缺点：当控制步骤错误或控制根本没有实现时，信号仍以一定的时间间隔产生并输入继电器中。

3) 过程控制　在过程控制中，当前一道工序所需的状态实现后，下一道工序才能开始。图 5-5 所示是自动钻孔机的控制示意图。当启动开关开启后，装有工件的工作台开始移动，当其运行至定位位置时，限位开关 S1 产生信号，输入至继电器，钻头的驱动电动机运转，钻头快速向下移动；当其凸块碰到 S2 限位开关时，S2 产生信号，钻头开始工作进给；当运行至 S3 限位开关时，钻头完成工作进给；钻头快速向上移动，于是整个钻孔加工结束。

在这个控制中，当工件或钻头没有达到一定的状态时，下一步工序就不可能进行。因此这样的控制就较为可靠。

(2) 程序的不同编排方式

1) 布线连接控制(VPS)　布线连接控制所组成的元件是开关元件、继电器等，如图 5-6 所示。这些元件用导线连线在一个固定的电器箱中，它们只能实现固定的程序控制，若需改变控制程序，那么就必须要改变导线的连接方式。

2) 可编程控制(SPS)　可编程控制的程序是输入到电子储存器中的，由可编程控制器来实现程序的控制（见图 5-7)。它可以非常容易地修改程序的编程，按要求达到不同的程序控制。

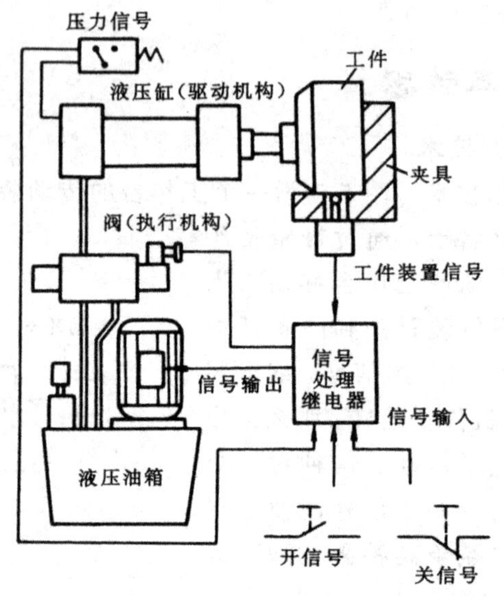

图 5-2　液压张紧机工作示意图

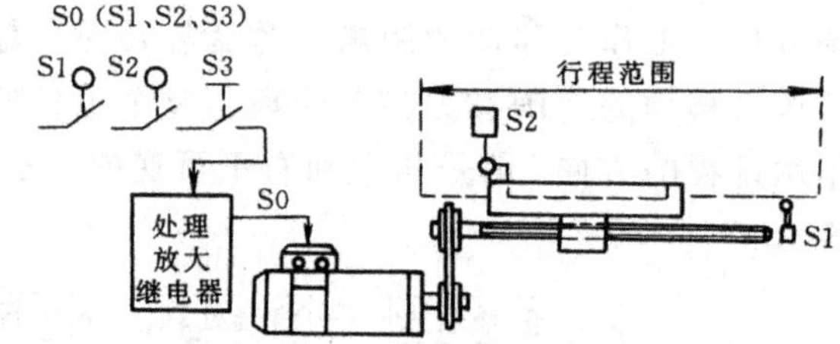

图 5-3　逻辑控制

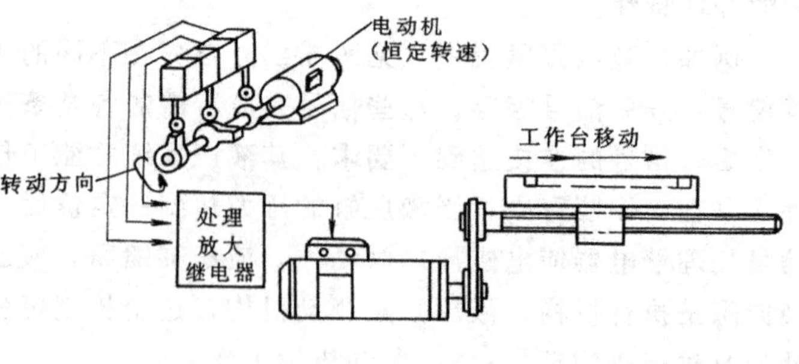

图 5-4　时序控制

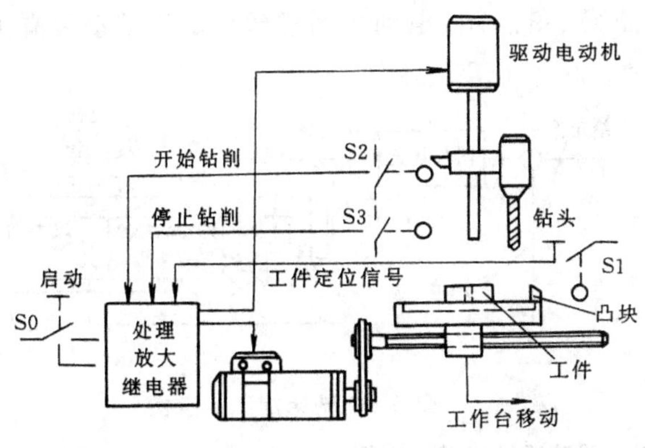

图 5-5　过程控制

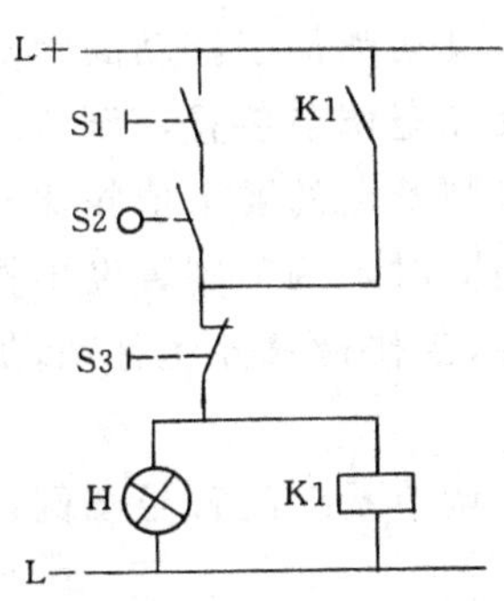

图 5-6　布线连接控制

5.1.2　调节技术

机器在操作过程中，将控制所产生的变化反馈给引起变化的机构就称为调节技术。例如淬火炉温度的恒定控制，机床加工的自动定位系统等等。

1. 调节过程　图 5-8 所示是工人操作机床加工的示意图。在加工中操作者转动手柄，带动床鞍使工件切削的实际尺寸按加工要求改变。机床的测量系统将加工中工件的实际尺寸通过液晶显示出来，操作者不断观察这个变化着的尺寸，并计算出实际尺寸和要求尺寸的差值，随时控制手柄的转动，直至这差值为零，即切削加工的实际尺寸同要求尺寸一致。这就是整个调节的过程。

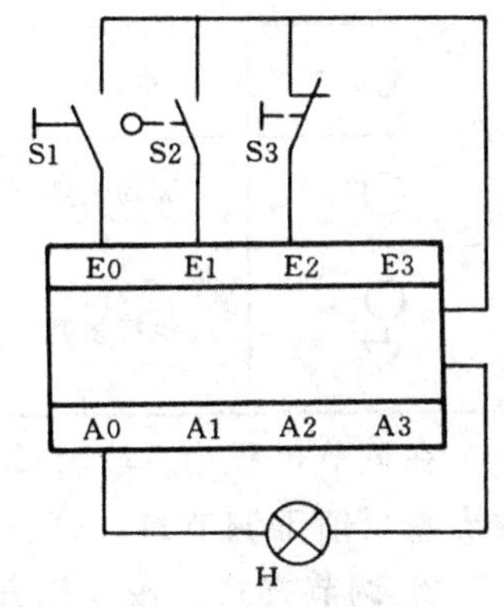

图 5-7　可编程控制

这个过程也可以用方框图来表示。

如果加工过程在无人控制的情况下实现自动化，那么调节装置必须完成测量、比较和调节的任务。在这种情况下，由调节装置控制的机床成为一个调节的区域，它起始于执行点——手柄，结束于测量点——液晶数字显示，可表示为：

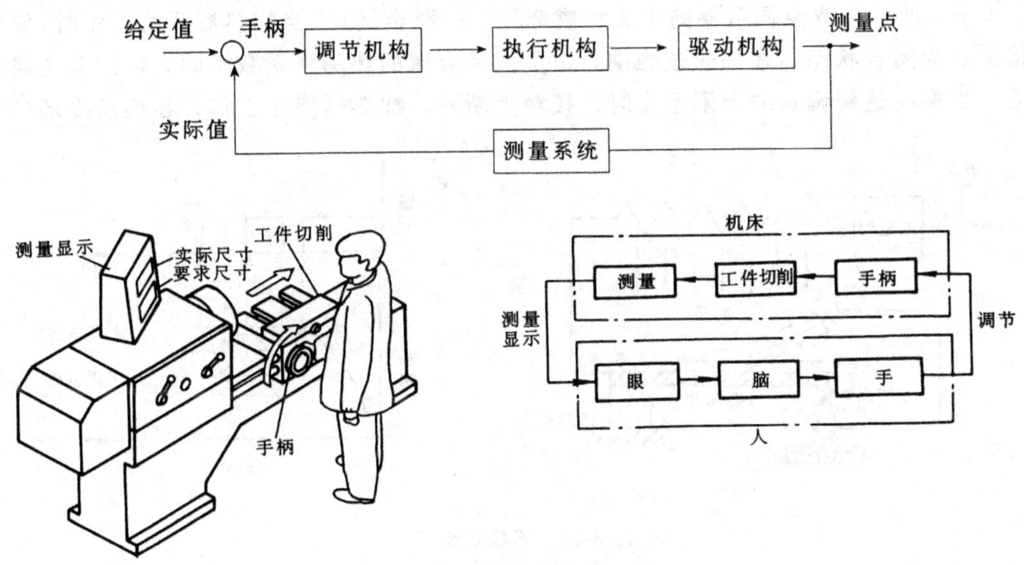

图 5-8　调节过程

下面介绍一台数控铣床的加工例子，如图 5-9 所示，电动机通过丝杆螺母带动装有工件的台面移动，其切削加工移动的距离通过测量机构反馈至调节装置，调节装置将实际切削量与给定的要求值相比较，当两者数值相同时，调节装置发出指令使电动机停转，工作台就停止移动，加工过程完成。

控制、调节系统的符号图例，见表 5-1。

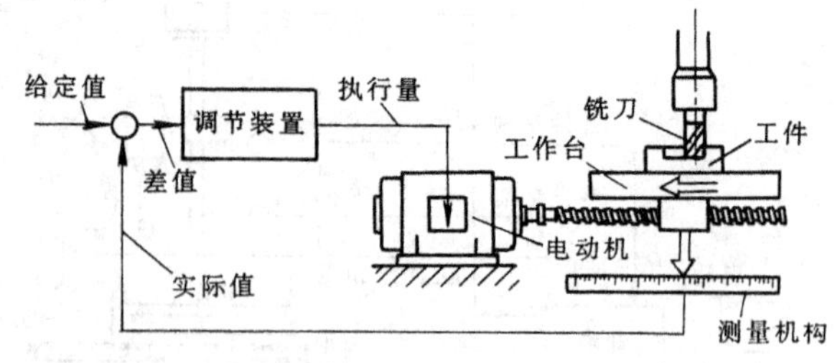

图 5-9　铣床加工示意图

表 5-1　控制、调节系统的符号图例

符　　号	说　　明	符　　号	说　　明	例　　　子
○	测量点	I P	信号转换器	手动/自动给定 信号转换器 PID 电流 I P 压力 电子调节器 调节距离 驱动
▽	执行点			
○	驱动装置		调节器	
	执行装置		调节给定装置	

在调节过程中，输出量（实际切削量）被测量后反馈至给定值（要求尺寸）进行比较，即输出量反馈于调节量。这就是调节技术的闭环特性。

2. 调节方式　按作用方式的不同，可分为稳定调节器和不稳定调节器

(1) 不稳定调节器　不稳定调节器只有两种开关状态：“开”和“关”，所以也称为双点调节器。

图 5-10a 所示为双点调节器的主要组成部分——双金属片。当加热器开始工作时，双金属片的接触点为闭合状态，在加热过程中，由于两种金属的热膨胀系数不同，因此双金属片受热弯曲，当温度达到调定的上限温度时，接触点断开，加热器停止工作；在逐渐冷却的过程

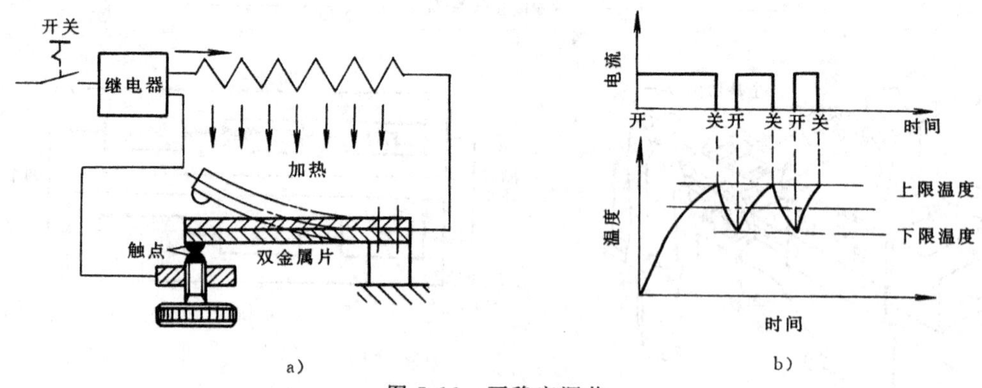

图 5-10　不稳定调节
a）双金属片　b）温度调节状态图

中，当温度降至调定的下限温度时，双金属片的接触点又重新闭合，加热器恢复工作。这两个调定的温度差值（即上限温度和下限温度差值）称为双点调节的“开”“关”差。

图 5-10b 所示为温度调节的状态图，由图中可以看出若两个调定温度的差值越小，则调节器工作就越频繁，金属片接触点的断开和闭合也越频繁，其磨损就越大。

（2）稳定调节器

1）稳定调节器　稳定调节器在输入任何一个输入信号后都有一定的输出信号产生（如模拟调节器）。

图 5-11 所示为水箱水位调节装置。其水位注满情况比不稳定调节器更精确地调节在一个范围内。因排水而使水位下降时，浮球通过杠杆将阀打开一定距离，水箱开始注水；当水位达到注满线后，浮球通过杠杆将阀完全关闭。阀的位置状态称为输出值 y，水位的高度称输入值 x。

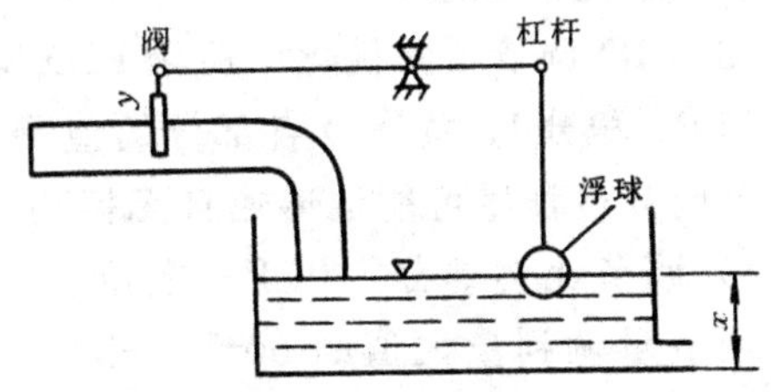

图 5-11　水位调节示意图

2）稳定调节器的特点　为了研究稳定调节器的特点，可随时改变输入信号 x 来观察输出信号 y 的反映情况，输入信号在整个观察过程中的变化被称为调节器的瞬时特性。

①比例调节　图 5-11 所示当水位下降需注水时，调节装置马上有反映，进水阀相应按浮球的状态有比例地开启，这种反映输出与输入信号的变化成正比例关系，称为比例特性，用 P 表示比例调节，见图 5-12a。

比例调节对信号的反映迅速，但存在着系统的调节误差。

②积分调节　积分调节中调节值的突变会产生输出值速度的变化。例如工作台的驱动电压突然发生变化，工作台就按与电压相对应的速度移动，工作台移动的距离（输出值）就不断增加。用 I 表示积分调节，见图 5-12b。

积分调节比比例调节慢，但排除了调节的误差。

③微分调节　微分调节使输出值 y 的变化加快，并相应地导致调节器迅速工作。微分调节只能同比例调节、积分调节或比例—积分调节共同使用。用 D 表示微分调节，图 5-12c 所示为比例—积分—微分调节。

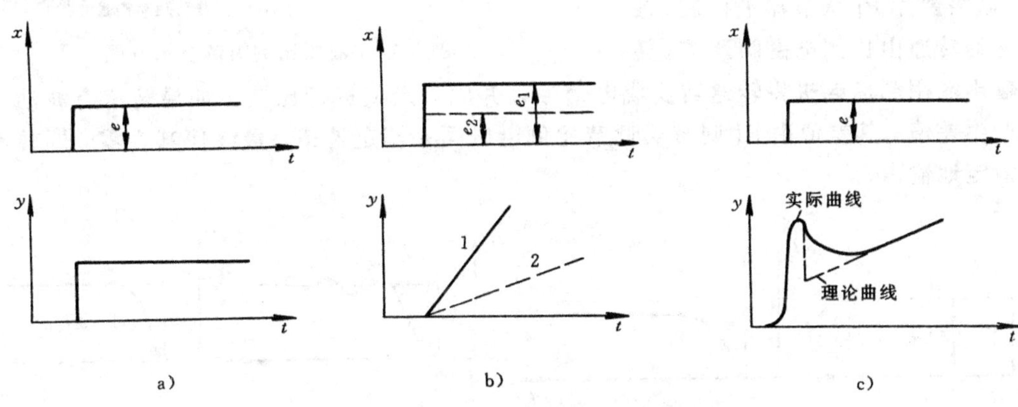

图 5-12　稳定调节

a）比例 P　b）积分 I　c）比例—积分—微分 PID

3. 电子调节器

(1) 电子调节器　控制技术中的信号处理大多是通过电子调节器来完成的，驱动部分由电动或电子液压来完成。电子调节器有一个晶体管放大器（也称操作放大器）组成，其元件有电阻、电容等，图5-13为比例—积分—微分 PID 电子调节器。

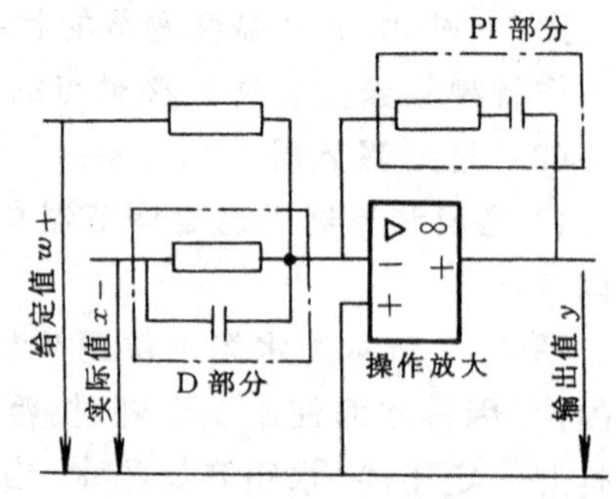

图 5-13　PID 电子调节器

图 5-14 所示为调节液压比例阀的示意图。在液压比例阀中有一个位置距离的测量装置，可以用电信号来测定阀的位置，并将其输入到 PID 调节器中，通过处理进一步调节阀的状态。

(2) PID 调节器的优化　所谓 PID 调节器的优化是将比例 P、积分 I、微分 D 各部分的值调节至最佳状态，使整个调节过程尽可能地迅速且无振荡现象。在调节过程中一般可以采取以下几个步骤：

1) 调节比例部分　用 P—电位器将调节量调到量大值的 50%，然后让电磁铁瞬间“开”、“关”，并用示波器观察其瞬时特性，最后将 P 部分调高，直至无振荡现象出现为止，见图 5-15a、b。

2) 调节积分部分　现在用 I—电位器把积分部分调高至有轻微振荡现象出现，见图 5-15c。

3) 调节微分部分　让电磁铁再次“开”、“关”，并将其微分部分提高到振荡现象消失为止，见图 5-15d。

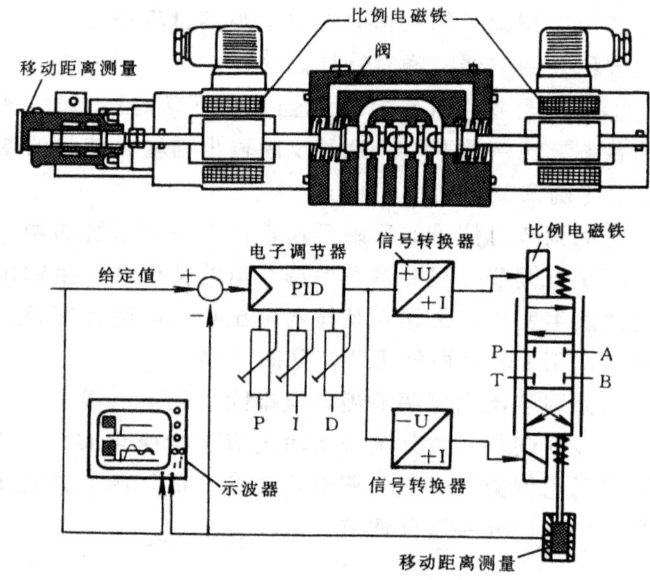

图 5-14　液压比例阀调节示意图

下面举例说明调节液压马达的转速，见图 5-16。为了使液压马达的转速在负载波动的情况下能恒定地输出，就需要用 PI 调节器来控制。液压马达的转速由比例电磁阀调节，转速的输出端用测速电机将转速转换成电信号，并同设定值进行比较，如果转速有波动，那么就会产生差值，其差值由 PI 调节器调节比例电磁阀来调定转速，最终使其为零，即转速以设定值恒定地输出。

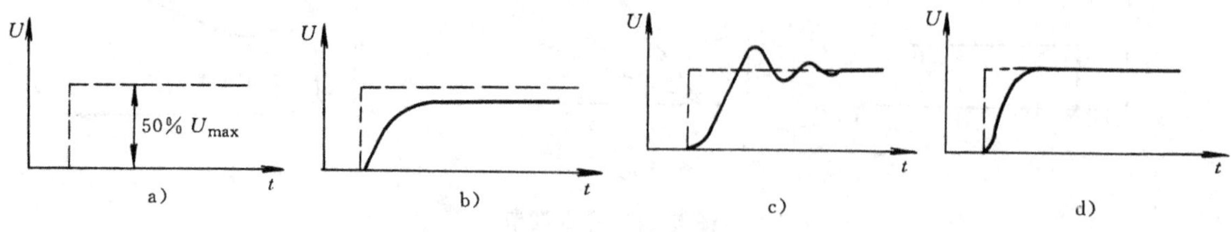

图 5-15　PID 优化

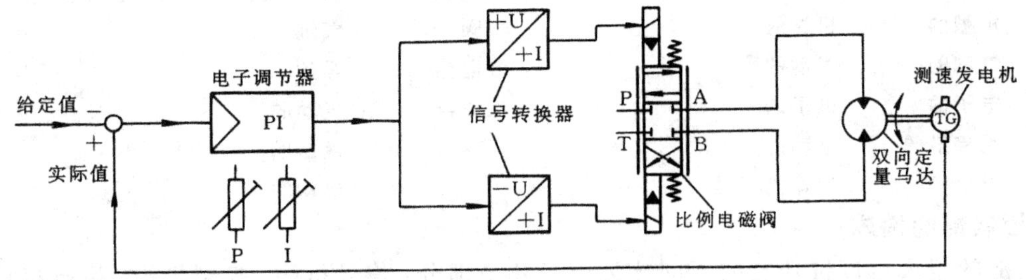

图 5-16　液压马达转速的调节

5.2　完成控制任务的基础

5.2.1　控制的构成

图 5-17 是一个工件分选的设备，它由控制部分和能源部分组成。控制部分由信号机构和控制机构组成；能源部分由执行机构和驱动机构组成。各机构按照它的作用过程的顺序进行排列。

在这个分选设备中，首先由信号机构中的传感器 B1、B2、B3 来检测工件 1（W1）的长度，由传感器 B1、B2 来检测工件 2（W2）的长度，这些信号产生后传递到控制机构，控制机构将信号逻辑连接后进行处理，然后将“开”、“关”指令传递给执行机构，执行机构中的阀按指令动作，它控制驱动机构的气缸运动，最终达到分选工件的目的：将工件 1 输送到 1 号轨道，将工件 2 输送到 2 号轨道。

为了节省能源，可以对控制部分和能源部分的供电分开。如果在能源部分需要有较大的功率，那么在控制部分和能源部分连接处的信号必须要加强。

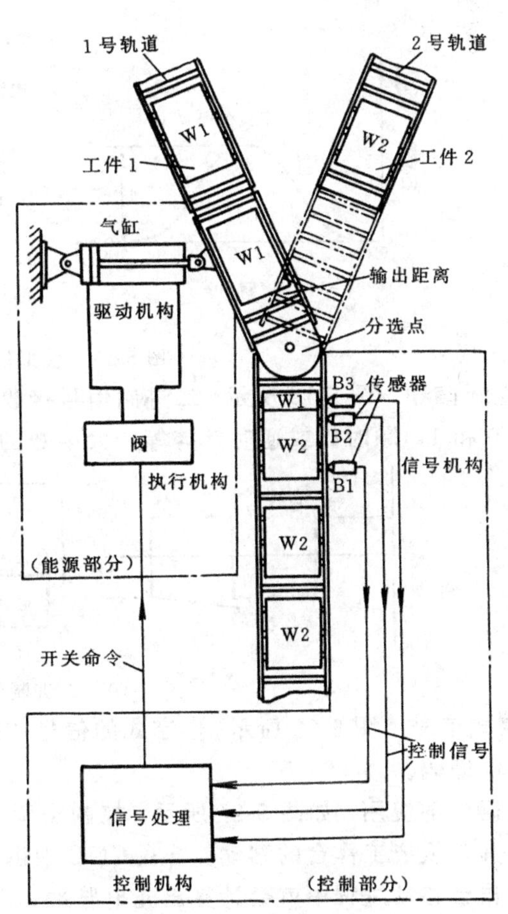

图 5-17　工件的分选设备

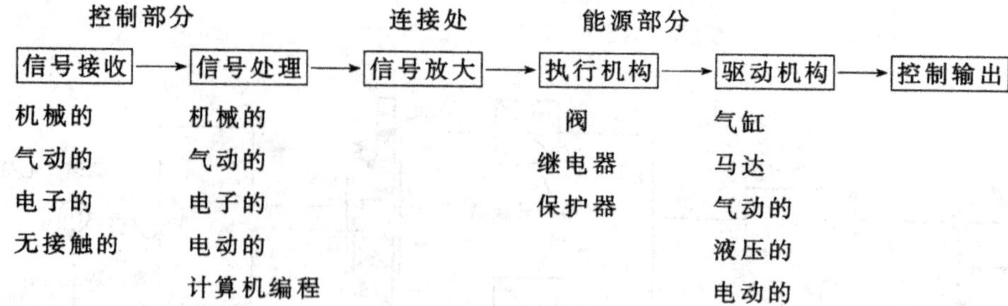

5.2.2 控制链的构成

控制链的组成可以按功能的不同分为以下几个部分：信号机构、控制机构、执行机构、驱动机构。

1. 信号机构　信号机构是将一些物理量作为输入量来测定。

（1）信号的类型　被信号机构作为物理量来进行测定和接收的信号是多样化的，大体可分为以下几种

1）模拟信号　图 5-18 所示，模拟信号是一种始终起着作用的信号，其特点是输出值作为输入信号的一个模拟部分。

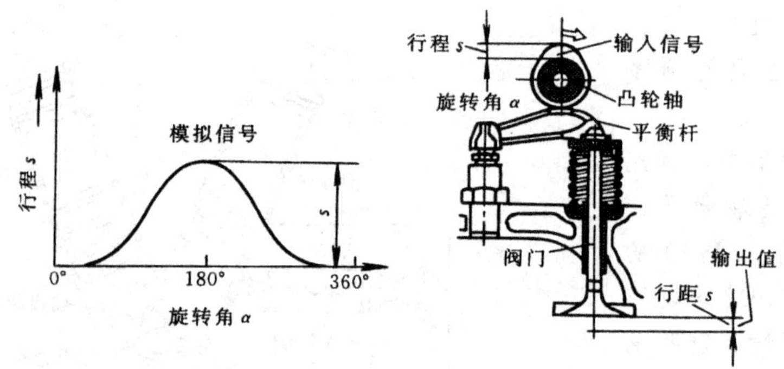

图 5-18　模拟信号

2）二进制信号　图 5-19 所示，二进制信号接收两种不同的值或状态。例如开和关，导电和不导电，0 和 1，顺时针或逆时针等等。大多数的控制是运用二进制信号。

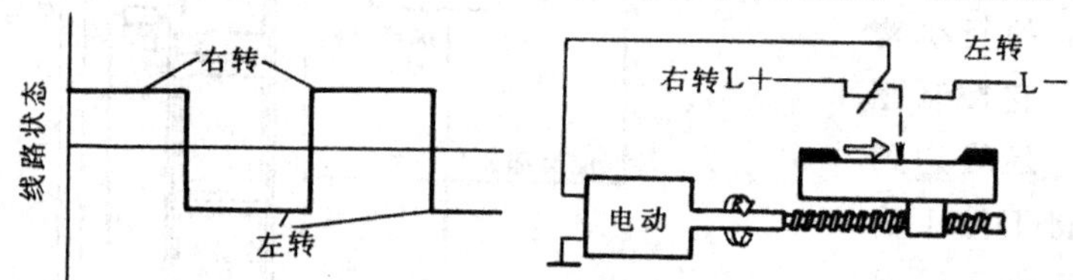

图 5-19　二进制信号

3）数字式信号　图 5-20 所示，数字式的信号产生一种数字值的图象，这种控制信号大多数是二进制的编码。

例如编码中的应用，如图 5-21 所示，控制按所示的数字式输入会产生出一种脉冲，由步进电动机将其转换成工作台的移动。若在 CNC 中由一种程序将数字（坐标值）输入，那么测量系统在工作台移动过程中就会计算出光电脉冲，见图 5-20，当这个坐标值被确认后，工作台停止运动加工结束。

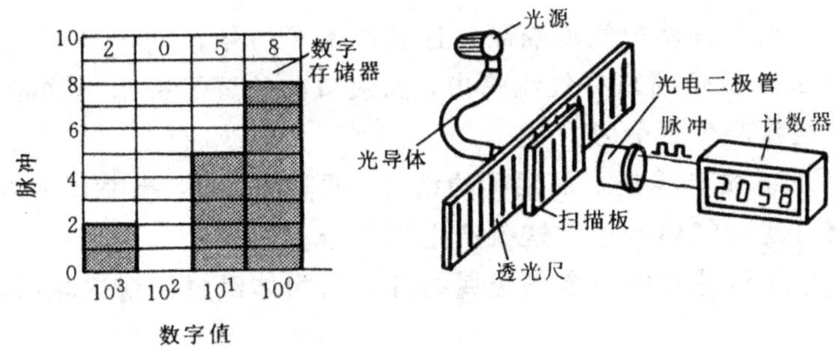

图 5-20 数字式信号

(2) 信号元件 传感器是主要的信号元件。它是控制链的第一个组成部分，它测量物理量的值并转换成信号输出以待处理。传感器可分为接触式传感器（如限位开关）和非接触式传感器（如磁性开关）。

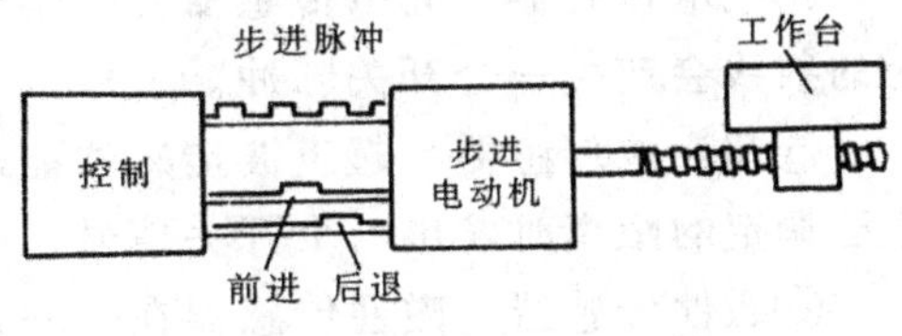

图 5-21 步进电动机控制

1）接触式传感器 接触式传感器是一种通过压力产生机械接触的开关。它的开关信号被大量运用在电路图中，其信号输出有“开”和“关”的功能。

①电开关 图 5-22 所示，这种开关只有在压力作用的情况下才能产生信号。电开关可以有多个触点，如果在有压力的情况下接通一个电路，称为常开触点；如果在有压力的情况下断开一个电路则称为常闭触点。

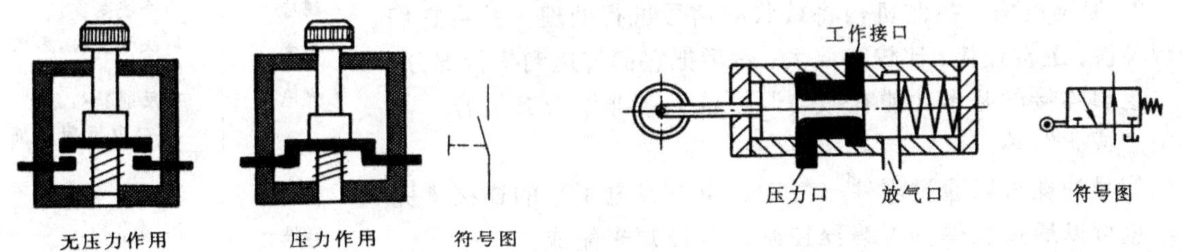

图 5-22 电开关

图 5-23 气动开关

红色蘑菇状的常闭开关是急停开关，它带有锁定装置，这种开关在紧急的情况下可以立刻切断电路，并在事故被排除后方可重新解锁。

②气动开关 图 5-23 所示是一种限位开关，当气缸或其它运动装置到达限定位置时，通过凸轮起到换向作用。大多数限位开关是二位三通换向阀。

2）非接触式传感器 非接触式传感器又称接近开关，在被检测的物体接近到传感器一定的距离范围内，就会产生开关信号。

①流体传感器

a. 空气界限式 图 5-24a 所示空气界限式是发射器和接收器共同工作的，如果有

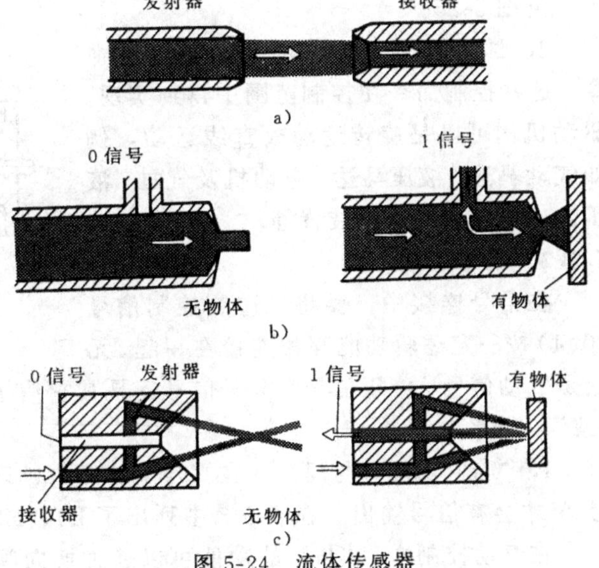

图 5-24 流体传感器

a）空气界限式 b）喷口式 c）反射喷口式

一个工件在中间通过，则工件就把气流隔断，这就产生了信号。

b. 喷口式　图 5-24b 所示喷口有气流喷出，当喷口前放置了一个物体时，那么在喷管里就会产生压力变化，这就产生了信号。

c. 反射喷口式　反射喷口式是上面两种的组合，见图 5-24c，当喷口前放置一个物体后，气流被反射，反射喷口就有气体产生，这就产生了信号。

②感应传感器　感应传感器的对象是金属物件。当物体经过感应区域时，感应传感器就能发生一个电信号。

③电容传感器　电容传感器对液体或玻璃、塑料、木头和金属等组成的物体起作用，工作原理同感应传感器。

④光电传感器　光电传感器由一个光感二极管发出红外线脉冲，当一个物体接近它时，反射的射线会产生一个开关脉冲。

⑤超声波传感器　超声波传感器能通过声波脉冲的反射来测出物件的距离，并在物件到达已调定的距离时发出一个开关信号。

⑥磁性传感器　磁性传感器在一种人造松香块中浇铸进了开关接触点，这种开关接触点在接近永久磁铁时会产生开关信号。

非接触传感器比较，见表 5-2。

表 5-2　非接触传感器比较

作用方式	开关距离
感应	半个线圈直径
电容	取决于材料，约 20～40mm
光电子	有反射器约 2m 其它由反射表面决定
超声波	60mm～6m
磁性	1～9mm

2. 控制机构　控制机构将接收的信号进行处理，并将它们进行转换、逻辑连接、比较和放大，然后把它们传递到执行部分。

逻辑连接的基本功能有“与”、“或”、“非”及其组合“与非”、“或非”等。

信号处理可以通过硬件（气动、电气或电子）的连接来完成，也可以通过软件（可编程控制、数控）来完成。

3. 执行机构　执行机构指阀、继电器、晶体管或半导体的开关元件等。它们负责将能源输送到控制链的终端作为工作元件的驱动力，见图 5-25。

4. 驱动机构　驱动机构发出控制命令，这些控制命令在控制范围中得到实现。驱动机构可以是旋转运动或直线运动，例如气动马达、液压马达、电动机及气缸、液压缸、电动直线驱动装置等。

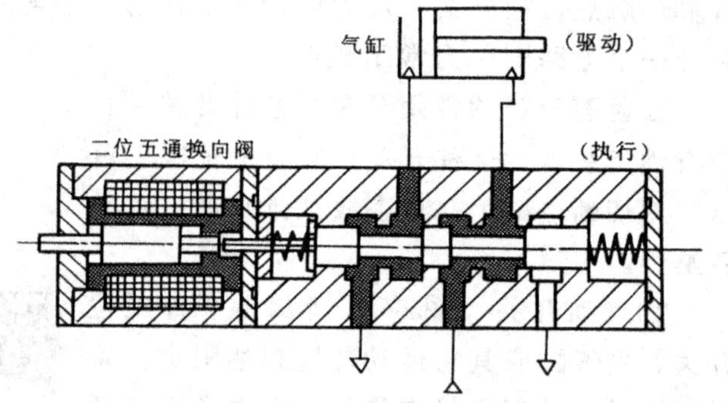

图 5-25　气动执行机构

5.2.3　信号连接

在信号连接中，要将二进制控制信号（0、1）按一定逻辑功能互相连接在一起，无论是气动信号、液压信号、电子信号还是其它信号，它们都用三种基本的功能来表示：“与”、“或”、“非”。

1. “与”功能（与门）　在“与”功能中，只有当两个信号 E1 和 E2 都存在时，输出信号 A 才会有信号输出。在表 5-3 中列出了 E1、E2、A 的真值表，$E1 \wedge E2 = A$。

在气动控制中，“与”的功能可以通过换向阀的前后串联来实现，也可用双压阀来实现“与”功能

表 5-3 “与”功能

“与”	气　　动	电　　动	电　　子	可编程控制
符号 E1, E2 — & — A 真值表	换向阀 E1, E2, A 双压阀 E1, E2, A	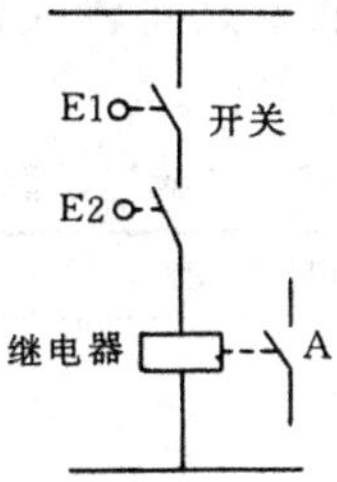 E1 开关 E2 继电器 A	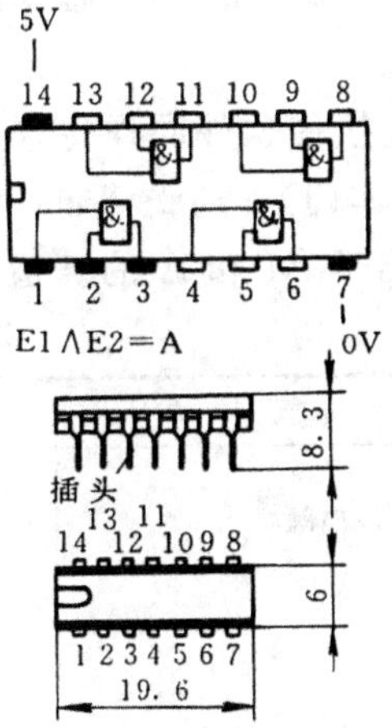 5V 14 13 12 11 10 9 8 1 2 3 4 5 6 7 E1∧E2=A　0V 插头 13 11 14 12 10 9 8 1 2 3 4 5 6 7 8.3 6 19.6	地址 / 说明

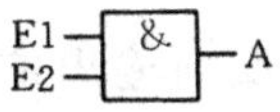

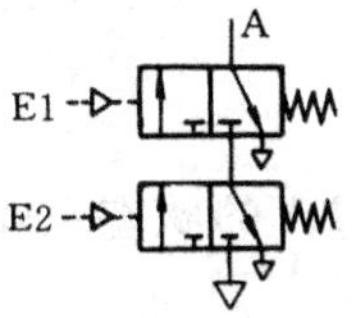

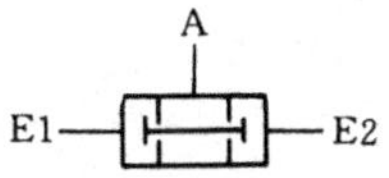

E1	E2	A
0	0	0
0	1	0
1	0	0
1	1	1

地　址	说　明
001	UE1
002	UE2
003	=A
004	BE

在电路控制中，如果开关 E1 和 E2 都闭合，那么继电器吸合，开关 A 闭合导通。

在电子控制中，“与”的连接通过使用 TTL 模块（TYP7408 集成块）来实现。它有四个装在内部的与门元件，每个元件有两个输入口，这些元件被浇铸在一个塑料插件上，这个模块共有 14 个插头，插头的距离是标准的，这样可以和标准印刷线路板相匹配。

“与”的逻辑连接也可以用软件来实现，例如通过微电脑或计算机的程序编排来完成，或通过可编程控制（SPS）的编程控制很容易地实现“与”功能。

2. “或”功能（或门）　在“或”功能中，两个信号 E1 和 E2 中只需一个信号存在，那么输出信号 A 就会有信号输出。表 5-4 中列出了 E1、E2、A 的真值表，E1∨E2=A。

表 5-4 “或”功能

或	气　　动	电　　动	电　　子	可编程控制
符号 E1, E2 — ≥1 — A 真值表	换向阀 E1, E2, A 梭动阀 E1, E2, A	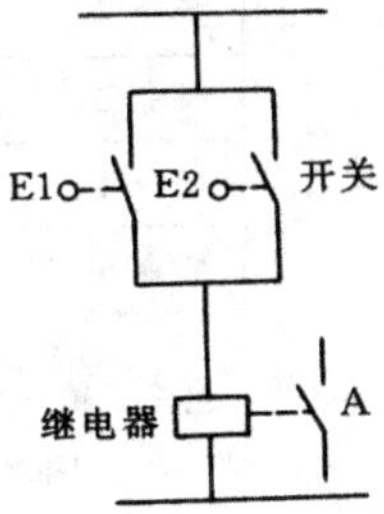 E1 E2 开关 继电器 A	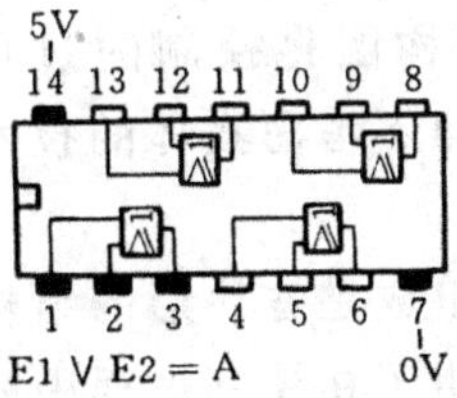 5V 14 13 12 11 10 9 8 1 2 3 4 5 6 7 E1∨E2=A　0V	地址 / 说明

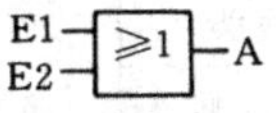

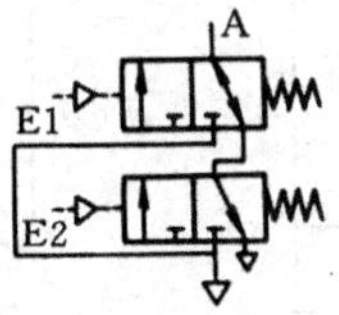

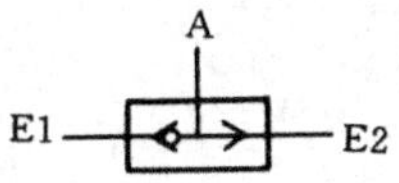

E1	E2	A
0	0	0
0	1	1
1	0	1
1	1	1

地　址	说　明
001	UE1
002	UE2
003	=A
004	BE

在气动控制中，通过换向阀并联的连接方式就可以达到“或”功能，也可用梭动阀来完成其功能。

在电路控制中，将开关 E1 和 E2 并联相接，通过继电器得到“或”功能的开关 A 状态。

在电子控制中，“或”的连接通过使用 TTL 模块（TYP7432 集成块）来实现，其内部共装有四个或门元件。

“或”的逻辑连接用软件同样也很容易地实现。

3. “非”功能(非门)　所谓“非”功能就是将输入信号 E1 的状态在输出口反向输出信号 A。在表 5-5 中列出了 E1 和 A 的真值表，$\overline{E1}=A$。

表 5-5　“非”功能

“非”	气　动	电　动	电　子	可编程控制
符号 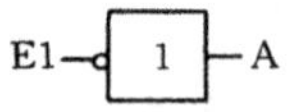 E1 —o[1]— A 真值表 E1 A / 0 1 / 1 0	换向阀 E1 A	E1 开关 继电器 A	5V 14 13 12 11 10 9 8 1 2 3 4 5 6 7 E1=$\overline{A}$ 0V	地址 说明 001 UNE1 002 =A 003 BE

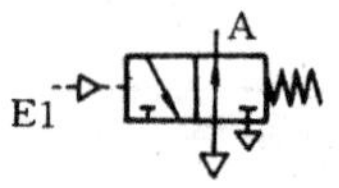

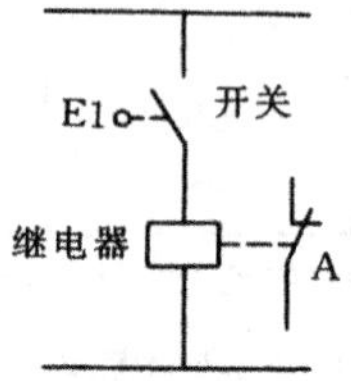

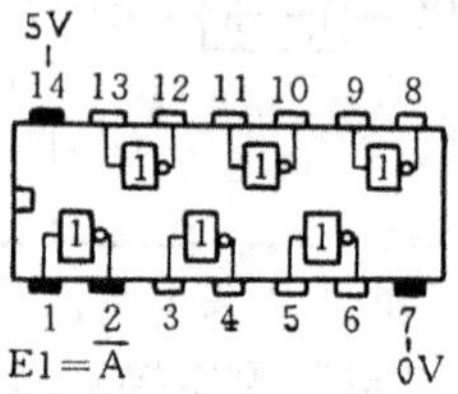

在气动控制中，压力的输出状态可以用二位三通换向阀就可实现“非”功能。在电路控制中，开关 E1 闭合继电器工作，常闭开关 A 断开即可达到了“非”功能。在电子控制中，通过 IC 模块（TYP7404 集成块）来达到“非”功能，其内部装有六个非门元件。用软件也同样可以实现“非”功能。

5.2.4　结构图

要解决多层次的控制任务时，可以将控制过程分成有逻辑关系的几个步骤，并用步骤图或用结构图来表示。

1. 结构图　结构图将控制的过程抽象地描绘出来，而不考虑具体的技术特性。

结构图的基本组成是方块形的结构块，在结构块中指明了在控制过程中的每个指令，每个指令必须单独罗列，不能同其它结构块的指令交叉。按先后顺序绘出的结构块称为顺序块，其顺序为自上而下，见图 5-26。

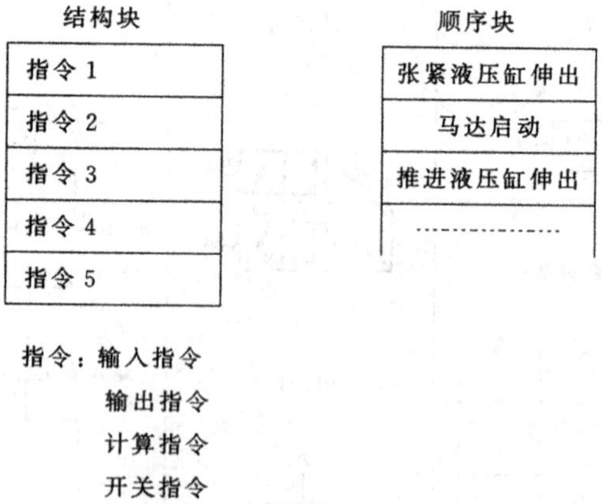

结构块
指令 1
指令 2
指令 3
指令 4
指令 5

顺序块
张紧液压缸伸出
马达启动
推进液压缸伸出
……

指令：输入指令
输出指令
计算指令
开关指令

图 5-26　结构块、顺序块

2. 分支结构图　在控制中如果需要指出不同的条件用于其相应的结果，那么结构图必须用分支来绘出，见图 5-27。

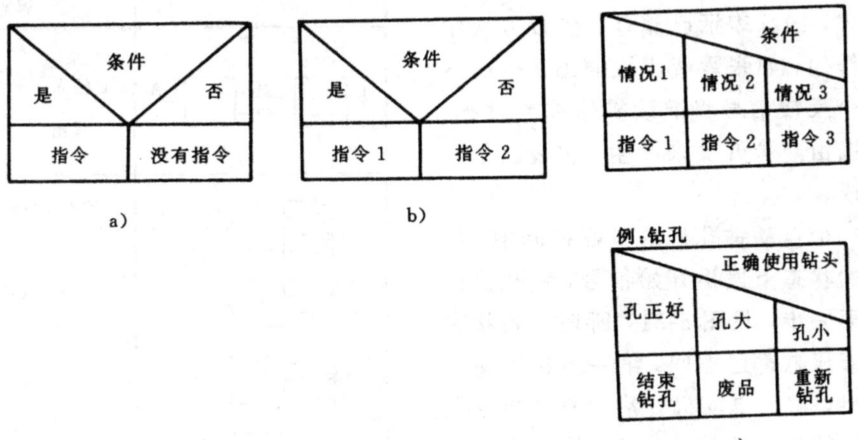

图 5-27　分支结构图

a）单向分支　b）双向分支　c）多元分支

（1）单向分支图　在单向分支图中，只有“是”这个分支有结果指令，而“否”分支不会导出任何指令。

（2）双向分支图　在双向分支图中，“是”和“否”两个分支都有指令。

（3）多元分支图　在多元分支图中，在不同的情况下得出不同的指令。

3. 重复结构图　在结构图中，可以出现重复结构图。在有开始条件的结构块中，指令不断地重复，条件就不断地重复完成。在有终点条件的重复结构块中，条件将在箭头的最后被测定是否完成，箭头延伸到条件完成为止。

通过重复结构图，可以有步骤地将各类问题考虑完善，并将控制计划描绘得更详细，见图 5-28。

5.2.5　功能图

功能图是为连接控制和过程控制服务的，它们是在不受任何机器设备和技术条件的影响下绘制出来的。

1. 连接控制　在功能图中，用逻辑连接的示意图形来表示连接控制，见图 5-29。

功能的主体是用作用线相互连接的，信号流向是由上而下或由左至右的。因此功能的分支中信号的输入都在上方或左方，其输出都在下方或右方。

如果有多重信号的输入或输出，那么绘图时可相对集中或进行概括。若信号的输入输出需要占有大面积的片幅，那么可将功能支干所在的那页向外延伸。

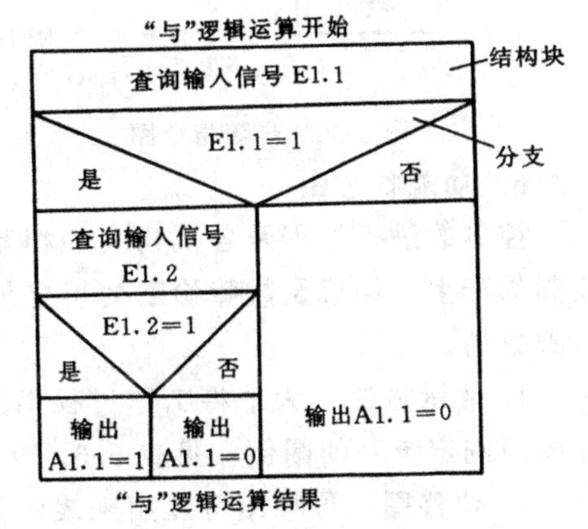

图 5-28　重复结构图

2. 过程控制　在过程控制中可将控制划分

为几个步骤，并用步骤指令图来绘制。步骤图是由横线上下分开的方块图，上半部分标有步骤的顺序号，下半部分是有关相应的指令，见图 5-30。指令图分为三个方块，在 A 方块中标有指令的方式，如 S 表示已储存。在 B 方块中写有指令的作用，如张紧液压缸伸出。在 C 方块中显示哪个反馈信号将继续操作控制过程。反馈信号可以由限位开关来产生，它表示了一个步骤已完成。

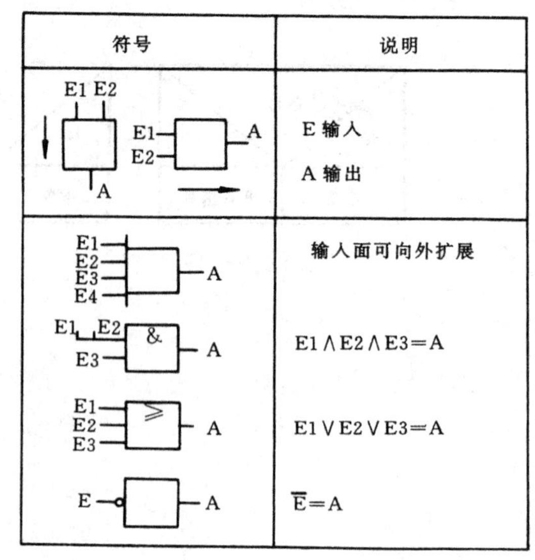

图 5-29 功能符号图例

例如在一个自动钻孔机的过程控制中，如果控制在初始状态下发出开始信号，钻孔机就开始控制的第一步，见图 5-31，所谓初始状态指的是两个液压缸都已缩回。第一步执行中夹紧液压缸伸出，切削电动机开启，两个指令保持到被其相反的指令所替代为止，第一步给下面几个步骤提供了准备信号，只有当传感器 S1 发出信号证明工件已被压紧后，传感器 S2 才会发出信号，切削电动机开始运转，这样第二步方可开始。

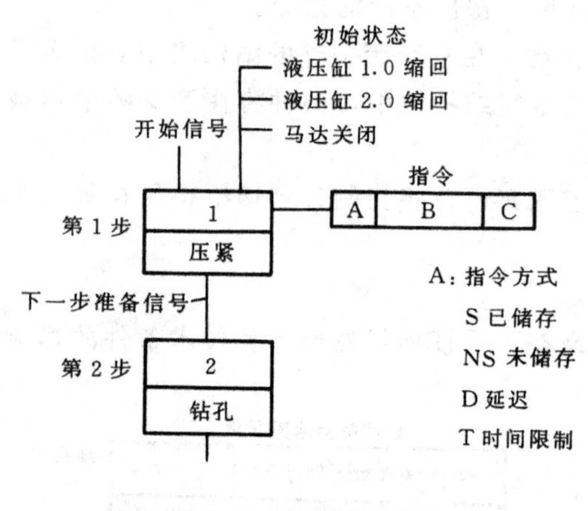

图 5-30 步骤指令图

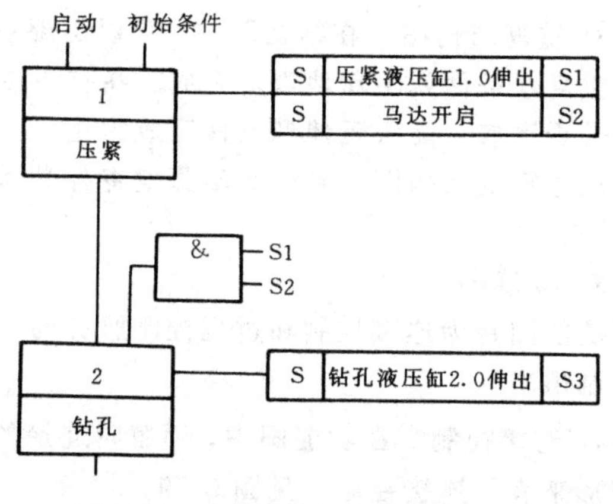

图 5-31 自动钻孔机过程控制图

5.2.6 功能状态图

控制的进行过程及各机构间的相互作用可以通过功能状态图来表示，功能状态图能够将控制的产生、构成及故障诊断变得更加简化。它是为机械、气动、液压、电气和电子的控制所服务的。

1. 表示方法 为了将工作过程用图解的方法表示出来，我们可以为位移、运动方式、信号线而制定统一的图例，见表 5-6。

2. 位移图 位移图可以用来表示简单的运动过程。如液压缸的运动，见图 5-32。位移图经常在操作说明和程序编制中起辅助作用。

(1) 工作位移　有负载的工作行程用直线表示。如液压缸的工进，电动机的旋转等。

(2) 空载位移　在无负载的情况下行进用虚线表示。如液压缸的快进、回缩等。

(3) 位移的终点　位移的终点要用箭头，点或横线来表示。

(4) 信号线　信号的输送和信号的连接都用信号线来表示，信号的作用方向用箭头表示。

3. 状态图(位移—步骤图)　在状态图中，用直角坐标来表示驱动机构的工作进程和其控制信号的连接，纵坐标表示状态，横坐标表示工作步骤或时间，见图 5-33。所谓状态指的是位置状态、运动状态和开关状态等。工作进程指的是以步骤的形式反映每个状态的变化。步骤从 1、2、3……为标号，同时也可以用辅助的时间加以说明。

图 5-34　为冲压机的状态图，图中纵向网格线表示步骤，横向网格线表示状态。此图反映了冲压机的运动过程及其开关状态，细线表示初始状态(如电动机关闭)，粗线表示机械运行(如电动机开启，液压缸伸出或缩回，阀换向等)。控制的连接是通过信号线来表示。

表 5-6　功能图中的图例

运动状态			
	直线运动		
	摆动		
	旋转运动		
信号			
	开	T T	双手合闸
	关	E A	
	开/关	2 3 4 1 5	选择开关
T	点动		紧急停止
A	自动		
信号线和信号连接			
	信号线		“与”
	信号分叉	$\overline{S}$	“非”
	“或”		信号关闭

5.2.7　位置图和回路图

1. 位置图　位置图就是将控制中驱动元件的空间位置清楚地表示出来，见图 5-35。

2. 回路图　在不考虑空间位置的前提下，将控制链中各元件的功能相互连接起来就称为回路图。用标准化图示的元件首先应该横向放置，在连接过程中的连接线应尽量避免交叉，见图 5-36。

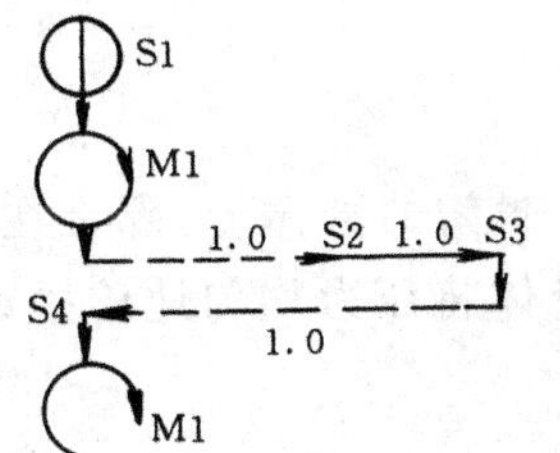

运动过程
S1 开信号
M1 马达开户
液压缸 1.0：
快进-工进-缩回　气缸 1.0
M1 马达关闭

图 5-32　位移图

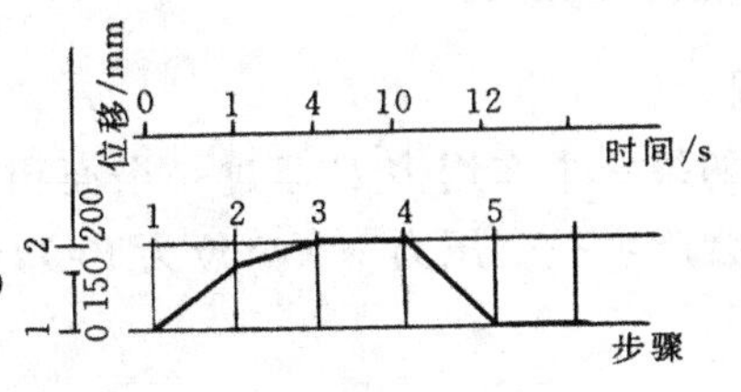

步骤
1. 快速伸出
2. 工进
3. 保持终端位置
4. 快速缩回
5. 初始状态

图 5-33　状态图

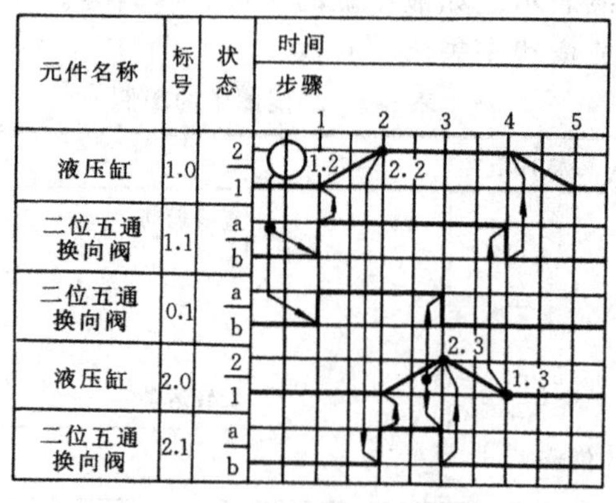

图 5-34 冲压机状态图

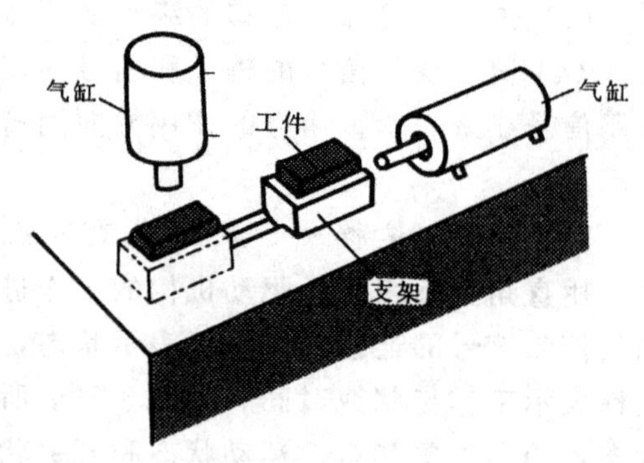

图 5-35 位置图

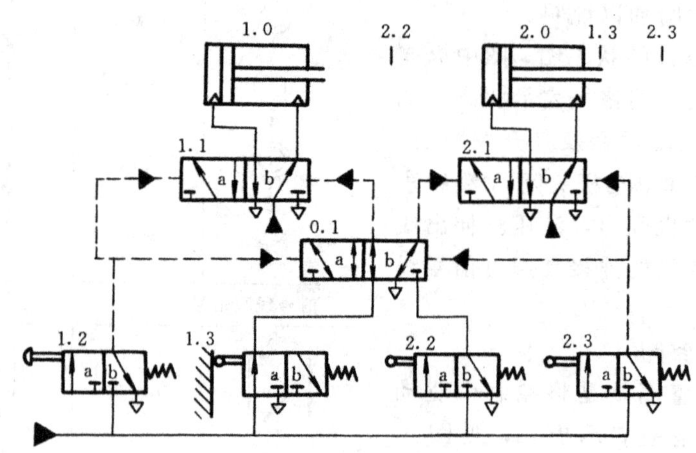

图 5-36 冲压机回路图

在回路图中，所有信号元件、控制元件、调节元件和驱动元件都以初始状态来表示。

在运动过程的先后顺序中，可以用各个前后相连的控制链来区分。每个控制链包含驱动元件及其控制所必需的组成元件。所有的控制链都有数字标号。组成元件的标号是控制链标号．元件号，例如在 1 号控制链中，元件 2 的设备标号为 1.2。

5.3 气动和液压控制

5.3.1 物理基础

1. 压力 p 如果一个作用力 F 通过一个面积为 A 的截面加至一个封闭的液体上，那么在这密闭的液体中会产生一个压力 p（单位为 Pa)，见图 5-37，并通过液体将压力均匀地传播，压力公式

$$p=\frac{F}{A} \qquad 1\text{Pa}=1\text{N/m}^2=10^{-5}\text{bar}^{\ominus}$$

2. 压力的标度　压力可以分为绝对压力 p_{abs} 和相对压力 p_e 见图 5-38。绝对压力标度中，压力零点对应于绝对真空，而相对压力标度的压力零点则对应于标准大气压值上。

$$p_e = p_{abs} - p_{atm}^{㈡}$$

式中　p_{atm} 为标准大气压力。

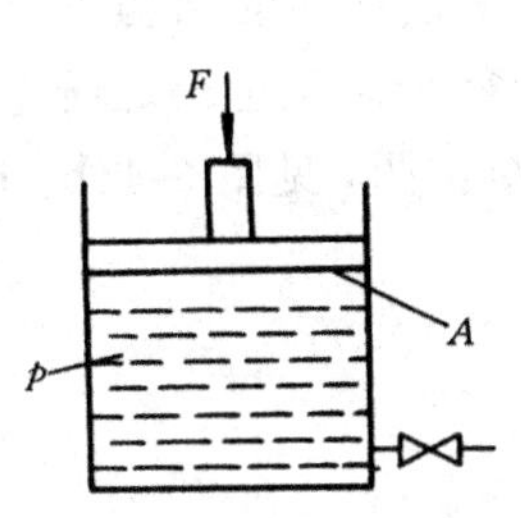

图 5-37　压力的产生

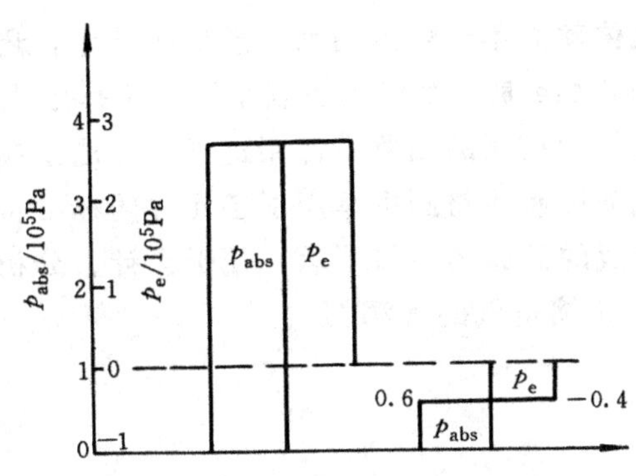

图 5-38　绝对压力和相对压力

在中高压范围内，大气压力相比之下很小，一般就忽略不计。但在考虑吸油管路的真空度问题时，大气压力是非常重要的。

例如齿轮泵吸油管路中的最低允许真空度是：对应于绝对压力　$p_{abs} = 6 \times 10^4$Pa

对应于相对压力　$p_e = -4 \times 10^4$Pa

由于系统中一般用到中高压，因此压力指的都为相对压力，并用 p 表示系统压力。

3. 力的倍增　图 5-39 所示，当作用力 F_1 加在小活塞 A_1 上产生压力 p_1，$p_1 = F_1 \Big/ \frac{F_1}{A_1}$；汽车的作用力 F_2 作用在大活塞 A_2 上产生压力 p_2，$p_2 = F_2 / A_2$。

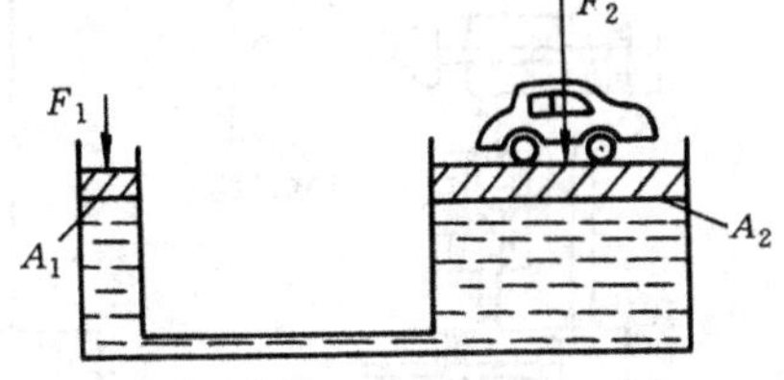

图 5-39　力的倍增

当系统处于平衡状态时，$p_1 = p_2$

则　$$\frac{F_1}{A_1} = \frac{F_2}{A_2}$$

由此可以得出：作用力 F 和面积 A 成正比。即在小活塞上施加一个较小的力，通过工作活塞面积的增大，就会得到一个较大的力。这就是液压千斤顶及大型压力机的基本原理。

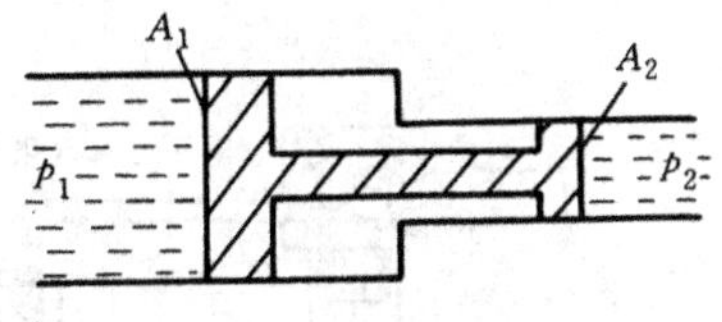

图 5-40　压力的倍增

4. 压力的倍增　图 5-40 所示，液体压力 p_1 在面积 A_1 上产生作用力 F_1，$F_1 = p_1 \times A_1$

这个作用力经过活塞杆传递到小活塞上，作用力 F_2 作用在面积 A_2 上产生压力 p_2，$F_2 = p_2 \times A_2$

当活塞杆处于平衡状态时，$F_1 = F_2$

㈠、㈡　巴（bar）、标准大气压（atm）为非法定计量单位。

则

$$p_1 \times A_1 = p_2 \times A_2$$

由此可以得出：压力 p 和面积 A 成反比。即在大活塞上作用一个较小的压力，通过活塞杆在小活塞上产生一个较大的压力。

5.3.2 气动控制

气体动力不仅可以用来完成机械动作，还可以在自动化控制中起到重要的作用。

图 5-41a 是一个气动控制系统的工作原理图，图中的元件是按具体的结构图绘出的，如果我们在气动控制的回路中都用这样的方法绘制，那末不但过于复杂而且也缺乏统一的标准。因此在气动控制回路图中运用了各元件的标准符号简图来替代结构图，见图 5-41b。这样用符号简图组成的回路图一目了然，便于设计、分析和故障排除。

1. 压缩空气的气源

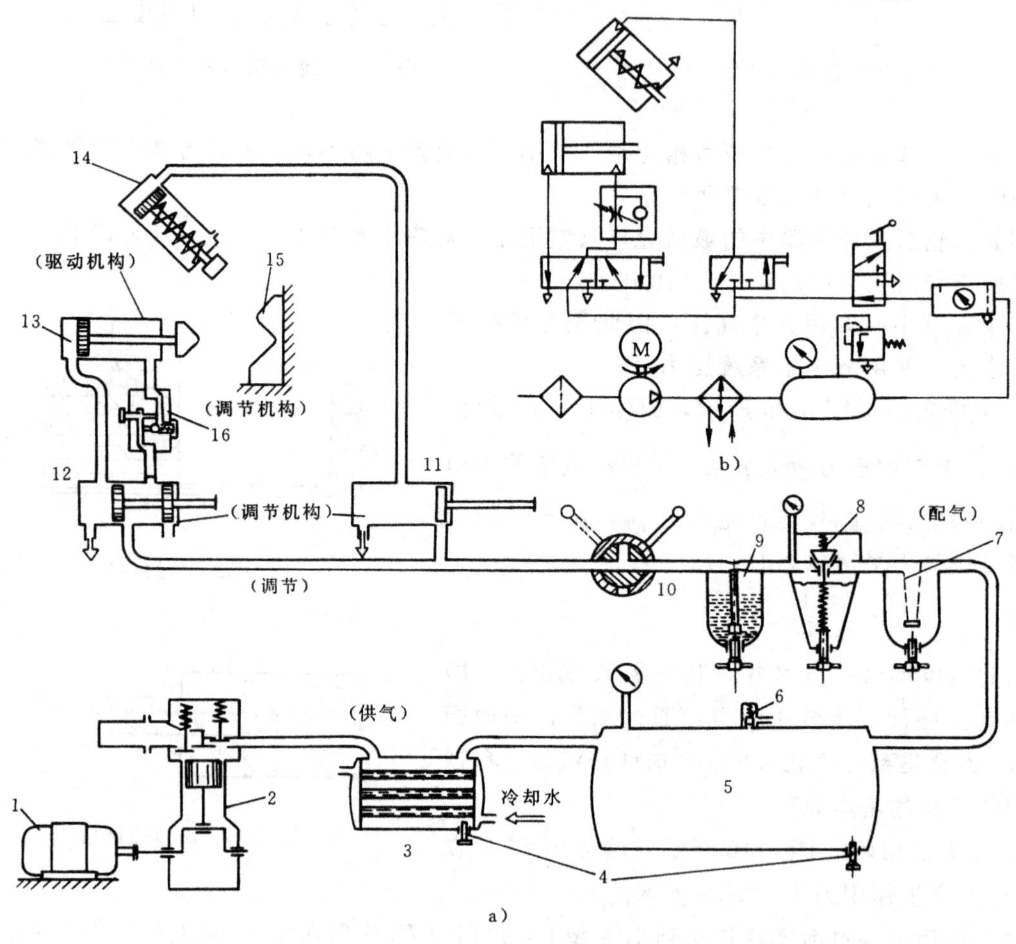

图 5-41 气动控制系统

a) 结构示意图 b) 回路图

1—电动机 2—空气压缩机 3—冷却器 4—疏水阀 5—储气罐 6—限压阀 7—过滤器 8—调节器 9—油雾器 10、11—二位三通换向阀 12—二位五通换向阀 13—双作用气缸 14—单作用气缸 15—工件 16—节流止回阀

(1) 压缩机　压缩机是产生压缩空气的主要装置。按其结构不同可将压缩机分成：往复式压缩机、旋转式压缩机，透平式压缩机。

1) 往复式压缩机　往复式压缩机通用性强，而且在压力和供气速度上具有较好的适应性。图5-42a是往复活塞式压缩机，图5-42b是往复隔膜式压缩机，隔膜式压缩机一般运用在机油与气源需要隔绝的场合，如食品生产、制药工业等。

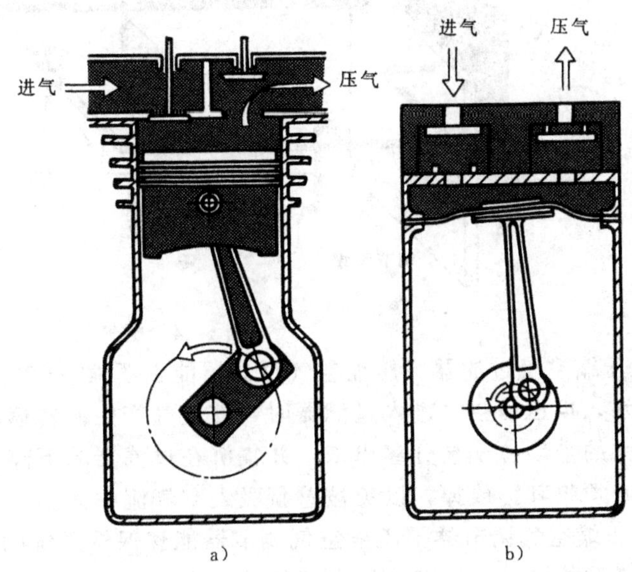

图5-42　往复式压缩机
a) 往复活塞式压缩机
b) 往复隔膜式压缩机

2) 旋转式压缩机　旋转式压缩机通过其运转部件的旋转来使气体压缩及增压，见图5-43。这种压缩机运转较平稳，压力峰值波动不大，但其输出压力值不如往复式压缩机高。

3) 透平式压缩机　透平式压缩机以较小的级间增压来提供较大的供气量。压缩机叶片使空气加速，但仅产生一个很小的压力增量。一般运用在供气量较大的场所。

实践证明根据不同的耗气需求分别采用几台不同的压缩机比只用一台大型的压缩机更有效。

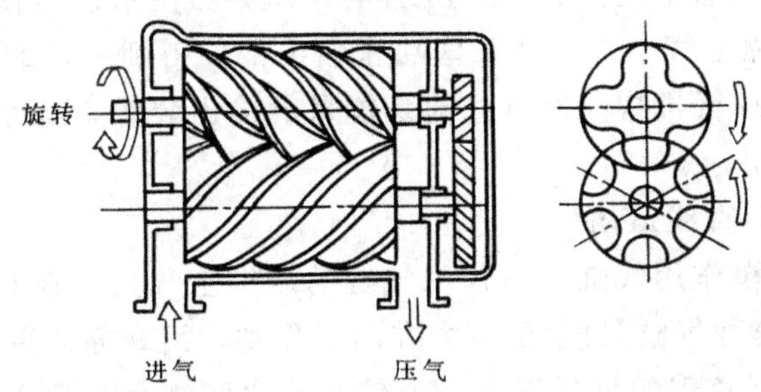

图5-43　旋转式压缩机

(2) 贮气罐　无论系统中的耗气量如何起伏变化，贮气罐都为系统提供了恒定的气压，它能平滑瞬间产生的耗气峰值并尽可能减少系统压力的波动，这一点单靠压缩机是无法做到的。贮气罐的另外一个功能是在停电时充当备用的应急气源。

贮气罐既可以安装在压缩机的出口端，也可以有选择地安装于高耗气量的地方。此外贮气罐巨大的表面积使气体冷却，因此气体中的部分含水将以液态的形式从罐中直接分离出来，贮气罐需定期排放冷凝水。

(3) 配气管道　对于压缩空气分配系统要求较高的场合一般采用单环状互相连结的管道系统，单环状管道应以1%左右的偏斜率安装，以便压缩机中的凝结水可以从疏水阀中排出。

(4) 空气调节装置　为了保证所用压缩空气的质量，在每个供气系统中的每一个输出口均应配备一个压缩空气调节装置，见图5-44。它包括压缩空气过滤器、压缩空气调节器、压缩空气油雾器。

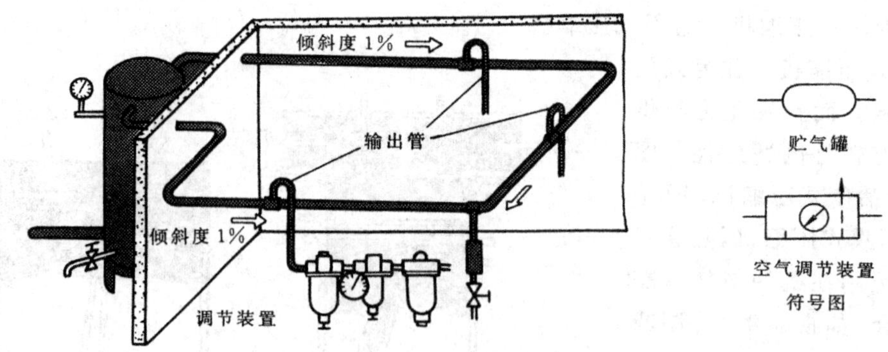

图 5-44 配气装置

1）压缩空气过滤器 压缩空气过滤器能在压缩空气通过时，除去空气中所含的所有杂质及凝结水，当压缩空气进入过滤器时，使空气产生回转运动，由于离心的作用，液体粒子及其它较大的尘埃粒子被分离出来，并集沉在过滤器的下部，在冷凝收集物液面超过最高允许值之前必须将其排放掉，以免被重新吸入空气流中去。

2）压缩空气调节器 压缩空气调节器能够保持系统的恒定工作压力，使之不受前面压力及空气耗费量波动的影响。压力值的调定应与系统中元件工作压力要求相符合，压力过高会产生能量的无效损耗，同时也增加元件内部件的磨损。若压力过低就会导致功率输出的低效率。

3）压缩空气油雾器 压缩空气油雾器使系统工作元件需要润滑时，将少量的油雾化而添加到压缩空气中去，使某些功率输出部件得到一定的润滑作用。

2. 执行机构 执行机构是能量的输出装置，气动执行机构按运动方式不同可分为直线型和旋转型。

（1） 直线运动

1）单作用气缸 单作用气缸的压缩空气只加在其活塞的一侧，另一侧与大气相通，见图 5-45。这种气缸只能 在一个方向上作功，活塞靠内部弹簧或施加外力来复位。复位弹簧的作用力在无负载的情况下以一个较快的速度将活塞推回到起始位置。

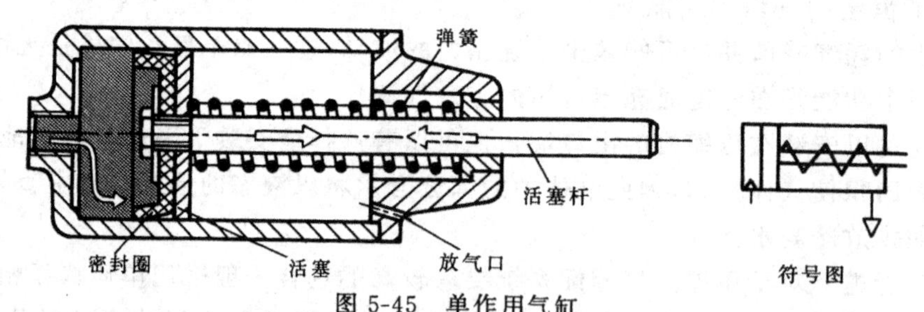

图 5-45 单作用气缸

单作用气缸的构造简单，操作方便，它特别适合于结构小巧紧凑的冲程缸，在工件的夹紧、切割加工、零件传送、加压操作、进给运动等机构中得到广泛应用。

2）双作用气缸 双作用气缸的结构原理与单作用气缸的一侧类似，见图 5-46。它没有复位弹簧，两侧交替执行供气和排气，其双向都能作功。

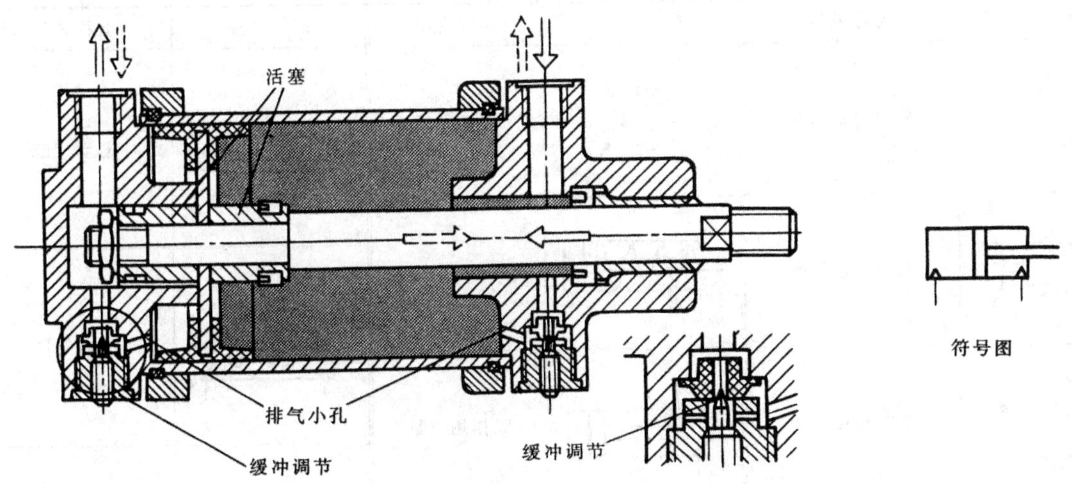

图 5-46 双作用气缸

因为双作用气缸在两个方向上都能做功，所以它的应用范围比单作用气缸要广泛。由于活塞位于活塞杆一侧的有效面积比活塞的截面积要小，因此在前向冲程中活塞杆传递的力比返回冲程的力要大。

如果气缸要搬运大型工件，那么在行程的末端采用缓冲装置来防止突然的损害性冲击。在到达末端之前，缓冲装置阻断了空气直接流向外部的通路而以一个很小的可调节大小的排气孔来替代，这样排气的速度受到限制，因此气缸的速度就降低了。

(2) 旋转运动

1) 气动马达　气动马达是将压缩空气的能量转换成机械转动的一种装置。转角不受限制的气动马达已成为一种最广泛的气动工具。

图 5-47 为气动马达的结构图，偏心的转子体安装在气缸缸内的轴承上，转子体上的槽内装有叶片，叶片可在槽里滑动，叶片受到一个由离心力产生的力而被向外压向气缸内壁，这使各个气室被封闭起来，靠近进气口的气室其封闭体积向体积增大的方向旋转，而接近排气口的气室由于压缩空气的压力，向排气口方向旋转。这就是气动马达的工作原理。

气动马达的速度和力矩调整平稳，尺寸小，重量轻，过载保护性好，而且容易改变旋转方向。它在很多场合都得到了应用。

2) 摆动气缸　摆动气缸的转动角度受到一定的限制，不能象气动马达可以无限制地旋转，但摆动气缸的角位移调节控制方便，安装容易，适用于机器人领域等角位移在一定范围内的控制系统。

气动马达和气缸符号图例见表 5-7。

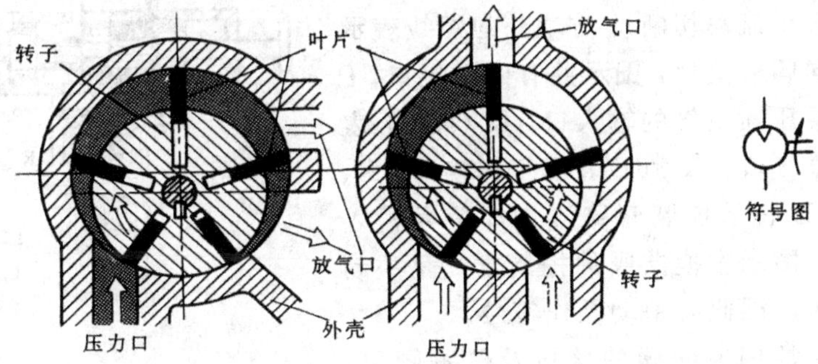

图 5-47 气动马达

表 5-7 气动马达和气缸符号图例

符号	名称说明	符号	名称说明	符号	名称说明
	单向定量马达		摆动马达		差动气缸
	双向定量马达		单作用气缸		缓冲气缸
	单向变量马达		双作用气缸		伸缩缸
	双向变量马达		双活塞杆气缸		

3. 控制阀

(1) 方向控制阀 方向控制阀主要是用来改变气流的流动方向，从而使气动回路得以控制。

1) 换问阀 换向阀主要是改变或控制气流的流通通道，它的性能用其连接通道数和开关工作位置的状态数来表示。同时还要定义实现各开关状态位置切换的控制方式。

图 5-48 所示是换向阀控制气缸运动的结构原理图，通过阀芯的不同位置达到控制气流的流动方向，在符号简图中用方块表示换向阀可切换的位置数目，图示中有 a 和 b 两个位置。方块中的直线表示空气流动的路径，箭头表示方向（若方块中有横线阻隔则表示流动切断）。方块外的短线表示换向阀的接口，图示共有四个接口，P 表示压缩空气的输入口，R（或S）表示排气口，A 和 B 表示工作接口，X、Y、Z 表示控制管路接口即信号输入口，图示中换向阀的控制方式是手动换向，因此有手动操作符号。

常用换向阀的接口及位置图例，见表 5-8。

换向阀控制方式图例，见表 5-9。

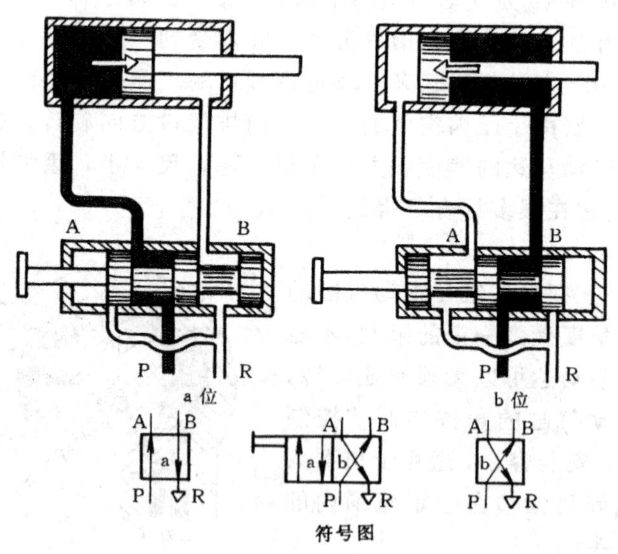

图 5-48 换向阀结构示意图

表 5-8 常用换向阀的接口及位置图例

符　　号	名称说明	符　　号	名称说明
A P	二位二通换向阀正常关闭	B A P R	二位四通换向阀
A P	二位二通换向阀正常开启	B A P R	三位四通换向阀中间位置关闭
A P R	二位三通换向阀正常关闭	B A P R	三位四通换向阀中间位置浮动
A P R	二位三通换向阀正常开启	B A S P R	二位五通换向阀
A P R	三位三通换向阀中间位置关闭	B A SPR	三位五通换向阀中间位置关闭

图 5-49 所示是换向阀直接控制气缸运动的例子，换向阀直接控制一般用于驱动气缸所需气源相对较小，驱动力不大的场合，图中用二位三通弹簧复位的手动换向阀控制单作用气缸的运动，用二位四通弹簧复位的手动换向阀控制双作用气缸的运动。表有接口的位置是换向阀不受控制的状态。

图 5-50 所示是换向阀间接控制气缸运动的例子，换向阀的间接控制对高速或大口径的气缸来说，所需气源要求大，驱动换向阀的操作力也较大，这样通过信号元件产生的气源来控制大口径大流量的换向阀就比较合适，图中当 1.2 换向阀的按钮按下一个短暂的时间后，即产生了 Z 压力信号，它将 1.1 换向阀换向至 a 位，双作用气缸伸出，当活塞杆行程至 1.3 限位开关时，产生 Y 压力信号，它又将 1.1 换向阀换向至 b 位（此时 1.2 换向阀的按钮已松开），气缸回缩。1.1 换向阀的位置状态由 Z 压力信号控制，1.1 换向阀具有记忆功能，它的位置决定于最后一个压力信号的控制位置。

2）止回阀（单向阀）　止回阀是一种气流只允许单方向流通的方向控制阀，图 5-51 是止回阀的结构原理图，气流由 A→B 可以自由流通，而由 B→A 则反向截止，因为气流被阀芯阻塞。

表 5-9　换向阀控制方式图例

手动控制		机械控制	
	手动		机械
	按钮		弹簧
	手柄		凸轮
	脚踏		滚轮（单向作用）
压力控制		电动控制	
	直接		电磁阀
	间接		先导式电磁阀

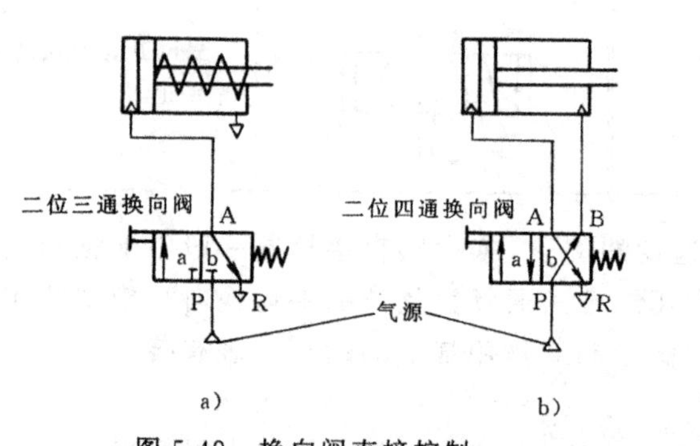

图 5-49　换向阀直接控制
a）单作用气缸　b）双作用气缸

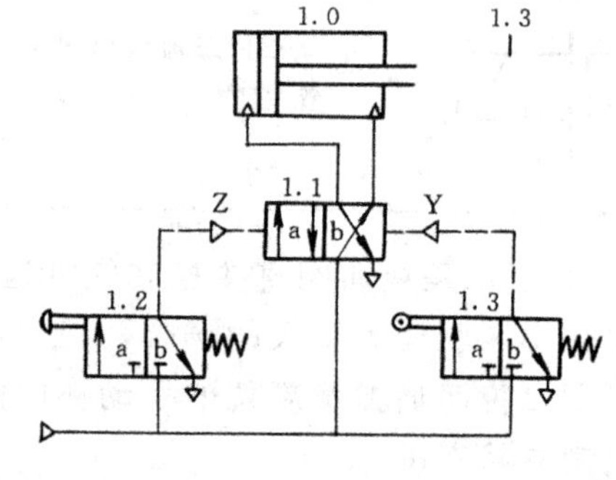

图 5-50　换向阀间接控制

由止回阀进一步组合的具有“或”逻辑功能的组件称为梭阀，见图 5-52。这种组件有两个输入口 P1、P2 和一个输出口 A，如果产生 P1 气流则阀芯封闭 P2 的入口，同时在出口 A 产生气流，使单作用气缸运动。当气缸回程时由于空气压力的存在，阀芯仍保持原来状态；同理我们可以分析产生 P2 气流时，单作用气缸的运动状态。这就实现了用“或”功能的梭阀来控制气缸的运动。

由止回阀组合的另一种具有“与”逻辑功能的组件称为双压阀，见图 5-53。这种组件也有两个输入口 P1、P2，一个输出口 A。只有当 P1 和 P2 都产生气流时，出口 A 才会有气流产生，单有一个气流则会被阀芯阻塞。如果 P1 和 P2 的气流压力不同，那么高压力气流使阀芯关闭，而低压力气流从输出口流出。这种阀实现了具有“与”功能的互锁控制和安全控制等。

(2) 流量控制阀　流量控制阀主要控制系统中压缩空气的流量，从而达到控制执行机构或输出装置的运动速度。

1) 节流阀　节流阀是通过改变流通截面积大小的原理从而达到控制流量的作用。

节流阀分为可调节流阀和不可调节流阀，见图 5-54，常用的节流阀是可调节流阀，它配有调节位置的锁定装置。当流量调好后，使气缸的运动速度能按要求得到控制，则调节位置就锁定。

2) 节流止回阀（单向节流阀）　节流止回阀由节流阀和止回阀组合而成，它仅对一个方向的气流进行节流控制，见图 5-55。当气流由 A→B 可以通过开启的止回阀自由流过，当气流由 B→A 则止回阀阻塞，气流只能从节流阀的截面流过，从而达到控制流量的目的。图 5-55 所示当气缸伸出时，可通过调节节流止回阀来控制气缸的伸出速度，此时气缸为工进状态。当气缸回程时，节流止回阀为自由导通状态，气缸快速缩回。

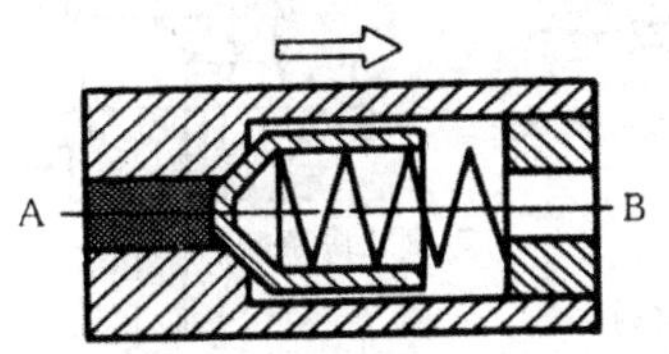

A→B 自由流通

A←B 截止

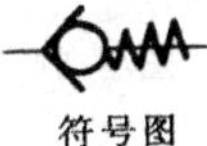

符号图

图 5-51　止回阀

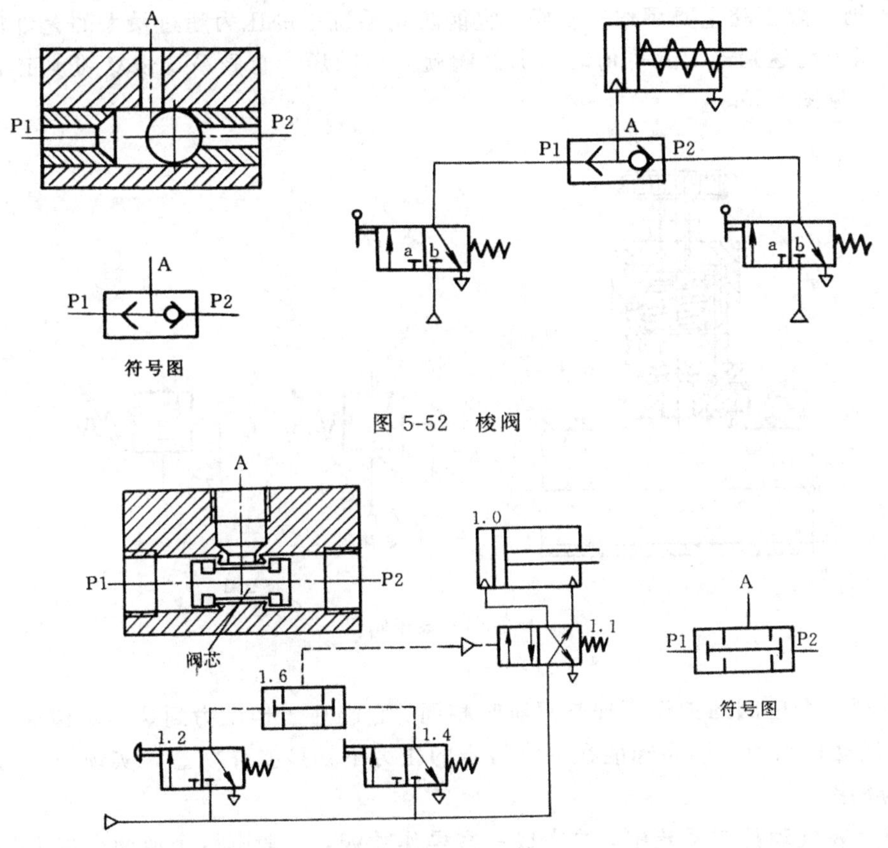

图 5-52　梭阀

图 5-53　双压阀

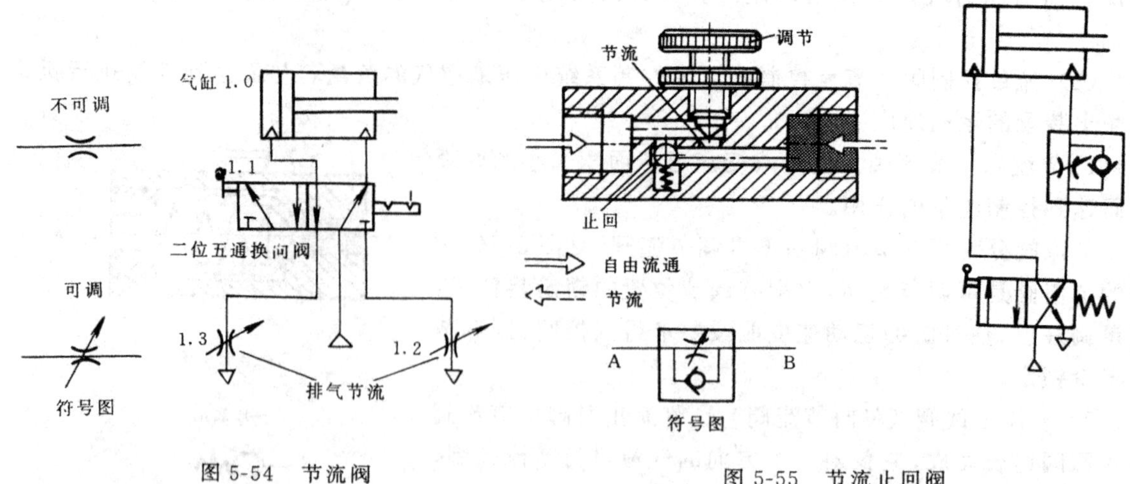

图 5-54　节流阀

图 5-55　节流止回阀

(3) 压力控制阀　压力控制阀主要是对系统中的压力产生调节作用，也可以受设定压力值的控制完成一些功能。

1) 调压阀　调压阀在“空气调节装置”这段已叙述过，它主要控制系统的恒定工作压力，使之不受供气压力的波动影响。

2) 限压阀　限压阀主要用作安全阀，它能防止系统中的压力超过最大的允许值。如果限压阀的进口压力已达到最大允许值时，那么阀就开启减压，直到系统恢复到预定工作压力后阀关闭复位，见图 5-56。

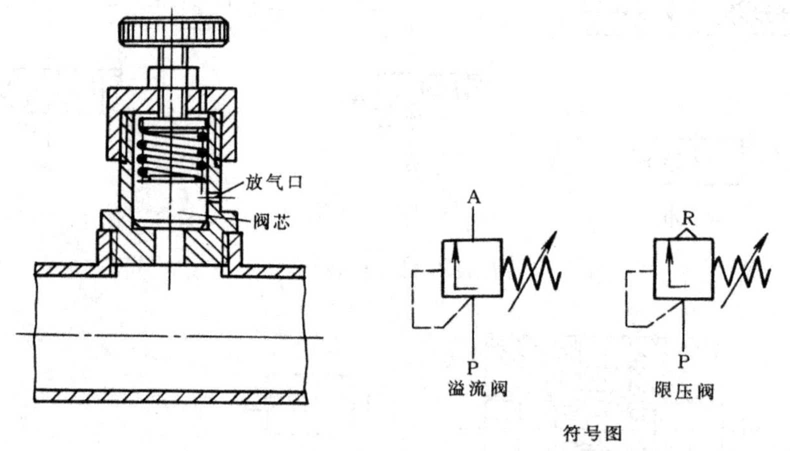

图 5-56　限压阀

3) 顺序阀　顺序阀的工作原理与限压阀相同，它能在工作压力到达一定值后，有压力输出。这样在气动控制中，顺序阀能在一个特定的压力下切换操作状态，实现与压力有关的控制可有先后顺序。

4. 系统　在气动控制系统中，要完成一些操作功能，一般有两个或两个以上的气缸按控制要求先后动作，下面举例用两个气缸完成工件铆接的例子。首先气缸 1.0 将工件夹紧，然后气缸 2.0 完成铆接，最后气缸 1.0 松开。整个控制过程的状态图见图 5-57，它清楚地表示出气缸动作的顺序，及控制信号相互作用关系。从图中可以将气缸的运动步骤分成以下几步：

第一步：手动开关信号和 1.4 限位阀的信号实现“与”功能后输出，1.0 气缸伸出，至行程终端产生 2.2 限位阀信号。

第二步：2.0 气缸伸出，至行程终端产生 2.3 限位阀信号。

第三步：2.0 气缸缩回，至初始位置产生 1.3 限位阀信号。

第四步：1.0 气缸缩回，至初始位置产生 1.4 限位阀信号，这是重新开始工作周期的初始条件。

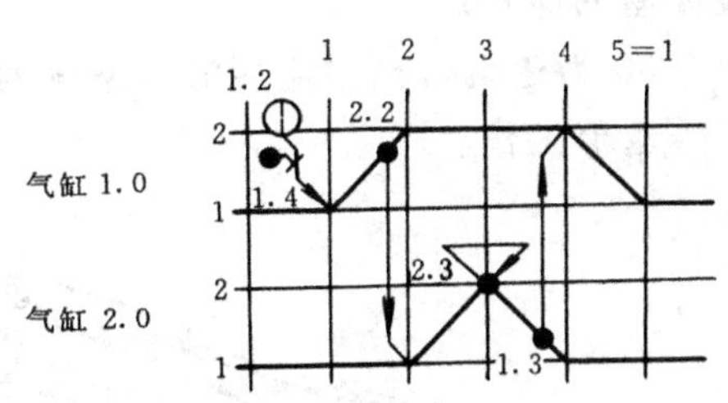

图 5-57 状态图

整个控制过程也可以用功能图来清楚地表示气缸动作的顺序及控制信号的相互作用关系，见图 5-58。图中 1.4 限位阀的信号用 a_0 表示，2.2 限位阀的信号用 a_1 表示，1.3 限位阀的信号用 b_0 表示，2.3 限位阀的信号用 b_1 表示。功能图清晰地反映出气缸运动的四个步骤，及信号产生和控制的过程。

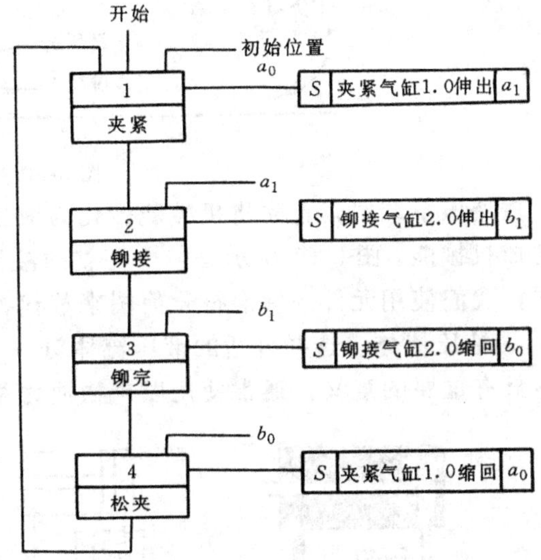

图 5-58 功能图

回路图将气动的各种元件按控制要求相互连接起来，并用控制链来区分。每个气动元件都有其标号，即控制链标号．设备号。

图 5-59 中，2.2 和 1.3 限位阀是滚轮限位开关，只有在图示箭头的运动方向上才会产生开关信号。

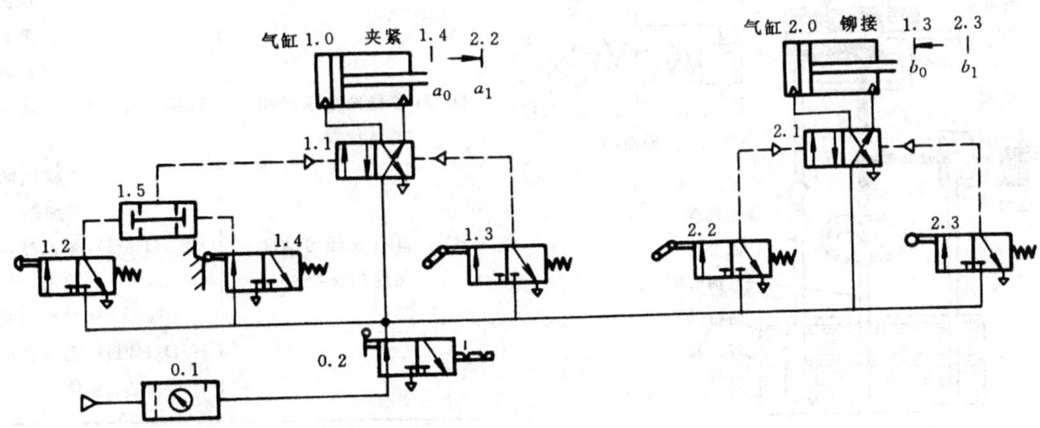

图 5-59 气动控制回路图

5.3.3 液压控制

液压控制技术应用于机械工程的所有领域。它能高效率地传输能量，并能无限制地控制这个被传输的能量。

图 5-60 为建筑机械中应用液压系统的液压挖掘机。它可以完成移动、转动以及完成起吊、挖土、传送等工作。

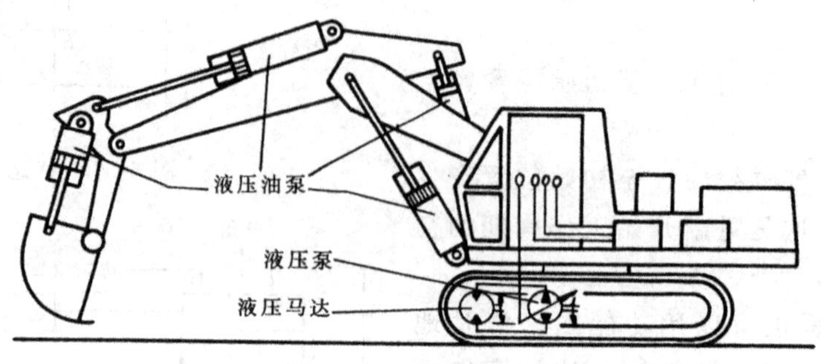

图 5-60 液压挖掘机

在液压系统中，首先将机械能转化为液压能，然后这个液压能经传输和控制，最后又被转换成机械能。图 5-61 所示是一个完整的液压系统的工作原理结构示意图，与气动控制回路相同，我们使用元件的标准符号简图来替代，管路连接用线条来表示，见图 5-61 的回路图。

1. 液压流体 选择合适的液压流体对一个液压系统的良好运行、操作可靠、延长使用寿命等具有重要的意义。通常使用以矿物油为基料的液压流体。液压油分类，见表 5-10。

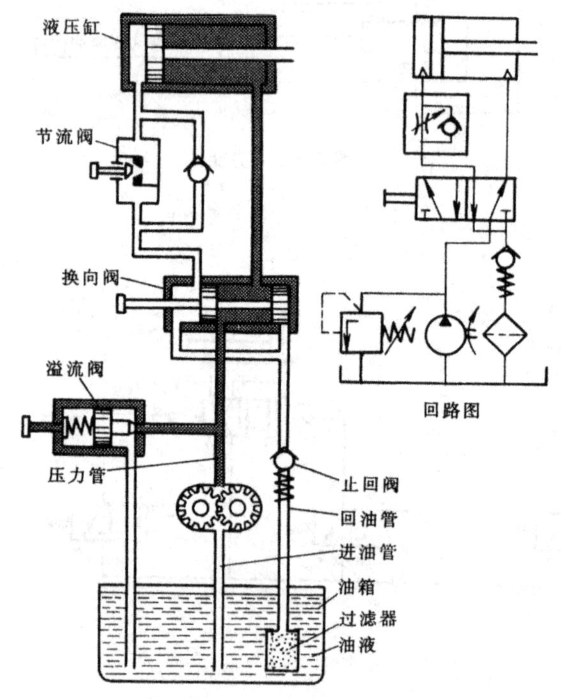

图 5-61 液压控制系统

表 5-10 液压油分类

矿物油基料液体	耐火液体
HL：带添加剂可提高防锈能力	HSA（HFA）：高含水量基料乳化剂，有抗腐蚀的添加剂，粘度极低
HLP：带特殊高压添加剂提高抗磨	HSB（HFB）：水基料液体，含抗腐蚀的添加剂
HV：具有极低的粘度—温度相关特性	HSC（HFC）：聚乙醇水乳化液，抗磨损能力强 HSD（HFD）：无水合成液体

注：表内液体牌号为德国 DIN51502 标准，括号内牌号为 ISO 标准。

2. 液压泵　液压泵将驱动部件（电动机）的机械能转变成液压能。

（1）齿轮泵　齿轮泵由一对相互啮合的齿轮组成，它们被密封在泵体内。图 5-62 中 a 图为外啮合齿轮泵，b 图为内啮合齿轮泵。

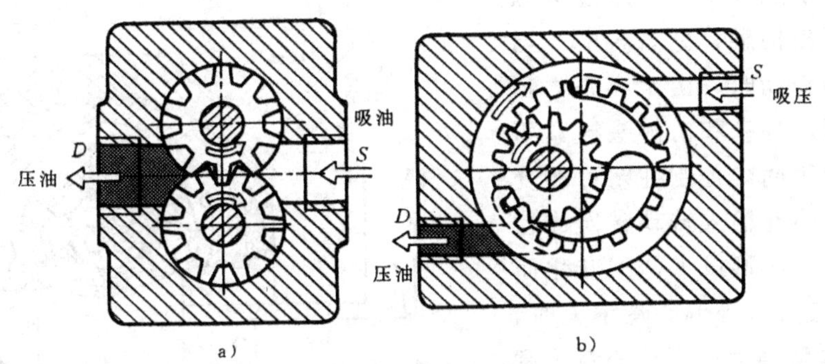

图 5-62　齿轮泵

a）外啮合齿轮泵　b）内啮合齿轮泵

齿轮泵的驱动轴延伸到泵外与驱动部件（电动机）连接，齿轮泵的吸油腔 S 与油箱相通，压油腔 D 与输出管路相连接，液压油被封闭在齿轮的齿间槽中。当一个齿跨出一个齿槽时，吸油腔的体积变大，在吸油腔里产生局部真空，液压油在大气压力的作用下注入其中，齿轮泵完成吸油。当一个齿逐渐进入齿槽时，压油腔的体积变小，液压油从出油口被挤压出去，齿轮泵完成压油。

（2）叶片泵　在叶片泵中，叶片安装在驱动转子径向的槽中，见图 5-63。当转子转动时，由于离心力的作用，这些叶片被压到了泵的定子内表面上，定子是椭圆形的，这样就形成了两个吸油腔和两个压油腔，吸油腔和压油腔的分隔是靠端面配油板上的腰形槽来完成的，并通过配油板使吸油腔和压油腔同泵体外的接口相通。

（3）轴向柱塞泵　轴向柱塞泵的柱塞排列平行于转动轴，其工作特点是旋转驱动转换成柱塞的往复运动，见图 5-64。

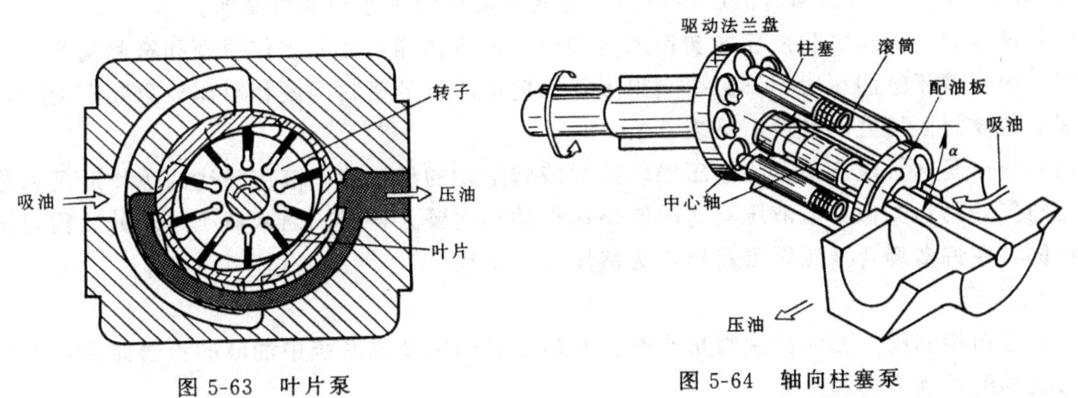

图 5-63　叶片泵　　图 5-64　轴向柱塞泵

轴向柱塞泵的柱塞通过一个球窝节连接到驱动法兰盘上，驱动轴带动驱动法兰盘及滚筒旋轴，驱动轴与中心轴成 α 角度，工作容量可以根据 α 角的改变而进行调节。在吸油腔中，柱塞被拉出一定距离完成吸油，在压油腔中，柱塞又被压回而形成压油，吸油腔和压油腔通过配油盘的槽分隔开。当α值增大时，轴向柱塞泵的排量增大；当α值为零时，泵的排量为零；当α值为负值时，泵的工作过程就逆转过来，吸油口和压油口对换，工作过程逆转。

（4）径向柱塞泵　径向柱塞泵的各个柱塞径向排列于缸体中，并通过滑触头保持与行程环相接触，见图5-65。当驱动轴带动缸体转动时，由于离心力和油液压力的作用，柱塞和滑触头被紧压在行程环上。利用两个控制柱塞可改变行程环的偏心，因此输入转动转换成柱塞的行程运动，从而形成了体积变化而完成吸油和压油过程。当偏心量增大时，径向柱塞泵的排量增大；当偏心量为零时，泵的排量为零；当偏心量为负值时，泵的吸油口和压油口对换，工作过程逆转。

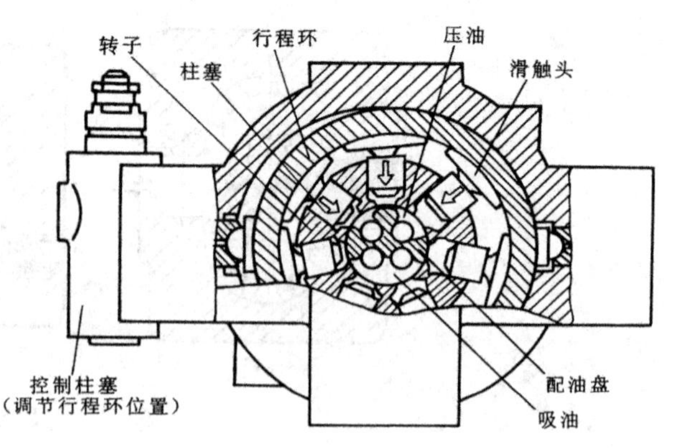

图5-65　径向柱塞泵

液压泵特征参数，见表5-11。

表5-11　液压泵特征参数

泵	转速范围 /（r/min）	排量 /cm^3	额定压力 /10^5Pa	总效率
外啮合齿轮泵	500～3500	1.2～250	63～160	0.8～0.91
内啮合齿轮泵	500～3500	4～250	160～250	0.8～0.91
叶片泵	960～3000	5～160	100～160	0.8～0.93
轴向柱塞泵	750～3000	25～800	160～320	0.82～0.92
径向柱塞泵	960～3000	5～160	160～320	0.90

3. 执行机构　执行机构将液压能转换成直线运动或旋转运动的机械能。

（1）液压缸　液压缸将液压能转换成直线运动的机械能，它的工作原理和符号简图与气缸类似，由于液压缸的压力比气缸要高得多，因此液压缸的密封问题相对比较重要，它要避免泄漏的现象。液压缸的特性，见表5-12。

（2）液压马达　液压马达将液压能转换成旋转运动的机械能。液压马达的工作原理和符号简图与气动马达类似，但液压马达的转矩比气动马达要大得多。通常液压马达的结构与液压泵相同，在许多场合液压泵可直接作为液压马达使用。

4. 液压阀

（1）方向控制阀　方向控制阀是改变、开启或关闭在液压系统中油液的流通路径，即控制执行机构的运动方向和性能。

液压系统的换向阀与气动换向阀的工作原理和符号简图相同，这里不再作详细介绍，下面介绍其它两种常用的换向阀。

1）电磁换向阀　电磁换向阀可以用电信号来操纵换向阀动作，它是液压能和电能之间的连接元件。

表 5-12 液压缸的特性

名　称	说　明	结　构
差动液压缸	面积比 2∶1 (活塞面积∶活塞环面积)	2∶1
平衡液压缸	受载面积相同 两面运行速度相等	$A_1=A_2$
带端位阻尼的液压缸	在速度停止时减小强烈的冲击	
伸缩液压缸	有较大的冲程	
倍压液压缸	提高压力	
串联式液压缸	用小型液压缸产生所需的较大力	

图 5-66 所示是弹簧复位的二位四通电磁换向阀。当线圈通电后，电磁铁心和电磁推杆在阀槽上作用压力，推动换向阀的阀芯换位，达到换向功能；当线圈失电后，电磁作用力消失，阀芯在复位弹簧的作用下使阀芯复位。

在液压控制系统中还经常用到三位四通弹簧对中的电磁换向阀，电磁阀在中位时可使液压缸在负载的情况下保持一定的状态。

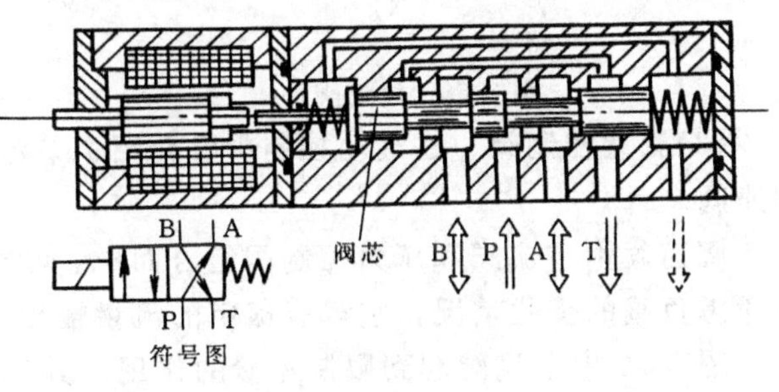

图 5-66 二位四通电磁换向阀

2）可控止回阀（可控单向阀） 止回阀是只允许一个方向上的流通而反向则截止。可控止回阀正向自由导通。反向是有条件的导通，若没有压力信号则为截止状态，若有压力信号则反向可导通。

图 5-67 是可控止回阀的结构原理图，油液从 A→B 为导通。油液从 B→A：无 Z 信号为截止状态；有 Z 信号为流通状态。

可控止回阀一般用在大型设备的安全锁定中。若大型的液压设备在运行过程中突然发生事故或故障，那么压力信号消失，设备无论运行在什么位置，都会被立刻“锁住”，因为可控止回阀的反向被截止，液压油路被阻截。

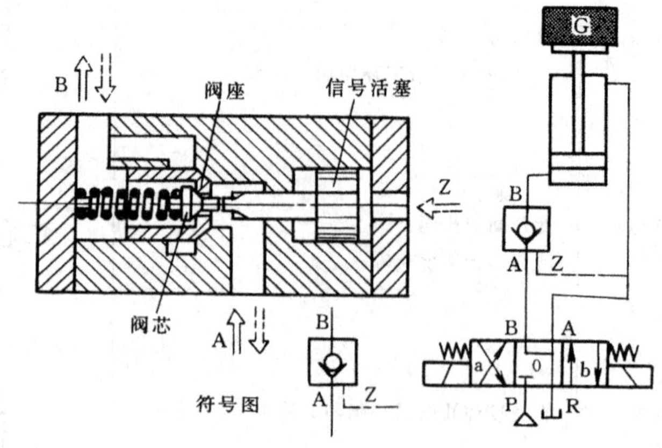

图 5-67 可控止回阀

(2) 压力控制阀

1) 溢流阀 溢流阀是液压系统中调定压力的常用阀，它是作用在阀芯上的液压力和弹簧调节的压力相平衡的原理来控制压力的。

图 5-68 是溢流阀的结构原理图，作用在阀芯上的液压力 $F=p\times A$（p 为系统压力，A 为阀座截面积），作用在阀芯上的弹簧力 $F=K\times X$（K 为弹簧的弹性系数，X 为弹簧的压缩量），当溢流阀的阀芯处于平衡临界状态时，液压力等于弹簧力，则 $p=\frac{K}{A}X$，即系统的压力与溢流阀弹簧的压缩量成正比（其中 K、A 皆为常量），这就是溢流阀的工作原理。

2) 先导式溢流阀 如果液压系统中的压力和流量都较大时，溢流阀的横截面和弹簧也需较大，当其值大到一定数值时，就必须使用先导式溢流阀。

先导式溢流阀由导阀和主阀组成，见图 5-69。通过控制较弱弹簧的导阀，能改变作用在主阀芯上的液压力，从而达到调节系统中高压力大流量的目的。

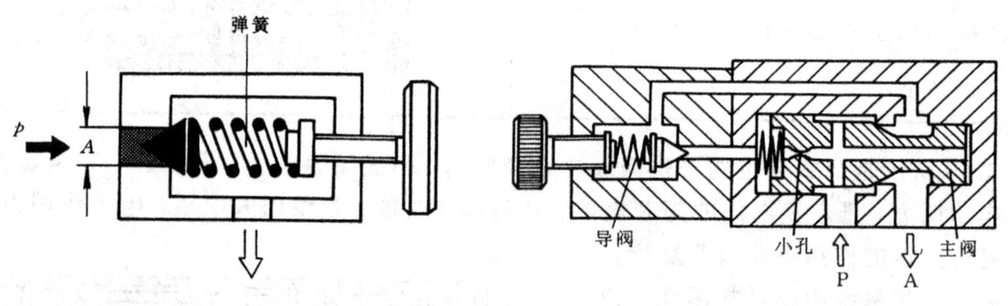

图 5-68 溢流阀

图 5-69 先导式溢流阀

(3)流量控制阀 在气动控制中已介绍了节流阀的工作原理，这里要介绍另一种流量阀——调速阀。

调速阀由节流阀和压力控制阀组合而成，见图 5-70。无论调速阀前后的压力如何变动，即不考虑负载的变化情况，它都有恒定的流量输出，使执行机构的运动速度保持恒定。

图 5-70 中节流阀起到限制流量的作用，其流量与 $\Delta p=p_2-p_3$ 有关，而压力控制阀起到压力被偿作用，使 $p_3A+F=p_2A$，（F 为弹簧力）即 $p_2-p_3=\frac{F}{A}$（常数），因此调速阀有恒定

流量的输出。

（4）比例阀　在电子液压系统中利用电信号与电磁阀来控制或改变压力、在流量或方向等液压参数，利用的电信号一般是数字控制系统的电信号，如开关信号等。在现代化设备中电子液压驱动的要求，并非数字控制系统所能全部完成的，它需要利用连续性地把电输入信号变成平稳的比例液压输出信号，比例阀就是能达到这种特性的液压阀。例如比例流量控制阀，其特性曲线见图 5-71，控制比例电磁阀的电压 U 相对应有一个流量控制值 Q，若电压增加 ΔU，则流量按比例地相应增加 ΔQ，这样通过调节电压 U 的值可达到改变和调节液压系统中流量 Q 的大小。

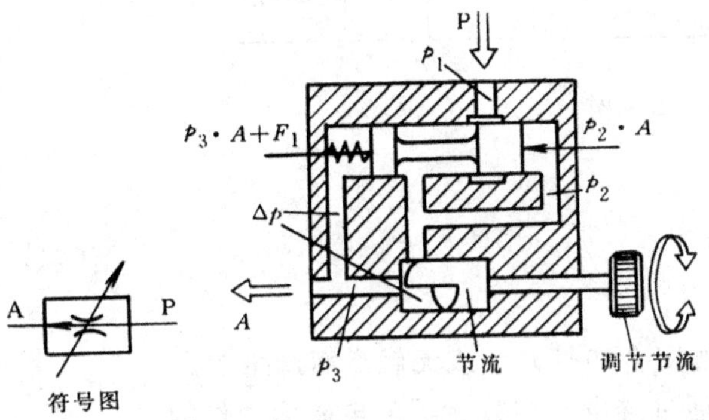

图 5-70　调速阀

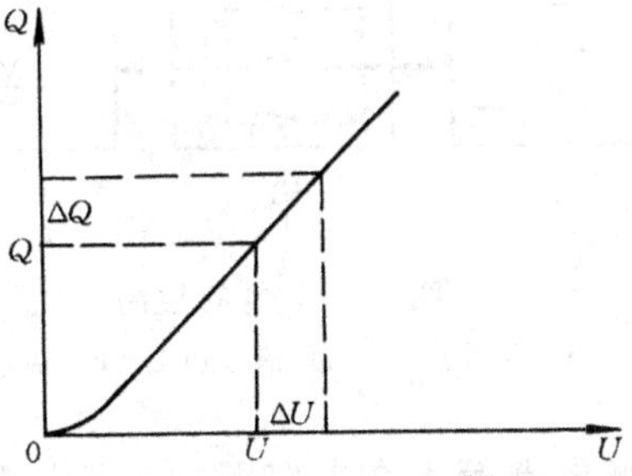

图 5-71　比例流量阀的特性曲线

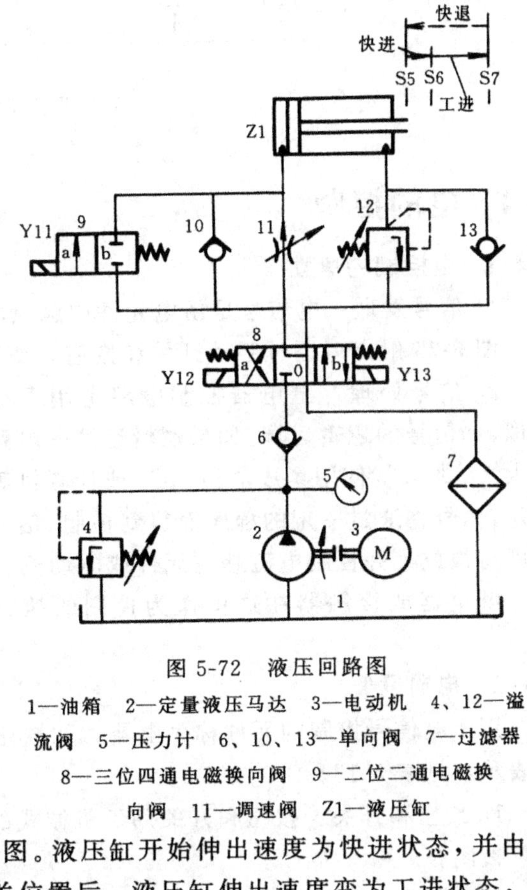

图 5-72　液压回路图

1—油箱　2—定量液压马达　3—电动机　4、12—溢流阀　5—压力计　6、10、13—单向阀　7—过滤器　8—三位四通电磁换向阀　9—二位二通电磁换向阀　11—调速阀　Z1—液压缸

5. 系统　图 5-72 是液压缸运动控制的回路图。液压缸开始伸出速度为快进状态，并由换向阀 9（电磁铁 Y11）控制；当到达 S6 限位开关位置后，液压缸伸出速度变为工进状态，工进速度由调速阀 11 控制，阀 12 使液压缸产生背压；当液压缸到达终端位置（S7 限位开关位置）后，其快速退回。液压缸的伸出和退回由换向阀 8（电磁铁 Y12 和 Y13）控制。

图 5-73 是液压缸的状态图，它表明液压缸运动状态和控制信号的连接。

图 5-74 是电控制的线路图，它表明电信号的相互作用关系。

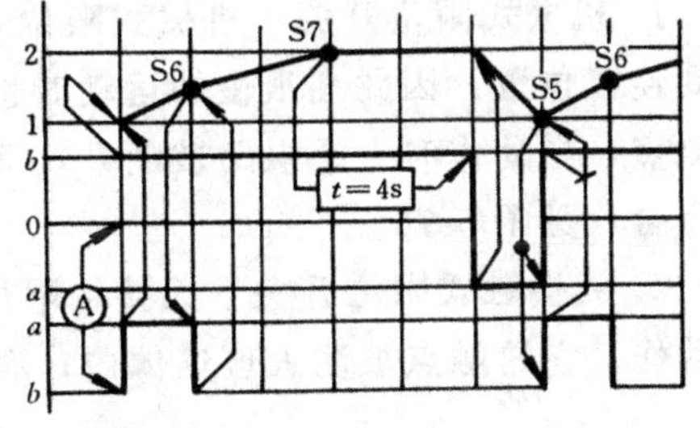

图 5-73　状态图

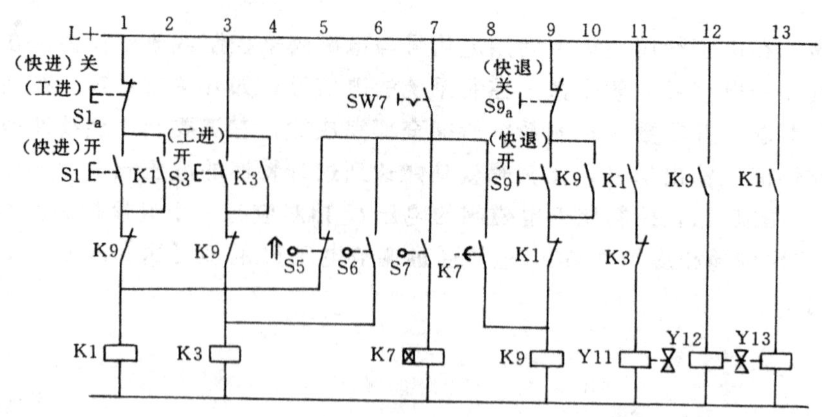

图 5-74 电路图

5.4 电的控制

5.4.1 电控制的建立

1. 信号发送 电信号是由电元件中触点的闭合和打开，或无触点而产生的。图 5-75 触点可通过手动开关和按钮，或通过继电器和接触器的电磁而动作的。

2. 信号处理 继电器控制电路是用于信号处理，如信号的逻辑运算。如果逻辑运算的电路耗能太大，那么就使用集成电路（IC）或计算机等来处理，信号将通过一定的程序而得到控制。信号处理后将被放大并控制电磁感应元件或电动机。

继电器或接触器在这里作为控制的执行元件。

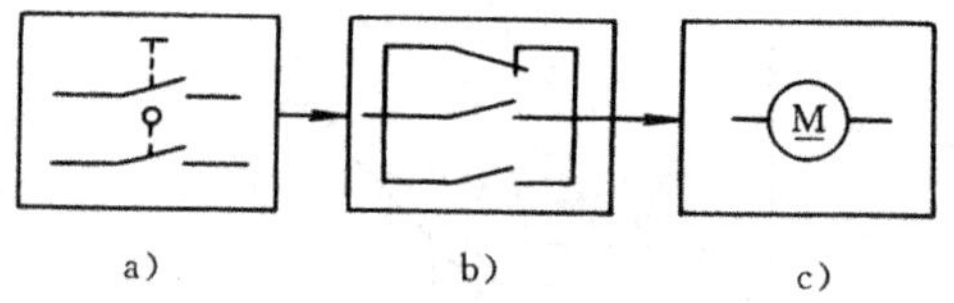

图 5-75 电的控制

a）信号产生 b）信号加工 c）驱动

5.4.2 电器设备

用于电信号控制的元件称为电器，如按钮开关或继电器等，在电路图中都用标准的符号来表示，见表 5-13。

1. 按钮和开关 按钮和开关用于机械式的信号，其触点在动作时常闭触点被打开或常开触点被闭合。

（1）限位开关 当机器或设备运行至一定的位置时，限位开关可产生一个电信号。

1）机械式限位开关 机械式限位开关有一个瞬时开关，它在一个确定的行驶点可靠地翻转到连接位置，因此在很慢的运动时也能保证有一个清晰的信号产生。限位开关的触点为转换触点，在动作时一个电路被断开，而另一个电路被闭合。即继电器常闭点被断开，常开点被闭合，见图 5-76。

2）无接触式限位开关 无接触限位开关是在没有机械接触的情况下，当机器设备接近时有动作。它的触点被注入玻璃体内，通过一个永久磁铁或借助于线圈的磁场而动作，见图 5-77。

3）无触点限位开关 无触点限位开关是处理电感、电容或光电的接近开关。

表 5-13 电路符号图例

图符	名称	图符	名称
	手动开关		接近开关
	压力按钮		继电器（闭合）
	手动		继电器（断开）
	滚轮开关（闭合）		继电器（闭合、断开）
	滚轮开关（断开）		继电器（电磁）
	紧急停止开关		

①电感式的接近开关对金属有反应。

②电容式接近开关对所有的材料都有反应，因此在工况条件较差的情况下易受干扰。

③光电式的接近开关对反射光有反应。为了防止外来光的干扰，一般使用红外线。

2. 继电器和接触器　由电磁场作用而动作的触点称为继电器或接触器。用继电器连接电路的功率可达到 1kW 左右，而用接触器连接电路的功率可更高。继电器和接触器有多个常闭触点和常开触点，这些触点都同时动作，它们主要用于信号处理。

1）控制电器的远距离操纵，见图 5-78a。

2）将弱控制信号放大到触点电路的大功率信号，见图 5-78b。

3）通过不同的常闭触点和常开触点来增加信号，见图 5-78c。

4）通过常闭触点和常开触点转换信号，见图 5-78d。

5）信号的逻辑运算电路，见图 5-78e。

6）通过自锁控制电路来进行信号的存储，见图 5-78f。

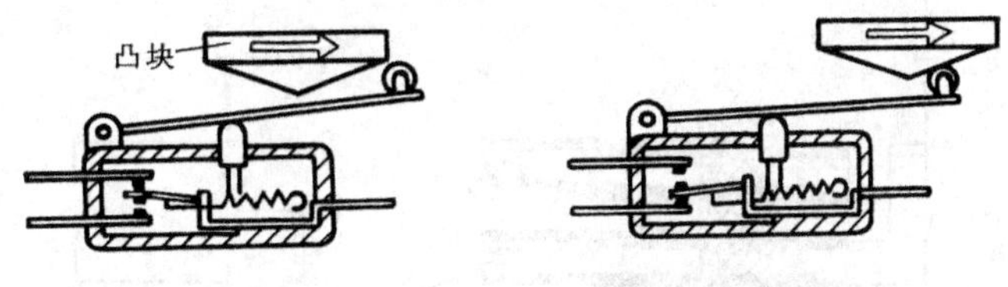

图 5-76　机械式限位开关

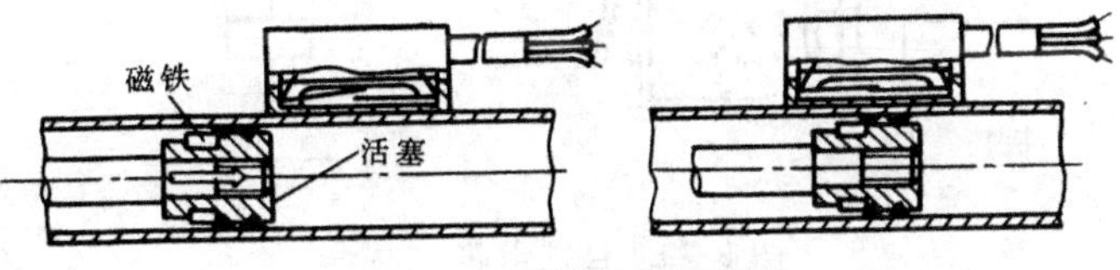

图 5-77　无接触限位开关

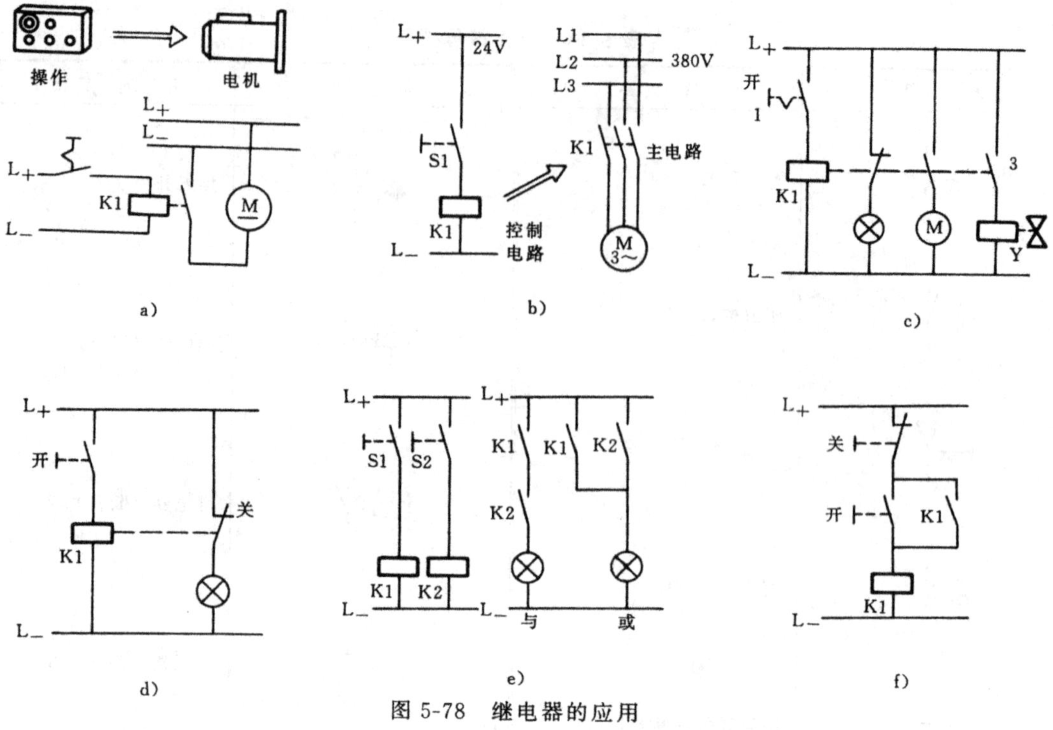

图 5-78　继电器的应用

a）遥控操作　b）放大　c）增加信号　d）转换　e）逻辑运算　f）存储

5.4.3　自锁控制电路

控制电路的很多情况是：一个短时间作用的信号必须存储较长的时间。用继电器自锁控制电路就可达到这个目的。

图 5-79 是自锁控制电器。当按下 S1 按钮后，继电器线圈的电流回路闭合，继电器 K1 的一个常开触头与接通按钮 S1 并联连接，一旦按钮 S1 释放，辅助触点 K1 同样能保持线圈电流，由此 S1 的信号被存储保留。通过第二个按钮 S2 可重新断开自锁电路。

5.4.4　电路图

控制电路的表示方法是电路图，它使用标准的电路符号和标记，见表 5-13，表 5-14。

图 5-79　自锁电路

表 5-14　导线和电器标记

导线	标记	电　器	标记
相线 1	L1	保护装置，如熔丝	F
相线 2	L2	报警装置，如信号灯	H
相线 3	L3	继电器、接触器	K
中线	N	电动机	M
正	L+	开关	S
负	L−	电操作装置，如	Y
保护导线	PE	电磁阀	

以串接形式表达的电路图中，可以识别单个电器相互间的关系，见图 5-80a，但这种电路图不能使人一目了然，更清楚地表示方式是用分解电路图，见图 5-80b。

从图 5-80b 中可以看出电流是从上面（L+）经过一条电流支路流向下面（L—）的，电路中的元件以并联电路相连接的，继电器和其它电器用一个符号表示。所有的电器都以控制电路的原始状态表示。

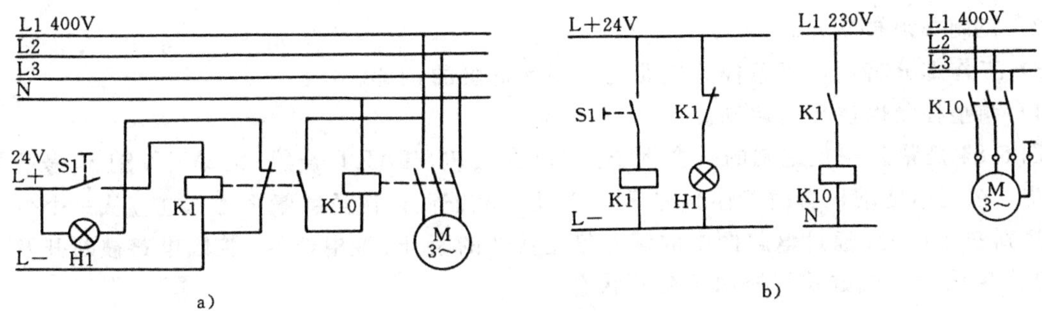

图 5-80　电路图

a）串接　b）分解

在电路中一般分为有继电器的控制电路和强功率执行元件及电动机连接的主电路，其作用是信号元件不与大电流的执行元件共同负载，此外通过使用 24V 的低电压可使控制部分避免接触高电压。

5.4.5　控制电路的应用

1. 简单控制

（1）二个电磁信号　图 5-81 中所示用两个电磁信号的二位四通电磁换向阀来控制气缸的伸出和缩回。当按钮 S1 产生信号，则 Y1 电磁铁作用使二位四通换向阀换向 a 位，气缸伸出；当按钮 S2 产生信号，则 Y2 电磁铁作用使换向阀换向 b 位，气缸缩回。因为这个二位四通换向阀具有记忆功能，因此不需要用继电器的自锁电路来存储信号。

（2）一个电磁信号　图 5-82 所示为用一个弹簧复位的二位四通电磁换向阀来控制气缸的运动状态。当 Y1 有电磁信号时，换向阀换至 a 位，气缸伸出；一旦 Y1 消失信号，则换向阀弹簧复位至 b 位，气缸缩回。控制的继电器必须通过自锁来存储 Y1 的信号，当需要气缸缩回时，只需解除自锁即可。

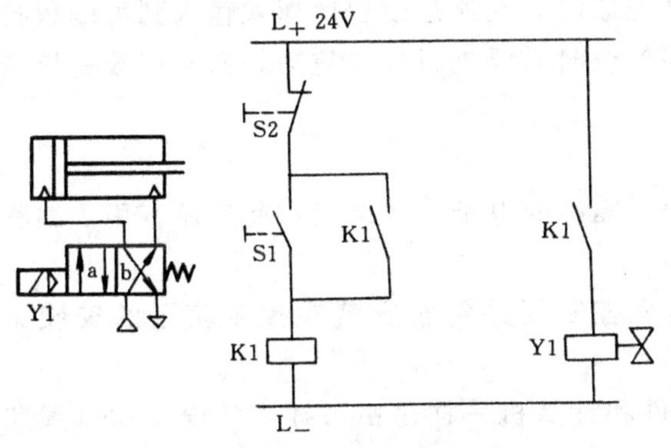

图 5-81　气缸控制电路图（两个电信号）

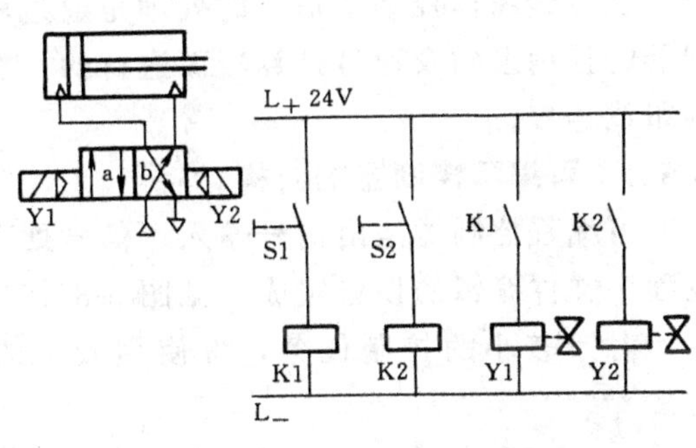

图 5-82　气缸控制电路图（一个电信号）

2. 单次运行和循环运行　图 5-83 是气缸单次运行和循环运行的选择电路图，在持续运行时启动信号必须通过一个常开触点 K3 的并联电路而绕道，这个常开触点将通过一个继电器连接成自锁电路。

3. 紧急停止操作　紧急停止装置应使正在工作的机器或设备在危险的情况下紧急停止，以免人员受伤害或损坏机器，它必须做到下列几点：

1）程序必须立即中断。

2）控制必须被断开。

3）工作部分将通过紧急停止电路运行到无危险的位置。

4）调整控制以便重新启动。

图 5-84 是紧急停止控制的一个例子。气缸在按钮 START 开始（启动）和 S1 信号的控制下伸出，在到达终端位置时产生信号 S2，并使气缸缩回。在紧急停止时气缸应从每个位置都能回复到初始位置，通过电路图中的紧急停止按钮的断开，继电器 K3 控制电路被断开及电磁阀 Y2 产生信号，气缸就可缩回至初始状态。

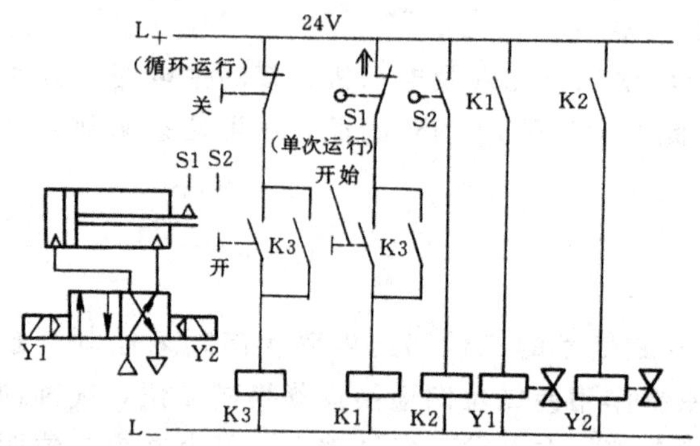

图 5-83　气缸控制电路图（单次、循环）

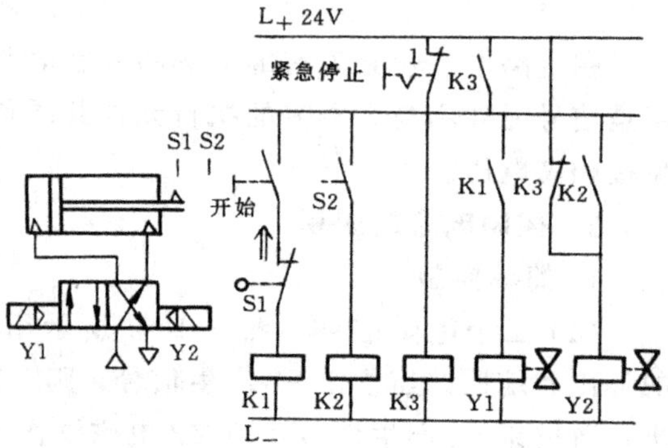

图 5-84　气缸控制电路图（紧急停止）

5.5　可编程控制器（SPS）

气动、液压和电的控制是通过导线将其元件（如阀或继电器等）相互连接来处理信号，这种控制为布线连接控制。

在存储编程控制中信号的处理是通过软件来完成的。它通过以程序形式输入到可编程控制器的控制语句及通过计算器而进行的。在程序修改时只要进行程序重写，而不用改变导线的布线连接。

5.5.1　可编程控制器的结构

可编程控制器是由信号输入、信号处理和信号输出的电子模块组成，此外还有用于编程及程序文件编辑的设备组成，见图 5-85。

对于较小的控制任务，可使用较小的可编程控制器并将它安装在控制箱里的安装架上。

1. 可编程的组件　包含数据处理的 SPS 组件和计算机一样是由可插入的电子印刷线路板组成，它还可扩展输入和输出以及程序存储器。

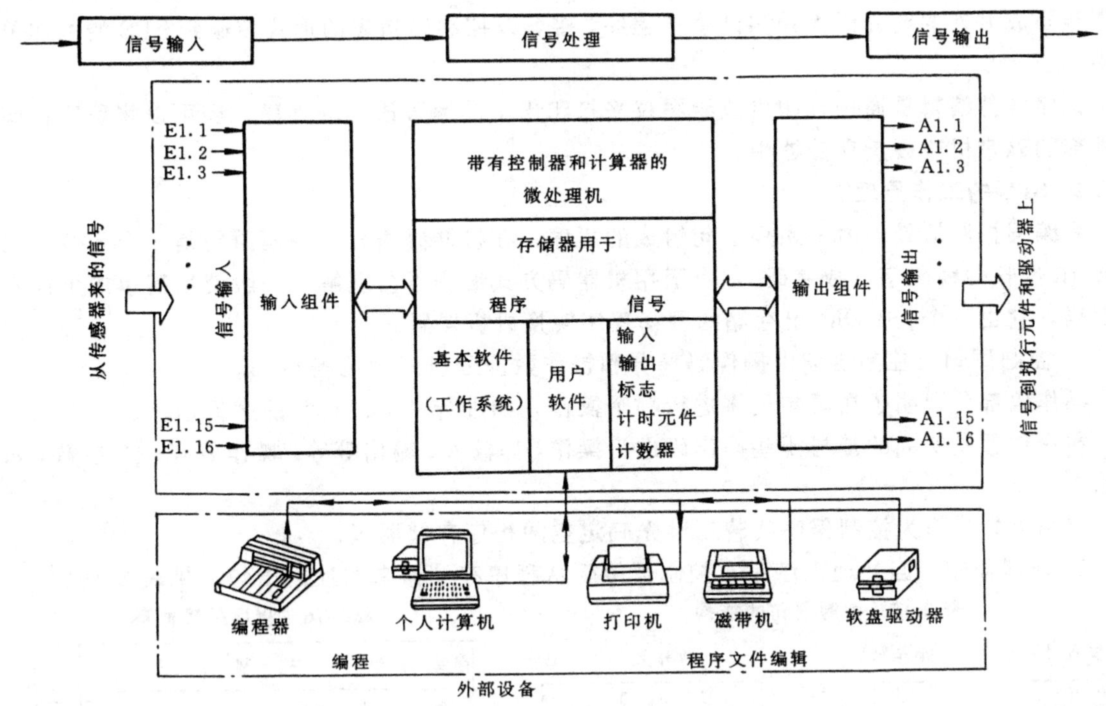

图 5-85 可编程控制器结构

(1) 输入组件　输入信号大多为二进制信号，如接受由传感器来的信号再传送给处理单元，信号状态（1—信号）经常通过发光二极管来显示。

输入组件被细分为每 8 个或 16 个二进制输入端，它们通过输入组件 1，输入位 2 就用 E1.2 来表示。

(2) 输出组件　同样输出组件也被分为每 8 个或 16 个二进制输出端，编号引入 A1.0 至 A1.7。

下面是二个输出信号的举例：

1) 二进制直流电压信号（24V、20mA）用于连接电磁阀的驱动。

2) 从交流电开关来的信号（50Hz、220V）用于直接控制电动机或加热器。

(3) 处理单元　信号处理的核心是带有控制器和计算器的一个 8 位、12 位或 16 位微处理机，它有以下几个任务：

1) 通过工作系统启动 SPS。

2) 扫描输入信号。

3) 处理与输入程序相宜的输入信号。

4) 将中间结果存储在中间存储器里。

5) 输出信号输送到执行元件和驱动器上。

2. 可编程控制器的外部设备　可编程控制器的外部设备是用于编程和程序文件编辑的设备。

在编程器中控制语句表的程序是通过键盘输入的，每条控制语句可通过显示器来检查，程序输入结束后，程序将装载到处理单元中去。

编程的程序可以用逻辑功能图、接点梯形图或电流图方式来编程，输入结束后计算机将程序转换成另外的编程语言并测试模拟程序，接着以控制语句表的形式装载到SPS的处理单元中。

程序文件编辑是通过打印机或绘图仪来打印出不同编程语言的程序，还可以将程序存储在外部的磁带机或硬盘存储器中。

5.5.2 SPS 的工作原理

可编程控制器处理由一系列语句组成的程序，在机器码语言中控制语句是一个 8 位、12 位或 16 位长的编码字（数字码），由于用机器码方式编程不易理解，一般使用简单的可标志的编码，它由一个在 ROM 里存储的翻译程序转换成机器码。

1. 控制语句　控制语句由操作码部分和操作数部分组成，见表 5-15。

操作码部分说明了在语句里将进行哪个操作，如进行一个“与”的逻辑运算。

在操作数里所列的是与哪些操作码进行操作，如输入、输出等等。操作数有一个参数，如 E01.2。

控制语句将作为控制程序装载到事先确定空的程序存储器里。

2. 处理程序　当处理程序时，控制器接受从程序存储器来的控制语句，见表 5-16。

表 5-15　控制语句的结构

存储位置号码	操作码	操作数
1 0 0 2	U	E 0 1.2

操作码			
二进制		编制的	
U	与	NOP	零操作码
O	或	( )	括号
N	非	=	赋载
UN	与非	L	装载
ON	或非	SPA	绝对跳跃
S	置位	SPB	有条件跳跃
R	复位	SPU	在子程序里跳跃
ZV	正向计数		
ZR	反向计数	BE	程序结束
I	增量		
D	减量		

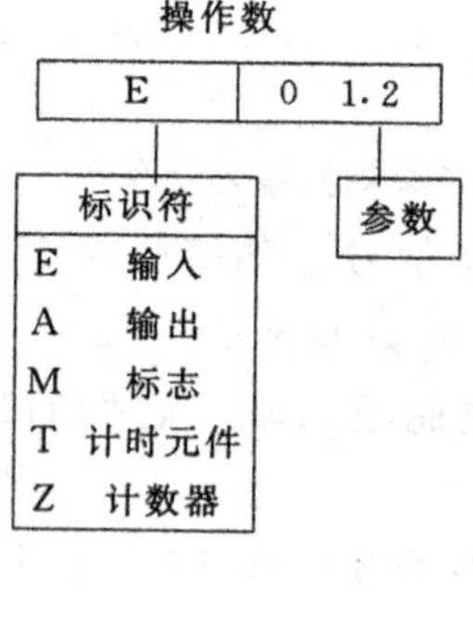

表 5-16　程序处理循环

存储器地址	控制程序	
0000	1 语句	
0001	2 语句	
……	……	
……	……	
0064	UE1.1	与逻辑
0065	UE1.2	运算
0066	=A1.1	
……	……	
……	……	
0083	BE　(最后一条语句)	

处理语句 UE1.1 时将扫描在存储器地址 0064 里输入端 E1.1 的二进制信号，如果它的值为 0 时，那么输出端 A1.1 的值为 0；如果它的值为 1 时，而 E1.2 的信号状态同样也为 1，那么 A1.1 得到 1 值（“与”的逻辑运算）。

程序的最后语句（BE）是一条跳回起始程序的无条件跳跃语句。程序在不断地循环中运行，一个循环的时间仅需几个微秒就完成。在此总是重新扫描输入端的状态，处理程序，中间结果存放在信号存储器（标志）里继续处理，在程序结束时结果信号传递到输出端。

3. 标志　标志是信号存储器的 1 个存储单元，二进制逻辑运算的中间结果存储在标志里，当程序的其它位置需要它时，再重新调用它。

在内部相互连接的逻辑电路中，用标志构成了中间结果，由此使得程序简单化并一目了然，这样更易寻找出故障。

4. 计时器和计数器　在信号存储器里还存储计时器和计数器的值。

每个计时级有一个起动输入端和一个输出端，它们通过程序而动作。每个计数器有一个脉冲输入端、一个释放输入端和一个输出端。

5.5.3　编程语言

1. 编程　编程是以编程语言控制语句表、接点梯形图和逻辑功能图而实现的。

(1) 控制语句表（AWL）　控制语句表是由一系列规范的控制语句组成的，见表 5-17。为了建立和输入控制语句表，可编程控制器用一个键盘来完成，通过编程器的数字和功能键可以修改程序，从外部存储器读入程序，将程序传送到外部存储器，给出表达程序的指令及起动程序。

(2) 接点梯形图（KOP）　接点梯形图与电路图的结构一样，电流支路总是以水平方向描述，以便能通过键盘在 PC 的屏幕上建立梯形图并用打印机打印出来，见图 5-86。

表 5-17　控制语句表

存储器地址	控制语句表	说　明
0000	UE1.1	装载输入端 1.1 的信号
0001	UE1.2	与输入端 1.2 进行与逻辑运算
0002	UNE1.3	与输入端 1.3 非端进行与逻辑运算
0003	=A1.1	结果赋值给输出 A1.1
0004	BE	程序结束

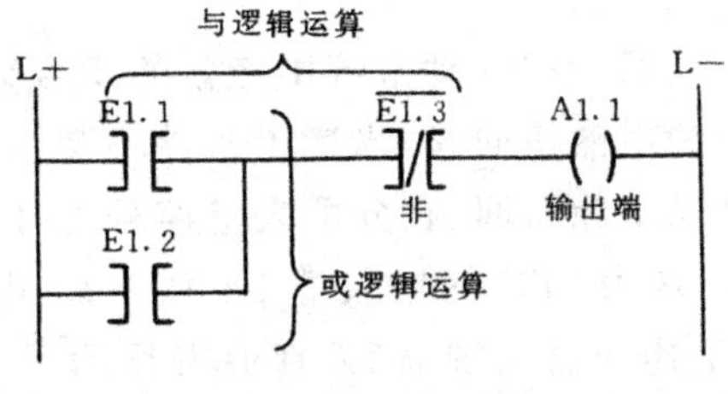

图 5-86　接点梯形图

由电器设备的常开触点、常闭触点和线圈符号所构成的符号在接点梯形图里是 SPS 的输入和输出信号，这些信号相互进行逻辑运算并且结果作为接通指令输出。

表 5-18　逻辑功能图

符　号	说　明
E1、E2、E3 → & → A E1、E2、E3 → ≥ → A E →○ → A	E1 与 E2 与 E3=A E1 或 E2 或 E3=A E 非=A
A / B	步：A=步号码 B=文字解释
A | B | C	指令：A=指令的种类 S=被存储 NS=不被存储 D=延迟 T=时间限制 B=指令作用 C=继续连接的返回信号

(3) 逻辑功能图（FUP）　逻辑控制线路在逻辑功能图里是用标准的逻辑电路元件的符号表示，见表 5-18。在步进控制电路中将使用附加的步进符号和指令符号。

具有步符号的步进控制仅显示控制的粗结构，因此控制的步骤分步是由特殊的设备技术图形来表达。

在细结构里表达了每步中的具体程序，见图 5-87。

存储器是一个 RS 触发器，通过在置位输入端 S 的 1—信号使得存储器的输出端 A 有一个 1—信号。通过 R 端的复位信号存储器的输出重新清除。

在步进控制的步进链里总是只有一个步被置位，对此步的输入条件必须满足和前一步的准备信号必须到位。

2. 分配表　编程前在一个分配表里配置了输入元件，如无接触传感器，按钮或者开关需在SPS有输入端的地址，见表5-19。

同样输出元件如电磁阀、继电器、连接器或灯报警器等也必须有输出端的地址。

在一个SPS程序里仅允许控制器的输入端和输出端地址作为地址来使用。

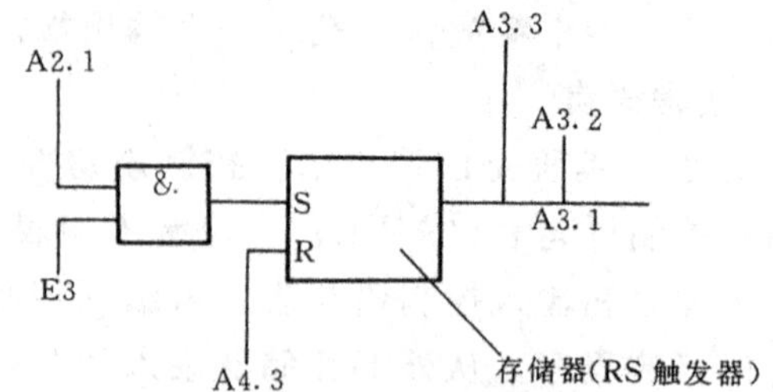

图5-87　步的细结构

A2.1—前一步的预备信号　A3.1—下一步的预备信号　A3.2—执行元件的接通信号　A3.3—作为前一步的清除信号　E3—从终端来的信号　A4.3—从下一步来的消除信号

5.5.4 编程

1. 逻辑电路控制

例1　在一个冲压设备里，如果按钮开关S1动作，无接触的传感器B1显示防护网闭合，那么带有冲压模的气缸允许伸出。如果逻辑条件不满足，那么气缸马上缩回，见图5-88。

解　在气动系统中经常使用带弹簧复位的电磁换向阀，当逻辑条件不满足时，气缸马上能缩回。在分配表里信号元件S1和B1作为SPS的输入端E1和E2，电磁阀Y1作为输入端A1，真值表显示了E1和E2的"与"逻辑运算关系。这种"与"逻辑运算同样可用逻辑功能图、梯点梯形图以及控制语句表来表示，见图5-89。

表5-19　分配表

开关/按钮	SPS输入端	继电器	SPS输出端
S1	E1.1	K1	A1.1
S2	E1.2	K2	A1.2
S3	E1.3	K3	A1.3

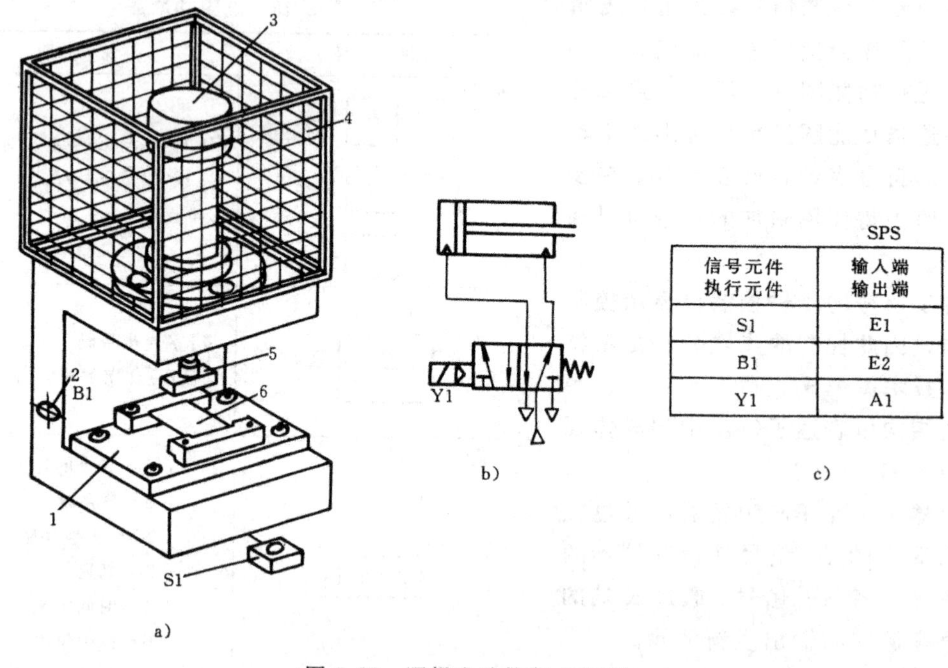

图5-88　逻辑电路控制（例1）

a）位置图　S1—开关　1—支架　2—传感器　3—气缸　4—防护网　5—冲压机　6—工件　b）回路图　c）分配表

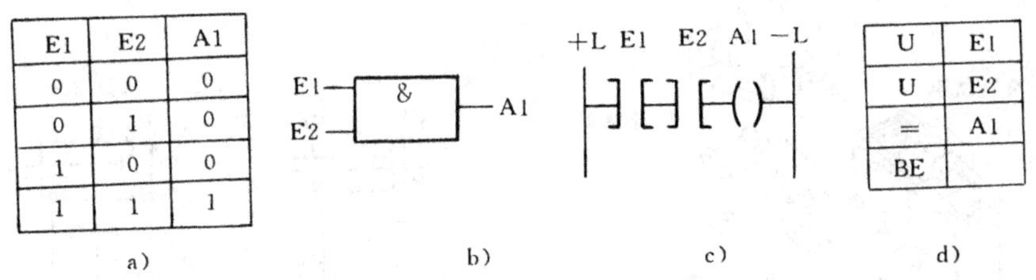

图 5-89 题解 1

a) 真值表 b) 逻辑功能图 c) 接点梯形图 d) 控制语句表

例 2 在冲压设备上（例 1）用一个按钮开关 S2（SPS 输入端 E2）可调整为一个其它的连接线路。如果 S1（SPS 输入端 E1）或 S2 及 B1（SPS 输入端 E3）有信号为 1，那么允许气缸伸出。如果 S1 和 S2 同时动作，那么气缸伸出动作取消。

解 在真值表中输入信号 E1、E2 和 E3 下面的 0 行至 7 行里写出二进制数 000 到 111，它说明了三个二进制信号元件的所有信号组合的可能性。在第 3 行和第 5 行中的信号是满足逻辑条件的，也就是说 A1 在这些行里有 1 信号，见图 5-90。

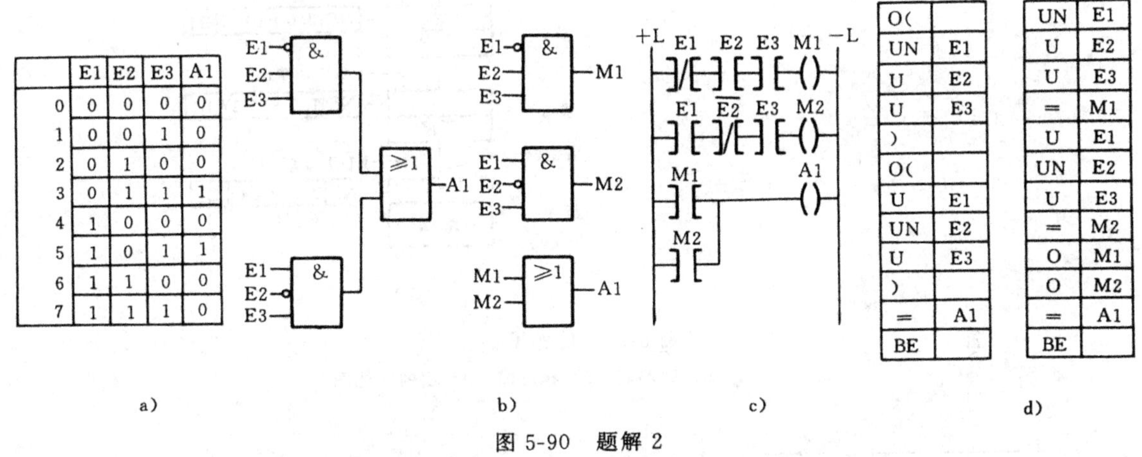

	E1	E2	E3	A1
0	0	0	0	0
1	0	0	1	0
2	0	1	0	0
3	0	1	1	1
4	1	0	0	0
5	1	0	1	1
6	1	1	0	0
7	1	1	1	0

O(	
UN	E1
U	E2
U	E3
)	
O(	
U	E1
UN	E2
U	E3
)	
=	A1
BE	

UN	E1
U	E2
U	E3
=	M1
U	E1
UN	E2
U	E3
=	M2
O	M1
O	M2
=	A1
BE	

图 5-90 题解 2

a) 真值表 b) 逻辑功能图 c) 接点梯形图 d) 控制语句表

2. 步进控制的编程

例 在传送设备中，一个滚柱轨道上出现的工件是由在气缸 1.0 装载位置旁的无接触传感器 B0 检测的，如果 B0 给出 1 信号，那么气缸 1.0 伸出，将工件提升到上面滚柱轨道的高度，接着气缸 2.0 伸出，又将工件推入高的滚柱轨道上，然后气缸 1.0 回到初始位置，最后气缸 2.0 缩回，见图 5-91。

解 如果工件存在（B0 有 1 信号）和气缸在初始位置（B1 和 B3 有信号），那么就能开始运行。

这些信号的“与”逻辑运算结果使得第一个存储器的输出端 A1 为 1（步 1），接通电磁阀 Y1，同时对第二步给出预备信号，如果气缸 1.0 伸出和信号 B2 产生，那么第二步的输出端 A3 才被置位。A3 的信号接通电磁阀 Y3，预备第三步且给出第一步存储器的复位信号，见图 5-92。

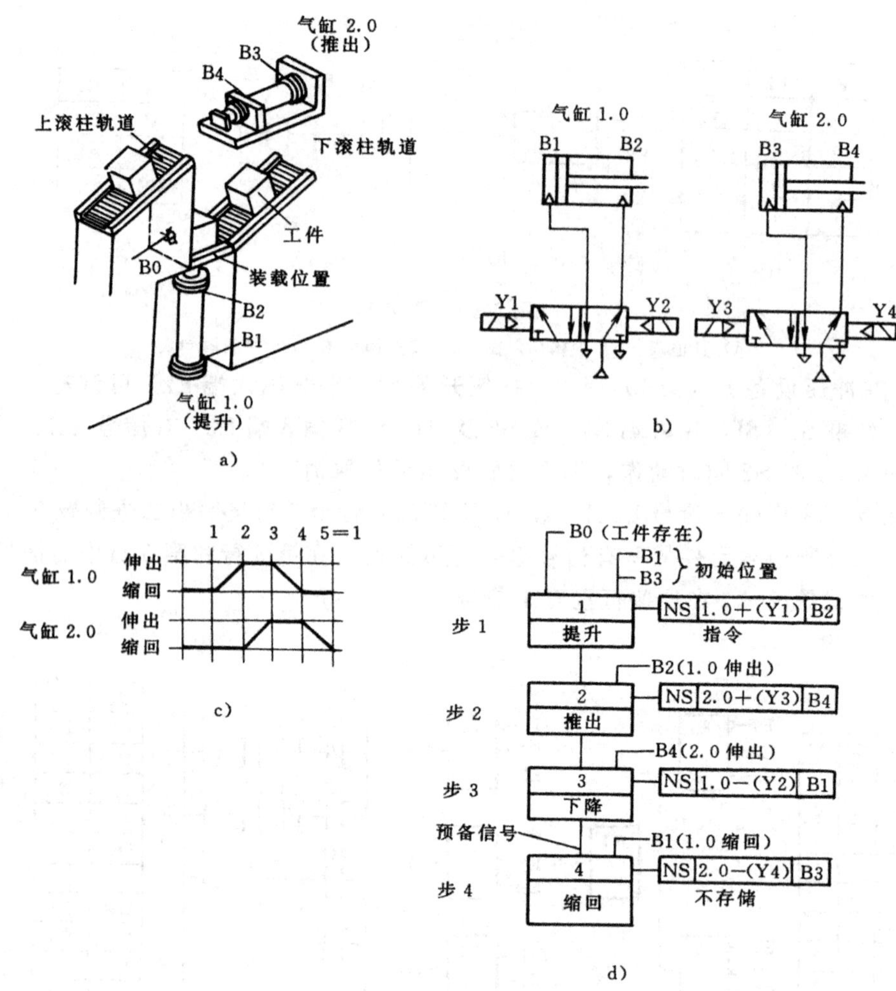

图 5-91 传送设备

a) 位置图 b) 回路图 c) 状态图 d) 粗的功能图

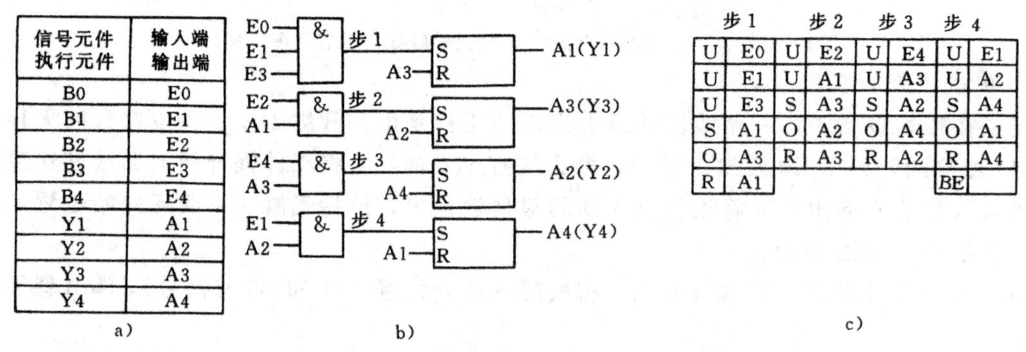

信号元件 执行元件	输入端 输出端
B0	E0
B1	E1
B2	E2
B3	E3
B4	E4
Y1	A1
Y2	A2
Y3	A3
Y4	A4

a)

步 1		步 2		步 3		步 4	
U	E0	U	E2	U	E4	U	E1
U	E1	U	A1	U	A3	U	A2
U	E3	S	A3	S	A2	S	A4
S	A1	O	A2	O	A4	O	A1
O	A3	R	A3	R	A2	R	A4
R	A1					BE	

c)

图 5-92 传送设备题解

a) 分配表 b) 细的功能图 c) 控制语句表

用这个方法整个控制顺序一步一步被连接起来，直至重新到达初始状态，下一个工件开始下一次的循环。

5.6 数字控制（CNC）

5.6.1 数控的含义

数控技术主要用于机床控制，以前数控是指数字控制，简称 NC，而 CNC 则是指计算机数字控制 Computer numerical control。现在数控则通常是指 CNC。随着计算机技术的发展，CNC 技术也发展很快。

常规机床的操作基本上是用手来完成的，而数控机床的操作主要是由数控程序来完成的。

按加工方式分类，数控机床可分为：

1）点位控制数控机床。

2）直线控制数控机床。

3）连续控制数控机床。

点位控制数控机床仅控制刀具相对于工件的准确终点坐标位置，而对刀具从一个坐标点到另一个坐标点的移动轨迹不加控制，因此，刀具在移动时是不切削工件的。数控钻床，数控镗床，数控冲床等都属于这一类，见图 5-93。

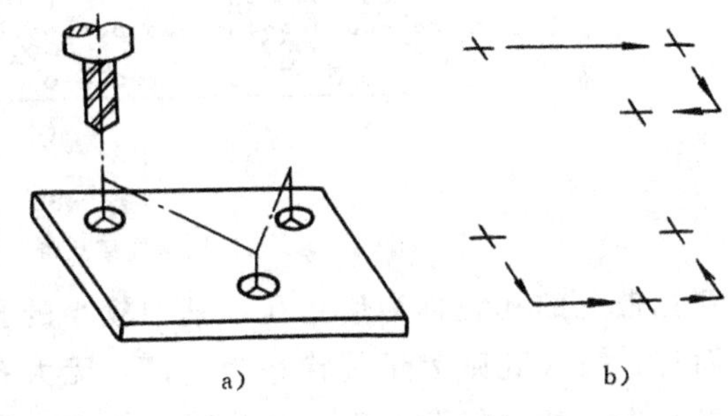

图 5-93 点位控制

直线控制数控机床除了点位控制数控机床的功能外，还要控制刀具从一个坐标点到另一个坐标点的直线移动轨迹和移动的速度（进给量）。这类机床，现在已经逐步被采用连续控制的数控机床取代了，见图 5-94。

连续控制数控机床，又称轮廓控制机床，能够同时对两个或两个以上坐标方向的各种轨迹运动，按一定的规律进行准确的连续控制，运动轨迹可以是直线，曲线或曲面。现在的数控机床，绝大部分是此类机床，见图 5-95。

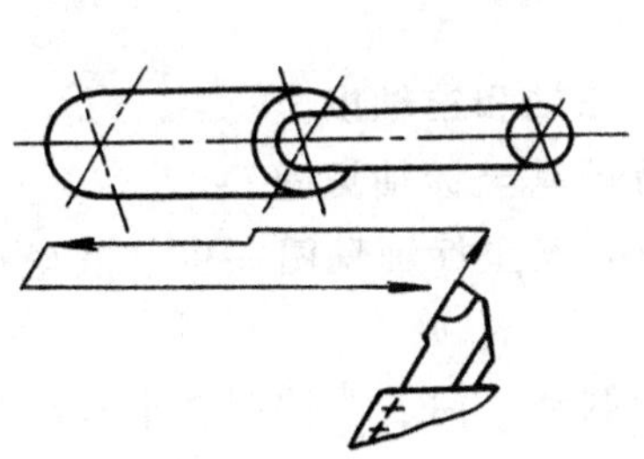
图 5-94 直线控制

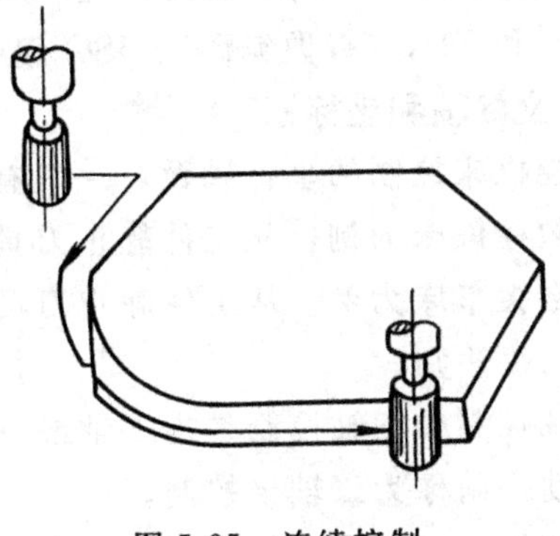

图 5-95 连续控制

5.6.2 数控编程与信息载体

被加工工件的形状和尺寸，切削用量，是编程的依据。根据这些信息，制订工艺步骤，将每一步骤用一定的语句记录下来，这些语句一般包括：工件或刀具的转速，进给量，冷却、润滑的方式，刀具或工件的运动轨迹。写下这些语句，数控程序就完成了。

将数控程序输入数控机床中的计算机，即完成数控编程任务。输入了计算机中的数控程序可以永久的保存下去（除非人工删除或计算机被损坏）。

一般数控机床的计算机是不带硬盘的，而其内存也有限，所以，有许多程序需保存在另外的介质中，如磁盘和纸带。这些介质一般称信息载体。

有些数控机床配有单独的编程机，这样，编程时不影响数控机床的加工，通过这些信息载体，编程机同数控机床就能进行信息传递。

纸带又称穿孔带（见图 5-96），是目前常用的数控信息载体之一。穿孔带有五排孔的和八排孔的。八单位穿孔带记载的信息较多，有偶数编码和奇数编码。

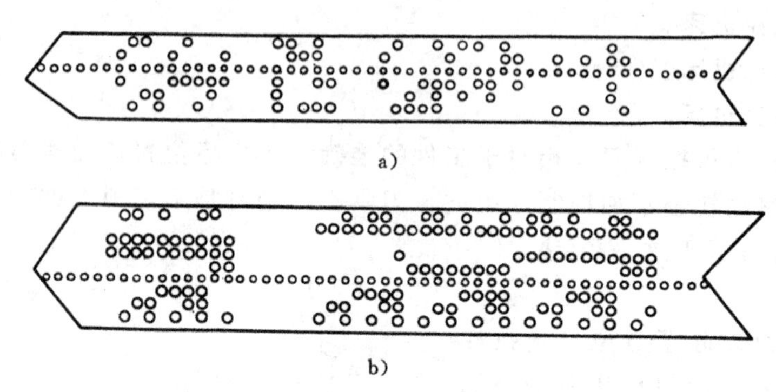

图 5-96　穿孔带

a）五单位穿孔带　b）八单位穿孔带

穿孔带上的孔统称为信息孔，其中较小的孔称为同步孔，较大的孔称为信号孔。对脉冲信号而言，有大孔则表示其状态为“1”，无大孔则表示其状态为“0”。

穿孔带上的一行孔表示一个代码，它可以是代表数字的数码，也可以为代表文字的字码（如 CR 及 Delete）或是为代表符号（如＋－×÷）的符号码。

代码的组合，即是数控装置的“语言”，按特定编码排列的代码，可以表示出根据图样而编制的加工程序。不同的数控装置所采用的代码不一定相同。常用的有 ISO—R840 代码（偶数编码）和 EIA（奇数编码）。ISO 编码表，见表 5-20。

5.6.3　坐标轴和坐标系

数控机床控制的坐标轴数，一般有二轴、二轴半、三轴和三轴以上。

以数控铣床为例，从工件静止刀具运动的角度来看，其坐标轴见图 5-97。

以数控车床为例，从工件静止刀具运动的角度来看，其坐标轴见图 5-98。其坐标的设定都符合右手法则。

二轴控制或三轴控制是指二轴或三轴能同时运动即联动，而三个控制轴中只能是任意二个轴联动，则称为二轴半控制。

在数控机床上有机床坐标系，在工件上有工件坐标系，在编制数控程序时，有编程坐标系，三个坐标系的 X、Y、Z 方向是一致的。但坐标系的零点不同。

机床零点在开机时由机床设定，设定方法各类机床都有说明。在编程时，一般是将编程零点同工件零点重合，数控机床加工前，将工件零点或编程零点用某种方式输入数控装置。机床在输入工件零点后，机床零点即不起作用了，刀具即按工件坐标系运动了。

表 5-20　ISO 编码表

代码符号	代码孔								
	8	7	6	5	4	同步	3	2	1
0			●	●		●			
1	●		●	●		●			●
2	●		●	●		●		●	
3			●	●		●		●	●
4	●		●	●		●	●		
5			●	●		●	●		●
6			●	●		●	●	●	
7	●		●	●		●	●	●	●
8	●		●	●	●	●			
9			●	●	●	●			●
A		●				●			●
B		●				●		●	
C	●	●				●		●	●
D		●				●	●		
E	●	●				●	●		●
F	●	●				●	●	●	
G		●				●	●	●	●
H		●			●	●			
I	●	●			●	●			●
J	●	●			●	●		●	
K		●			●	●		●	●
L	●	●			●	●	●		
M		●			●	●	●		●
N		●			●	●	●	●	
O	●	●			●	●	●	●	●
P		●		●		●			
Q	●	●		●		●			●
R	●	●		●		●		●	
S		●		●		●		●	●
T	●	●		●		●	●		
U		●		●		●	●		●
V		●		●		●	●	●	
W	●	●		●		●	●	●	●
X	●	●		●	●	●			
Y		●		●	●	●			●
Z		●		●	●	●		●	
+			●		●	●		●	●
—			●		●	●	●		●
*	●		●		●	●		●	
/		●		●	●	●	●		

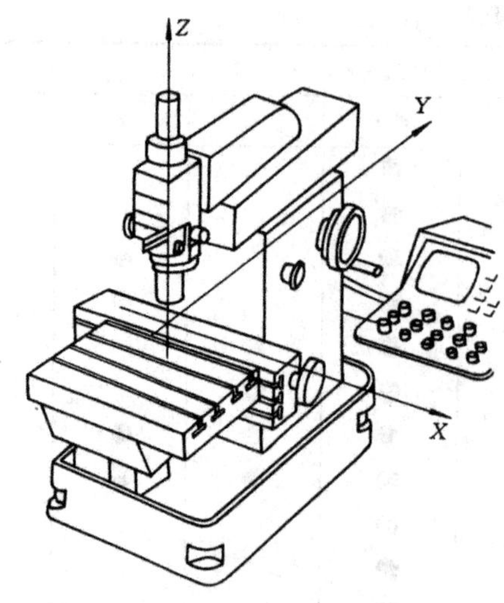

图 5-97 数控铣床坐标系

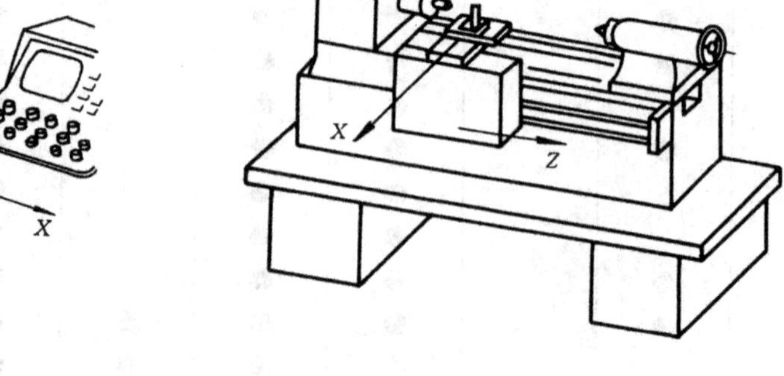

图 5-98 数控车床坐标系

5.6.4 加工举例

铣削如图 5-99 所示工件，将工件装夹在工作台上，定出工件零点，见图 5-100。输入数控装置。

编程

N0	G17	T1			
N1	G0	X20	Y20	Z1	
N2	G1	Z-5	F100	S1000	M8
N3	G1	X60	Y60		
N4	G0	Z2	M8		
N5	G0	Z50	M30		

即形成了完整的数控程序。

编程可以直接用数控装置上的键盘输入，也可在单独的编程机上输入，然后通过穿孔带或磁盘输入数控机床。

在机床上加工后，即可得到如图工件。

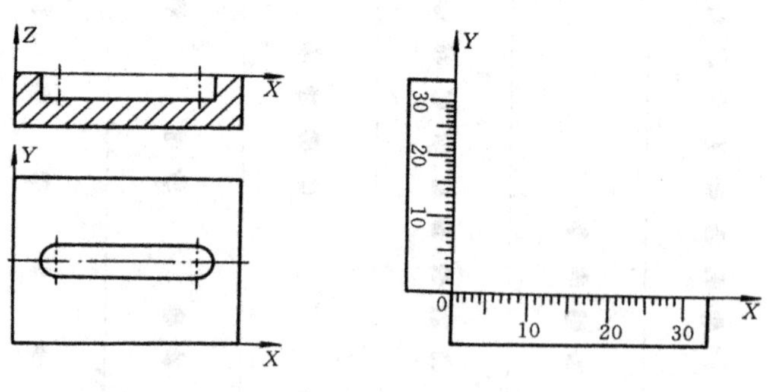

图 5-99 零件图和工件坐标系

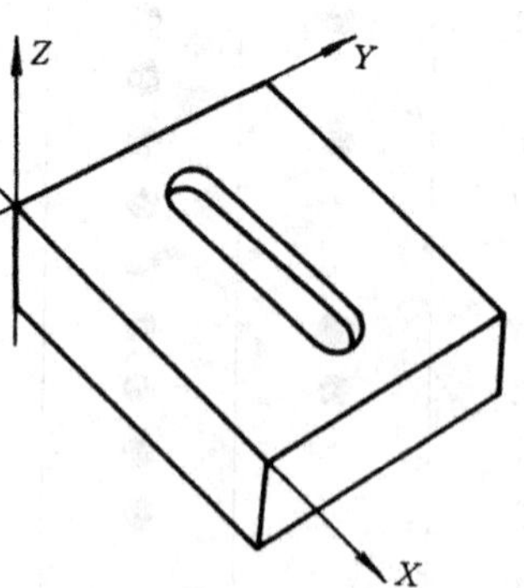

图 5-100 工件立体图

6 计 算 机

6.1 计算机简介

1. 人、机比较 人的运算、判断和思维，都是通过人的感觉器官接收信息，由大脑加工思考，并将信息储存在记忆中，最后用语言、文字、行为等方式反映出结果，见图 6-1。

而计算机能按照程序迅速地自动完成计算过程，逻辑运算，收接、加工、处理及储存各种数据。其工作流程是数据和程序输入、加工处理、输出。

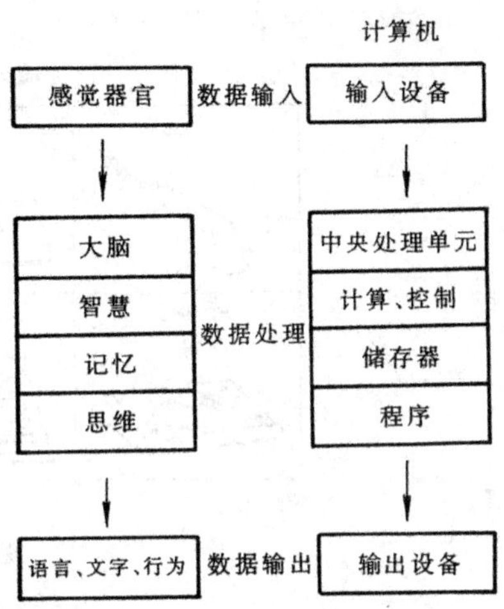

图 6-1 人与计算机比较

2. 计算机发展和应用

(1) 发展 计算机的发展可分成以下四个阶段：

1) 电子管计算机（1946 年～1957 年）。

2) 晶体管计算机（1958 年～1964 年）。

3) 集成电路计算机（1964 年～1972 年）。

4) 大规模集成电路计算机（1972 年～至今）。

(2) 应用

1) 科学计算 计算机能进行大量的精密计算。

2) 数据处理 计算机能进行各种管理，实现办公室的自动化。

3) 控制 计算机能收取各种信息，并进行加工、比较、运算，最后起到控制作用。

4) 辅助设计 利用计算机的计算和绘图功能，在机械、电子、建筑等方面的工程设计中，极大提高了质量和效率。

6.2 计算机的组成

6.2.1 硬件

计算机由运算控制单元（CPU）、存储器、输入设备、输出设备等部件构成，见图 6-2。

1. 运算控制单元（CPU） 运算控制单元又称中央处理单元或微处理器，是计算机的重要组成部分，其作用是完成各种运算，并控制各部件协调地工作，它每秒可完成的基本运算最高可达几千万次。

CPU 执行的指令、用于计算的原始数据、计算时的中间结果、计算的最终答案都需要以 CPU 能够接受的形式存放在计算机中，CPU 本身包含有少量存放这些数据的机构称为寄存器，只用于存放当前正在被使用的数据，其余大量的数据必须存放在存储器中。

2. 内存储器 CPU 可将数据储存在内存储器中，也可以将数据从中取出。

内存储器中有一部分用于永久存放特殊的专用数据，CPU 对它们只取不存，称为只读存储器（ROM），其余部分可存可取，称随机存取存储器（RAM），内存的大部分由 RAM 组成，在计算机开机时，能保存数据，但计算机断电后，其数据就丢失。

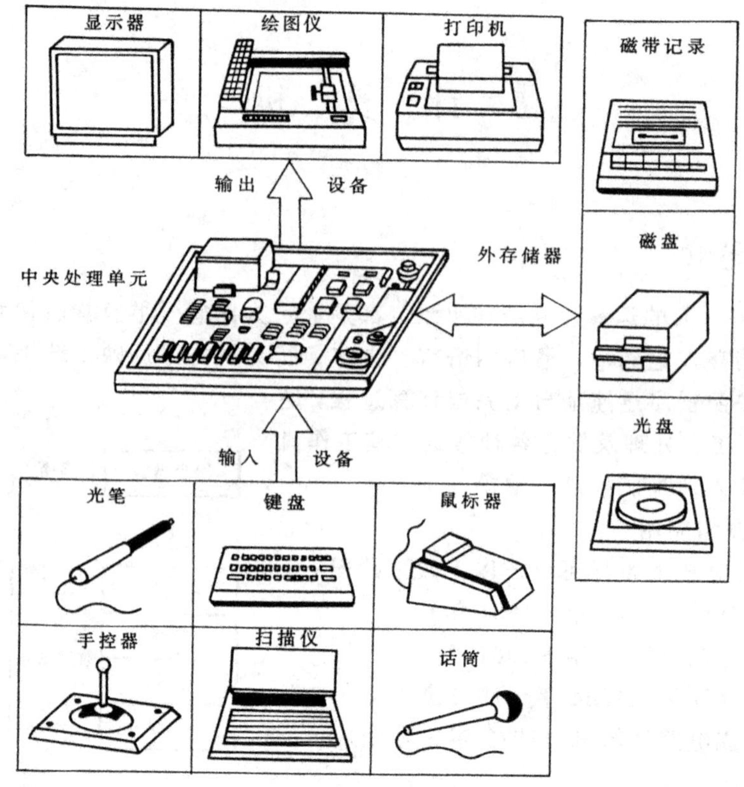

图 6-2　计算机的硬件设备

存储器的基本单位是字节（Byte），1KB＝1024Byte。内存中每个基本单位都被赋予一个唯一的序号称为地址，CPU 按照地址迅速准确地操纵着每个单位。

3. 外存储器　计算机上常用的外存储器是磁盘，磁盘的表面涂着磁性的物质，工作时磁盘高速转动，通过读写磁头可把数据写入磁盘上，或从磁盘上读出数据。

(1) 软盘　软盘是有外套保护的圆形薄膜，通过沿半径方向的长形读写窗口可读写数据，软盘的大小分 5 寸盘和 3 寸盘两种。

软盘不固定在计算机中，通过软盘驱动器读写磁盘上的数据。

(2) 硬盘　硬盘的工作原理与软盘相似，它的磁性圆盘用硬质材料制成，有较高的精密度，连同驱动器一起封密在壳体中，固定安装在计算机内，硬盘的容量比软盘大得多，读写速度也快得多。

(3) 光盘随着计算机的发展，计算机上使用的外存储器还用到光盘，现在的多媒体中光盘得到了大量的应用。

4. 输入设备　常用的输入设备是键盘，按键分两部分，一部分为字符键，另一部分为控制键。计算机工作所需的原始数据就是通过键盘获取信息的。

另一种输入设备是鼠标器，鼠标器可用手握住在桌面或平板上滑动，操作者能通过手移动使标记在计算机屏幕上得到控制。

此外还有很多设备可用来输入图形、图像声音等不同形式的信息。

5. 输出设备　常用的输出设备是显示器，即通过屏幕显示结果。但显示器输出的信息只是暂时的，如需要记录下来，就需打印机打印出结果。同样也可以通过绘图仪将图样画出。

6.2.2　软件

计算机CPU的运算、控制是通过执行指令来实现的，针对计算机需完成的工作所编制的指令序列称为程序，程序连同有关的说明资料称为软件。

软件分两大类：应用软件和系统软件。

1. 应用软件

（1）文字处理软件　用于输入、存储、修改、编辑、打印文字材料，如WPS、WORD等

（2）信息管理软件　用于输入、存储、修改、检索各种信息。

（3）辅助设计软件　用于高效地绘制、修改工程图样，如AUTOCAD。

（4）实时控制软件　用于随时收集生产设备的运行状态，并以此为依据来设定的工作顺序实现自动化控制。

2. 系统软件

（1）操作系统　管理计算机的硬件设备，使应用软件能方便、高效地使用这些设备，在计算机上常见的有DOS、WINDOWS等。DOS常用的命令，见表6-1。

表6-1　DOS常用命令

命　令	含义说明	命　令	含义说明
FORMAT	磁盘格式化	ERASE 或 DEL	删除磁盘上的文件
DIR	显示磁盘文件目录	TYPE	显示文件内容
COPY	文件复制	RENAME 或 REN	文件改名
DISKCOPY	软盘复制	PRINT	打印数据文件
COMP	文件比较		

（2）数据库管理系统　有组织地、有系统地存储大量的数据，使操作者能方便、高效地使用这些数据，目前常用的有dBASE、FOXBASE等。

（3）编译软件　直接用基本指令来编写软件，是非常困难的事，为提高效率规定了一套新的指令，称为高级语言，其中每一条指令完成一项操作，但CPU不能直接执行这些新的指令，而需要编写一个软件，用来将编写程序中的每条指令翻译成一系列CPU能接受的基本指令，使源程序转化成能在计算机上运行的程序，完成这种翻译的软件称为高级语言编译软件，常用的高级语言有FORTRAN、C语言等。

7 电工基础

当前，人类社会已进入电气化时代，电能被看作是高价值的能源形式，在现代工业，农业，交通运输业及国民经济的其它各个部门中得到越来越广泛地应用。它具有便于转换（可转换为热能，光能，化学能，机械能等）便于输送和分配，便于控制等优点。

大多数工程机械和设备都需使用电能，因此，掌握一定的电工学基础知识是很重要的。在今后的工作中，就能正确使用和维护生产设备，做到安全生产，并为学习先进技术和使用先进设备打好基础。

7.1 电工学的基本概念

7.1.1 电路

电能仅能在被称为电路的循环系统中被传递，电路就是电流所流过的路径。它通常由电源，负载，开关和连接导线四个基本部分组成，见图 7-1。在电路中，电源是把其它形式的能量转换成电能的设备；负载是把电能转换为其它形式能量（机械能、光能、热能等）的元器件或设备；开关用来控制电路的接通或断开；导线起着输送和分配电能的作用。

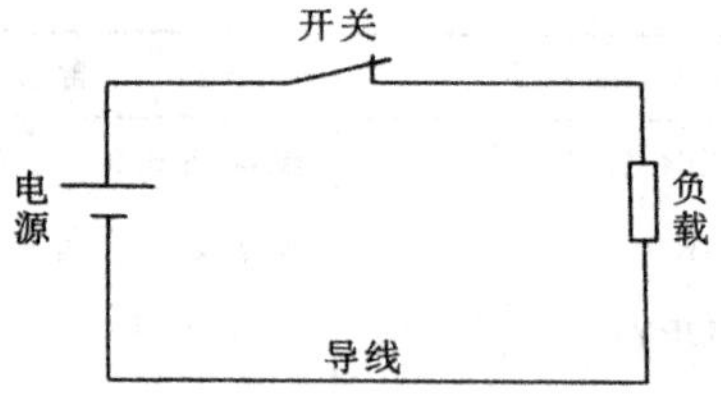

图 7-1 最简单的电路

7.1.2 电流及电流强度

带电微粒的定向运动形成电流，它在金属导体中以电子运动的形式存在，在导电的气体和液体中以离子运动的形式存在。

电流的大小用电流强度来表示，其符号为 I。通常将单位时间内通过导体横截面的电子数量叫做电流强度，它的单位为安培，即

$$I=\frac{Q}{t}$$

式中 Q——通过某导体横截面的电量（C）；

t——通电时间（s）；

I——电流强度（A）。

电流的方向，习惯上规定以正电荷运动的方向为电流的正方向，它与电子运动的实际方向相反。

人们把电流按性质划分为：直流电（符号：—或 DC），交流电（符号：～或 AC）。

直流电的电流流动仅为一个方向，它一般由太阳能电池，蓄电池和干电池供给，人们也可通过直流发电机或交流电整流后得到直流电，通常被用于直流电动机，电解，电镀，电焊等工作中。

交流电在周期内改变电流的大小和方向。在欧洲的供电网中，交流电的大小每秒变化 50 次，即频率为 50 赫兹（Hz），我国的供电网中交流电的频率为 60Hz。交流电用于电动机，家用电器（电灯、热水器、冰箱等）等方面。

7.1.3 电位和电压

电场力将单位正电荷从某点移到参考点（零电位点）所做的功叫做该点的电位，通常用带下标的符号 φ 表示，如 φ_A 表示 A 点相对于参考点的电位，即 A 点电位，它的单位是伏特（V）。

在电路中，由于电源的作用，电场力将正电荷从 a 点移到 b 点所做的功 W_{ab} 与被移动的电量 Q 的比值称为 a，b 两点间的电压，用符号 U_{ab} 表示，即

$$U_{ab}=\frac{W_{ab}}{Q}$$

式中 W_{ab}——电场力所做的功（J）；

Q——被移动电荷的电量（C）；

U_{ab}——a、b 两点间的电压（V）。

电压的正方向规定为从高电位指向低电位，即电压降低的方向。

电位和电压是有区别的，前者是相对值，与参考点的选择有关；后者是绝对值，与参考点的选择无关。

7.1.4 电动势

为了使电路中能维持一定的电流，在电源内部必须要有一种外力能持续不断地把正电荷从电源的负极（低电位处）移送到正极（高电位处）去，以保持两极具有一定的电位差，这个过程也就是电源将其它形式的能量转换为电能的过程。

在电源内部，外力把正电荷 Q 从负极移到正极所做的功 W 与被移动的电量 Q 的比值，称为电源的电动势，用符号 E 表示，即

$$E=\frac{W}{Q}$$

式中 W——外力对电荷所做的功（J）；

Q——外力移动的电量（C）；

E——电源的电动势（V）。

电动势的方向规定从电源的负极指向正极，即电位升高的方向。

7.1.5 电阻

所有的电线和用电器都或多或少地对电流有阻碍作用，这种阻碍作用是用电阻来表示的，电阻的单位是欧姆（Ω），它是客观存在的。实验证明，在一定温度下，导体的电阻与导体的长度成正比，与导体的横截面积成反比，且与导体的材料有关，即

$$R=\rho\frac{L}{A}$$

式中 L——导体的长度（m）；

A——导体的横截面积（m^2）；

ρ——导体的电阻率（Ω·m）；

R——导体的电阻（Ω）。

另外，导体的电阻还与温度有关，金属导体的电阻随着温度的升高而增大。

7.2 电路负载

电阻可直接安装在电路中，也可作为仪器连接在电路中，在电路中我们可以通过改变电阻来改变电流强度或电压，从而得到想要的变化。

7.2.1 欧姆定律

只有电阻而无电源的一段电路称为部分电路，实验证明：在一段电路中，通过电路的电流与这段电路两端的电压成正比，而与这段电路的电阻成反比，这就是部分电路的欧姆定律可用公式表示为

$$I=\frac{U}{R}$$

式中 U——电路两端的电压（V）；

R——电路的电阻（Ω）；

I——电路的电流（A）。

例 通过电烙铁的电流强度为0.27A，如果它的电压为220V，这个电烙铁电热体的电阻是多少？

解 根据欧姆定律

$$R=\frac{U}{I}=\frac{220\text{V}}{0.27\text{A}}=815\Omega$$

含有电源的闭合电路称为全电路，其中电源内部的电路称为内电路，电源外部的电路称为外电路。

实验证明：在全电路中，通过电路的电流与电源电动势成正比，与电路总电阻成反比，这就是全电路欧姆定律，可用公式表示为

$$I=\frac{E}{R+r}$$

式中 E——电源的电动势（V）；

R——外电路的电阻（Ω）；

r——内电路的电阻（Ω）；

I——电路中的电流（A）。

7.2.2 电阻的串联、并联和混联

7.2.2.1 电阻的串联 几个电阻依次联接，中间没有分岔支路的联接方式叫做电阻的串联，见图7-2。串联电路具有以下特点：

1）流过各串联电阻的电流为同一电流，即

$$I=I_1=I_2=\cdots\cdots=I_n$$

2）串联电路两端的总电压等于各电阻两端分电压之和，即

$$U=U_1+U_2+\cdots+U_n$$

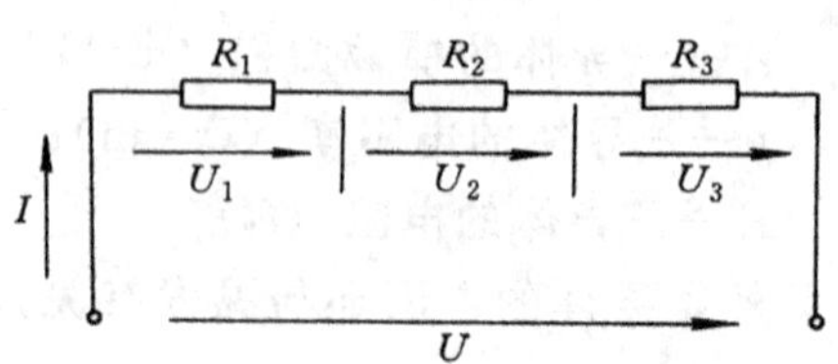

图7-2 电阻的串联

3）电路的等效电阻（总电阻）等于各电阻之和，

即

$$R=R_1+R_2+\cdots\cdots+R_n$$

4）每个电阻上分配到的电压与电阻成正比，即

$$\frac{U_1}{R_1}=\frac{U_2}{R_2}=\cdots\cdots=\frac{U_n}{R_n}=\frac{U}{R}=I$$

7.2.2.2　电阻的并联　几个电阻的首尾接在相同两点之间所构成的电路叫做并联电路，见图7-3。并联电路有以下特点：

1）各电阻两端的电压相等，并等于总电压，即

$$U=U_1=U_2=\cdots\cdots=U_n$$

2）总电流等于流过各电阻分电流之和，即

$$I=I_1+I_2+\cdots\cdots+I_n$$

3）等效电阻（总电阻）的倒数等于各分电阻的倒数之和，即

$$\frac{1}{R}=\frac{1}{R_1}+\frac{1}{R_2}+\cdots\cdots+\frac{1}{R_n}$$

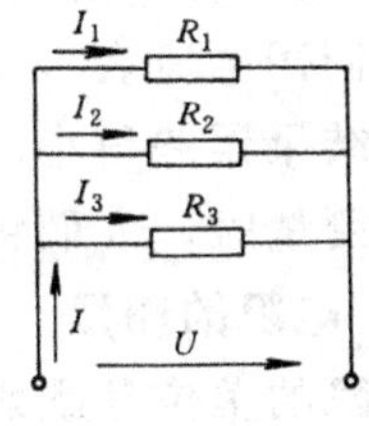

图 7-3　电阻的并联

4）每个电阻分配到的电流与电阻成正比，即

$$I_1R_1=I_2R_2=\cdots\cdots=I_nR_n=IR=U$$

7.2.2.3　电阻的混联　既有电阻串联又有电阻并联的电路叫做混联电路，见图 7-4。

分析混联电路，首先必须搞清混联电路中各电阻之间的联接关系，在此基础上，运用串联和并联电路的特点，求出单纯的并联和串联部分的各等效电路，最后求出电路的总等效电阻。

为了清楚地表明混联电路中各电阻之间的串并联关系，可采用画等效电路的方法。其步骤为：先在电路中各电阻的联接点上标一字母，然后从电路的一端按顺序将各字母在水平方向排列起来，并将各电阻接入相应的字母之间，最后依次画出化简过程中的各等效图，见图 7-4。

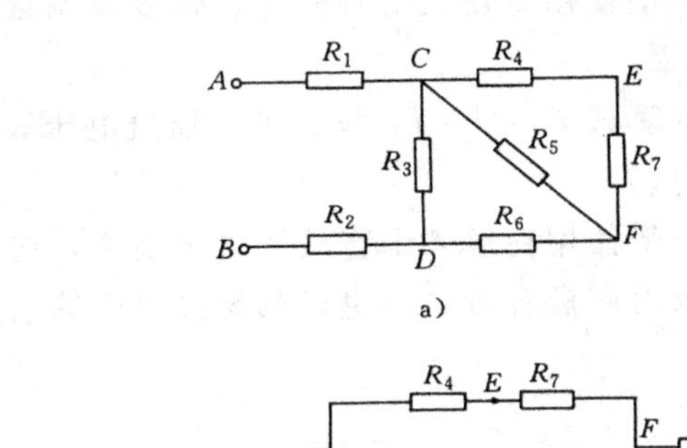

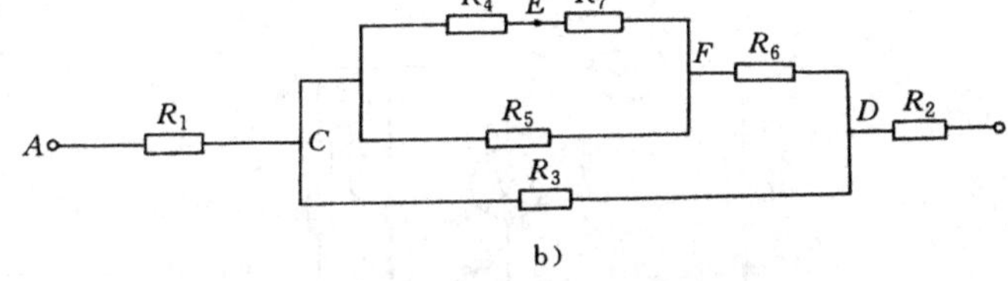

图 7-4　混联电路及其等效电路

a）混联电路　b）等效电路

7.2.3　电功与电功率

7.2.3.1　电功　电流通过负载（电灯、电炉等）时能够做功，这时电功转换为其它形式的能量（光能、热能等）。电流所做的功简称为电功，用符号 W 表示，单位是焦耳（J）。

电功的大小与通过用电器的电流和加在用电器两端的电压以及通电时间成正比，即

$$W=IUt$$

在电网中，电功一般是用千瓦时来测量的，单位符号是 kW·h，即人们所说的“度”。

7.2.3.2　电功率　单位时间内电流所做的功称为电功率，用符号 P 表示，单位是瓦特（W），即

$$P=\frac{W}{t}=IU$$

7.3 电气值的测量

7.3.1 电压的测量

电压是通过电压表（伏特表）来测量的。它具有很高的内阻，因此只有很小的电流通过，测量结果只有极小的误差。

在测量时，人们将电压表与被测负载并联起来，电压表的正接柱总是连接在负载的一端接近电源正极的地方，负接柱总是连接在靠近电源负极的地方，见图 7-5。

7.3.2 电流强度的测量

人们用电流表（安培表）来测量电流强度，电流表的内阻很小，因此在仪表上的电压很小测量结果误差很小。

在测量时，人们将电流表串联在要测量的负载电路中，见图 7-5。

7.3.3 电阻的测量

电阻的单位是欧姆（Ω），电阻的大小能通过欧姆表来测定，这种测量可直接测得电阻的数值，被称为直接测量。

人们也可通过测量电路中电阻两端的电压及电阻中流过的电流强度间接测出电阻值，即通过欧姆定律 $R=\frac{U}{I}$ 算出电阻值，见图 7-5。

在用欧姆表测量时，人们每次都要将仪表短路并调零。

目前，人们一般使用万用表这种多用途仪表来测量电压，电流强度及电阻。

7.3.4 功率的测量

根据功率的计算式 $P=U \cdot I$，我们可以通过电压表及电流表间接算出电功率，但这种方法仅适用于直流电。

目前，人们一般使用功率表来直接测量电功率，这个仪器有两个线圈分别测量电压及电流强度，用它不仅可测量直流电，也可测量交流电的电功率，见图 7-6。

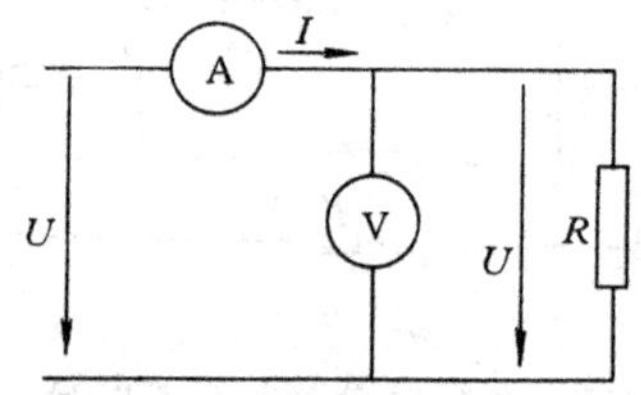

图 7-5 电压和电流强度的测量

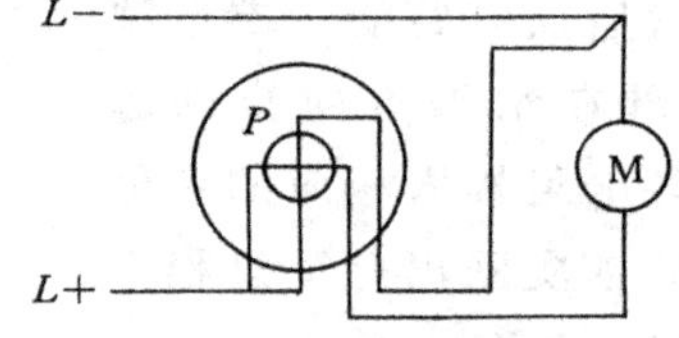

图 7-6 功率的测量

7.4 电磁的基本知识

7.4.1 磁场

我们把能够吸引铁、镍、钴及其合金等物质的性质叫做磁性，把具有磁性的物质叫做磁铁，所有能被磁铁吸引的物质叫做铁磁材料。

每个磁铁都有一个北极（N 极）和一个南极（S 极），并且同性磁极相斥，异性磁极相吸。

人们通常将磁铁周围有磁力作用的空间叫做磁场。我们在磁场中放置一些铁屑，每一个铁屑都将受到磁场力的作用，在这个力的作用下，铁屑排列成长长的力线，人们称之为磁力线。磁力线是一组互不相交的闭合曲线，在磁体内部，由 S 极指向 N 极，在磁体外部则由 N 极指向 S 极；磁力线的疏密程度反映了磁场各点的强弱；磁力线上任一点的切线方向，就是该点的磁场方向。

实验证明，不仅磁铁的周围有磁场存在，通电导体周围的空间也有磁场存在，这种现象叫做电流的磁效应。

当一根直导体通入电流后，导体的周围就产生磁场，其磁力线分布为以导体为中心的一组同心圆，磁场的方向可用右手螺旋定则（安培定则）来确定，即用右手握住导体，用大拇指表示电流方向，则弯曲的四指所指的方向就是磁场的方向，见图 7-7a。

将导线绕成螺旋形状的线圈，通入电流后也能产生磁场。它相当于一块条形磁铁的磁场。它的方向，也可用右手螺旋定则（安培定则）确定，即用右手握住线圈，用弯曲的四指表示电流的方向，则拇指所指的方向就是磁场的方向，见图 7-7b。

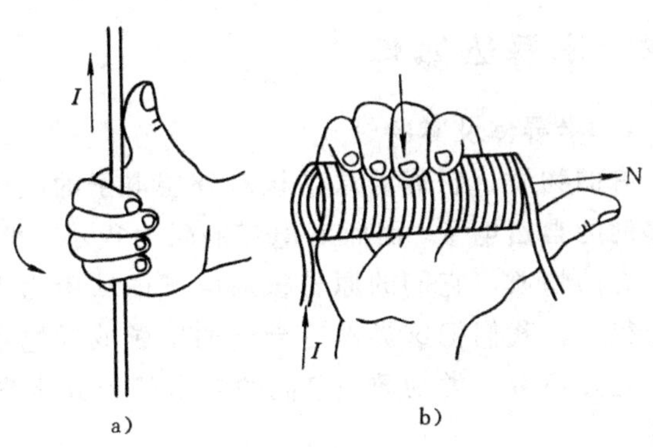

图 7-7 右手螺旋定则

a）直导体 b）线圈

7.4.2 磁场对电流的作用

把一根通电直导体放在磁场中，它将受到电磁力的作用，这个电磁力的方向可用左手定则来判断，平伸左手，使拇指和其余四指垂直让磁力线垂直进入手心，并以四指指向电流的方向，则拇指的指向就是通电直导体所受电磁力的方向，见图 7-8。

磁场对电流的作用有着极广泛的应用，大量的电气设备，如交、直流电动机，磁电式仪表等都是根据这一原理制造的。

7.4.3 电磁感应

实验证明，不仅电流可以产生磁场，我们还可以利用磁场来产生电流。当导体对磁场作相对运动而切割磁力线时，在导体中将产生电动势，若导体是闭合电路的一部分，则导体中

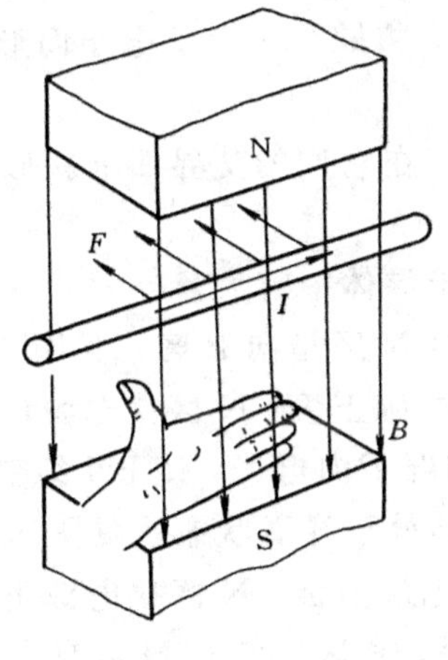

图 7-8 左手定则

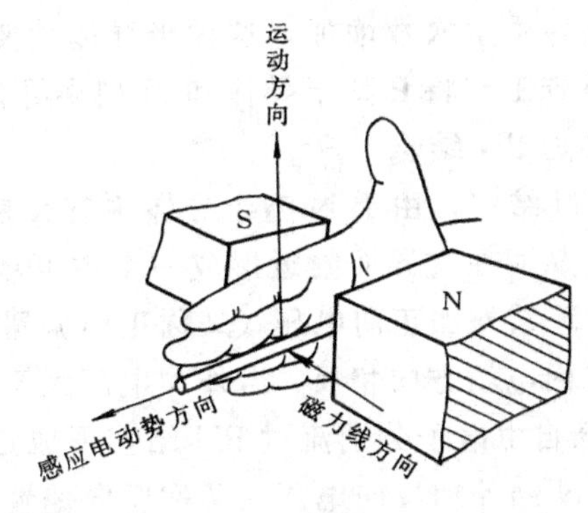

图 7-9 右手定则

将产生电流。直导体中产生的感应电动势可用右手定则来判断：伸开右手，让拇指与其余四指垂直，并且都和手掌处在同一平面上，让磁力线从手心垂直进入，拇指指向导线的运动方向，则其余四指的指向就是感应电动势的方向，见图 7-9。

电磁感应不仅发生在导体切割磁力线这种情况下，而且当某一范围内的磁场的强弱发生变化时，在这一范围内的导体或线圈中也将产生电磁感应，从而产生感应电动势。

电磁感应现象被广泛应用于生产实践中，如交、直流发电机的发电，变压器的输送电能，都是应用了电磁感应这一个原理而实现的。

7.5 半导体器件

7.5.1 半导体及其特性

有的物质，它们的原子核对外层电子的吸引力小，大量电子容易脱离原子核的束缚成为能移动的自由电子，因而对电流的阻力很小，我们把这类具有良好导电能力的物质称为导体。

有的物质，它们的原子核对电子的吸引力大，电子不容易移动，因此它们对电流产生的阻力很大，我们把这类没有导电的本领或导电本领极弱的物体称为绝缘体。

此外还有一类物质，它们的导电能力介于导体和绝缘体之间，我们称之为半导体，如硅、锗等。

半导体具有独特的性质，比如半导体的导电能力随外界温度的升高而明显地加强（热敏特性）；随光照强度的不同而显著地变化（光敏特性）；掺入某些杂质后，导电能力将成百万倍地增加。根据这些特性，半导体被制成各种用途广泛的半导体器件，如二极管、三极管等。

7.5.2 PN 结

纯净的半导体导电能力很差，但是如果有选择地加入某些其它元素（杂质），就可能使它的导电能力大大增加。

若在纯净的半导体中掺入少量磷、砷等五价元素，就制成了 N 型半导体。由于磷是五价元素，外层有五个价电子，除四个分别与相邻的四个硅（锗）原子紧密组成共价键外，还剩余一个电子，在室温下，此电子能挣脱原子核的束缚成为自由电子，从而会增加大量自由电子，使半导体主要靠电子导电。

若在纯净的半导体中掺入少量硼、铟等三价元素，就制成了 P 型半导体。由于硼是三价元素，外层有三个价电子，当它与硅（锗）组成共价键时，将缺少一个价电子而形成空穴，使掺杂半导体中空穴数增加，这种半导体主要靠空穴导电。

用特殊工艺将 P 型半导体和 N 型半导体结合在一起，在它们的交界面上就形成了特殊的薄层，称为 PN 结。

在 PN 结中，由于 N 型半导体中有大量电子，P 型半导体中有大量空穴，它们都要向对方扩散，从而在交界面附近形成一个内电场，它的方向由 N 区指向 P 区，见图 7-10。

当 PN 结外加正向电压（又称正向偏置），即 P 区接电源正极，N 区接电源负极。此时外加电场与内电场方向相反，当外加电压大于内电场时，削弱了内电场，使 PN 结变薄，P 区空穴和 N 区自由电子分别流过 PN 结，形成正向电流 PN 结处于导通状态，见图 7-10。

当 PN 结外加反向电压（又称反向偏置），即 P 区接电源负极，N 区接电源正极。此时外加电场与内电场方向相同，增加了内电场，使 PN 结变厚，P 区空穴和 N 区自由电子无法通过 PN 结，因此无正向电流，PN 结处于截止状态，见图 7-10。

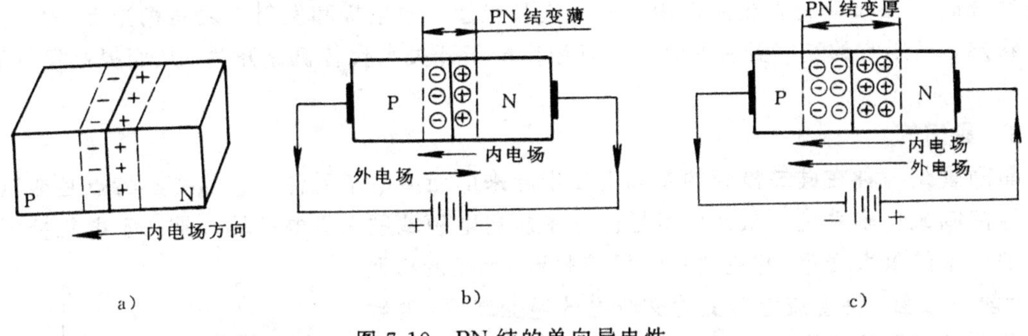

图 7-10　PN 结的单向导电性

a）PN 结　b）加正向电压　c）加反向电压

由此可见，PN 结具有单向导电性，即正向偏置时 PN 结导通；反向偏置时 PN 结截止。

7.5.3　晶体二极管

在一个 PN 结上装上两个引出电极经特殊封装后，即制成晶体二极管，其中从 P 区引出的叫正极，从 N 区引出的叫负极，其结构和符号见图 7-11。

根据制造材料，可将二极管分为硅二极管和锗二极管；根据结构，可将二极管分为点接触型和面接触型；根据用途，可分为普通二极管，整流二极管，开关二极管等。

根据二极管的单向导电性，我们主要将它用于整流电路中，把交流电变换成方向不变的直流电。

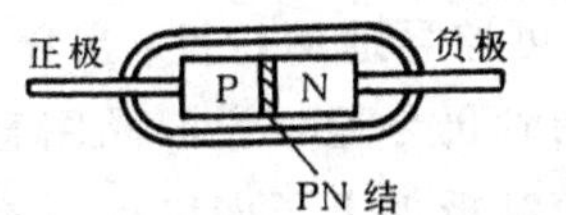

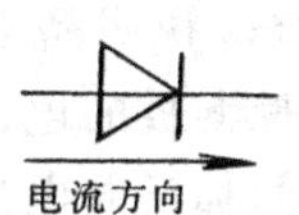

图 7-11　二极管的结构和符号

a）结构　b）符号

7.5.4　晶体三极管

晶体三极管是由两个 PN 结构成的一种半导体器件。每个晶体三极管都有三个区：发射区、基区、集电区；两个 PN 结：发射结，集电结；三个电极：发射极（E），基极（B），集电极（C），见图 7-12。

根据组合方式的不同，可将晶体三极管分为 PNP 型和 NPN 型；根据材料的不同，又可分为硅管和锗管两大类，目前我国生产的硅管以 NPN 型，锗管以 PNP 型为主，并且由于硅管的温度特性较好，所以应用比较广泛。

实验证明：当三极管的发射结正向偏置，集电结反向偏置时，当基极电流有微小变化时，集电极电流就相应地有很大的变化，这就是三极管的电流放大作用，利用三极管的这一特性。可以制成晶体管放大器，它在收音机、电视机以及自动化控制中应用非常广泛；当三极管的发射结和集电结都处于反向偏置时，三

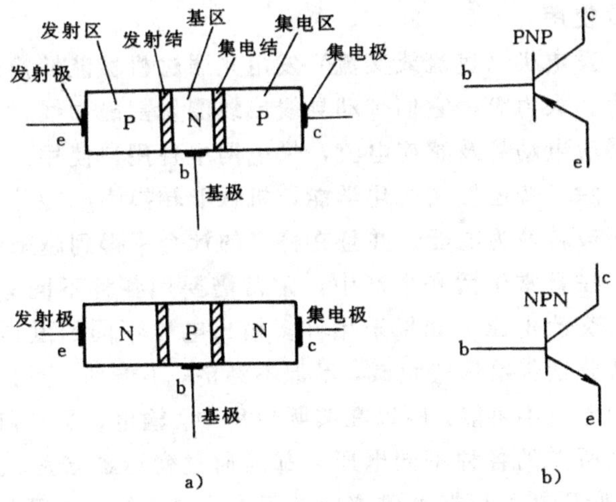

图 7-12　三极管的结构与符号

a）结构　b）符号

极管处于截止状态，集电极和发射极之间相当于一只断开的开关，当发射结和集电结都处于正向偏置时，三极管失去放大作用，外于饱和状态，集电极和发射极之间相当于一只开关的闭合状态，利用它的这一开关特性，可以用作电子开关来代替机械开关，从而提高了敏感性，可靠性。

7.5.5 晶闸管

晶闸管是一种在硅二极管的基础上发展起来的新型电子元件，它的突出特点是能以小功率信号控制大功率系统，从而使半导体技术从弱电领域进入强电领域，带来了电气控制与电力传动技术的重大变革。它主要用于可控整流，无级调压调速，无触点开关，将直流电转变为交流电的逆变装置，变频及各种自动控制装置中。

晶闸管是由P型和N型半导体四层交替叠合而成，共有三个PN结和三个电极（阳极A，阴K，控制极G），它的结构和符号见图7-13。

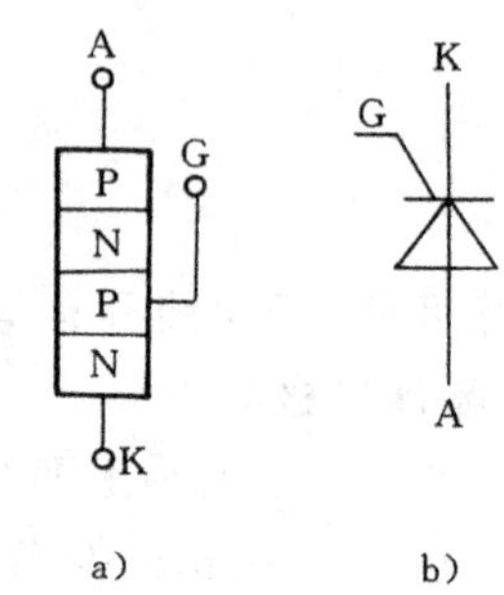

图7-13 晶闸管的结构、符号
a）结构 b）符号

晶闸管具有四个特性；当在晶闸管的阳极和阴极间加正向电压时，它并不导通，具有正向阻断的特性；只有在上述情况下再在控制极加上正向电压，此时晶闸管处于导通状态，说明晶闸管具有可控导通的特性；当导通后，我们去掉控制极的电压，晶闸管仍导通，说明晶闸管具有持续导通的特性；若在晶闸管的阳极和阴极间加反向电压，则控制极加上正向电压也不导通，说明晶闸管具有反向阻断的特性。

7.6 电能的产生及传输

电能是由其它能量的转变而产生的，比如通过化学能，热能，光能和机械能等。

人们在生产和生活中使用的电池就是通过化学能来产生电能的。在电池中，两根极柱插入化学物质中，并与化学物质发生化学反应，从而使一根极柱失去电子（正极）另一根极柱得到电子（负极），当在两极柱间接入负载，电子就从负极经过负载流向正极，产生的电流供负载使用。

发电机（直流或交流）发电是通过机械能转换的。机械能的形式多种多样，可以是水力风力、火力等，它们带动导线或线圈切割磁力线，根据电磁感应原理，就在导线或线圈中产生感应电动势及感应电流，供电网中各用户使用。

除了普遍使用的化学能，机械能转换为电能外，随着科学技术的发展，太阳能，核能等也能被转换为电能，并且在将来的社会中得到越来越广泛的应用。

在日常生活和生产中，常常需要用各种不同等级的交流电压，如果采用许多输出电压不同的发电机来分别供给这些负载，不但不经济，不方便，而且实际上也不可能。所以在实际使用中，输电、配电和用电所需的各种不同电压，都是通过变压器来完成的。变压器是根据电磁感应原理工作的，在一个闭合的铁心上，绕上两个匝数不等的线圈，就形成了一个最简单的变压器，见图7-14。当变压器的一个绕组中

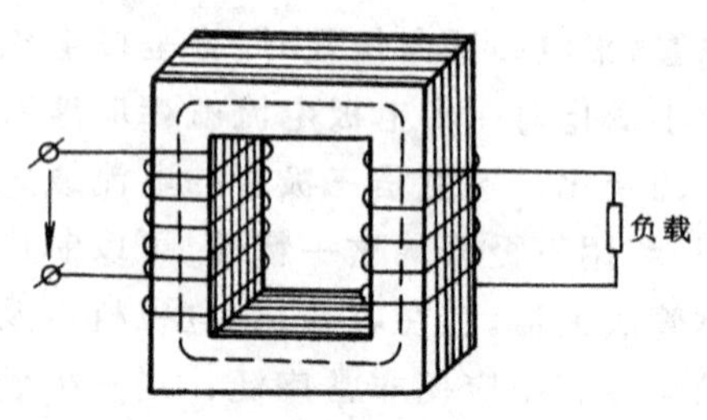

图7-14 变压器的原理图

通过交流电时，就在铁心中产生交变磁场，由于电磁感应，就在另一绕组中感应出感应电动势，只要改变两个绕组的匝数比，即可得到不同的输出电压。

7.7 安全用电

随着科学技术的发展，电能在工程器械上的使用越来越广泛，如果我们没有安全用电的知识，或违反电气操作规程，不仅会造成停电、停产，损坏设备，引起火灾，还有可能发生触电事故，以至影响生产，危及生命。因此，掌握一定的安全用电知识是很重要的。

7.7.1 电流对人体的危害

当电流通过人体时，会对人的生命造成危害。实践证明，通过人体 1mA 的工频电流会使人有不舒服的感觉；50mA 的工频电流会使人产生呼吸困难，肌肉痉挛，心室颤动等现象，从而使人有生命危险；100mA 的工频电流则足以使人死亡。

通过人体电流的大小决定于人体电阻以及所触及的电压高低。人体电阻一般在 0.8～100kΩ，当皮肤出汗，有导电液或尘埃时，人体电阻将更低，此时危害更大。若人体电阻以 800Ω 计算，根据欧姆定律，当触及 40V 电压时，通过人体电流为 50mA，这个电流通过人体就有生命危险，所以我国一般规定 36V 以下的电压为安全电压。

7.7.2 安全措施

我们可将电气设备的金属外壳与接地体之间可靠连接，这样，当设备因绝缘损坏而碰壳时，即使人触及带电的外壳，由于人体电阻远远大于接地线电阻（小于 4Ω），所以在人体电阻与接地电阻的并联线路中，通过人体的电流很小，从而保证了人体安全。

为了保证人体的安全，工作人员在工作时必须正确使用各种保护用具（橡皮手套、橡皮垫、绝缘钳、绝缘鞋、电笔等）；必须保证电气设备都有一定的绝缘电阻，而且要定期进行测量检验。

另外，为防止电气火灾，在电路中必须安装熔断器。这样，当电路由于过载，短路等情况而产生大量的热时，能及时切断电路，防止火灾。

双元制培训机械专业理论教材书目

机械工人专业计算
机械工人专业制图
机械工人专业制图习题集
机械工人专业工艺
　　基础分册
　　机械切削工分册
　　工模具制造工分册
　　机械维修工分册
　　汽车机械工分册